ANTÓNIO PINHO VARGAS

*Música e Poder*
Para uma Sociologia da Ausência
da Música Portuguesa no Contexto Europeu

MÚSICA E PODER
PARA UMA SOCIOLOGIA DA AUSÊNCIA
DA MÚSICA PORTUGUESA NO CONTEXTO EUROPEU

AUTOR
ANTÓNIO PINHO VARGAS

EDITOR
EDIÇÕES ALMEDINA. SA
Rua Fernandes Tomás n.ºs 76, 78, 80
3000-167 Coimbra
Tel.: 239 851 904 · Fax: 239 851 901
www.almedina.net · editora@almedina.net

PRÉ-IMPRESSÃO | IMPRESSÃO | ACABAMENTO
G.C. GRÁFICA DE COIMBRA, LDA.
Palheira – Assafarge
3001-453 Coimbra
producao@graficadecoimbra.pt

Março 2011

DEPÓSITO LEGAL
324823/11

Os dados e as opiniões inseridos na presente publicação
são da exclusiva responsabilidade do(s) seu(s) autor(es).

Toda a reprodução desta obra, por fotocópia ou outro qualquer
processo, sem prévia autorização escrita do Editor, é ilícita
e passível de procedimento judicial contra o infractor.

---

*Biblioteca Nacional de Portugal – Catalogação na Publicação*

VARGAS, António Pinho, 1951-

Música e poder : para uma sociologia da ausência
da música portuguesa no contexto europeu. – (CES)
ISBN 978-972-40-4436-1

CDU  78
       316

*dedicada à memória da minha mãe
que passou os últimos trinta anos da sua vida
a tentar ensinar-me a força de viver*

# AGRADECIMENTOS

Nesta secção cumpre incluir todas as pessoas que, de várias maneiras, deram o seu contributo para o trabalho. Em primeiro lugar devo agradecer à minha família, que suportou a minha ausência, por vezes, prolongada. É de elementar justiça e saudade recordar a minha mãe que me ajudou monetariamente em 2005 em virtude da exiguidade da bolsa de estudo da Fundação da Ciência e Tecnologia sem a qual, no entanto, este trabalho não teria sido possível. Devo também sublinhar a extrema compreensão dos meus orientadores, Boaventura de Sousa Santos e Max Paddison, durante os difíceis três meses da doença final da minha mãe em 2006. Quero acrescentar os nomes de António Sousa Ribeiro e de Clara Keating que leram algumas partes do trabalho e forneceram inestimáveis conselhos, comentários e estímulos. Do mesmo modo, José Sasportes foi um importante interlocutor durante quase todo o período da investigação. Agradeço a colaboração de José Júlio Lopes e Paula Gomes Ribeiro no processo da candidatura, o incentivo fundamental de Mário Vieira de Carvalho, a ajuda de Carlos Caires na formatação final do documento e de Levi Condinho na revisão do texto e na confirmação de alguns dados. Ao professor Max Paddison agradeço a preciosa ajuda na difícil fase inicial da investigação e a forma como colaborou na rápida integração na Universidade de Durham. Finalmente, *but not the least*, ao professor Boaventura de Sousa Santos a quem, para além da inteligência superior com que dirigiu a investigação e da insubstituível contribuição teórica para a teia complexa conceptual elaborada, agradeço a preciosa amizade de que deu provas inesquecíveis.

# ÍNDICE

Introdução ................................................... 17

PARTE I – PARA UMA GEOPOLÍTICA DA CULTURA .................... 25

CAPÍTULO I – Poder/saber, o campo da produção cultural, o sistema-mundo na fase da globalização .................................... 27
Introdução ................................................... 27
1. Foucault: poder/saber e discurso ........................... 28
   1.1. Trabalho negativo sobre as unidades recebidas ......... 28
   1.2. Sobre o conhecimento subalterno ....................... 31
   1.2. A constelação poder/saber ............................. 32
   1.3. Alargamento geopolítico do conceito de poder .......... 35
2. Bourdieu: poder simbólico e os campos de produção cultural .. 35
   2.1. Capital simbólico, poder simbólico, *doxa*s ........... 36
   2.2. Habitus e campo ....................................... 37
   2.3. A resistência da arte à sociologia .................... 39
   2.4. Quem atribui autoridade? .............................. 41
   2.5. Conclusões ............................................ 44
3. Sistema-mundo e globalizações ............................. 46
   3.1. Sistema-mundo: introdução ............................. 47
      3.1.1. Inícios das análises do sistema mundo ............ 48
      3.1.2. O sistema universitário moderno .................. 50
      3.1.3. Centro-periferia ................................. 52
   3.2. Globalizações: introdução ............................. 54
      3.2.1. Globalização ..................................... 54
      3.2.1. O sistema mundial em transição ................... 56
      3.2.2. O Estado ......................................... 57
      3.2.3. Global-local I ................................... 58
      3.2.4. Modos de produção de globalização ................ 59
      3.2.5. Global-local II – localização .................... 60
      3.2.6. Importação/exportação de cultura ................. 61
      3.2.7. Compressão tempo-espaço .......................... 65
      3.2.8. Um paradoxo globalização-localização ............. 66

3.2.9. Dois modos de produção de globalização hegemónica.......... 67
3.2.10. Dois modos de produção de globalização contra-hegemónica. 68
3.3. Excurso sobre o uso dos termos cosmopolitismo e nacionalismo no campo musical.................................................... 70

Capítulo ii – Pós-colonialismo crítico e os lugares de enunciação............. 79
2.1. Visão global do pós-colonialismo .................................. 79
    2.1.1. Quem fala pelo subalterno? Quem poderá falar?................ 80
    2.1.2. Temáticas ..................................................... 81
    2.1.3. Localização da cultura ........................................ 83
    2.1.4. Diáspora e hibridez ........................................... 85
    2.1.5. Ciência ocidental e epistemologia ............................ 87
    2.1.6. Pequenas Europas.............................................. 88
2.2. Desuniversalizar a Europa ou o dilema de Chakrabarthy .............. 89
    2.2.1. Eurocentrismo e a escrita de histórias ....................... 89
    2.2.2. Várias Europas ............................................... 90
    2.2.3. Sobre o dilema................................................ 92
    2.2.4. Eurocentrismo nas Histórias da Música........................ 95
    2.2.5. Duas paráfrases .............................................. 99

Capítulo iii – Ocidentalismo e a sociologia das ausências
3.1. Ocidentalismo?.................................................... 101
3.2. Hermenêutica diatópica............................................ 104
3.3. A sociologia das ausências de Boaventura de Sousa Santos............. 106
3.4. A produção activa de não-existência............................... 107
3.5. A ecologia dos saberes e a sociologia das emergências................ 109
    3.5.1. A ecologia dos saberes........................................ 109
    3.5.2. A ecologia das temporalidades................................ 109
    3.5.3. A ecologia das reconhecimentos ............................... 110
    3.5.4. A ecologia das trans-escalas ................................. 111

Parte ii – musicologia(s) ................................................... 115

Capítulo iv – O cânone musical ocidental e a sua contestação ................ 117
4.1. Os cânones ocidentais e a sua crítica ............................. 177
4.2. Notícia histórica do aparecimento da musicologia................... 120
4.3. A formação do cânone musical..................................... 122

4.4. Canonizadores ................................................. 124
4.5. Musicologia e cânone musical: métodos de inclusão e de exclusão ..... 125
4.6. Cânone como construção ........................................ 127
4.7. Instabilidade do cânone .......................................... 127
4.8. A esfera pública, a filosofia do cânone e a autonomia ................ 128
4.9. O cânone sob suspeita: os Outros da musicologia ................... 130
4.10. O cânone sob suspeita: instrumento de exclusão ................... 133
Conclusões ............................................................ 135
Excurso sobre uma periferia exemplar: a música russa ...................... 137
Nacionalismo visto de fora ou de dentro ............................... 140
Histórias da música gerais e os seus critérios ........................... 141
Periferias e Outros ................................................... 142

Capítulo v – A constituição de um subcampo ............................. 149
Introdução: o motivo da crise ........................................... 149
5.1. O modernismo musical isolado .................................... 161
    5.1.1. Tecnologias ................................................ 162
    5.1.2. A crise da música contemporânea ........................... 163
    5.1.3. A crítica de Levi-Strauss em 1964 ............................ 164
    5.1.4. Prestígio terminal, 1989 ..................................... 168
    5.1.5. A institucionalização da vanguarda: as críticas na Europa ........ 173
    5.1.7. Uma narrativa interna: de "Darmstadt à l'IRCAM" ............. 179
5.2. A constituição do subcampo musical contemporâneo; localizar as hegemonias I .......................................................... 182
    5.2.1. A importância da guerra fria na constituição do subcampo musical europeu no pós-guerra ..................................... 182
    5.2.2. As descrições tradicionais ................................... 182
    5.2.3. A importância da situação política do pós-guerra .............. 183
    5.2.4. A Guerra Fria .............................................. 184
    5.2.5. O Congresso das Liberdades Culturais ....................... 188
    5.2.6. O Serialismo .............................................. 190
5.3. A constituição do subcampo ...................................... 191
    5.3.1. A análise de Menger ........................................ 191
    5.3.2. Os circuitos especializados face à dominação do cânone ........ 194
    5.3.3. Como funciona a pedagogia do subcampo? .................... 197
    5.3.4. Primeira audição ........................................... 199
    5.3.5. Conclusões ................................................ 201

5.4. Localizar as hegemonias II: Excurso sobre os compositores emigrantes.
A nova música (é) na Europa. Introdução: o lugar de enunciação ....... 202
A primeira geração .................................................... 205
Emigrantes da ex-união soviética ........................................ 206
Emigrantes asiáticos .................................................... 207
Estereótipos orientalistas ............................................... 207
Instâncias de consagração segundo Bourdieu ............................. 209
As (re)descobertas ..................................................... 211

PARTE III – PARA UMA SOCIOLOGIA DA AUSÊNCIA DA MÚSICA PORTUGUESA .......... 215

CAPÍTULO VI – Hipóteses de trabalho e metodologia ....................... 217
    6.1. Hipóteses de trabalho ........................................... 217
    6.2. Metodologia .................................................... 219
        6.2.1. Nota introdutória ......................................... 219
        6.2.2. Âmbito temporal ......................................... 219
        6.2.3. Material
            6.2.3.1. Presença e ausência ................................. 220
            6.2.3.2. Os discursos internos sobre música portuguesa ........ 221
        6.2.4. Calendarização ........................................... 221
            6.2.4.1. Aprofundamento das leituras especializadas ........... 221
            6.2.4.2. A recolha e a análise da documentação ................ 221
            6.2.4.3. Técnicas de investigação: análise documental .......... 222

CAPÍTULO VII – Excurso autorreflexivo: a tripla subjectividade ................ 223
Autobiográfico e auto-reflexivo: sobre a tripla subjectividade ................. 223
A questão da objectificação ................................................ 224
Serei capaz de objectivar a minha posição? ................................. 226
Estados de alma ......................................................... 227
A biografia e as disputas: uma inveja autobiográfica? ....................... 228
A hermenêutica diatópica ................................................. 235
A aprendizagem e as perplexidades ........................................ 243
O início da investigação em Durham ...................................... 247
Eu, programador, como alimento das perplexidades ......................... 248

CAPÍTULO VIII – Como analisar Portugal neste contexto teórico? A semiperiferia 255
   8.1. Portugal como hipótese ou como problema? .......................... 255
      8.1.1. Uma sociedade semiperiférica; sobre o conceito de semiperiferia 256
      8.1.2. A imaginação-do-centro ....................................... 258
      8.1.3. As culturas nacionais e a cultura de fronteira .................. 262
      8.1.4. Portugal visto pelos europeus: representações do Outro periférico 264
   8. 2. Nós e a Europa .................................................... 267
      8.2.1. Portugal e Europa: ressentimento, fascínio e inferioridade ...... 267
      8.2.2. Cá dentro e lá fora ............................................ 271
      8.2.3. Debates internos sobre a ferida narcísica ..................... 273
      8.2.3. À maneira de conclusão ....................................... 283
Intermezzo: sobre a circulação internacional das ideias, das teorias, das obras à questão da tradução .................................................... 285

CAPÍTULO IX – A ausência: graus do enunciado ............................... 297
   9.1. O enunciado..................................................... 297
   9.2. Verificação da ausência: o grau ...................................... 300
      9.2.1. Lugar nas histórias tradicionais anteriores ao final do século XX 302
      9.2.2. Histórias traduzidas publicadas antes de 1970 ................. 304
      9.2.3. Histórias em inglês não traduzidas ............................ 306
      9.2.4. Histórias em francês não traduzidas ......................... 311
      9.2.5. Histórias em inglês depois de 2000 ........................... 313
      9.2.6. Análise de um caso ........................................... 315
      9.2.7. Três livros em França......................................... 316
         9.2.7.1. A enciclopédia de Nattiez ............................. 316
         9.2.7.2. O livro de Deliège .................................... 319
         9.2.7.3. A História da Música do Século XX de J.-N- von der Weid 324
   9.3. Um olhar interno: Lopes-Graça sobre "Os Historiadores Estrangeiros e a música portuguesa" de 1961 ....................................... 326
   9.4. Conclusões..................................................... 329

CAPÍTULO X – Discursos e histórias de uma não-história....................... 333
Introdução: a elevada capilaridade dos agentes ............................. 333
   10. 1. As estruturas e as queixas internas ................................. 335
      10.1.1. O desinteresse e as dificuldades internas: o subcampo interno 335
      10.1.2. O atraso das estruturas base e os decisores .................. 338
      10.1.3. Nós – a tacanhez – e os outros .............................. 338

10.1.4. O Estado e o atraso das estruturas: edições de partituras, de discos. .................................................................... 340
10.2. As três Histórias até ao século XIX. ................................. 341
    10.2.1. A fatalidade do lugar de enunciação. ........................ 342
    10.2.2. Tópico do atraso dos compositores portugueses ............. 344
    10.2.3. Tópico da obsessão comparativa do português com o europeu 346
    10.2.4. Tópico das estreias como signo de Europa .................. 348
    10.2.5. Estreias no século XIX ...................................... 351
    10.2.6. Comentário .................................................. 352
    10.2.7. Tópico das reformas e dos introdutores (ir e vir) ............ 353
        10.2.7.1. Itália D. João V. ................................... 353
        10.2.7.2. Itália D. José. ...................................... 354
        10.2.7.3. Marcos Portugal: paradoxos ..................... 355
        10.2.7.4. Bomtempo: Londres, classicismo e reformas ...... 357
        10.2.7.5. Germanofilia nos finais do Século XIX. .......... 358
        10.2.7.6. Viana da Mota e Luís de Freitas Branco. .......... 359
        10.2.7.7. Conclusões ........................................ 360
10.3. As Histórias do século XX ........................................... 361
    10.3.1. Relatos do século XX: 1900 até 1992 ...................... 361
        10.3.1.1. Problemáticas do nacionalismo musical .......... 361
        10.3.1.2. A caminho do presente. ........................... 362
        10.3.1.3. O impacto da escola de Darmstadt ................ 364
    10.3.2. Esboços posteriores a 1992 ................................. 364

Capítulo XI – Autores e Cânones ............................................ 371
11.1. Autores e Compositores ............................................. 371
    1.1.1. Os dilemas de Lopes-Graça. ................................. 371
    1.1.2. Alexandre Delgado: uma historiografia mítica?. ............. 384
11.3. Amostra de discursos de outros compositores ....................... 397
11.2. Ir e vir. .............................................................. 403
    11.2.1. Ir e vir: os dados ............................................ 403
    11.2.2. Análise. ..................................................... 420
11.3. Gulbenkian: centralidade e controvérsias ........................... 420
    11.3.1. Centralidade ................................................ 420
    11.3.2. Controvérsias ............................................... 423
    11.3.3. A crise na Fundação e no Serviço de Música em 1974 ....... 425
11.4. O Cânone da Gulbenkian. ........................................... 441
    11.4.1. Quadro ..................................................... 441

    11.4.2. Análise do cânone da Gulbenkian .......................... 443
  11.5. Ir e ficar: Nunes ................................................... 444
    11.5.1. Os olhares............................................... 448
    11.5.2. Entrevistas a propósito do Prémio Pessoa.................. 451
  11.6. Ir e vir: Peixinho................................................... 454
    11.6.1. Problemática de um caso exemplar......................... 454
    11.6.2. Um caso significativo: "O sucesso para quê?"................ 462
    11.6.3. Sobre a actividade do Grupo de Música Contemporânea de
       Lisboa .................................................. 463
  11.7. Análise comparada dos Encontros: Nunes e Peixinho. (Anexo I) ...... 465
  11.8. Estruturas: edições e discos ......................................... 468
  11.9. O centro e a sua hegemonia noutras esferas artísticas ............... 474
    11.9.1. Uma amostra............................................. 474
    11.9.2. O Grand Tour............................................ 475
    11.9.3. O Caso do Museu Hermitage de São Petersburgo ............ 479
    11.9.4. Art Price................................................. 481

Capítulo xii – As novas instituições e nova diversidade interna ............... 483
  12.1. Os novos intermediários culturais e as novas instituições ............ 483
  12.2. As novas instituições e suas consequências.......................... 490
    12.2.1. CCB..................................................... 490
    12.2.2. Culturgest ............................................... 493
    12.2.3. Gulbenkian depois do final dos Encontros ................. 494
    12.2.4. Teatro Nacional de São Carlos depois de 1990............... 499
    12.2.4. Casa da Música.......................................... 507
    12.2.5. Outras pequenas estruturas .............................. 513
  12.3. Conclusões ....................................................... 516

Conclusões Gerais............................................................ 521

Bibliografia................................................................. 541

Anexo I/II.................................................................. 559

# INTRODUÇÃO

Este livro decorre da dissertação de doutoramento em Sociologia da Cultura, apresentada na Universidade de Coimbra, e centra-se essencialmente na análise do carácter subalterno da música portuguesa da tradição erudita no contexto europeu. O facto empírico em si – a ausência, a subalternidade – não carece de investigação. Faz parte daquilo que é geralmente aceite como verdadeiro e, nesse sentido, não seria necessário levar a cabo uma investigação para comprovar aquilo que já se sabe, embora não seja propriamente do conhecimento comum nem a extensão nem o grau que a ausência atinge. Pude verificar casos de grande desconhecimento sobre o assunto dado o carácter de pequena tribo isolada que constitui o meio musical português. No entanto, as abordagens do problema que existem circunscreveram-se, na maior parte dos casos, à constatação do facto e a várias formas de lamento ou protesto sobre a invisibilidade. Para além de um estabelecimento documentado dos dados da ausência, tratava-se mais de levantar novas hipóteses sobre os mecanismos que a produzem, sobre os discursos que a reproduzem e, acima de tudo, sobre as relações de poder de âmbito transnacional que a sustentam.[1]

Tendo em conta, de acordo com Quivy, a importância da ruptura, que consiste precisamente em romper com os preconceitos e as falsas evidências, considera-se, nesse sentido, e seguindo o mesmo autor, que "essa ruptura só pode ser efectuada a partir de um sistema conceptual organizado, susceptível de exprimir a lógica que o investigador supõe estar na base do fenómeno" (Quivy e Campenhoudt, 2003). Essa parte do trabalho, construir um sistema conceptual, constitui os seis primeiros capítulos.

A problemática que nos propusemos investigar e analisar – a ausência da música portuguesa erudita no contexto europeu – transporta consigo todo um discurso lamentoso, que, aliás e como veremos, não é de modo nenhum exclusivo do campo musical, mas comum às diversas artes e, de certo modo, à cultura portuguesa no seu todo. Importava, por isso, em primeiro lugar, des-

---

[1] Neste sentido suspeito que, para alguns musicólogos, e compositores a temática desta tese irá parecer-lhes igualmente já conhecida. Isso poderá acontecer sobretudo àqueles que lerem só a Parte III avançando, quiçá considerando inúteis, as duas partes anteriores. Penso que é justamente à luz do quadro teórico apresentado nas primeiras partes que "aquilo que já é sabido" é formulado de um modo que lhes poderá ser completamente estranho.

crever e interpretar esses discursos, detectar os seus vários matizes, mas tentando avançar para uma outra espécie de questionamento mais amplo capaz de vir a produzir outro tipo de resposta. Aquilo que Quivy designa como preconceito e como falsa evidência consiste neste caso num conjunto de ideias feitas, de um discurso recorrente que, não obstante ter a sua base e o seu fundamento inscritos na realidade, não parecia capaz de fornecer uma análise nova, eventualmente mais profunda, da problemática antiga. Para tentar chegar a tal desígnio, o passo fundamental, de facto, consistia na organização de um sistema conceptual muito diverso daquele usual na musicologia tradicional e mesmo nas outras ciências sociais e humanas instituídas.

Esta temática está presente de várias formas nos textos dedicados à história da música portuguesa, em declarações de compositores, em entrevistas feitas a músicos tanto portugueses como estrangeiros, em declarações programáticas de instituições e ainda nas intenções inscritas nos programas dos sucessivos governos sob o lema da internacionalização da cultura portuguesa abarcando-a no seu todo. No entanto, apesar de e para além destes enunciados gerais, parecia-me que os discursos sobre essa ausência, sobre essas dificuldades nunca vencidas, não forneciam todas as respostas possíveis a uma problemática com algumas zonas de obscuridade que desafiavam o desejo analítico.

O objectivo era então ensaiar um estudo amplo do problema em articulação tanto com as visões internas da questão, muitas vezes inseridas em visões globais das relações de Portugal com a Europa, ou seja, com a sua posição geocultural em relação aos países centrais da Europa, como igualmente em articulação com o próprio modo de funcionamento do campo musical da música europeia da tradição erudita que interessava precisar. Uma das maiores dificuldades da abordagem desta problemática radicava na própria noção corrente da música como "linguagem universal", facto que, a ser verdadeiro, lançava uma maior perplexidade sobre o assunto. Seria a música portuguesa, na verdade, uma expressão artística inferior? Seria na sua falta de qualidade genérica que residiria a explicação para o facto de nenhuma peça portuguesa ter alguma vez integrado o cânone musical europeu ou, mais simplesmente, ter sido alguma vez cooptada pelo reportório corrente das salas de concertos do mundo ocidental, ou das partes do mundo onde a tradição da música "clássica", como é vulgarmente designada, está presente regularmente?

Esta hipótese, que creio ser perfilhada, à partida, por aqueles que exprimem quotidianamente o complexo de inferioridade dos portugueses ou defendem a existência de um atraso irrecuperável de Portugal de praticamente todos os pontos de vista, não me parecia suficientemente afastada dos lugares-comuns aceites e não interrogados para poder ser considerada – excepto igualmente como objecto de análise – num trabalho de carácter científico. Este tipo de discurso exprime-se muitas vezes de um modo surdo e só por vezes assume a forma escrita tal como sucedeu em grande escala, por exemplo, no século XIX e em certas partes do século XX.

No entanto, talvez o facto de eu próprio ser músico e compositor me impedisse de aceitar, de ânimo leve, uma explicação que atribuía, com a segurança antecipada que as ideias feitas sempre conferem, o estatuto de inferior ou subalterno não só a tudo aquilo que já foi feito, como àquilo que ainda está por fazer. Nesse sentido esta explicação aproximava-se de uma condenação, de uma fatalidade, de um destino ao qual não seria possível escapar. Gradualmente foi-se tornando uma evidência que os factores que eu tinha começado por sentir individual e subjectivamente como artista afectavam toda uma comunidade de artistas e, assim sendo, era imperativo ir mais além no questionamento das suas razões profundas.

Nesse sentido emergia uma pergunta fundamental: quem declarava essa presumível falta de qualidade, essa inferioridade atávica, essa irrelevância insuperável? Qual foi o Grande Júri que, ao longo dos séculos, *decidiu* o que incluir e o que excluir? Ou, ainda com mais propriedade, qual é o Grande Juiz que, ainda hoje, continua a deter o poder de o declarar?

A procura de uma resposta plausível a estas questões obrigava, por si só, a lançar vários tipos de suspeitas e novas interrogações. Qual é a forma que reveste o funcionamento do campo musical ocidental? De que forma se constituiu historicamente o cânone musical? Que estruturas institucionais, que conjuntos de valores interiorizados produzem e reproduzem determinadas formas de regulação da vida musical na Europa, no mundo ocidental e em Portugal?

A enunciação destas perguntas não fazia esquecer a extrema lentidão – várias décadas –da minha gradual percepção dos problemas e a consciência da dificuldade de simplesmente ser capaz de os formular enquanto tal, e mostrava que um especial esforço conceptual seria requerido.

O facto de se estar perante uma questão que envolvia, com toda a probabilidade, relações de poder, tanto no interior de campos nacionais como nas relações culturais transnacionais, mas também ideologias, no sentido que Luc Boltanski dá ao termo, ou seja, "um conjunto de crenças partilhadas, inscritas nas instituições, comprometidas nas acções e, por isso, ancoradas no real" (Boltanski e Chiapello, 1999: 35) obrigava a um esforço teórico de problematização muito para além dos recursos habituais usados na musicologia tradicional, ela própria, de resto, já debaixo de críticas, suspeições e revisões levadas a cabo especialmente nos países de língua inglesa desde as últimas duas décadas do século findo.

Para além disso, parecia-me importante proceder a uma investigação empírica suficientemente exaustiva que permitisse estabelecer qual era a real dimensão da ausência nos textos considerados de referência no campo musical, particularmente considerando que, a partir do ano 2000, foram sendo publicadas várias Histórias da Música do Século XX que pretendiam colocar-se num ponto de observação já privilegiado pelo facto de o século ter terminado.

Qual era realmente a presença/ausência da música portuguesa nas Histórias da Música publicadas nas línguas da Europa central – inglês, francês, alemão[2] – e de que forma se colocavam, face a esta problemática, as próprias narrativas sobre a histórica da música portuguesa? Que tipo de discursos eram produzidos sobre música portuguesa e, em particular, qual era a abordagem dos musicólogos portugueses e dos agentes activos nas programação das instituições culturais em relação à subalternidade da música que, supostamente, deveriam estudar, apoiar e programar?

A partir destas várias perguntas fui construindo o meu objecto de investigação e, simultaneamente, a teoria ou o conjunto de conceitos teóricos de várias proveniências capazes de melhor fornecer hipóteses explicativas, interpretações e respostas mais sólidas do que as ideias feitas que uma espécie de senso comum interiorizado e sobretudo naturalizado nos próprios agentes da vida musical foi fornecendo.[3]

Esta dissertação de doutoramento divide-se em três partes. A Parte I – Para uma Geopolítica da Cultura – procura estabelecer as bases teóricas fun-

---

[2] Os textos publicados em língua alemã não têm impacto em Portugal excepto quando existem traduções. Por isso neste trabalho só esses serão considerados, com excepção da mera verificação das entradas na enciclopédia *Musik Geschiste und Gegenwart*, dada a sua importância simbólica.

[3] Se me é permitido um conselho ao leitor repito que não se deixe cair na tentação de passar por cima as páginas das duas primeiras partes e avançar imediatamente para a Parte III que trata a problemática do campo musical português. Esse salto corresponde a uma nefasta e mórbida curiosidade ligada à dificuldade, enunciada por Bourdieu, para distinguir aquilo que é uma *análise* e não uma *crítica*. A parte teórica, aliás com muitas referências à temática central, não foi escrita apenas para preencher os requisitos de cientificidade mas constitui em si a chave para fazer uma tal distinção.

damentais que permitem enquadrar e interpretar a problemática abordada. Assim, no capítulo I "Poder/saber, o campo da produção cultural, o sistema-mundo na actual fase da globalização" apresenta-se um conjunto de conceitos derivados das contribuições de Foucault, Bourdieu, Wallerstein, Santos e Jameson sobre a constelação poder/saber, o campo de produção cultural, o sistema-mundo e a globalização, conforme os respectivos autores. A ideia de poder/saber como ponto de partida, o poder/saber no campo cultural e o poder/saber no mundo. O capítulo II, "Pós-colonialismo crítico e os lugares de enunciação", percorre genericamente o impacto das teorias pós-coloniais no que se refere à localização da cultura, à discussão do eurocentrismo que suscitou e à especificidade da situação ibérica nesse contexto. No capítulo III, "Ocidentalismo e a sociologia das ausências de Boaventura de Sousa Santos", o procedimento sociológico proposto pelo autor, fulcral nesta análise, é tratado com algum detalhe. Os três primeiros capítulos apresentam assim os utensílios teóricos e conceptuais de base da dissertação.

A Parte II – Musicologia(s) – subdivide-se em dois capítulos. No capítulo IV analisa-se a formação do cânone musical ocidental de acordo com os recentes estudos sobre o assunto e percorre-se a problemática fundamental do actual questionamento do cânone por parte de alguns autores de língua inglesa com base em contribuições teóricas provenientes do que designam por pós-estruturalismo, dos estudos feministas e dos estudos pós-coloniais. No capítulo V estabelece-se o conceito de subcampo contemporâneo, a partir da noção usada por Bourdieu e de estudos de Pierre-Michel Menger, como lugar de enunciação específico e localizado do ponto de vista geocultural, sobretudo depois de 1945, em relação ao qual se concretiza a ausência da música portuguesa. Neste capítulo foi necessário proceder a uma considerável investigação empírica para concretizar os termos em que o subcampo contemporâneo produz e reproduz a sua centralidade, quais são as suas rotinas, os seus valores e os seus processos de exclusão implícitos.

Na Parte III – Para uma Sociologia da Ausência da Música Portuguesa – o capítulo VI "Hipóteses de trabalho e metodologia" descreve as hipóteses de trabalho, entretanto formuladas com vista a orientar a necessária confirmação ou o desmentido resultante da investigação e passa em revista a metodologia adoptada, as técnicas de investigação centradas sobretudo na análise documental. No capítulo VII, "Excurso auto-reflexivo e a tripla subjectividade", trato, em primeiro lugar, do conjunto de problemas colocados pelo facto de o próprio investigador ser agente activo no campo musical de duas formas – músico e compositor – e de que modo essa tripla subjectividade

– as do artista, ele próprio cindido, e a do investigador – se foi exprimindo ao longo dos anos de trabalho. Este segundo aspecto, o conflito latente entre subjectividades em busca de uma objectividade possível, é descrito a partir de notas próximas de um diário de campo onde registei perplexidades, dúvidas e inevitáveis angústias decorrentes dessa problemática sujeito/objecto. No entanto, dentre as decorrências dessa inserção no campo analisado tanto surgia uma aparência de dificuldade intransponível como, por outro lado, uma ilusão eventual de, sendo agente, sendo um *insider*, poder igualmente reclamar, de algum modo, uma posição de privilégio participante em busca da sua própria objectivação enquanto observador.

O capítulo VIII – "Como analisar Portugal neste contexto teórico?" – aborda um conjunto de problemáticas relacionadas com a cultura portuguesa e as suas relações com a Europa a partir principalmente das análises de Eduardo Lourenço e de Boaventura de Sousa Santos sobre a sociedade portuguesa e procura-se constituir um quadro que permita vislumbrar relações entre a problemática da cultura portuguesa em geral e a problemática específica do campo musical português. Se estes debates sobre a cultura portuguesa tem sido objecto de vários estudos o mesmo não se pode dizer sobre idêntico debate sobre o campo musical. O facto da música portuguesa da tradição erudita não ter sido até hoje objecto de reflexão teórica num plano comparável, tornou necessário partir das discussões gerais sobre a cultura portuguesa (ou dos portugueses) e ensaiar uma verificação de homologias possíveis entre as reflexões produzidas em geral e este campo artístico particular.

Os quatro capitulos seguintes apresentam as dados recolhidos pela investigação empírica e análises dos seus resultados vistos em relação às hipóteses de trabalho. Em primeiro lugar, no capítulo IX, "A ausência: graus do enunciado", era importante verificar o grau e a extensão da ausência das publicações de língua inglesa e francesa, praticamente as únicas usadas no ensino musical em Portugal dando especial atenção às obras traduzidas em português. De seguida, no capítulo X, "Discursos e histórias de uma não história", procede-se a uma apresentação e análise dos discursos produzidos pelos agentes activos no campo musical especialmente nas histórias da música portuguesa, nos escritos e declarações de musicólogos e em textos dispersos publicados sobre o assunto. No capítulo XI, "Autores e cânones", estuda-se com maior detalhe os autores e compositores e as suas tomadas de posição relativamente à situação da ausência externa e interna, consideram-se alguns casos singulares e/ou exemplares e procede-se a uma investigação das práticas das instituições culturais mais importantes no campo musical em Portugal no que respeita à sua relação com a criação dos compositores como no que respeita ao seu papel duplo como promotores da criação musical em Portugal e, ao mesmo tempo, representantes locais da dominação hegemónica dos cânones musicais. Finalmente, no capítulo XII, "As novas instituições culturais e a nova diversidade interna" considera-se o impacto das novas instituições culturais surgidas a partir de 1990 e algumas das suas consequências.

Durante os capítulos anteriores procede-se, ponto a ponto, a várias conclusões parcelares ou parciais, muitas vezes distribuídas ao longo dos capítulos e dos vários excursos. Nas "Conclusões Gerais", não pretendi repetir todas as conclusões que foram sendo retiradas ao longo dos diversos capítulos, apesar da sua importância. Por estas razões procurei antes proceder a uma problematização global – *in media res* – resultante da soma das conclusões anteriores, apresentar uma interpretação possível da permanência dos factores que produzem a exclusão e tentar pôr em relevo alguns aspectos nos quais se podem talvez vislumbrar factores possíveis de transformação embora ainda incipientes, instáveis ou inseguros. A evolução futura da dialéctica entre os factores de permanência e continuidade e os factores emergentes está em aberto, embora a sua concretização pela via da transformação da até agora reduzida capacidade de instalar uma política de trocas culturais transnacionais que passe por uma prática de *tradução*, no sentido lato ou metafórico, das expressões artísticas subalternas, com vista a retirá-las da submissão às grandes narrativas ainda amplamente dominantes no campo musical e permitir-lhes ter voz no concerto global.

PARTE I

# Para uma geopolítica da cultura

# CAPÍTULO I
# PODER/SABER, O CAMPO DA PRODUÇÃO CULTURAL, O SISTEMA-MUNDO NA FASE DA GLOBALIZAÇÃO

**Introdução**
Uma das tarefas principais de uma investigação nas ciências sociais é a construção, em paralelo, tanto do objecto da análise, identificável numa pergunta e numa problemática, como da teoria analítica e da metodologia adequada à plena possibilidade da sua interpretação. Nesse sentido, nem a teoria antecede o objecto nem o objecto antecede a teoria. Verifica-se um permanente ir-e-vir entre as duas componentes. Neste caso, a definição dos conceitos capazes de iluminarem a temática da ausência da música portuguesa, a articulação entre si e em relação ao objecto, a gradual descoberta do carácter operativo dos conceitos em relação ao objecto complexo ocorreram em simultâneo com o aparecimento de aspectos insuspeitados no material empírico associado à temática.

Aquilo que por vezes é designado por imaginação sociológica talvez consista justamente nesse processo, longo, trabalhoso mas necessário de integração progressiva entre determinados conceitos preexistentes, julgados úteis para esclarecimento da problemática, e aparições, por vezes fulgurantes, provenientes do material empírico que, de algum modo, forçam a busca de outros conceitos capazes de fornecerem hipóteses explicativas para zonas de penumbra.

A ausência da música portuguesa no contexto europeu constitui de certo modo um dado à partida, embora a sua dimensão e o seu alcance nem sempre sejam óbvios. Mas essa questão surge em vários textos, é referida como problema por vários autores e é verificável empiricamente sem grandes dificuldades. Não é aí, portanto, que se centra esta investigação. Partir desse dado e constituir uma problemática diversa, capaz de gerar novas perspectivas analíticas, era assim o ponto-chave da investigação. Não se tratava de confirmar a ausência, praticamente indiscutível embora muitas vezes oculta, mesmo entre os próprios agentes do campo musical, mas antes de a estudar numa perspectiva relacional alargada ao campo europeu visto como lugar de um determinado tipo de hegemonia; tentar inseri-la num quadro de relações de forças, de poder/saber, amplamente sedimentadas quer nos agentes, quer nas instituições activas no funcionamento de um campo artístico. Estudá-la igualmente de acordo com uma visão histórica do sistema-mundo – na fase actual do capitalismo global – à luz de novas teorias capazes de ultrapassar as perspectivas, sem dúvida importantes, pós-modernas e pós-coloniais, para chegar a um entendimento, através de homologias de vária natureza, dos processos históricos e ideológicos que sustentam, explicam e reproduzem a ausência. Estudar, por isso, os dados empíricos da ausência, a sua dimensão e os discursos correntes através de uma grelha analítica e epistemológica mais produtiva e imaginativa, em última análise, tentar ultrapassar a quase invisibilidade do problema da invisibilidade.

Passaremos à descrição das várias contribuições teóricas – por uma ordem que não coincide cronologicamente com a sua entrada ou adopção no quadro teórico – a que finalmente fomos chegando. Aborda-se em primeiro lugar o conceito de discurso proposto por Foucault, ou seja, enquanto prática que regula, organiza e reproduz a realidade que descreve (cf. Foucault, 2005) e a constelação poder/saber como articulação permanente entre o exercício de qualquer poder e de qualquer saber ou, por outras palavras, o facto de não haver nunca um poder que não pressuponha um saber, nem um saber que não se traduza numa forma de poder. (cf. Foucault, 1980). Para Foucault, trata-se de "procurar as instâncias de produção discursiva (que evidentemente também administram silêncios), de produção de poder (que às vezes tem por função interdizer), de produção de saber (as quais, muitas vezes, fazem circular erros ou ignorâncias sistemáticas)"[4] (Foucault, 1994a: 18). Segundo o autor "é efectivamente no discurso que poder e saber se vêm articular" (*ibid.*: 103) ideia fulcral que deve permanecer sempre presente ao longo da leitura de todo este trabalho.

## 1. Foucault: poder/saber e discurso

### 1.1. Trabalho negativo sobre as unidades recebidas

Com vista a proceder à sua análise dos discursos Foucault, em *A Arqueologia do Saber*, (Foucault, 2005) considera necessário levar a cabo todo um trabalho negativo em relação a uma série de noções como tradição, influência, desenvolvimento, evolução e, mesmo, livro e obra que, na sua perspectiva, surgem na história das ideias – que pretende superar – como obstáculo ao uso de con-

---

[4] Todas as traduções são minhas, excepto quando são usadas edições portuguesas.

ceitos como descontinuidade, ruptura, limiar e transformação. Assim, a noção de tradição, para Foucault, permite "isolar as novidades sobre um fundo de permanência e transferir o seu mérito para a originalidade, para o génio, para a decisão própria dos indivíduos" (*ibid*.: 49). A noção de influência fornece suporte para descrições de transmissão e comunicação através do tempo, de unidades como indivíduos e obras; as noções de desenvolvimento e evolução, intimamente ligadas, "permitem reagrupar uma sucessão de acontecimentos dispersos e remetê-los para um só e mesmo princípio organizador" e "descobrir já na obra, em cada começo, um princípio de coerência e esboço de unidade futura". Uma vez que entre fenómenos simultâneos ou sucessivos de uma época dada se estabelece "uma comunidade de sentido" e "laços simbólicos", Foucault considera que é necessário pôr em questão essas sínteses já feitas, "esses agrupamentos que habitualmente se admitem antes de qualquer exame, esses laços cuja validade é reconhecida desde o início". (*ibid*.: 50)

O esforço de suspensão destas unidades aumenta em relação "às que se impõem de maneira mais imediata: as de livro e de obra". Para Foucault, a unidade de um livro é variável e relativa: "assim que a interrogamos, perde a sua evidência; não se indica a si própria, não se constrói senão a partir de um campo complexo de discursos" (*ibid*.: 51). Admitindo que a noção de obra coloca ainda mais dificuldades, Foucault considera, não obstante, que semelhante unidade, longe de ser imediatamente dada, é constituída por uma operação interpretativa e que "a obra não pode ser considerada nem como uma unidade imediata, nem como uma unidade certa nem como uma unidade homogénea" (*ibid*.: 52-53).

Do mesmo modo, Foucault põe em questão a busca implícita de uma origem secreta existente para além de todo o começo aparente: "seríamos fatalmente reconduzidos através da ingenuidade das cronologias em direcção a um ponto indefinidamente recuado" e "igualmente o facto de todo o discurso manifesto repousar secretamente sobre um já dito" (*ibid*.: 53). Aquela busca "vota a análise histórica do discurso a ser busca e repetição de uma origem que escapa a toda a determinação histórica" e o motivo do já dito, onde repousam as noções de tradição, influência e obra acaba por ser, para o autor, "interpretação ou escuta de um já dito que seria ao mesmo tempo um não-dito". Ao contrário, Foucault procura tratar o discurso "no jogo da sua instância". Para Foucault "o apagamento sistemático das unidades já dadas permite [...] restituir ao enunciado a sua singularidade de acontecimento" e mostrar que a descontinuidade "está presente já no simples facto do enunciado" (*ibid*.).

O esforço de questionamento das unidades recebidas, acompanhadas das várias noções referidas, expostas por Foucault, é um objectivo a prosseguir infatigavelmente neste trabalho, de tal modo a sua presença se faz sentir nas narrativas tradicionais das histórias da música e nos vários tipos de discursos que lhes estão associados. Foucault sublinha o modo como as práticas discursivas formam os objectos e os sujeitos das formações discursivas e procura estabelecer a diferença entre enunciados bem formados gramaticalmente e o que é de facto dito em lugares e tempos particulares. Discursos são então práticas que sistematicamente formam os objectos dos quais falamos e consistem em regras de formação historicamente específicas que determinam a diferença entre enunciados bem formados gramaticalmente e "o que é de facto dito" em lugares e tempos particulares. (cf. Foucault, 1991a: 63).

Não nos interessa aqui desenvolver a análise da concepção *quasi* estruturalista do discurso[5] que Foucault prossegue em *A Arqueologia do Saber* mas antes considerar a suspensão deste conjunto de ideias recebidas e não interrogadas.[6] Essa suspensão permite encontrar fissuras, descobrir descontinuidades, formular questões sobre tudo aquilo que nos é dado como *natural*, *indiscutível* ou, mesmo, *eterno*. Como veremos o campo musical é um terreno onde tais aspectos recebidos se multiplicam. Nos escritos posteriores, geralmente considerados da sua fase genealógica, Foucault irá preocupar-se mais com a maneira como os discursos estão associados a e formam as relações sociais e as instituições. Em todo o caso, mesmo em *A Arqueologia do Saber* se podem ler já exemplos deste tipo de relação: "Quem fala? Quem, no conjunto de todos os indivíduos falantes, está autorizado a sustentar este tipo de linguagem? Quem é o seu titular? [...] Qual é o estatuto dos indivíduos que têm – e só eles –o direito regulamentar ou tradicional, juridicamente definido ou espontaneamente aceite, de proferir semelhante discurso?" (Foucault, 2005: 83). Para o autor, o estatuto em questão comporta critérios de competência e de saber; instituições, sistemas, normas pedagógicas e condições legais; um

---

[5] A análise do discurso tem vindo a desenvolver-se em várias direcções, mais ou menos próximas, ou mais ou menos distantes, do trabalho de Foucault. Sobre algumas destas orientações ver Pedro (1997), Torfing (1999), Andersen (2003), Howard (2000), Pedro, 1997, Van Dijk (1993), Howard *et al* (2000) Chouliraki (1999), Fairclough (1982), e ainda Laclau e Mouffe (1985).

[6] Como exemplo de uma leitura/estudo das teorias de Foucault deste período, ver Said (1972).

papel reconhecido segundo o exercício de profissões ou de funções. Foucault sustenta que "é necessário descrever as posições institucionais a partir das quais" um agente "sustenta o seu discurso, e onde este descobre a sua origem legítima e o seu ponto de aplicação". Refere ainda aquilo que designa como biblioteca "ou o campo documental que compreende não só os livros ou os tratados, tradicionalmente reconhecidos como válidos, mas também o conjunto dos relatórios e observações publicados e transmitidos"(*ibid.*: 84). Este questionamento dos processos que conduzem à autoridade de quem fala e da sua relação com um investimento ou reconhecimento social dessa autoridade será desenvolvido posteriormente por Bourdieu. (cf. Bourdieu, 1998c)

Numa formulação posterior, mas que me parece constituir um alargamento de âmbito mais geral deste questionamento do recebido, Foucault afirma que devemos interrogar "naquilo que nos é dado como universal, necessário, obrigatório, qual é lugar ocupado pelo que é singular, contingente e produto de constrangimentos arbitrários" (Foucault, 1994c: 573). Foucault procura assim levar a cabo "uma crítica prática que tome a forma de uma possível transgressão [...], uma investigação sobre os acontecimentos que nos levaram a constituirmo-nos e reconhecermo-nos como sujeitos do que fazemos, pensamos e dizemos". Para ele, este será um modo de "dar um novo ímpeto ao trabalho indefinido da liberdade" (*ibid.*: 574).[7]

## 1.2. Sobre o conhecimento subalterno

Um dos aspectos mais importantes dessa nova abordagem traduz-se no interesse pelos conhecimentos subjugados e o papel da genealogia no seu resgate. Trata-se de retirar conhecimentos menosprezados, locais, "menores", da sua sujeição às grandes teorias e permitir-lhes capacidade de oposição. Na conferência de 7 de Janeiro de 1976 no Collège de France, Foucault afirmava: "por saberes subjugados quero designar conteúdos históricos que foram sepultados, mascarados por coerências funcionais ou sistematizações formais" e, mais adiante, "toda uma série de saberes que foram desqualificados como saberes não conceptuais, como saberes insuficientemente elaborados, saberes ingénuos, hierarquicamente inferiores, saberes abaixo do nível de

---

[7] Este artigo de Foucault foi objecto de um capítulo de Jürgen Habermas (1991) e uma recolha de vários textos do debate Foucault/Habermas pode-se encontrar em Kelly (1994). Os dois autores acabam por admitir um conhecimento relativamente tardio um do outro embora as suas divergências, sobretudo de carácter filosófico, em torno dos conceitos de poder, de razão e de modernidade sejam indesmentíveis.

conhecimento ou da cientificidade requerida" (Foucault, 2000: 11). Prosseguindo afirma: "é este saber a que chamaria o "saber das pessoas" que não é de modo nenhum um saber comum, um bom senso, mas, pelo contrário, um saber particular, um saber local, um saber diferencial, incapaz de unanimidade [...] é pela reaparição destes saberes locais das pessoas, deste saberes desqualificados que a critica faz o seu trabalho" (*ibid.*: 12). Para Foucault a crítica pode fazer reaparecer esses conhecimentos pelos meios da erudição.

Segundo Foucault, o que emerge do conceito de saberes subjugados é uma multiplicidade de investigações genealógicas. Para o autor, genealogia é "a união do conhecimento erudito e memórias locais que nos permitem estabelecer um conhecimento histórico de lutas e fazer uso deste conhecimento hoje" (*ibid.*). Para chegar a este objectivo há a condição obrigatória de que "a tirania dos discursos globalizantes com a sua hierarquia e todos os seus privilégios de uma teoria de vanguarda sejam eliminados" (*ibid.*). Para Foucault trata-se de considerar "as chamadas de atenção dos conhecimentos locais, descontínuos, ilegítimos, contra as proclamações de um corpo unitário de teoria o qual os iria filtrar, hierarquizar e ordenar em nome de algum conhecimento verdadeiro e de alguma ideia arbitrária do que é que constitui uma ciência e os seus objectos" (*íbid.*: 85). Assim, "uma genealogia deveria ser vista como um tipo de tentativa para emancipar conhecimentos históricos dessa sujeição" para os tornar capazes de oposição. É baseada numa reactivação de conhecimentos locais – conhecimentos menores, como diria Deleuze – em oposição à hierarquização científica dos saberes e aos efeitos intrínsecos ao seus poderes. [...] então a arqueologia seria a metodologia apropriada para esta análise das discursividades locais e a genealogia seria a táctica pela qual, na base das descrições destas discursividades locais, o conhecimento subjugado então liberto seria trazido ao jogo" (*ibid.*).

### 1.3. A constelação poder/saber
Um dos aspectos mais importantes e mais difíceis de desocultar e de desvendar na temática sob investigação prende-se com tornar evidente a articulação entre um saber instituído veiculado pelos discursos correntes nas instituições de ensino musical, nos discursos dos musicólogos sobre a história da música, dos programadores e dos responsáveis culturais e da crítica nos espaços públicos e um poder que atravessa todas essas práticas de vários modos. As teorias de Michel Foucault abriram uma série de caminhos de grande invenção e o seu impacto é patente, como veremos adiante, nos musicólogos de língua inglesa da chamada Nova Musicologia.

Quando Foucault afirma que os poderes do Estado são apenas as formas terminais que o poder assume está a sublinhar a existência de muitas outras formas de poder que circulam na sociedade, poder exercido a partir de instituições disciplinares – públicas ou privadas, escolas, hospitais, quartéis, prisões, famílias e fábricas, aquilo que se designa habitualmente como poder disciplinar, segundo regras, princípios e mecanismos totalmente autónomos do Estado.

Antes de abordar brevemente a descrição muito sistemática que Foucault apresenta em *A Vontade de Saber* talvez seja mais útil passar em revista alguns pontos da sua aula no Collège de France em 14 de Janeiro de 1976 a que se refere como precauções de método. Para Foucault trata-se de apreender o poder pelas suas extremidades; tomar o poder nas suas formas mais regionais, mais locais, onde ele se prolonga, se investe em instituições, se consolida nas técnicas (Foucault, 2000). Não se trata de perguntar quem tem o poder afinal mas antes estudar o poder no ponto em que está em relação directa e imediata com o seu objecto, o seu alvo, o seu campo de aplicação, no ponto em que ele se implanta e produz os seus efeitos reais. (*ibid.*: 33) Além disso, não tomar o poder como maciço e homogéneo – "dominação de um individuo sobre os outros, de um grupo sobre os outros, de uma classe" (*ibid.*: 35) – mas como uma coisa que *circula*, que só funciona em cadeia, que se exerce em *rede*. Finalmente propõe uma análise de baixo para cima "a partir dos mecanismos infinitesimais, os quais têm a sua própria história, o seu próprio trajecto, a sua própria técnica e táctica". Para Foucault trata-se de "ver como esses mecanismos de poder que têm a sua tecnologia própria são investidos, colonizados, utilizados, inflectidos, transformados, estendidos, etc." (*ibid.*: 36).

Qual é então o seu conceito de poder? Em *A Vontade de Saber* Foucault afirma:

> por poder parece-me que se deve compreender, em primeiro lugar, a multiplicidade de relações de força imanentes ao domínio em que se exercem e constitutivas da sua organização; o mecanismo que por via de lutas e de confrontos incessantes as transforma, as reforça, as inverte; os apoios que essas relações de força encontram umas nas outras, de maneira a formarem cadeia ou sistema, ou, pelo contrário, os desfasamentos, as contradições que as isolam umas das outras; por fim, as estratégias em que se efectuam e cujo desenho geral ou cristalização institucional tomam corpo nos aparelhos estatais, na formulação da lei, nas hegemonias sociais [Foucault, 1994a: 95].

Foucault insiste que não há um ponto central, um centro único de soberania mas antes relações de força permanentes mas sempre locais e instáveis. O poder é omnipresente "porque se produz a cada instante, em todos os pontos, ou antes em todas as relações de um ponto com outro". Além disso, prossegue "tem de se ser nominalista: o poder não é uma instituição e não é uma estrutura, não é um certo poder de que alguns seriam dotados – é um nome que se atribui a uma situação estratégica complexa numa determinada sociedade" (*ibid.*: 96). Mais adiante afirma que "as grandes dominações são os efeitos hegemónicos que a intensidade de todos estes confrontos continuamente sustenta" (*ibid.*: 97).

Segundo Deleuze, "as grandes teses de Foucault sobre o poder (...) desenvolvem-se em três rubricas: o poder não é essencialmente repressivo (uma vez que 'incita', 'suscita', 'produz'); exerce-se antes de se possuir (porque só se possui sob uma forma determinável, classe, ou determinada, Estado); o poder passa tanto pelos dominados como pelos dominantes (porque passa por todas as forças em relação)" (Deleuze, 2005: 98). Para Deleuze "qualquer relação de forças é uma 'relação de poder' e "a força nunca existe no singular, pertence à sua essência estar em relação com outras forças, de tal modo que qualquer força é já relação, ou seja, poder" (*ibid.*: 97). O conceito de *dispositivo* é proposto por Foucault para definir este "agrupamento resolutamente heterogéneo composto por discursos, instituições, estruturas arquitecturais, decisões políticas, afirmações científicas, leis, medidas administrativas, proposições filosóficas, morais e filantrópicas. Em suma, o dito e o não-dito, estes são os elementos do dispositivo: a rede que pode ser estabelecida entre estes elementos" (Foucault, 1994b). Rabinow e Rose sublinham que "Foucault viu os elementos de um dispositivo como ligados e desligados por uma estratégia lógica e uma economia de dominação táctica operando sobre um fundo de formações discursivas" e, deste modo, "o dispositivo incorpora uma espécie de bricolage estratégica articulada por uma colectividade social identificável. Funciona para definir e regular objectivos através de uma economia mista de poder e saber" (Foucault, 2003: xvi). É de sublinhar finalmente que para Foucault não basta uma boa conceptualização, sendo forçoso conhecer as condições históricas que motivaram a nossa conceptualização. É necessária uma consciência histórica da nossa presente circunstância (*cf.* Dreyfus e Rabinow, 1982).

## 1.4. Alargamento geopolítico do conceito de poder

A importância da concepção de poder de Foucault é inegável, mas devemos considerar as posições de Boaventura de Sousa Santos que lhe assinalam limites e lhe prolongam o alcance geopolítico, como se tornará patente mais adiante neste trabalho. Como vimos, para Foucault o poder tem duas formas: o poder do Estado e o poder disciplinar. Mas, segundo Boaventura de Sousa Santos, "Foucault sobrevaloriza a incompatibilidade mútua entre as duas formas de poder ignorando assim as complexas circulações de sentido e possíveis cumplicidades, articulações e interpenetrações entre elas" (Santos, 2000: 246). E prossegue: "embora Foucault tenha razão em salientar formas de poder fora do estado e considerá-las de natureza tão política quanto a do poder estatal também vai demasiado longe na afirmação da dispersão, do acentrismo e da fragmentação delas". Para Santos "o poder nunca é exercido numa forma pura e exclusiva, mas sim como uma formação de poderes, isto é, como uma constelação de diferentes formas de poder combinadas de maneiras específicas" (*ibid.*).

Boaventura de Sousa Santos propõe uma outra concepção de poder: "A um nível muito geral o poder é qualquer relação social regulada por uma troca desigual. É uma relação social porque a sua persistência reside na capacidade que ela tem de reproduzir desigualdade mais através da troca interna do que por determinação externa" (*ibid.*: 248). Para Santos há que considerar "o facto de a desigualdade material estar profundamente entrelaçada com a desigualdade não material, sobretudo com a educação desigual, a desigualdade das capacidades representacionais, comunicativas e expressivas, e ainda a desigualdade de oportunidades e de capacidades para organizar interesses e para participar autonomamente em processos de tomadas de decisão significativas". Para o autor medir a desigualdade de uma *troca desigual* não é tarefa fácil, sobretudo porque "as relações de poder não ocorrem isoladas, mas em cadeias, em sequências, em constelações (*ibid.*).

Esta posição de Santos estabelece uma ligação entre desigualdades materiais ou imateriais de diversos níveis e o poder, quer nas suas formas institucionais, quer do Estado, nas suas forma jurídicas, quer disciplinares no sentido foucaultiano ou nas formas mistas antes referidas. Como forma de interpenetração subtil entre os diversos poderes pode-se considerar, por exemplo, que um decreto-lei produzido pelo Estado, destinado a regular determinada funcionamento de uma área cultural ou determinado aspecto do ensino, vem a ter consequências na produção de uma supremacia ou mesmo hegemonia de uma ou outra corrente dessa área e, por sua vez, essa hegemonia pode traduzir-se e reproduzir-se tanto numa prática de uma instituição independente do Estado, como num tipo de sedimentação "ideológica" no seio dos agentes. Mas este processo pode iniciar-se e prosseguir de maneira inversa culminando na legislação estatal de uma prática iniciada no seu exterior. Existe um permanente ir e vir entre os poderes do Estado e os poderes disciplinares, e o poder, nas suas várias formas, funciona sempre em redes, em constelações horizontais ou verticais.

Esta concepção de poder, mais ampla e relacional do que a foucaultiana, estará na base dos desenvolvimentos teóricos posteriores levados a cabo por Boaventura de Sousa Santos quer no que respeita à modernidade europeia dos países centrais quer em relação às relações globais entre Norte e Sul, entre centros e periferias, mesmo quando estão situadas, de diversas formas e configurações, no interior da Europa. Para Santos a Europa não é vista de forma monolítica, ao contrário do que é usual encontrar, tanto nas abordagens pós-modernas como nas pós-coloniais. Há várias Europas e esse é um ponto fulcral a que voltaremos no capítulo III.

Iremos assumir aqui que as teorias de Foucault e Bourdieu contêm mais continuidades e complementaridades do que descontinuidades ou divergências.[8] Iremos apresentar de seguida alguns aspectos das teorias de Bourdieu mais relevantes para esta investigação.

## 2. Bourdieu: poder simbólico e os campos de produção cultural

Talvez mais do que qualquer outro sociólogo, Bourdieu publicou inúmeros trabalhos sobre o campo de produção cultural.[9] Para além disso, mesmo noutros trabalhos do autor se encontram conceitos que podem ser utilizados através de analogias: "a transferência de conceitos de um campo para outro possui um eminente valor heurístico" (Bourdieu, 1994: 18). Iremos passar em revista os conceitos que nos parecem ricos de potencial analítico e mais adequados para esta investigação particular.

---

[8] Sobre esta perspectiva, ver Garcia (1999) e Cronin (1996: 55).
[9] Devem considerar-se igualmente os importantes trabalhos de Raymond Williams e Howard Becker. Ver Williams (1975) e Becker (1984). Para uma problematização de alguns conceitos de Bourdieu e uma aplicação ao campo literário português ver Ribeiro, A. S. (1997).

## 2.1. Capital simbólico, poder simbólico, doxas

Em Bourdieu, a palavra simbólico aparece associada com frequência a várias expressões como formas simbólicas, violência simbólica, capital simbólico e poder simbólico. Há "simbólico" simplesmente porque os agentes sociais têm representações sociais do mundo, do seu mundo e da sua posição no mundo. A violência simbólica é definida por Bourdieu como "todo o poder de impor significações e de as impor como legítimas, dissimulando as relações de força que são o fundamento da sua força" (Bourdieu, 1970: 18). Este poder de impor significações, de produzir crenças e legitimidade, sendo oculto, dissimulado, invisível, acaba por se concretizar sem ser percepcionado como tal. Numa obra mais tardia, *Meditações Pascalianas*, Bourdieu regressará à mesma questão no que se refere à "produção de crença sobre o mundo social, nomeadamente sobre o facto de este ser percebido, percepcionado por todos (ou quase) como 'natural' ou como 'normal' ". Para Bourdieu, os dominados colaboram, sem o saber e sem o querer, na sua própria dominação, e esse facto diz respeito ao próprio fundamento das sociedades e aos mecanismos pelos quais se produzem as crenças (Bourdieu, 2003: 257).

Para Bourdieu, *doxa* será tudo aquilo que se apresenta como natural, que não é interrogado, que *é taken for granted*, expressão inglesa que o autor usa frequentemente. A aceitação destas formas de violência simbólica, das *doxa*s, traduz-se em actos de submissão às ideias feitas: "Quando os dominados aplicam àquilo que os domina esquemas que são o produto da dominação ou, noutros termos, quando os seus pensamentos e as suas percepções são estruturados de acordo com as próprias estruturas da relação de dominação que lhes é imposta, os seus actos de conhecimento são inevitavelmente actos de reconhecimento, de submissão" (Bourdieu, 1998: 19). Pode assim dizer-se que essa submissão não é reconhecida como tal pelos agentes, está naturalizada de várias formas e por isso surge aos seus olhos como, simplesmente, conhecimento do mundo. Por isso, para Bourdieu, se uma dominação não é eterna nem impossível de transformar, a luta pela mudança será travada a nível das categorias de pensamento: "há sempre lugar para uma luta cognitiva sobre o sentido das coisas do mundo" (*ibid.*). O que está em causa é a relação e a interacção entre a realidade e a representação da realidade. A representação que os indivíduos fazem do espaço social é, ela própria, produzida na e pela estrutura desse espaço. Quando uma representação é aceite passa a funcionar como capital simbólico: "Toda a diferença reconhecida, aceite como legítima, funciona por isso mesmo como um capital simbólico produzindo um lucro de distinção." Assim, o capital simbólico é o produto de uma relação entre, por um lado, as propriedades distintas e distintivas e, por outro lado, o reconhecimento dessas propriedades pelos agentes sociais. Ainda noutra passagem: "o mundo social não pode ser reduzido a uma pura física social porque é objecto de representações sociais que fazem parte da realidade social e contribuem para a fazer" (Bourdieu, 1978a: 16).

Também em *Meditações Pascalianas*, Bourdieu escreve: "O mundo social é por isso ao mesmo tempo o produto de, e o que está em causa nas lutas simbólicas inseparavelmente cognitivas e políticas pelo conhecimento e reconhecimento nas quais cada um persegue não somente a imposição de uma representação vantajosa de si [...] mas também o poder de impor como legítimos os princípios de construção da realidade social mais favoráveis ao seu ser social" (Bourdieu, 2003: 270).

Por isso, "é necessário sociologizar a análise fenomenológica da *doxa* como submissão indiscutida ao mundo quotidiano, não simplesmente para estabelecer que ela não é universalmente válida para qualquer sujeito que apreende e que age, mas também para descobrir que, quando ela se realiza em certas posições sociais, nomeadamente nos dominados, ela representa a forma mais radical de aceitação do mundo tal como ele é, a forma mais absoluta do conformismo". (Bourdieu, 1992: 53) Nas *Meditações Pascalianas* o autor insiste: "Nada é mais dogmático, paradoxalmente, que uma *doxa*, conjunto de crenças fundamentais que não têm sequer necessidade de se afirmar sob a forma de um dogma explícito e consciente de si" (Bourdieu, 1998a: 13) Para se verificar este dogmatismo cego é indispensável segundo o autor "a ignorância, mais ou menos triunfante, desta ignorância e das condições económicas e sociais que a tornam possível" (*ibid.*: 14). Para o nosso trabalho é relevante a importância reiterada que o autor atribui em diversos livros à diferença entre conceitos substanciais e conceitos relacionais ou funcionais. Nesse sentido "o modo de pensamento substancialista, que é o do senso comum [...] trata as práticas de certos indivíduos ou de certos grupos de uma certa sociedade num certo momento, como propriedades substanciais, inscritas de uma vez por todas como numa espécie de essência biológica ou – o que não é melhor – cultural" (Bourdieu, 1997: 137). No entanto acrescenta que o discurso herético do cientista social não só tem de contribuir para quebrar a adesão ao mundo do sentido comum mas também deve tentar "produzir um novo sentido comum" (*ibid.*).

A posição de Bourdieu sublinha radicalmente a inserção histórica – num dado momento do tempo – e espacial – num espaço social determinado – tanto quanto se apresenta como anti-essencialista, ou seja, evitando qualquer predisposição para aceitar ou procurar propriedades ou características intrínsecas, essenciais ou "eternas" nas coisas e nas culturas.

## 2.2. *Habitus* e campo

Os conceitos de *habitus* e de campo resultam do esforço teórico de Bourdieu para dotar a análise sociológica do campo cultural de instrumentos mais aptos do que, por um lado, os deterministas de proveniência marxista ou os estruturalistas que de algum modo congelavam a possibilidade de considerar a capacidade de acção dos agentes, ou, por outro, das teorias da autonomia da arte que privilegiavam as análises internas das obras.[10] No *Esboço de uma teoria da prática*, Bourdieu apresenta a sua definição de *habitus*: "sistemas de disposições duradouras, enquanto estruturas estruturadas predispostas a funcionarem como tal, ou seja, enquanto princípio de geração e de estruturação de práticas e de representações que podem ser objectivamente reguladas e reguladoras sem em nada serem o produto da obediência cega a regras" (Bourdieu, 2000).

O modelo analítico de Bourdieu reintroduz no estudo do campo cultural, através do conceito de *habitus*, o agente, a capacidade de acção do agente, mas evita as concepções românticas do artista criador, como tal, produtor de obras apenas passíveis de análises internas e formalistas. Bourdieu afirma que pensar em temos de campo é pensar relacionalmente: "o que existe no mundo são relações objectivas que existem independentemente das consciências e das vontades individuais" (Bourdieu, 1992: 72). Para ao autor, um campo é uma configuração de relações entre posições definidas objectivamente e nas determinações que impõe aos seus ocupantes – agentes ou instituições – pela sua situação actual e potencial nas estrutura da distribuição das diferentes espécies de poder ou de capital. O economicismo marxista partia da assunção de que a superstrutura era determinada, em última instância, pela infra-estrutura económica. Recusando este tipo de determinismo, Bourdieu sublinha com frequência que o campo cultural e artístico se constituiu como uma economia às avessas, através da inversão do princípio do lucro material propriamente dito. Deste ponto de vista o autor considera que quem entra no campo literário "tem interesse no desinteresse" e que a ruptura herética com as tradições artísticas vigentes encontra o seu critério de autenticidade

---

[10] Mesmo Antoine Hennion, que pretende levar a cabo uma sociologia da música capaz de ultrapassar as abordagens de Bourdieu, admite que "a lição foi forte e não se deve negligenciá-la, sempre que haja tentativas de retomar o discurso de celebração da arte." Hennion, *et al* (2000: 28).

no desinteresse" (Bourdieu,1996a: 248). Uma das suas primeiras distinções é entre capital material – bens materiais, capital económico – e capital imaterial traduzido em reputação, consagração, reconhecimento, etc., ou seja, capital simbólico. Bourdieu distingue o subcampo cultural de grande circulação do subcampo cultural de circulação restrita, sendo este o campo da "arte pela arte", indiferente às vantagens económicas e onde vigora como lei a luta pelo reconhecimento, o estatuto e a consagração pelos pares e pelas instituições que aí operam. No campo cultural, o capital que se acumula é sobretudo de carácter simbólico e a obtenção de lucros económicos directos é, além disso, vista com extrema desconfiança embora, sendo possível, a longo prazo, que o capital simbólico acumulado possa vir a traduzir-se em capital propriamente económico. O autor escreve que "neste universo económico, cujo próprio funcionamento se define pela 'recusa' do comercial que é, de facto, uma denegação colectiva dos interesses e dos lucros comerciais, a mais antieconómica e os comportamentos mais visivelmente 'desinteressados' [...] contém uma forma de racionalidade (mesmo no sentido restrito) e, não exclui, de modo nenhum, os seus autores mesmo dos próprios lucros económicos que esperam os que se conformam com a lei deste universo" (Bourdieu, 1993: 75). Por isso, ao contrário do subcampo artístico de grande circulação no qual o objectivo é a obtenção imediata de lucros no mercado, no subcampo restrito, o capital que se procura obter, que é objecto de disputas no seu interior, é capital simbólico. Nesse sentido um escritor, um artista, um professor, têm muito capital simbólico e pouco capital económico ao contrário de um empresário ou de um director de uma fábrica que possui muito capital económico mas pouco capital cultural (*cf.* Bourdieu, 1992: 74-75).

O princípio fundamental das práticas culturais é, para Bourdieu, a obtenção da distinção no campo cultural, um lugar de lutas, de disputas entre os consagrados, os ortodoxos, os académicos, que já dispõem de um elevado grau de distinção e consagração, e os recém-chegados, os heréticos, os subversivos que procuram desalojar os ortodoxos da sua posição dominante. Nesse sentido, para Bourdieu o espaço das posições objectivas numa situação de equilíbrio momentâneo da estrutura do campo, numa certa relação de forças no seu interior, tende a comandar o espaço das tomadas de posição. Assim Bourdieu considera que "as revoluções artísticas são o resultado da transformação das relações de poder constitutivas do espaço das posições artísticas". Essa transformação é tornada possível "pelo reencontro da intenção subversiva de uma fracção dos produtores com as expectativas do seu público" (*ibid.*: 81). Devo acrescentar que as revoluções artísticas ou as mudanças de primazia entre correntes, sendo historicamente sucessivas, produzem mudanças na estrutura das posições no campo. Após uma mudança consumada desta natureza, atingido um novo ponto de equilíbrio, sempre provisório, os anteriormente dominados heterodoxos e contestatários vão-se tornando gradual e progressivamente detentores da máxima distinção e adquirem rapidamente a posição de nova ortodoxia, de nova posição dominante.

Para Bourdieu, quanto mais cada campo é autónomo, mais é capaz de impor a sua lógica específica, produto da acumulação de uma história particular. Nenhum o atestará mais do que o campo musical, como iremos verificando. Mas, apesar dessa especificidade, considera que "se pode observar toda uma gama de homologias estruturais e funcionais entre o campo da filosofia, o campo da política, o campo literário, etc., e a estrutura do espaço social. Cada um deles tem os seus dominantes e dominados, as suas lutas pela conservação ou a subversão, os seus mecanismos de reprodução (*ibid*.: 81-82). Bourdieu insiste que "a noção de campo existe para lembrar que o verdadeiro objecto de uma ciência social não é o indivíduo, o 'autor' "embora seja óbvio que não se pode constituir um campo a não ser a partir de indivíduos". É o campo que deve estar no centro das operações de pesquisa e a ciência constrói os indivíduos como "agentes" e não como seres biológicos, actores ou sujeitos: "os agentes são socialmente constituídos como activos, agindo no campo, pelo facto de possuírem as propriedades necessárias para aí serem eficientes, para aí produzirem efeitos" (*ibid*.: 83). Aquilo que legitima o direito a entrar num campo é a posse de uma forma de capital específico, e é enquanto portadores de capital que têm uma propensão para se orientarem activamente quer para a conservação da distribuição de capital, quer para a subversão dessa distribuição. Reside na articulação deste conjunto complexo de factores o carácter dinâmico do conceito de campo de Bourdieu.

### 2.3. A resistência da arte à sociologia

A sociologia é uma disciplina que enfrenta amiúde resistências e mesmo hostilidades de diversa natureza. Para Bourdieu essa resistência verifica-se porque a sociologia "descobre o arbitrário e o contingente onde gostamos de ver necessidade, ou natureza [...] descobre necessidade, constrangimentos sociais onde gostaríamos de ver escolha e livre vontade" (Bourdieu, 1990: 14). A suspeita com que é recebida de forma geral a sociologia terá relação com o seu carácter transgressivo em relação ao senso comum no qual as nossas ideias se formam, se praticam e se reproduzem. Para muitos autores a construção do objecto de análise sociológica deve justamente começar por se distanciar, por fazer a crítica das ideias feitas, do não interrogado, numa palavra, das *doxa*s. No mesmo sentido Peter Martin, autor de uma importante sociologia da música, escreve: "a sociologia foi vista muitas vezes, não sem razão, como uma espécie de empresa perversa, aparentemente gerando problemas onde não existem nenhuns e investigando persistentemente assuntos que, para a maior parte das pessoas sensíveis parecem perfeitamente claros". E continua: "o sociólogo que aplica à música as perspectivas teóricas da disciplina deve esperar, por isso, que o esforço seja recebido com um grau de suspeição" (Martin, 1995: 1). Em *La distinction* escreve Bourdieu:

> É um barbarismo perguntar para que é a cultura; levantar a hipótese de que a cultura pode ser destituída de interesse intrínseco, e que o interesse pela cultura não é uma propriedade natural – distribuída desigualmente, como se para separar os bárbaros dos eleitos – mas um simples artefacto social, uma forma peculiar de fetichismo; levantar a questão do interesse das actividades que são consideradas desinteressadas porque não têm interesse intrínseco (não provocam prazer palpável, por exemplo), e desse modo introduzir a questão do desinteresse. [...] Não há praticamente nenhuma questão da arte e da cultura que conduza à genuína objectificação do jogo cultural, de tal maneira as classes dominantes e os seus porta vozes estão fortemente imbuídas com um sentido do seu desapego das coisas mundanas.[11] [Bourdieu, 1989: 250-251].

Bourdieu, anos mais tarde, refere que "protegidos pela veneração de todos os que foram ensinados [...] nos ritos sacramentais da devoção cultural (sem que o sociólogo constitua excepção), os campos da literatura, da arte e da filosofia opõem formidáveis obstáculos, objectivos e subjectivos, à objectivação científica" (Bourdieu, 1996a: 215). Tratava-se (e trata-se) por isso de contradizer algumas das representações mais comuns deste universo particular: "a ruptura que é preciso operar para fundar uma ciência rigorosa das obras culturais é mais [...] do que uma simples reinversão metodológica: implica uma verdadeira conversão da maneira de pensar e viver a vida intelectual, uma espécie de *épochè* da crença comummente concedida às coisas da cultura e às maneiras legítimas de as abordar" (*ibid.*: 216). Bourdieu procede então a uma

---

[11] Talvez não exista campo artístico no qual um sentido de desapego pelas coisas mundanas esteja mais profundamente enraizado do que o musical, mesmo quando na acção cultural "desinteressada" acabem por estar envolvidas avultadíssimas somas de dinheiro.

desmontagem dos mecanismos que produzem a invisibilidade do económico neste universo económico quando discorre sobre o campo da produção cultural e expõe o seu funcionamento. O autor escreve que "neste universo económico, cujo próprio funcionamento se define pela 'recusa' do comercial que é, de facto, uma denegação colectiva dos interesses e dos lucros comerciais, a mais anti-económica e os comportamentos mais visivelmente 'desinteressados' [...] contém uma forma de racionalidade (mesmo no sentido restrito) e, não exclui, de modo nenhum, os seus autores mesmo dos próprios lucros económicos que esperam os que se conformam com a lei deste universo" (Bourdieu, 1993: 75).

Ao mesmo tempo que se trata de "negócio como qualquer outro e não o mais lucrativo 'economicamente' falando (como os mais informados, isto é, os mais 'desinteressados' negociantes de arte apontam) e meramente se adaptam à procura de uma clientela já convertida, há igualmente espaço para a acumulação de capital simbólico" (*ibid.*). Como vimos, "capital simbólico deve ser compreendido enquanto capital económico ou político que é negado, não-admitido e, desse modo, admitido, por isso, legítimo, um "crédito" que, sob certas condições, e sempre a longo prazo, garante lucros "económicos" (*ibid.*). Assim, "para o autor, o crítico, o negociante de arte, o editor ou o director de teatro, a única acumulação legítima consiste em criar um nome para si próprio, um nome conhecido, reconhecido, um capital de consagração que implica um poder para consagrar objectos (com uma marca registada ou uma assinatura) ou pessoas (através da publicação, das exposições, etc.) e, por isso, para dar valor". Funcionar com eficácia no interior de um campo só pode acontecer se houver um conhecimento prático das sua leis: "A não-admitida empresa económica dos negociantes de arte ou dos editores, 'banqueiros culturais' nos quais arte e negócio se encontram na prática... não podem ter sucesso, mesmo em termos económicos, a não ser que seja guiada pela mestria prática das leis do funcionamento do campo no qual os bens culturais são produzidos e circulam" (*ibid.*). Bourdieu identifica este tipo de funcionamento específico do campo da produção cultural e considera que coloca sérios obstáculos a uma ciência rigorosa da produção de valor dos bens culturais: "a ideologia 'carismática' [...] é a base fundamental da crença no valor do mercado da arte e é por isso a base do funcionamento do campo de produção e circulação dos bens de consumo cultural. [...] É esta ideologia que dirige a atenção para o aparente produtor, o pintor, o escritor ou compositor, numa palavra, o 'autor', suprimindo a questão de saber o que é que *autoriza* o autor, que cria a autoridade com a qual os autores autorizam" (*ibid.*: 76).

## 2.4. Quem atribui autoridade?

Um dos aspectos básicos da sociologia da cultura de Bourdieu consiste em colocar em evidência o papel de um conjunto de *intermediários* intervenientes no processo de criação de um criador, de um autor. Considerando que a ideologia carismática – o autor como dotado de carisma – é a base fundamental na qual assenta a crença no valor de uma obra de arte e é igualmente o principal obstáculo à que chama a constituição de uma ciência rigorosa da produção de valores culturais, Bourdieu defende que essa ideologia dirige a atenção para o produtor aparente, o pintor, o escritor, o compositor, numa palavra, o autor, suprimindo a questão de saber o que é que autoriza o autor, o que é que cria a autoridade com a qual os autores autorizam.

A pergunta deve ser por isso: "Quem é o verdadeiro produtor do valor da obra – o pintor ou o *dealer*, o escritor ou o editor, o escritor da peça de teatro ou o director do teatro?" (*ibid.*: 76). Bourdieu afirma com pertinência que a ideologia da criação – que faz do autor a primeira e última fonte do valor da sua obra – oculta o facto de que o *business man* cultural (negociante de arte, editor, etc.) é ao mesmo tempo duas coisas: primeiro, a pessoa que explora (mais no sentido de utilizar) o trabalho do criador negociando (pondo à venda) "o sagrado"; e segundo, a pessoa que ao colocá-lo no mercado, ao exibir, publicar, pôr em cena, consagra um produto que "descobriu" e que de outro modo permaneceria um recurso natural. Quanto mais consagrado é pessoalmente mais fortemente consagra a obra. Pode acrescentar-se que quanto mais consagradas são as instituições que assumam as mesma funções simbólicas maior é o seu poder consagrador. Para Bourdieu o *business man* cultural é a pessoa que pode proclamar o valor do autor que defende e, acima de tudo, "investe o seu prestígio na causa do autor, agindo como um "banqueiro simbólico" que oferece como garantia todo o capital simbólico que acumulou" (*ibid.*: 77). É este investimento que traz o produtor para o ciclo da consagração. Estes *sponsors* de prestígio são o *publisher* (o editor) na literatura, juntamente com os prefaciadores e os críticos; os galeristas, os editores de discos e certamente as instituições culturais. Quanto mais invisível é o investimento, quanto mais ele surge como natural ou indiscutível e lógico, mais produtivo ele é simbolicamente. Bourdieu prossegue afirmando que "o comerciante de arte necessita de aplicar todas as suas convicções que excluem manobras 'comerciais sórdidas', manipulações ... em favor de mais suaves, mais discretas formas de 'relações públicas' (que são elas próprias altamente eufemísticas formas de publicidade" (*ibid.*). Bourdieu procura ainda determinar "a fonte do reconhecido poder de consagrar do negociante de arte. A ideologia carismática tem a sua resposta *ready-made*: os grandes curadores, os grandes editores são vigilantes inspirados que, inspirados pelo seu desinteresse, pela sua paixão irracional pela obra de arte, 'fizeram' o pintor ou o escritor, ou ajudaram-no a fazer-se a si mesmo [...] libertando-o de preocupações materiais" (*ibid.*).

É necessário sair desta lógica reconhecendo que ninguém descobre nada que não tenha sido já descoberta "pelo menos por alguns – pintores, já conhecidos por um pequeno número de pintores ou *connaisseurs,* autores, 'introduzidos' por outros autores". Daqui decorre que "a autoridade [de agentes, negociantes, editores] não passa de crédito com um conjunto de agentes que constituem ligações". Igualmente "os críticos também colaboram com o negociante de arte no esforço de consagração que faz a reputação. [...] 'Descobrindo' novos talentos eles guiam os compradores e as escolhas dos vendedores [...] e com os seus escritos ou conselhos (são frequentemente leitores de manuscritos ou editores de séries em casas editoras ou autores de prefácios para galerias) e pelos seus veredictos os quais, apesar de escritos como puramente estéticos, envolvem consideráveis efeitos económicos (júris para prémios artísticos)".[12] Bourdieu incluiu o público enquanto produtor de valor na medida em que "apropriando-se do valor materialmente (coleccionadores) ou simbolicamente (audiências, leitores)" se identifica com esses valores pela apropriação ou pelo consumo e conclui afirmando que "o que faz reputações não é esta ou aquela pessoa influente, esta ou aquela instituição, revista, magazine, academia, círculo, negociante ou editor; nem sequer é o conjunto do que é algumas vezes chamado "personalidades do mundo das artes e das letras". Para Bourdieu "é o campo da produção, entendido como o sistema das relações objectivas entre estes agentes e instituições e como o lugar de lutas pelo monopólio do poder para consagrar, no qual o valor das obras de arte e a crença nesse valor são continuamente gerados" (*ibid.*: 78).

De acordo com estas concepções é o campo – como sistema de relações objectivas – que gera continuamente o valor e a crença nesse valor. Mas o sociólogo mostra-nos igualmente que no mundo das artes, da literatura, da música, há muitas mais pessoas, estruturas e instituições envolvidas nos processos de consagração do que apenas o artista propriamente dito. Mostra-nos igualmente que esse poder de consagração se encontra distribuído por agentes frequentemente ligados em redes, circuitos e constelações de poder. Face

---

[12] Tal como noutros campos artísticos, no campo musical a obtenção de prémios é frequentemente reclamada como instância de consagração.

a este tipo de funcionamento o artista dotado de carisma é, por assim dizer, objectificado, é transformado num produto criado, apoiado, consagrado e sacralizado pelos vários graus da acção decisiva que decorre após a sua produção da obra. Que o artista tenha ou não consciência deste processo não afecta o seu carácter objectivo e, por isso, é indiferente. A principal virtude desta análise de Bourdieu é pôr em evidência que a crença na ideologia do "criador" e do seu carisma efectua uma poderosa ocultação de todo o processo social envolvido: no final, o que resulta com força de evidência é o génio, o carisma, a criatividade do criador. Radica igualmente nesta ideologia o efeito de encantamento que torna o trabalho da sociologia do campo cultural profundamente desencantador: produz desencanto face ao "sagrado" no qual se constitui a obra de arte no período moderno.

## 2.5. Conclusões

Detivemo-nos algum tempo nesta descrição do funcionamento interno, das crenças e das ideologias que formam a escolástica dos campos artísticos principalmente por duas razões: primeiro, porque "os diferentes campos de produção e difusão dos bens culturais – pintura, teatro, literatura, música – são entre si estruturalmente e funcionalmente homólogos" e, além disso, para Bourdieu, mantêm uma relação igualmente de homologia estrutural com o campo do poder onde se recruta a sua clientela (cf. Bourdieu, 1996a); em segundo lugar, porque os obstáculos e as resistências que se levantam à sociologia em geral, e à sociologia da cultura e das artes em particular, traduzem-se em tentativas infindáveis e persistentes de descredibilizar as análises justamente a partir dos próprios funcionamentos ideológicos internos que foram analisados. As torres de marfim, as ideias da espiritualidade inefável e dos prazeres culturais requintados quando confrontadas com a desocultação dos interesses desinteressados objectivos defendem-se simplesmente *reafirmando*[13] essas mesmas propriedades do inefável, do requinte, das torres de marfim.

Agir sobre o mundo social faz-se agindo sobre o conhecimento que se tem desse mundo e essa acção visa produzir e impor representações capazes de agir tanto sobre o mundo como sobre as representações que dele se fazem (cf. Bourdieu, 1998c). Como Bourdieu nos diz: "a ordem social deve a sua per-

---

[13] Na música, em geral, esta *reafirmação* efectiva-se sem hesitação: é um dado tomado à partida como indiscutível.

manência [...] ao facto de impor esquemas da classificação que [...] implicam o desconhecimento do arbitrário dessa ordem". Deste modo, "a subversão herética explora a possibilidade de mudar o mundo social mudando a representação desse mundo que contribui para a sua realidade [...] opondo uma pré-visão paradoxal, utopia, projecto, programa, à visão comum, que apreende o mundo social como mundo natural" (*ibid.*: 136).

Para Bourdieu, o discurso herético tem de "produzir um novo sentido comum" e a sua eficácia reside "na dialéctica entre a linguagem autorizadora e autorizada". Para o autor "este processo dialéctico cumpre-se [...] no produtor do discurso herético, no e pelo trabalho de enunciação que é necessário para exteriorizar a interioridade, para nomear o inominável, para dar a disposições pré-verbais e pré-reflexivas e a experiências inefáveis e inobserváveis um começo de objectificação nas palavras que, por natureza, as tornam simultaneamente comuns e comunicáveis, portanto, sensatas e socialmente sancionadas". Ainda adiante "pode também realizar-se [...] na profecia exemplar, único trabalho capaz de desacreditar as evidências da *doxa* e, na transgressão que é indispensável para nomear o inominável, para forçar as censuras, institucionalizadas ou interiorizadas, que impedem o regresso do reprimido, antes de mais no próprio heresiarca" (*ibid.*: 138). Sem, no entanto, nunca esquecer que "ao trabalho motor da critica herética corresponde o trabalho resistente da ortodoxia" (*ibid.*: 140).

## 3. Sistema-mundo e globalizações

### 3.1. Sistema-mundo: introdução

Para os objectivos desta investigação, a constelação poder/saber e a análise das relações de poder no interior de um campo particular,[14] não são suficientemente amplas para fornecer todas as explicações necessárias para a identificação e compreensão de um problema que se verifica num quadro de relações transculturais entre países, num quadro de relações desiguais entre *países do centro europeu* e *um país com uma posição periférica* no continente europeu. A teoria do sistema-mundo forneceu uma nova unidade de análise – o sistema-mundo – e permite o primeiro passo de alargamento da perspectiva e do enfoque teórico da problemática em questão.

---

[14] É evidente que grande parte das análises de Bourdieu se centra em França.

### 3.1.1. Inícios das análises do sistema mundo

A linhagem que vai conduzir à *world system analysis* inicia-se com a Escola dos Annales, de Lucien Fevbre e é prosseguida por Fernand Braudel. Este autor introduziu o conceito de longa duração – *longue durée* – o conceito da multiplicidade de tempos históricos coexistentes e fez as primeiras tentativas de análises do sistema-mundo. Vitorino Magalhães Godinho contribuiu para esta tendência historiográfica com a sua obra monumental *Os Descobrimentos Portugueses e a Economia Mundial* (Godinho, 1965).

Fernand Braudel define economia-mundo como uma tripla realidade: em primeiro lugar ocupa um espaço geográfico dado, tem limites que a explicam e que variam; em segundo lugar tem sempre um pólo, um centro e, em terceiro lugar, toda a economia-mundo se divide em zonas sucessivas. O coração é constituído pela região à volta do centro, no caso de Londres pela Inglaterra; depois as zonas intermediárias à volta do *pivot* central; enfim as margens, muito largas que, na divisão do trabalho que caracteriza a economia-mundo, se encontram subordinadas e dependentes, mais do que participantes. Para Braudel, nestas zonas periféricas a vida dos homens evoca muitas vezes o Purgatório ou mesmo o Inferno. A razão suficiente é, sem dúvida, a sua situação geográfica. (cf. Braudel, 1985: 85)

Wallerstein considera três hegemonias históricas (a primeira dos Países Baixos no meio do século XVII, a segunda da Inglaterra em meados do século XIX e a terceira dos Estados Unidos em meados do século XX) e considera que "podemos classificá-los de hegemónicos na medida em que esses Estados puderam, durante um tempo, definir as regras do jogo no sistema interestadual, dominar a economia-mundo, impor-se no plano político com um recurso mínimo à força militar (da qual dispunham entretanto num nível muito significativo) e formular a linguagem cultural privilegiada para discutir o estado do mundo" (Wallerstein, 2004: 94).

Como veremos mais adiante vários autores das línguas ibéricas tem vindo a reclamar a consideração da primeira modernidade ibérica e a importância fulcral do ouro proveniente da América Latina no século XVI como elemento estrutural do início do sistema-mundo capitalista.[15]

Na sua introdução ao livro *World-system analysis: an introduction* (2004), Wallerstein escreve que "os partidários da análise dos sistemas-mundo falaram de globalização muito antes da criação deste termo, não como um fenómeno

---

[15] Ver Dussel (1996), Mignolo (2000), Lander (2002).

novo mas como de um elemento fundamental do sistema-mundo moderno desde a sua origem no século XVI". Por outro lado "afirmaram que os diferentes campos de análise – as 'disciplinas' universitárias – constituíam um obstáculo e não uma ajuda para compreender o mundo. [...] Nós afirmámos que a realidade social na qual vivemos e que determina as nossas escolhas sociais não é constituída por uma multitude de estados nacionais dos quais nos somos os cidadãos mas de uma entidade muito grande que nós chamamos sistema mundo." Para Wallerstein, esse sistema comporta várias instituições – Estados e sistema inter-estatal, empresas, *ménages*, classes, grupos identitários de todos os tipos – "que formam uma matriz que permite ao sistema funcionar mas que, fazendo isso, alimenta também os conflitos e as contradições que o atravessam em permanência". Para o autor o sistema-mundo é uma criação social, com uma história, da qual é necessário explicar as origens, analisar os mecanismos e antecipar uma inevitável crise terminal.[16] (2004: x)

Braudel salienta a convergência essencial de pontos de vista com Immanuel Wallerstein. As diferenças prendem-se com a posição de Wallerstein que defende que só há uma economia-mundo, a da Europa, fundada a partir do século XVI, enquanto para Braudel desde a Idade Média e mesmo a Antiguidade o mundo foi dividido em zonas económicas mais ou menos centralizadas, mais ou menos coerentes, quer dizer, em várias economias-mundo que coexistem. Para Braudel trata-se de "uma história profunda; não a descobrimos, somente a trazemos à luz" (Braudel, 1985: 85). De igual modo o autor partilhava em 1976 a posição de Wallerstein sobre a situação de crise e afirmava: "hoje [...] vivemos há alguns anos uma crise mundial que se anuncia forte e durável" (*ibid.*). Wallerstein tem insistido no facto de o sistema-mundo, como todos os sistemas, ter contradições e estar condenado a chegar a um certo ponto no qual o equilíbrio se torna impossível, no qual atinge um ponto de bifurcação (Wallerstein, 1999: 74). Para o autor há muitos sinais que apontam para o facto de termos chegado a esse ponto de crise estrutural, mas, tendo entrado num tempo de problemas, não sabemos no entanto que tipo de sistema histórico irá substituir aquele em que vivemos. Por isso, Boaventura de Sousa Santos define o tempo actual como sistema mundial em transi-

---

[16] Wallerstein tem defendido que todos os sistemas históricos têm três momentos: o momento da génese, o momento da estabilidade ou desenvolvimento e o momento da crise estrutural. Para o autor, tudo indica que o sistema mundo moderno no qual vivemos entrou na sua crise estrutural e terminal. Ver, por exemplo, Wallerstein (1999:55) e (Wallerstein, 2004: x).

ção porque contém em si o sistema mundial velho, em processo de profunda transformação, e um conjunto de realidades emergentes que podem ou não conduzir a um novo sistema mundial, ou a outra qualquer entidade nova sistémica ou não (cf. Santos, 2001a: 67). Onde os dois autores concordam é no carácter indefinido do que irá acontecer e no facto de caber, em última análise, às pessoas do mundo, contra qualquer tipo de determinismo, tomarem as opções que irão dirigir o futuro numa ou noutra direcção.

### 3.1.2. O sistema universitário moderno

Deve considerar-se a relação interligada entre a evolução do sistema-mundo capitalista e a evolução das estruturas de conhecimento que, inicialmente apenas na Europa, o foram interpretando e descrevendo. Sobre a emergência da nova atitude científica, Wallerstein escreve que Kant podia ainda achar perfeitamente apropriado escrever sobre astronomia e poesia, tal como sobre metafísica e relações interestados. Afirmando que nessa época o conhecimento era ainda considerado um campo unitário – sendo as três *Críticas* de Kant um momento fundador da separação entre três esferas autónomas de racionalidades, de acordo com a famosa análise de Max Weber –, Wallerstein prossegue com uma descrição da estrutura universitária moderna.

As disciplinas universitárias foram surgindo ao longo dos séculos XIX e XX de acordo com as necessidades de conhecimento dos países centrais e a evolução das relações políticas e económicas com os países da periferia do sistema-mundo. A antropologia, o orientalismo e, após 1945, os *area studies*, foram etapas sucessivas deste processo de criação de novas disciplinas. Em relação aos *area studies* Wallerstein afirma que "era necessário introduzir conceitos específicos para estudar 'os outros' no presente", argumentando que, eventualmente, todos os estados acabariam por se tornar mais ou menos iguais (2004: 10). Daqui derivou a ideia de que "os estados mais desenvolvidos" podiam oferecer-se como modelo para os "menos desenvolvidos". (*ibid.*) Apesar das mudanças rápidas que ocorrem na evolução do capitalismo esta ideologia desenvolvimentista, de progresso e recuperação dos atrasos, continua a comandar os discursos políticos e económicos. Não é necessária muita reflexão para admitir que a mesma ideologia se manifesta e reproduz incessantemente no campo musical erudito português.

Nas últimas décadas, a emergência do pós-modernismo, do pós-estruturalismo, dos estudos feministas e pós-coloniais procederam a críticas da estrutura disciplinar universitária ocidental e alteraram significativamente o panorama do conhecimento, as visões do mundo e os debates epistemológicos. Os acontecimentos mundiais de 1968 marcaram o início destes novos questionamentos e a análise dos sistemas-mundo surgiu neste contexto. Para Wallerstein a década de 1960 assistiu a uma dupla turbulência nesta evolução. Esses acontecimentos verificaram-se em primeiro lugar essencialmente em relação a uma série de problemas políticos: a hegemonia dos Estados Unidos e a sua política internacional que conduzira à guerra do Vietname; a atitude relativamente passiva da União Soviética, que os revolucionários interpretaram como um conluio com os Estados Unidos; e a ineficácia dos partidos de esquerda tradicionais a agir contra o *status quo*" (*ibid.*: 16). Mas, para além destes aspectos políticos, começou a levantar-se uma série de questões sobre as estruturas de conhecimento. De início, interrogaram-se sobre "o envolvimento político directo das universidades em trabalhos que sustentavam o *status quo* – como os físicos implicados em investigações ligadas ao esforço de guerra, ou os sociólogos que traziam o seu conhecimento especializado às estratégias de contra-insurreição". Além de se terem interessado por áreas até então negligenciadas –as mulheres, as minorias, as populações indígenas, entre outras – "interrogaram-se igualmente sobre a epistemologia subjacente às estruturas do saber" (*ibid.*).

Foi neste contexto que surgiu, como perspectiva intelectual abertamente pensável, a análise dos sistemas-mundo. Assenta em três diferenças fundamentais em relação às posições tradicionais das ciências sociais: "sistemas-mundo em lugar dos estados como unidade de análise, a importância da longa duração e uma abordagem unidisciplinar" (*ibid.*). Wallerstein assinala a importância do hífen usado nos termos sistema-mundo, economia-mundo, impérios-mundo. O seu fim é sublinhar que não falamos de sistemas, de economias ou de impérios do mundo inteiro, mas de sistemas, de economias e de impérios que constituem um mundo (que em geral não inclui o mundo inteiro). Este é um conceito inicial que se deve sublinhar: "enuncia que os 'sistemas-mundo' designam, de cada vez, uma zona espácio-temporal que atravessa numerosas unidades políticas e culturais e que constitui uma zona integrada de actividades e de instituições regidas por certas regras sistémicas" (*ibid.*).

Importa assinalar desde já uma precaução de método. Braudel apesar de admitir que as culturas são também uma unidade organizadora do espaço, do mesmo modo que as economias e que "o conjunto de uma economia-mundo [...] tende a partilhar uma mesma cultura", sublinha que mapas culturais e mapas económicos não se sobrepõem sem mais" (Braudel, 1979: 51). Como exemplos refere que "no fim do século XIX, no princípio do século XX, a

França, grandemente a reboque da Europa económica, é o centro indubitável da literatura e da pintura no Ocidente" e que "o primado musical de Itália e da Alemanha exerceu-se em épocas em que nem a Itália nem a Alemanha dominavam economicamente a Europa (*ibid*.: 54). Nem sempre uma cartografia económica é condição suficiente para dar conta da complexidade das relações socioculturais. Isto é ainda mais válido se considerarmos que, se um campo cultural gera as suas relações de poder específicas na esfera nacional, como nos mostra Bourdieu, o mesmo se pode verificar nas relações de poder que podem ocorrer num âmbito transnacional.

### 3.1.3. Centro-periferia

No quadro das análises do sistema-mundo, o conceito relacional centro-periferia proposto inicialmente por teóricos do Terceiro Mundo é fulcral. A ideia base era simples: o comércio internacional não era uma troca entre iguais, alguns países eram mais fortes do que os outros e obtinham mais benefícios das trocas comerciais que, por isso, eram desiguais. Para esta teoria, os Estados existem num sistema interestatal e a sua força relativa não reside apenas no grau de autoridade que podem exercer dentro das suas fronteiras mas igualmente da sua posição no âmbito concorrencial do sistema-mundo. Wallerstein afirma que o que está em causa no conceito centro-periferia é o grau de lucro dos processos de produção. Considerando que o lucro está directamente ligado ao grau de monopolização "os processos de produção centrais são aqueles que são controlados por *quasi* monopólios" e, os produtos provenientes das periferias "encontram-se numa situação de fraqueza face aos produtos dos *quasi* monopólios" (Wallerstein, 2004: 28). A relação centro-periferia tem por isso consequências geográficas claras. Uma vez que "os *quasi* monopólios dependem do patrocínio dos estados fortes, estão largamente localizados – juridicamente, fisicamente e em termos de propriedade – dentro desses Estados." (*ibid*.) Os processos centrais tendem a concentrar-se em alguns estados e aí constituir a maior parte da actividade produtiva.

Segundo o autor "os Estados fortes, [onde a maior parte dos processos centrais tem lugar] têm tendência para fazer tudo o que podem para proteger os *quasi* monopólios dos processos centrais", enquanto que "os estados mais fracos não tem em geral capacidade de agir sobre a divisão axial do trabalho. São obrigados a aceitar a sua sorte" (*ibid*.: 29). Dado que o funcionamento do sistema-mundo assenta em relações interestatais deve-se ter em conta que "quanto mais o Estado é forte mais a sua máquina burocrática é poderosa e mais pode impor as suas decisões nas transacções transfronteiriças" (*ibid.*: 46).[17] Em todo o caso não é apenas no campo estritamente económico que as relações desiguais se verificam: "os Estados fortes fazem pressão sobre os estados fracos" com o fim destes aceitarem "as práticas culturais – política linguística, modelo educativo, incluindo as universidades, para as quais podem ser enviados estudantes, distribuição dos media" (*ibid.*: 55) que reforçam a longo prazo as relações que mantêm.

De acordo com Wallerstein há muitas unidades políticas no interior da economia-mundo, ligadas num sistema interestatal e "uma economia-mundo contém muitas culturas e grupos que praticam muitas religiões, falam muitas línguas e diferem nos seus comportamentos quotidianos". Podem envolver alguns padrões culturais comuns – aquilo a que chama uma geocultura – mas não apresenta homogeneidade política nem cultural. O que unifica a estrutura é "a divisão do trabalho que se constitui no seu interior" (*ibid.*: 23).

Devem acrescentar-se algumas notas sobre o conceito de semiperiferia. Nesta estrutura desigual de relações interestatais, o papel dos países semi-periféricos assume uma função intermédia e instável. Boaventura de Sousa Santos considera que "o conceito de semiperiferia, formulado por Wallerstein enquanto categoria intermédia entre as categorias polares do sistema mundial: os países centrais e os países periféricos [...] nunca foi aprofundado por Wallerstein e não tem passado de um conceito descritivo, vago e negativo" (Santos, 1990: 106). Alguns anos mais tarde Santos descreve alguns dos problemas que se colocam em geral em torno do conceito de semiperiferia e a importância crescente dessas entidades intermédias. Assim "a teoria social tem tentado caracterizá-los aplicando uma variedade de conceitos: países semi-industrializados, países recém-industrializados, centros atrasados, desenvolvimento independente e semiperiferia" (Santos, 1993: 17). Estes conceitos originaram-se em momentos particulares da evolução dosistema-mundo depois de 1945. Na mesma direcção equaciona o papel do Estado neste processo evolutivo: "O Estado-nação, cuja principal característica é, provavelmente, a territorialidade, converte-se numa unidade de interacção [...] relativamente descentrada [...] por outro lado, em aparente contradição com esta tendência assiste-se a um desabrochar de novas identidades regionais e locais alicerçadas numa revalorização do direito às raízes (em contraposição ao direito à escolha)." Para Santos "este localismo [...] assenta sempre

---

[17] Mais adiante veremos as posições de Jameson sobre as relações desiguais nos campos cultural e económico objecto das negociações GATT.

na ideia de território, seja ele imaginário ou simbólico, real ou hiper-real." Uma das consequências para a sociologia comparada é que "como a realidade social se torna mais obsolescente, mais translocalizada e menos exótica, ela acaba também por ser mais comparável e até fungível. Cada objecto empírico torna-se assim implícita ou explicitamente comparável ao resto do mundo" (*ibid.*). Como veremos mais adiante esta problemática é desenvolvida por Boaventura de Sousa Santos no quadro da aplicação do conceito de semiperiferia ao estudo da sociedade portuguesa.

### 3.2. Globalizações: introdução

Iremos tentar alcançar uma tensão produtiva entre a óptica da análise do sistema-mundo que privilegia a perspectiva centro/periferia e as análises da globalização que privilegiam a dicotomia global/local. As duas perspectivas, as duas ópticas, não convergem, nem sublinham as mesmas clivagens, e os aspectos que cada uma realça não são os mesmos. No entanto, pensamos que a problemática da ausência da música portuguesa coloca questões que podem ser interpretadas a partir de uma ou de outra perspectiva analítica. Sendo Portugal uma sociedade semiperiférica, as relações desiguais e oscilantes que caracterizam as semiperiferias no sistema-mundo manifestam-se de vários modos. No entanto a história da música portuguesa da tradição erudita convida igualmente a considerá-la como uma história local, ao contrário das músicas dos países centrais que atingiram no âmbito europeu e ocidental um estatuto, de certo modo, global. A música é uma das práticas artísticas nas quais será mais evidente uma problemática não só de um espaço próprio de articulação de dinâmicas globais como igualmente a presença activa e permanente de uma forma específica de dialéctica entre centros e periferia. Esta dialéctica traduz-se tanto na existência de hegemonias e subalternidades como de globalismos e localismos.

### 3.2.1. Globalização

Enquanto, para Wallerstein e os seus colaboradores, a globalização não representa um momento novo do funcionamento do sistema-mundo capitalista, já anteriormente considerado por eles como global,[18] o termo não só se gene-

---

[18] Wallerstein considera uma base da análise do sistema mundo a *globality*, uma vez que a unidade de análise é o sistema-mundo, mais do que uma sociedade nação. Mas afirma que "tal como usado pela maior parte das pessoas...'globalização' refere-se a um processo, certamente novo, cronologicamente recente, no qual é dito que os estados *já* não são unidades

ralizou como, para muitos outros autores, traduz uma fase nova e específica.[19] Segundo Boaventura de Sousa Santos "nas três últimas décadas, as interacções transnacionais conheceram uma intensificação dramática, desde a globalização dos sistemas de produção e das transferências financeiras à disseminação, a uma escala mundial, de informações e imagens através dos meios de comunicação social ou às deslocações em massa de pessoas, quer como turistas, quer como trabalhadores migrantes ou refugiados" (Santos, 2001a: 31). Uma descrição básica relativamente consensual sobre o fenómeno da globalização é de Giddens: para este autor, globalização é "a intensificação de relações sociais mundiais que unem localidades distantes de tal modo que os acontecimentos locais são condicionados por eventos que acontecem a muitas milhas de distância e vice-versa" (Giddens, 1990: 64). No entanto é forçoso considerar, com Frederik Jameson, que "a globalização fica fora das disciplinas académicas estabelecidas como um signo da emergência de um novo tipo de fenómeno social" (Jameson, 1998: xi) e, do mesmo modo, demonstra a origem dessas disciplinas nas realidades do século XIX que já não as nossas. Para Jameson há alguma coisa de desafiante, especulativo e desprotegido, na abordagem deste tópico inclassificável por académicos e teóricos que não é propriedade intelectual de nenhum campo específico mas que parece dizer imediatamente respeito à política e à economia mas igualmente à cultura, ao consumo e à vida quotidiana.

Confirmando a descrição de Jameson sobre a globalização como um tema demasiado vasto para caber nos limites de uma única disciplina, Santos, no artigo citado, escreve: "as disjunções, as ocorrências paralelas e as confrontações são de tal modo significativas que o que designamos por globalização é, de facto, uma constelação de diferentes processos de globalização e, em última instância, de diferentes e, por vezes contraditórias, globalizações" (Santos, 2001: 61), por isso, "a teoria a construir deve dar conta da pluralidade e da contradição dos processos de globalização em vez de os tentar subsumir em abstracções redutoras" (*ibid.*: 62).

---

de tomadas de decisão, mas que estão agora, só agora, inseridos numa estrutura na qual algo chamado 'mercado mundial', uma entidade de algum modo mística e seguramente reificada, dita as regras" (cf. 2004).

[19] Sobre a globalização, ver Santos (2001c) e a vasta bibliografia contida nos diversos artigos do volume, em especial pp. 99-106. Para uma perspectiva ampla do estado dos debates em torno do conceito, ver, no mesmo volume, Santos (2001a).

Trata-se de um vasto e intenso campo de conflitos entre grupos sociais, Estados e interesses, de um lado hegemónicos, de outro, subalternos. Partindo desses pressupostos conflituais, Santos trata em detalhe e de forma transversal vários aspectos fundamentais da globalização: no campo económico as empresas multinacionais convertidas em actores centrais, a importância do sistema financeiro e do investimento à escala global e, por outro lado, o aumento drástico das desigualdades na distribuição dos rendimentos entre países; a desnacionalização dos Estados e, ao mesmo tempo, o enfraquecimento dos Estados levado a cabo pelos próprios Estados através de actividade legislativa de desregulação social, vinculando a globalização política à globalização económica neoliberal com o consequente aumento das desigualdades sociais à escala mundial e, finalmente, os aspectos da cultura global (*ibid.*: 65).

Não terá aqui lugar um desenvolvimento de muitos destes aspectos. O que iremos seguir principalmente e com maior atenção prende-se com a relação entre a globalização e os seus aspectos culturais que, como veremos, se mantêm intimamente articulados com os sócio-económicos Discute-se, aliás, se o impacto de globalização cultural tem um papel primário ou secundário (cf. *ibid.*: 51). Para Jameson, a globalização é um conceito comunicacional que alternadamente mascara e transmite significados culturais e económicos (Jameson, 1998: 55). Mas há outras dimensões que se misturam: a tecnologia e aquilo a que se chama informação começa a deslizar insensivelmente na direcção de anúncios e publicidade, de *marketing* pós-moderno, e finalmente da exportação de programas de televisão mais do que o retorno de relatórios surpreendentes de lugares remotos (*ibid.*: 56). Para Jameson, o conceito de comunicação adquire deste modo um significado cultural mas pode também adquirir um conteúdo económico através das visões de transferências financeiras e investimentos em todo o mundo, que são rostos da produção do novo e flexível capitalismo.

### 3.2.2. O sistema mundial em transição

Com a viragem cultural da década de 80, para Santos, verificou-se uma "mudança de ênfase, nas ciências sociais, dos fenómenos socioeconómicos para os fenómenos culturais". Assim, como já referimos, "a questão consiste em saber se as dimensões normativa e cultural do processo de globalização desempenham um papel primário ou secundário". Outra das questões que se levantam prende-se com o facto de "saber se o que se designa por globalização não deveria ser mais correctamente designado por ocidentalização ou americanização" (Santos, 2001: 51) e "até que ponto a globalização acarreta homogeneização". Para alguns autores a "especificidade das culturas locais e nacionais está em risco", para outros "a globalização tanto produz homogeneização como diversidade. Neste sentido tanto a fragmentação cultural e étnica como a homogeneização modernista são duas tendências constitutivas da realidade global". Mas, para Santos "o que não fica claro nestes posicionamentos é a elucidação das relações sociais de poder que presidem à produção tanto da homogeneização como de diferenciação" (*ibid.*: 52).

Assumindo a necessidade de dar conta da pluralidade e das contradições dos processos de globalização, Santos propõe uma teoria que "assenta no conceito de sistema mundial em transição. Para Santos "está em transição porque contém em si o sistema mundial velho, em processo de profunda transformação e um conjunto de realidades emergentes que podem ou não conduzir a um novo sistema mundial" revelando nesse sentido "uma total abertura a possíveis alternativas de evolução" (*ibid.*: 62). A actual fase caracteriza-se, pela turbulência e pela explosão de escalas (cf. Santos, 1996). Para Santos "o sistema mundial em transição é constituído por três constelações de práticas colectivas: a constelação de práticas globais interestatais, a constelação de práticas capitalistas globais e a constelação de práticas sociais e culturais transnacionais" sendo estas, segundo o autor, constituídas "pelos fluxos transfronteiriços de pessoas e culturas, de informação e de comunicação" (*ibid.*: 63).

### 3.2.3. O Estado

Há instituições centrais que permanecem nos dois sistemas (sistema mundial e sistema mundial em transição) mas que, mantendo a centralidade, foram assumindo funções diferentes. Assim, o Estado que no sistema mundial moderno assegurava a integração da economia, da sociedade e da cultura nacionais, contribui hoje activamente para a desintegração da economia, da sociedade e da cultura a nível nacional, em nome da integração destas na economia na sociedade e na cultura globais. Se tivermos em conta que, segundo Santos, o facto de o Estado português nunca ter desempenhado cabalmente nenhuma das suas funções – diferenciação face ao exterior e homogeneização interna – teve impacte decisivo na cultura portuguesa, o qual consistiu em as espaciotemporalidades culturais locais e transnacional terem sido sempre mais fortes do que a espacio-temporalidade nacional e utilizando hoje o Estado a pouca força que tem para se tornar mais fraco, para se desregular sem ter cumprido cabalmente as suas funções do período do sistema mundial moderno, podemos constatar a especificidade histórica que distingue decisivamente o Estado português dos Estados fortes dos países centrais europeus e começar a equacionar o carácter de certo modo *descentrado* da cultura portuguesa. Este ponto será visto em profundidade mais adiante. A evolução das instituições e das práticas culturais promovidas pelo Estado em Portugal entre 1980 e 2000 atesta o carácter particular do Estado português situado entre funções próprias do sistema mundial moderno e funções próprias do sistema mundial em transição e ajuda a explicar e compreender os objectivos traçados para esses eventos de grande dimensão e as novas instituições culturais entretanto criadas e a sua fundamental ambiguidade.[20]

O que é que distingue os dois sistemas propostos por Santos?

Para Santos é necessário identificar o que os distingue: "enquanto o sistema mundial moderno assenta em dois pilares, a economia mundo e o sistema inter-estatal", o sistema mundial em transição "assenta em três pilares e nenhum deles tem a consistência de um sistema. Trata-se antes de constelações de práticas cuja coerência interna é intrinsecamente problemática". Santos sublinha que "os processos de globalização resultam de interacções entre as três constelações de práticas" e que "as tensões e contradições, no interior de cada uma das constelações e nas relações entre elas decorrem das formas de poder e das desigualdades na distribuição do poder" (*ibid.*: 65). Em face das hierarquias labirínticas do sistema mundial em transição Santos identifica um "meta-conflito, o conflito sobre os termos e sobre os critérios que devem definir as hierarquias" e considera mais importantes "a hierarquia entre centro, periferia e semiperiferia e a hierarquia entre global e local" (*ibid.*: 67).

### 3.2.4. Global – local I
Santos é da opinião que "os critérios global/local conformarão progressivamente os critérios centro, semiperiferia e periferia sem que estes últimos tenham de desaparecer, bem pelo contrário". Mantendo e até aprofundando as hierarquias próprias do sistema mundial moderno, enquanto período transicional, o sistema mundial em transição, no entanto, segundo Santos, ir-lhes-á "alterando a lógica interna da sua produção e reprodução". Santos sugere que "nas condições presentes do sistema mundial em transição, a análise dos processos de globalização e das hierarquias que eles produzem seja centrada nos critérios que definem o global/local" (*ibid.*: 68). Santos justifica esta posição pelo que designa por "voracidade diferenciadora do global/local".

---

[20] Cf. Fortuna (1997), e ver capítulo XII.

Para Santos "no sistema mundial moderno a hierarquia entre centro, semi-periferia e periferia era articulável com uma série de dicotomias que derivavam de uma variedade de formas de diferenciação desigual: "desenvolvido//subdesenvolvido, moderno/tradicional, superior/inferior, universal/particular, racional/irracional, urbano/rural." Reconhecemos nessas dicotomias os elementos fundamentais de inúmeros debates económicos e políticos das últimas décadas, igualmente presentes em várias áreas do pensamento, nomeadamente no caso das discussões filosóficas e estéticas do pós-modernismo, bem como em vários aspectos levantados pela teorias pós-coloniais. Para Santos cada uma destas formas dicotómicas "tinha um registo semântico próprio, uma tradição intelectual, uma intencionalidade política e um horizonte projectivo. O que é novo no sistema mundial em transição é o modo como a dicotomia global/local tem vindo a absorver todas as outras, não só no discurso científico como no discurso político" (*ibid.*: 68-69).

### 3.2.5. Modos de produção de globalização

Santos considera que "o global e o local são socialmente produzidos no interior dos processos de globalização" e distingue "quatro processos de globalização produzidos por outros tantos modos de globalização". Para Santos, modo de produção de globalização "é o conjunto de trocas desiguais pelo qual um determinado artefacto, condição, entidade ou identidade local estende a sua influência para além das fronteiras nacionais e, ao fazê-lo, desenvolve a capacidade de designar como local outro artefacto, condição, entidade ou identidade rival" (*ibid.*: 69). É desnecessário sublinhar a importância deste conceito de tal modo se iluminam imediatamente numerosas práticas que conhecemos.

De acordo com esta importante definição, a temática deste trabalho de investigação será mais bem problematizada nos termos da dicotomia global//local do que, por exemplo, nos termos de outras dicotomias como desenvolvimento/subdesenvolvimento e em particular moderno/tradicional, ou racional/irracional que dominaram e têm continuado a dominar muitos dos debates estéticos no campo musicológico e no campo musical. No entanto, será forçoso estabelecer articulações entre os diversos termos, na medida em que os discursos correntes circulam entre as duas ordens de argumentações. Não se pode aplicar aqui o conceito de Foucault, em *As Palavras e as Coisas*, segundo o qual uma nova *epistème* substitui a anterior.

As implicações da concepção de modo de produção de globalização de Boaventura de Sousa Santos são as seguintes: "Em primeiro lugar, perante as condições do sistema mundial em transição não existe globalização genuína; aquilo a que chamamos globalização é sempre a globalização bem sucedida de um determinado localismo. Por outras palavras, não existe condição global para a qual não consigamos encontrar uma raiz local, uma inserção cultural específica" (*ibid.*).

Na verdade, tanto a música *pop*, como o cinema e as séries de televisão americanas, artefactos culturais exemplares da globalização neoliberal hegemónica, são concebidas num local determinado, de acordo com determinados valores culturais, tem expressão numa língua particular, e não só correspondem como igualmente veiculam uma determinada visão do mundo intrinsecamente ligada a uma localização particular de uma cultura. O facto de serem produzidos em larga escala e possuírem os meios de difusão que lhes dão a possibilidade de abrangerem actualmente o mercado mundial global não altera os aspectos anteriores nos quais se manifesta irredutivelmente a sua origem localizada. A "naturalização" deste processo, o seu desaparecimento da esfera das evidências, a sua aceitação como factos indiscutíveis, são efeitos da própria ideologia da globalização capitalista.

### 3.2.6. Global – local II – localização

Um factor por vezes ignorado por muitas análises é a inter-relação entre globalização e localização. Para Santos a globalização pressupõe a localização. O processo que cria o global, enquanto posição dominante nas trocas desiguais, é o mesmo que produz o local, enquanto posição dominada e, portanto, hierarquicamente inferior. Ainda antes de vermos os exemplos de Santos sobre este aspecto poderemos adiantar que uma série de televisão alemã, francesa, japonesa ou portuguesa, quer pelo uso de outra língua, quer pela produção fora do circuito hegemónico, que tem implicações "técnicas" e "artísticas" no próprio produto televisivo através do uso de códigos de representação ou de narrativa inevitavelmente diferentes, por maior que seja o desejo mimético em relação ao produto hegemónico, eleito como modelar, está destinada a ser inevitavelmente "local" e nunca global. O que Santos afirma é que o processo que cria, quer o produto globalizado, quer o produto localizado, é o mesmo.

Santos salienta que "vivemos tanto num mundo de localização como num mundo de globalização" e, por isso, "seria igualmente correcto se a presente situação e os nossos tópicos de investigação se definissem em termos de localização em vez de globalização". Para Santos "o motivo por que é preferido o último termo é, basicamente, o facto de o discurso científico hegemónico tender a privilegiar a história do mundo na versão dos vencedores", reportando-se à famosa afirmação de Walter Benjamin nas suas teses sobre a história.[21]

Esta dialéctica entre o local e o global verifica-se em muitos exemplos. A propagação da língua inglesa como língua franca, como língua global, implicou a localização de outras línguas potencialmente globais como a francesa. A cada globalização correspondem sempre uma várias localizações. "A globalização do sistema do estrelato de Hollywood contribui para a localização (etnicização) do sistema de estrelato do cinema hindu. Analogamente, os actores franceses ou italianos dos anos 1960 – de Brigitte Bardot a Alain Delon, de Marcello Mastroiani a Sofia Loren – que simbolizavam então o modo universal de representar, parecem hoje, quando revemos os seus filmes, provincianamente europeus, se não mesmo curiosamente étnicos. A diferença do olhar reside em que, de então para cá, o modo de representar hollywoodesco conseguiu globalizar-se" (*ibid.*:69-70). Poder-se-á acrescentar que o modo de representação americano dos anos 1950 e 1960, de James Stewart, Bette Davis, Clark Gable, John Wayne, Lauren Bacall, Marylin Monroe, Marlon Brando ou Elizabeth Taylor, entre muitos outros, embora sendo já dominante, não o era ainda ao ponto de destruir os das cinematografias europeias ou asiáticas contemporâneas. Essa destruição e/ou localização foi acompanhada por uma série de negociações interestatais (GATT e NAFTA) de que Frederik Jameson nos dá conta, não sendo de todo negligenciável o facto de, como afirma Jameson, "a actividade cultural de *art and entertainment* ser, com a indústria alimentar e o armamento, um dos três maiores veículos de afluxo de capital para os Estados Unidos" (Jameson, 1998: 57).

### 3.6.7. Importação/exportação de cultura

Nas discussões habituais sobre o campo musical a predominância do "estético" impede a consideração do "económico". Segundo Jameson, um dos caminhos possíveis para analisar a globalização é considerar que ela significa "a exportação e a importação de cultura" e prossegue: "basta pensar em

---

[21] Do mesmo modo, Zygmund Bauman assinala que a globalização polariza a mobilidade como forma de usar o tempo para anular o espaço. Mas acrescenta: "esta capacidade divide o mundo entre o globalizado e o localizado. 'Globalização' e 'localização' podem ser lados inseparáveis da mesma moeda, mas as duas partes da população mundial parecem viver em lados diferentes, olhando só para um lado [...] Alguns habitam o globo; outros estão presos aos lugares" (Bauman, 2001: 307). Nesta perspectiva muitos dos vencidos estão localizados.

todas as pessoas em todo o mundo que vêem programas de televisão norte-americanos exportados para compreender claramente que esta intervenção cultural é mais profunda do que qualquer outro aspecto das anteriores formas de colonialismo ou de imperialismo, ou do simples turismo" (*ibid.*: 58). Existe uma assimetria fundamental nas relações entre os Estados Unidos e qualquer outro país do mundo, não apenas países do Terceiro Mundo mas até o Japão e a Europa Ocidental. O autor exemplifica com a língua e a cultura de massas para clarificar o seu ponto de vista: "São as línguas iguais e pode cada grupo linguístico produzir livremente a sua própria cultura de acordo com as suas necessidades? Para o autor, para os que falam línguas menores, as ansiedades só podem ser aumentadas pela emergência de uma espécie de cultura transnacional global ou *jet-set* na qual alguns *hits* internacionais (literários ou culturais) são canonizados pelos *media* e lhes é dada uma circulação inconcebível para os produtos locais que, de qualquer modo, tendem a excluir" (*ibid.*: 59). E acrescenta: "para a maioria dos povos do mundo o próprio inglês não é exactamente uma língua de cultura; é a língua franca do dinheiro e do poder que tem de se aprender para uso prático mas quase nunca para propósitos estéticos" (*ibid.*).

Por outro lado Jameson sugere que "a cultura de massas americana, associada como está com dinheiro e bens de consumo, goza de um prestígio que é perigosíssimo para a maior parte das formas de produção cultural domésticas (ou locais) que ou se vêem a si próprias completamente destruídas – como nos casos do cinema e da produção televisiva locais – ou cooptadas e transformadas até ao irreconhecível – como no caso da música local" (*ibid.*).

Tanto a língua inglesa como a cultura de massas americana correspondem, na terminologia proposta por Boaventura de Sousa Santos, a localismos globalizados, ou seja, a produtos locais de determinadas áreas que conseguiram expandir-se a um âmbito global. Jameson comenta igualmente as diferentes perspectivas que se verificam nas conversações internacionais sobre a circulação de produtos culturais. Para o autor "não notamos suficientemente [...] o significado das cláusulas culturais, nas negociações e acordos GATT e NAFTA e a luta entre os imensos interesses culturais americanos que quiseram abrir as fronteiras aos filmes americanos, televisão, música e similares e os estados-nações estrangeiros que ainda atribuíam um lugar importante à preservação do desenvolvimento das sua linguagens e culturas nacionais e tentaram limitar os danos – tanto materiais como sociais – causados pelo poder nivelador da cultura de massas americana: danos materiais tendo em conta os enormes interesses financeiros envolvidos; e sociais em virtude das próprias mudanças nos valores provavelmente batidos pelo que era chamado – quando ainda era um fenómeno muito limitado – americanização" (*ibid.*). Jameson destaca a importância destes acordos sobretudo na medida em que eles constituíram estádios da longa tentativa americana de prejudicar políticas de subsídios e cotas culturais noutras partes do mundo mas especialmente na Europa Ocidental (cf. *ibid.*: 60). Jameson destaca que as conversações GATT servem para nos lembrar que a indústria cinematográfica americana cabe igualmente na base e na superestrutura; são economia tanto como são cultura.

Nesse sentido Jameson considera ser importante desmontar a retórica da liberdade que, por parte dos negociadores americanos, acompanha estas discussões transnacionais.[22] Não meramente o discurso do comércio livre, mas também o discurso da liberdade de expressão, a livra passagem das ideias e das propriedades intelectuais acompanhava esta política. Mas o lado material das ideias ou dos produtos culturais assenta em instituições de reprodução e transmissão que são hoje visíveis como enormes corporações baseadas num monopólio da relevante tecnologia da informação. Nesse sentido Jameson sublinha que a liberdade dessas corporações é completamente diferente da nossa liberdade individual como cidadãos. O discurso adoptado pelos negociadores americanos no entanto sobrepunha aos interesses económicos evidentes um discurso proveniente de outras esferas não directamente económicas. Jameson refere a necessidade de subsídios dos governos da Alemanha, França, Inglaterra e Canadá na criação de qualquer indústria cinematográfica nacional e independente, e escreve: "o ponto é que aos olhos dos *lobbies* do Estado americano as negociações GATT tinham sido organizadas para desmantelar todos estes subsídios locais ou nacionais como formas de competição internacional 'injusta' [*unfair*]. Esses subsídios eram alvos directos e explícitos e para o autor é óbvio que um sucesso nessa orientação e prática dos Norte-Americanos iria representar a extinção tendencial de novas produções artísticas e culturais nacionais em todo o lado, talvez mesmo para todos os outros cinemas nacionais a consumação de um estado de espécie em vias de extinção. Neste sentido Jameson argumenta que as ideias de constrangimento das liberdades associadas às críticas americanas em relação às tenta-

---

[22] A retórica de liberdade é sempre usada pelos hegemónicos quando querem impor os seus produtos culturais aos dominados e subalternos. É uma retórica que tenta neutralizar qualquer argumento que procure defender a produção subalterna.

tivas de defesa de expressões artísticas locais só são consideradas válidas na medida em que favoreçam a hegemonia das corporações americanas nos seus desígnios de dominação económica e cultural. Trata-se por isso da liberdade que permite destruir expressões, modos de vida e mundividências locais. Jameson aponta ainda que o Plano Marshall foi acompanhado de condições sobre a quantidade de filmes americanos que deveriam ser legalmente admitidos nos mercados europeus e que o triunfo dos cinema de Hollywood não deve ser compreendido apenas como um triunfo meramente económico mas também como um triunfo formal e político (cf. *ibid*.: 61-62).

Através dos intermediários das grandes corporações multinacionais, na maior parte dos casos com base nos Estados Unidos, uma forma *standard* da vida material americana, juntamente com valores e formas culturais norte-americanas é transmitida sistematicamente para outras culturas e, desse modo, características culturais americanas meramente locais foram exportadas como práticas válidas para todos os povos do mundo (cf. *ibid*.: 64). De acordo com a mesma perspectiva Eduardo Lourenço escreve que "é graças aos Estados Unidos que nós assistimos a uma mundialização do cultural [...] mas na realidade, trata-se de uma dominação do planeta segundo um modelo e uma ideia do cultural de origem e de prática americanas" (Lourenço, 1997: 14).

O aspecto que se segue é fulcral. Santos afirma que "a globalização dos *media*, da cultura de massas, da iconografia norte-americana e da ideologia do consumismo, neutralizam as culturas locais, descontextualizam-nas e assimilam-nas sempre que lhes reconhecem algum valor de troca no mercado global das indústrias culturais" (Santos, 2001: 279). Quando a sua apropriação pelos circuitos culturais globais não tem interesse, quando não são valorizáveis no mercado cultural, as culturas são excluídas, apagadas da memória hegemónica ou ignoradas.

É talvez relevante relembrar novamente a definição de Santos de modo de produção de globalização como "o conjunto de *trocas desiguais* pelo qual um determinado artefacto, condição, entidade ou identidade local *estende a sua influência* para além das fronteiras nacionais e, ao fazê-lo, desenvolve a capacidade de *designar como local* outro artefacto, condição, entidade ou identidade rival" (*ibid*. 69).[23]

---

[23] Itálicos meus.

### 3.6.8. Compressão tempo-espaço

Santos analisa igualmente outro aspecto: "uma das transformações mais frequentemente associadas aos processos de globalização é a compressão tempo-espaço, ou seja, o processo social pelo qual os fenómenos se aceleram e se difundem pelo globo". Para Santos, "ainda que aparentemente monolítico, este processo combina situações e condições altamente diferenciadas" e, por isso, "não pode ser analisado independentemente das *relações de poder* que respondem pelas diferentes formas de mobilidade temporal e espacial" (*ibid.*: 70).[24] O autor distingue três grupos: os executivos das empresas multinacionais – a classe "que realmente controla a compressão tempo-espaço" – as classes e grupos subordinados "como os trabalhadores migrantes e os refugiados que nas ultimas décadas têm efectuado bastante movimentação transfronteiriça, mas que não controlam, de algum modo, a compressão tempo-espaço e, entre estes dois grupos, os turistas". Para Santos, "existem ainda os que contribuem fortemente para a globalização mas, não obstante, permanecem prisioneiros do seu espaço tempo local" como por exemplo, "os camponeses da Bolívia, do Peru e da Colômbia" que contribuem fortemente para uma cultura mundial da droga mas eles próprios permanecem 'localizados' nas suas aldeias e montanhas como desde sempre estiveram", ou ainda, "os moradores das favelas do Rio, que permanecem prisioneiros da vida urbana marginal" enquanto a sua música constitui "parte de uma cultura musical globalizada" (*ibid.*).

Santos salienta que "ainda noutra perspectiva a competência global requer, por vezes, o acentuar da especificidade local". Santos refere "muitos dos lugares turísticos de hoje têm de vincar o seu carácter exótico, vernáculo e tradicional para poderem ser atractivos no mercado global de turismo" (*ibid.*). A este exemplo poderia ser acrescentado um outro relativo à música portuguesa. No quadro dos critérios das editoras discográficas multinacionais e com alguma relação com a novel categoria de *world-music*, os raros artistas portugueses com alguma visibilidade internacional são aqueles que, num dado momento, apresentam características exóticas e locais fortes. O fado de Amália no passado, os Madre Deus nos anos 1990 e, mais recentemente, Mariza e um pequeno número de jovens fadistas, são por vezes incluídos em colectâneas ou mesmo editados em multinacionais, sem dúvida nessa perspectiva de terem vincadamente traços de carácter exótico, vernáculo e tradicional.

---

[24] Itálico meu.

São assim globalizados (mesmo assim apenas até certo ponto) na medida em que evidenciam com clareza traços locais.

### 3.6.9. Um paradoxo globalização-localização

Nesse sentido verifica-se uma aparente contradição ou um paradoxo entre aquilo que é internamente visto como cosmopolita ou tradicional, e o que pode ser considerado "competente do ponto de vista global" se seleccionado pelos gestores das multinacionais discográficas ou pelos promotores de concertos europeus. Um objecto cultural, seja musical, teatral ou outro, sendo visto internamente como cosmopolita, de acordo com os critérios recebidos do centro, será, muito provavelmente, considerado "incompetente" pelos gestores culturais capazes de produzir globalização, uma vez que, enquanto produto passível de ser globalizado, lhe faltam elementos exóticos locais, vernáculos e tradicionais. Os produtos cosmopolitas passíveis de serem globalizados são exclusivamente os produtos provenientes dos países do centro. Dos países da semiperiferia ou da periferia, considera-se e espera-se que existam produtos que transportem "cor local". Os outros, "cosmopolitas", estão condenados a permanecerem localizados justamente por serem "globais".[25]

Santos conclui que "a produção de globalização implica, pois, a produção de localização". Assim "o local é integrado no global por duas vias possíveis: pela exclusão ou pela inclusão subalterna". O autor sublinha que "apesar de, na linguagem comum e no discurso político, o termo globalização transmitir a ideia de inclusão, o âmbito real da inclusão pela globalização, sobretudo económica, pode ser bastante limitado" (Santos 2001: 71). Para Santos "o que caracteriza a produção de globalização é o facto de o seu impacto se estender tanto às realidades que inclui como às realidades que exclui". E acrescenta: "Mas o decisivo na hierarquia produzida não é apenas o âmbito da inclusão, mas a sua natureza. O local, quando incluído, é-o de modo subordinado, seguindo a lógica do global" (*ibid.*). Isto é particularmente importante para esta investigação, uma vez que nos debates sobre globalização a tendência é sobretudo analisar aquilo que é objecto de globalização e raramente o que é localizado e excluído. Este aspecto foi justamente o que se procurou mostrar nos exemplos anteriormente referidos.

---

[25] Veremos mais adiante Lopes-Graça defender para os compositores portugueses a necessidade dessa "cor local" como meio de atingir notoriedade. (ver capítulo XI.1.1.: 374).

### 3.6.10. Dois modos de produção de globalização hegemónica

Num livro mais recente, Boaventura de Sousa Santos retoma a problemática da globalização. Para dar conta "das relações de poder assimétricas no interior do que chamamos globalização sugeri [...] a distinção entre quatro modos de globalização: localismos globalizados, globalismos localizados, cosmopolitismo e património comum da humanidade" e "segundo esta concepção, os dois primeiros modos são o que designo por globalização hegemónica [...] e as outras duas formas [...] são o que chamo globalização contra-hegemónica" (Santos, 2006a: 183).[26] Retomando aqui a formulação do autor no texto de 2001 existem quatro "modos de produção" de globalização:

> A primeira forma é o localismo globalizado. Consiste no processo pelo qual determinado fenómeno local é globalizado com sucesso, seja a actividade mundial das multinacionais, a transformação da língua inglesa em língua franca, a globalização do *fast food* americano ou da sua música popular, ou a adopção mundial das mesmas leis de propriedade intelectual, de patentes ou de telecomunicações promovida agressivamente pelos EUA. Neste modo de produção de globalização o que se globaliza é o vencedor de uma luta pela apropriação ou valorização de recursos ou pelo reconhecimento da diferença. A vitória traduz-se na faculdade de ditar os termos da integração, da competição e da inclusão. No caso do reconhecimento da diferença, o localismo globalizado implica a conversão da diferença vitoriosa em condição universal e a consequente exclusão ou inclusão subalterna de diferenças alternativas" [Santos, 2001: 71].[27]

---

[26] Ver igualmente Santos (1995: 252-268).

[27] Sobre as consequências da transformação do inglês em língua franca será importante considerar as posições de George Steiner, que veremos brevemente mais adiante, sobre o seu impacto na actividade literária e editorial. Esta análise de Steiner pode ser usada, por analogia, de acordo com a sua utilidade para a sociologia defendida por Bourdieu, na análise das relações transnacionais no campo musical. Será importante considerar igualmente as posições de Peter Sloterdijk, filósofo alemão que se tem aproximado progressivamente do desejo analítico do global: "seis línguas mundiais impuseram-se na véspera do ano 2000: o inglês, o dólar, as marcas mundiais, a música popular, as informações e a arte abstracta." [...] "os efeitos da era eurocêntrica, de 1942 a 1945, fizeram nascer sobre a terra um sistema de interacções que se realizam sob a forma de rotinas económicas, diplomáticas e informática." E mais adiante "quando os homens interpretam a sua situação no espaço e no tempo em função de normas modernas, só podem conceber-se como membros de uma comuna obrigatória de que já não há escapatória" (Sloterdijk, 2000: 20-21). Ver igualmente Sloterdijk (2006).

Para Santos a segunda forma é o globalismo localizado. "Consiste no impacto específico nas condições locais produzido pelas práticas e imperativos transnacionais que decorrem dos localismos globalizados, ou seja, pelos aspectos referidos na descrição da primeira forma de globalização, que com frequência são os mais considerados quando se fala de globalização". Santos escreve: "Para responder a esses imperativos transnacionais, as condições locais são desintegradas, desestruturadas e, eventualmente, reestruturadas sob a forma de inclusão subalterna" (*ibid.*). Ainda antes de referir os exemplos apontados pelo autor convém dizer que "a produção sustentada de localismos globalizados e de globalismos localizados é cada vez mais determinante para a hierarquização específica das práticas interestatais". Para Santos "a divisão internacional da produção da globalização tende a assumir o seguinte padrão: os países centrais especializam-se em localismos globalizados, enquanto os países periféricos cabe tão só a escolha de localismos globalizados. Os países semiperiféricos são caraterizados pela coexistência de localismos globalizados e de globalismos localizados e pelas tensões entre eles. O sistema mundial em transição é uma trama de globalismos localizados e de localismos globalizados" (*ibid.*: 72).

É esta trama que provoca a dificuldade da análise desta problemática da globalização: por um lado conduz a uma grande quantidade de análises parcelares ou parciais e, por outro lado, salienta a utilidade da aparelhagem conceptual proposta por Boaventura de Sousa Santos. O autor compara ainda "o globalismo localizado" com a "globalização passiva", a situação em que, segundo Fortuna, "algumas cidades se vêem incorporadas de modo passivo nos meandros da globalização e são incapazes de fazer reconhecer aqueles recursos [globalizantes próprios] no plano transnacional" (Fortuna, 1997: 16).

### 3.6.11. Dois modos de produção de globalização contra-hegemónica
Santos refere ainda que "para além destes dois modos de produção de globalização há ainda outros dois". Segundo Santos "talvez os que definem melhor as diferenças e a novidade do sistema mundial em transição", na medida em que "ocorrem no interior da constelação de práticas que irrompeu com particular pujança nas ultimas décadas – as práticas sociais e culturais transnacionais" (Santos,2001c: 72). Para Santos "dizem respeito à globalização de resistência" aos dois modos anteriores, que noutros locais o autor designa como globalização hegemónica neoliberal: "designo o pri-

meiro por *cosmopolitismo*.[28] Trata da organização transnacional da resistência de Estados-nação, regiões, classes ou grupos sociais vitimizados pelas trocas desiguais de que se alimentam os localismos globalizados e os globalismos localizados, usando em seu benefício as possibilidades de interacção transnacional criadas pelo sistema mundial em transição, incluindo as que decorrem da revolução nas tecnologias de informação e de comunicação" (*ibid.*: 73). Segundo o autor, "a resistência consiste em transformar trocas desiguais em trocas de autoridade partilhada, e traduz-se em lutas contra a exclusão, a inclusão subalterna, a dependência, a desintegração, a despromoção. Santos refere como "actividades cosmopolitas [...] movimentos e organizações no interior das periferias do sistema mundial; redes de solidariedade transnacional não desigual entre o Norte e o Sul" e muitas outras. Para este trabalho importa salientar "movimentos literários, artísticos e científicos na periferia do sistema mundial em busca de valores culturais alternativos, não imperialistas, contra-hegemónicos, empenhados em estudos sob perspectivas pós-coloniais ou subalternas" (*ibid.*). Esta investigação apesar de ser uma contribuição isolada, coloca-se nesta perspectiva e visa produzir uma leitura dos problemas em questão na perspectiva de uma subalternidade em relação a um centro. Se o objecto de estudo pode ser formulado, enquanto problema, nesta perspectiva, pode igualmente sê-lo numa perspectiva quase antagónica. De acordo com as visões sobre a música portuguesa sob perspectivas ligadas ao anterior paradigma moderno, resultam inevitavelmente as proclamações de atraso estrutural, de necessidade de desenvolvimento, de medidas favoráveis à divulgação ou internacionalização, ou seja, na quais reaparecem as práticas discursivas que se constituíram há mais de um século e que assumem a forma musical de um "lamento".

Santos interroga se "o uso do termo cosmopolitismo para descrever práticas e discursos de resistência contra as trocas desiguais no sistema mundial tardio" não poderá parecer inadequado "em face da sua ascendência modernista" e em face "da sua utilização corrente para descrever práticas", que, segundo o autor, "são aqui concebidas quer como localismos globaliza-

---

[28] Itálico do autor. Santos modificará mais tarde a sua formulação para *cosmopolitismo subalterno e insurgente* (Santos, 2006a: 406) considerando o uso corrente do termo na modernidade ocidental: "a ideia de cosmopolitismo está associada com as ideias de universalismo desenraizado, individualismo, cidadania mundial e negação de fronteiras terrestres ou culturais" (ibid.: 407). Abordarei no Excurso seguinte a problemática específica do uso do termo no campo musical.

dos quer como globalismos localizados" (*ibid.*: 73). Para o autor, "contrariamente à crença modernista (particularmente no momento de *fin de siècle*), o cosmopolitismo é apenas possível de um modo intersticial nas margens do sistema mundial em transição como uma prática e um discurso contra-hegemónicos gerados em coligações de classes ou de grupos subalternos e seus aliados". Santos admite que "o cosmopolitismo é efectivamente uma tradição da modernidade ocidental, mas é uma das muitas tradições suprimidas ou marginalizadas pela tradição hegemónica que gerou no passado a expansão europeia, o colonialismo e o imperialismo e que hoje gera os localismos globalizados e os globalismos localizados. (cf. Capítulo III)

**Excurso – sobre o uso dos termos cosmopolitismo e nacionalismo no campo musical**
Esta concepção de Boaventura de Sousa Santos, na verdade, coloca um problema similar neste trabalho porque o conceito dominante de cosmopolitismo que circula habitualmente não se perfila nem se apresenta com este conteúdo, mas sim com o conteúdo que lhe foi atribuído pelo modernismo. No seu sentido corrente no campo do musical, "cosmopolita" será, por exemplo, o melómano que viaja até Paris ou Nova Iorque onde vai assistir às estreias dos espectáculos e das produções sobre as quais, no caso de ser crítico, escreverá os seus textos, eles próprios cosmopolitas ou, em relação às quais, no caso de ser programador ou responsável cultural, estabelecerá contactos com vista às suas apresentações em Lisboa ou no Porto. Poderemos dizer que se trata de um cosmopolitismo moderno ou, no sentido de Santos, de um falso cosmopolitismo. Julgo no entanto necessário, tal como em relação ao termo "globalização", acrescentar ao termo "cosmopolitismo" ou o termo "hegemónico" ou o termo "subalterno" para se tornar patente e inequívoco aquilo que corre o risco de se tornar um mal entendido.

Numa reformulação mais recente destes conceitos o autor designa cosmopolitismo como "cosmopolitismo insurgente e subalterno"[29] e define-o como consistindo "na resistência organizada contra os localismos globalizados e os globalismos localizados" (Santos, 2006c: 406-407) o que de algum modo reserva a versão do conceito moderno ocidental para a sua acepção original. Para Santos, na modernidade ocidental "a ideia de cosmopolitismo está associada com as ideias de universalismo desenraizado, individualismo, cidadania

---

[29] Penso que esta designação se poderá aplicar a este trabalho no seu todo.

mundial e negação de fronteiras territoriais ou culturais" (*ibid.*: 407). É este o sentido corrente.

Na dicotomia estabelecida nos discursos tradicionais do campo musical ao cosmopolitismo opõe-se o nacionalismo. A própria emergência dos chamados nacionalismos musicais foi historicamente marcada pelo programa explícito que reclamava o mergulho nas raízes populares e nacionais para daí retirar os materiais musicais capazes de fornecer aos compositores "uma verdadeira e autêntica" fonte de inspiração nacional. Numa primeira fase, durante o século XVIII o país cosmopolita por excelência era a França, sendo a língua francesa, aliás, a língua franca das cortes europeias. É nesse contexto intelectual que se compreendem as posições de Herder. Mas, a partir de meados do século XIX, sabemos que os nacionalismos musicais da Rússia, da Boémia, da Inglaterra, da Espanha, da Hungria, da Finlândia, da Polónia, de Portugal, etc., ou seja, dos países ou nações da periferia europeia, se formaram como "reacção" contra o predomínio avassalador da música alemã nos finais do século XIX. Há no entanto aspectos particulares que podem justificar uma observação mais próxima.

Em relação a este fenómeno histórico, as análises de Richard Taruskin[30] mostram que Herder foi o primeiro teorizador do estudo das fontes musicais populares. Para Herder, era nessas fontes que residia a expressão espiritual mais autêntica do povo, a sua mais pura concretização artística, etc. Segundo Taruskin, esta ideia romântica continha em si um desejo de alternativa ao estilo clássico de Mozart, Haydn e Beethoven, que se via a si próprio como universal. Contra este universalismo "cosmopolita", visto como convencional pelos românticos, erguia-se a possibilidade de, ouvindo a música verdadeiramente popular, liberta do convencionalismo artificial próprio da variante cortesã "alta cultura" da música do período "clássico", se poderem criar as bases de uma música que exprimisse a verdadeira alma artística do povo, a sua expressão autêntica. Assim, algo paradoxalmente, a primeira formulação do

---

[30] Este autor é uma das fontes principais deste trabalho. Em primeiro lugar justamente porque o seu trabalho tem um carácter insurgente e polémico muito marcado. Mas, não obstante, é geralmente considerado o musicólogo mais brilhante da sua geração. Para perspectivas críticas da sua obra máxima, a *Oxford History* de 2005, ver Tomlinson, Gary (2007) "Monumental Musicology", Journal of the Royal Musical Association, 132, nº 2 (349-374) e Rosen, Charles, (2006) "From the Troubadours to Sinatra", The New York Review of Books, volume 53, nºs 3 e 4 e Bolstein, Leon (2005) "The Oxford History of Western Music: an appreciation", The Music Quaterly, nº 87: 359-369.

nacionalismo musical foi alemã. "Johann Gottfried von Herder (1744-1803)", escreve Taruskin, "defendia que não havia natureza humana universal, nem verdade universal humana, não havia 'sensus communis' como dizia o seu antigo mentor Kant. Antes, dizia, cada sociedade humana, cada época da história humana, toda e cada uma das colectividades humanas era uma entidade única – e unicamente valorizável" (Taruskin, 2005, vol. 3: 121).

Considerando que parte destas ideias derivavam de Rousseau e dos *philosophes* que estavam entre os maiores defensores do Iluminismo mas que "a ênfase específica dada por Herder ao seu eclético composto intelectual e as consequências que daí tirou marcaram o seu pensamento como particularmente romântico e particularmente alemão". E conclui: "Através dele, bastante paradoxalmente, aspectos do pensamento particularista alemão tornaram-se universais. Forneceram o fundamento filosófico necessário para todo o pensamento nacionalista dos séculos XIX e XX" (*ibid.*). Ao considerar que, para Herder, "cada linguagem manifestava ou revelava valores e ideias únicas que constituíam a específica contribuição de cada comunidade linguística para o tesouro da cultura mundial", Taruskin afirma que "estas ideias deram um carácter completamente novo ao conceito de folclore", que, até então, era associado normalmente ao campesinato e ao qual, por isso, era atribuído um baixo prestígio cultural ou intelectual. A partir de Herder, pelo contrário, "o folclore era visto como incorporando a essencial e autêntica sabedoria de uma linguagem, comunidade ou nação. Era zelosamente recolhido e estudado tanto para definir características nacionais como para as comparar". Taruskin afirma que "em meados do século XIX os seus esforços [dos filologistas alemães] tinham sido duplicados em quase todos os países da Europa" (*ibid.*:122).

Este primeiro impulso nacionalista na música alemã transformou-se no curso do século XIX. Segundo Taruskin, "enquanto o nacionalismo foi concebido em termos linguísticos, culturais e cívicos, podia ser uma força para reformas liberais e tolerância. Nessa medida mantinha continuidade com o pensamento iluminista, apesar das suas origens românticas." Na verdade "durante os anos 1830 e 1840 [...] a cultura musical alemã tinha provado a sua liberalidade e a sua capacidade de inclusão ao permitir que um judeu assimilado [Félix Mendelssohn] se tornasse seu presidente" (*ibid.*: 177).

A diatribe anti-semita de Richard Wagner – *O Judaísmo na Música* publicado sob o pseudónimo de Freigedank) – deu um carácter totalmente novo à ideia do nacionalismo alemão, e sem dúvida do nacionalismo enquanto tal. O artigo de Wagner defendia que os Judeus sendo não apenas cultural ou religiosamente mas racialmente – isto é, biologicamente – distintos dos gentios cristãos, não podiam contribuir para as suas tradições musicais mas apenas dilui-las. Não poderia haver nenhuma assimilação, apenas uma mistura mutuamente corruptora. Um judeu poderia tornar-se cristão pela conversão (como Mendelssohn tinha feito), mas nunca tornar-se um verdadeiro gentio, por isso um alemão" (*ibid.*). Segundo Taruskin,

> para o autor de *Das Judenthum in der Musik* nem o indubitável génio de Mendelssohn o poderia salvar das armadilhas da sua raça. Não pode "chamar a nós aquilo que é profundo, o efeito emocional que procuramos na música", porque a sua arte não tem "uma fonte genuína de vida no seio do povo" e por isso só pode ser "reflexo", nunca "instintivo". O autor, Wagner, negava a Mendelssohn, ou a qualquer judeu, a possibilidade de se elevar acima da mera superficialidade, da expressão social e atingir a "expressão de um conteúdo indizível" – por outras palavras, o critério definidor da música absoluta para a qual apenas os Alemães possuíam os necessários atributos raciais (implicando morais)" [*ibid.*].

Algumas das conclusões mais impressionantes de Taruskin sobre as consequências do texto de Wagner são, em primeiro lugar, o facto de ter sido o mais vivo sintoma, nos escritos musicais, de uma mudança na natureza do nacionalismo que todos os historiadores reconhecem como um ponto essencial da história da Europa moderna; em segundo lugar, Taruskin afirma que "tristemente, aspectos da diatribe anti-semita de Wagner [...] continuam a vir à superfície, algumas vezes não intencionalmente, nas discussões actuais sobre Meyerbeer – que Wagner não identifica mas refere de forma a não deixar dúvidas sobre o destinatário – "um famoso compositor judeu do nosso tempo ... escreve óperas em Paris e manda-as em tournée à volta do mundo" – e continuam, muitas vezes não intencionalmente a influenciar o pensamento contemporâneo sobre arte" (*ibid.*: 178). O autor refere que o texto mais influente de história da música de meados do século XX, *Music in Western Civilization*, de Paul Henry Lang, parafraseia Wagner quase palavra por palavra, imputando o mesmo tédio às audiências de Meyerbeer. Segundo Taruskin, "segue-se um bombardeamento de retórica antiburgesa datada, apresentada (espera-se) em ingénua ignorância do seu anterior estatuto como código anti-semita" (*ibid.*: 228-229). Este episódio sublinha a importância do discurso enquanto entidade na qual ganha materialidade um pensamento. Tornado hegemónico, neste caso no campo da história da música, no interior de uma determinada visão esteticista da história da música, um discurso (originalmente anti-semita) adquire a capacidade de se reproduzir noutros discursos (finalmente esteticistas ou formalistas).

Posteriormente, com a formação da chamada Nova Escola Alemã em torno das ideias de Karl Franz Brendel, um jovem hegeliano, director da revista *Neue Zeitschrift für Musik* a partir de 1845 até à sua morte em 1868, que, segundo Taruskin, "orientou a revista para posições políticas a favor da unificação alemã sob o disfarce de criticismo musical", ficou marcado o carácter do nacionalismo musical alemão em estreita relação com o objectivo político da unificação. Taruskin escreve: "muita da oposição em relação à Nova Escola Alemã veio de fora dos territórios de língua alemã, tendo muitos músicos estrangeiros suspeitado dos desígnios nacionalistas por detrás das pretensões universalistas dos seus adeptos" (*ibid.*: 416).

Outro autor, Bojan Bujic, no seu artigo "Nacionalismo e tradições musicais", escreve: "Na Alemanha a consciência da continuidade histórica da música alemã e a crença na grandeza da sua tradição substituíram-se à ausência de um Estado unificado" (*in* Nattiez, 2003, Vol I: 175). E continua: "Nas regiões eslavas da Europa central e na Rússia, pelo contrário, o nacionalismo musical tornou-se uma arma contra a supremacia da cultura musical estrangeira, principalmente alemã" (*ibid.*: 176). Prosseguindo a sua análise desta dialéctica em torno da centralidade da música alemã no século XIX e no início do século XX, Bujic sugere que "no inicio do período pós-wagneriano os problemas da "germanidade" foram temporariamente afastados por todos os compositores, com poucas excepções; os historiadores da música, pelo contrário, concentraram-se neles com ardor, obstinados que estavam em promover a teoria de uma música alemã representando o núcleo central da tradição europeia" (*ibid.*: 177). Bujic volta a referir o exemplo russo: "Detecta-se uma divisão nitidamente marcada na música russa onde o antagonismo latente entre nacionalismo e adeptos dos modelos ocidentais, evidente desde os anos 1870, conduz à existência paralela de sobreviventes da antiga escola nacional – como Rimski-Korsakov – e cosmopolitas – como Rachmaninov e Scriabine" (*ibid.*).

A questão do nacionalismo musical e as suas origens históricas foi aqui referida com algum detalhe porque a dicotomia nacionalismo *versus* cosmopolitismo está profundamente enraizada nos discursos musicais e ainda por outra razão. Em textos anteriores Taruskin já tinha abordado esta problemática em relação ao uso discriminado, no campo musicológico, do termo "nacionalismo" de certo modo reservado para, como afirma o autor, para os compositores periféricos: "Começamos a ver porque é que permanece o hábito ocidental de agrupar todos os compositores russos, como todos os outros que não provêm da corrente principal panromanogermânica, como "nacionalistas" sejam quais forem as suas predilecções; porque é que os compositores da corrente panromanogermânica são raramente descritos como nacionalistas sejam quais forem as suas predilecções; e porque é que, para compositores periféricos, a dependência estilística de folclore autóctone é tomada como signo indispensável de autenticidade. É ainda outra forma de diferença fetichizada. É por isso que a musicologia convencional é talvez a única entre as disciplinas humanísticas [...] que continua a celebrar o nacionalismo" (Taruskin, 1997: 48).

É ainda de realçar a total proximidade de pontos de vista entre Santos e Taruskin no que se refere ao que o primeiro chama "o carácter local ou exótico, como condição para determinado produto cultural poder ser globalizado" e "a competência global requer, por vezes, o acentuar da especificidade local". O equivalente, segundo Taruskin, é: "para compositores periféricos, a dependência estilística de folclore autóctone é tomado como signo indispensável de autenticidade. É ainda outra forma de diferença fetichizada" (*ibid.*). Apesar destes critérios de selecção ou de classificação que regulam, respectivamente, a escolha daquilo que pode ser globalizado ou aquilo que mostra "de que forma o olhar musicológico ocidental legitima a autenticidade autóctone", há ainda um aspecto que importa sublinhar. Taruskin escreve: "No entanto, por mais alienados por temperamento ou por força das circunstâncias da corrente principal da moda ou do sucesso, por mais dependentes para a sua promoção da seu apelo exótico, por mais inferiores ou superiores se sentissem em consequência, os músicos russos da tradição erudita literata construíram sempre as suas identidades num contexto europeu mais largo e retiraram o seu 'sentimento de ser' (para citar a definição de autenticidade de Rousseau) desse sentido de relacionamento [*relatedness*]" (*ibid.*: xv). Por maior que tenha sido, ou seja ainda, quer a miopia musicológica eurocêntrica que classifica os compositores russos como grupo e como "outro", quer a total ignorância e desconhecimento que afecta inegavelmente a música portuguesa no contexto europeu, este sentimento de pertença é partilhado pelos compositores russos, portugueses ou quaisquer outros, que obriga a considerar a alteridade em relação à música europeia com o máximo cuidado analítico.

Nesse sentido podemos apresentar dois excertos de Lopes-Graça que ilustram o sentimento de pertença, que o localizam no interior de uma tradição musical, e o sentido de *relatedness* que o leva a escrever como alguém que construiu a sua identidade num contexto europeu mais largo. A correspondência entre essa construção da identidade e a própria realidade, tal como ela se nos apresenta, como uma realidade "ausente", negligenciada, ignorada, menosprezada ou simplesmente desconhecida, é outro problema que deve ser analisado enquanto tal. Sem querer adiantar demasiado algo que pertence à investigação empírica deste trabalho, gostaria de analisar relações desta problemática com as ideias do jovem Fernando Lopes-Graça para o qual a primazia dos modelos formais clássicos alemães era indiscutível. Lopes-Graça aponta entre os esforços reformistas de Bomtempo os que tentaram opor à ópera mundana e galante e à música religiosa "a sinfonia, o concerto, a sonata, formas superiores de música pura levadas aos seus máximos por Haydn, Mozart e Beethoven" (Lopes-Graça, 1989: 19).

Aqueles compositores que, para Taruskin, representavam o convencionalismo artificial próprio da variante cortesã "alta cultura" da música do período "clássico", do qual os românticos alemães se queriam libertar para, seguindo Herder, poderem criar as bases de uma música que exprimisse a verdadeira alma artística do povo, a sua expressão autêntica, são vistos por Graça nos anos 1940 (e pela generalidade dos autores) como os compositores representantes das formas superiores da música pura, contra a música galante e religiosa dominante em Portugal naquele período. Esta posição de Graça corresponde à crítica reiterada dos modernos à ópera italiana criticada nos mesmos termos como superficial, galante, cortesã, mas, sem dúvida, ainda alta cultura. Seguindo a mesma posição, a crítica de Lopes-Graça a Marcos Portugal no seu texto de 1943[31] coloca o cosmopolitismo deste compositor em sintonia com o sentido moderno do termo descrito por Santos: "a ideia de cosmopolitismo está associada com as ideias de universalismo desenraizado, individualismo, cidadania mundial e negação de fronteiras territoriais ou culturais" (Santos, 2006: 407). O cosmopolitismo de Marcos Portugal é apresentado em contraposição à autêntica inserção numa cultura, ideia que surge como um eco das posições de Herder e revelam a sua perenidade. Lopes-Graça, em 1943, considera-o "um exemplo brilhante de cosmopolitismo musical tal como apareceu nas obras de imitadores mais ou menos talentosos de ópera italiana". Foi aclamado em muitos palcos estrangeiros mas "a sua obra morreu como tudo aquilo que não nasceu de uma vontade autêntica de expressão, como tudo

---

[31] Lopes-Graça, Fernando "Criação e crítica na música portuguesa" Conferência realizada no Conservatório de Música do Porto em 25 de Março de 1943, in Lopes-Graça, (1989: 15-33).

o que não tem raízes numa cultura [...] só jogando com aparências, equívocos e fugas [da realidade de um certo período]" (Lopes-Graça, 1989: 17-18). Estes passos demonstram a complexidade que colocam à análise as disputas ideológicas no campo musical em torno dos conceitos de cosmopolitismo e nacionalismo. Em sintonia com as concepções do chamado nacionalismo orgânico depois professado por Graça, surgem argumentos que, por um lado, remetem para o discurso herderiano dos inícios do romantismo, mas, por outro, ecoam algumas das traves mestras do discurso de Wagner – vontade autêntica de expressão, ter ou não ter raízes numa cultura – que, em última análise, se retirarmos os argumentos anti-semitas, apesar de estes incluírem a impossibilidade racial das raízes profundas, criticava tanto Mendelssohn como Meyerbeer, tanto pelo desenraizamento, como pelo excesso de sucesso público em Paris, a cidade do cosmopolitismo musical por excelência. Foi justamente Paris uma das cidades onde Marcos Portugal teve sucesso, tendo uma das suas obras sido escolhida pelo próprio Napoleão Bonaparte para uma execução celebrativa (Sarrautte, 1979: 3). Tudo isto parece dar razão a Taruskin: os discursos, uma vez sedimentados, podem ser reutilizados, noutro tempo e noutro espaço, sem que haja consciência ou conhecimento da sua origem ou das perigosas variáveis ideológicas das suas proveniências, como no caso das opiniões de Wagner.

# CAPÍTULO II
# PÓS-COLONIALISMO CRÍTICO
# E OS LUGARES DE ENUNCIAÇÃO

Um dos aspectos mais estimulantes e eventualmente controverso deste trabalho prende-se com o facto de, sendo um estudo da música portuguesa no contexto europeu, reclamar o uso de perspectivas teóricas pós-coloniais. Sendo Portugal um país europeu, tendo sido o primeiro e o último império colonial, o uso da teoria pós-colonial pode surgir, à primeira vista, como ultrajante e ofensivo. Uma posição deste tipo só poderá derivar de uma profunda ignorância das próprias teorias pós-coloniais e do facto de se incluírem no seu âmbito análises do impacto das fases coloniais e pós-coloniais, primeiro na própria emergência da modernidade e, depois, nas sociedades europeias actuais.

Além disso, uma superação e um aprofundamento das contribuições das teorias pós-coloniais começa a tomar forma em textos recentes de Boaventura de Sousa Santos que, de certo modo, propõe um retorno a esses conceitos para tentar levar a cabo uma arqueologia das subalternidades produzidas no interior da Europa no processo histórico que conduziu ao pensamento hegemónico moderno proveniente dos países centrais do Norte. Em primeiro lugar tentarei apresentar alguns princípios fundamentais e debates que têm percorrido as teorias críticas pós-coloniais

## 2.1. Visão global do pós-colonialismo

Boaventura de Sousa Santos define pós-colonialismo como "um conjunto de correntes teóricas e analíticas, com forte implantação nos estudos culturais mas hoje presentes em todas as ciências sociais, que têm em comum darem primazia teórica e política às relações entre o Norte e o Sul na explicação do mundo contemporâneo" (Santos, 2006: 26). O autor considera que o "pós-colonialismo tem um recorte culturalista, insere-se nos estudos culturais, linguísticos e literários e usa privilegiadamente a exegese textual e as práticas performativas para analisar os sistemas de representação e os processos identitários" e para desconstruir a narrativa colonial e procurar substituí-la por outras escritas pelo colonizado. Para Santos "a ideia central do pós-colonialismo cultural é reclamar a presença e a voz do crítico pós-colonial". Tendo como precursores Frantz Fanon e Albert Memmi entre os trabalhos pioneiros destaca-se *Orientalismo* de Edward Said. Said considera orientalismo como um estilo ocidental para dominar, reestruturar e ter autoridade sobre o Oriente. Said considerou "útil empregar a noção de discurso de Michel Foucault [...] para identificar o Orientalismo". Dessa maneira, "sem examinar o Orientalismo como um discurso, provavelmente não se pode compreender a disciplina enormemente sistemática pela qual a cultura europeia foi capaz de tratar – e mesmo produzir – o Oriente, política, sociológica, ideológica, científica e imaginativamente durante o período pós-iluminista" (Said, 2004: 3). Esta obra abriu caminho para repensar a relação entre o Ocidente e o Oriente. O Ocidente tinha o poder de "conhecer" o Oriente e esse poder constituiu o Outro oriental como objecto particular de discurso. Esta problemática lançou os termos de muitos debates durante as décadas seguintes (cf. Ashcroft, *et al*, 2006: 25).[32]

### 2.1.1. Quem fala pelo subalterno? Quem poderá falar?

Outro aspecto fundamental, embora provocando inúmeros debates no interior da corrente, prende-se com saber quem fala pelo subalterno e se tal pretensão é praticável. Spivak considera que a função do crítico pós-colonial consiste em contribuir para destruir a subalternidade do colonizado e Santos afirma que "dado que a condição do subalterno é o silêncio, a fala é a subversão da subalternidade". No entanto, Spivak problematiza essa possibilidade e afirma que não há sujeito subalterno que possa "saber e falar por si próprio". Daí retira uma conclusão negativa: "a historiografia subalterna tem de se confrontar com a impossibilidade destes gestos" (*in* Ashcroft *et al*: 11). Esta posição deriva da ênfase inicial atribuída aos textos escritos e à sua ambivalência: tanto podem ser objecto de análise como igualmente servir de instrumentos de controlo. Este aspecto é igualmente problematizado por Ashcroft quando afirma que "as linguagens e culturas pré-coloniais continuam a fornecer o

---

[32] Segundo Wallerstein, Said não escreveu o seu livro principalmente para os orientalistas mas para duas audiências mais vastas: "todos os que estavam envolvidos nos múltiplos movimentos que emergiram do pós-1968 [...] virando a sua atenção para questões respeitantes às estruturas de conhecimento" e, em segundo lugar, para "todas as pessoas boas e honestas das instituições do saber e das instituições sociais nas quais vivemos. Estava a dizer-lhes que desconfiassem dos falsos deuses, dos presumíveis universalismos que não apenas mascaram as estruturas do poder e as suas desigualdades, mas que são promotores fundamentais e guardiões das polarizações imorais existentes" (Wallerstein, 2006: 42). Wallerstein investe Said de uma espécie de imperativo ético implicado no desejo de justiça no mundo e no trabalho do conhecimento do mundo.

enquadramento das suas vidas quotidianas" e que não ter isso em conta pode ser uma das maneiras através das quais o discurso pós-colonial, sem querer, pode tornar-se "por sua vez um colonizador" (Ashcroft *et al*, 2006: 218). Na mesma ordem de ideias, a maior parte da teoria pós-colonial, sendo proveniente das metrópoles, ao atribuir valor ao "material literário cru" importado das sociedades pós-coloniais, pode reproduzir as desigualdades das relações de poder imperiais, através da teoria produzida nos centros e das redes de edição que perpetuam este processo (*ibid*.: 2). Stephan Slemon previne que o real confronto se verifica entre os participantes nos processos imperiais e não entre escolas contemporâneas de teorias. O autor sublinha que "o interesse académico na história e no discurso do colonialismo pode tornar-se o último bastião de um projecto de teoria global e do próprio universalismo europeu. Deste modo é importante associar ao pós-colonialismo as críticas pós-modernas que justamente criticaram esses projectos ocidentais totalizantes, mesmo que de uma perspectiva encerrada no interior do Ocidente" (Slemon, 2006: 55). Paira por cima destes debates o fantasma do essencialismo nativo mas, em todo o caso, as problemáticas que se levantam não podem ser descartadas facilmente. Além disso, o facto de muitos dos estudos pós-coloniais serem provenientes de sociedades que empregam o inglês como língua principal reclama a necessidade de construir um espectro geográfico e linguístico mais vasto do passado colonial. Radica em algumas destas problemáticas a posição de Boaventura de Sousa Santos que propõe um dialogo conflitual com as versões dominantes do pós-colonialismo que seja capaz de atingir um novo carácter oposicional (Santos, 2006: 34).

### 2.1.2. Temáticas
Santos retira uma série de orientações temáticas dos debates pós-coloniais e procura evitar a armadilha do essencialismo nativo latente e os bloqueamentos daí decorrentes. Para Santos, o lugar do crítico pós-colonial tem de ser construído de modo a que possa interromper eficazmente os discursos hegemónicos ocidentais, que, através do discurso da modernidade, racionalizaram ou normalizaram o desenvolvimento desigual e diferencial das histórias, das nações, raças, comunidades ou povos. Seguindo Bhabha neste ponto, Santos considera que esta mescla de crítica e política revelará uma prática e uma temporalidade discursivas marcadas pela negociação, tradução e articulação de elementos antagónicos e contraditórios. Aqui residirá o terceiro espaço ocupado pelo crítico pós-colonial, a via ou o espaço da cultura (*ibid*.: 31). Em segundo lugar, "o pós-colonialismo salienta a ambivalência e a hibridez" entre o colonizador

e o colonizado, já que "não são independentes um do outro nem são pensáveis um sem o outro" (*ibid.*).[33] A ambiguidade das representações colonizador//colonizado diz Bhabha "encontra no estereótipo a estratégia discursiva colonialista mais destacada, uma forma profundamente ambivalente de conhecimento e representação que engloba elementos de fobia, medo e desejo". Para Santos, o espaço híbrido cria abertura pelo modo como descredibiliza as representações hegemónicas e, ao fazê-lo, desloca o antagonismo de tal modo que ele deixa de sustentar as polaridades puras que o constituíram. Coloca-se assim a questão da diferença cultural *versus* multiculturalismo. Bhabha coloca-se contra o multiculturalismo e defende a diferença cultural, uma vez que o multiculturalismo pressupõe a ideia de uma cultura central que estabelece as normas em relação às quais as culturas menores devem posicionar-se. Como tais normas estabelecem os limites dentro dos quais as culturas menores podem legitimamente manifestar-se, a afirmação da diversidade multicultural implica sempre uma limitação na afirmação da diferença cultural. Este é um ponto fulcral: *uma cultura central estabelece as normas e as culturas menores têm de se posicionar em relação a esse centro.*[34] Bhabha contrapõe ao multiculturalismo o conceito de diferença cultural e considera que as perspectivas coloniais "intervêm nos discursos ideológicos da modernidade que tentam atribuir uma 'normalidade' hegemónica ao desenvolvimento desigual e às histórias diferenciais e muitas vezes desvantajosas de nações, comunidades e povos" (Bhabha, 2004: 245). Noutro ponto escreve:

> Existe uma crescente convicção de que a experiência afectiva da marginalidade social – tal como emerge nas formas culturais não canónicas – transforma as nossas estratégias críticas. Obriga-nos a confrontar-nos com o conceito de cultura fora do *objet d'art*, ou para além da canonização da ideia de estética, a tratar a cultura como uma produção desigual, incompleta, de significado e valor [Bhabha, 2004: 246-247].

---

[33] É um facto que a música portuguesa não pode ser pensada sem o *Outro* europeu, enquanto que a narrativa central da história da música pode prescindir (e prescinde) de pensar a música portuguesa (ou muitas vezes sequer a referir). Nesse sentido é um semicolonizado não apenas *subalterno* mas mesmo *inexistente* para o hegemónico europeu. Veremos este aspecto mais adiante.

[34] Como veremos é exactamente nestes termos que se exerce a dominação dos cânones musicais dos países centrais. As diferenças, quando existem, são percepcionadas como signos de incompetência ou inferioridade, ou, na melhor das hipóteses, como exotismos apropriados.

Por outro lado, Spivak reconhece a ampliação do cânone através do cânone multicultural, mas chama a atenção para o facto de "os textos do Terceiro Mundo serem ensinados com o total desconhecimento dos contextos históricos e políticos em que foram produzidos" (*apud*. Santos, 2001b: 33).

Estes são alguns dos aspectos que justificam a utilização da teoria pós-colonial. Se se trata de impedir a aceitação da "normalidade" da subalternidade, a ausência da música portuguesa no contexto europeu só pode ser plenamente problematizada se formos capazes de ir "para além da canonização da ideia de estética". A teoria pós-colonial, ao sublinhar a importância do espaço de enunciação, da localização da cultura, da diferença da "escrita", dos processos de "imitação" que marcam as trocas culturais desiguais – aspectos relativamente aos quais as contribuições de Homi Bhabha são fundamentais – ou ainda a consideração da "fatality of minor languages" referida pelo insuspeito Steiner, a propósito da tradução literária e da sua problemática (cf. Steiner, 1996; 1998), fornece utensílios teóricos muito importantes para a análise destes processos que operam, julgo, em todas as áreas de actividade: nas artes, na actividade intelectual e científica, na literatura, etc.

Um traço que obriga a aplicar as teorias pós-coloniais ao seu exercício concreto – e nesse sentido a efectivar uma crítica ou um aprofundamento delas próprias – encontra-se no facto de uma grande parte dos estudos pós-coloniais se concentrarem nos espaços dos colonialismos francês e, sobretudo, britânico. De certo modo, essa é uma forma de a supremacia da modernidade do Norte da Europa conseguir infiltrar-se e reproduzir-se no próprio campo de estudos que a contesta. Vários autores (Santos, 2006; Dussel, 2002; Mignolo, 2000; Quijano, 2007) entre outros, salientam a necessidade de se ter em conta as diferenças fundamentais entre aqueles colonialismos e os colonialismos ibéricos e sublinham que, sem vigilância epistemológica e auto-reflexividade o pós-colonialismo corre o risco de se tornar "o último bastião de um projecto de teoria global e do próprio universalismo europeu". Daí a insistência de Boaventura de Sousa Santos na necessidade de construir uma teoria global sobre a impossibilidade de uma teoria global (cf. Santos, 2006).

### 2.1.3. Localização da cultura
É importante aprofundar as perspectivas sobre a localização da cultura. Homi Bhabha afirma: "o criticismo pós-colonial dá testemunho das forças de representação cultural desiguais e desniveladas" e dos discursos das minorias no interior da várias divisões geopolíticas. Deste modo, as teorias pós-coloniais,

na perspectiva do autor, formulam as suas revisões críticas sobre problemas de diferença cultural e tentam revelar os momentos antagonísticos e ambivalentes dentro das racionalizações da modernidade: "um conjunto de teorias críticas contemporâneas sugerem que é daqueles que sofreram a sentença da história –subjugação, dominação, diáspora, deslocalização – que aprendemos as lições mais duradoiras para viver e pensar. Como Bhabha insiste, "cultura como estratégia é tanto transnacional como *translacional* [*translational*] (Bhabha, 1994: 247). Considera por isso crucial "distinguir entre a semelhança e a similitude dos símbolos através das diversas experiências culturais – literatura, arte, música, rituais, vida, morte – e a especificidade social de cada uma destas produções uma vez que circulam como signos no interior de *localizações contextuais específicas* e de sistemas sociais de valores". Nesse sentido "a dimensão transnacional da transformação cultural – migrações, diáspora, deslocalização, relocalização – faz do processo da tradução cultural uma complexa forma de significação (*ibid.*).[35]

Finalmente, para Bhabha "os discursos naturalizados, unificadores da 'nação', 'povo', ou da tradição do folclore 'autêntico', aqueles mitos embebidos da particularidade cultural, não podem ser referenciados sem relutância" (*ibid.*).[36] Segundo o autor, este processo crítico tem a vantagem de nos fazer tomar maior consciência da construção da cultura, da invenção da tradição e sobretudo da sua localização: "A razão pela qual um texto cultural ou um sistema de significado não pode ser suficiente em si próprio, é que o acto de enunciação cultural – o lugar de enunciação [*utterance*] – é atravessado pela *différance* da escrita". Assim "a diferença linguística que informa qualquer *performance* cultural é dramatizada [...] pela disjunção entre o sujeito de um enunciado e o sujeito de enunciação, o qual não é representado na afirmação [*statement*] mas que é o reconhecimento da sua incorporação e direcção discursiva, da sua posicionalidade cultural, da sua referência em relação a um tempo presente e a um lugar específico" (*ibid.*: 53).[37]

---

[35] Itálicos meus.

[36] Deve acrescentar-se que estes mitos tanto foram próprios da Europa do século XIX e aí se mantêm até hoje de diversas formas, como se podem reencontrar em discursos essencialistas de proveniências pós-coloniais no quadro nacionalista que muitas vezes enquadrou as suas lutas pela independência.

[37] [the linguistic difference that informs any cultural performance is dramatized in the common semiotic account of the disjuncture between the subject of a proposition (*énoncé*) and the subject of enunciation, which is not represented in the statement but which is the

Há que referir que o impacto do pós-colonialismo se faz sentir igualmente no campo musicológico.[38] Neste campo, considerando-se que não há uma única subalternidade e que o conceito de hibridismo proposto por Bhabha, segundo o qual a distinção entre colonizador e colonizado é mais complexa do que surge à primeira vista, é na etnomusicologia que se tenta considerar "o imperativo moral dos etnologistas que trabalham sobre musica indígena reflectirem tanto quanto possível as particularidades da música, as suas práticas e a sua diferença em relação à prática ocidental" (Beard e Gloag, 2005: 138). Veremos mais adiante a problemática do *Outro* musical quando vista pelo musicólogo ocidental e algumas questões que se podem colocar nessa matéria disciplinar.

Noutro ponto, Santos refere a posição de Chatterjee sobre os países que estiveram sujeitos ao colonialismo britânico: "estes países são forçados a adoptar uma forma 'nacional' hostil às suas culturas. Neste contexto o conhecimento do 'atraso' ou do 'subdesenvolvimento' dos povos colonizados é sempre ameaçador na medida em que superar esse atraso ou esse subdesenvolvimento significa necessariamente ter de adoptar uma cultura estranha" (Santos, 2006a: 221). Esta descrição é certamente de considerar igualmente em relação a Portugal, talvez não na medida em que se possa colocar a questão de ter de adoptar uma cultura estranha, mas na medida em que, sendo consequência da semiperiferia, a consciência do "atraso", e do "subdesenvolvimento" – quer antes, quer após a entrada na União Europeia –, se tornou um dos *leitmotive* dos governantes e dos analistas o discurso da superação do atraso e do subdesenvolvimento. Não é muito diferente o discurso – explícito ou implícito – dos responsáveis culturais, nem dos programadores e dos agentes do campo musical em geral em Portugal.

### 2.1.4. Diáspora e hibridez
Santos aborda igualmente o tema da diáspora – dos emigrantes, dos refugiados políticos, dos faintos – e refere a definição de Robin Cohen como "o acto de viver num país e no seio de uma colectividade, mas com o olhar sempre perfurando o tempo e o espaço à procura de um outro país ou lugar" (*apud* Santos, 2006a: 222). O seu carácter massivo nas últimas décadas

---

acknowledgement of its discursive embeddedness and address, its cultural positionality, its reference to a present time and a specific place.]

[38] Ver Born e Hesmondhalgh (2000) e Beard e Gloag (2005).

acabou por dar origem a "comunidades compostas" – heterogéneas, plurais – de espaços dinâmicos de construção e reconstrução de identidades que desafiam quer o modelo de identidade nacional quer a noção de raízes. Aquilo que Stuart Hall designa por novas etnias é constituído por grupos diaspóricos que recusam a fixidez das representações que lhes são impostas (*ibid.*: 223). Mas, se o espaço híbrido – *in between* – cria abertura pelo modo como descredibiliza as representações hegemónicas e, ao fazê-lo, desloca o antagonismo de tal modo que ele deixa de sustentar as polaridades puras que o constituíram, no entanto, há que considerar, com Santos, que "a celebração da condição híbrida diaspórica como condição que permite uma infinita criatividade" tem sido frequentemente utilizada para ocultar as realidades imediatas, económicas, sociais, políticas e culturais dos emigrantes ou das comunidades diaspóricas: "a aura pós-colonial, a celebração da diáspora e o enaltecimento da estética da hibridez tendem a ocultar os conflitos sociais reais" e, para além disso, não tem em conta o facto de os grupos envolvidos estarem "sempre em posições de poder que lhes são desfavoráveis" (*ibid.*).

Há duas considerações breves a acrescentar. Julgo que o espaço híbrido poderá já existir de algum modo nas práticas dos compositores portugueses, divididos entre a *imaginação do centro* que comanda os seus períodos de aprendizagem,[39] os discursos hegemónicos provenientes há séculos dos países centrais da Europa, aqueles que constituíram historicamente o cânone musical, e a realidade que mostra, de vários modos, parafraseando Bhabha, que ser português significa enfaticamente não ser europeu do centro. Como tal, dado o predomínio no interior do próprio país das práticas musicais provenientes do centro, o carácter híbrido das produções dos compositores portugueses vai-se manifestando nos casos em que se tenta não ceder ao que Bhabha designa por *mimicry*, ou seja, querer ser aquilo que não se é. No entanto, não foi criado ainda com total consciência estética e politica o espaço-entre, o espaço que se cria na zona de fronteira. Em segundo lugar, há que ter em conta que o subcampo da música contemporânea, tal como será definido mais adiante, ao constituir-se como lugar ou espaço de enunciação privilegiado, dotado de uma força centrífuga que assume a função de metrópole enunciativa dessa prática musical, provoca que, aí, o impulso mimético – a *mimicry* – e a ideologia universalista que o disfarça e legitima se sobreponha quase sempre à afirmação da diferença. O facto de as próprias línguas locais do

---

[39] Sobre este conceito, ver capítulo VIII e Santos (1993).

centro – sobretudo francês, inglês e alemão – terem grande preponderância, não apenas nos títulos das obras, como por vezes nos próprios libretos usados nas óperas e nas obras com texto, atesta de maneira linear o desaparecimento da diferença e a primazia do impulso mimético no interior desse campo específico, sem dúvida em mais larga medida do que em qualquer outro campo artístico em Portugal.[40]

### 2.1.5. Ciência ocidental e epistemologia

A ciência constituiu-se como instrumento crucial da dominação ocidental sobre o resto do mundo e, em simultâneo, da desqualificação de conhecimentos alternativos existentes no interior do próprio Ocidente, não redutíveis ao conhecimento científico, um instrumento capaz de declarar a irrelevância ou a inferioridade de diferentes modos de conhecimento. Desde o século XVII foi elaborado e formalizado um modo de produzir conhecimento que dava conta das necessidades cognitivas do capitalismo: a medição, a quantificação, a exteriorização (ou objectivação) do cognoscível em relação ao sujeito conhecedor. (cf. Quijano, 2007; Santos, 1989; Santos, *et al*: 2004a). O processo histórico que terminou no século XIX, na transformação dos critérios de validade do conhecimento em critérios de cientificidade do conhecimento, é o culminar de dois processos: "por um lado a emergência de uma concepção a-histórica do próprio conhecimento científico, feita do esquecimento dos processos históricos de constituição do conhecimento e das posições e correntes que em cada momento foram derrotadas ou remetidas para posições marginais: "a concepção cumulativa do progresso da ciência viria a assentar assim numa acumulação selectiva de sucessos, tendendo a ocultar a contribuição crucial da controvérsia ou do erro para a produção do conhecimento científico" (Santos, *et al*, 2004: 20). Para os autores "a morte de conhecimentos alternativos acarretou a liquidação ou a subalternização dos grupos sociais cujas práticas assentavam em tais conhecimentos". E acrescentam; "este processo histórico, que foi violento na Europa, foi-o muito mais nas outras regiões do mundo sujeitas ao colonialismo europeu. Este, que na sua fase ibérica, a partir do século XVI, se justificara em nome de uma religião superior, passou na sua fase hegemónica, no século XIX, a justificar-se em nome de uma

---

[40] Ao contrário de Mário Vieira de Carvalho, penso que este conceito de Homi Bhabha, que aqui uso, (cf "Of Mimicry and Man" in Bhabha, 1994: 121-131) é muito diverso do de Adorno, mas essa problemática teórica não é central para esta investigação.

capacidade superior de conhecer e transformar o mundo, assente na ciência" (*ibid.*: 20). Para os autores, "a ciência e em particular as ciências sociais assumiram assim a condição de ideologia legitimadora da subordinação dos países da periferia e da semiperiferia do sistema mundial, o que se veio a chamar Terceiro Mundo, e nós preferimos chamar simplesmente "Sul", um Sul sociológico e não geográfico (não inclui os países centrais do Sul, como a Austrália e a Nova Zelândia)" (*ibid.*: 21).

### 2.1.6. Pequenas Europas
A edificação de impérios coloniais implicou a trasladação para as colónias de modos de vida ditos civilizados. Inversamente o colonialismo continua a ser sinónimo de empobrecimento de saberes, na medida em que transforma a ciência moderna ocidental em referência central na avaliação das "outras" culturas. Começa a ser aceite, hoje, que o conhecimento científico actual impõe como única interpretação da realidade "uma cosmovisão que é imposta como explicação global do mundo anulando a possibilidade de complementaridade entre saberes (*ibid.*: 28). A relação de desigualdade colonial perpetua-se através de uma monocultura do saber e enquanto se considera a ciência como entidade coerente, homogénea e global, dotada de uma história extraordinariamente dinâmica e pontuada de revoluções progressistas existe ao mesmo tempo uma visão estática e particular sobre os outros conhecimentos do mundo. Para os autores "a implantação dos impérios [coloniais] traduziu-se, no mundo das colónias na criação de 'pequenas europas', em vários locais do mundo, réplicas que incluíam não só as instituições e formas de vida europeias, como em simultâneo, se desprezavam e mesmo se aboliam [...] instituições e práticas locais" (*ibid.*: 26). Para Said, cada uma destas pequenas europas multiplicadas no espaço "reflectia as circunstâncias, as instrumentalidades específicas da cultura-mãe, os seus pioneiros, as suas vanguardas" (Said, 1980: 78).

Acompanharam estas "europas" concepções sobre a primazia da ciência ocidental que obnubilaram a consciência de que o saber é uma construção híbrida que exige uma abordagem diferente dos saberes e das práticas. Em estreita ligação com este processo, o debate sobre a pluralidade epistemológica terá de incluir um questionamento relativo à demarcação da ciência e de outros modos de relacionamento com o mundo tidos como não científicos ou irracionais, incluindo as artes, as humanidades, a religião, consideradas relações não-reflexivas com o mundo. Acresce ainda a questão de saber até que ponto as desigualdades no interior da Europa permitem considerar uma idêntica multiplicação nas próprias periferias do continente europeu a partir dos modelos dos países do centro.

Boaventura de Sousa Santos propõe vários pontos sobre a diversidade epistemológica que não se conformam com as narrativas dominantes em muitas áreas do conhecimento ocidental e as narrativas teleológicas da evolução das artes – incluindo a música – vistas apenas a partir do seu lugar de enunciação do centro europeu. Destacaríamos dois desses pontos. Em primeiro lugar considera que a diversidade epistemológica do mundo é potencialmente infinita; todos os conhecimentos são contextuais e são-no tanto mais quanto mais se arrogam não sê-lo (cf. Santos et al, 2004: 81). Em segundo lugar, todo o conhecimento é parcelar e as práticas sociais raramente assentam apenas numa forma de conhecimento. Santos sublinha que o que está em causa não é a validade da ciência mas, tão-só, a sua exclusividade. Por isso, o que se pretende é estabelecer diálogos tanto no interior da ciência como entre ela e outros conhecimentos, uma discussão pragmática entre critérios alternativos de validade que não desqualifiquem à partida tudo o que não cabe no cânone epistemológico da ciência moderna. Convém ainda sublinhar que o seu privilégio epistemológico decorre de factores económicos, sociais e políticos e não apenas epistemológicos e por isso é necessária uma descolonização do saber e do poder obtido através de uma ecologia de saberes (*ibid.* 82).

## 2.2. Desuniversalizar a Europa ou o dilema de Chakrabarthy

### 2.2.1. Eurocentrismo e a escrita de Histórias

Chakrabarthy defende que "no que diz respeito ao discurso académico da história – ou seja, "história" como um discurso produzido no lugar institucional da universidade – 'Europa' permanece o sujeito teórico soberano de todas as histórias, incluindo aquelas que designamos por 'indiana', 'chinesa', 'queniana', etc." Segundo Chakrabarthy "há uma maneira peculiar na qual todas estas histórias tendem a tornar-se variações sobre a *master narrative* que podia ser chamada 'a história da Europa'. Neste sentido a história da Índia está, ela própria, numa posição de subalternidade" (Chakrabarthy, 2000: 27). No entanto é necessário precisar que, para Chakrabarthy, "Europa" e "Índia" "são tratados aqui como termos hiper-reais no sentido em que se referem a certas figuras da imaginação cujos referentes geográficos permanecem, de algum modo, indeterminados" (*ibid.*). Claro que o autor está consciente de que "qualquer ideia de uma "Europa" homogénea, incontestada, se dissolve perante uma análise". No entanto, considera que "uma certa versão da "Europa", reificada e celebrada no mundo fenomenal das relações quotidianas de poder como a cena do nascimento do moderno, continua a dominar o discurso da história" (*ibid.*: 28).

Chakrabarthy defende que "a Europa funciona como um referente silencioso nos conhecimentos históricos" e isso é verificável de duas maneiras: primeiro "os historiadores do Terceiro Mundo sentem uma necessidade de se referir a obras da história europeia; historiadores da Europa não sentem nenhuma necessidade da atitude recíproca [...] produzem o seu trabalho numa relativa ignorância das histórias não-ocidentais". O autor afirma que isso não afecta a qualidade do seu trabalho mas "esse é um gesto que 'nós' não podemos devolver; não podemos sequer permitir uma igualdade ou simetria de ignorância nesse nível sem correr o risco de surgir como 'fora de moda' ou 'datados' ". Para o autor, o centro da questão reside no facto de que "só a Europa [...] é teoricamente conhecível; todas as outras histórias são assuntos de investigação empírica que corporizam um esqueleto teórico que é substancialmente 'Europa' "[41] (*ibid.*:29).

### 2.2.2. Várias Europas

Importa precisar a posição do autor no que respeita ao seu conceito de Europa. Para Chakrabarthy "provincializar a Europa não se refere à região do mundo a que chamamos Europa" (*ibid.*: 3). O autor explicita que "a Europa que procuro provincializar é uma figura imaginária que permanece profundamente incorporada [...] em alguns hábitos de pensamento do dia-a-dia (*ibid.*: 4). Neste sentido, na verdade esta Europa imaginária ou hiper-real corresponde ao Ocidente, no sentido do conjunto de valores, representações e práticas que constituíram a segunda modernidade e também aos países centrais que, a partir do século XVII mas sobretudo a partir do século XIX – o Norte Imperial – puderam exercer uma supremacia esmagadora sobre o resto do mundo.[42] Como avançar para além da Europa assim concebida e delimitada?

---

[41] Sobre o conceito de provinzialização da Europa de Chakrabarty, ver (Dietze, 2008) e (Singh, 2005).

[42] Há dois aspectos a realçar. Esta Europa não inclui a Irlanda, nem a Bulgária, nem a Roménia, a Grécia, Portugal, a Polónia, e outros países, nem sequer a Rússia. Trata-se da *Europa mais europeia que o resto da Europa* como disse Eduardo Lourenço (1997: 40). Mas, para além disso, esta Europa, figura imaginária, é também muito real enquanto entidade política que, muitas vezes, emerge no quadro da União Europeia. Prova disso é a carta de Jürgen

Boaventura de Sousa Santos concebia o seu pós-modernismo de oposição como um instrumento teórico de superação da modernidade ocidental a partir de uma perspectiva pós-colonial e pós-imperial (Santos, 2006: 30). Nesse sentido, posicionado nas margens ou periferias mais extremas da modernidade ocidental para daí lançar um olhar crítico sobre esta, através de um trabalho arqueológico de escavação nas ruínas da modernidade ocidental em busca de elementos ou tradições suprimidas ou marginalizadas. Para Santos estas representações são particularmente incompletas porque menos colonizadas pelo cânone hegemónico da modernidade. Esta concepção procura prolongar e aprofundar o conceito de conhecimentos subalternos de Foucault e sublinha que, apesar da actual ineficácia relativa do conceito de pós-modernismo, a sua contribuição crítica para desmantelar a anterior visão autocentrada, uniforme e completa da modernidade ocidental não pode ser ignorada nem descartada (*ibid.*).

Os aspectos do pós-modernismo crítico – que Santos distingue do pós-modernismo celebrativo – que devem ser retidos incluem a crítica do universalismo e da unilinearidade da história, das totalidades hierárquicas e das metanarrativas; a ênfase na pluralidade, na heterogeneidade, nas margens ou periferias; epistemologia construtivista, não fundacionalista e antiessencialista (*ibid.*: 26-27). Partirá eventualmente da inclusão da autocrítica ocidental que o pós-modernismo parcialmente realizou a possibilidade teórica de enriquecer, alargando-lhe o âmbito, o pós-colonialismo.

Regressando à questão da Europa imaginária de Chakrabarthy, Santos considera que as concepções dominantes de pós-colonialismo, ao mesmo tempo que provincializam a Europa – no sentido de assinalar o processo histórico da perda da sua centralidade cultural e política e a consequente crise de valores e instituições –, "essencializam-na, ou seja, convertem-na numa entidade monolítica que se contrapõe de modo uniforme às sociedades não ocidentais. Tal essencialização assenta sempre na transformação de parte da Europa no seu todo. [...] Não só existiram várias europas como houve e há relações desiguais entre os países da Europa, incluindo relações coloniais como ilustra o caso da Irlanda" (*ibid.*: 36). Assim, Santos propõe uma reprovincialização da Europa que atente *às desigualdades no interior da própria Europa* e ao modo

---

Habermas e Jacques Derrida, "February 15, or, what binds Europeans together: plea for a common foreign policy beginning in Core Europe" (2005) na qual se propõe claramente a Europa a duas velocidades.

como elas influenciaram os diferentes colonialismos europeus.[43] Tematizar essas desigualdades, reconhecer essas diferenças – históricas sem dúvida, mas ainda presentes nas suas várias indisfarçáveis consequências – e problematizar *as hegemonias culturais* no seio da Europa não seria possível sem este lance teórico que não aceita o conceito monolítico de Europa, reconhecendo, ao mesmo tempo, que tanto pôde ser produzido do seu interior moderno como o pode ser do exterior pós-colonial ou da sua própria periferia (o que nos implica directamente).

Chakrabarty propõe, igualmente na linha de Foucault, "que se chame às relações subordinadas com o passado passados subalternos" e sobre o estado dos materiais sobre os quais o historiador faz o seu trabalho afirma: "são marginalizadas não devido a quaisquer intenções conscientes mas porque representam momentos os pontos em que o arquivo que o historiador escava oferece uma determinada resistência", e acrescenta: "os grupos de elite e os grupos dominantes também podem ter passados subalternos na medida em que participam dos modos-de-vida subordinados às narrativas "maiores" das instituições dominantes" (*in* Sanches, 2005: 214). É justamente o que veremos em relação à história da música portuguesa no ponto 2.2.4..

### 2.2.3. Sobre o dilema

Regressemos à afirmação, acima citada, de Chakrabarthy: "todas estas histórias tendem a tornar-se variações sobre a 'master narrative' que podia ser chamada 'a história da Europa'. Neste sentido a história da Índia está, ela própria, numa posição de subalternidade" (Chakrabarthy, 2000: 1). Mignolo sugere que "elas [as histórias] são subalternas não apenas em virtude da sua preocupação com a subalternidade, mas porque a sua própria prática disciplinar, enquanto prática disciplinar, é subalterna" (Mignolo, 2000: 203). No que nos diz respeito, a musicologia portuguesa, enquanto prática disciplinar no contexto europeu, é, sem dúvida, tão subalterna quanto a própria música. Segundo Chakrabarthy, "os historiadores do Terceiro Mundo sentem a necessidade de se referirem a trabalhos sobre história europeia; historiadores da Europa não sentem nenhuma necessidade de alguma reciprocidade. [...] 'Eles' produzem o seu trabalho em relativa ignorância de histórias não-ocidentais e isso não parece afectar a qualidade do seu trabalho. Este é um gesto que 'nós', no entanto, não podemos devolver ... sem correr o risco de

---

[43] Mais adiante veremos as posições mais recentes do autor sobre estes aspectos.

aparecer 'fora de moda' ou 'datados'." Mignolo procura analisar esta questão e pergunta: "se é este o dilema qual é a solução?" (*ibid.*: 204). O que significa "provincializar" a Europa? "Para Chakrabarthy, 'provincializar a Europa' não é um projecto de pura rejeição da modernidade, dos valores liberais, da razão, das grandes narrativas, de explicações totalizantes, e por aí fora". Assim, o que o conceito quer dizer, basicamente, é "o reconhecimento de que a aquisição europeia do adjectivo moderno para si própria é uma peça da História global da qual uma parte integral é a história do imperialismo europeu" e que "a compreensão de que esta equação de uma certa versão da Europa com a modernidade não é apenas trabalho só da Europa. Os nacionalismos do Terceiro Mundo, enquanto ideologias modernizadoras, *par excellence*, foram igualmente parceiros no processo" (*ibid.*). Em muitos países do mundo e da Europa periférica – sublinhe-se que Portugal está incluido neste grupo – o futuro era seguir a direcção da Europa moderna, ou seja, dos países centrais. Como bem sabemos hoje a Europa, claramente a duas velocidades e duas autoridades, traça uma linha, cujos contornos são delineados pelos países do centro, que divide os membros da União Europeia, entre os bons e os maus alunos. Neste sentido, para os elos fracos – os países do Sul e a ex-colónia da Inglaterra, a Irlanda, o futuro volta a ser visto como "tentar alcançar" a "modernidade", sendo a exterioridade ameaçadora definida pelo dolar face ao euro. De certo modo o processo de expulsão da modernidade, amplamente em vigor nas actividades culturais, atinge agora os países menores na própria definição das sua politicas económicas e financeiras. Neste contexto, que, como disse, não é novo do ponto de vista da dominação cultural, Mignolo sublinha que quebrar este processo narrativo "é impossível no interior dos protocolos da história académica, uma vez que a globalidade da academia não é independente da globalidade que a Europa moderna criou" (*ibid.*: 205). A opção é então radical: a morte da história e o "começo da tradução como uma nova forma de conhecimento que desloca as localizações hegemónicas e subalternas do conhecimento disciplinar" (*ibid.*). Configura-se então a construção de uma posição disciplinar descentrada.

A ligação intrínseca da modernidade ao seu exterior, a colonialidade, não é considerada por muitos autores ocidentais. Enrique Dussel, escreveu: "A modernidade é, para muitos (para Jürgen Habermas e Charles Taylor, por exemplo) um fenómeno essencialmente ou exclusivamente europeu ou ocidental. [...] Irei argumentar que a modernidade é de facto um fenómeno europeu, mas um fenómeno constituído numa relação dialéctica com uma alteridade não europeia que é o seu conteúdo fundamental [*ultimate content*]. A Modernidade aparece quando a Europa se afirma a si própria como o 'centro' de uma História do Mundo que inaugura; a 'periferia' que rodeia este centro é consequentemente parte da sua autodefinição" (Dussel, 1993: 5: 65; *apud ibid.*: 207). Mignolo considera que os vários autores "parecem estar de acordo nisto: a modernidade não é necessariamente e apenas europeia ou ocidental; a Europa não é a casa do saber porque o saber é produzido em todo o lado. Nesse sentido trata-se de resgatar a contribuição planetária no fazer da modernidade sem ignorar a relação de poder ou, como Quijano diria, a colonialidade do poder; trata-se de pensar para além das dicotomias produzidas pelo "Ocidentalismo" enquanto o imaginário englobante do sistema-mundo moderno/colonial, um imaginário que valorizou as realizações da modernidade e desvalorizou o seu lado negro, a "colonialidade"."

Para este trabalho esta questão é muito importante. Em primeiro lugar deve-se considerar que Portugal – enquanto país excluído da modernidade representada pelos países no centro da Europa, a Inglaterra, a França e a Alemanha – não faz parte, neste sentido, da modernidade. Daqui derivam todas as repetidas introduções das práticas modernas artísticas em Portugal. Só se *introduz* aquilo que, originalmente, está no *exterior*. As narrativas das artes em geral em Portugal são muito semelhantes às narrativas sobre música portuguesa na medida em que, em cada um dos momentos fundadores de modernidade em Portugal, se referem sempre a um exterior no qual a modernidade "estava", do qual a modernidade "vem", e esse exterior é a Europa, a tal Europa hiper-real. Para Portugal, a Europa é um *Outro*.

No entanto, ao mesmo tempo, o discurso disponível para contar a história era, tal como clama Chakrabarthy, o discurso histórico realizado na Europa – com os seus autores, os seus métodos, o seu carácter científico – e integrado nas práticas disciplinares instituídas na academia, na universidade e, como tal, canónicas. Assim verifica-se uma contradição (idêntica à assinalada por aquele autor) entre o facto da exterioridade da modernidade e o discurso que só teve a possibilidade de se estabelecer, enquanto discurso académico sobre as histórias de Portugal – de qualquer âmbito – desde que fosse, ele próprio, decorrente, dependente, da hegemonia disciplinar da Europa do centro.

Assim podemos concluir que os discursos que fazem a narrativa das histórias de Portugal são eurocêntricos porque essa será a sua *condição de existência*, tal como a das várias outras disciplinas, embora o real que descrevem estivesse colocado *do lado de fora do moderno*, fosse exterior ao eurocentrismo moderno. Iremos de seguida desenvolver esta ideia.

### 2.2.4. Eurocentrismo nas Histórias da Música

O meu argumento é o de que, do mesmo modo, a *master narrative* História da Música, mesmo na versão mais actualizada pela hermenêutica da suspeição de Richard Taruskin, "A História da Música Ocidental", ao constituir-se como uma narrativa canónica indiscutível, faz que uma história como a "História da Música Portuguesa" (ou de qualquer outro país periférico europeu) seja igualmente uma variação sobre a grande narrativa, quer seja um comentário paralelo, quer tome a forma de uma descrição paralela à História da Música Ocidental – central ou canónica – da qual, como veremos, Portugal está praticamente sempre ausente. O facto de a história da música portuguesa, indubitavelmente subalterna – talvez a mais claramente subalterna de todos os países europeus –, não existir até hoje no quadro da grande narrativa, senão muito residualmente e apenas em certos casos, não só atesta essa subalternidade, como é óbvio, como também conduz a narrativa local para o carácter difuso e descontínuo de uma história cheia de hiatos, de desaparecimentos, na qual se vão (d)escrevendo – em paralelo com a narrativa principal – as aproximações e os distanciamentos, os atrasos ou os desvios em relação à grande narrativa que permanece como a referência omnipresente.[44]

As Histórias da Música Portuguesa existentes descrevem-nos (também) o destino da polifonia renascentista, a emergência do barroco italiano, a supremacia do classicismo vienense em relação à ópera italiana, o surgimento de um primeiro nacionalismo em meados do século XIX, seguido de um segundo nacionalismo a partir do início do século XX, a preponderância repentina da Escola de Darmstadt a partir de 1950 e o aparecimento das primeiras reacções pós-modernas. Por maiores que tenham sido os desfasamentos temporais, as incorporações tardias e os atrasos estilísticos da narrativa subalterna portuguesa, esta constrói-se, produz-se, à luz da grande narrativa e vê-se no seu espelho. O espelho narrativo com as suas deformações côncavas ou convexas só adquire inteligibilidade se interpretado à luz da narrativa europeia que pode sempre iluminar os caminhos, esclarecer as dúvidas e (re)focalizar as distorções.

---

[44] Todo este ponto poderá, para alguns leitores, reclamar talvez a leitura prévia da Parte III deste trabalho. A sua inclusão neste capítulo deriva da necessidade de colocar esta problemática em paralelo com as posições de Chakrabarthy. No entanto para os membros do meio musical tal não será necessário uma vez que o discurso aí dominante é conhecido.

A música portuguesa acaba por se descrever como o resultado de uma espécie de colonialismo interno, sobretudo a partir do século XVI, através do qual a metrópole europeia exportou as suas correntes sob a acção de agentes locais de actualização sucessiva. Tal como afirma Richard Taruskin, no século XIX, "todos os conservatórios dos países de língua não-alemã se configuraram com agentes coloniais da música alemã".[45] Em Portugal foram-se sucedendo as metrópoles específicas nos diversos períodos estilísticos – Roma, Nápoles, Paris, Londres, Berlim, Paris novamente – sendo de considerar que a própria história canónica possui uma forte componente geográfica, no sentido de terem sido vários os seus centros durante o milénio da sua existência. Mesmo em determinados períodos históricos – e foram vários em Portugal – nos quais a substituição de uma tendência por outra não acompanhou os "progressos" realizados na Europa do centro, a narrativa local não consegue olhar os seus produtos, as suas obras *realmente produzidas*, sem mergulhar na perspectiva inevitavelmente crítica (e subalterna) a que a *comparação sistemática* com os outros conduz. Essa perspectiva é comandada por uma noção temporal linear que não contempla os diferentes espaços específicos de enunciação, nem consegue esquecer, não considerar como ponto de referência obrigatório, o que se verificava no centro, na "metrópole". Hoje a narrativa canónica está em crise, sob suspeita e procura questionar-se sobre as exclusões que produziu enquanto o cânone se constituía como tal. Por isso, os musicólogos críticos do cânone interrogam, por exemplo, a ausência das óperas napolitanas de Rossini do cânone no qual esteve durante largo tempo presente com apenas duas outras óperas.[46]

O espelho está sempre presente mas por vezes está deformado pelas ideias hegemónicas do período moderno: a narrativa habitual das dificuldades de Bomtempo em introduzir em Portugal as formas clássicas vienenses face à predominância do gosto pela ópera italiana parece não ter em conta que Rossini era contemporâneo de Beethoven, mesmo sem ter em conta que a histó-

---

[45] In "Nationalism", *Grove on line*, 2001. Manuel Pedro Ferreira interpelou-me sobre este aspecto afirmando que, em Portugal, apenas no fim do século XIX o modelo alemão se sobrepôs ao francês no Conservatório Nacional. Esta observação, se é importante em si, não muda o essencial relativamente à supremacia da música alemã durante do século XIX no mundo, nem à mudança das várias metrópoles centrais ao longo dos tempos. Cf. Capítulo X, 2.7.5 e seguintes.

[46] Ver Gosset, Phillip, "History and works that have no history: reviving Rossini's neapolitan operas" *in* Bergeron e Bohlman (1996: 95-115).

ria da autoria Raphael Georg Kiesewetter, publicada na Alemanha em 1834, tinha como titulo *A época de Beethoven e Rossini* (cf. Taruskin, 2005, Vol. 3: 7). É a leitura ideológica reconstrutiva que se segue historicamente que retira Rossini do lugar que, mesmo no país de Beethoven, lhe era atribuído ainda em meados do século XIX. Ou seja, neste tipo de consideração existe, na maior parte das histórias da música portuguesa, ou em artigos sobre ela, uma aceitação da leitura reconstrutiva levada a cabo pela história canónica escrita sob a supremacia alemã durante do século XIX – mesmo que por historiadores de outros países – segundo a qual as formas clássicas vienenses representavam a "Europa" enquanto as óperas italianas foram relegadas para o "atraso" vernacular.

Enquanto o mundo musical de hoje vai assistindo à recuperação de obras "caídas no esquecimento", vai realizando estreias modernas de obras há séculos não executadas – inclusivamente em Portugal – a musicologia portuguesa prossegue a sua análise do passado e, apesar do trabalho já realizado na reconstituição de versões modernas, só recentemente há indícios de reflexões em torno da questão de fundo. Não se pode ignorar a hegemonia anterior, ela própria um facto histórico, mas deve-se igualmente problematizá-la e, sobretudo, produzir um discurso sobre as obras para além da verificação do atraso comparativo. Na sala de concertos a percepção sensível das obras não o considera como modo de apreciação.[47] Verifica-se uma gradual mas muito lenta aparição nas salas de concertos de obras portuguesas, editadas pela Fundação Calouste Gulbenkian a partir da década de 1960. Tendo estado elas próprias "esquecidas" e ausentes dos concertos durante longos períodos, este processo corresponde às estreias modernas de obras do passado.

A primazia e a persistência do espelho manifesta-se em vários períodos. Assim, encontramos a predominância do antigo vilancico ibérico até ao reinado de D. João V, através da absorção de elementos novos, por vezes com componentes directamente "exóticas", provenientes do colonialismo português, incluindo a participação de figuras como o negro, o judeu, o escravo, em espectáculos originalmente religiosos, no que hoje se designaria por multiculturalismo. O vilancico e a sua forma foi-se progressivamente tornando

---

[47] Caso contrário o melómano informado seria obrigado a ouvir as obras tardias de Bach como "atrasadas" em relação ao seu tempo. A descrição canónica posterior retirou--lhe essa característica – historicamente verdadeira – substituindo-a pelos discursos da "intemporalidade" canónica.

barroco, até ao momento de corte instituído pelo monarca através da adopção dos modelos do barroco italiano, da contratação massiva de músicos italianos e da atribuição de bolsas de estudo para os jovens compositores portugueses irem para Roma actualizar-se na nova corrente.[48] Do mesmo modo, a resistência dos compositores portugueses "neoclássicos"[49], como Joly Braga Santos e Fernando Lopes-Graça, em aderir aos novos princípios provenientes de Darmstadt após 1960, é paradoxalmente analisada face à emergência em Portugal de um forte grupo de compositores que frequentam esses cursos e aderem à sua estética, não tendo em conta que, noutros países, compositores como Poulenc, Benjamin Britten ou Chostakovitch continuaram a compor independentemente da recente supremacia simbólica e depois prática do serialismo. Os neoclássicos portugueses são vistos como tardios à luz de uma narrativa hegemónica que actualmente começa a ser contestada nos próprios países que a produziram. Mais uma vez se manifesta por parte quer de historiadores, quer da opinião corrente de senso comum, uma perspectiva que se alicerça na eleição do elemento "progressivo" europeu numa dada corrente, em detrimento da própria existência contemporânea na Europa de idênticas orientações, vistas como elemento regressivo e desse modo, como inexistente ou irrelevante.[50] Esta perspectiva analítica é claramente devedora de uma concepção hegeliana teleológica da história, e da história da música, da evolução da linguagem musical numa certa direcção forçosamente obrigatória. Essa concepção, aliás, era fortemente utilizada nos argumentos progressivos dos seus adeptos, como Adorno, Leibowitz, Boulez e outros, e ainda hoje faz sentir os seus efeitos na crítica, no ensino e, em certa medida, nas orientações de instituições culturais.

O problema principal deste colonialismo interno, alicerçado no passado canónico, será ter-se tornado uma característica de tal modo interiorizada no campo musical em Portugal que os discursos que lhe dão consistência e fixidez acabaram por se reproduzir em épocas sucessivas e por marcar, ainda

---

[48] Cf. Nery (1997: 91-102).

[49] Esta designação, aliás entre aspas, é aqui usada por razões de simplicidade argumentativa. Não quero entrar na discussão da modernidade (ou não) destes compositores. Tal como em Britten e Chostakovitch fará mais sentido falar em tonalidade expandida, mas esta é uma questão técnica demasiado específica para se justificar neste livro o seu desenvolvimento.

[50] A questão Peixinho/Lopes-Graça será um exemplo deste aspecto. Cf. Capítulo XI 6.1.

hoje, as práticas institucionais que regulam a vida musical no país. A primazia da narrativa linear, assente em concepções do progresso, de desenvolvimento da linguagem musical vista de uma forma teleológica, como várias outras formas de pensamento linear hoje altamente questionadas em todas as áreas, produziu narrativas da história da música portuguesa que devem ser, por isso, reexaminadas. Mas, tal como outras áreas, a musicologia feita e escrita em Portugal confronta-se com a musicologia universitária hegemónica. Onde reside essa cultura universitária, quais são os países e as línguas onde vigora a *culture of scholarship* universitária na qual se baseia a produção do eurocentrismo? Para Mignolo, Chakrabarthy, Dussel e Santos, as línguas da cultura universitária moderna – *the languages of scholarship* – são o inglês, o francês e o alemão. O mesmo se verifica no campo da musicologia.

### 2.2.5. Duas paráfrases

A pensar no caso específico desta investigação, poderemos propor duas paráfrases a partir de Chakrabarthy quando afirma "os historiadores do Terceiro Mundo sentem a necessidade de se referirem a trabalhos sobre história europeia; historiadores da Europa não sentem nenhuma necessidade de alguma reciprocidade..."

Paráfrase I:
Os historiadores da música portuguesa sentem a necessidade de se referirem a trabalhos sobre história da música europeia; os historiadores da Europa não sentem nenhuma necessidade de qualquer reciprocidade. "Eles" produzem o seu trabalho em relativa ignorância de histórias fora do cânone musical ocidental e isso não parece afectar a qualidade do seu trabalho.

Esta paráfrase será relativamente consensual, de tal modo recorrentes são os discursos que atestam o facto. A parte que se segue em Chakrabarthy, é nuclear: "Este é um gesto que "nós", no entanto, não podemos devolver [...] sem correr o risco de aparecer 'fora de moda' ou 'datados' ".

Paráfrase II:
Este é um gesto que "nós", (ou seja, os que produzimos os discursos sobre música portuguesa), no entanto, não podemos devolver [...] sem correr o risco de aparecermos "fora de moda" ou "datados".

Tal como perante o dilema de Chakrabarthy, temos de nos interrogar com Mignolo: "Se é este o dilema, qual é a solução?" É neste aspecto que intervém a questão da *tradução* como alternativa que é necessário formular às narrativas canónicas que têm existido.[51] Mas essa tarefa é política, herética e emotiva porque enfrenta uma descrição do mundo dominante. Uma das pistas de análise desta investigação tenta saber até que ponto esta assimilação da prática discursiva central – mesmo quando usada para narrar a subalternidade, a ignorância, o desprezo dos europeus em relação à música portuguesa – não reverte para o nosso interior, não reproduz a subalternidade e não cria as condições que reproduzem activamente a invisibilidade.

---

[51] Sobre a *tradução* enquanto procedimento que permite favorecer e articular diálogos ver Santos (2003: 757- 770).

# CAPÍTULO III
# O OCIDENTALISMO E A SOCIOLOGIA DAS AUSÊNCIAS

### 3.1. Ocidentalismo?
O pós-colonialismo trabalha para identificar a imposição do Ocidente hegemónico ao resto do mundo durante o período colonial, para identificar a colonialidade do poder após o final desse período, trabalha com o objectivo emancipatório de dar voz aos subalternos, para recusar os estereótipos construídos e as identificações essencialistas, para identificar os espaços-entre como espaços de diferença enunciativa e performativa. A sua utilidade para esta investigação é indiscutível mas são-no igualmente os limites que foram aqui identificados relacionados com as tentações de tornar monolítico aquilo que é heterogéneo. Se a Europa for vista como um todo, independentemente das suas desigualdades e das suas diferenças internas, o esforço da sua provincialização embaterá no monólito estereotipado entretanto construído; que os Europeus da modernidade hegemónica do Norte se vejam a si próprios como uma unidade dotada de excepcionalidade não deverá surpreender, porque foi isso que lhes foi ensinado há muito tempo; que os pós-coloniais reforcem essa hegemonia epistemológica que pretendem combater ao não serem capazes de reconhecer que, tal como não existe o colonizado estereotipado, do mesmo modo, também não existe colonizador igualmente estereotipado, não tem sentido. Porque o primado deve ser sempre relacional e manter a vigilância tanto sobre as desigualdades entre o Norte e o Sul como sobre desigualdades do Norte do Sul e sobre as desigualdades do Sul do Norte – região onde se encontra Portugal. Caso contrário permaneceremos a discutir na academia entidades tão imaginárias como hiper-reais e não conseguiremos sequer tentar actuar sobre o real. Este trabalho deve tentar a transgressão ainda mesmo no domínio teórico onde se localiza neste momento. Correndo naturalmente o perigo de ser desqualificado pelas ciências sociais dominantes, deve ser capaz de impor o seu carácter científico e transgressivo no mesmo momento: o pós-colonialismo é parte do edifício teórico mas o seu tema é ocidental.

Boaventura de Sousa Santos, partindo de uma leitura de Jack Goody (2006), apresenta uma hipótese de trabalho teórica com vista a constituir uma concepção não ocidental de Ocidentalismo (Santos, 2009: 445). O que está em causa é, mais uma vez, a Europa, "frequentemente a Europa ocidental", como "uma pequena região do mundo que, por várias razões e sobretudo a partir do século XVI, conseguiu impor ao resto do mundo as suas concepções de passado e de futuro, de tempo e de espaço. Com isto, impôs, como a teoria pós-colonial amplamente mostra e questiona, os seus valores e instituições e transformou-os em expressões da excepcionalidade ocidental, ocultando assim continuidades e semelhanças com valores e instituições vigentes noutras regiões do mundo (cf. *ibid.*: 445).[52]

Segundo Santos, para Goody trata-se de superar tanto o eurocentrismo como o anti-eurocentrismo eurocêntrico, tanto o ocidentalismo como o orientalismo, para chegar a uma verdadeira "histórica global" que permita que o mundo se reconheça na sua infinita diversidade, incluindo a infinita diversidade das influências cruzadas, das semelhanças e continuidades. Santos aceita a possibilidade de uma tal História desde que entendida sempre como tendo um carácter parcial. Goody tenta mostrar que tudo o que é atribuído ao Ocidente como sendo excepcional e único – seja a ciência moderna ou o capitalismo, o individualismo ou a democracia – têm paralelos e antecedentes em outras regiões e culturas do mundo (*ibid.*: 446).

Ao contrário das concepções correntes "o domínio do ocidente não se explica por diferenças categoriais mas por processos de elaboração e intensificação" (*ibid.*). Assim "a parcialidade da história proposta por Goody reside em que a humildade do ocidente ante o mundo é obtida à custa da

---

[52] Em relação à Antiguidade – um dos capítulos de Goody – e às ideias feitas sobre o nascimento da filosofia, que seguem inquestionáveis nos manuais, Michel Onfray escrevia em 2006: "Nas fábulas que se tornaram admiráveis certezas encontramos a seguinte ideia: a filosofia nasce no século VII a. C., na Grécia, com indivíduos chamados pré-socráticos. Só esta frase contém pelo menos três erros: um de data, um de lugar e outro de nome. Porque, muito antes dessa data, já existia pensamento na Suméria, na Assíria, na Babilónia, no Egipto, na Índia, na China e noutros povos que os Gregos denominavam bárbaros. [...] Pré-socráticos [...] parece referir-se a um momento anterior a Sócrates". Onfray refere que as datas que marcam as obras principais da "corrente" são em vários casos posteriores à morte de Sócrates" (Onfray, 2009: 50). Outro exemplo encontra-se em Dussel (2009) O autor coloca a hipótese de Descartes ser o grande pensador do *segundo momento* da modernidade inicial, estudando antecedentes directos dos estudos e da formação filosófica de Descartes em obras do filósofo mexicano Antonio Rubio (1548-1615), do jesuíta espanhol Francisco Suarez (1548-1617) e de Pedro de Fonseca (1528-1597) de Coimbra e ainda de Francisco Sanches (1551-1623). Dussel sugere que "em todos os momentos do 'argumento cartesiano' podem detectar-se as influências dos seus estudos com os jesuítas e que Bartolomé de las Casas pode ser considerado o primeiro crítico frontal da modernidade (Dussel, 2009: 283-335). Estes exemplos mostram que os cânones recebidos necessitam de ser confrontado com as suas ocultações em todas as áreas.

ocultação dos processos, em si nada humildes e, pelo contrário, bem arrogantes, com que certas versões do Ocidente se impuseram internamente ao mesmo tempo que se impunham ao resto do mundo" (*ibid.*). Mas, para Santos, é necessário questionar igualmente não só a excepcionalidade das criações do ocidente mas também os processos históricos que levaram ao entendimento que hoje temos delas. Daqui retira a conclusão de que a continuidade com o mundo oculta as descontinuidades categoriais internas e que, para o autor, o ocidente humildade pode resultar num Ocidente pobre. Trata-se portando de identificar a relatividade interna do Ocidente, a infinita variedade das suas experiências, a diversidade e a continuidade ou descontinuidade entre as que prosperaram e acabaram por ser identificadas como específicas do ocidente e as que foram abandonadas, suprimidas ou simplesmente esquecidas. Ou, por outras palavras, aquilo que, no Ocidente, tem razões de queixa da dominação e do epistemicídio cometido pelo Ocidente hegemónico.

O que este lance teórico proposto por Santos contém de mais inovador é o facto de transportar para o próprio interior da Europa, para o interior dos processos de evolução e de constituição/construção da modernidade europeia, o questionamento que as teorias pós-coloniais têm produzido em relação aos espaços não europeus coloniais. Nesse sentido destaca o facto de, no próprio interior da Europa, não só haver *várias europas*, como várias tendências e orientações intelectuais e culturais que, no decorrer do processo histórico foram abandonadas ou suprimidas. Para Santos, dos "furtos da história" intramuros resultou um enorme empobrecimento do Ocidente. No período actual, segundo o autor, vivemos um elevado nível de autoflagelação – necessário face ao dano causado pelo imperialismo e pelo colonialismo de que se alimenta o Ocidente hegemónico – mas devolver alguns dos objectos furtados intramuros é fundamental para criar um novo padrão de interculturalidade, não só no mundo, como também, em especial, no interior do ocidente (cf. *ibid.*: 447).

Será relativamente óbvio que a temática desta investigação está totalmente relacionada com esta problemática. Durante o processo da constituição do cânone musical ocidental, como veremos, o âmbito geográfico do seu espaço de enunciação estava muito reduzido, circunscrito aos países dominantes do centro, e no âmbito temporal, a selecção canónica procedeu apenas a partir de meados do século XVIII, sendo que, tanto Adorno como Schoenberg, figuras-chave da constituição da ideia moderna musical, consideravam que a música anterior a Bach não tinha interesse nem qualidade suficientes para integrar o repertório ou merecer análise (cf. Taruskin, 2003 e 2010).[53] Uma prática consentânea com estas concepções da história era dominante, mesmo indiscutível até à relativamente pouco tempo e, como tal, o epistemicídio levado a cabo pela modernidade musical hegemónica e canónica foi tão destrutivo nesta como nas outras áreas. O que comandava ideologicamente tal desprezo estava intimamente relacionado com a constituição do conceito de obra de arte autónoma directamente ligado ao período da supremacia burguesa durante o século XIX. Se uma operação de ampliação do conhecimento musical está em curso em relação ao passado histórico, será também necessário proceder a uma ampliação do mesmo tipo em relação ao espaço.

Visando ampliar as experiências históricas do Ocidente Boaventura de Sousa Santos propõe uma série de exercícios. Não tendo qualquer intenção de recuperação histórica proclama como objectivo intervir no presente. Para o autor, "muitos dos problemas com que hoje se debate o mundo decorrem não só do desperdício de experiência que o Ocidente impôs ao mundo pela força, mas também do desperdício da experiência que impôs a si mesmo para sustentar a imposição aos outros" (Santos, 2009: 448).

### 3.2. Hermenêutica diatópica

Este conceito é, para mim, absolutamente central não apenas nesta investigação como na sua própria condição de possibilidade. A temática aqui tratada e a abordagem teórica que fui adoptando para a sua análise não teriam sido possíveis sem a sua força impulsionadora, desencadeada pela leitura precoce, em relação ao início do trabalho, e a uma série de ilações que pude ir retirando de que darei conta em maior detalhe no capítulo auto-reflexivo. O conceito foi formulado pela primeira vez em 1995 (cf. Santos, 1995, 1996). Para Santos, no diálogo intercultural a troca não é apenas entre diferentes saberes mas também entre diferentes culturas, ou seja, entre universos de sentido diferentes e, em grande medida incomensuráveis . Para o autor os *topoi* são os lugares-comuns retóricos mais abrangentes de determinada cultura. Mas *topoi* fortes tornam-se altamente vulneráveis e problemáticos quando "usados" numa cultura diferente. Compreender determinada cultura a partir dos *topoi* de outra cultura é uma tarefa muito difícil e, para alguns

---

[53] Desta concepção resultou o aparecimento da corrente de "especialistas" chamada Nova Música Antiga e, muitas vezes, a sua integração em nichos específicos da programação como no caso das Jornadas de Música Antiga da Fundação Calouste Gulbenkian.

mesmo impossível. Para superar essa dificuldade Santos propõe o conceito de hermenêutica diatópica:

> [...] a hermenêutica diatópica baseia-se na ideia de que os *topoi* de uma dada cultura, por mais fortes que sejam, são tão incompletos quanto a própria cultura a que pertencem. Tal incompletude não é visível a partir do interior dessa cultura, uma vez que a aspiração à totalidade induz a que se tome a parte pelo todo [*Santos*, 1995: 340].

O objectivo não é atingir a completude – um objectivo inatingível – mas, pelo contrário, ampliar ao máximo a consciência da incompletude mútua através de um diálogo que se desenrola, por assim dizer, "com um pé numa cultura e outro noutra" (*ibid.*). Sendo proposto no quadro de uma discussão sobre os direitos humanos, Santos exemplifica com o exercício possível de tradução dialógica entre o *topos* dos direitos humanos na cultura ocidental, o *topos* do *dharma* na cultura hindu e o *topos* de *umma* na cultura islâmica. No entanto, a minha leitura necessariamente autobiográfica do conceito vislumbrou desde o início a possibilidade de aplicações mais próximas, situáveis no interior da cultura ocidental e não apenas necessariamente entre culturas muito diversas. Do que se trata é de uma nova situação histórica na qual a evolução da música nos países ocidentais, o impacto da tecnologia da reprodução e o progressivo deslocamento da música da tradição erudita para as margens da cultura ocidental ao longo do século XX,[54] favoreceram o aparecimento de várias expressões musicais que constituíram os seus próprios universos de sentido, os seus próprios *topoi* que mantêm no interior de cada prática uma aparência de invulnerabilidade. Por isso, no campo musical, não é forçoso, para detectar as fraquezas e a incompletude dos *topoi* fortes de uma determinada prática musical, fazê-lo apenas a partir de um olhar situado numa cultura distante, das culturas musicais da Índia ou da China, para que se torne evidente a sua vulnerabilidade. A partir de 1900, assistiu-se no mundo ocidental ao aparecimento do *jazz* nos Estados Unidos, mais tarde, na década de 1960, verificou-se a emergência das músicas *folk*, *pop* e *rock* que, de algum modo, pulverizaram ou reformularam em novos termos, no interior do Ocidente, as antigas dicotomias erudito/popular, escrita/oral, clássica/ligeira e outras daí decorrentes. Hennion considera que a organização das disciplinas, pelas oposições de tra-

---

[54] Ver os dois capítulos seguintes.

tamento a que são submetidos os diferentes géneros, redobra a oposição estéril entre análise musical e estudos sociais que caracteriza os estudos musicais. A música clássica esta afecta à musicologia, as músicas tradicionais à etnomusicologia e as músicas populares modernas estão afectas à sociologia, aos estudos culturais e aos historiadores do tempo presente (cf. Hennion, 2004). Cada uma dessas práticas e saberes musicais, lembremos *práticas disciplinares*, muitas vezes associados a determinados valores, convicções e mesmo modos de vida, constitui as suas próprias convicções de invulnerabilidade e revela-se amiúde, face aos seus diversos *Outros* ocidentais, como incomensurável. Neste sentido, será de considerar neste ponto uma analogia com o conceito de campos de produção cultural tal como foram analisados por Bourdieu e seus discípulos, enquanto lugares de disputas, de concorrência e de lutas pela distinção, que entretanto se pulverizou ela própria em diversas subformas de distinção aplicáveis e operativas em cada subcampo particular de produção musical. Radica neste processo histórico um dos vários elementos presentes nos motivos da crise e da morte da música clássica que veremos nos próximos capítulos. Tal como radica na minha biografia de dupla ou tripla subjectividade – "com um pé numa cultura e outro noutra" – a consciência precoce embora vaga das múltiplas fragilidades, invisíveis se olhadas do interior de cada campo,[55] tanto como a interrogação básica que conduziu esta investigação que teve de ser capaz de produzir "a consciência da incompletude mútua" e desencadear o desejo de a "ampliar ao máximo".

### 3.3. A sociologia das ausências de Boaventura de Sousa Santos

Se a hermenêutica diatópica foi determinante na construção do meu objecto de análise, a sociologia das ausências será a principal metodologia deste estudo, o procedimento sociológico capaz de produzir a arqueologia das vertentes complexas da problemática. A sua centralidade no trabalho confirma-se, por exemplo, na presença no título da palavra "ausência". A proposta teórica do autor, decorrente de um vasto processo de investigação,[56] parte de três conclusões: primeiro, "a experiência social em todo o mundo é muito mais ampla e variada do que a tradição científica e filosófica ocidental conhece e considera importante" (Santos, 2002: 238). Em segundo lugar, "essa riqueza

---

[55] Cf. Vargas, (2002).
[56] Publicado em oito volumes nas Edições Afrontamento com o título genérico *Reinventar a Emancipação Social: para Novos Manifestos*

está a ser desperdiçada". Em terceiro lugar, recorrer à ciência social tal como a conhecemos de pouco serve para combater o desperdício de experiências porque "essa ciência é responsável por esconder ou desacreditar as alternativas". Por isso Santos propõe um modelo diferente de racionalidade, uma critica do modelo de racionalidade dominante há duzentos anos igualmente a partir de três pontos. Em primeiro lugar, a compreensão do mundo excede em muito a compreensão ocidental do mundo; em segundo lugar, esta compreensão e a forma como cria e legitima o poder social tem a ver com concepções de tempo e temporalidade. Em terceiro lugar, a concepção dominante de racionalidade na modernidade ocidental contraiu o presente e expandiu o futuro. Enquanto o presente se transformou num instante fugidio, entrincheirado entre o passado e o futuro, a concepção linear do tempo e a planificação da História permitiram expandir o futuro indefinidamente. Inverter os termos – expandindo o presente e contraindo o futuro – permitirá criar o espaço-tempo necessário para conhecer e valorizar a inesgotável experiência social que existe no mundo (cf. Santos, 1995; 1996).

Boaventura de Sousa Santos analisa em detalhe a constituição da racionalidade ocidental – que designa como razão indolente – e relembra dois pensadores críticos que exprimiram perplexidade face a esse processo histórico. Ernst Bloch interrogava-se: se vivemos apenas no presente por que razão é ele tão fugaz? (*apud* Santos, 1995: 313) e Walter Benjamin afirmava: "Tornámo-nos pobres. Fomos abandonando um pedaço da herança da humanidade após outro, tivemos muitas vezes de o depositar na casa de penhores por um centésimo do seu valor, para receber em troca as moedas sem préstimo da 'actualidade' " (Benjamin, 1972: 219; *apud*: Santos, 2002: 244).

Nesta ordem de ideias, ampliar o mundo e dilatar o presente será a tarefa da sociologia das ausências. Considerando que o que não existe é, na verdade, activamente produzido como tal, como uma alternativa não credível ao que existe Santos sugere que "não há uma maneira única ou unívoca de não existir porque são várias as lógicas e os processos que produzem a não-existência (*ibid*.: 246).

## 3.4. A produção activa de não-existência e quatro paráfrases sobre música portuguesa

Boaventura de Sousa Santos identifica cinco lógicas ou modos de produção de não-existência. Irei passar em revista essas lógicas tendo em vista a sua aplicação posterior a esta investigação. Para Santos "há produção de não-existência sempre que uma entidade é desqualificada e tornada invisível, ininteligível ou descartável de um modo irreversível. O que une as diferentes lógicas de produção de não-existência é serem todas elas manifestações da mesma monocultura racional" (Santos, 2006: 95).

A primeira lógica é designada por monocultura do saber e do rigor do saber. Considerando este o modo de produção de não-existência mais poderoso, Santos escreve que "consiste na transformação da ciência moderna e da alta cultura em critérios únicos de verdade e de qualidade estética, respectivamente". Ambas se arrogam ser "cânones exclusivos de produção de conhecimento ou de criação artística. Tudo o que o cânone não legitima ou reconhece é declarado inexistente. A não-existência assume aqui a forma de ignorância ou de incultura" (Santos, 2006: 95-96). A paráfrase aqui aplicável será *a música portuguesa, na prática, não é reconhecida nem legitimada pelo cânone*.

A segunda lógica, a monocultura do tempo linear, para Santos "assenta na monocultura do tempo linear, a ideia de que a história tem sentido e direcção únicos e conhecidos. Esse sentido e essa direcção têm sido formulados de diversas formas nos últimos duzentos anos: progresso, revolução, modernização, desenvolvimento, crescimento, globalização. Comum a todas estas formulações é a ideia de que o tempo é linear e que na frente do tempo seguem os países centrais do sistema mundial e, com eles, os conhecimentos, as instituições e as formas de sociabilidade que neles dominam". É de acordo com esta lógica que "a modernidade ocidental produz a não-contemporaneidade do contemporâneo, a ideia de que a simultaneidade esconde as assimetrias dos tempos históricos que nela convergem" (Santos, 2006: 96). A segunda paráfrase é *a música portuguesa persegue infatigavelmente os países que seguem na frente do tempo, sem nunca os alcançar*.

A terceira lógica é a lógica da classificação social e "assenta na monocultura da naturalização das diferenças. Consiste na distribuição das populações por categorias que naturalizam hierarquias" (*ibid.*: 96). Para Santos, "a não existência é produzida sob a forma de inferioridade insuperável porque natural". Terceira paráfrase: *a inferioridade da música portuguesa é vista como natural tanto pelos europeus dos países centrais como pelos próprios portugueses*.

A quarta lógica da produção de inexistência é a lógica da escala dominante. Santos sugere que "nos termos desta lógica a escala adoptada como primordial determina a irrelevância de todas as outras possíveis escalas". Para o autor, "o universalismo é a escala das entidades ou realidades que vigoram independentemente de contextos específicos. Têm, por isso, precedência sobre todas as outras realidades que dependem de contextos e que por essa razão são consideradas particulares ou vernáculas". Mais adiante, escreve: "No âmbito desta lógica, a não-existência é produzida sob a forma do particular e do local. As entidades ou realidades definidas como particulares ou locais estão aprisionadas em escalas que as incapacitam de serem alternativas credíveis ao que existe de modo universal ou global". Para Santos, trata-se da escala que privilegia as entidades que alargam o seu âmbito a todo o globo. "As entidades ou realidades definidas como particulares ou locais estão aprisionadas em escalas que as incapacitam de serem alternativas credíveis ao que existe de modo universal ou global" (Santos, 2006: 96-97). A quarta paráfrase: *a música portuguesa está aprisionada na sua escala local e é vista como incapaz de se tornar credível.*

### 3.5. A ecologia dos saberes e a sociologia das emergências

#### 3.5.1. A ecologia dos saberes

Boaventura de Sousa Santos propõe cinco *ecologias* para pôr em questão cada uma das lógicas ou modos de produção de ausência acima referidas (Santos, 2003: 250-253). Para enfrentar a lógica da monocultura do saber e do rigor científico o autor afirma que esta lógica "tem de ser questionada pela identificação de outros saberes e de outros critérios de rigor que operam credivelmente em contextos e práticas sociais declarados não existentes" (*ibid.*). Para Santos, "a ideia central da sociologia das ausências neste domínio é que não há ignorância em geral nem saber em geral. Toda a ignorância é ignorante de um certo saber e todo o saber é a superação de uma ignorância particular" (Santos, 1995: 25). Deste princípio de incompletude de todos os saberes decorre a possibilidade de diálogo e disputa epistemológica entre os diferentes saberes. Para o autor, "esta ecologia de saberes permite não só superar a monocultura do saber científico, como a ideia de que os saberes não científicos são alternativos ao saber científico. A ideia de alternativa pressupõe a ideia de normalidade, e esta a ideia de norma, pelo que, sem mais especificações, a designação de algo como alternativo tem uma conotação latente de subalternidade" (*ibid.*).

#### 3.5.2. A ecologia das temporalidades

Para Santos "a lógica da monocultura do tempo linear deve ser confrontada com a ideia de que o tempo linear é uma entre muitas concepções do tempo e de que se tornarmos o mundo como a nossa unidade de análise não é sequer a mais praticada. O domínio do tempo linear não resulta da sua primazia enquanto concepção temporal mas da primazia da modernidade ocidental que o adoptou como seu" (Santos, 2003: 748). O autor considera que "as sociedades entendem o poder a partir das concepções de temporalidade que nelas circulam". Assim, "muitas experiências sociais são consideradas residuais porque são contemporâneas de maneiras que a temporalidade dominante, o tempo linear, não é capaz de reconhecer" (*ibid.*).

Para Santos "a sociologia das ausências visa libertar as práticas sociais do seu estatuto de resíduo, restituindo-lhes a sua temporalidade própria e, assim, a possibilidade de desenvolvimento autónomo". A ecologia das temporalidades proposta pelo autor defende que "as sociedades são constituídas por várias temporalidades e que a desqualificação, supressão ou ininteligibilidade de muitas práticas resulta de se pautarem por temporalidades que extravasam do cânone temporal da modernidade ocidental capitalista". Uma vez recuperadas essas temporalidades "tornam-se inteligíveis e objectos credíveis de argumentação e de disputa política". Para o autor "a dilatação do presente ocorre neste caso pela relativização do tempo linear e pela valorização das outras temporalidades que com ele se articulam ou que com ele conflituam" (*ibid.*).

Este conceito é particularmente útil uma vez que esta concepção de temporalidade linear está fortemente enraizada nas narrativas tradicionais das histórias da música, nos discursos da critica e nos critérios de análise e selecção que presidem às escolhas das instituições culturais. O conceito de progresso na linguagem musical e a concepção adorniana do material musical como historicamente sedimentado e assim dotado de "necessidade histórica", decorrente das ideias de Schoenberg, apresenta-se como uma das aplicações directas de uma concepção de tempo linear à evolução da linguagem musical. Para contestar esta perspectiva germanocêntrica moderna mas amplamente disseminada, qualquer análise tem de considerar constelações do espaço-tempo e suas decorrências interligadas.

### 3.5.3. A ecologia dos reconhecimentos

Esta ecologia enfrenta a lógica da classificação social. Sublinhando que é comum a todas as lógicas "a desqualificação das práticas [ir] a par da desqualificação dos agentes, o autor afirma que "é nesta lógica que a desqualificação incide prioritariamente sobre os agentes". Assim, "a colonialidade do poder capitalista moderno e ocidental consiste em identificar diferença com desigualdade, ao mesmo tempo que se arroga o privilégio de determinar quem é igual e quem é diferente" (Santos, 2006: 102).

Santos propõe "uma confrontação com a colonialidade, procurando uma nova articulação entre o princípio da igualdade e o princípio da diferença, abrindo espaço para a possibilidade [...] de uma ecologia de diferenças feita de reconhecimentos recíprocos. À medida que aumenta a diversidade social e cultural dos sujeitos colectivos que lutam pela emancipação social, a ecologia dos reconhecimentos torna-se mais necessária. É nessa direcção que aponta o conceito de Santos: "Ao alargar o círculo da reciprocidade [...] a ecologia dos reconhecimentos cria novas exigências de inteligibilidade recíproca" (ibid.: 104).

### 3.5.4. A ecologia das trans-escalas

A lógica do universalismo abstracto e da escala global é confrontada pela sociologia das ausências através da recuperação simultânea de aspirações universais ocultas e de escalas locais/globais alternativas. Segundo Santos, "a sociologia das ausências opera aqui des-globalizando o local em relação à globalização hegemónica – pela identificação do que no local não é passível de redução ao efeito de impacto – e explorando a possibilidade de o re-globalizar como forma de globalização contra-hegemónica". Num ponto que será fulcral nesta investigação o autor afirma que "isto é conseguido pela identificação de outras formações locais nas quais se detecte uma mesma aspiração a uma globalização oposicional e pela proposta de ligações credíveis entre elas". Para isso o autor afirma que "a sociologia das ausências exige o exercício da imaginação cartográfica quer para ver em cada escala de representação não só o que ela mostra mas também o que ela oculta, quer para lidar simultaneamente com diferentes escalas, com vista a detectar embriões de articulações locais/globais" (ibid.: 105).

É justamente a larga primazia no campo musical da escala global e do universalismo abstracto que dificulta o reconhecimento das produções locais, logo, não universais nem globais. "Vistas através de uma lógica de trans-escalas podem ser reconhecidas como dotadas de uma pluralidade de aspirações universais, parciais e competitivas todas ancoradas em contextos particulares" (ibid.). O reconhecimento da relatividade destas aspirações não implica relativismo mas procura dar visibilidade e credibilidade àquilo que se apresenta como alternativo. Se considerarmos a necessidade de "recuperar aspirações universais ocultas", se considerarmos que muitos países periféricos não são considerados relevantes no actual modelo de funcionamento do campo musical contemporâneo, se considerarmos que a alteridade só é considerada quando se manifesta ao alcance do horizonte próximo do agente do centro, daí derivando no plano social a actual problemática do multiculturalismo na Europa – na medida em o Outro está lá presente em virtude das migrações massivas provenientes de espaços não europeus –, então estaremos perante um caso de aspirações comuns alargadas a várias comunidades artísticas excluídas pelo centro.[57] Neste contexto podia-se investigar a relação divergente entre os textos da União Europeia sobre a diversidade cultural e o real funcionamento das estruturas culturais do campo musical contemporâneo.

Quando Boaventura de Sousa Santos refere que "a experiência social em todo o mundo é muito mais ampla e variada do que a tradição científica ou filosófica ocidental conhece ou considera importante" e que "essa riqueza social está a ser desperdiçada" basta-nos incluir a actividade musical dos compositores portugueses – e de muitos outros das periferias europeias – numa definição alargada de experiência social e cultural para podermos concordar que essa "experiência artística" está a ser desperdiçada. Há alguns factores que revelam insatisfação com a continuação no novo século do modo de funcionar da vida cultural europeia durante o século XX e existem estruturas emergentes e algumas tentativas para criar alternativas às preexistentes no campo musical. Podem ser consideradas *from below* uma vez que resultam de esforços individuais, de pequenos grupos ou associações de artistas actuando nas margens das instituições do poder.

Sobre a ecologia da produtividade, Santos sugere que "este é talvez o domínio mais controverso da sociologia das ausências uma vez que põe directamente em questão o paradigma do desenvolvimento e do crescimento económico infinito e a lógica da primazia dos objectivos de acumulação sobre os objectivos de distribuição" (Santos, 2006: 106). Nessa medida esta ecologia é talvez a de mais difícil aplicação nesta investigação.

---

[57] Para alguns autores (Cf. Bauman, 1999), a *alta cultura* faz parte integrante da globalização hegemónica. Para outros autores é sobretudo a *pop culture* de proveniência anglo-americana que se configura como a face mais visível da globalização hegemónica. Será certamente alvo de grande debate saber qual é o lugar da chamada música contemporânea neste quadro. Para uns, como Deliège (2003) é o lugar de *recherche* associado ao prestígio das vanguardas do início do século XX e do pós-guerra e configura-se como lugar de resistência ao predomínio da indústria cultural, numa posição derivada da filosofia de Adorno. Para outros autores, como Susan McClary (1989), a vanguarda encontra-se em estado de "prestígio terminal" e, como nos mostram as investigações de Georgina Born (1995) e Pierre-Michel Menger (1983; 2003), só sobrevive porque entretanto se institucionalizou e se constituiu como uma forma de arte subsidiada pelo Estado e pelas instituições culturais.

Finalmente, a sociologia das emergências procura identificar aquilo que existe em potência, aquilo que ainda não é mas que poderá vir a ser, e procura resgatar, multiplicar e diversificar as experiências. Santos considera que "a tradução é o procedimento que permite criar inteligibilidade recíproca entre todas as experiências do mundo, tanto as disponíveis como as possíveis". Face ao aumento das experiências e sua diversidade, a tradução tenta criar coerência e articulação entre elas. Há certamente uma componente utópica nestas posições. Mas como se viveria sem as utopias? A tradução é uma tarefa a levar a cabo para produzir maior justiça, menos desigualdade em todos os domínios da vida.

PARTE II

# Musicologia(s)

CAPÍTULO IV
# O CÂNONE MUSICAL OCIDENTAL E A SUA CONTESTAÇÃO

**4.1. Os cânones ocidentais e a sua crítica**
Após a constituição dos cânones ocidentais, durante bastante tempo aceites como consensuais, tem-se assistido, nas últimas décadas, a debates e processos de contestação da sua formação histórica. O carácter consensual dos autores literários e musicais considerados era, por um lado, resultado do facto de a cultura europeia não se questionar a si própria enquanto processo construído e assim ver como selecção natural a constituição canónica e, por outro, pelo facto de as outras culturas estarem nas margens e por isso fora da possibilidade de acederem a tal estatuto. Santos escreve: "entende-se por cânone literário na cultura ocidental o conjunto de obras [...] que os intelectuais e as instituições dominantes ou hegemónicos consideram ser os mais representativos e os de maior valor e autoridade numa dada cultura oficial" (Santos, 2006a: 66).

Segundo Santos, "as obras escolhidas para integrar o cânone são aquelas que deixaram de estar expostas à lógica das opções e passam a ser a base ou raiz do campo literário"[58] e "o processo de intensificação que estas obras sofrem dota-as do capital cultural necessário para que possam finalmente patentear a exemplaridade, o carácter único e a inimitabilidade que as distingue" (*ibid.*). Em termos gerais, o processo da constituição do cânone musical observa os mesmos passos, embora tenha tido algumas especificidades de carácter geográfico decorrentes do estado da arte no período central da sua formação.

A consensualidade dos cânones ocidentais atrás referida cedeu o passo a uma hermenêutica de suspeição. Na segunda metade do século XX, "os países centrais da Europa e, em particular, os Estados Unidos, viram-se confrontados com o problema, que era fundamentalmente o de saber que obras literárias têm ou não têm o direito a entrar no panteão sagrado da cultura nacional. Ou seja, que autores são publicados pelas grandes editoras, que obras merecem recensões críticas nos jornais e revistas mais respeitados e influentes, que títulos entram nos programas escolares" (*ibid.*). Maria Irene Ramalho considera que "a questão se colocou especialmente nos Estados Unidos em

---

[58] Sobre raízes e opções, ver Santos (1998: 50-55).

virtude da existência nesse país de grupos sociais muitíssimo diversificados e com memórias e projectos nacionais muito divergentes" (*apud ibid.*: 66). Tal como o cânone literário o cânone musical tem sido especialmente contestado no mundo anglo-saxónico. No entanto, mesmo estando sob suspeita, Santos sublinha "a capacidade de resistência do cânone, a facilidade com que cria solidez e se impõe como autoridade, rotina ou simples inércia" (*ibid.*: 67). O autor escreve que "as posições extremam-se entre aqueles que defendem o cânone tal como o acham, investindo-o da função de garante da identidade e da estabilidade nacional e cultural, e aqueles que o atacam através precisamente do questionamento da concepção de identidade (elitista e parcial) que ele impõe". Este debate sobre a processo de formação e reprodução do cânone é esclarecedor, por si só, da "natureza histórica do cânone e da sua volatilidade, bem como das forças e das instituições sociais que, de uma maneira ou de outra, lhe dão forma" (*ibid.*).

Harold Bloom, autor de *O Cânone Ocidental*, faz uma defesa acirrada dos valores do cânone literário ocidental, defende a sua existência em termos da sobrevivência misteriosa das obras, essencialmente com base em critérios de qualidade literária e lança um ataque às correntes que, nos Estados Unidos, encetaram a crítica do cânone literário. Para Bloom, "originalidade torna-se um equivalente literário de termos como iniciativa individual, autoconfiança, competição, os quais não alegram os corações de feministas, afrocentristas, marxistas, novos-historicistas de inspiração foucaultiana, ou desconstrucionistas" que qualifica como "membros da Escola do Ressentimento". Segundo Bloom "nada é mais essencial ao Cânone Ocidental do que os seus princípios de selectividade, que são elitistas unicamente na medida em que se fundam em rigorosos critérios artísticos" (Bloom, 1998: 31). Bloom considera a formação do cânone – designação que, aliás, contesta – baseada em critérios puramente internos, exclusivamente literários.

O questionamento dos cânones ocidentais verificou-se em várias áreas artísticas durante a segunda metade do século XX. Para dar um exemplo proveniente das áreas de reflexão estética no campo da literatura na Europa, Paul de Man considera a estética da recepção de Hans Robert Jauss. "A suspeita de essencialismo surge sempre que se busca o estudo da reprodução ou da estrutura de textos literários em detrimento da sua recepção, em detrimento dos padrões de compreensão individuais ou colectivos que derivam da sua leitura e evolucionam no tempo" (Man, 1989: 83). Para Paul de Man, o que está em causa é, assim, uma oposição entre duas visões e dois pontos de partida: a leitura formalista, interna, e a leitura histórica, externa, o que tal como já vimos se encontra muito próximo do que se verifica na musicologia. É este aspecto que justifica o título de uma obra de Jauss: *Literary History as a Challenge to Literary Theory*. As críticas de Jauss dirigem-se aos críticos da literatura como Curtius, Lucáks e, até certo ponto, Gadamer, que, "apesar das suas diferenças ideológicas [...] se mantêm fiéis ao credo clássico da obra canónica como encarnação estética de uma essência universal" na qual "se pressupõe que a obra transcende a História porque contém em si a totalidade das suas tensões" (*ibid.*). Contra estas perspectivas Jauss procura desenvolver métodos para uma compreensão histórica da literatura.[59]

A problemática emergente na musicologia anglo-saxónica nos anos 80 repete *grosso modo* a cesura, o cisma, o debate fundamental entre os defensores do tipo de análise interna e formalista, que pressupõe e reproduz os valores canónicos e os defensores da análise que procura integrar na compreensão das obras o seu contexto e a sua história.[60] A concepção internalista exprime-se, no campo musical, pelo que Richard Taruskin designa ideologia da música ela-própria, a *music itself* (cf. Taruskin, 1997). Os adeptos desta corrente procuram defender-se das críticas das novas correntes musicológicas que consideram o contexto das obras, clamando que usam apenas procedimentos de análise interna das obras. Os debates sobre os cânones ocidentais são transversais a diversas áreas artísticas e exprimem-se em termos muito similares. No campo musicológico verificam-se entre as novas correntes e "aqueles modelos anteriormente (e ainda correntemente) dominantes de conhecimento musicológico que, à falta de melhor, podem ser chamados formalistas ou positivistas" e que continuam bem vivos nos meios académicos (Kramer, 2002: xiv). Ao contrário da literatura, onde a discussão versa a constituição dos *curricula* universitários, a escolha das obras que devem ser lidas pelos alunos, no campo musical, embora o mesmo se verifique no plano do ensino, é a própria vida musical "clássica" – tal como funciona em todo o mundo onde tem presença a cultura ocidental – que confirma plenamente a validade operativa das escolhas canónicas e a sua extraordinária capacidade de se manter em grande parte inalterável.

---

[59] Hennion (2003) reclama Jauss na sua reconsideração da figura do amador musical enquanto receptor dotado de capacidade de constituir o seu próprio gosto. Mark Everist refere-o igualmente no seu artigo "Reception theories, Canonic discourses and musical value" (1999).

[60] Cf. Subotnik (1991).

## 4.2. Notícia histórica do aparecimento da musicologia

Neste capítulo consideramos o termo "musicologia" no seu sentido mais amplo, ou seja, abarcando todas as disciplinas que constituem o estudo da música nas suas várias vertentes. Há hoje uma tendência para reservar o termo "musicologia" para a musicologia histórica, que corresponde *grosso modo* ao programa histórico e positivista associado à sua emergência disciplinar sobretudo na Alemanha durante o século XIX. Iremos apresentar uma resenha breve da história do seu aparecimento. Até à segunda metade do século XIX o estudo da música não era olhado como uma disciplina independente mas como parte de um conhecimento geral. O termo "*Musikwissenschaft*" apareceu em 1827 em Johann Bernhard Logier e tornou-se aceite no início da década de 1860. Foi Guido Adler, que, em 1885, tentou associar a musicologia às ciências da natureza no seu artigo "*Umfang, Methode und Ziel der Musikwissenschaft*", procurando desse modo dar-lhe um estatuto científico (Dukles e Pasle, 2001).

A adopção de métodos científicos na musicologia, normalmente significa métodos derivados das ciências sociais, da filologia ou da filosofia. A musicologia partilha com elas "um respeito comum pelo uso da crítica no tratamento das provas, o emprego de critérios objectivos na avaliação das fontes, a criação de uma descrição coerente que envolva a explicação e a partilha das descobertas das investigações com uma comunidade de especialistas informados. Estes princípios de investigação têm uma origem relativamente recente nascidos durante o Iluminismo" (*ibid.*). Para Glenn Stanley, "o método histórico cabe em duas categorias básicas. O primeiro é empírico-positivista, com ênfase na localização e no estudo de documentos e no estabelecimento objectivo (ou desejavelmente objectivo) de factos sobre e dos documentos. O segundo, teórico e filosófico, subdivide-se em dois aspectos: um que trata de problemas historiográficos gerais tais como mudança e causalidade, periodização e biografia; e um que considera aspectos específicos das histórias das artes e da literatura, tais como as formas e os estilos, o significado histórico, o conteúdo de obras de arte individuais e repertórios".[61] Na sequência do trabalho empírico que ia progredindo, segundo o autor "os historiadores da música lutaram para pôr ordem na quantidade de música que o seu trabalho de arquivo ia descobrindo: escolas e estilos agrupados à volta

---

[61] Glenn Stanley "Musicology, §II, 1: Disciplines of musicology: Historical method", *Grove Music Online* (acedido 21 Maio 2006).

de grandes artistas, que produziam a sua arte através do seu génio *sui generis*". Sob a importante influência de Herder, "a ideia do artista no contexto cultural partilha aspectos da teoria da história do *Zeitgeist* que foi particularmente forte na Alemanha" (Stanley, 2001).

As principais tarefas da musicologia no seu início foram "a publicação de catálogos e de obras de referência", sendo o primeiro exemplo histórico o catálogo das obras de Mozart por Ludwig von Köchel publicado em 1862, que deveria servir de modelo para os próximos (Bent, 2004: 614). De seguida "a edição científica das partituras" sendo os primeiros casos os de Haendel em 1787 e 1843, Mozart em 1798 e 1877, Bach em 1851, Palestrina em 1862, Schütz em 1885. A edição de partituras de música medieval e renascentista esteve no centro dos trabalhos musicológicos durante a maior parte do século XX, sobretudo depois da Segunda Guerra Mundial (*ibid.*: 615).

Tal como se verificou na etnologia foi necessário criar mais tarde a etnomusicologia para estudar as "outras" músicas do mundo, na sequência da ligação intrínseca da musicologia à música europeia da tradição erudita e, consequentemente, aos limites dos seus métodos. Na verdade, a musicologia, "uma vez que reflecte os objectivos culturais das sociedades dos séculos XVII e XVIII, é uma manifestação do pensamento europeu ocidental dos últimos 250 anos. As suas origens geográficas foram responsáveis pelo carácter que a disciplina teve durante muito do século XX e, também, por algum do criticismo a que tem sido sujeita".[62] Para o autor francês Philipe Vendrix os musicólogos do início do século XX "justificavam a sua vontade de autonomia rejeitando como intrusões intoleráveis todas as interrogações e críticas dirigidas pelo 'mundo exterior' (Vendrix, 2004: 641). Por isso, novas ideias sobre o que é ou deverá ser a musicologia foram sendo propostas nas últimas quatro décadas do século XX. Assim, "só no final dos anos 1960 apareceu uma real tentativa de crítica histórica da musicologia" por parte de Carl Dahlhaus (1928-1988) (*ibid.*: 642). Carl Dahlhaus, em 1977, propôs que a musicologia devia abarcar não só história estilística, "uma história cujo objecto é a arte e não biografias ou contingências sociais" mas também história estrutural, história da recepção e história cultural (Stanley, 2001). Mais tarde, nos Estados Unidos, Joseph Kerman no ensaio seminal de 1985 [63] sugeriu que a musico-

---

[62] Dukles, Vincent, Passler, Jann, "Origins: musicology as a science", *Grove Music Online* (Acedido 21 Maio 2006).

[63] Ver Kerman (1985; 1983).

logia devia assumir-se como forma de criticismo, ou seja, o estudo da música como experiência estética. Por outro lado, durante o século XX (sobretudo a partir de 1950) principalmente nos Estados Unidos e em Inglaterra, outras subdivisões disciplinares ocorreram, ainda exclusivamente no interior do estudo da música erudita, dando origem a disciplinas autónomas, a análise musical e a teoria musical designações com sentidos específicos criados na sequência da criação contemporânea durante o século XX.

As relações entre estas diversas disciplinas não é muitas vezes pacífica, há debates por vezes intensos sobre os seus âmbitos e especificidades, sendo que, em Portugal, existe uma divisão mais ou menos clara entre a musicologia, no seu sentido mais restrito, que se pratica no Curso de Ciências Musicais da Universidade Nova – note-se que a escolha do título deste curso, derivado da designação alemã em detrimento do termo "musicologia" que foi adoptado na maior parte das outras línguas europeias, não deve ser estranha à presença de Gerhard Doderher entre os seus fundadores – e a disciplina de Análise Musical que se pratica também nas Escolas Superiores de Música de Lisboa e do Porto, fundadas em 1983, integradas nos Institutos Politécnicos. Embora a criação mais recente dos cursos de música das Universidades de Aveiro, de Évora, do Minho e na Universidade Católica do Porto tenha inicialmente criado algumas dúvidas quanto à especificidade e abrangência dos seus cursos, pode-se dizer que, nessas Universidades, as práticas dessas vertentes – a teórica e a prática – coexistem no seu interior e, em menor ou maior grau, variam conforme se privilegia o estudo de música do passado ou o estudo de música de hoje ou a composição.

### 4.3. A formação do cânone musical

Segundo Richard Taruskin, "um sentido de herança, de obrigação em relação a ilustres antepassados e às suas grandes obras tornou-se no século XIX uma força na história da música maior do que alguma vez anteriormente. As razões, como sempre, são muitas, mas uma das mais importantes é o sentido crescente de um cânone, de um corpo acumulativo de permanentes obras-primas que nunca saem do estilo mas formam o fundamento de um repertório eterno e imutável que só por si pode validar os compositores contemporâneos com a sua autoridade" (Taruskin, 2005b: 637-638). Segundo o autor, "as razões para a emergência deste cânone têm a ver com as mesmas novas condições económicas na quais Mozart e Haydn trabalharam no fim das suas vidas. O local principal da *performance* musical tornou-se o concerto público por subscrição em vez do salão aristocrático. Não eram as necessidades de um patrono mas o julgamento de um público (arbitrado por uma nova classe de críticos públicos) que agora definiam os valores". Para Taruskin "estes valores foram definidos de acordo com um novo conceito de obra-prima artística" e "graças a esse novo conceito a arte musical agora possuía artefactos de valor permanente [...] e, tal como as pinturas, guardadas cada vez mais em museus públicos, as obras-primas musicais eram agora reverenciadas em templos públicos da arte – ou seja, nas modernas salas de concertos, que foram tendo cada vez mais o aspecto de museus" (*ibid.*: 639).

Outros autores descrevem este processo de forma idêntica. William Weber afirma que "os historiadores da música [...] assumiram que um cânone emergiu primeiro na Alemanha e na Áustria sob a influência do movimento romântico" (1999: 140). Jim Samson sugere ainda que "em meados do século XIX já tinha sido estabelecido muito do repertório central do cânone moderno, atribuindo-se raízes culturais, tradições 'inventadas' e criando um fetichismo da grande obra que está connosco ainda hoje. Pode ser dito que as razões (principalmente alemãs) da identidade nacional que estiveram presentes no início da formação do cânone musical deram lugar, durante o processo histórico que se seguiu, ao seu carácter universal e ao fetichismo das grandes obras" (Samson, 2000). Para Don Randel "o Cânone ou o Repertório" podem querer dizer "as obras preservadas e transmitidas por instituições da alta cultura, tais como, salas de concertos e teatros de ópera" (Randel, 1992: 11).

É nesta acepção mais corrente que o termo "cânone musical" surge nas diversas publicações. No entanto, William Weber propõe uma periodização em cinco fases que, na verdade, contraria parcialmente a perspectiva habitual e talvez mereça alguma discussão sobre os seus pressupostos e os seus resultados. Weber considera uma primeira fase do que chama um cânone pedagógico de 1520-1700, uma segunda fase, 1700-1800, designada como um cânone de *performance* na Grã-Bretanha e em França, enfim uma terceira fase, 1800-1945, que descreve como tendo sido "uma relação estável, embora não sem problemas, entre repertórios canónicos e música contemporânea, pela qual primeiro os programas de concertos e depois os repertórios de ópera foram dominados pelos clássicos mas no qual apesar disso novas obras mantinham uma considerável preeminência" (Weber, 1999: 341). A quarta fase, 1945-1980, é descrita pela "extrema predominância da música clássica em relação à contemporânea e pelo aparecimento de organizações independentes para a execução de obras novas, e finalmente, a quinta fase, de 1980 até hoje, na qual o autor refere uma limitada mas significativa reemergência de gosto por novas obras em círculos de vanguarda separados das salas de concertos e teatros de ópera" (*ibid.*). Estas duas últimas fases constituem o que será tratado mais adiante como o cisma técnico e estético, coincidente com o modernismo, que consolidou a separação entre o repertório canónico e a criação contemporânea.

Esta periodização proposta por William Weber tem alguma utilidade mas não clarifica inteiramente o que se entente por cânone. Jim Samson (2001) define cânone musical como um termo "usado para descrever uma lista de compositores e de obras aos quais é atribuído valor e grandiosidade por consenso". Por seu lado, Joseph Kerman (1985) distingue duas acepções: o cânone do repertório e o cânone das obras que servem de modelo para a composição, sendo que nem sempre estas duas vertentes coincidem.

Estas definições tornam mais claro que, na periodização de Weber, o que está em causa é sobretudo a relação entre a *performance* e a criação contemporânea das diversas fases. Pode-se afirmar que é a sua terceira fase que é geralmente aceite como sendo o período da formação gradual do cânone musical. Nem a primeira nem a segunda fase são constituídas por obras que no século XIX ou hoje, façam, ou tenham feito, parte do cânone musical no sentido kermaniano de repertório. Como exemplo, J. S. Bach, um dos compositores canónicos por excelência, morreu em 1750, mas a sua entrada no cânone musical do repertório só se verificou com mais consistência a partir da famosa execução da *Paixão Segundo São Mateus* dirigida por Mendelssohn na década de 1830. É a partir da emergência do conceito de obra musical por volta de 1800 que são criadas as condições para a formação e a construção canónica. Nesse sentido as obras de Bach, cronologicamente anteriores, foram cooptadas pelo conceito durante o século XIX e só então constituíram parte do cânone histórico musical.[64]

### 4.4. Canonizadores

Samson acrescenta factores importantes na sua formação: este processo foi ajudado por instituições criadoras de gosto como revistas e casas editoras. A história da *Revue et Gazette Musicale* é indicadora, tal como a série de um conjunto de edições de casa Breitkopf & Härtel nos finais do século XIX. Estas edições ilustram a ligação integral entre a formação do cânone e a construção das identidades nacionais. Para o autor "foi acima de tudo na Alemanha que [a ascensão do cânone] ficou associada com uma cultura nacional dominante,

---

[64] Cf. Goehr (1992).

compreendida tanto como especificamente alemã e, ao mesmo tempo, como representativa de valores universais" (*ibid.*). Aliás, constituíram elementos fundamentais da formação do cânone a edição de partituras, o estabelecimento "crítico" de partituras dos compositores que inicialmente constituíram o cânone – Bach, Haydn, Mozart e Beethoven – iniciado do século XIX e prolongado durante o século XX – tal como o progressivo aparecimento de biografias, sendo a de Bach da autoria de J. N. Forkel a primeira a surgir em 1802. Do ponto de vista das execuções públicas, segundo Phillip Bohlman, "durante o século XVIII o papel da música na sociedade europeia tornou-se muito mais historicista e usar a música do passado – recuperando-a e colocando-a em diferentes contextos – tornou-se cada vez mais lugar comum" (Bohlman, 1992: 199).

Por estas razões, as quarta e quinta fases propostas por Weber, que abarcam o período de 1945 até hoje, se correspondem à continuação da predominância do cânone musical do repertório, são divididas pelo autor, não em função de qualquer alteração significativa na predominância prática do cânone, mas em função da pequena diferença que se verifica na vida musical relativamente à posição da música contemporânea; entre o período do radicalismo após a Segunda Guerra Mundial e a fase seguinte, genericamente considerada a do pós-modernismo musical, na qual uma maior presença de novas obras se verificou em relação ao período anterior. Mas aquilo que é mais marcante é a separação entre o campo canónico do repertório clássico-romântico hegemónico e o que designaremos, mais adiante, por subcampo contemporâneo.

Este é provavelmente o conjunto de ideias mais genericamente aceites acerca do que é o cânone musical, e usaremos o termo neste sentido daqui em diante.

### 4.5. Musicologia e cânone musical: métodos de inclusão e de exclusão

A musicologia teve uma importância particularmente decisiva na formação canónica. Para Bohlman, "o desenvolvimento da musicologia como disciplina foi coevo da necessidade cada vez maior de tomar decisões acerca dos cânones adequados e de arbitrar os gostos para a recepção desses cânones" (*ibid.*: 199). Igualmente Randel aponta o papel da musicologia como agente activo de formação canónica, mas sublinha em especial os limites das suas metodologias e o seu carácter produtor de exclusões: "Mas o que dizer do quadro teórico da musicologia que fez tantos assuntos resistentes a ele? [*that has made so many subjects resistant to it?*] Para Randel, "a resistência à teoria de tanta música deu demasiadas vezes a impressão de ser culpa da própria música. Pelo contrário, talvez devêssemos pensar acerca das limitações da nossa própria teoria" (Randel, 1992: 11). Pouco adiante, o autor concretiza a sua suspeita: "É muito fácil pensar em repertórios que poderiam ser descritos como resistentes à teoria. Mesmo a melhor *art music* de França e Itália, para não dizer nada de Inglaterra e de Espanha, pode muito bem mostrar resistência a métodos analíticos que foram desenvolvidos com vista a demonstrar a coerência tonal das obras-primas de certos compositores alemães". Para ele "isto só é infeliz se essa resistência se traduzir na crença de que essa música não merece a atenção mais séria que nós, como *scholars*, podemos dar" (*ibid.*: 13).

Podemos acrescentar alguma luminosidade factual a esta prosa. O musicólogo americano observa o mundo e considera os métodos analíticos que são habitualmente usados nos seus departamentos. Os métodos eram principalmente dois: a teoria schenkeriana resultante da viagem dos escritos de Heinrich Schenker para os Estados Unidos, onde foram adoptados como os mais adequados para a análise da música tonal, e a *Set Theory* proposta por Allan Forte, igualmente autor de uma *Introduction to Schenkerian Analysis*, a partir de escritos de Milton Babbitt do final dos anos 40. Schenker baseou-se em concepções organicistas –*die Urlinie, die Grundgestalt* – e exercitava-se quase exclusivamente em obras de Bach, Beethoven e outros compositores canónicos. Forte e Babbitt construíram a sua teoria dos conjuntos – a partir de análises da música de Schoenberg da autoria de Babbitt – criando uma teoria analítica com esses princípios matemáticos que exemplificavam sobretudo com fragmentos de música de Schoenberg, Berg e Webern. Talvez se torne assim mais clara a passagem do autor já citada "métodos analíticos que foram desenvolvidos com vista a demonstrar a coerência tonal [ou atonal no caso da *Set Theory*] das obras-primas de certos compositores alemães". Na sua observação do mundo, o musicólogo americano refere uns poucos países centrais da Europa musical – França, Itália, incluindo timidamente as já quase periferias Inglaterra e Espanha – e verifica que os métodos de proveniência alemã que lhe tinham sido ensinados na universidade não se aplicavam a uma boa parte da música dos compositores desses países centrais, dotados de fortes tradições musicais. Daqui resulta o seu apelo à atenção mais séria que os académicos têm obrigação de dar, alertando para a perigosa "crença de que essa música não merece atenção". O carácter selectivo do cânone musical foi durante certos períodos do século XX suplantado pelo carácter ainda mais restrito e restritivo das disciplinas universitárias musicológicas sobretudo nos Estados Unidos. Susan McClary dá um exemplo deveras impressionante: refere que o seu interesse por madrigais de Monteverdi foi contrariado pelo seu professor com base no argumento de que "music of this period can't be analysed because its composers hadn't figured out yet how music should be" (McClary, 2000: x).

### 4.6. Cânone como construção

As obras canónicas não o foram pois desde o início da sua existência e tornaram-se canónicas em resultado de um processo histórico de selecção. Bohlman afirma que "os textos canónicos não são simplesmente dados [...] seguem e dependem de processos de formação de cânones, de actos dinâmicos de disciplinas". Para o autor, "estes actos tomam a forma de escolhas: incluir e excluir" (Bohlman, 1992: 203), e procedem por "vários passos distintos, porque as obras não adquirem um estatuto canónico sem adquirirem a medida de intemporalidade que só um processo temporal possa realizar"; além disso, a formação do cânone "depende de agentes, no mínimo aquele que canoniza e a audiência para a qual se cria o cânone. Não raro múltiplos agentes concorrem neste processo". Por outro lado, o autor afirma que "os processos de formação canónica podem também resultar de um repúdio consciente do passado" e este aspecto tem grande importância para formas recentes de canonização: "o modernismo, o pós-modernismo, o estruturalismo e o desconstrucionismo não apelam menos para a sua autoridade canónica, apesar da estratégia de repúdio consecutivamente encenada que levam a cabo. A vanguarda é raramente lenta na identificação dos seus próprios cânones". O autor acrescenta que "a história da teoria musical da música ocidental parece ser, muitas vezes, uma sucessão de repúdios" (*ibid.*). Bohlman aborda nesta passagem a formação do cânone da vanguarda. Não obstante o seu carácter minoritário e excluído do cânone clássico, não deixa de ser clara a existência de um cânone da vanguarda, um cânone no interior do que chamaremos no próximo capítulo subcampo contemporâneo.

### 4.7 A instabilidade do cânone

Justamente porque deriva de um processo histórico de formação, transformação e reprodução, o cânone não está constituído de forma imutável. Mark Everist afirma que "mudanças no estatuto canónico da produção de um compositor, ou de um repertório completo podem ser associadas muito claramente a indivíduos particulares ou a pequenos grupos" (Everist, 1991: 397). Como exemplos cita, em primeiro lugar, a importância de Phillip Gosset na reconsideração das obras de Rossini consideradas negligenciáveis para estudo académico: "até aos anos 1960 duas obras de Rossini faziam parte do que era chamado o repertório: *O Barbeiro de Sevilha* e *Guilherme Tell*. Mas o perfil de Rossini como sujeito de investigação académica era até então negligenciado".[65] Em segundo lugar, "durante a primeira metade do século XX só tinha havido uma pequena quantidade de trabalho académico sobre Berlioz, estimulado pelo centenário de 1903 que, por sua vez, pôs em movimento a edição das *Collected Works* editadas na Breitkopf & Härtel. Foram os anos 1950 que viram o livro de Jacques Barzun, *Berlioz and the Romantic century* em 1952 e a influente produção em 1957 de *Les Troyens* no Covent Garden" (*ibid.*: 398). Noutro artigo Gosset referindo-se ainda a Rossini escreve: "as questões que queremos colocar a uma obra [...] frequentemente reflectem preconceitos estéticos". Segundo o autor, neste repertório [as óperas napolitanas de Rossini], "uma interacção complexa da história da recepção, considerações sobre edições críticas, mudanças de atitude em relação ao repertório estandardizado ou "cânone" tal como preconceitos etnográficos criaram um ambiente social e intelectual único. É apenas considerando este complexo contexto que podemos compreender e medir a cada vez maior presença das óperas sérias de Rossini nos teatros de ópera do mundo inteiro nas duas últimas décadas" (Gosset, 1996: 97).

A questão colocada por Gosset é a da instabilidade do cânone. Há igualmente os exemplos bem conhecidos da "aparição" de Vivaldi nos anos 1930 e a "consagração" de Mahler nos anos 1960. A instabilidade do cânone é, de certo modo, permanente, embora haja um certo número de presenças muito estáveis desde o século XIX. Para Bergeron o que está em causa "é uma reavaliação do processo pelo qual as histórias são escritas e os cânones que vêm com elas". Lydia Goehr cita um afirmação de Gadamer: "mudar as formas estabelecidas não é menos um tipo de relação com a tradição do que defender as formas estabelecidas. A tradição só existe em alteração constante" (*apud* Goehr, 1992: 95).

### 4.8. A esfera pública, a filosofia do cânone e a autonomia
Ao aparecimento do cânone musical está associada a constituição da esfera pública. Para Habermas, autor da obra de referência nesta matéria, "é com o público dos concertos [...] que surge pela primeira vez o 'público' enquanto tal". Para o autor, "até ao fim do século XVIII toda a música permanecia ligada ao serviço da esfera pública estruturada pela representação e [...] era música

---

[65] Cf. Gossett (1992).

de circunstância". Mais adiante afirma que "os burgueses quase nunca tinham ocasião de ouvir música a não ser na igreja ou frequentando as sociedades aristocráticas". Em breve se assistiu ao nascimento de sociedades públicas de concertos e "a entrada a pagar fazia destes concertos uma mercadoria; mas, ao mesmo tempo, aparecia uma música de certo modo sem finalidade [...] a arte separada das suas funções de representação social torna-se objecto de uma escolha livre e matéria de um gosto que evoluía" (Habermas, 1992: 50). É no sentido desta evolução que o cânone clássico está incorporado no privilégio associado às qualidades deste repertório, um sentido a-histórico e essencialmente desinteressado, contra as suas características mais temporais, funcionais e contingentes. Um cânone, por outras palavras, tende a promover o carácter autónomo das obras musicais mais do que o seu carácter de bem de consumo. Para alguns críticos, a própria existência de cânones – a sua independência em relação às mudanças das modas – é suficiente para mostrar que "o valor estético só pode ser compreendido de uma forma essencialista, de uma forma que percebemos intuitivamente mas (uma vez que transcende o pensamento conceptual) que somos incapazes de explicar ou mesmo descrever" (Samson, 2001). Esta posição deriva, na verdade, da posição kantiana sobre o carácter "desinteressado" associado à obra de arte. Sobre este aspecto, as análises de Bourdieu confirmam que esta é a ideologia carismática dominante no campo artístico e as posições que vimos estão intrinsecamente ligadas à ideologia prevalecente, quer no que respeita ao conceito de obra, quer no que respeita às qualidades das obras canónicas.

Por outro lado, a dicotomia apresentada por Samson sobre a oposição entre as obras autónomas e as obras enquanto bens de consumo remete para a associação adorniana entre a obra autónoma e o seu carácter critico, e a obra de consumo e um carácter conformista. No entanto, Adorno insistiu sempre na irresolúvel contradição, na inevitável e simultânea presença do carácter de bem de consumo [*commodity*] presente mesmo na mais radical e crítica das obras de vanguarda.[66]

Esta dicotomia pode também ser vista sob a perspectiva do conceito de poder simbólico proposto por Bourdieu, segundo o qual, no interior do carácter autónomo, está oculto o que ele designa como "capital cultural" que se manifesta precisamente sob a aparência do "desinteresse", a ausência de qualquer interesse de carácter económico e, ainda mais, um

---

[66] Ver Adorno (1973; 2002) e Paddison (1993).

esforço claro para estabelecer uma diferença notória em relação à arte comercial.[67] Quando Bourdieu escreve "há, de facto, muito poucas áreas nas quais a glorificação dos 'grandes homens', criadores únicos, irredutíveis a qualquer condicionamento, seja mais comum ou incontroverso" (Bourdieu, 1999: 30), referindo-se à arte e literatura, podemos "ouvir os sinos" que constituem os elementos fulcrais do cânone musical.

Jim Samson refere que a burguesia, recentemente consolidada, começou a definir-se artisticamente nos finais do século XVIII instalando a sua vida musical de uma maneira independente da vida musical da corte ou da igreja, como vimos. Assim "estabeleceu a sua cerimónia principal – o concerto público – nas principais cidades da Inglaterra, da França e da Europa central e começou a criar um repertório de música clássica, com rituais associados ao concerto, para confirmar e autenticar o novo status quo" (Samson, 2001). Deste modo vemos associados vários aspectos à volta da emergência do cânone musical: a ligação intrínseca à ascensão burguesa, a ligação ao conceito de obra e à sua hegemonia reguladora, a ligação à ideia de arte autónoma e finalmente o seu carácter selectivo produtor de inclusões e exclusões. Mário Vieira de Carvalho tem defendido que os problemas da música em Portugal radicam em boa parte no carácter incipiente da burguesia nacional. (cf. Carvalho, 1993)

Para Samson, a força do cânone, "particularmente do alemão, permitiu aos significativos colocar na obscuridade os apenas marginalmente significativos (a Sinfonia de Brahms torna obscura a Sinfonia de Bruch) e esta qualidade autoritária tornou-se cada vez mais pronunciada no início do século XX quando o repertório clássico foi posto numa relação polarizada com os repertórios de vanguarda e comercias". Samson sublinha que a institucionalização da musicologia universitária fez muito para reforçar esta separação.

### 4.9. O cânone sob suspeita: os Outros da musicologia

Enquanto a periodização de Weber considera, em paralelo, a progressiva separação entre as obras canónicas e a criação contemporânea europeias, Bohlman afirma que "na medida em que os musicólogos se preocuparam largamente com as tradições da arte musical ocidental e se satisfaziam com um cânone singular – qualquer cânone singular que tomasse a tradição de concertos europeia e americana como dado – estavam a excluir músicas, povos

---

[67] Ver Bourdieu (1989a).

e culturas". Para Bohlman, "o cânone era determinado não tanto pelo que era mas pelo que não era. Não incluía músicas de mulheres, de pessoas de cor;[68] não incluía músicas que pertencessem a outras culturas e visões do mundo; não considerava formas de expressão que resistissem à autoridade ou que música pudesse permitir política". A temática desta investigação propicia, pelo menos, um acrescento a esta lista de ausências do cânone que pode ser formulada como muita da música proveniente das periferias europeias "menores", o que naturalmente inclui a música portuguesa.

O questionamento actual na musicologia anglo-americana sobre as exclusões do cânone não tem na sua agenda as periferias europeias, sobrelevadas no seu interesse pelas ausências dos grandes *Outros*: as mulheres, os negros, os não-europeus, os militantes antiautonomia. Exactamente nessa direcção, Bohlman afirma "subitamente, contudo, as outras músicas afirmaram a sua presença" e "mais povos reclamaram que a musicologia tivessem em conta as suas músicas e os seus cânones". Não se pode dizer de ânimo leve que a música portuguesa da tradição erudita se tenha colocado no terreno habitado por Bohlman – localizado nos países centrais – como reclamando seja o que for. Na verdade são os grandes *Outros* que de várias maneiras e em diversas circunstâncias – uma das quais é seguramente resultante das diásporas em larga escala – podem reclamar a atenção para as suas músicas e as suas culturas, uma vez que a sua presença física nos grandes centros europeus, como relocalizados, lhes deu a possibilidade de reclamar. Foi *o lugar de enunciação* – que permanece o mesmo – que, ao ser invadido por largas camadas de população provenientes de outras zonas geográficas não europeias, colocou a musicologia perante uma presença real que não existia na Europa até 1945.

Um dos aspectos mais interessantes da tendência para a canonização para além dos limites da música erudita europeia, ou seja, noutros géneros musicais, deriva do que Lydia Goehr chama "o imperialismo conceptual do conceito de obra". A autora tenta "identificar o conteúdo filosófico da afirmação de que o conceito de obra começou a regular a prática num momento particular no tempo" (Goehr, 1992: 248). Segundo a autora, esse conceito,

---

[68] Não deixa de ser deveras impressionante o facto de, no momento em que escrevo, o Presidente dos Estados Unidos ser um homem de raça negra enquanto não se pode apontar um único compositor negro que seja claramente reconhecido pelo subcampo contemporâneo apesar da quantidade de *travelling composers* depois de 1945 até hoje, para já não falar da própria América do Norte.

que regula a prática musical desde cerca de 1800, expandiu-se no século XX para músicas completamente alheias àquela tradição. Assim, esse conceito "molda outras práticas de acordo com os seus valores" (*ibid.*) tal como molda a música ocidental composta antes de 1800 anterior à emergência do próprio conceito de obra. A hegemonia do conceito de obra regula quase todas as práticas musicais, alargou-se para o passado da música europeia e, no presente, afecta todas as outras práticas musicais. Desse modo, o *jazz* e a música experimentalista, apesar de, na sua própria concepção, incluírem aspectos de contestação à noção de obra *tout court*, acabam por ser cooptadas pela hegemonia do conceito. Segundo Jim Samson, "mesmo em música orientada pela *performance* [...] como a das contraculturas dos *teenagers* da América do Norte e da Grã-Bretanha desde os anos 60 tem havido uma tendência para privilegiar repertórios particulares como canónicos" (Samson, 2001).

Mas este facto é completamente exterior à hegemonia do cânone clássico. Verifica-se nos campos específicos dessas práticas musicais e parece-nos mais relacionado com a expansão do conceito de obra tal como descrito por Goehr, do que propriamente com o cânone musical erudito. Apesar do que se passava no conjunto das outras músicas em geral, o cânone clássico manteve-se e até reforçou a sua hegemonia nas salas de concertos que lhe são próprias. O impacto das músicas populares dos diversos matizes atingiu a economia da vida musical clássica, multiplicou cânones, mas não substituiu o clássico. Segundo Don Randel "o *jazz* foi provavelmente o primeiro tema fora da tradição da música erudita ocidental que começou a ser estudado por pessoas que não se intitulavam etnomusicólogos". Mas, para Randel, "pode ser dito que aquilo que era essencial no jazz, tanto para os seus praticantes como para os seus ouvintes, foi largamente perdido na mistura musicológica e a aplicação de instrumentos estranhos neste caso não iluminou o assunto, como a academia clama fazer, mas antes o falsificou". Randel distingue uma mera expansão do cânone e uma tentativa de apropriação e dominação; "a expansão do cânone é mais uma luta pelo império. É uma mudança política tanto como uma mudança estética. Porque, antes de mais, serve para incorporar bens na economia da academia" (Randel, 1992: 14).

Para o autor, "a musicologia acrescentou repertórios aos seus domínios através de um processo de colonização que impõe métodos tradicionais aos novos territórios". Randel fornece alguns exemplos desse processo de incorporação de repertórios antes vistos como exteriores: "Depois de anos a olhar a ópera italiana como periférica, senão frívola, nós descobrimos que também ela tinha fontes e até esquissos para estudar e editar, que também ela podia ser investigada em termos de coerência formal de larga escala. Apropriámo-nos do *jazz* não por causa daquilo que era mais interessante ou característico nele, mas porque também nos apresentava um corpo de fontes e variantes de materiais para classificar". Ainda sobre repertórios excluídos Randel observa: "Música composta por mulheres ocupa, neste aspecto, uma posição precisamente análoga àquela da maior parte da música francesa ou espanhola do século XIX. Era música composta por (e talvez para) pessoas diferentes de – estranhas a – aqueles que oficializavam as canonizações que nos dominaram" (*ibid.*: 17).

Neste sentido pode perguntar-se se a música portuguesa está dentro ou fora da tradição ocidental. Estará *dentro*, primeiro, porque se exprime pelos mesmos meios técnicos e estéticos e porque reflecte, algumas vezes com atrasos temporais, como veremos, os desenvolvimentos históricos das suas práticas; mas, estará *fora*, tal como outras músicas igualmente da tradição erudita de países periféricos das Europa, porque foi sempre vista como uma *minor language* pelos centros (quer musicológicos, quer de repertorio), e nunca foi capaz de romper cabalmente com a sua situação de negligenciada ou de desconhecida; nunca foi considerada como tendo valor para ser incorporada na economia das academias canónicas nem, mesmo durante o século XX, foi capaz de criar uma produção académica interna que atingisse grande relevância.

### 4.10. O cânone sob suspeita: instrumento de exclusão

Em que termos se efectiva a suspeita sobre o cânone? Para Samson, "é esta qualidade ideológica, o carácter "construído" do cânone que tem interessado especialmente críticos nos anos recentes. O cânone foi visto cada vez mais como instrumento de exclusão, que legitima e reforça as identidades e os valores daqueles que exercem o poder cultural. Em particular, desafios foram lançados por teorias de arte marxistas, feministas e pós-coloniais, nas quais se argumenta que a classe, o género e a raça foram factores da inclusão de uns e da marginalização de outros". Por isso o autor escreve que "numa era pós-moderna, uma era determinada a expor o carácter ideológico e político de todos os discursos, a autoridade do cânone como medida de qualidade, num certo sentido absoluto, tornou-se cada vez mais difícil de sustentar. É ameaçada acima de tudo por um sentido crescente (mesmo que seja ilusório ou catártico) de que qualquer noção de uma única cultura, da qual o cânone podia ser vista como a melhor expressão, já não é viável". E acrescenta: "Daí o afecto democrático da *scholarship* por repertórios não canónicos de uma sociedade orientada para o consumo e consciente dos *media*". Daí também a "aceitação de que diversas músicas podem aparentemente coexistir sem antinomias ou campos de força e de que nada precisa de ser periférico" (Samson, 2001).

Esta passagem suscita dois comentários. Ao referir a novel inclusão nas disciplinas musicológicas de repertórios não canónicos "*of a consumer-orientated and media-conscious society*", Samson parece insinuar que a orientação exclusiva anterior da academia para o cânone clássico não estava afectada por qualquer determinação associada ao consumo nem a nenhuma consciência dos *media*, tomados em sentido lato. Por outras palavras, estava de facto em consonância com a atitude desinteressada reclamada pela ideologia canónica. Coloca-se deste modo em oposição ao conceito de capital cultural de Bourdieu na medida em que ignora ou não considera o elevado capital simbólico envolvido nessa opção universitária e social ou ignora "o facto de o cânone implicar um tipo de controle social" (Bergeron e Bohlman, 1996: 2). Ainda mais do que isso, Samson dá a entender que o alargamento do âmbito das disciplinas musicológicas se deve acima de tudo ao peso dos *media* da sociedade de consumo o que desqualifica à partida esse alargamento como sendo uma espécie de cedência universitária às determinações do exterior, da sociedade, do mundo e das suas transformações.

A posição do autor torna-se mais clara no final da sua entrada no *New Grove* de 2001 afirmando que, apesar desse desafios, "o cânone não tem estado de modo nenhum ansioso para ceder no interesse da cultura democrática". Nesse sentido o autor escreve que "para muitos críticos, nomeadamente Harold Bloom e George Steiner, o seu valor continuado para a nossa cultura reside na sua celebração dessas qualidades (da obra e da arte) que, recusam ceder à explicação contingente, que se mantêm no seu lugar, por outras palavras, na presença e na grandeza [*greatness*]" (*ibid.*). Trata-se, portanto, de resistir à investida democrática. O segundo aspecto digno de apreciação crítica prende-se com a afirmação de que "uma única cultura já não será viável". O facto de a academia universitária, especialmente nos países de língua inglesa, se ter aberto a essas novas orientações, cedendo, desse modo, a sua anterior posição *distinta* face às pressões sociais da realidade, de acordo com a descrição do autor, não significa que os valores e os repertórios canónicos e reguladores do campo musical tradicional não exerçam ainda o seu poder, o seu peso, a sua hegemonia determinante nos próprios espaços onde eles se definem, ou seja, nas salas de concertos e nos palcos de ópera. O lugar por excelência do cânone musical não é a academia – não obstante a sua importância –, mas a sala de concertos ou de ópera, ao contrário do que parece defender Jim Samson. O cânone regula as práticas musicais nos espaços da alta cultura. A universidade abriu-se, ou foi obrigada a abrir-se, ao estudo académico da música *pop, rock, jazz, worldmusic*, etc., por vezes, com relações conspícuas com as áreas da etnomusicologia. Nada de semelhante se verifica na maior parte dos casos nos santuários da alta cultura musical que se mantêm fielmente ligados ao "velho" repertório canónico apesar de uma ou outra inclusão de uma obra nova, "moderna".

Ao contrário do que parecem temer os defensores do cânone ocidental a sua crítica, a crítica da sua formação não implica a sua destruição ou qualquer consideração de menor valia dessas obras. Implica, sim, uma crítica à sua pretensão de universalidade e de exclusividade. Segundo Bohlman, "a musicologia é hoje mais inclusiva do que alguma vez tinha sido" e salienta que "o clássico e o contemporâneo, música perto de casa e música do Outro parecem igualmente dotadas de potencial canónico" e ainda refere "músicas cujos cânones temos ainda de reconhecer" (1992: 207). Para o autor "as vozes de novas músicas e novos cânones só podem produzir uma comunidade mais interessante se, de facto, o poder estiver distribuído com mais igualdade" (*ibid*.: 208). Num sentido mais amplo a noção de património comum da humanidade reflecte estes desígnios (cf. Santos, 2006a).

Finalmente, em Portugal, não existe propriamente um debate sobre o cânone e a sua primazia e, do nosso ponto de observação especificamente localizado, não se vislumbra grande alteração em relação ao poder canónico musical europeu, nem no ensino da composição, nem no ensino de instrumentos, nem na programação das instituições culturais dedicadas à "grande música", nem sequer no âmbito universitário da musicologia. Tem cabido à etnomusicologia, após a gradual aparição e instalação na sociedade portuguesa de largas comunidades de emigrantes provenientes, sobretudo, das ex-colónias, considerar e estudar as suas expressões musicais na nossa sociedade e, por vezes, considerar historicamente as consequências das relações coloniais sobretudo com o Brasil.

## Conclusões

1. O processo da formação canónica teve lugar inicialmente na Alemanha, e o seu alargamento a repertórios e obras de outros países foi lento e parcial.

2. O actual processo de alargamento aos diversos *Outros* da musicologia acontece mantendo e reproduzindo a primazia do *lugar de enunciação* loca-

lizado nos países centrais da Europa e nos Estados Unidos. O *Outro* dos musicólogos é apenas e sempre aquele que está no seu horizonte, ao alcance do seu olhar e próximo da sua academia.

3. Os debates que, a partir de 1980, marcaram o panorama musicológico anglo-americano estiveram afastados das preocupações dos musicólogos portugueses até há relativamente pouco tempo. As primeiras manifestações dessas problemáticas foram até hoje em número reduzido se considerarmos o material já publicado, normalmente ligado a monografias sobre compositores portugueses ou a estudos sobre aspectos particulares de fases históricas. O programa teórico prevalecente foi, com algumas variantes, o programa empírico positivista do início da disciplina e, em alguns casos, actualizado com tentativas de aplicar um programa próximo de Dahlhaus. Este facto pode ter alguma relação com o facto de a tarefa realizada pela musicologia nos finais do século XIX e durante o século XX nos países centrais – estabelecer edições críticas, catálogos, etc. – não ter sido ainda realizado e ainda menos completado em Portugal

4. Toda a problemática apresentada neste capítulo tem reflexos no campo musical em Portugal. Primeiro, a cisão cânone clássico/música contemporânea manifesta-se nas programações internas das principais instituições em moldes idênticos aos europeus. Como foi dito, a validade operativa das escolhas canónicas e a sua extraordinária capacidade de se manter, em grande parte, inalterável e invulnerável verifica-se em Portugal tal como nos países centrais. O segundo aspecto prende-se com a circulação dos discursos associados ao cânone. São eles que constituem a base do discurso naturalizado na qual se sustenta a reprodução da vida musical tal como tem sido. Manifestam-se tanto nos discursos dos programadores portugueses como, especialmente em certos períodos históricos, nos discursos dos próprios compositores. São discursos amplamente disseminados em todos os agentes activos do campo musical. Face a eventuais perguntas sobre os seus critérios, os programadores recorrem a argumentos que têm a sua origem neste período histórico e nos valores então criados. A estrutura curricular dos cursos do ensino da música reproduz o cânone ocidental. Os compositores, além de terem a sua formação quase totalmente baseada em repertório clássico e do subcampo contemporâneo, colocam-se em face do espelho imaginário da vida musical europeia. A crítica nos jornais, apesar de cada vez mais reduzida, privilegia os critérios da recensão dos grandes intérpretes que vêm fazer a *grande* música.

A excepção parcial acontece no momento da estreia de uma nova obra, desde que tenha lugar numa sala de concertos prestigiada de Lisboa ou do Porto. Mas, no caso de haver uma reposição, considera-se que a obra perdeu actualidade que justifique nova crítica. No entanto, as críticas sobre as obras do cânone sempre repetidas temporada após temporada nunca perdem a aura que justifica a escrita. Neste caso é menos a obra que está sob o escrutínio da crítica mas, antes, a sua interpretação. O factor determinante do exercício da crítica é, acima de tudo, o prestígio da instituição promotora, ela própria regulada pelos valores canónicos da música ocidental. No quadro actual das artes em Portugal a crítica musical será talvez, nesse sentido, a mais reprodutora dos valores canónicos. Mesmo discursos de reflexão crítica sobre a história da música portuguesa se estruturam com base nos valores interiorizados do cânone. Quando Lopes-Graça, ou qualquer musicólogo de hoje, critica a falta de uma tradição musical portuguesa, a falta de obras primas na sua história, a primazia da ópera italiana sobre a música sinfónica alemã durante o século XIX ou mesmo a subalternidade da música portuguesa, fá-lo sempre numa perspectiva comparativa, essencialmente com base na argumentação que emana da ideologia do cânone musical tradicional, como veremos na parte III. Aí estas posições irão ecoar nos discursos que serão analisados nesta investigação como fantasmas de uma vida musical que não foi real – no sentido de não ter sido enraizada na sociedade – como fantasmas de uma ideologia formada justamente nos valores daqui resultantes. Foi uma história, por assim dizer, vista e vivida à distância; daí a necessidade, tantas vezes repetida, de apontar, nas histórias da música portuguesa publicadas, em que ano é que determinada obra canónica foi estreada em Portugal. Esse é um momento de "Europa".

**Excurso sobre uma periferia exemplar: a música russa**
À primeira vista não haverá nenhuma relação entre a música russa e a música portuguesa. Aquilo que lhes é comum é tão-só o seu carácter periférico em relação ao centros canónicos europeus. As relações entre os centros e as periferias não têm no campo musical melhor exemplo do que o da Rússia e a sua hesitação identitária entre o Ocidente e o Oriente e a sua contraparte na forma como os musicólogos ocidentais se colocam face a ela. Uma comparação com o caso português não é possível em vários planos, face à grande diferença entre a importância da música russa, à quantidade de discursos sobre ela produzidos no Ocidente e a pequeníssima importância da música portuguesa no repertório e à ausência de discursos produzidos sobre a mesma

no ocidente. Mas há dois aspectos que relacionam sem dúvida os dois países: uma identidade de "fronteira" que se traduz por representações e discursos identitários produzidos por elites intelectuais e políticas. O tema da identidade de fronteira presta-se com alguma facilidade à essencialização, à retórica sobre a "alma" russa substantiva e perene, o que como veremos é igualmente característico de muitos discursos sobre Portugal (Machaqueiro, 2008: 244). Para além disso e em segundo lugar, a problemática centro/periferia aqui analisada serve o objectivo de pôr em destaque alguns lados ocultos dos discursos eurocêntricos hegemónicos no campo musicológico, como, por exemplo, até que ponto é que vai a sua ignorância do seu próprio eurocentrismo, de que forma é que nele se alicerçam juízos de valor sobre as músicas do *Outro* ou a mera ignorância das produções musicais que não consideram nem dentro nem fora da "grande tradição ocidental". Neste excurso abordarei as análises de Richard Taruskin sobre a problemática da música russa enquanto país periférico da Europa, sobre as suas relações complexas com a tradição central e, ainda, sobre os discursos sobre ela produzidos no Ocidente

Na música russa existe uma problemática da identidade musical e de definição de identidade. Para Taruskin "nada existe nos seus próprios termos; nada é verdadeiramente autónomo. O que pode aparecer como sendo percepções de essências são na realidade percepções de relações: quem acredita em essências descobre estar sob uma construção da sua própria constituição". Para o autor, "os musicólogos são sérios candidatos a alargar a lista dessas construções. Podem facilmente cair no fascínio do jargão da sua própria aprendizagem" (Taruskin, 1997: 9).

Taruskin dá o exemplo do livro de David Brown *Tchaikovsky*. Brown identifica as "limitações naturais" dos músicos russos em relação à tradição sinfónica clássica ocidental. O autor considera as conceptualizações de Brown inteiramente ideológicas: aceita-se a si próprio como uma metonímia do Ocidente, face ao qual manufacturou uma contrametonímia chamada Tchaikovsky. "Dinamismo tonal" e "desenvolvimento tonal" são usados para designar categorias às quais o acesso de Tchaikovsky está impedido por natureza: "tal necessidade de crescimento (desenvolvimento) tonal estava absolutamente para além do ser de Tchaikovsky, totalmente destituído da capacidade de crescimento tonal". Segundo Taruskin, Brown considera que a Sinfonia nº 2, op. 17 (1872) com o subtítulo *Pequena Rússia* "foi onde Tchaikovsky alinhou mais próximo do que nunca dos ideais e práticas nacionalistas" e lamenta que "nunca mais tenha tentado nada do mesmo género" (*apud ibid*.: 61).

Esta análise ilustra o procedimento típico do olhar central para a produção periférica. Taruskin sublinha que a Sinfonia nº 2 tem muitas ressonâncias com a 5.ª de Beethoven e afirma que "essas ressonâncias, que nunca teriam escapado em Schumann ou Bruckner, são obstruídas pelas paredes étnicas que foram erguidas pelos defensores do *mainstream* ocidental, ideologicamente cegos para a possibilidade de uma relação válida ou autêntica entre o *mainstream* e o seu tributário do Extremo Oriente". Em contraste, Taruskin refere a recensão de Herman Laroche no jornal Moskovskiye, de 7 de Fevereiro de 1873, que evita clichés sobre "nacionalismo e explora as muitas afinidades da obra com a literatura sinfónica internacional. Pode ser dito que Laroche consegue uma comparação mais sábia e competente, o que é dizer, também outra perspectiva sobre possíveis relações com a música ocidental, simplesmente sem o preconceito étnico e chegando a conclusões opostas, de alguma maneira" (*ibid.*).

Noutro ponto do seu livro Taruskin cita, mais uma vez, David Brown sobre Tchaikovsky: "Era um espírito russo [*a Russian mind*] forçado a encontrar a sua expressão através de técnicas e formas que tinham sido desenvolvidas por gerações de criadores estrangeiros ocidentais e, assim sendo, não seria razoável esperar consistência estilística ou qualidade uniforme". Este é um discurso que exprime o carácter preconceituoso, arrogante, irreflectido e eurocêntrico em extremo, que está presente nas histórias da música tradicionais e, como vemos, nas biografias de compositores periféricos. A sua presença nos "espíritos" dos ocidentais – dos europeus do centro canónico – estava bem alicerçada no início do século XX: "Por volta de 1903, o compositor Alfred Bruneau [...] escreveu: "Destituída do carácter russo que nos agrada e atrai na música da nova Escola Eslava, desenvolvida para esvaziar os excessos num estilo pomposo e sem rosto [faceless], as suas obras espantam-nos sem nos interessarem excessivamente". (Bruneau, 1903: 27-28, *apud* Taruskin: 49). Para Taruskin, "mais uma vez, sem a identidade de um grupo exótico um compositor russo não pode possuir identidade de modo nenhum. Sem uma máscara colectiva, folclorista ou oriental, não tem rosto [*he is faceless*]" (*ibid.*).

Taruskin fornece mais alguns exemplos desta visão ideológica dominante. Por exemplo, na edição de 1980 do *New Grove*, vol. 7 (436-442) lamenta-se que Glinka "não tenha evitado as técnicas composicionais ocidentais" e afirma-se que "a ópera *Uma Vida com o Czar* é, fundamentalmente [...] uma ópera ocidental". Taruskin argumenta que a ópera *é* um género ocidental e, por isso, não existe uma ópera não ocidental. De modo idêntico, em 1939 Stravinsky interrogava-se sobre esta tendência em "The avatars of Russian music": "porque é que nós ouvimos falar de música russa em termos da sua 'russidade' em vez de simplesmente em termos de música?" (*apud* Taruskin: 49). Para Taruskin é precisamente porque é fácil falar nesses termos e, "como todos sabemos nada é mais difícil do que falar sobre música em termos de música". E prossegue afirmando que falar nesses termos "provocou muitos preconceitos e hábitos de pensamento indolentes. É frequente tomar como garantido que tudo o que aconteceu na música russa tem uma relação directa, positiva ou negativa, com a questão nacional que [...] é muitas vezes construída redutoramente em termos de "fontes da canção popular e do canto religioso". Por outro lado, prossegue, "isto, por sua vez, torna-se amiúde um critério normativo: um carácter pleno de citações nacionais é tomado como critério de valor ou autenticidade e a sua ausência, inversamente, uma marca de ausência de valor" (*ibid.*).

O musicólogo inglês Gerald Abraham, segundo Taruskin, "desqualifica o trabalho de músicos estrangeiros que forneciam entretenimento na corte russa do século XVIII notando que, e cita, "nem influenciaram, nem, excepto em alguns casos duvidosos, foram influenciados pela música religiosa ou pela música popular" com o resultado de que "dificilmente se pode dizer que contribuíram muito, ou directamente, para a música do povo russo" (Abraham, 1974: 39-50 *apud* Taruskin, 1984: 331). Taruskin pergunta: "Quem é o povo russo? Esta categoria só inclui camponeses?" acrescentando que "então Mussorgsky também nunca contribuiu" (*ibid.*: 331). O autor relaciona com propriedade estas posições com a visão que sustentou igualmente as directivas do regime totalitário soviético no qual o conceito de povo soviético ou povo russo foi reclamado (e imposto) como destinatário obrigatório do trabalho dos compositores.

### Nacionalismo visto de fora ou de dentro

O que faz de Glinka o pai fundador foi acima de tudo não ter sido o 'formulador da linguagem musical russa' – seja o que for que isso quer dizer – mas o facto de ter sido o primeiro russo a conseguir estatura mundial. Em poucas palavras, com Glinka a música russa não partiu da Europa mas precisamente o oposto, juntou-se à Europa. [...] Com o advento de um compositor russo que os seus compatriotas podiam considerar ao nível de Mozart ou Beethoven [...] os músicos russos passaram a ter, por assim dizer, direito de voto. Já não tinham de sentir que a sua cultura era totalmente insignificante, marginal ou imatura, apesar de, ao mesmo tempo, nenhum dos compositores 'clássicos' russos ter conseguido ultrapassar um complexo de inferioridade em relação à venerável tradição musical do Ocidente e isto era verdade para compositores de prestígio mundial como Tchaikovsky ou mesmo Stravinsky, tal como era para talentos mais estritamente regionais – uma neurose que encontrou muitas vezes a sua expressão ou na beligerância em relação à Europa, por um lado, ou na repulsa em relação à Rússia, por outro [Taruskin, 1984].

Para Taruskin esta diferença de perspectiva sobre Glinka – a visão ocidental que o considera como o primeiro compositor russo autenticamente nacional *versus* a visão nativa que o vê como o primeiro génio universal da música que saiu da Rússia – é verdadeiramente crítica. Porque, se Glinka é valorizado apenas pelos seus traços nativos – certamente não os traços que o próprio mais valorizava em si mesmo – então um Tchaikovsky será sempre visto como uma figura ambígua e suspeita, para não falar de Scriabin (*ibid.*).

### Histórias da música gerais e os seus critérios
Taruskin remete para o tratamento que é dado a Tchaikovsky "em qualquer história da música geral no Ocidente. A este compositor "um dos mais destacados de todos os compositores na sala de concertos real dos últimos cem anos é dado um total de vinte e duas linhas dispersas no texto pelo qual a maior parte dos estudantes americanos de história da música são ainda hoje educados"[69] sendo, juntamente com Dvorák "colocado no final do capítulo sobre música instrumental do século XIX apesar de as suas músicas serem em alguns aspectos um desenvolvimento das ideias nacionalistas, e as suas sinfonias serem essencialmente compostas na linha da tradição romântica alemã". No capítulo "Nationalism. Old and New", Tchaikovsky é tratado mais uma vez como uma figura periférica: "as duas óperas mais populares de Tchaikovsky ... parecem ter sido modeladas a partir de Meyerbeer, Verdi e Bizet apesar de assuntos nacionais e alguns traços de idiomas musicais nacionais ocorrerem em ambas e, muito mais claramente em algumas das suas obras para o teatro menos familiares" (Grout, 1973: 593-635 *apud ibid.*). Taruskin afirma que pode parecer duvidoso criticar um livro que não tem pretensões de ser um livro especializado em música russa. Refere-se ao livro de Donald Jay Grout, *A History of Western Music* (que, aliás, existe em tradução portuguesa desde 2007) e acrescenta: "mas é precisamente em livros gerais que tem de haver cuidado para não encorajar preconceitos indesejáveis ou duplos critérios".

---

[69] O autor só identifica a obra propositadamente mais adiante.

Esta investigação teria sempre de ter em conta o livro de Grout, que será visto mais adiante no que nos diz respeito. Sobre o livro de Grout, Taruskin afirma que o volume canónico apresenta um duplo critério no sentido mais óbvio do termo:

> [...] os resultados da *revival* da canção popular alemã no início do século XIX foram tão completamente absorvidos na estrutura da música alemã que se tornaram parte integrante do seu estilo que, naquele período, era a coisa mais próxima de um estilo musical europeu internacional. Assim, apesar de Brahms, por exemplo, ter feito arranjos de músicas populares [*folk*] alemãs e escrito melodias que se assemelham a *folk songs*, e apesar de Debussy lhe chamar o mais alemão dos compositores, nós mesmo assim não pensamos nele como mais nacionalista do que Haydn, Schubert, Strauss ou Mahler, que, aliás, usaram todos, mais ou menos conscientemente, idiomas folclóricos" [Taruskin, 1984].

Segundo Taruskin, Grout continua a "absolver" as qualidades nacionais das músicas francesa e italiana e, até, os elementos polacos em Chopin ("na maior parte apenas acessórios exóticos de um estilo fundamentalmente cosmopolita"). Se fosse necessário definir o que é o cânone musical e quais são os processos que fundamentam a ideologia universalista que lhe é intrínseca não haveria melhor exemplo do que este processo de seleccionar e distinguir (mesmo contra as evidências presentes nos textos, nas obras) os compositores cosmopolitas – por isso, universais – dos compositores nacionalistas – por isso, locais.

Sobre estes exemplos Taruskin afirma que "seria cansativo separar as falácias lógicas aqui". No entanto devemos acrescentar que é nessas falácias que se baseiam todos os discursos tradicionais nesta matérias. Mais entediante ainda seria apontar todas as vezes que estes argumentos e este tipo de raciocínios se manifestam nos mais diversos momentos de toda a actividade discursiva que existe em torno da música. Se a construção de uma *doxa* precisa de tempo, por vezes de séculos, para se constituir e disseminar, a sua desconstrução parece uma tarefa destinada ao fracasso ou, no mínimo, necessitará de idênticos lapsos de tempo para que os espaços de dissensão argumentativa consigam quebrar a resistência dos cânones.

## Periferias e Outros

É importante distinguir o caso das periferias do caso dos *Outros* da musicologia. Enquanto estes últimos estavam completamente ausentes ou sob a categoria das músicas consideradas do âmbito de estudos da etnomusicologia, as músicas da tradição erudita dos países periféricos europeus permitem, de forma muito mais clara, detectar os preconceitos canónicos dos discursos sobre elas. Sobre a música dos *Outros* da musicologia não havia discursos, excepto quando música exótica surgia em obras de mestres como Mozart. Não eram considerados parte do assunto em questão, a música clássica ocidental. Mas os discursos sobre as músicas periféricas ilustram o funcionamento dos argumentos dos que defendem a universalidade do cânone musical e a forma como criam a exterioridade dos periféricos mesmo quando estes fazem parte dos repertórios das salas de concertos como é, indubitavelmente, o caso da música russa. A categoria nacionalista é uma forma de não-universalidade, uma marca local e, frequentemente, uma marca de inferioridade aos olhos dos textos tradicionais.

Taruskin afirma que "o crescimento tardio, a profissionalização mais tardia, remota proveniência, marginalidade social [...] mesmo a linguagem exótica e o alfabeto dos seus praticantes sempre tingiram a 'música de arte' russa com uma impressão de alteridade, sentido, explorado, lamentado, afirmado, abjurado, exagerado, minimizado, glorificado, negado, revelado, aproveitado e defendido tanto contra de dentro como de fora". Para Taruskin "de fora, a música russa foi (e é) muitas vezes desprezada e preventivamente considerada com condescendência, tantas vezes quantas foi objecto de intensa fascinação e cultos ocasionais e entusiasmos fugidios".[70] Segundo Taruskin "de dentro no mundo da música russa tem havido uma grande tendência para celebrar a 'diferença' em compensação de um complexo de inferioridade que foi o produto inevitável da sua história, mas muitas vezes na sincera certeza da sua missão cultural redentora e mesmo da sua superioridade moral" (Taruskin, 1997: xiv).

Mas, para o autor, "apesar de alienados por temperamento ou pelas força das circunstâncias da *mainstream* da moda ou do sucesso, apesar de dependentes da sua atracção exótica para a sua promoção e apesar de, em consequência, se sentirem inferiores ou superiores, os músicos russos da tradição erudita da

---

[70] O último desses entusiasmos fugidios verificou-se após 1989. Depois da queda do Muro de Berlim, compositores russos ou de repúblicas soviéticas até então muito pouco tocados e conhecidos no Ocidente foram objecto de gravações, de livros, de mostras gerais em festivais e de seguida receberam numerosas encomendas. A maior parte deles acabou por emigrar para a Alemanha. Esta reacção do campo musical ocidental foi o espelho simétrico do início da Guerra Fria.

*fine art* sempre construíram a suas identidades num largo contexto europeu e desenharam o seu 'sentimento de pertença' [*sentiment of being*] (para citar a definição de Rousseau de autenticidade) partindo desse sentido de parentesco [*relatedness*] (*ibid.*: xv). Para os russos "Glinka era o único russo a venerar porque só ele estava no nível dos europeus. A música autóctone da Rússia, os produtos sonoros do solo e dos seus habitantes campestres, não era admirada e não era discutida" (*ibid.*: xvi). Quer o sentimento de pertença quer a fixação do olhar no sucesso e no reconhecimento externo constituem atitudes integrantes dos compositores portugueses e do meio musical local em geral.

Segundo Taruskin, para encontrar noções totalmente racializadas e totalizadas da diferença musical russa é preciso olhar para o Ocidente onde ainda se escreve

> com preconceitos interiorizados, não admitidos e, colonialistas, talvez agora involuntários. A essencialidade russa significa ostensivamente (apesar de obtusamente) um critério de avaliação positivo, mas, no entanto, funciona como uma grade à volta da *mainstream*, definindo, amontoando e implicitamente excluindo o outro. Raramente se encontra Verdi elogiado pela sua italianidade, nunca se encontra Wagner elogiado pela sua germanidade, Deus nos livre, apesar de Verdi e Wagner terem sido tão conscientes da sua nacionalidade, e tão afectados por ela do ponto de vista criativo, como qualquer Balakirev. Na historiografia convencional da "Música Ocidental" Verdi e Wagner são indivíduos. Os russos são um grupo" [*ibid.*].

Parece-nos assim amplamente justificado este excurso apesar de estarmos perante um caso muito diverso do russo, uma vez que Portugal não existiu nunca na historiografia convencional para além de duas linhas, aqui sobre um cravista do século XVII ou ali sobre um compositor de óperas do século XVIII – como veremos, estas referências, quando existem, são muitíssimo reduzidas – até chegarmos ao século XX no qual se verifica o caso particular do emigrado Emmanuel Nunes. Há que fazer uma consideração prévia. Marcos Portugal – que teve as suas obras em larga circulação na Europa, mas, "infelizmente", era um compositor de óperas italianas – um género internacional que, ao contrário do alemão do século XIX, foi desacreditado pela hegemonia norte-cêntrica que constituiu o cânone musicológico, tem sido, por isso, objecto desse tipo particular de negligência e descrédito; Domingos Bomtempo teve igualmente uma carreira importante em Londres e Paris; sabemos que estes dois compositores portugueses, apesar do seu estatuto internacional em fases da sua vida, não integraram de nenhum modo o cânone musical em qualquer das suas vertentes. Como decorrência directa de não fazerem parte do cânone, a sua música é, de acordo com o funcionamento do campo musical no interior do país, muito pouco tocada em Portugal, incomparavelmente menos tocada do que os seus contemporâneos europeus que vieram a integrar *the chosen ones*.[71] Em relação a Nunes não há ainda o mesmo tipo de perspectiva distante, histórica; Nunes está em plena actividade neste momento no local de enunciação onde vive, o centro europeu. Por isso, independentemente do que virá a acontecer, o seu caso é o único que actualmente integra o subcampo contemporâneo[72], o que o coloca numa posição ímpar. O seu caso, pela sua singularidade, merece uma atenção particular, que será tratada mais adiante. Mas, importa realçar desde já, a propósito do último parágrafo de Taruskin, que as referências que existem sobre Nunes em livros franceses tratam-no efectivamente como indivíduo. A sua nacionalidade por vezes nem é referida.[73]. Os restantes compositores portugueses, caso tivessem merecido qualquer abordagem consistente na historiografia convencional, teriam sido muito provavelmente, tratados como um grupo nacional (e são-no em alguns casos quando há referências), tal como os russos.[74] É uma decorrência da situação periférica, neste caso, uma periferia ausente ou residual.

Regressando às análises de Taruskin, lemos: "começamos a ver porque é que permanece o hábito ocidental de agrupar todos os compositores russos, tal como todos os outros que não provêm da *mainstream* panromanogermânica como nacionalistas, sejam quais forem as suas reais predilecções; começamos a ver porque é que compositores do *mainstream* panromanogermânica são raramente descritos como nacionalistas, sejam quais forem as suas verdadeiras predilecções; e, ainda, porque é que, para compositores periféricos, a dependência estilística do folclore autóctone é tomada como um indispensável garante de autenticidade". Para o autor, "é ainda uma outra manifestação da diferença fetichizada. E é por isso que a musicologia convencional, talvez de forma única nas disciplinas humanísticas, e em aparente falta de atenção tanto às mais inescapáveis e importantes realidades como aos mais elemen-

---

[71] Ver Bergeron e Bohlman (1996).
[72] Ver o capítulo seguinte sobre este conceito.
[73] Estes aspectos serão documentados e desenvolvidos na investigação no capítulo XI.
[74] Como veremos no capítulo IX sempre que existe uma página ela tem como título "Portugal" ou "A música portuguesa". É o carácter de grupo nacional que unifica a abordagem (quando existe) da produção local.

tares imperativos morais, continua, acriticamente e de forma embaraçosa, a celebrar o 'nacionalismo' (*ibid.*: 48). E prossegue:

> [...] mas, na verdade, não é celebração. Na historiografia convencional 'canónica' os compositores russos (ou checos, ou espanhóis ou noruegueses) encontram-se num beco sem saída. [*double bind*]. A identidade do grupo é, ao mesmo tempo, o veículo da sua atracção internacional (enquanto *naïfs*) e a garantia do seu estatuto secundário em relação ao 'universal' sem marca. Sem a marca nativa exótica, estes compositores não podem atingir um estatuto nem sequer secundário, mas com ela não podem atingir mais. Por maior que seja a admiração aparente com que seja feita, classificar um compositor como "nacionalista" é acima de tudo um meio de o excluir do cânone crítico e académico (apesar de não ser, obviamente, do repertório de concertos)" [ibid.].

Muita música russa faz parte, há bastante tempo, do repertório dos concertos. É, aliás, sintomático do funcionamento da ideologia universalista hegemónica no campo musical – e não apenas no campo musicológico académico – o facto de serem autores ingleses (e americanos em menor grau) aqueles aos quais Taruskin vai buscar os exemplos mais extraordinários do discurso canónico e das suas falácias. Estes autores, sendo universalistas, não têm lugar de enunciação: falam do *centro do mundo*, do ponto de vista universal que, por definição, não tem limites, porque abarca tudo. Ora, o maior paradoxo destes discursos é que a Inglaterra é um país que está longe de ter um grupo de compositores comparável ao vasto número de russos que integram o repertório das salas de concertos; esse facto não impede estes autores ingleses de assumir totalmente o ponto de vista do cânone – que sobretudo neste período histórico é constituído por compositores alemães – por assim dizer sem tomarem consciência da sua própria exterioridade em relação à grande forma sinfónica, produto do trabalho de compositores alemães dos séculos XVIII e XIX. Este paradoxo é comum a todos aqueles que, de qualquer parte do mundo, assumem para si próprios como verdadeiro o discurso convencional do cânone musical. Será portanto totalmente plausível – e é um facto passível de verificação empírica – que um melómano, um músico, um compositor ou um musicólogo português assuma igualmente como seu o ponto de vista universal. Mesmo, como veremos, para criticar, para assinalar limitações na música de outro compositor português, em termos semelhantes aos usados por David Brown ou Donald Grout sobre os periféricos russos.

Enquanto a música russa está fortemente presente no repertório das salas de concertos e dos teatros de ópera e os preconceitos que observámos são provenientes sobretudo dos meios académicos musicológicos, as músicas das outras periferias, entre as quais Portugal, não só não estão presentes no repertório dos concertos como também não existem como objecto de quaisquer discursos preconceituosos, para além das banalidades muito gerais que surgem aqui ou ali. Não obstante, toda esta problemática tem uma forte relação com o nosso tema. Tudo aquilo que deriva da localização periférica de ambos os países está presente nos dois casos. O complexo de inferioridade face à tradição ocidental (para os russos) ou à tradição central (para os portugueses), a problemática nacional *versus* universal, uma espécie de miopia de muitos musicólogos do centro, certamente enraizada em todos os olhares dirigidos ao *Outro*, que os impede de não olhar senão partindo de uma assunção de posse da tradição. Os musicólogos ingleses, como foi dito, escrevem dotados dos regimes discursivos que, tomando como objecto e modelo os compositores alemães, analisam e comentam os produtos periféricos partindo do olhar canónico. Este fenómeno – assumir discursos canónicos *contra* si próprio – existe claramente em muitos dos discursos dos compositores e dos musicólogos portugueses, como veremos.

Na nossa análise da relocalização de compositores periféricos nos países centrais investigamos discursos produzidos por musicólogos tanto provenientes dos países de origem como dos países centrais nos quais se manifesta por vezes de forma muito explícita a dialéctica do traço nacional e do traço universal. A questão paradoxal que se coloca é que o compositor alemão canónico, nesta perspectiva, não tem nunca traço nacional, mesmo quando esse traço *existe*. A relação entre o regime discursivo do centro e a realidade mostra a dimensão do preconceito, do lugar comum, da ocultação involuntária, da cegueira ideológica indestrutível.

# CAPÍTULO V
# A CONSTITUIÇÃO DE UM SUBCAMPO

**Introdução: o motivo da crise**

Paralelamente aos debates sobre a formação do cânone musical, tem ocorrido uma série de reflexões em torno do que se pode designar como o motivo da crise da música clássica. Lawrence Kramer (1995), um dos representantes da chamada *New Musicology* considera que "a falta de um discurso público viável acerca da música clássica é uma razão pela qual, admirada como é, está a perder terreno cultural a um ritmo alarmante" (*ibid.*: xiv). Mais adiante especifica a sua posição: "não é segredo para ninguém que, pelo menos nos Estados Unidos, esta música está com problemas. Quase não se regista nas nossas escolas, não tem nem o prestígio nem a popularidade da literatura e das artes visuais e desperdiça as suas capacidades de renovação permanecendo ligada a um repertório excepcionalmente estático. A sua audiência tem diminuído, envelhecido e é excessivamente pálida, e a suspeita foi falada no estrangeiro que a sua pretensão a ocupar uma esfera de eminência artística autónoma é largamente um meio de cobrir e, desse modo, perpetuar um conjunto estreito de interesses sociais". O autor conclui que "a música clássica mantém, quando muito, um lugar honorífico nas margens da alta cultura". Quase quinze anos mais tarde (2007) o seu diagnóstico não mudou:

> A música clássica traz as pessoas preocupadas. Para muitos parece em terreno instável. Há mais de uma década o tambor da sua marcha fúnebre tem sido regular. Os signos são comuns: um mercado de CD incerto, orquestras sinfónicas lutando para encontrar dinheiro e audiências, a imprensa e a Internet agitadas em relação à febre das *music charts*. As estações de rádio públicas que foram antes o principal suporte da transmissão de música clássica têm substituído música de qualquer tipo por conversa, conversa, conversa. A indústria discográfica está cada vez menos disposta a subsidiar álbuns clássicos em nome do estatuto e da tradição. [...] E a música clássica há muito que desapareceu das estações de televisão que 'era uma vez' mantinham as suas próprias orquestras sinfónicas e transmitiam material como os Concertos para Jovens de Leonard Bernstein no *prime-time*, não menos. [Kramer, 2007: 1].

Um dos mais importantes e lúcidos artigos da *The Cambridge History of Twentieth Century Music* é o de Leon Botstein "Music of a century: museum culture and the politics of subsidy" (2004). O autor escreve: "Da perspectiva da primeira década do corrente século, a carreira da *'high-art concert music'* durante o século XX não é uma história com um final feliz. Um número significativo de participantes contemporâneos no mundo da chamada música clássica, particularmente jornalistas, olham para o século XX como uma era cada vez mais sombria e decadente. O último século deixou em herança para o próximo uma crise não resolvida e cada vez mais aprofundada" (*ibid.*: 40).

Já em 1961 o autor inglês Henry Pleasants escrevia no livro *Death of a music? The decline of the European Tradition and the Rise of Jazz*: "toda a gente concorda que alguma coisa está errada com a música contemporânea. Contudo não há acordo sobre aquilo que está errado ou, pelo menos, sobre apontar quem tem a responsabilidade" (Pleasants, 1961: 7). Para o autor, "na música 'séria' o problema básico, e aquele de onde todos os outros derivam, é o facto da audiência [...] preferir música antiga – velha no sentido de que não é música de hoje, e mesmo dificilmente de ontem". Pleasants afirma que "não é que não tenha havido novas obras, composições que tiveram algum êxito público, que tenham provocado discussão e tido sucesso crítico. É mais o facto de poucas, se algumas, destas últimas obras, se conseguiram estabelecer como uma atracção consistente para um público pagante [...]. Mesmo obras como *Le Sacre du Printemp*s, *Wozzeck* e *Pierrot Lunaire*, todas já com meio século, são ainda consideradas modernas, por outras palavras, estranhas. Que música com cinquenta anos seja pensada como moderna é algo de novo na história da música" (*ibid.*: 8). Para o autor, o problema era então a estagnação, o facto de não haver renovação: "pensa-se por quantas gerações mais poderão as obras-primas aguentar as constantes repetições" (*ibid.*: 9).

Um dos primeiros textos a colocar explicitamente a questão do fim da música, referindo-se à música ocidental da tradição erudita, foi escrito por Jean-Jacques Nattiez para a *Enciclopédia Einaudi* publicada em tradução portuguesa em 1984 (Nattiez, 1984). Após algumas considerações sobre as tentativas falhadas para encontrar "o novo sistema total" capaz de responder ao fim da tonalidade, o serialismo, Nattiez pergunta: "E se fosse o fim? Se a música, enquanto arte ocidental, tivesse esgotado as possibilidades contidas nos seus princípios de partida? Intelectualmente, a ideia é escandalosa: não existe povo sem música, sempre houve e sempre haverá música. Correcto enquanto facto antropológico. Mas enquanto forma renovada de expressão? Os géneros musicais não são eternos, e quase todos sabem, mesmo que não o ousem declarar alto e bom som, que *Lulu* foi a última ópera. Ao fim e ao cabo, não seria a primeira vez que uma forma de arte, no Ocidente, vive e morre. A arte do mosaico, em Itália, floresceu entre os séculos IX e XII e, depois, mais nada. Quatro séculos! Mais ou menos o espaço de tempo que separa Monteverdi de Boulez..." (*ibid.*: 354). Estas considerações de Nattiez irão ser comparadas, mais adiante, com outras posteriores do mesmo autor. Mas vejamos ainda este passo: "Arriscamos estas afirmações desejando estar errados. Se for esse o caso, poder-se-á sempre interpretá-las, mais tarde, como um sinal dos tempos: em ambos os casos, como uma reacção perante o 'apogeu do vazio'. Se tivermos razão, será então necessário consagrar 'a apoteose de Rameau'[75] e tentar compreender porquê, durante um breve período da história humana, foi possível elaborar um sistema musical no qual todos os componentes participavam de um mesmo equilíbrio funcional" (*ibid.*). O sistema musical que Nattiez refere é o sistema tonal, tal como existiu, *grosso modo* entre Monteverdi e o Schoenberg da primeira fase. A base da inquietude de Nattiez prende-se com a evolução da música contemporânea da época em que escreveu e a sensação de impasse que começou a vislumbrar-se na altura. Ao passar em revista algumas análises e ideias sobre a unidade, a coerência e a arquitectura das obras – alguns dos pontos fundamentais do que os novos musicólogos irão chamar, a partir de 1980, a visão organicista do cânone musicológico –, Nattiez enquadra-se na visão tipicamente bouleziana e remete para alguns exemplos da reflexão do compositor. (Cf. *ibid.*: 351-353). Mas conclui: "Mas o advento do novo sistema total não se deu. Sem dúvida porque o grau de abstracção que devia garantir a coerência da obra a todos os níveis era tal, que o sistema de relações inaugurado já não era funcionalmente perceptível."[76] E prossegue: "Será que chegámos a um círculo vicioso? É ainda demasiado cedo para saber se o IRCAM de Boulez – a mais gigantesca operação de salvamento de uma arte contemporânea que alguma vez um estado pôs à disposição de um compositor – conseguirá, consolidando o encontro e a ciência, abrir a nova via?" (*ibid.*: 353-354) O IRCAM – gigantesca operação de salvamento

---

[75] "A apoteose de Rameau" é uma referência "culta" dupla. Em primeiro lugar, a uma peça para piano do primeiro livro de *Images* de Debussy com o mesmo título. Por outro lado, Rameau escreveu no século XVIII o seu *Tratado de Harmonia*, que é habitualmente considerado, especialmente em França, como sendo a primeira obra a teorizar os princípios fundamentais da harmonia da música tonal.

[76] Mesmo neste ponto, Nattiez está muito próximo das interrogações que Boulez veio a expressar no cursos do Collège de France publicados em 1988 em *Jalons*.

estatal, na ribombante designação de Nattiez – irá adquirir uma importância fulcral no funcionamento do subcampo contemporâneo mas será igualmente, como veremos no capítulo seguinte, alvo de disputas, polémicas e contestação. Face a estes debates não é claro se a operação de salvamento atingiu o seu objectivo ou se representará uma operação de manutenção de vida artificial de uma arte que, tendo perdido uma função social idêntica à da música histórica anterior, de que se reclama herdeira, continua alvo de forte discussão.

Também o diagnóstico de Botstein abrange não só a música "clássica" mas igualmente a música contemporânea. Considera que "apesar dos impressionantes desenvolvimentos na transmissão da música por meios electrónicos durante o século XX (que lhe asseguraram uma ampla acessibilidade) a música 'clássica' deslocou-se para a periferia da cultura e da política. Em particular a nova música para as salas de concertos provocou menos atenção durante a segunda metade do século do que em qualquer período dos duzentos anos anteriores". Botstein considera que não se confirmou a previsão de Carl Dahlhaus de 1972 de que a *revival* de Mahler dos anos 60 poderia funcionar como uma ponte entre as tradições do século XIX e a vanguarda do século XX: "o interesse por Mahler coincidiu com um afastamento do modernismo. O pós-modernismo acessível de Philip Glass, Louis Andriessen, e Arvo Pärt não conseguiu criar uma ressurgência de uma vasta audiência interessada na nova música" (Botstein, 2004: 40). Esta análise de Botstein tem particular interesse porque a diferença entre o modernismo e o pós-modernismo musical nas últimas décadas do século XX não é vista pelo autor como decisiva do ponto de vista da crise global que afecta o todo. Enquanto Nattiez procura uma solução para "a crise comunicacional", para Botstein o corte pós-moderno não alterou o fundamental da problemática.

Um outro vislumbre do fim é proposto por Richard Taruskin na introdução da sua monumental *History of Western Music*, sugestivamente intitulado "Introduction: The History of What?" onde afirma que "o enunciado básico deste livro – o seu postulado número um – é que a tradição literata da música ocidental é coerente pelo menos enquanto tendo uma forma completada. Os seus inícios são conhecidos e explicáveis e o seu fim é agora possível de prever (e também explicável)." Para Taruskin, a sua própria história da música ocidental será talvez a última, na medida em que, sendo uma tradição a que chama *"literate genres"* – géneros de música escrita – se pode antecipar o abandono progressivo da escrita, justamente o aspecto central da música da tradição ocidental. A leitura do quinto e último volume da sua Oxford History mostra que para Taruskin o processo que contém em si o final da curva de mil anos da música escrita ocidental prende-se principalmente com as mudanças tecnológicas ocorridas a partir da emergência da reprodutibilidade técnica até à actual disseminação massiva dos computadores pessoais, factores que foram minando e continuam a enfraquecer gradualmente a necessidade da partitura escrita no futuro. constituindo a base do que chama *"postliterate modes"*.

As explicações de Taruskin para o facto de ser previsível, na sua opinião, o fim da música clássica, são talvez mais sofisticadas do que o lamento de Nattiez e estão relacionadas com a interacção entre as tradições literatas e não literatas ou, nos termos mais habituais, eruditas e não eruditas, ou escritas e orais. Taruskin afirma: "tal como os primeiros capítulos deste livro são dominados pela interacção entre modos literatos e não literatos de pensamento e transmissão (e os capítulos intermédios tentam citar exemplos suficientes para manter essa interligação viva na consciência do leitor), também os capítulos finais são dominados pela interacção dos modos literatos e não literatos que tem sido discerníveis pelo menos desde o meio do século XX e que enviaram a tradição literata (na forma de uma reacção adversa) para a sua fase culminante" (*ibid.*: xxiii). Do mesmo modo coloca-se numa posição crítica em relação às narrativas tradicionais. O autor escreve: "Tenho tanta suspeição como qualquer académico em relação àquilo a que agora chamamos metanarrativas (ou pior, *master narratives*). Sem dúvida, uma das principais tarefas desta narração será dar conta da ascensão das nossas narrativas reinantes e mostrar que também elas têm histórias com começos e fins (implícitos)". E mais adiante: "isto é feito com a convicção profunda de que nenhuma ambição de universalidade pode evitar ser situada na história intelectual"[77] (*ibid.*).

Esta leitura de Taruskin alicerça-se numa visão crítica dos desenvolvimentos do modernismo musical tardio de Carter, Boulez, Stockhausen e considera as contestações que a sua hegemonia provocou. Sobre essa crescente contestação aos pressupostos das vanguardas musicais do pós-guerra, proveniente cada vez mais dos próprios compositores mais jovens, Taruskin escreve, na parte inicial do seu capítulo final no volume V: "mas a rejeição, desta vez, tinha sido levada a cabo não 'pelas pessoas' [the people] ou por jornalistas, ou agentes de concertos, ou executivos de editoras discográficas, mas pelos autores da música de amanhã" (*ibid.*: 475).

---

[77] [This is done with fervent belief that no claim of universality can survive situation in intellectual history].

O que Taruskin salienta neste ponto é o facto de os discursos recorrentes durante a segunda metade do século XX – e ainda hoje, o que atesta que se há um processo de transição em curso as posições em jogo estão ainda em disputa, em dissensão e em lutas de legitimação entre si – provenientes dos agentes activos no subcampo contemporâneo se basearem numa atribuição das responsabilidades da crise para o exterior, nunca questionando de forma convincente a questão interna, ou seja, as próprias obras e os métodos de composição assumidos como válidos. Deste modo a rejeição era atribuída pelos vários autores e compositores à incultura do público, ao seu tradicionalismo, à dominação da indústria cultural, às escolhas das rádios, dos críticos, aos responsáveis pela programação das orquestras e pela escolhas das editoras discográficas. Estas tomadas de posição dos agentes do subcampo contemporâneo eram também dirigidas contra o campo clássico e a sua fixação no cânone musical. Mas como se pode ver nos vários livros e artigos recentes, a problemática da crise alargou-se ao próprio campo clássico no seu todo, e o que se passou a interrogar, sobretudo nos países de língua inglesa, é, agora e também, o próprio futuro da música clássica e a sua perda crescente de relevância social.

Taruskin no entanto considera que "dizer que o modernismo teve o seu colapso no último quarto do século XX seria tão parcial e enganador como a velha proclamação de que a tonalidade tinha terminado no primeiro quarto do mesmo século". Para este autor, "vale a pena relembrar que todos os 'períodos estilísticos' são plurais e que o domínio de tendências nunca é tão absoluto ou óbvio como as descrições históricas inevitavelmente os fazem parecer" (*ibid.*: 473). Nesse sentido, Taruskin salienta que os compositores seniores mais prestigiados (Carter, Babbitt, Boulez, Stockhausen) "todos altamente distintos e muito orgulhosamente não afectados pelas tendências recentes, permanecem objecto do tipo de adulação crítica que sempre atinge os *grand old men*" (*ibid.*: 474). No último parágrafo deste volume V Taruskin acaba por sublinhar o facto de durante um processo de transição complexo não ser fácil prever futuros. Assim, no final do século XX, no qual se podem observar "pelo menos três tendências coexistentes senão rivais": em primeiro lugar a "pequena facção dos modernistas tradicionais; em segundo lugar, a vasta superpopulação de compositores virtualmente sem audiência não profissional que usam as novas tecnologias que pressagiam a diluição e a eventual morte da tradição literata" e, finalmente, "a pequena elite de compositores de sucesso que fornecem as necessidades de uma nova classe de patronos ascendentes que actualmente controlam o tipo da *performance mainstream* e a disseminação mediática, desde que permaneçam abertos à arte de elite" – Taruskin refere-se neste ponto a compositores como John Adams – sendo que, segundo o autor, "as três correntes estão energeticamente activas, produtivas e dotadas de talento genuíno" e, por isso, saber qual irá prevalecer no futuro não tem resposta possível. Termina escrevendo: "a nossa história termina, como tem de ser, no meio das coisas" (*ibid*.: 528). Os pontos fundamentais das críticas de Taruskin às correntes modernistas podem ser comparadas com um parágrafo de Boaventura de Sousa Santos: "A alta cultura modernista esgotou-se e a afirmação de que tal não sucedeu é desmentida diariamente com a distracção com que é contemplada ou pelo preço com que é comercializada. A fuga do mundo a que Adorno a condenou, por mais compreensíveis e honrosas que tenham sido as suas razões, é insustentável numa situação cultural de celebração afirmativa ainda que superficial, mas profunda na sua superficialidade, de infinitos, ainda que de maus infinitos no sentido hegeliano". Mais adiante escreve: "os sinais de futuro estão na crescente convicção de que esse défice de mundo é irremediável dentro do projecto da modernidade" (Santos, 1994: 83). Embora provenientes de diferentes esferas estas posições são próximas mas Taruskin assume-se, no entanto, bastante mais crítico de Adorno: "É um vício antigo do criticismo e ultimamente da academia assumir que o significado das obras de arte lhes-é completamente investido pelos seus criadores e está simplesmente lá para ser descodificado por um intérprete especialmente dotado. Esta assunção pode conduzir a erros grosseiros. Foi o que viciou o trabalho do absurdamente sobrestimado Theodor Wiesengrund Adorno. [...] É ainda, todas as pretensões à parte, um discurso com autoridade e um discurso associal. Ainda atribui um privilégio oracular ao génio criativo e aos seus profetas, os intérpretes dotados. É totalmente inaceitável como método histórico, embora seja parte da História e, como tudo o resto, merecedor de investigação" (Taruskin, 2005: xxv). "An honorific place on the margins of high culture", como diz Kramer, poderá ser o lugar reservado para a música clássica propriamente dita – a música canónica – durante mais algum tempo. Mas, considerando o campo da criação contemporânea (sendo este termo usado aqui sem a sua cooptação pelos modernistas pós-1945, de resto, grandes especialistas na desqualificação do contemporâneo dissidente), a criação de hoje e de amanhã, talvez os destinos dos dois campos musicais – o histórico e o contemporâneo – se separem definitivamente de acordo com a previsão de Taruskin. Esta visão não é consensual embora tenha sido cada vez maior o número de autores que, de uma maneira ou de outra, questionaram a grande narrativa do modernismo musical do pós-guerra especialmente nas duas últimas décadas. No capítulo seguinte aprofundaremos esta problemática.

Regressando à crise da música clássica, entre as muitas causas do declínio do interesse pela música "clássica", Leon Botstein aponta os pontos seguintes: "as críticas estéticas, as descrições do impacto prejudicial do modernismo do princípio do século XX e afirmações de um declínio precipitado nos *standards* culturais e nos gostos na sociedade de massas do final do século XX. Há um consenso sobre a ocorrência de uma transformação radical nos modelos da vida musical, criando uma ruptura aguda com as práticas do passado e alterando gostos e expectativas". Afirmando que, num primeiro momento, as tecnologias de reprodução sonora estimularam as tradições clássicas da música de concertos e de ópera salienta que, no fim do século, o autor afirma que "nos Estados Unidos só 1,5 por cento da audiência das rádios ouvia música clássica" (Botstein, 2004: 42). Refere ainda, entre outros factores, a diminuição das inscrições nos cursos de música das universidades, o fim de numerosos periódicos dedicados à música clássica e a diminuição dos músicos amadores, substituídos por um interesse cada vez maior por música popular, centrada em instrumentos eléctricos, como a guitarra, e formação de "*rock bands*" por jovens e termina por assinalar a clivagem geracional progressivamente notória (*ibid.*:43). Botstein sublinha que "os argumentos cerebrais, do tipo de que Adorno foi pioneiro, contra a tirania política e social tal como se manifesta nas convenções da música romântica, no *jazz* e na música *pop* comercial não convencem". E prossegue: "A dependência da filantropia e o comportamento e a etiqueta do mercado das salas de concertos marcou a tradição da *art music* (mesmo em concertos de nova música) como fora de moda e socialmente distante. Música clássica significava snobismo e exclusividade deslocada" (*ibid.*: 46). Este aspecto pode ser relacionado com a tese de Andreas Huyssen sobre a "ansiedade de contaminação" que, segundo o autor, marca distintivamente vários momentos do modernismo, (Huyssen, 1998) – sendo a música talvez a forma de arte mais afectada por esse processo de distinção – e, por outro lado, com a formação gradual, que se pretende demonstrar, de um novo subcampo contemporâneo que aprofundou o funcionamento fechado, reproduziu as exclusões e as "maneiras" do campo clássico.

Botstein assinala que neste processo de declínio de influência existem, no entanto, contracorrentes durante o mesmo período que importa analisar: "em números absolutos há mais ouvintes para mais música de concerto e ópera do que em qualquer momento anterior. Na América do Norte e na Europa, o número de orquestras, de companhias de ópera, de grupos de música de câmara, de concertos e séries de concertos permaneceu notavelmente elevado tanto em centros urbanos, como em subúrbios e áreas rurais. [...] As inscrições nos conservatórios de música mantiveram-se vivas e a produção de novas gerações de músicos com aprendizagem clássica e incomparável competência técnica continuou num passo notável. Mais do que isso, "toda a tradição da música ocidental [...] se tornou integrada nos hábitos da classe média em várias nações asiáticas, particularmente no Japão e na Coreia [...] e continua a crescer na China" (*ibid.*: 48-49).

Como explicar esta aparente contradição? Face a este estado de coisas, Botstein pergunta: "O que é que permite a robusta e sustentada presença de um vida musical, de concertistas, gravações e organizações de concertos coexistir com a perceptível marginalização do repertório da *high art* e a sua herdada tradição? (*ibid.*: 49). A sua resposta remete para um aspecto que marca decisivamente a situação actual nos países centrais e nos países semiperiféricos e reclama observação cuidada para se compreender não só o isolamento da nova música como a sua constituição em subcampo. Botstein qualifica-a como "a função-museu" e analisa essa nova função em paralelo com um novo tipo de economia política das tradições musicais: "a resposta reside parcialmente no facto de, durante o curso do século XX, os músicos e as organizações de concertos terem assumido um papel dominante, senão exclusivo, de guardiões do passado. Tornaram-se comissários de um museu de uma arte performativa histórica [...] [e] o seu papel na criação de uma nova sensibilidade estética contemporânea está limitado à recriação". E conclui: "o século XX, nesta perspectiva, testemunhou a morte da música clássica *como uma forma cultural contemporânea activa* e o seu renascimento como uma oferta de museu para um público limitado".[78] (*ibid.*).

A questão da função museu levantou alguns problemas na fase do nascimento do conceito. Para Lydia Goehr, os sinais da reconfiguração dos seus espaços enquanto lugares destinados para colecções e exibições começaram cerca de 1800 nos museus públicos, nas galerias de arte e nas salas de concertos. Para Goehr "os curadores de museus pegariam numa obra de arte e ao enquadrá-la – tanto literal como metaforicamente – retiravam-lhe as suas origens locais, históricas e mundanas, mesmo até as origens humanas. No museu, apenas as suas propriedades estéticas permaneceriam metaforicamente" (Goehr, 1994: 173). Mas prossegue: "a proclamada autonomia das

---

[78] Itálico meu.

belas-artes, garantida pela sua colocação nos museus levantou problemas particularmente interessantes à música". Para a autora, a música tinha de se separar dos contextos quotidianos para ser contemplada em termos puramente estéticos. Isso terá sido conseguido com a criação de "um museu imaginário de obras musicais", que é concomitante com a emergência gradual do conceito de obra e, posteriormente, pela formação de um cânone musical. Mais adiante Goehr refere declarações de Franz Liszt de 1835 que vale a pena citar: "Em nome de todos os músicos, da arte e do progresso social nós requeremos: [...] a fundação de uma assembleia que funcione cada cinco anos para música religiosa, dramática e sinfónica, na qual todas as peças que são mais consideradas nestas três categorias serão executadas cerimoniosamente todos os dias no Louvre, sendo depois compradas pelo governo e publicadas a expensas suas" e continuou: "requeremos a fundação de um museu musical".[79] Goehr aponta o facto de "ainda na década de 1840 "a maior parte dos frequentadores de concertos denegriam a noção de que a melhor música seria a música do passado" e que "só na década de 1850 a atitude do público começou a mudar" (*ibid.*: 246).

Embora a ideia de um museu esteja, portanto, ligada aos processos históricos em curso durante o século XIX relativos à mudança crucial face à música do passado e à formação de um cânone de obras-primas, parece que o percurso histórico que se verificou durante o século XX, ao atingir o que Botstein descreve como a morte da música clássica como uma forma cultural contemporânea activa, estaria longe das intenções de Liszt e daquilo que poderia imaginar em 1835, momento no qual reclamar um museu era *também* reclamar o novo estatuto do artista autónomo. No museu imaginário de obras musicais que constitui a quase totalidade dos programas de concertos no mundo ocidental aquilo que lhe atribui o único carácter vivo, aquilo que se sobrepôs gradualmente nas motivações dos frequentadores dos concertos é a função dos intérpretes – de uma arte performativa histórica – dos músicos, sem os quais não pode haver música. De acordo com os conceitos anteriormente expostos pode levantar-se a hipótese de se tratar de uma arte performativa *viva* que realiza reiteradamente a ressurreição de um repertório musical *morto*.

Botstein sublinha que "a percepção de que a tradição de concertos e ópera não é viável como uma arte viva contribui para que ela seja relegada para um

---

[79] "On the position of artists and their place in society", cit. de Walker, *Franz Liszt*, 159-160 *apud* Goehr (1992: 205).

museu" e considera que "a nova música e os compositores vivos dentro da tradição têm, comparativamente, um papel menor na *performance* contemporânea em concertos, em gravações e na rádio". O autor relaciona este facto com "a impressionante estabilidade do *curriculum* e dos materiais pedagógicos usados no ensino dos instrumentos" que, segundo ao autor, "ajuda a preservar a função museu" (Botstein, 2004: 50).[80] Do mesmo modo Botstein argumenta que, se, por um lado, "o cânone dos concertos, mesmo em termos históricos, foi gradualmente estreitando, excluindo compositores e obras que, num museu de arte seriam mostrados e avaliados como altamente válidos", por outro lado, "o século XX tardio testemunhou um impressionante florescimento do estudo académico da música, que resultou em mais erudição e publicação sobre a história da música do que o século XIX" concluindo que "a actividade académica no século XX ajudou a legitimar o modelo museu na tradição da *art music*" (*ibid.*: 54). Botstein considera irónica a proliferação das publicações académicas sobre música ao mesmo tempo que esta se torna uma arte de museu. Na verdade pode-se considerar que os dois factores não são contraditórios, antes pelo contrário, na medida em que a própria universidade, especialmente a universidade das humanidades, se foi tornando, em vários aspectos, cada vez mais separada da vida (cf. Santos, 1993) constituindo-se estes dois aspectos como duas vertentes do mesmo carácter quasi museológico.

Para Botstein, durante o século XX, os padrões de industrialização aceleraram em intensidade e, nesse processo, produtos antes considerados de luxo tornaram-se acessíveis. No entanto estas progressivas "eficiências" não puderam ser introduzidas nos modos tradicionais dos concertos e dos teatros de ópera. O autor argumenta que nem uma ópera de Verdi nem uma sinfonia de Mahler podem nelas ver introduzidos meios de redução de custos (*ibid.*: 55-56). São sempre necessários os mesmos meios usados na época das suas criações. Por isso, em relação a outros bens e serviços, "os custos de prosseguir as tradições da música 'séria' de concertos começaram a aparecer cada vez mais desproporcionados, quando não, proibitivamente caros, para o consumidor" (*ibid.*: 56). Ao mesmo tempo juntaram-se dois factores: "em termos de prioridades para subsídios privados ou públicos, os custos relati-

---

[80] Será necessário comparar esta estabilidade dos *curricula* do ensino da música com, também aqui, a formação progressiva, sobretudo após 1960, de um pequeno subgrupo de instrumentistas que se tornaram especialistas na interpretação de "nova música", tal como refere Pierre-Michel Menger, constituindo assim uma parte importante do novo subcampo.

vamente mais altos coincidiram com a crescente suspeita de irrelevância cultural". Estas duas percepções "conspiraram para fazer com que as tradições clássicas assumissem a aparência de luxos insustentáveis". Segundo Botstein, "na América depois de Reagan e na Grã-Bretanha depois de Thatcher, a competição pelos subsídios dos impostos públicos em áreas como a saúde, a educação e o bem-estar ajudaram a tornar o apoio à música clássica uma prioridade implausível" (*ibid.*: 57). De outro modo o incremento da gravação e da rádio não se desenvolveram de modo a ajudar as estruturas económicas da *live concert performance*. Pelo contrário, "beneficiaram os géneros musicais populares" – que Botstein considera serem formas curtas bem adaptadas aos *media* modernos – enquanto, a partir de 1950, se criaram "coleccionadores e audiófilos enquanto subgrupo de aderentes à música clássica que poderão não ser frequentadores de concertos" (*ibid.*). Depois de passar em revista as transformações associada à economia da prática da música clássica desde meados do século XIX até ao final do século XX, Botstein concluiu que "o século XXI pode ser obrigado a abandonar as ilusões de democratização de massas do gosto, de racionalização económica e de auto-suficiência do mercado" e considera uma realidade que "em termos de valores culturais e políticos a vontade de sustentar o nível de filantropia privada e de subsídio público necessários para uma *high art musical culture* que depende de patronos diminuiu". Para o autor, "a percepção das fraquezas económicas e a falta de suficiente interesse público sublinha a marginalização da alta cultura musical durante o século XX" (*ibid.*: 66).

Em consequência, algumas das posições mais recentes e radicais reclamam a necessidade da reescrita da história da música do século XX. Nesse sentido, Richard Taruskin, em 2005, escreve em defesa da sua metodologia foucaultiana: "outra vantagem de focalizar no discurso e nas disputas é que esta perspectiva impede o preguiçoso retrato/desenho de monólitos. O paradigma familiar da Escola de Frankfurt que descreve a história da música do século XX como uma batalha entre dois lados, uma vanguarda de heróicos resistentes e o monstro homogeneizante e comercial conhecido por Indústria Cultural é uma das mais destacadas e merecedoras vítimas do tipo da *close observation* aqui encorajada sobre os reais enunciados e acções de agentes humanos (pessoas reais)". Taruskin defende com propriedade que a Indústria Cultural nunca foi um monólito "e basta a leitura de algumas memórias – como testemunhos, nunca como oráculos – para tornar óbvio que também a vanguarda não o foi" (Taruskin, 2005b: xxix).

Este aspecto é importante para este trabalho na medida em que, como veremos, as posições derivadas de Adorno e da sua condenação sem apelo da indústria cultural e das músicas populares de diversos matizes tiveram grande impacto e aceitação junto dos compositores associados à geração de Darmstadt (incluindo naturalmente os compositores portugueses). Também deve ser dito que, no campo musicológico português, não constou, pelo menos até ao final do século XX, nenhum reflexo desta inquietação, nenhum vislumbre desta revisão assinalada por Taruskin e amplamente corrente na musicologia anglo-americana.[81] Se aceitamos a noção de mudança paradigmática referida pelos musicólogos anglo-americanos, temos de admitir que em Portugal a musicologia vive (ainda) fundamentalmente assente nos pressupostos do anterior paradigma.

### 5.1. O modernismo musical isolado

Neste ponto trataremos vários aspectos do isolamento do modernismo musical. Um dos aspectos já referidos por vários autores prende-se com a separação prática, entre o repertório clássico e a música contemporânea. Este é um processo em curso desde o início do século XX e, por isso, podem encontrar-se *nuances* de diversa ordem em diversos tempos e espaços, avanços e recuos. Não se pode considerar, de modo nenhum, o caso encerrado, a análise terminada ou o diagnóstico feito, nem se pode antecipar qual será o desenlace da tensão existente. Além disso, Botstein sublinha "a trajectória distinta do modernismo musical em relação às outras artes das primeiras décadas do século XX" (2004: 54). Segundo o autor, "à primeira vista as inovações modernistas podem ser consideradas análogas aos movimentos contemporâneos na pintura, escultura e literatura". Mas enquanto "as inovações na arquitectura, na literatura e nas artes visuais foram absorvidas numa cultura mais larga, muitas vezes como clichés da era pós-1945", Botstein considera que "os progressivos e radicais desenvolvimentos no estilo e no carácter da música de concerto do período 1910-1960 não fizeram esta transição para a disseminação" (*ibid.*: 55). Este facto, que tornou a música a mais isolada socialmente das artes, é indesmentível mas igualmente explicável.

---

[81] Podem citar-se como reflexões parcialmente em torno desta problemática, o artigo de Paulo Ferreira de Castro "Composição e racionalidade" (Castro, 2002) e, até certo ponto, as primeiras páginas de Carvalho (2007) publicados já no século XXI.

### 5.1.1. Tecnologias

Para compreender a diferença entre a música e as outras artes parece ser obrigatório considerar o impacto da reprodutibilidade técnica nesta arte. Apesar de Walter Benjamin ter abordado sobretudo o cinema e a fotografia, negligenciando o impacto da reprodução mecânica na música, é inegável a sua importância.[82] Philip Bohlman afirma que as tecnologias da gravação afectaram todas as ontologias da música "ao ponto de as tecnologias terem chegado a moldar a forma como os humanos imaginam a música" (Bohlman, 1992: 33). Para Bohlman, "poucas ontologias da música, tanto no Ocidente moderno como nas culturas musicais tradicionais, estão suficientemente seguras para resistir a todos os desafios metafísicos que a gravação põe em movimento" (*ibid.*: 31). Sem a gravação, a vida musical de hoje não seria como é. Assenta em larga medida na produção de discos, na sua circulação e disseminação em larga escala. A programação das temporadas musicais tem em forte consideração a edição de novos discos, o que é sobretudo válido para os intérpretes de repertório canónico, tanto solistas como orquestras; as novas peças de compositores contemporâneos podem adquirir visibilidade (deveria talvez dizer-se audibilidade) através de discos, sendo até possível que uma gravação de uma peça na sua estreia e posterior edição discográfica se substitua à circulação "real" da própria obra. Antoine Hennion define aliás o novo melómano como, antes de mais nada, um comprador de discos: "o nosso espaço musical é actualmente balizado pelos *media* e pela gravação, a rádio e, acima de tudo, pelo disco" e "nove décimos da nossa escuta musical passam hoje pelo disco" (Hennion *et al*, 2000: 60). O autor refere ainda que uma ordem de prioridades se inverteu no campo clássico: actualmente a gravação não acontece depois de uma série de concertos mas, pelo contrário, é o disco que precede e desencadeia os concertos.

Por outro lado a importância que a música *pop* e *rock* adquiriu à escala global é inimaginável sem o suporte discográfico. Este sector, juntamente com a indústria cinematográfica, as séries de televisão e os jogos de computador, provenientes sobretudo dos Estados Unidos e, no caso da música, também da Inglaterra, constituem a base da hegemonia global da indústria cultural anglo-americana. Para Nattiez "a concentração das *majors* do disco, o abaixamento do custo dos aparelhos de reprodução diferida, a mundialização dos sistemas de difusão transformaram o mercado da música. Em 1998, o disco

---

[82] Cf. Benjamin (2006).

clássico só representava 7% do mercado" (Nattiez, 2003: 47-48). A importância dos discos é inegável apesar do peso muito minoritário que têm, na produção global da indústria discográfica, a música clássica e ainda mais a música contemporânea. Mas, no entanto, para esta investigação, esta problemática não é crucial. As gravações terão de ser consideradas em conjunto com todos os outros factores em jogo.

### 5.1.2. A crise da música contemporânea

Se existe uma crise global da música da tradição erudita europeia, existe, sem dúvida, uma crise no campo da música contemporânea que muitos consideram ainda mais grave. A separação da nova música do tronco da *common practice* está na base da função museu que esta adquiriu. Cada vez mais separada do tronco comum ao longo do século XX, a música contemporânea foi tendo problemas específicos, os seus agentes activos encetaram muitas vezes combates abertos tanto com a música chamada clássica e a sua progressiva primazia nas salas de concertos, como com todas as outras músicas, consideradas comerciais ou inferiores, e a sua progressiva e imparável primazia nos *media*. Iremos passar em revista alguns autores que tratam as problemáticas mais específicas da música contemporânea e que apresentam abordagens diferentes conforme as sua próprias posições no campo, para relembrar as teses de Bourdieu, ou conforme os países onde se situam os seus lugares de enunciação, para relembrar as teorias pós-coloniais.

Os argumentos dos defensores das correntes mais instituídas ou tradicionais associadas ao modernismo (passe o aparente paradoxo), são muitas vezes derivados das narrativas históricas sobre a incompreensão (momentânea ou passageira) dos contemporâneos em relação a algumas obras e a alguns compositores do passado – sendo o caso dos Quartetos de Beethoven talvez o mais referido – e, desse modo, colocando-se numa posição similar, esperam pelo futuro para lhes atribuir o reconhecimento merecido mas negado em vida.[83] Nesse sentido confiam no futuro para assegurar um lugar no cânone imaginado. O facto de ainda hoje obras dos anos 10 do século XX serem consideradas modernas (por isso, estranhas, como vimos) não altera o tom geral dos argumentos.

---

[83] Esta posição recorrente não deixa de ser discutível. Cf. artigo de Hans Lenneberg "The myth of the unappreciated (musical) genius" (Lenneberg, 1980, *The Musical Quarterly*, Abril, pp. 219-230).

Regressando às posições de J.-J. Nattiez devem assinalar-se dois momentos interrogativos do autor. No final dos anos 80, Nattiez escreveu no nº 4 da revista "Inhamoniques" do IRCAM, um artigo com o título "*Répons* et la crise communicationnelle da la musique contemporaine" no qual analisa a obra de Boulez (de 1981 a 1984) emblemática do IRCAM e defende-a como sendo uma resposta efectiva à crise em questão, que o próprio título não deixa de enunciar como um facto insofismável.[84] Posteriormente, na sua introdução à enciclopédia *Musiques*, de 2003, afirma que "o século XX terá sido um século de 'crises' sendo que "o serialismo já não se tornará a nova linguagem musical" e "depois do radicalismo do discurso e da experimentação sistemática seguiu-se um período de desafectação crescente do público em relação à música 'séria' contemporânea" considerando aliás que o próprio termo "música contemporânea" é "uma etiqueta que, cada vez mais, designa um momento da evolução estilística do século XX" (Nattiez, 2003: 28-29). Mais adiante refere que "o que nós considerávamos ser *a* música contemporânea, afinal hoje parece-nos ter sido apenas um estilo". Nestas posições radicará o ecumenismo da sua enciclopédia que procura abarcar e tratar todas as músicas do mundo. No entanto, falando das suas opções em relação ao tipo de relato a fazer sobre a música erudita do século XX, Nattiez afirma que "uma história da música escreve-se sempre em função de uma "intriga" que selecciona e organiza o material, no sentido de Veyne (1971)". Sabemos hoje que existem várias "intrigas", várias narrativas diversas do mesmo período.

### 5.1.3. A crítica de Lévi-Strauss em 1964
Este diagnóstico de crise na música contemporânea só começou a generalizar-se a partir dos anos 1980. Até então só algumas vozes se erguiam assinalando diversos tipos de problemas nas novas linguagens, especialmente nas derivadas do serialismo. Uma das que tiveram mais impacto nesta primeira fase foi a de Lévi-Strauss. Apesar da sua sofisticação argumentativa, foi descartada na altura pelos agentes activos do modernismo musical do pós-guerra como simplesmente reaccionária, apesar do prestígio do autor. Claude Lévi-Strauss foi o fundador da antropologia cultural estruturalista, partindo, como muitos outros, de conceitos do Curso de Linguística Geral de Ferdinand de Saussure. Analisou a estrutura dos mitos e estabeleceu várias vezes paralelos entre os mitos e a música nos quatro volumes de *Mythologiques*. Na "*Ouverture*"

---

[84] Este artigo foi revisto e aumentado em Nattiez (1993).

de *Le Cru et le Cuit* de 1964, Lévi-Srauss, com base numa comparação entre a linguagem e a poesia e outras artes, lança uma forte crítica à pintura abstracta e à música contemporânea, em particular à música concreta e à música serial. Para Lévi-Strauss, a arte contemporânea tinha abdicado do primeiro dos dois níveis de articulação fundamentais para o funcionamento de qualquer código comunicativo, e aí radicava a sua dificuldade senão a sua disfunção. Assim, "se a pintura merece ser chamada uma linguagem é porque ela, como qualquer linguagem, consiste num código especial cujos termos são gerados por uma combinação de unidades menos numerosas e que dependem elas próprias de um código mais geral" (Levi-Strauss, 1964: 14).

Lévi-Strauss sublinha a diferença entre a pintura e a linguagem articulada no que respeita à ordem dos factores, estético e intelectual, na percepção. Na pintura as mensagens são recebidas primeiro pela percepção estética e depois pela percepção intelectual, enquanto na linguagem se passa o contrário. Tentando resumir o principal da ideia straussiana, na linguagem, os sons das diversas línguas estabelecem entre si um primeiro código, não significante, que é condição necessária para o segundo código, significante, o que aquele conjunto de sons quer dizer em cada língua. Esta dualidade, significante//significado, unificada no conceito de signo em Saussure, foi revista por outros linguistas, como Hjelmslev[85], que propôs uma nova terminologia. Significado torna-se conteúdo, significante torna-se expressão.

> Na linguagem articulada, o primeiro código não significante é meio e condição de significação para o segundo código: de forma que a própria significação é limitada a um plano. A dualidade é restabelecida na poesia, que retoma o valor significante virtual do primeiro código para o integrar no segundo. Com efeito a poesia opera ao mesmo tempo sobre a significação intelectual das palavras e das construções sintácticas e sobre as propriedades estéticas, que são potencialmente termos de outro sistema que reforça, modifica ou contradiz esta significação. O mesmo acontece na pintura, em que as posições de formas e de cores são acolhidas como traços distintivos dependendo simultaneamente de dois sistemas: o das significações intelectuais, herdado da experiência comum, resultante do recorte e da organização da experiência sensível em objectos; e o dos valores plásticos, que não se torna significativo senão na condição de modular o outro integrando-se nele... Compreende-se então porque é que a pintura abstracta, e de uma maneira geral todas as escolas

---

[85] Cf. Hjelmslev, *Prolegomenon to a Theory of language* (1943).

que se proclamam não figurativas, perdem o poder de significar: elas renunciam ao primeiro nível de articulação e pretendem contentar-se com o segundo para subsistir [*ibid.*: 28-29].

Depois de descrever aquilo que considera o primeiro nível de articulação na música, ou seja, as relações hierárquicas nas escalas das músicas do mundo, criadas pela cultura e não somente pela natureza – aquilo a que chama uma organização sensível – a partir das quais os compositores de todas as épocas trabalharam com vista a estabelecer todo o mistério significante da música, Lévi-Strauss prossegue:

> Este ponto é capital, porque o pensamento musical contemporâneo rejeita, formal ou tacitamente, a hipótese de um fundamento natural que justificasse objectivamente o sistema das relações estipuladas entre as notas da escala.[86] Estas definir-se-iam exclusivamente – segundo a significativa fórmula de Schoenberg – por 'o conjunto de conexões dos sons uns em relação aos outros'. No entanto os ensinamentos da linguística estrutural deveriam permitir a superação da falsa antinomia entre o objectivismo de Rameau e o convencionalismo dos modernos. Como consequência do corte operado no conteúdo sonoro por cada tipo de escala aparecem relações hierárquicas entre os sons. Estas relações não são ditadas pela natureza, uma vez que as propriedades físicas de uma qualquer escala musical excedem consideravelmente, pelo número e pela complexidade, aquelas que cada sistema elege para constituir os seus traços pertinentes. Também não é menos verdade que, à maneira de qualquer sistema fonológico, todos os sistemas modais ou tonais (e mesmo politonais ou atonais) se apoiam nas propriedades fisiológicas físicas, das quais retêm algumas, entre todas aquelas que estão disponíveis em número provavelmente ilimitado, e cujas oposições e combinações (a que se prestam) exploram, para elaborar um código que possibilite a discriminação das significações. A música supõe, pois, a título semelhante ao da pintura, uma organização sensível, o que não quer dizer que a ela esteja sujeita [*ibid.*: 29-30].

Contrariamente, os enunciados de Pierre Boulez da mesma época reclamavam outro tipo de pressupostos: "A série constitui-se como um modo

---

[86] "*Gamme*" não é exactamente traduzível por *escala* porque, em francês, o termo parece ter um conteúdo mais vasto do que escala em português. No entanto, não há outra forma: "gamas musicais" não é de uso corrente, nem provavelmente português correcto.

de pensamento polivalente. [...] Constitui assim uma reacção contra o pensamento clássico que pretende que a forma seja, praticamente, uma coisa pré-existente, tal como o seria a morfologia geral. Aqui não há escalas pré-concebidas, isto é, estruturas gerais em que se insira um pensamento particular; em contrapartida, o pensamento do compositor, ao utilizar uma metodologia determinada, cria os objectos de que precisa e a forma necessária para os organizar, de cada vez que precisa de se exprimir. O pensamento tonal clássico funda-se num universo definido pela gravitação e pela atracção; o pensamento serial num universo em perpétua expansão"[87] (Boulez, 1966: 297).

No entanto, não se irá aqui analisar o fenómeno das interacções entre o serialismo e o estruturalismo na música, mas antes a posição particular de Lévi-Strauss, tal como está expressa em *O Cru e o Cozido*: "Levando às consequências extremas a erosão das particularidades individuais das notas musicais, que começa com a adopção da escala temperada, o pensamento serial parece não tolerar entre elas senão um grau muito fraco de organização; para empregar as palavras do próprio Boulez, o pensamento serial cria, de cada vez, os objectos de que precisa e a forma necessária à sua organização. Por outras palavras, renuncia às relações que constituem os sons da escala tonal e que correspondem às palavras, aos monemas, ao nível da primeira articulação, típico de cada língua que quer comunicar" (Levi-Strauss: 1964: 32).

Para o autor, a música serial tentou "construir um sistema de signos sobre um único nível de articulação". O argumento bouleziano de polifonia de polifonias, das leituras oblíquas, entre a horizontal e a vertical, como terceiro nível de articulação, ao qual é conferido o papel até há pouco preenchido pelo segundo, não é aceite por Lévi-Strauss: "A despeito da sua coerência lógica, este argumento deixa escapar o essencial: é verdade para qualquer linguagem que a primeira articulação não é móvel, salvo dentro de limites estreitos. Sobretudo não é permutável. Com efeito, as funções respectivas das duas articulações não podem definir-se no abstracto, nem uma relativamente à outra. Os elementos promovidos a função significante de uma nova ordem, pela segunda articulação, têm de ascender a ela munidos das propriedades requeridas, isto é, já marcadas por e para a significação. Tal só é possível porque estes elementos são não apenas retirados da natureza mas organizados em sistema desde o primeiro nível de articulação: hipótese viciada, a menos que se admita que este sistema toma em conta certas propriedades de um

---

[87] Ver também Boulez, (1975) *Relevés d'apprenti*, Paris, Éditions du Seuil.

sistema natural, que, para seres idênticos quanto à natureza, institui as condições da comunicação *a priori*" (*ibid.*: 32-33). Portanto, para Lévi-Strauss, a disfunção comunicativa do serialismo radica na ausência real de dois níveis de articulação.

A principal limitação da posição de Lévi-Strauss reside na sua consideração do sistema tonal (ocidental) como natural e como correcta sedimentação da relação natureza/cultura na qual se baseia toda a música (ocidental).[88] Deste ponto de vista as suas posições são absolutamente idênticas às de Heinrich Schenker: "Este fenómeno tão discutido [a série dos harmónicos], que constitui a única fonte dada pela Natureza para a música se constituir, é muito mais familiar para o instinto do artista do que para a sua consciência. A acção prática do artista tem, portanto, um fundamento muito mais profundo do que a sua compreensão teórica do mesmo" (Schenker, 1980: 20-21). Toda a teoria de Schenker se baseia no pressuposto de que o acorde natural, a tríade, resulta de um longo processo de compreensão e domínio das consequências do dado natural até ao estabelecimento correcto do sistema tonal como único meio para a música poder acontecer. Não admira por isso que Schenker considerasse Schoenberg e Stravinsky como destruidores da grande tradição musical.

Mas as críticas às aporias do modernismo musical foram prosseguindo durante as décadas seguintes à medida que se ia manifestando o que alguns autores designavam, nas várias áreas artísticas, como a exaustão da ideia moderna da arte. Uma das mais fortes foi escrita em 1989 num artigo de Susan McClary, uma das representantes da musicologia feminista que emergiu nos anos 80 nos Estados Unidos.

### 5.1.4. Prestígio terminal, 1989

Susan McClary começa por apresentar três declarações de compositores a propósito da dificuldade da música face ao público e à sua capacidade de a compreender. Primeiro, Roger Sessions em "How a 'difficult' composer gets that way" (1950) afirma: "Foi-me dito algumas vezes que a minha música é difícil. Há aqueles que consideram isto um elogio, e os que o consideram uma censura. [...] É a maneira como a música vem, a maneira como tem de vir" (*apud* McClary, 1989: 58). Para McClary, "Sessions (presumivelmente o agente que compõe estas peças) está estranhamente ausente desta explicação: é a música ela-própria que não pode evitá-lo, que impõe o tipo de complexidade que

---

[88] Tratei este aspecto com maior detalhe em Vargas (2002: 28-53).

os ouvintes na sua maioria acham incompreensível". Seguidamente a autora cita do artigo de Arnold Schoenberg "How one becomes lonely" (1937) o seguinte: "Mas logo depois da guerra [...] as minhas obras eram tocadas em todo o lado e aclamadas de tal maneira que comecei a duvidar do valor da minha música...". Nesta passagem lê-se uma confirmação da tese de Bauman sobre o *double bind* em que o modernismo se deixou encerrar: interpretar o sucesso como falhanço e o falhanço como sucesso (cf. Bauman, 1997: 96-97). Schoenberg prossegue: "Uma das acusações que me eram dirigidas mantinha que eu compunha só para a minha satisfação privada. [...]. Enquanto compor tinha sido um prazer para mim, agora tinha-se tornado um dever. Sabia que tinha de cumprir uma tarefa: eu tinha de expressar o que era necessário ser expresso e sabia que tinha o dever de desenvolver as minhas ideias em nome do progresso na música, quer gostasse quer não; mas também tinha de compreender que a grande maioria do público não gostava". McClary sublinha destas declarações o facto de "a aceitação por parte da audiência indicar falhanço", tal como referimos, e o facto de "ser a música ela-própria que pede tais sacrifícios tanto à comunidade como ao artista" (McClary, 1989: 59). Finalmente, cita Milton Babbitt que afirma:

> Atrevo-me a sugerir que o compositor deve fazer, ele próprio e a sua música, um imediato e eventual serviço ao retirar-se total, resoluta e voluntariamente deste mundo público para um de *performance* privada e música electrónica, com a sua muito real possibilidade da completa eliminação dos aspectos públicos e sociais da composição musical. Assim fazendo, a separação entre os domínios seria definida para além de qualquer possibilidade de confusão de categorias e o compositor estaria livre para prosseguir uma vida privada de realização profissional, oposta a uma vida pública de compromissos não profissionais e exibicionismo. [Babbitt, "The Composer as Specialist" (1958) publicado como "Who cares if they listen" na High Fidelity Magazine 8, nº 2 Fevereiro: 1958: 126]

McClary sugere que "talvez só com a vanguarda do século XX tenha existido uma música que procurou assegurar prestígio precisamente renunciando a todas as funções e valores sociais [...] por outras palavras, o valor de prestígio desta música era inversamente proporcional à resposta e compreensão do público". A autora afirma que esta posição é a *reductio ad absurdum* da noção do século XIX de que a música devia ser uma actividade autónoma, insulada da contaminação do mundo social exterior" (ou seja, a questão da autonomia da arte tal como vista e problematizada embora de modo muito diverso por Adorno e Bourdieu). E continua: "No contexto do capitalismo industrial, desenvolveram-se duas economias da música mutuamente exclusivas: a que se mede pelo sucesso popular ou comercial e a que aspira ao prestígio conferido por árbitros oficiais do gosto" (*ibid.*: 59). Neste século (especialmente depois da Segunda Guerra Mundial) o compositor "sério" sentiu-se sob a pressão tanto do repertório reificado, infinitamente repetido da música clássica, como dos *mass media* que forneceram à música previamente desprovida de meios dessa natureza modos de "escrita" e distribuição – nomeadamente a gravação, a rádio e a televisão. Para a autora é por isso que "apesar de Schoenberg, Boulez e Babbitt diferirem enormemente entre si no que respeita ao contexto socio-histórico e ao estilo musical, pelo menos partilham a *mentalidade acossada* que deu origem à posição extrema que temos vindo a traçar: todos olham a *audiência* como um incómodo irrelevante cuja *aprovação* assinala *falhanço artístico*"[89] (*ibid.*: 61).

No entanto McClary sublinha que "nenhum repertório musical pode ser verdadeiramente autónomo de valores sociais" e continua: "muito pelo contrário – o compositor de vanguarda precisa de uma comunidade discursiva para apoio tanto como precisa qualquer músico, mas a constituição desta comunidade e os seus valores são os da torre de marfim". Para Babbitt a resposta possível à questão da sobrevivência do artista retirado da esfera pública reside "naquilo que a universidade garante ao académico e ao cientista. Será adequado que a universidade que – significativamente – tem fornecido a tantos compositores contemporâneos o seu treino profissional e a educação geral, deva garantir uma 'casa' para o 'complexo', 'difícil' e 'problemático' na música". Caso contrário, afirma Babbitt, "se esta música não for apoiada, o repertório assobiado do homem da rua será pouco afectado, a ida a concertos do conspícuo consumidor da cultura musical será pouco perturbada. Mas a música deixará de evoluir e, neste importante sentido, deixará de viver". Segundo McClary, Babbitt apela por isso "para uma economia separada que confira prestígio, mas também (deve ser acrescentado) confira suporte financeiro sob a forma de 'foundation grants and university professorships'." (*ibid.*: 62)

A autora afirma que, enquanto o sucesso no mercado comercial de curto prazo tem meios de avaliação claros, "pelo contrário, reclamar que uma música é válida em virtude da sua autonomia em relação às funções sociais está precariamente dependente de definições sociais de prestígio particula-

---

[89] Itálicos meus.

res" (*ibid.*: 63). McClary escreve que essas definições de prestígio tem sofrido transformações nos últimos vinte anos, referindo-se às correntes pós-modernas e aos debates em torno do que abordei no capítulo anterior. Nesse sentido a autora afirma com ironia que "seria sem dúvida uma surpresa para o bárbaro que assobia [whistling barbarian] saber que a música é uma espécie em perigo, estando os últimos sobreviventes cuidadosamente protegidos em laboratórios universitários" (*ibid.*: 64). Considerando que "o século XX testemunhou uma explosão de criatividade sem paralelo", McClary afirma que "enquanto que a música do cânone é o repositório de valores aristocráticos e, mais tarde, de valores hegemónicos da classe média, esta desordenada explosão no século XX reside na chegada à voz de negros e latino-americanos, das classes rurais e trabalhadoras, das mulheres, e (no caso daqueles a quem podemos chamar pós-modernos) daqueles cujo treino naquelas instituições assustadoras não pegou [did not quite take]" (*ibid.*).

Neste sentido McClary conclui: "apesar de toda a retórica da sobrevivência e as tentativas de eliminar outras formas de produtividade musical, simplesmente recusando tê-las em consideração, estes argumentos tiveram pouca influência no mundo musical ou, em última análise, eu preveria, na história da música. A música produzida sob essa condições de estufa foi ouvida por poucos e praticamente não teve impacto social. É o último grito de um bloco histórico que perdeu o seu controlo hegemónico sobre a cultura na viragem do século" (*ibid.*). Mas Babbitt, tal como os seus equivalentes europeus, continua a defender a linha dura no artigo "The unlikely Survival of Serious Music" (1987). Segundo McClary, ele continua a exaltar a dificuldade, a denegrir as alternativas como circos públicos de música, como cidadelas de *showbiz*". Babbitt afirma que "a música está "under the current egalitarian dispensation" alinhando-se, deste modo, com os argumentos dos defensores dos cânones musical, literário e artístico e com os movimentos neo-conservadores que nos Estados Unidos se lançaram na cruzada contra as consequências dos anos 1960 na cultura americana, vista como decadência acelerada e perda acentuada da referências culturais tradicionais (Cf. Allan Bloom (1988), Harold Bloom (1998), Daniel Bell (1978) nos Estados Unidos e Marc Fumaroli (1999) em França).

McClary escreve que "porque o prestígio destes compositores (e, de forma não coincidente, o seu modo de vida) está dependente da transmissão das suas assunções anti-sociais às gerações subsequentes de compositores, o estudo académico de música foi-se restringindo gradual e subtilmente à reprodução desta ideologia". Como afirma a autora, a maior parte dos estudos de música do século XX conseguem ignorar completamente a existência do *jazz* e do *rock*. Na última década, o sucesso popular de certos compositores pós-modernos (Phillip Glass, Laurie Anderson, Steve Reich, Meredith Monk) precipitou uma vigorosa resposta da parte dos compositores académicos que estão a tentar reafirmar o seu maior prestígio.

Para McClary "ironicamente, a 'vanguarda' já não se identifica com o novo; institucionalizada como está nas universidades, tornou-se a fortaleza conservadora da cena musical actual, porque mantém estritamente a dificuldade e a inacessibilidade como os signos principais da sua integridade e da sua superioridade moral" (*ibid.*: 67). Referindo-se ao sistema de ensino musical nos Estados Unidos, McClary escreve (em 1989, refira-se): "O poder do *lobby* da vanguarda no ensino superior é tal que tanto a música popular como a música pós-moderna estão marcados como sendo o inimigo e há ainda um considerável esforço para as manter fora do *curriculum* regular. A música popular americana, quando raramente ensinada nos departamentos musicais, é usualmente apresentada como parte da etnomusicologia – a cultura do 'primitivo', o étnico 'Outro': uma indicação clara da economia de prestígio em causa". Como vimos anteriormente, esta situação alterou-se, pelo menos em parte, sobretudo nos países de língua inglesa que assistiu mais recentemente à entrada de diversos *Outros* da musicologia na academia. Para McClary, do mesmo modo, o ensino da música canónica europeia é objecto de abordagens muito específicas: "porque a música de vanguarda depende de ter transcendido o uso social ou significação, os seus apoiantes *naturalizaram esta posição e projectaram-na retrospectivamente no cânone europeu como um todo*. Tornou-se herético tratar as práticas significantes de, por exemplo, Bach ou Beethoven por duas razões interligadas: primeiro, o seu prestígio actual na academia modernista assenta mais nos *padrões abstractos de ordem* na sua música do que na *significação*; segundo, o argumento de que a sua música também não é mais do que construções abstractas por sua vez ajuda a *legitimar* a vanguarda"[90] (*ibid.*: 69).

Este artigo de Susan McClary clarifica um dos processos, ao mesmo tempo mais discretos e mais eficazes, de legitimação da vanguarda pós-1945: conseguiu impor durante bastante tempo uma leitura retrospectiva da música do passado à luz dos seus próprios valores, unificando desse modo os discursos hegemónicos sobre música em torno de um *corpus* teórico único. Neste ponto é de salientar que na academia universitária americana existiu uma aliança

---

[90] Itálicos meus.

entre os adeptos da análise schenkeriana para a música tonal e os adeptos da "pitch class set theory". As duas perspectivas têm em comum serem análises internas estruturais e recusarem qualquer abordagem externa. Veremos mais adiante que Benoît Duteurtre alicerça as sua críticas fundamentalmente nos mesmo aspectos apesar de a sua análise se concentrar exclusivamente na situação em França. Estamos perante um paradigma que funcionou em todo o mundo ocidental.

### 5.1.5. A institucionalização da vanguarda: as críticas na Europa

Na Europa verificavam-se alterações mesmo no interior dos cursos de Verão de Darmstadt entretanto já sacralizados. É isso que justifica o titulo do artigo do alemão Hermann Danuser "L'école de Darmstadt et son mythe" (Danuser, 2003). Este autor refere o aumento do desconforto gradual com as exclusões características dos cursos e refere que ainda hoje "testemunhos dos traumatismos regressam" quando se aborda o assunto. As expressões que Danuser retira de declarações de compositores são 'ditadura darmstadtiana','polícia dodecafónica' e 'concílio anual'. (ibid.: 276). Os casos de Hans Werner Henze e de Bernd Alois Zimmermann são referidos pelo autor como exemplos dos "constrangimentos do posicionamento em relação ao grupo" e refere o que Stuckenschmidt já tinha escrito em 1958 sobre uma imagem de "conformismo da vanguarda que caracteriza nos nossos dias a geração dos imitadores de Boulez, Stockhausen, Messiaen e Webern" (ibid.: 277).

O momento simbólico mais marcante verificou-se em 1976 aquando da execução por Saschko Gawriloff da *Sonata para Violino Solo* do jovem compositor alemão Hans-Jürgen von Bose. Danuser escreve que "produziu-se o facto extraordinário de Gawriloff, no tumulto crescente provocado por certos 'auditores', ter de interromper a sua execução". Segundo Danuser, "os defensores da vanguarda, que provocaram um escândalo de acordo com o uso estabelecido, não se aperceberam de modo nenhum [...] que os papéis tinham mudado, fazendo dos provocadores de ontem aqueles que eram provocados agora" (ibid.: 278). O que este episódio demonstra – para além do que Danuser classifica como o aparecimento do pós-modernismo na música – está relacionado com a progressiva aquisição de poder simbólico, de uma gradual hegemonia em relação à ideia sobre "como se devia compor" e, sobretudo, uma gradual, mas irreversível, institucionalização das vanguardas. A figura mais importante desse processo foi, sem dúvida Pierre Boulez e, por isso, foi contra ele que foram lançados os ataques e as críticas mais violentas. Do mesmo modo os seus defensores, como Celestin Deliège, autor de *Cinquante ans de modernité musicale: de Darmstadt à l'IRCAM* (Deliège, 2003) – título que inequivocamente localiza o âmbito geocultural simbólico (e real) de um percurso que foi também o percurso de Boulez – alicerçavam a sua narrativa da modernidade musical em estreita ligação com a sua figura. É por essa razão que o historiador argentino Diego Fisherman refere mesmo o compositor francês como "uma espécie de superministro virtual da música europeia" (Fisherman, 1998: 133).

Georgina Born, no seu livro *Rationalizing culture: IRCAM, Boulez, and the institutionalization of the musical avant-garde*, de 1995, apresenta uma perspectiva critica sobre a instituição: o seu aparecimento e importância: a sua inserção na história mais vasta do modernismo; a associação entre o uso de tecnologia como variante da antiga tendência moderna de fascinação com a ciência e a sua autoridade legitimadora; o contexto de recriação em França de um projecto de liderança e recentralização da França e da sua cultura; a associação entre Boulez, fortemente prestigiado, e esses projectos políticos: a criação do IRCAM, como resposta a uma crise na composição (cf. Boulez, 1975a: 11-22) e um retomar da primazia modernista contra as investidas pós-modernas e da cultura popular.

Para Born, aquilo que designa, referindo Foucault, como um sistema cultural dominante, existia no IRCAM baseado em dois procedimentos: "a construção de genealogias, o controle da reprodução e a sua ligação à produção de modo a legitimar o trabalho presente com referência ao passado;" e noutro plano "o moldar da subjectividade mostrado através de processos de fragmentação e repressão que impediam outras estéticas de entrar no IRCAM" (Born, 1995: 326). Apesar de em certos períodos haver dúvidas e divergências no interior da instituição sobre a música a produzir todos "os materiais publicados (programas dos concertos e dos cursos, publicações, discos, e cassetes vídeo) construíam e mantinham uma perspectiva consistente e vigorosa sobre o passado musical moderno. Por outras palavras incorporavam um cânone" (*ibid.*: 171). Para Born, o cânone do IRCAM era baseado na perspectiva de Boulez, que tinha conseguido institucionalizar a sua visão da história nos anos 1960 e torná-la "reconhecida como dominante" e "largamente aceite tanto pelo *establishment* musical como por musicólogos". Para a autora, tendo em conta os recursos do IRCAM, o triunfo da genealogia de Boulez atingiu uma escala maior do que alguma vez tinha conseguido. Segundo Born, a estética do IRCAM e a música lá produzida "é ainda caracterizada pela deliberada e rebarbativa complexidade e dissonância da estética modernista" e o seu inimigo explicitamente declarado era a *art music* pós-moderna e regressiva.

O director pedagógico do IRCAM durante alguns anos, Jean-Baptiste Barrière, lançava um ataque às correntes do pós-modernismo "em termos do culto nostálgico do passado; da defesa neoliberal das forças do mercado na cultura; da equação entre o valor do mercado e o valor artístico; na omnipresença e dominação da publicidade como forma cultural" (Barrière, 1990). Born considera que este tipo de posições representa uma critica cultural adorniana renovada. Tal como no episódio do escândalo descrito por Danuser também a orientação principal do IRCAM se caracterizava por processos de exclusão e defesa da visão tradicional do modernismo musical, prosseguindo o combate com o seu *Outro* – usando a dicotomia proposta por Huyssen – a cultura de massas ou as correntes suspeitas da sua contaminação, como o pós-modernismo (cf. Huyssen, 1988).

O convite para a criação do IRCAM tinha sido formulado a Boulez pelo Presidente Pompidou em 1970, como parte da reorganização da vida cultural em França após 1968, o que, por um lado, revela o prestígio do compositor e maestro no cume das esferas políticas e, por outro, constitui uma demonstração do alto grau de institucionalização a que chegou a vanguarda no Ocidente. Mas Benoît Duteurtre, fortemente crítico da supremacia bouleziana no seu livro *Requiem pour une avant-garde* (1995), refere uma outra série de aspectos que demonstram o seu real poder em França. O seu livro é referido por Nattiez na introdução à sua enciclopédia como um dos momentos importantes da emergência do pós-modernismo em França, tal como a análise sociológica de Pierre-Michel Menger publicada em 1983, *Le Paradoxe du Musicien*.

Ao contrário de Georgina Born, cujo livro é o resultado de uma investigação do funcionamento interno de uma instituição numa perspectiva etnográfica, Duteurtre coloca-se numa posição de polemista contra o *status quo* da música francesa, contra o carácter exclusivista da orientação estética prevalecente e, finalmente, contra o complexo sistema de poder associado à corrente bouleziana e a absorção dos financiamentos públicos do Estado francês por parte das estruturas do IRCAM. Duteurtre clama por uma reavaliação da música do século XX, que considera ter compositores e tendências que devem ser revalorizadas urgentemente, e aborda o vasto poder pessoal e institucional de Boulez, o sistema instalado no ensino, a exclusão de todos os não alinhados. O autor enumera no seu livro de 1995 os vários cargos de Boulez nessa altura: "acumula as funções de director do IRCAM, presidente do Ensemble Intercontemporain (a orquestra subvencionada limitada muito tempo ao repertório aceite por Boulez), vice-presidente da Ópera da Bastilha, conselheiro especial da Orquestra Nacional de França, conselheiro musical da Sept (cadeia de televisão cultural criada pelo Estado), membro do comité de orientação da Cité da la Musique da La Villete, professor no Collège de France e director da colecção Inharmoniques nas edições Christian Bourgois". O autor refere "a relativa incultura musical das elites francesas, fascinadas pela argumentação intelectual mas relativamente pouco musical, o que as torna permeáveis à bela lógica do discurso pedagógico progressista".[91] Para Duteurtre há "um esquema agravado pela extrema centralização dos poderes e da *intelligentsia* francesa" e refere que "a concentração parisiense da decisão traduziu-se nesta país pela dominação de um clã com a exclusão de dos outros" (ibid.: 160). Em relação às correntes que "reivindicam a sua independência", como a corrente *spectral*, Dutreurte afirma que "a maior parte dos oponentes alimentam-se das mesma fontes de pensamento que o seu adversário: atonalismo generalizado, rejeição de uma tradição musical criticada como pertencente ao passado, culto da *recherche* científica" (ibid.: 161)[92] Segundo o autor, as "vozes mais vivas" da música francesa sofrem "a pressão local que associa indistintamente a ideia tonal ou a eficácia rítmica a uma facilidade reaccionária e que vê sempre o atonalismo como a via da necessidade histórica" (ibid.:163).

Depois de referir as percentagens dos apoios públicos "em 1994 o Ensemble Intercontemporain recebeu, só para ele, perto de 70% das subvenções atribuídas pelo Estado aos grupos de música contemporânea" apesar disso, segundo o autor, "as crianças dos berços confortáveis do IRCAM, da corrente espectral e do Conservatório [...] criticam a social-democracia de não fazer o suficiente por eles: colocando-se como detentores da alta cultura da qual o público deve ser impregnado, apesar dele próprio, exigem subvenções para toda a vida, o vanguardismo assalariado" (ibid.: 179). Duteurtre considera ainda que "mais grave é a reforma do ensino musical implementada pela vanguarda desde os anos 1970. Na dificuldade de encontrar um público adulto, os músicos atonais nunca esconderam a sua vontade de iniciar a juventude nas suas teorias para se inventar um auditório futuro" (ibid.: 181). Sugere que "o optimismo pedagógico suscitado por estas experiências [...] só tem paralelo com o seu falhanço. Os pequenos apressam-se na adolescência a

---

[91] Esta afirmação, pouco comum na pena de autores franceses, parece-nos ter importância especialmente porque, pelo contrário, é muito comum na pena de autores portugueses. Mas a argumentação de caracter intelectual ou pseudocientífica é parte integrante do discurso dominante no subcampo no seu todo.

[92] Sobre este aspecto ver o meu artigo "Racionalidade(s) e composição", Oficina do CES, (2008b).

esquecer Xenakis em favor do *rock*, da música clássica, do *jazz*, da canção e de todas as músicas contemporâneas, com a única excepção da dita 'contemporânea'." (*ibid.*)

No campo mais especializado do ensino superior, Duteurtre sublinha que "a disciplina da análise se tornou preeminente, como uma ciência musical a parte inteira [...] com os seus esquemas de inspiração estruturalista"[93] e aponta que "a penetração da ideologia pós-serial no ensino é uma das preocupações mais constantes de Pierre Boulez e da sua *entourage*" sendo esse objectivo concretizado pela "introdução de classes de informática musical ou pela nomeação dos principais professores de análise e composição (em 1994 Alain Bancquart, Gérard Grisey, Paul Méfano, Emmanuel Nunes, Guy Reibel, Alain Louvier [...]) todos saídos das correntes da vanguarda oficial" (*ibid.*: 183). Há que chamar a atenção para a presença nesta lista de Emmanuel Nunes. O autor afirma: "o Conservatório arrisca-se a agir, junto dos compositores aprendizes como uma escola de desaprendizagem" porque "certos alunos talentosos se interditam de apresentar qualquer composição estranha ao dogma" (*ibid.*: 184). E sublinha: "quantidades de jovens neo-vanguardistas chegam todos os anos a Paris, persuadidos de que Paris permanece o coração da criação musical" e "estes discípulos de discípulos já não recopiam os compositores modernos do início do século (Webern, Varèse...) nem mesmo os modernos do pós-guerra (Boulez, Stockhausen) mas os seus professores obscuros, eles próprios êmulos dos precedentes" (*ibid.*). As posições de Duteurtre representaram a avaliação mais crítica alguma vez publicada sobre a situação da música contemporânea em França. A segunda edição do seu livro incluiu um anexo com várias respostas que o seu livro provocou em 1995. Entre estas, naturalmente a favor e contra, há uma que merece uma referência por razões que avançarei de seguida. O autor da carta aberta escreve sobre "o titulo de que gosto muito: *Requiem pour une avant-garde*, essa vanguarda oficial e autoproclamada que eu combato há muitos anos, ao ponto de ter sacrificado – sem lamentar – uma carreira em França. [...] Bravo por teres desmascarado essa impostura, estou de corpo e alma contigo". No entanto, coloca algumas reservas: "mas tu atiras o bebé com a água do banho" (*ibid.*: 285). Quem escreve este texto? Trata-se de Harry Halbreich, musicólogo e programador, longos anos director do festival de Royan, posteriormente de outros festivais e várias

---

[93] Abordei a problemática da análise musical em Vargas (2002) e no artigo "Racionalidade(s) e composição", (2008b).

vezes convidado pelo Serviço de Música da Fundação Calouste Gulbenkian onde programou quatro ou cinco edições dos Encontros de Música Contemporânea. É de notar que Halbreich refere ter sacrificado "uma carreira" em França. Qual é o significado desta expressão? Primeiro, confirma o carácter excludente do núcleo duro associado à hegemonia pós-serial atestando que as exclusões podiam atingir não só músicas, compositores, tendências mas igualmente programadores. Mas, mais importante do que isso, assinala que a programação de festivais de música contemporânea se constituiu como "carreira" profissional, que o subcampo não se renovou e muitos programadores ficaram muitos anos associados à tarefas de escolher (e, portanto, excluir). Demonstra ainda que o subcampo contemporâneo, apesar de dominado pela corrente pós-serial, era (e é) um campo de lutas, de tomadas de posição, como Bourdieu nos ensinou, mas, e este aspecto é o mais relevante, mesmo não sendo monolítico não deixava de funcionar enquanto subcampo fechado, encerrado em si mesmo, no interior do qual algumas posições diversas combatiam pela primazia. Em última análise, Halbreich assume mais adiante que possuiu o seu próprio cânone – o conjunto de compositores que considera importantes – e, implicitamente, que o seu cânone privado foi derrotado em França pelo cânone bouleziano diverso e triunfante: "É preciso julgar as obras e só elas: aliás, pareces admirar Webern mais do que eu. Se Berio, Stockhausen, Penderecki me parecem falsos valores, ou seja, impostores dos quais serão esquecidos até os nomes, este fim de século será dominado por alguns criadores de génio como Messiaen, Tippett, Xenakis, Ohana, [...] Nono, Ligeti ou Lutoslawski" (*ibid.*: 286-287). Estas posições do programador belga, vistas em contraposição com as de Duteurtre, revelam que no interior do subcampo contemporâneo, existe um conjunto de agentes activos que, apesar das suas divergências menores, produzem e reproduzem práticas de inclusão e exclusão com base num certos número de pressupostos que todos partilham – uma filosofia da história da música – com variantes secundárias que não alteram o essencial do funcionamento centralizado da hegemonia.

Neste sentido importa realçar um ponto. Duteurtre afirma que "uma certa polarização do debate em torno da pessoa de Boulez pôde fazê-lo aparecer como bode expiatório. [...] foi censurado aos seus detractores comportarem-se como invejosos, como paranóicos. Depois de trinta anos de agressividade bouleziana, faz-se passar aqueles que se defendiam por agressores patológicos" (*ibid.*: 173). Duteurtre defende que desde modo "se passava para segundo plano a questão de fundo, tão raramente colocada durante quarenta anos: a pertinência de uma linguagem fundada pela necessidade atonal" (*ibid.*).

É este um dos pressupostos principais da filosofia da história na qual assenta o subcampo contemporâneo e radica aqui um dos principais factores de exclusão de outras visões. Esta distinção é importante por duas razões. Primeiro, embora Boulez tenha sido uma personalidade fulcral no estabelecimento da hegemonia pós-serial na Europa e na criação de estruturas institucionais fundamentais do subcampo contemporâneo, importa distinguir um agente (ou vários, como vimos) por marcante que tenha sido a sua acção, do carácter sistémico e global – resultante de inúmeros factores dos quais procuramos assinalar os mais importantes – que produziu um *sistema cultural de dominação e hegemonia*. É de salientar igualmente que na Europa o âmbito geográfico destes debates é tanto reduzido como transnacional. O seu local de enunciação é constituído pelos países centrais da Europa e pelos vários subagentes que, noutros países, reproduzem os mesmos critérios, os mesmo debates, e muito claramente, a apresentação regular do mesmo grupo restrito de compositores. Em segundo lugar, a perspectiva de Diego Fisherman, autor e músico argentino já citado, partilha a posição de Duteurtre de que o problema principal em questão se prende com várias interrogações que o núcleo central evita colocar:

> É possível, legitimamente, continuar a considerar qualquer busca em redor da tonalidade como uma simples retoma do passado?; uma sobrevivência antinatural, apenas fruto dos grupos de poder mais refractários à mudança, pode durar tanto?; pode continuar a assegurar-se que tudo o que ronde alguma forma de tonalidade é, estilisticamente, uma persistência – devida a compositores reaccionários – da música do século passado quando essa perpetuação já leva cem anos? [Fisherman, 1998: 59].

Este autor, no seu capítulo "Nas margens", põe em causa que "alguma vez a consagração tenha sido espontânea ou que tenha obedecido a considerações apenas estéticas" e considera discutível que "tenham podido existir considerações estéticas puras, independentes de normas e valorações definidas dentro de determinadas condições sociais e de época" (*ibid.*: 61).

### 5.1.6. Uma narrativa interna: *"de Darmstadt à l'IRCAM "*

O caso recente mais importante e significativo de história escrita a partir do ponto de vista do subcampo contemporâneo é, sem dúvida, o livro de Célestin Deliège, *Cinquante ans de modernité musicale: de Darmstadt à L'IRCAM, contribution historiographique à une musicologie critique*. Trata-se de um volume gigantesco de 1024 páginas em grande formato e o seu autor é uma figura importante da musicologia em França, muito próximo do círculo de Boulez, com o qual publicou um livro de entrevistas *Par Volonté et par hasard* (1975). Deliège elucida a sua posição face aos debates que atravessam o campo musical no próprio título do livro e no prefácio enuncia alguns dos seus pressupostos. Escreve que

> foi concebido como um manual de história redigido por uma testemunha [par un témoin] com os meios da musicologia crítica. [...] a obra está percorrida por um certo número de pré-requisitos, [que] o leitor descobrirá bastante cedo. O testemunho defende os direitos da musicologia crítica: a abstracção pura, o aleatório dos jogos de dados não são considerados como signos de virtude artística. A citação praticada como norma composicional, tendência já pós-moderna, é avaliada como um signo de precaridade, da mesma maneira que as outras formas do "retorno a..".. O autor ignora se a pós-modernidade existe em si; limita-se a registar nela um movimento do qual certos autores se reclamam [Deliège, 2003: 23].

Depois desta demarcação em relação às tendências pós-modernas e, mesmo, às correntes ligadas ao aleatório lançado por John Cage, o autor refere qual é o objectivo da sua *démarche*: "o primeiro objectivo da empresa é oferecer um utensílio pedagógico permitindo rectificar um certo número de ideias falsas e por vezes pejorativas dirigidas à música contemporânea, uma noção que foi desviada da sua significação primeira para se tornar um género musical específico, definido como arte abstracta [...] A história que se irá ler esforçou-se por neutralizar os preconceitos, por expor as dificuldades que obscureceram a 'recherche' experimental tanto quanto ela desejaria desembaraçar-se de 'tout effet de propagande' (*ibid.*: 23).

Neste seu "Avertissement", Deliège já nos dá pistas para se compreender a sua posição, mas no próprio livro as dúvidas que pudessem subsistir são rapidamente desfeitas. Assim, numa referência aos seus critérios em relação à música da URSS no capítulo "Emergências", Deliège escreve: "Edison Denisov (Tomsk 1929 – Paris 1996) parece bem o representante soviético, e depois russo, mais voluntarista da modernidade musical. Ao seu lado, Alfred Schnittke e Sofia Gubaidulina interessam muito menos o nosso propósito pela sua tendência pós-moderna afastada da 'recherche' " (*ibid.*: 336). Os dois compositores russos são considerados por Deliège como pós-modernos e, por isso, o seu trabalho e a sua importância não são considerados pelo autor pelas razões estéticas que define com o termo "recherche". Qualquer tendência pós-moderna é incompatível com a "recherche".

Em contraste radical com a posição de Deliège, Jean-Jacques Nattiez, na sua "Introdução" à igualmente monumental Enciclopédia que dirigiu, escreve: "para além da música 'contemporânea' – etiqueta que, cada vez mais, designa um momento da evolução estilística do século XX – abordaremos a emergência das músicas ditas 'actuais'." (Nattiez, 2003: 29). Mais adiante escreve: "já não se pode falar de música 'contemporânea', uma vez que o termo está demasiado ligado à escola de Darmstadt e ao que dela derivou. É o que de resto confirma o título de uma recolha de testemunhos de compositores: *La création après la musique contemporaine* (Cohen-Levinas, 1999)" (Nattiez, 2003: 43).

Entre as duas posições antagónicas face à maneira de "contar a história" da música do século XX passará o corte epistemológico que separa o paradigma moderno da actual fase de transição paradigmática.

Em segundo lugar teremos de sublinhar ainda o facto – que eventualmente podia passar despercebido – de as principais viagens e o lugar da morte de Denisov terem sido Paris. Uma das traves mestras desta investigação prende-se com a localização da cultura, com a reconsideração da geografia cultural como factor negligenciado pelas perspectivas históricas dominadas pelas concepções do tempo linear expressas em conceitos como o de progresso, de evolução do material e da linguagem musical em direcção ao futuro, aquilo que subjaz ao conceito de "recherche". Que esta é a filosofia estética musical de Deliège já sabemos pelas suas próprias elucidações. No entanto, o âmbito geográfico definido pelo autor no seu subtítulo – de Darmstadt ao IRCAM – para além do seu aspecto simbólico, contém, na verdade, uma inequívoca afirmação do espaço geográfico da corrente da qual Deliège se proclama testemunha. Mais adiante quando considerarmos as suas referências à música portuguesa será ainda mais claro o aspecto que pretendemos pôr em evidência. A narrativa do autor é a narrativa do que ele testemunhou na sua vida de musicólogo e crítico musical enquanto *habitante* do espaço central de enunciação do subcampo contemporâneo. Ao contrário da maior parte dos compositores russos que emigraram para o Ocidente após a queda do Muro de Berlim, Denisov deslocava-se a Paris. Os seus compatriotas escolheram a Alemanha, nomeadamente Schnittke, Gubaidulina, Pärt, Silvestrov e outros, como veremos no excurso sobre os "Travelling Composers". O horizonte analítico de Deliège reduz-se ao espaço, tanto simbólico como real, situado entre Darmstadt e Paris, juntamente com a restrição estética modernista que tal localização, de uma forma geral, implica.

## 5.2. A constituição do subcampo musical contemporâneo; localizar as hegemonias – I

### 5.2.1. A importância da Guerra Fria na constituição do subcampo musical europeu no pós-guerra

Há uma série de aspectos do funcionamento do subcampo contemporâneo europeu que só podem ser compreendidos se se considerar com atenção o seu momento fundador, inicial, e o contexto geopolítico que o favoreceu. Só nas últimas décadas, em particular a partir de finais dos anos 1990, se começou a ter acesso a estudos e análises sobre a importância da Guerra Fria, sobre o seu impacto na reestruturação e definição do campo musical europeu do pós-guerra e sobre as suas determinações políticas. Isso só foi possível depois da implosão da União Soviética, do fim da Guerra Fria e também porque a nova musicologia passou a considerar os contextos e se afastou da análise interna concentrada exclusivamente na evolução da linguagem musical. Foi necessário proceder a uma crítica activa desta orientação que, por si só, inviabilizava a consideração de factores "extra-musicais". As narrativas tradicionais sobre a emergência do serialismo do pós-guerra normalmente assumiam o discurso dessa corrente como sendo, não um discurso particular, mas *a narrativa factual* da evolução da linguagem musical. Os compositores que não perfilhavam essa orientação eram vistos como sobrevivências anacrónicas de um mundo acabado e, na maior parte das vezes, não eram sequer mencionados nas narrativas apologéticas de Darmstadt e da sua orientação musical. As contribuições mais recentes questionaram ao mesmo tempo o discurso centrado na *music itself* – que produz a denegação de tudo o que não seja musical – mas demonstraram igualmente a inequívoca ligação entre a atmosfera de confrontação política entre o Leste e o Oeste e o início da actividade desses centros musicais num contexto muito marcado pelas acções americanas na Europa nessa época. A emergência dessa corrente e a construção do seu discurso autolegitimador tendo em conta este quadro político, durante décadas quase oculto, tem sido agora objecto de estudos.

### 5.2.2. As descrições tradicionais

As narrativas tradicionais sobre a música depois do final de Segunda Guerra Mundial não deixavam de referir algumas consequências do conflito. Na maior parte dos casos, a descrição da emergência da chamada Escola de Darmstadt referia a necessidade sentida pela nova geração de compositores de recomeçar em novos termos face ao *Grunde Sturm* que o conflito tinha provocado.

O grau zero implicava um novo ponto de partida. O texto de David Osmond--Smith, no capítulo "New beginnings: the international avant-garde, 1945--1962" é um bom exemplo dessa opção, que aqui consideramos a tradicional: "os finais dos anos 1940 e inícios de 50 foram devotados à restauração não apenas do funcionamento das cidades devastadas da Europa mas também das instituições culturais há muito estabelecidas". Para o autor, enquanto que as classes médias melómanas regressaram ao repertório clássico habitual "para a geração de jovens músicos europeus [...] o imperativo era apropriarem-se das correntes mais radicais da cultura do pré-guerra, cultura à qual tinham tido o acesso vedado" (Osmond-Smith, 2004: 336).

Segue-se a habitual referência à necessidade "de um meio que respondesse ao seu trabalho e de recursos de apoio e mecenato", e prossegue: "Essa necessidade foi encontrada em festivais especializados em música contemporânea – como os de Donaueschingen, Veneza, e Palermo – e em eventos nos quais um grupo de jovens músicos podia encontrar-se e fraternizar, tais como os cursos de verão de Darmstadt e Darlington" (*ibid.*: 337). Segue-se a referência a "certas rádios europeias" como elementos fulcrais no apoio "às aventuras estéticas mais radicais". Deste modo estamos já lançados numa descrição que irá continuar com uma referência a obras de Schoenberg executadas em 1947 e 1948 em Darmstadt, aos *Quatro Estudos de Ritmo* de Messiaen e finalmente ao "estabelecimento de um culto de Webern" (*ibid.*: 342). Esta será uma das várias descrições usuais dos inícios da música do pós-guerra. Todos nós que estudamos no período até meados de 1990 reconhecemos nesta descrição o seu carácter exemplar. Há tantos exemplos de livros ou artigos desta natureza que podiam ser citados que é porventura mais adequado citar este texto publicado em 2004 (Cook e Pople, 2004) para se poder compreender a perenidade desta narrativa fundamentalmente "interna", depois de um rápido e devido enquadramento psicológico motivado pela guerra. O que falta e sempre faltou nestas *Modern Music After 45* foi, até há muito pouco tempo, a narrativa que incluísse, considerasse e analisasse alguns outros factores – extramusicais mas, pior ainda, fundamentalmente políticos – para contextualizar essa emergência.

### 5.2.3. A importância da situação política do pós-guerra
O que se verificou, na verdade, foi uma junção complexa da necessidade de desnazificar a vida musical na Alemanha logo seguida pelo começo dos conflitos entre a União Soviética e os aliados ocidentais. Segundo Alex Ross, no capítulo "Zero Hour The Us Army and German Music, 1945-1949", "o pro-

jecto de libertar a mente alemã teve o nome de 'reorientação' " e "o objectivo de continuar a prosseguir fins militares por meios não militares significou, no campo musical, a promoção do *jazz*, a composição americana, a música contemporânea internacional e outros sons que podiam ser usados para desclassificar o conceito da superioridade cultural ariana" (Ross, 2008: 346). Esta estratégia foi concebida e posta em prática pelo comando americano no território ocupado: Office of Military Government, United Sates (OMGUS). No documento "Music Control Instruction nº 1" defendia-se uma estratégia que passava por "restaurar o repertório musical que os nazis tinham banido com razões raciais e ideológicas" (*ibid.*: 348).

Nesta direcção, "Klaus Amadeus Hartmann – um compositor sem filiações nazis nem comunistas – organizou uma série de concertos Música Viva em Munique com ênfase em *verboten*[94] modernistas" (*ibid.*: 349). Do mesmo modo, segundo Ross, "a cidade de Darmstadt [...] acolheu outra experiência de música moderna apoiado pelos americanos. O crítico Wolfgang Steinecke propôs organizar um instituto de Verão para os jovens compositores se pudessem familiarizar com música que os nazis tinham banido". Ross afirma que as autoridades americanas apoiaram calorosamente a ideia e escreve que a OMGUS terá financiado 20% do evento. É neste contexto que "Schoenberg rapidamente emergiu como a luz brilhante para os jovens compositores alemães" (*ibid.*: 350). Pouco depois iniciou-se o culto de Webern, já referido: "quando *as Variações para piano* de Webern foram tocadas em Darmstadt, em 1948, os jovens compositores ouviram num transe quase religioso". E acrescenta "Que Webern tivesse sido possivelmente *the most avid Hitlerite* entre os maiores compositores austro-alemães não era muito conhecido ou não se mencionava" (*ibid.*: 353). Este foi portanto o primeiro aspecto directamente relacionado com a política das forças da zona administrada pelo exército americano. De seguida abordaremos o início da Guerra Fria e a sua importância numa segunda fase.

### 5.2.4. A Guerra Fria
Segundo Richard Taruskin, "a Guerra Fria [...] foi um período de intensa rivalidade política e ideológica entre os Estados Unidos e os seus aliados europeus, por um lado, e a União Soviética e os seus 'satélites' por outro" (Taruskin, 2005, vol. 5: 6). Neste contexto e na sequência da situação ante-

---

[94] Em alemão no original (proibidos).

rior, Ross afirma que "a CIA financiou ocasionalmente festivais que incluíam obras hiper-complexas de vanguarda" e "políticos da Guerra Fria como John F. Kennedy prometiam uma idade dourada para arte de livres pensadores, e compositores de música de doze sons nas universidades americanas foram os beneficiários indirectos" (Ross, 2008: 356).

As descrições tradicionais deste período quase nunca abordavam a situação nos países da órbita soviética. Normalmente não o faziam, uma vez que aí não havia nenhuma narrativa vanguardista para descrever; para além disso, os preconceitos do Ocidente em relação à música russa, enquanto periférica, não deixavam de se fazer sentir. Essa narrativas consideravam adequadamente a interferência das orientações estalinistas como interferências na liberdade da criação. Mas, ao fazê-lo, assumiam o seu próprio programa político e estético ocidental sem talvez se darem conta de que, ao reduzirem a sua historiografia a análises puramente internas da evolução da linguagem musical, ocultavam activamente todo o contexto, incluindo a orientação política dirigida pelos Estados Unidos que favoreceu a emergência da vanguarda do pós-guerra europeu sob um manto diáfano da ideologia da *music-itself* para uma zona de não dito, para o paraíso das ideias. Esta é a grande falha nas narrativas tradicionais, a sua sujeição muda mas talvez não inocente ao programa político ocidental – tão político como o programa estalinista, como é óbvio – e algo que fornece uma explicação para a formação tão rápida daquilo a que chamaremos o subcampo contemporâneo.

Mas não se deve considerar que os efeitos da Guerra Fria só se manifestaram no Ocidente. Para Taruskin "os efeitos das ansiedades da incipiente Guerra Fria foram sentidos muito mais directamente por artistas da União Soviética [...] na qual o governo via a regulação de toda a sociedade como da sua própria responsabilidade" (Taruskin, 2005: 8). Andrei Jdanov, "o velho teórico do realismo socialista" foi encarregado de "domesticar as artes" e convocou em 1948 uma conferência sobre música. Tratava-se de criticar "os quatro grandes", Chostakovitch, Prokofiev, Miaskovski e Khachaturian, todos acusados de *formalismo* que, "de acordo com uma enciclopédia soviética pós-1948" significava "uma concepção estética procedendo de uma afirmação de auto-suficiência da forma em arte e a sua independência de conteúdo ideológico ou pictural". Segundo Taruskin, "na prática era um código para modernismo de elite, algo que a doutrina do realismo socialista expressamente proibia" (*ibid.*: 9). Taruskin transcreve uma intervenção de Zhakarov atacando Chostakovitch: "Digamos que, por exemplo, a Oitava, a Nona, ou a Sétima Sinfonias de Chostakovitch são olhadas no estrangeiro como obras de génio. Mas quem, exactamente, olha para elas? Há muita gente que vive no estrangeiro. Além dos reaccionários com quem lutamos, além dos bandidos, dos imperialistas, etc., também há o povo. Seria interessante saber com quem essas composições têm tido sucesso. Com o povo? Posso responder a isso categoricamente: não, não pode ser" (*apud ibid*: 10) Chostakovitch apresentou a sua autocrítica: "No meu trabalho tenho cometido muitos erros. [...] Estou a ouvir críticas agora, continuarei a ouvir e aceitarei instruções críticas" (*ibid.*). Igualmente Prokofiev "foi obrigado a retratar-se publicamente e expressou os seus agradecimentos ao Partido pelas suas directivas precisas" (*ibid.*: 11). Desta conferência saiu uma Resolução sobre Música que decretava: "os compositores soviéticos daí em diante deviam favorecer música vocal em relação à instrumental; abandonar o uso de técnicas modernistas que afastam ouvintes não profissionais; fazer uso liberal do folclore; e, na verdade, emular os estilos dos grandes compositores russos do século XIX" (*ibid.*). Esta Resolução foi parafraseada, segundo Taruskin, no "Segundo Congresso Internacional de Compositores e Críticos Musicais realizado em Praga em 1948 numa proclamação redigida em alemão por Hans Eisler" (*ibid.*). É de salientar que Fernando Lopes-Graça participou neste congresso e, de acordo com Mário Vieira de Carvalho, distanciou-se da proclamação final. (cf. Carvalho, 1989) Na verdade pode estabelecer-se um paralelo com estas deliberações sobre as artes decorrentes da acção de Jdanov e a polémica que teve lugar na revista *Vértice* em Coimbra na qual se confrontaram duas facções de membros e simpatizantes do Partido Comunista Português na qual Lopes-Graça participou com vários artigos.[95]

Segundo Alex Ross, a associação "Americanos para a Liberdade Intelectual recebia clandestinamente financiamento do Gabinete da Coordenação Política da CIA – criada pouco antes – que tinha manifestado interesse no combate à influência soviética através da promoção de actividades culturais anticomunistas e pró-democráticas" (Ross, 2008: 375). Esta posição da CIA derivou da necessidade de combater, em vários países da Europa, mas acima de tudo em França e na Itália, o peso cultural dos partidos comunistas e dos intelectuais que se reviam na política soviética. Mark Carroll descreve o impacto do Congresso de Praga nos meios musicais franceses alinhados com as posições soviéticas. Um dos primeiros compositores franceses associados

---

[95] Cf. Carvalho (1989). Sobre o debate em geral e o seu contexto, ver Pereira (2001: 243-262).

com Darmstadt, Serge Nigg, mudou a sua orientação estética e a sua prática musical em função dessas críticas ao formalismo (cf. Carroll, 2003: 51-52).

Por outro lado importa analisar de que modo os compositores americanos se mostraram na Europa de acordo com o programa já enunciado. Enquanto Babbitt e outros compositores americanos radicais se mantiveram sobretudo dentro do âmbito universitário, foi Elliott Carter que se tornou o representante da vanguarda americana com mais impacto na Europa pelo menos até à vinda posterior de John Cage, representante de uma tradição experimentalista americana muito diferente da académica. No seu capítulo "Standoff: Carter", no volume V – *Music in the Late Twentieth-Century* – Richard Taruskin escreve sobre o *Quarteto* nº 2 de Elliott Carter que a obra "teve um sucesso de estima ou sucesso de reputação". E continua: "Um exame mais atento sobre a recepção que a obra teve lança mais luz sobre o que foi que a fez parecer tão importante então e para quem" (Taruskin, 2005: 293).

Carter teve de esperar um ano até que um grupo desse sinal de querer executar a peça – o Quarteto Walden da Universidade de Illinois. Segundo Taruskin, "a estreia teve lugar a 26 de Fevereiro de 1953 na Universidade de Columbia durante um festival de música apoiado em parte pela estação de rádio pública local WVYC. A filiação académica do grupo, o local académico e o momento subsidiado foram todos aspectos indicativos do tipo de existência pública marginal com a qual uma composição 'avançada' podia contar". A peça "ganhou um prémio mais tarde, em 1953, atribuído pelo júri do Concurso Internacional de Quartetos de Liège, na Bélgica" e "o prémio garantia uma execução pelo parisiense Quarteto Parrenin". [...]

> A execução, a primeira de Carter na Europa, teve lugar em Roma, em Abril de 1954, num festival de música apresentado sob os auspícios do Congresso para a Liberdade Cultural. Mereceu uma crítica eufórica em *Encounter*, o órgão de língua inglesa do Congresso, pelo crítico britânico William Clock, que dirigia uma espécie de pequena Darmstadt para músicos britânicos na vila de Darlington, onde Carter era frequente "lecturer". (Mais tarde, enquanto poderoso director de música na BBC, Glock seria um dos mais activos promotores de Carter) [*Ibid.*: 293].

Segundo Taruskin e de acordo com David Schiff, biógrafo de Carter, "a execução e a crítica imediatamente estabeleceram a reputação europeia de Carter". Mas, para Taruskin, "fizeram mais do que isso. Ligaram a nova direcção de Carter à nova política da guerra fria. O Congresso para a Liberdade Cultural tinha sido formado em Berlim Oeste em 1950, sob a instigação de

Ernest Reuter, presidente da câmara e com apoio financeiro do Governo Militar Americano (assegurado por Melvin Lasky, um sindicalista americano ao serviço do Exército de Ocupação como adido cultural e editor do seu jornal mensal *Der Monat*)" (*ibid.*).

### 5.2.5. O Congresso das Liberdades Culturais

Segundo Taruskin, "semelhante na origem aos Cursos de Verão de Darmstadt, mas com um âmbito mais amplo e um grupo de personalidades muito mais glamoroso, o Congresso foi organizado para mostrar as artes e as ciências do 'mundo livre' especialmente realizações [undertakings] de uma variedade modernista, individualista que os poderes totalitários rejeitavam e perseguiam" (*ibid.*).

Ao contrário de Darmstadt, o Congresso tinha uma agenda política aberta e militante. O seu propósito fundamental, nas palavras do filósofo americano Sidney Hook, um dos seus fundadores, era combater "o vírus do neutralismo que espiritualmente desarmava o Ocidente contra a agressão comunista" (*ibid.*). A sua maior realização foi um festival, "Obras-Primas do Século XX", uma larga exposição de música, pintura, escultura e literatura organizada em Paris em 1952, com Stravinsky como convidado de honra e porta-voz nominal, mas aberto às novas correntes. A obra de Boulez *Structures 1a* fez parte do programa. "A principal táctica musical foi a programação, num esforço para embaraçar os soviéticos, de várias obras de Prokofiev e Chostakovitch que estavam então sob uma exclusão pós-Jdanov no seu país. A sua promoção como obras-primas e a sua recepção (pelas audiências, por alguns críticos e certamente por Stravinsky) tinha tanto uma motivação política como estética" (*ibid.*: 293-294).

Segundo o autor, "o Congresso não foi muito bem sucedido na sua missão principal, a de conter a expansão do pensamento comunista entre os intelectuais europeus nas primeiras décadas da Guerra Fria. E foi completamente desacreditado em meados dos anos 1960 quando se tornou conhecido que tinha sido sub-repticiamente subsidiado pela CIA, o conhecido gabinete do governo dos Estados Unidos para a espionagem criado em 1947 como um instrumento da política da Guerra Fria" (*ibid.*: 294). Nicolas Nabokov era o principal personagem nas organizações ligadas ao Congresso das Liberdades Culturais no campo musical e foi nomeado secretário geral do Congresso. No texto que foi publicado na *Revue Musicale* Nabokov escreveu: "Estilos avançados simbolizam a liberdade de fazer o que se quer [...] a liberdade de experimentar [...] de ser esotérico ou familiar" (*apud* Ross, 2008: 386).

Mas, de acordo com Taruskin, "Sidney Hook queixou-se de que os festivais de arte de Nabokov [Nicolas, compositor, primo do famoso escritor e velho conhecido de Carter]" a mais notável realização do Congresso, "eram um desperdício de recursos – meras extravagâncias e celebrações sem o mais pequeno efeito perceptível na alteração do clima da opinião política na Europa, especialmente em França" onde, " como na Itália, o partido comunista era forte nos inícios dos anos 1950" (Taruskin, 2005: 293-294). As artes, segundo Hook, nunca poderiam ter um tal impacto: "Uma vez que a arte floresceu mesmo sob tiranias políticas" escreveu na sua exposição de 1952 "não houve nada que o festival apresentasse que não pudesse ser oferecido ao mundo sob a égide de um despotismo iluminado" (apud, *ibid.*: 294).

Apesar disso Taruskin vai apresentar uma outra interpretação: "As belas-artes, na sua opinião amplamente partilhada, e especialmente as artes modernas com a sua congénita tendência para o elitismo, eram uma pobre publicidade para a democracia. Mas os festivais de arte do Congresso e a sua concomitante máquina publicitária, se tiveram um efeito negligenciável na política do pós-guerra, como tal, no entanto eles tiveram um impacto importante nas *políticas do mundo da arte* e na *fortuna dos artistas*" (*ibid.*: 294).[96] Taruskin sugere que "o festival de Roma teve uma focagem ligeiramente diferente do seu predecessor de Paris. Limitado à música (nas palavras do crítico de arte inglês, Herbert Read) foi "não um olhar complacente para o passado, mas um olhar confiante no futuro". Para Taruskin "o seu propósito era nomear, através de concertos de mostra e de uma série de prémios de competição, um corpo de porta-bandeiras da noção altamente politizada de liberdade cultural do Congresso, a qual na realidade acabou por ser a *sponsorship* da vanguarda, o tipo de arte mais obviamente desagradável para o gosto totalitário" (*ibid.*: 294). Christopher Fox, no seu artigo "British Music at Darmstadt – 1982-1992", afirma que "a escola de Darmstadt depressa atraiu apoio "uma vez que, como o expressionismo abstracto na pintura, uma arte tão abstracta podia facilmente ser elevada a um emblema da 'terrível liberdade'." Esta, a "liberdade de ser impopular, era um símbolo potente do individualismo ocidental na batalha simbólica que caracterizou o teatro europeu da Guerra Fria durante os anos 1950" (Fox, 2008). Mas Taruskin afirma igualmente "que fosse também desagradável para o gosto do público do 'mundo livre', e mesmo para o gosto pessoal dos organizadores dos festivais, não era obstáculo à sua promoção"

---

[96] Itálico meu.

(Taruskin, 2005: 294). De acordo com esta perspectiva o objectivo político que se pretendia alcançar era mais importante e aquilo que mais interessava prosseguir. Deve-se realçar que foi neste contexto global que a maior parte dos festivais de música na Europa Ocidental na sua grande maioria foram sendo criados depois de 1945.[97]

### 5.2.6. O Serialismo

Entretanto, para Taruskin, no mundo ocidental "a [mudança] mais digna de nota foi a inesperada ressurgência da composição com doze sons – ou serialismo, para usar o termo do pós-guerra – do que muitos consideravam um estilo moribundo, com um estatuto sectário para algo que começou a aparecer como dominação estilística entre compositores "sérios" na Europa Ocidental e na América.[98] Segundo Taruskin, "para tal acontecer era necessária uma complexa e notável convergência de circunstâncias e personalidades" (*ibid.*: 15). Nesse esforço de análise, tendo analisado a localização de Darmstadt na zona da Alemanha sob administração americana no pós-guerra e o Congresso para as Liberdades Cultural e a importância dos dois factores, Taruskin vai considerar as convicções de personalidades como Leibowitz, Adorno e Boulez na definição do mundo musical do pós-guerra. Importa aqui referir sobretudo "a ligação entre crenças universalistas e um hegelianismo já nosso conhecido no campo musical desde meados do século XIX", devidamente actualizado, com *nuances* específicas, por Adorno – ele próprio participante nos cursos de Darmstadt e autor de textos marcantes para a legitimação estética e filosófica dos jovens compositores[99] – para configurar a filosofia da história que constituiu a base teórica sobre a qual assentou a nova tendência.

O autor começa por referir o livro de René Leibowitz *Schoenberg et son école: L'état contemporain du langage musical*, como tendo sido "o primeiro livro publicado numa língua não alemã sobre os atonalistas vienenses e o primeiro de qualquer modo depois da ascensão do nazismo" (*ibid.*: 15-16). Taruskin considera-o "uma retoma militante da posição neo-hegeliana" defendida

---

[97] Sobre a importância dos festivais de música neste período, ver artigo de Van Vlasselaer in Nattiez, 2003, (vol 1: 1009-1031).

[98] Taruskin afirma que a palavra "sério" hoje amplamente reconhecida como "um padrão detestável e como reforçador de conformismo", é, no entanto a palavra correcta a usar neste contexto, porque era a palavra então usada.

[99] Sobre a importância de Adorno na criação de legitimidade estética e caução filosófica das correntes de Darmstadt, ver os meus artigos *in* Vargas (2002).

noventa anos antes por Brendel (porta voz da *New German School*). O autor descreve o essencial destas posições: "A linguagem musical é uma linguagem universal que percorreu um desenvolvimento histórico único, do qual o estádio contemporaneamente mais avançado é forçosamente a única linguagem historicamente válida e viável num dado momento" (*ibid.*). Para Leibowitz, a música de doze sons era "a única genuína e inevitável expressão da arte musical do nosso tempo" (*ibid.*: 16). Quando a Copland foi pedida a recensão critica da edição inglesa em 1949, o compositor americano ficou chocado com o tom "dogmático" e "fanático" mas, segundo Taruskin, o facto de o próprio Copland, contra as suas próprias expectativas, ter começado a sua primeira composição com doze sons apenas um ano mais tarde, mostra que "não foi apenas o autoritarismo de Leibowitz que investiu as suas palavras com autoridade" (*ibid.*). Este tom autoritário dos defensores do serialismo foi levado ao extremo por Boulez no seus textos dessa época e marcava com um carácter de necessidade histórica e moral a defesa da corrente mas, neste passo, Taruskin sublinha o peso e a autoridade que gradualmente assistiu à visão do modernismo vanguardista do pós-guerra. Foi de tal ordem que, não só Copland como até Stravinsky, visto como o máximo representante do estilo que importava superar, o neoclassicismo, acabou por aderir às novas técnicas seriais em 1952.

As divergências, já abordadas por Taruskin – entre o apoio às vanguardas radicais e as críticas ao seu isolamento que alguns membros perfilhavam (o "desperdício de recursos") – algum tempo mais tarde levaram ao encerramento das actividades do Congresso. De certo modo, o trabalho ideológico que havia a fazer estaria feito, bem ou mal, mas no campo musical os dados estavam lançados para a criação de *um novo tipo de estruturas* capaz de sustentar o seu funcionamento separado, quer do campo musical clássico, quer das músicas populares que em breve iriam adquirir uma importância inaudita. De seguida iremos abordar o carácter e as estruturas que vieram a formar o campo musical específico associado à primazia simbólica entretanto adquirida pelo serialismo de Darmstadt e as suas múltiplas derivações.

## 5.3. A constituição do subcampo

### 5.3.1. A análise de Menger

Uma boa parte do contexto em que se criaram as estruturas próprias do subcampo contemporâneo está já parcialmente definido até aqui: um lugar mítico de origem; um momento histórico particular que levou a poderosas interferências e financiamentos numa corrente musical; uma figura tutelar; uma orientação estrita favorável a exclusões e dissidências; uma multiplicação de organismos oficiais dependentes do Estado ou de Fundações Culturais e um momento de debate estético que obrigou a mudanças tácticas sem alterar a essencial especificidade entretanto sedimentada.

A contribuição fundamental para a formação do conceito de subcampo neste trabalho provém dos vários escritos de Pierre-Michel Menger. No entanto, importa referir que o conceito, proposto por Bourdieu para os campos culturais de circulação restrita, não é usado por Menger nas suas análises da música contemporânea, apesar de o autor ter sido seu discípulo e colaborador. Julgo que a sua aplicação, especialmente considerando a escala transnacional da temática aqui em estudo, tem total propriedade e imensas virtualidades.

O artigo de Pierre Michel Menger, inserido no volume I da enciclopédia Musiques dirigida por Nattiez, tem o título "Le publique de la musique contemporaine" (Menger, 2003). Considerando que questionar o número, as características e o comportamento das audiências é uma preocupação recente em relação à *longue durée* da história da música, Menger sugere que "a separação, nos concertos, entre um corpo de obras de repertório e a actualidade da criação tem uma origem antes da qual – antes do começo do século XIX – a quase totalidade das músicas apresentadas era contemporânea" (*ibid.*: 1169). Menger apresenta uma descrição da evolução histórica do corte modernista que será relativamente consensual: "Ao longo do século XX os compositores romperam progressivamente ou brutalmente com aquilo que, havia pelo menos dois séculos, constituía a linguagem musical comum da cultura europeia, o sistema tonal, enquanto, no mesmo período, as obras clássicas desse passado faziam uma concorrência cada vez mais esmagadora às músicas novas" (*ibid.*: 1174). E acrescenta: "nunca, de facto, as obras musicais eruditas tiveram uma audiência tão vasta e nunca o passado esteve tão omnipresente como hoje neste consumo musical sem precedente". Segundo o autor, "esta evolução histórica é a da dissociação progressiva entre as funções da interpretação e as da criação e entre as suas esferas públicas respectivas" (*ibid.*). Para Menger, esta dissociação

> tem uma substância, a do cisma estético que ao longo do século XX opôs as múltiplas linguagens da criação erudita contemporânea à linguagem na qual se escreveu o repertório clássico e no qual se continua a escrever, embora num nível de elabo-

ração sintáctica e formal voluntariamente mais simples, a criação musical popular. Tem os seus actores, os seus auditores, mas também o pessoal das administrações culturais e das cadeias de radiodifusão públicas que financiam e sustentam a produção e a difusão de obras que não têm mercado directo ou imediato. Tem os seus mecenas, menos activos onde, como na Europa, a política cultural do Estado-Providência contribuiu para a formação de mercados administrados da inovação, mais solicitados no mundo anglo-saxónico onde a intervenção pública não beneficia de uma tradição nem de uma legitimidade indiscutível. Tem a sua cronologia institucional – a da invenção dos *ensembles* especializados, dos festivais, dos centros de pesquisa e de produção – e dos seus apoios fora das instituições (salões privados, associações, lugares alternativos de difusão)" [*ibid.*: 1169].

Portanto, face à separação que ocorreu progressivamente durante o século XX entre o campo clássico dominado pelo repertório canónico e o campo contemporâneo, neste foi-se criando a partir de 1950 uma série de estruturas que Menger identifica. Alguns anos antes Menger tinha publicado *Le Paradoxe du Musicien* (1983) no qual analisou a nova situação da criação francesa contemporânea.[100] Já então tinha descrito o conjunto de profissionais envolvidos na actividade associada à criação musical subvencionada pelo Estado naquele país referindo como momento importante de mudança política 1981, ano em que o orçamento da cultura duplicou o seu valor sendo que a "Direction da la musique" do ministério da Cultura progrediu 67% sendo nomeado para o cargo directivo Maurice Fleuret, jornalista e crítico "defensor convicto da criação contemporânea" (*ibid.*: 27).

Nesta sua análise sociológica o autor procurou investigar as relações entre os compositores vivos e os outros profissionais, de carácter administrativo ou outros, que operam nessa área; enumera "críticos musicais, administradores culturais da direcção da música no ministério da Cultura, responsáveis pelos serviços musicais da Rádio France, produtores de emissões radiodifundidas, maestros, intérpretes, agentes de concertos e administradores de instituições musicais" (*ibid.*: 25).

Menger refere que "as relações entre os criadores e as diferentes categorias de profissionais do mercado da música" eram "tanto mais densas e decisivas quanto como as dimensões restritas do mercado de obras contemporâneas,

---

[100] Este livro desencadeou uma pequena polémica entre Menger e Nattiez, publicada no número *Composition Perception* da revista Contrechamps, n.º 10 (1989).

a sua forte concentração na região parisiense e os apoios que lhe atribuem essencialmente algumas administrações e instituições-chave favorecem a acumulação de responsabilidades tanto do lado dos intermediários, por exemplo, na confusão dos papéis de crítico, administrador cultural, animador de um festival, conselheiro dos centros públicos de apoio à criação, como do lado dos compositores divididos entre as múltiplas funções ligadas às três esferas desse mercado, produção, difusão e consumo das obras" (*ibid.*: 24-25).

### 5.3.2. Os circuitos especializados face à dominação do cânone

Para Menger, "a hiperconcorrência que a omnipresença do repertório clássico inflige à criação contemporânea tem um evidente efeito negativo sobre a audiência da criação: ela enfraquece-a, exacerbando ao mesmo tempo a vontade de originalidade dos compositores" (Menger, 2003: 1175). Este aspecto merece uma pequena deriva antes de prosseguirmos com a sua descrição do que chamamos o subcampo contemporâneo.

Essa hiper-concorrência das grandes obras do passado que constituem o cânone do repertório, como vimos, para Menger, "tem também um efeito positivo durável e poderoso: permite aos compositores vivos beneficiar do prestígio crescente dos mestres do passado a partir do momento em que as obras destes últimos são cada vez mais difundidas, sempre mais valorizadas, numa palavra, sacralizadas" (*ibid.*). Neste sentido, Menger afirma que "quando aumenta o consumo de bens culturais e se multiplicam as instituições de oferta cultural e os apoios públicos a estas, difunde-se ao mesmo tempo o que se pode chamar uma simbólica social da criação, na qual o artista aparece como a figura consumada do humanismo civilizador, como um ser ao mesmo tempo social e fora da norma". Para o autor "a consequência sociopolítica desta sacralização do artista é que parece injustificável abandonar a criação ao jogo da oferta e da procura que condenaria ao desaparecimento puro e simples das obras e dos compositores que assumem o papel, tipicamente vanguardista, de preceder o seu mercado" (*ibid.*: 1176).

Fazendo um ponto da situação sobre estas posições de Pierre-Michel Menger pode-se afirmar que a dominação do repertório clássico tem um efeito duplo. Por um lado, retira-lhe público pela via da enorme hegemonia que detém nos programas de concertos; por outro lado, mesmo no caso dos vanguardistas que recusam e combatem a tradição do passado, é em relação a esse passado particular – o do cânone clássico – que os criadores de hoje se colocam, é na sequência e na continuidade dessa tradição que concebem o seu trabalho de ruptura. Assim sendo, no mesmo momento em que combatem a tradição, vêem o seu próprio trabalho como a sequência "natural" da evolução da tradição clássica e vêem-se a si próprios como os continuadores dos grandes mestres do passado.

É esta paradoxal autodefinição e o facto de ser, em geral, operativa, que permite que a sacralização das obras do passado possa reverter a favor dos criadores de hoje enquanto artistas vistos como merecedores dos subsídios e dos apoios concedidos pelo Estado e pelas instituições culturais. Inversamente é a mesma música que lhes permite obter os dividendos da sacralização do repertório do passado apesar de lhes fazer forte concorrência em termos de audiências. Dando um exemplo da instituição portuguesa que melhor permite um olhar nesta perspectiva, a Fundação Calouste Gulbenkian, verifica-se que o Serviço de Música leva a cabo simultaneamente as duas vertentes acima assinaladas. Por um lado, organiza uma temporada de música "clássica" de Outubro a Maio na qual promove activamente o repertório hegemónico de música do passado que retira público à música de hoje. Por outro lado, e ao mesmo tempo, reconhece aos compositores vivos o estatuto simbólico semi-sacralizado descrito por Menger, encomenda-lhes obras e organiza concertos e festivais para as apresentar publicamente.

O raciocínio que presidiu à transferência da sacralização dos mestres do passado para os criadores vivos terá sido o seguinte: "se o tempo fez tanto para consagrar os grandes criadores do passado, como admitir que, sob a pressão do mercado e a sua febre de imediatismo, ele ameace demasiado precipitadamente a obra e a liberdade criativa dos artistas contemporâneos?" (*ibid.*: 1176). Para Menger, "a *formação de um mercado especializado* da inovação musical encontra aqui uma das suas justificações: a estreiteza social do consumo presente de uma arte, ou de um tipo de obras, não permite pressagiar com segurança a atitude das gerações futuras".[101] O autor considera que "este argumento e a socialização do risco artístico que dele deriva, aplicam-se directamente aos tipos de criações que, mesmo nas rupturas mais completas com as linguagens das músicas que entraram no património e no repertório, se apresentam como os depositários do imperativo do movimento e da inovação em arte" (*ibid.*).

Para Menger radica nestas razões o aparecimento de circuitos especializados na criação contemporânea: "Atenuando os riscos do insucesso a curto prazo, o mercado especializado da produção e da difusão de novas obras sustenta, em numerosos compositores a assimilação da criação a uma pesquisa

---

[101] Itálico meu.

[recherche] sistemática de soluções novas para problemas estéticos, com as suas possibilidades incertas de sucesso e o seu horizonte de longo prazo" (*ibid.*). O autor enumera de seguida as instituições que constituem esses circuitos: "Festivais especializados (por exemplo Darmstadt, Donaueschingen, Royan, Varsóvia, Graz), *ensembles* de música contemporânea subsidiados ou estabelecidos nas universidades, produções de concertos e de emissões reservadas às musicas novas pelas cadeias públicas de rádio (WDR em Colónia, SWF em Estugarda e Baden-Baden, RAI em Milão, ORF em Viena, BBC em Londres, RTF em Paris, RTE em Madrid) centros de pesquisa [recherche] e de criação multiplicaram-se depois de 1945" (*ibid.*: 1176). Nestes, como o autor os designa,

> abrigos ou nichos, no sentido ecológico do termo, progressivamente a criação musical saída das correntes vanguardistas do pós-guerra gerou o primeiro e o mais completo dos modelos de um mercado artístico assistido, controlado e administrado muito largamente por profissionais da criação, alimentado por uma oferta muito largamente financiada por organismos públicos ou pelas instituições musicais subsidiadas, sustentadas de múltiplas maneiras pelas cadeias públicas de radiodifusão, animadas por um núcleo de intérpretes especializados na execução do repertório contemporâneo [*ibid.*: 1176-1177].

Neste trabalho, quando nos referirmos ao subcampo musical contemporâneo, é este conjunto de estruturas que estaremos a referir, acrescentado pelos seus auditores restritos, pelos seus mecenas, pelos seus críticos especializados, igualmente referidos por Menger (*ibid.*: 1167). O autor assinala outros aspectos que reforçam as diferenças: "as formas, a instrumentação e os meios tecnológicos são muitas vezes muito diferentes do que é usual no repertório tradicional". O autor acrescenta que "depois de cinquenta anos de 'experimentação' em todos os parâmetros musicais podemos dizer que não é possível procurar simultaneamente os benefícios estéticos e simbólicos de uma radical emancipação do passado [...] e, ao mesmo tempo, procurar uma rápida fusão no consumo e nos hábitos de audição dos públicos entre estes dois fluxos opostos: o fluxo de obras novas e o fluxo sempre crescente de obras do passado e de música histórica" (*ibid.*). O critico de arte José Jimenez assinala justamente uma das principais antinomias não resolvidas do modernismo como sendo "a proclamação da vanguarda como espaço de síntese de toda a herança cultural da humanidade e o menosprezo ou recusa excludente da tradição, do artisticamente recebido, sucumbindo ao hipnotismo do novo" (Jimenez, 1997: 154).

Pierre-Michel Menger sugere a certo ponto que "para melhorar as condições nas quais a selecção do mercado é feita – pelo mercado da arte, subsidiada ou não – é necessário agir sobre os factores de desigualdade que afectam o consumo". O autor refere "as desigualdades na distribuição geográfica no que respeita aos lucros e ao volumes dos orçamentos culturais". Esta observação sublinha um dos aspectos centrais desta investigação. A ausência de música portuguesa no contexto europeu resulta de muitos factores, mas é um facto que há enormes diferenças entre os países europeus, inúmeros "factores de desigualdade" não apenas geográficos mas geoculturais. Não apenas os orçamentos para a cultura são muito diversos, como alguns Estados europeus investem fortemente na divulgação e promoção das músicas dos seus países, enquanto outros, como Portugal, não têm orçamento nem consideram esse apoio prioritário, senão muito pontual e residualmente.

### 5.3.3. Como funciona a pedagogia do subcampo?

Já vimos como Susan McClary e Benoît Duteurtre consideram o importante papel do ensino na reprodução das correntes hegemónicas do subcampo contemporâneo. Um outro autor acrescenta alguns dados sobre a forma como são interiorizados e reproduzidos valores nos jovens compositores e a localização dos santuários pedagógicos. Marc Texier, no seu artigo "Les geôles de la liberté: sur l'enseignement de la composition", faz uma descrição do tipo habitual de biografias dos jovens compositores, esclarecendo-nos sobre um certo tipo de paradigma, especialmente apropriado para a França mas talvez válido para todo o subcampo europeu. Para Texier, alguém que tenha lido biografias de jovens compositores pode sorrir com o grande número de professores referido. Afirma:

> [...] estuda-se no conservatório com pelo menos três ou quatro professores. Completaram o ensino que tiveram previamente num conservatório dos arredores ou da província. Citam também os seus mestres em *écriture*, harmonia, orquestração, análise, música de câmara, várias classes de instrumento... Vem então os períodos obrigatórios em Darmstadt, Siena, no IRCAM, Akiyoshiday, Friburg, no Centre Acanthes, Gaudeamus, Royaumont, uma ou duas universidades americanas, três centros de pesquisa electro-acústica onde tiveram as luzes de (a lista é sempre a mesma): Klaus Huber, György Ligeti, Franco Donatoni, Brian Ferneyhough, Iannis Xenakis, Pierre Boulez, Luigi Nono, Luciano Berio, Emmanuel Nunes, Tristan Murail, Gerard Grisey, etc. Todo o Gotha da música contemporânea [Texier, 1998: 57].

Esta descrição enuncia, de facto, o que tem sido pelo menos nas últimas três décadas, o percurso da maior parte dos jovens compositores contemporâneos europeus. Texier sugere que "a nota [biográfica] normalmente termina com um parágrafo sobre a originalidade do jovem compositor, cuja linguagem afinal não tem nada a dever a ninguém" (*ibid.*: 58). Quanto aos professores de composição, Texier afirma que, perto do fim da sua carreira, depois de se terem multiplicado a formar novos estudantes, os compositores dizem que "a composição não pode ser ensinada ou aprendida" e defendem que "todos os meus melhores alunos se definiram sempre contra mim [...] e tenho de confessar que não os compreendi ou o que queriam fazer" (*ibid.*). Quem estiver familiarizado com os festivais europeus de música contemporânea, as biografias das editoras e os programas de concertos certamente irá admitir, talvez com alguma perplexidade, que é exactamente assim que estas são construídas praticamente na totalidade.

Para além disso, deve ser sublinhada a área geográfica muito restrita dos cursos de Verão referidos por Marc Texier. O local de enunciação da música contemporânea é muito pequeno e circunscrito. Corresponde tanto ao título da história da música de K. F. Brendel referido no capítulo anterior – Itália, Alemanha e França – como aos países centrais da Europa, os países que, como veremos, Eduardo Lourenço designa como a *Europa mais europeia do que as outras*. É óbvio que isto não significa que não existam outros cursos de Verão e outros locais com eventos de música contemporânea. Mas significa duas coisas; primeiro e sem dúvida que, do ponto de vista simbólico, os lugares referidos por Texier são os sacralizados pelos hábitos do subcampo; e, em segundo lugar, que este tipo de funcionamento se reproduz através da criação de inúmeros outros eventos do mesmo tipo (cursos, festivais) que se regulam pelo mesmo tipo de funcionamento dos lugares centrais e, por isso, exemplares.

Iremos pôr à prova – no sentido de pôr em relação – alguns dos conceitos apresentados no capítulo I com estes aspectos. O tipo de discurso que está interiorizado pelos jovens e menos jovens compositores – entre os quais me incluo, no sentido de a minha própria biografia ter esse tipo de estrutura – é um discurso não só aceite como completamente generalizado. A sua existência confirma a presença de regras, regras não ditas, e práticas que, no interior do campo, toda a gente aceita como *naturais*, o que atesta a sua operacionalidade, a sua positividade, o seu poder de identificação; por outro lado, marca a fronteira particular do subcampo enquanto tal em relação à vida musical da música clássica canónica.

A análise das condições de possibilidade destes discursos e destes espaços de enunciação será também a análise do subcampo contemporâneo enquanto tal, ou seja, enquanto um subcampo no interior do que Bourdieu já define como subcampo de circulação restrita. A música clássica da tradição erudita europeia é, como já vimos, amplamente minoritária no quadro geral das músicas do mundo. O lugar que, sobretudo depois de 1945, se foi gradualmente criando, definindo, caracterizando e institucionalizando ao lado, à parte, ou no interior do campo musical "clássico" é o que designamos por subcampo contemporâneo.

O discurso-tipo das biografias dos jovens compositores tem o carácter de uma prática discursiva que contém um certo número de qualidades distintivas e o carácter de uma relação de poder. É um exemplo de um discurso que só é possível generalizar-se quando há certos objectivos que se procura atingir, quando há um entendimento, consciente ou inconsciente, da existência de um código que funciona como bilhete de entrada num determinado campo. Corresponde e concretiza neste caso os conceitos de Bourdieu sobre as regras internas de um campo específico, os procedimentos internos para obter distinção ou legitimidade; aceita e reproduz um certo tipo de comportamento artístico que dá uma possibilidade de reconhecimento no interior do campo. Por outro lado ainda, esta prática discursiva – e a racionalidade que lhe preside – não foi decidida por ninguém. De acordo com os conceitos de Foucault já apresentados trata-se de algo intencional e não subjectivo. Intencional porque a lógica é perfeitamente clara, os fins discerníveis e inteligíveis mas, ao mesmo tempo, não houve ninguém que os inventasse.

### 5.3.4. Primeira audição

Um dos aspectos que têm vindo a caracterizar o subcampo da música contemporânea é o facto de à encomenda da instituição cultural se seguir a estreia da obra, a sua primeira audição e, na maior parte das vezes, serem raras as segundas ou terceiras audições. Iremos encontrar uma reflexão sobre este aspecto numa publicação do IRCAM, como sabemos, a mais importante instituição europeia neste subcampo musical. Nicolas Donin coloca em epígrafe do seu artigo "Primeira audição, escutas repetidas"[102] um fragmento de 1946 de Fred Goldbeck, que considera um actor e observador atento da vida musical europeia desde o fim da Primeira Guerra. Escrevia Goldbeck: "Um músico, que não

---

[102] Donin, Nicolas (2005) *in* L'Inoui, Revue de l'IRCAM, 31-47.

é um desconhecido, mas apreciado, admirado pelos seus pares, um jovem ou um velho mestre, produz uma partitura. Ela é tocada (não sejamos pessimistas) , apreciada, admirada – ela desaparece, por vários anos, do cartaz do concerto ao qual só a primeira audição interessa. Ela é editada (sejamos optimistas) – ela estará daí em diante à disposição daqueles que sabem ler partituras. Quer dizer, especialistas, que a folhearão quando tiverem um artigo para escrever...[103] Apesar de afirmar que "a música contemporânea mudou profundamente ao longo de uma história tumultuosa", Nicolas Donin interroga-se: "A nota irónica de Fred Goldbeck terá no entanto perdido a sua actualidade?". Para o autor a música contemporânea – que, numa nota, Donin tem o cuidado de referir que neste contexto "se entende ser a música recente fazendo parte da tradição ocidental erudita orientada para a inovação – corrente que remontará, antes de Schoenberg, a Wagner – parece bem permanecer merecedora de uma tal descrição – tanto a música erudita de hoje como a do período que nos separa do texto citado, uma vez que, apesar da sua relativamente boa difusão discográfica até hoje, raras são as obras da vanguarda dos anos 50 que entraram no repertório dos músicos não especializados" (Donin, 2005: 31). Donin pergunta: "Em que medida a obra musical tolera esta sujeição à 'primeira audição' que constitui, segundo Goldbeck, a única ocorrência sonora da partitura contemporânea?". E prossegue: "tornada entretanto 'criação mundial', a primeira audição é o momento decisivo no qual a sociedade dos músicos faz pesar todo o peso do ritual do concerto sobre a obra: a ausência do direito ao erro por parte dos intérpretes, o julgamento estético colectivo do público, a expressão diferida do julgamento dos críticos (no dia seguinte ao concerto) e ainda vários outros elementos, condicionam largamente o futuro da obra ao expor-lhe as virtualidades" (*ibid.*). Segundo o autor, "não há período de tentativa [essai], e quem quer que esteja – intérprete ou auditor – no palco da execução musical não se interpreta senão uma vez, uma vez por todas se não há efectivamente audição ulterior". Sendo óbvio que nem todas as obras têm este destino é igualmente evidente que este é o paradigma dominante da prática actual do campo da música contemporânea e o facto de ser um autor francês a escrever e a fazê-lo numa revista do IRCAM evidencia tanto o carácter predominante de uma tal prática como a progressiva consciência colectiva dela.

---

[103] Goldbeck, Frederick (1946) "De la situation faite à la musique contemporaine", Contrepoints, nº 1, Janvier, p.17. Do mesmo modo, Edward Said refere que a crítica literária publicada nas revistas americanas se destina a ser lida por outros críticos literários (Said, 2001: 120-121).

### 5.3.5. Conclusões

O conjunto complexo e multifacetado de agentes e estruturas descrito por Pierre-Michel Menger consubstancia o nosso conceito de subcampo contemporâneo. Vimos anteriormente que nos Estados Unidos foi a universidade o lugar no qual se configurou um processo algo semelhante, mas não chegou a existir naquele país um sistema público em rede do tipo que existe na Europa. O peso do Estado em França é mais forte do que noutros países, mas este tipo de condições e estruturas, mesmo que com menor peso e acção estatal, repete-se noutros países no essencial, em particular os sublinhados anteriores: as dimensões restritas do mercado, a tendência para a concentração e para a acumulação de responsabilidades. Se considerarmos que, em estreita ligação com as dimensões restritas do mercado e o número igualmente restrito dos agentes, se verificou uma forte tendência para o funcionamento em rede, com programadores, críticos e compositores, *ensembles* e intérpretes especializados em circulação frequente entre vários países – tendência que veio a culminar na institucionalização em 1999 do Résaux Varèse, uma rede constituída por instituições culturais, teatros e festivais e dirigida pelos seus programadores com forte peso franco-alemão, temos definido o quadro fundamental deste subcampo europeu. O Serviço de Música da Gulbenkian não faz parte de uma instituição completamente especializada na música contemporânea, como é, por exemplo, o IRCAM de Paris ou o Festival de Huddersfield na Grã-Bretanha. É talvez a estas que melhor se aplique a descrição de Menger, embora várias das estruturas mencionadas pelo autor, como a Rádio France, não sejam igualmente exclusivas. Mas, no entanto, o Serviço de Música da Gulbenkian foi em Portugal durante várias décadas, sobretudo através da organização dos Encontros de Música Contemporânea, a única instituição activa no campo da *criação musical*, para usar o termo de Menger. Criou um equivalente dos festivais especializados europeus – os Encontros – financiou outros como o de Royan e várias instituições em França, como o CEMAMU dirigido por Xenakis, e através de encomendas importantes a compositores de vários países, assumiu-se como mecenas da criação musical. Até meados dos anos 1990 foi mesmo praticamente a única instituição portuguesa com uma acção forte nessa área e, nesse sentido, pode enquadrar-se absolutamente na perspectiva de membro do subcampo. O Estado português não teve acção nem capacidade financeira e organizativa comparável até à última década do século XX.

### 5.4. Localizar as hegemonias – II: Excurso sobre os compositores emigrantes. A nova música (é) na Europa.

#### Introdução: o lugar de enunciação

Tendo sido identificado o lugar de enunciação da chamada nova música – o lugar no qual se tem a capacidade de determinar o que é contemporâneo e de declarar o que é local ou global depois de 1945 até hoje – e o seu carácter isolado, específico, dotado de instituições e de modos de funcionamento próprios, é importante acrescentar que uma das componentes principais do funcionamento do subcampo contemporâneo é a sua força centrífuga. É fundamental, pois, verificar a extensão dessa força.

Depois de 1950 tornou-se gradualmente mais notória nos países do centro europeu a emergência de uma figura nova: o compositor emigrante, proveniente dos diversos pontos do globo nos quais a cultura ocidental adquiriu uma posição de dominação em relação às culturas tradicionais. Todos estes compositores se radicaram definitivamente nos países centrais nos quais existiam as estruturas associadas à nova música: as editoras com as quais assinaram contratos, as rádios que davam apoios e divulgação, as instituições culturais capazes de encomendar obras, as orquestras, os festivais especializados, as publicações, etc. Este processo da emigração de compositores de zonas periféricas para os países centrais explica-se, sem dúvida, pela concentração de recursos nesses países, pelo carácter muito especializado das correntes musicais dominantes nesse período, pelo contexto político-cultural da Guerra Fria que favoreceu, no Ocidente, o apoio em larga escala aos artistas de vanguarda contra a arte soviética de carácter "social-realista" e antiformalista, mas também pelo facto de, permanecendo nas periferias, se ficar condenado à fatalidade das "línguas menores", ou seja, a uma determinada forma de inexistência.

Há dois outros aspectos que importa referir. Em primeiro lugar, a evolução política pós-1989 agudizou ainda mais este processo com a emigração de compositores oriundos da ex-União Soviética e dos seus satélites como Sofia Gubaidulina (1992), Alfred Schnittke (1990), Arvo Part (1980), Giya Kancheli (1992) Victor Suslin (1981), György Kurtág (1993), todos para a Alemanha, Elena Firsova (1991) e Dmitri Smirnov (1991) para a Inglaterra.

Em segundo lugar, a centralidade adquirida pelo IRCAM, instituição fundada e dirigida por Pierre Boulez em 1978, considerada por Jean-Jacques Nattiez "a mais gigantesca operação de salvamento de uma arte contemporânea que alguma vez um Estado pôs à disposição de um compositor" (Nattiez, 1984) promoveu uma deslocação regular e, por vezes, definitiva, de compositores provenientes de outros países para Paris, como os finlandeses Magnus Lindberg e Kaija Saariaho (1982 em Paris), a coreana Unsuk Chin (na Alemanha desde 1985), o português Emmanuel Nunes (desde 1964), o argentino Martin Matalon, o italiano Marco Stroppa e muitos outros. Mesmo nos casos de compositores de países que, de outro modo, poderiam considerar-se centrais, como a Inglaterra, é de notar que tiveram importantes e repetidas passagens pelo IRCAM os compositores Jonathan Harvey, Brian Ferneyhough, Harrison Birtwistle, George Benjamin e o americano Tod Machover. Estes casos sublinham o facto de a passagem pelo IRCAM se ter tornado quase obrigatória para legitimar uma posição de distinção no interior do subcampo contemporâneo. À emigração para o centro correspondeu, do ponto de vista musical, a adopção dos princípios fundamentais das correntes dominantes com destaque para o pós-serialismo e seus derivados posteriores, ainda hoje tendências muito importantes no campo. A teoria pós-colonial de Bhabha designa este processo como "*mimicry*"; o fascínio exercido pela metrópole sobre o emigrante manifesta-se no desejo de ser igual e, neste campo musical, quase nunca se vislumbra um traço de "*otherness*" que não seja superficial ou exótico. Este processo, que se verifica com artistas e intelectuais tem o seu oposto literal nos processos maciços de emigração das ex-colónias para as metrópoles ex-coloniais do Ocidente. Ao contrário do emigrante individual e culto, motivado pela atracção estética e vivencial exercida pelo espaço de enunciação do centro musical, as largas camadas de população provenientes das ex-colónias das potências europeias levam consigo as suas línguas e as suas culturas, que, sendo quase sempre de tradição oral, permitem entabular processos de miscigenação e hibridismo com o *pop-rock* anglo-americano, dotado de uma esmagadora hegemonia global.[104] Pelo contrário, a questão multicultural tem pouquíssima expressão no subcampo contemporâneo. A preocupação do *travelling composer* não é afirmar a sua diferença, mas maximizar as suas possibilidades de integração no campo, absorver as suas técnicas, cultivar as suas maneiras e integrar-se no modo de expressão préexistente. Apesar das grandes mutações políticas ocorridas entre 1945 e 2000, o destino da viagem do *travelling composer* continuou circunscrito quase exclusivamente a dois dos países centrais, a França e a Alemanha. As análises empíricas des-

---

[104] Aliás, radica igualmente nesta hegemonia nesses países a progressiva introdução na academia de estudos musicológicos sobre músicas populares de diversos matizes, com destaque para *o pop-rock*. Também aqui é a *presença* no lugar de enunciação que determina as transformações disciplinares no seio da academia.

tes dados permitem descrever o subcampo da música contemporânea como um determinado espaço de enunciação fora do qual qualquer expressão artística parece condenada ao seu carácter local e, por conseguinte, à ausência do espaço transnacional.

A importância da identificação deste espaço de enunciação específico da música contemporânea e do seu subcampo verifica-se ainda noutros aspectos. A inclusão de uma obra de um *travelling composer* num festival europeu, entre 1950 e 2000, nunca significou uma atenção a uma música proveniente de um seu "exterior", mas simplesmente a inclusão de um agente activo, próximo e integrado no campo, deslocalizado em relação à sua origem e relocalizado no centro. Mais concretamente, do ponto de vista das instituições e dos programadores especializados do centro, a apresentação de uma obra de Xenakis, de Kagel, de Ysang Yun ou de Nunes não implicava que houvesse por parte dos organizadores interesse programático em relação à música grega, argentina, coreana ou portuguesa. Significava, sim, que o subcampo, constituindo-se como universal, ao considerar as obras como obras-em-si e os compositores como autores individuais, sem ligações a nenhum contexto particular – por isso, universais –, incluía (e inclui) obras desses autores enquanto autores que lhe eram próximos, que habitavam e partilhavam o mesmo espaço de enunciação, que a ideologia prevalecente impede que se considere senão como "universal". É em relação a este espaço assim constituído, aos seus critérios de funcionamento e à sua capacidade de irradiação, que deve analisar-se a ausência da música portuguesa e não apenas em relação ao "estrangeiro", a designação genericamente referida nos discursos dos agentes portugueses do campo cultural e musical .

No final da Segunda Guerra Mundial estava em plena pujança o prestígio da ciência como elemento crucial para o progresso, a localização no Ocidente (Europa e Estados Unidos) dos países que iam à frente no desenvolvimento no caminho linear, unidireccional e contínuo da espécie humana não era questionada. A situação musical no pós-guerra assistiu à emergência de uma concepção profundamente eurocêntrica, teleológica, com uma visão da linguagem musical de progresso radical, associada igualmente ao prestígio da ideia da ciência. (cf. Taruskin, 2005a, vol.V) e nesse sentido, alvo do gradual predomínio da racionalidade técnico-científica na própria esfera estético--expressiva (cf. Santos, 1995).

Em torno da escola de Darmstadt na Europa e de Milton Babbitt e seus seguidores nos Estados Unidos, a ideia do serialismo e o aparecimento da tecnologia criaram uma dinâmica de vanguardismo, de atracção pelo novo radical e pela construção teórica irrepreensível. Ao mesmo tempo, através de ferozes polémicas lançadas contra os opositores e os dissidentes que foram surgindo, e através de textos teóricos plenos de autoconfiança foi sendo criada uma mitologia que se revelou atractiva para os jovens compositores (cf. Adorno (2002) em particular "The Aging of New Music") dos países europeus, americanos e de algumas partes do mundo submetido à primazia ocidental, tais como o Japão e a Coreia do Sul. Foi de facto para a Europa que na década de 1950 afluiu o maior número de compositores. Foi para este centro, localizado em torno de Darmstadt, que começaram a chegar jovens compositores, primeiro de França e da Alemanha, depois dos restantes países da Europa do centro, dos países da Europa do sul e das outras periferias e gradualmente da América Latina e, ainda, após 1956, da Hungria, Polónia e outros – os países do Bloco de Leste mais próximos da antiga tradição musical europeia. Mais tarde, também de outros continentes onde a cultura ocidental pontificava ou passou a pontificar depois da Segunda Guerra Mundial, em particular o Japão e a Coreia, numa primeira fase, e também a China, numa segunda fase. Iremos seguir principalmente as informações fornecidas nas entradas da segunda edição do *New Grove* (2001) e, por razões de fluência de leitura, neste Excurso as referências provenientes da enclicopédia estão colocadas no Anexo II.

**A primeira geração**
Os principais compositores da primeira geração de emigrantes foram o grego Iannis Xenakis, o argentino Mauricio Kagel, o húngaro György Ligeti e o coreano Ysang Yun. O que é comum a todos é o facto de ter havido razões políticas relevantes associadas às razões musicais. No caso de Xenakis, a saída da Grécia ocorreu principalmente por razões políticas. Num período conturbado no qual o compositor tinha tomado parte – participação na resistência, nas lutas depois da libertação em posições diversas, uma condenação à morte, mais tarde comutada para dez anos de prisão e finalmente uma emigração ilegal para França, Xenakis nos primeiros anos trabalhou no *atelier* de Le Corbusier e só mais tarde encetou estudos mais sérios de música. Ysang Yun teve igualmente uma biografia marcada pela acção política no seu país. Participou em acções clandestinas contra a ocupação japonesa durante a Segunda Guerra e esteve preso de 1943 até 1945. Em 1955 teve o prémio da cidade de Seoul e viajou para Paris (1956-1957) e Berlim (1958-1959). Frequentou os cursos de Darmstadt e nos anos seguintes manteve-se na Alemanha. Em 1967 foi repatriado para a Coreia pelo regime de Chung Hee Park, acusado de comu-

nista e preso. Pressões internacionais resultaram na sua libertação dois anos mais tarde e voltou para Berlim onde permaneceu até à sua morte em 1995.

Os casos de Kagel e de Ligeti são diversos. A emigração de Kagel tem razões fundamentalmente musicais. O autor da sua entrada no *New Grove* refere que Kagel "começou a compor em 1950 procurando ideias que se opusessem ao estilo neoclássico ditado pelo governo de Perón". O autor da entrada de Ligeti não escreve de modo muito diverso: "completou o seu curso em 1949, regressou a Budapeste como professor de harmonia e contraponto [...] e já tinha começado a deixar a sua marca como compositor. A situação cultural na Hungria, com Moscovo a orientar o caminho e Kodaly como monumento nacional pedia uma produção regular para coro num estilo folclórico" e mais adiante "entre 1949 e 1953 veio um período de despotismo no qual a inovação era tão impossível como ser um político dissidente". Kagel foi para a Alemanha com uma bolsa da Deutscher Akademischer Austausschdienst (DAAD), instituição que apoiou igualmente Kanchelis, Kurtág, Eötvös e Nunes, entre outros. Nunes é um dos compositores emigrantes dos anos 1960, mas o seu caso particular será tratado mais adiante. Outros compositores emigraram mais ou menos na mesma fase. O búlgaro André Boucourechliev "emigrou para Paris em 1949 com uma bolsa do governo francês. [...] Frequentou os cursos de Darmstadt e começou a compor em 1954". O romeno Horatiu Radulescu "mudou-se para Paris em 1969. Nos inícios da década de 1970 frequentou classes de John Cage, Ligeti, Stockhausen e Xenakis nos cursos de Verão de Darmstadt".

**Emigrantes da ex-união soviética**
Sofia Gubaidulina emigrou para a Alemanha em 1992. Schnittke para Hamburgo em 1991. Arvo Pärt "emigrou em 1980 com a família para Viena e depois para Berlim". Kanchelis teve um convite para Berlim em 1991, onde viveu até 1995, e foi para Antuérpia como compositor convidado da sua Orquestra Sinfónica. Suslin emigrou para a Alemanha em 1981. Alexander Rabinovitch emigrou para a França em 1974 e desde 1980 viveu em Genebra e Bruxelas. Elena Firsova e o seu marido Dmitri Smirnov chegaram a Londres em 1991. Denisov "permaneceu em França e na Alemanha nos seus últimos anos". Leonid Grabovsky "foi compositor residente no Instituto Ucraniano da América e vive agora em Brooklyn" Franghiz Ali-Zaded nascida em Baku no Azarbeijão, "viveu na Turquia desde 1992" e emigrou para Berlim em 1999.

## Emigrantes asiáticos
Shuxian Xiao, formou-se no Real Conservatório de Bruxelas em 1932 e foi casada com Hermann Scherchen de 1935 a 1953. Qigang Chen "mudou-se para Paris em 1984 onde estudou com Malec, Baliff, Jolas, Castarède e principalmente Messiaen que se tornou grande apoiante da sua música". Yi Chen "continuou os seus estudos com Chou Wen-chung e Mário Davidovsky na Universidade de Columbia, terminados em 1993, e foi-lhe oferecido lugar de professor na Universidade de Missouri". Bright Sheng "depois de se mudar para Nova Iorque em 1982 estudou no Queens College e na Universidade de Columbia". Ye Xiaogang "continuou os seus estudos na Eastman School of Music". Zhou Long completou o seu doutoramento em 1993 na Universidade de Columbia, onde estudou com Chou Wen-chung, George Edwards e Mario Davidovsky e tornou-se director de Music of China em Nova Iorque". Tan Dun "em 1986 mudou-se para Nova Iorque onde completou estudos na Universidade de Columbia com Chou Wen-Chung e Mario Davidovsky e George Edwards". Joji Yuasa "desde 1970 foi frequentemente convidado como compositor e conferencista por festivais internacionais e em 1981 foi convidado para professor de Composição na Universidade de São Diego, na Califórnia". Karen Tanaka nos anos 1980 "foi para Paris com uma bolsa do governo francês para estudar com Murail e trabalhar no IRCAM". Jo Kondo "depois de um ano em Nova Iorque com uma bolsa da Fundação Rockfeller (1977-1978)" tem ensinado "na Universidade de Victoria no Canadá (1979) e foi "compositor residente na Hartt School of Music, Connecticut".

## Estereótipos orientalistas
Há um sem número de estereótipos orientalistas que surgem nos discursos sobre compositores de origem não central-europeia. Há dois aspectos a salientar; primeiro não é necessário sair da Europa para esse discurso se manifestar. Há países periféricos que foram sendo definidos no interior dos discursos canónicos como dotados de escolas nacionais. Essa marca é indelével. O campo central é de tal modo restrito que o nacionalismo do final do século XIX e do século XX só não atinge a França, a Alemanha e a Itália. Todos os outros, inclusive a Inglaterra, têm os seus nacionalismos musicais. Em segundo lugar o discurso dominante na musicologia é de tal modo forte que os próprios musicólogos dos países com "nacionalismo musical" usam os mesmos estereótipos discursivos canónicos.

Assim, o nascimento de Sofia Gubaidulina "na República Tatat teve um profundo impacto no seu trabalho, o qual tem sido visto como uma síntese de várias componentes de tradições orientais e ocidentais". Por outro lado Alfred Schnitke "primeiro estudou em Viena (1946-48) e "esta experiência decisiva teve uma efeito marcante no seu trabalho, uma vez que a exposição à tradição cultural austro-alemã influenciou fundamentalmente os seus gostos e a sua posição em relação à forma e ao vocabulário durante a sua carreira". Kanchelis "nunca perdeu com as suas raízes na cultura da Geórgia [...] a sua música foi influenciada, tanto subconscientemente como organicamente, pela espiritualidade cristã oriental". No caso dos compositores asiáticos verifica-se a presença dos mesmos estereótipos. O objectivo principal de Ysang Yun "foi desenvolver a música coreana através de meios ocidentais, combinando práticas instrumentais do Extremo Oriente com instrumentos europeus e expressando uma imaginação asiática em termos musicais ocidentais". Shuxian Xiao, combina "materiais folclóricos chineses com técnicas ocidentais", Qigang Chen "embora não querendo ser classificado como compositor chinês, cresceu quase imperceptivelmente próximo em relação às tradições culturais do seu país. Messiaen elogiou as suas peças pela harmoniosa união estilística entre ideias musicais ocidentais e asiáticas". A música de Yi Chen "combina técnicas composicionais ocidentais com elementos da tradição musical chinesa [...] explora tonalidades pentatónicas chinesas no interior de um idioma modernista". Bright Sheng "descreveu o seu maior desafio composicional como sendo integrar culturas asiáticas e ocidentais sem comprometer a integridade de cada uma". Ye Xiaogang "tornou-se o primeiro compositor de vanguarda chinês a atrair a atenção internacional" e "são cada vez mais importantes no seu estilo elementos de meditação e silêncio". Zhou Long "no seu estilo mais tardio combina tradições musicais chinesas e a composição com atonalidade livre". Tan Dun "descreve-se a si próprio como um compositor que navega livremente entre diferentes culturas e retira inspiração da natureza, da filosofia chinesa e das recordações da juventude, uma combinação que dá ao seu trabalho qualidades de intemporalidade, espiritualidade e misticismo". Procura integrar no interior do que chama "a linguagem lírica concentrada da atonalidade ocidental com elementos da música tradicional chinesa". Akira Nashimura "emprega principalmente heterofonia, um procedimento característico da música tradicional asiática [...] apesar de semelhante à micropolifonia de Ligeti uma perspectiva asiática informa a sua técnica".

 Os discursos da musicologia são estruturalmente eurocêntricos e produzem e reproduzem a *diferença* como signo de *exterioridade*. O emigrante oriental, da Rússia, do Japão, da Coreia do Sul, da China, é sempre visto como um sujeito de fronteira entre o seu local de origem e o seu local de emigração.

Enquanto o primeiro lhe atribui uma "tradição", o seu local de instalação no Ocidente dá-lhe um meio de expressão musical, uma técnica que é forçoso combinar de modo a resultar uma música que possa ser reconhecida como "contemporânea" pelas instâncias de consagração que operam no subcampo contemporâneo.

**Instâncias de consagração segundo Bourdieu**
Um dos aspectos principais que se retira deste dados é um determinado tipo de funcionamento das instancias de consagração. Para Bourdieu, uma definição completa do modo de circulação restrita deve incluir não apenas as instituições que asseguram a produção de consumidores competentes mas também aquelas que produzem agentes capazes de as renovar(Bourdieu, 1993). Mais adiante afirma que

> não se pode compreender completamente o funcionamento do campo de produção restrita como lugar de competição para uma apropriada consagração cultural – isto é legitimação – a não ser que se analisem as relações entre as várias instâncias de consagração. Estas consistem, por um lado, em instituições que conservam o capital de bens simbólicos, tais como museus; e, por outro lado, em instituições (tais como o sistema educativo) que asseguram a reprodução de agentes imbuídos das categorias de acção, expressão, concepção, imaginação, percepção específicas para a "disposição" cultivada [*ibid.*: 121].

Para o autor a estrutura das relações objectivas de força simbólica inclui as relações objectivas entre produtores e diferentes agentes de legitimação, instituições específicas, tais como academias, museus, sociedades cultivadas e o sistema educativo, e estas autoridades consagram um certo tipo de obra e um certo tipo de pessoa cultivada. Por outro lado a eficácia da consagração depende da própria posição das hierarquias que consagram.

Os festivais – que se repetem nas biografias – são instâncias de consagração nos quais é obrigatório ser tocado para se obter a autoridade que deriva da inclusão decidida pelos programadores. Nesses festivais actuam regularmente orquestras, solistas e *ensembles* que, sendo em número reduzido, circulam por isso pelos vários festivais europeus que são parte da estrutura do subcampo. Nas entradas do *New Grove* são descriminados os numerosos prémios de instituições oficiais europeias ou americanas a estes compositores emigrantes configurando-se como instâncias de consagração oficiais. As bolsas de estudo atribuídas aos compositores das periferias foram muitas vezes provenientes de instituições dos países centrais, como por exemplo DAAD, o Estado francês, etc. Nos EUA as universidades são as principais instâncias de consagração. São universidades americanas que surgem repetidas nas biografias quando os compositores incluem passagens ou estadias nos EUA, como Buffalo, Princeton, Columbia, etc. O discurso musicológico sobre os compositores de proveniência oriental, russos, chineses, coreanos, japoneses, exprime-se quase sempre nos mesmos termos, simultaneamente orientalistas e criadores de legitimidade ocidental. As listas de professores são reveladoras do carácter restrito e centrífugo do subcampo. Encontramos muitas vezes o nome de Messiaen nos compositores mais velhos e entre os mais novos uma repetição dos professores já mencionados no capítulo anterior. Mesmo em relação a ingleses, na primeira fase pré-continental, há referências ao reconhecimento continental, ou seja, do centro do subcampo, como no casos de Ferneyhough, Birtwistle, Maxwell Davies, Harvey e Benjamin.

A centralidade de Darmstadt e do IRCAM é decisiva. Os cursos de Darmstadt, apesar do fim do mito dos anos 50 referido por Danuser, continuam a ser lugar de passagem de muitos compositores; as estadias no IRCAM ou as encomendas do Ensemble Intercontemporain são um momento de consagração por excelência, ao ponto de poderem marcar o início de um reconhecimento "ocidental" ou internacional como no caso de Kurtág; muitos jovens compositores provenientes de vários países, continuam a ter nessa instituição um ponto chave da sua aceitação e integração no subcampo: Unsuk Chin, Kaaja Saariaho, Magnus Lindberg e, entre os mais novos, por exemplo, o jordano Karin Hammad que lá trabalha.

Os emigrantes ex-soviéticos, a partir de 1980, foram todos para a Alemanha. Enquanto na França prevalece a hegemonia relativamente estreita e estrita derivada do cânone bouleziano, na Alemanha há uma maior diversidade de cidades com estruturas nas quais várias tendências estéticas podem coexistir. Como vimos, Deliège, um dos musicólogos mais ligados a Boulez e ao círculo mais restrito do subcampo, refere-se a Gubaidulina e Schnittke como "reconstrutores da linguagem tonal" e por isso decide que "não serão abordados neste livro de *recherche*". Por isso todos os compositores das repúblicas da ex-União Soviética quando emigraram escolheram a Alemanha face à maior abertura e diversidade estilística "permitida" desse país. Os chineses mais jovens, quase sempre com uma descrição das suas peripécias biográficas durante a Revolução Cultural, vão quase todos para os EUA. Nas últimas décadas verifica-se assim uma mudança no destino da emigração dos compositores chineses. Na primeira metade do século alguns viajaram para a

Europa; agora o destino dos nascidos depois de 1950 é quase sempre os EUA. Há alguns (poucos) casos de retorno aos países de origem especialmente no caso de japoneses e chineses, normalmente como professores em universidades ou escolas. Verifica-se em relação à Itália uma ambiguidade: por um lado continua a ter algumas estruturas específicas associadas ao centro, mas vários italianos instalam-se longos períodos noutros países, mesmo os importantes Luciano Berio e Luigi Nono.

## As (re)descobertas

> *O que é descoberto está longe, abaixo e nas margens e essa localização é a chave para justificar as relações entre o descobridor e o descoberto"*
> (SANTOS, 2006: 169-170).

A frase em epígrafe pode ser usada como ponto de partida para uma análise dos factos relacionados com as redescobertas no subcampo da musica contemporânea. Três dos casos mais relevantes são os dos compositores Kurtág, Scelsi e Nancarrow. A hipótese de trabalho é que, na maior parte dos casos, o subcampo contemporâneo não se desloca para descobrir. Estando seguros da sua localização forte no seu lugar de enunciação, do seu prestígio simbólico, da força das suas estruturas, o centro e os agentes do centro, consideram, na prática, que cabe ao excluído pela fatalidade da sua língua menor, da sua exterioridade irredutível ou da sua linguagem esotérica deslocar-se para o centro para aí se mostrar, para aí submeter a sua música ao veredicto dos agentes e das instâncias de consagração. O horizonte do subcampo, tal como é constituído, é curto. Desse modo, as redescobertas dos anos 80 são de compositores europeus ou americanos que, por uma razão ou por outra, estavam afastados das instâncias de consagração. Mas, mesmo nestes casos, coube sempre a um agente de centro agir (e falar) para que a descoberta tivesse lugar. Só o centro tem legitimidade para descobrir e para decretar a legitimidade do que descobre. A redescoberta de Scelsi é provocada pelo interesse do parisiense Tristan Murail, que leva para Paris a notícia da existência de um aristocrata italiano, isolado no seu castelo, suspeito de ligações ao regime de Mussolini e por isso negligenciado no seu país, compositor de uma música muito singular. Murail, um dos líderes parisienses da corrente espectral, descobre, de certo modo, o seu antecessor obscuro, autor de uma música que antecede a sua própria prática. Deste modo os espectralistas descobriram ou inventaram a sua própria genealogia.

O caso de Nancarrow é ligeiramente diverso. Autor de obras ritmicamente muito complexas, deslocou-se para um deserto no México e, aí isolado, passou a compor para "player piano", um instrumento de rolos, mecânico, capaz de realizar qualquer tipo de complexidade rítmica. É György Ligeti, que, quando compõe os seus estudos para piano em 1985, ao proclamar Nancarrow como poderosa influência das suas próprias polirritmias o traz de volta aos discursos correntes. Trata-se igualmente de uma redescoberta por via de uma genealogia privada de um compositor consagrado.

A redescoberta de Kurtág – "esquecido" na Hungria – é desencadeada por uma encomenda de Boulez para o Ensemble Intercontemporain em 1981. O caso de Kurtág é especialmente revelador na medida em que a sua recepção no Ocidente tem dois momentos muito claros, não propriamente para Kurtág, mas para a compreensão dos estereótipos próprios do subcampo da música contemporânea. Rachel Beckles Wilson autora da entrada Kurtág no *New Grove* (2000) e do livro *The Sayings of Peter Bornemisza, Op. 7*, dá-nos informações sobre estes dois momentos (Wilson, 2004: 130-133). No ano de 1968, segundo a autora, esteve em residência em Darmstadt um número sem precedentes de grupos da Europa de Leste. "O vocabulário de todas as nove críticas revela a dificuldade que tiveram na recepção as estreias dessas regiões periféricas da Europa". Para o *Neue Zürcher Zeitung* "o concerto húngaro foi interessante do ponto de vista da 'história cultural', e o bloco de obras para orquestra do oriente europeu foi interessante como informação (*ibid.*). A peça de Kurtág provocou as maiores reservas. Assim escreveu-se que "o material esgotou-se a si próprio" e que "a secção da obra *Spring* não foi convincente". Outro crítico escreveu que a peça não conseguiu disfarçar as suas raízes no século XIX. Para estes críticos "a obra derivava do século XIX da maneira errada e para os estudantes do curso *The Sayings* era *demasiado* século XIX" (*ibid.*). Na entrada do *New Grove* Wilson escreve que essa obra foi a primeira obra vocal de Kurtág desde 1956 e "coroou a sua primeira fase madura", e acrescenta "*The Sayings* não teve impacto em Darmstadt na sua estreia em 1968 e nos cinco anos seguintes Kurtág foi incapaz de fazer progressos significativos apesar de um ano de estudo em Berlim Oeste (1971) apoiado pela DAAD". Pode-se afirmar que neste período as peças compostas fora dos países centrais da Europa tinham muitas dificuldade para convencer os membros do subcampo – os críticos, os estudantes – que eram completamente incapazes de compreender a sua linguagem musical por razões estéticas e ideológicas. Esta recepção diz-nos mais sobre o campo do que sobre a peça.

Mas treze anos mais tarde uma outra peça foi apresentada no Ocidente. Segundo Wilson "as *Messages of the Late R. V. Troussova*, op. 17, foi a sua obra mais substancial depois do Op. 7 e o seu sucesso desencadeou a disseminação mais vasta da música de Kurtág no Ocidente. Foi encomendada pelo Estado francês e o Ensemble Intercontemporain. Este fez a sua estreia em Paris dirigida por Sylvain Cambreling."

O que é importante sublinhar é que esta nova peça de Kurtág foi apresentada em condições muito diferentes de modo nenhum relacionadas com uma apresentação global de música húngara. Estas novas condições foram: primeiro, foi estreada por um grupo ocidental muito prestigiado; segundo, foi encomendada pelo Estado francês; terceiro, nesse duplo sentido tinha a poderosa legitimação de Boulez. Por isso, antes mesmo do concerto, a obra já tinha sido legitimada, aceite e reconhecida pelo funcionamento estrutural do subcampo. São ainda de realçar dois aspectos: Kurtág emigrou para o Ocidente em 1993 e desde então viveu em Berlim, Viena, Amesterdão e finalmente Paris.

Mas, tendo permanecido na Hungria durante todo o período anterior, o seu caso contrasta decisivamente com a fuga de Ligeti para o Ocidente em 1956, com as descrições detalhadas das suas peripécias, com o seu rápido reconhecimento no subcampo ocidental e, de forma ainda mais relevante, interroga *o facto discursivo* sempre presente implicitamente nas narrativas da biografia de Ligeti: era quase impossível ser compositor "vanguardista" permanecendo na Hungria naquele período. O caso do seu compatriota e amigo Kurtág, que foi capaz de seguir o seu percurso particular mesmo permanecendo no seu país, coloca reservas sobre a assunção que se retirava do exemplo de Ligeti, dotado de grande significado e importância político-cultural no período da Guerra Fria.

PARTE III

# Para uma sociologia da ausência da música portuguesa

# CAPÍTULO VI
# HIPÓTESES DE TRABALHO E METODOLOGIA

O próprio enunciado da dissertação contém dois termos: música portuguesa e contexto europeu. Aquilo que liga os dois termos é a ausência da primeira no segundo e a verificação da sua articulação implica necessariamente uma focalização dupla. Trata-se de estabelecer o grau da ausência, as suas determinações, medir a sua extensão, a sua escala, o seu nível de realidade e o seu nível de realidade simbólica. É essa dupla articulação que permite o exercício que proponho na primeira metade deste capítulo alinhavando as principais hipótese de trabalho. Na segunda metade do capítulo dou conta dos principais vectores que nortearam as estratégias metodológicas adoptadas.

## 6.1. Hipóteses de trabalho

1. A ausência da música portuguesa no contexto europeu resulta da sua posição semiperiférica no sistema mundial e do processo histórico-cultural, geograficamente localizado, que deu origem à formação do cânone musical europeu nos países centrais. Daqui derivam duas sub-hipóteses:
   a) primeiro, o período da formação canónica coincidiu com a supremacia da música alemã nos finais do século XVIII e no século XIX;
   b) segundo, nenhum compositor português integrou alguma vez o cânone musical ocidental, apesar de alguns terem tido obras tocadas com alguma regularidade nos períodos em que estiveram instalados nos países do centro.

2. Na sequência das progressivas consequências do cisma estético modernista, agudizadas no período do pós-1945, foram-se criando conjuntos de estruturas específicas e especializadas, o que aqui se denomina por subcampo contemporâneo, igualmente localizadas no mesmo espaço de enunciação dos países centrais da Europa e reproduzindo as mesmas hegemonias do período anterior.

3. Em Portugal, os valores emanados do centro hegemónico e os seus critérios normativos dominam e regulam a vida musical em larga escala. As instituições culturais activas no campo musical têm privilegiado a importação de artistas do centro e a apresentação de obras dos compositores pertencentes tanto ao campo clássico canónico como ao subcampo contemporâneo. Como consequência, a produção dos compositores portugueses tende a situar-se

nas margens da vida musical do seu próprio país e tem grande dificuldade em quebrar a hegemonia do centro canónico e subcanónico.

4. Da hipótese anterior decorre uma outra, a de que, desse modo, as instituições musicais portuguesas se tornam produtoras activas da inexistência da música portuguesa ao mesmo tempo que aparentemente a apoiam. Na segunda metade do século XX há que distinguir duas fases: a primeira (1960-1990) na qual a Fundação Calouste Gulbenkian, face às carências da acção estatal, foi praticamente a única instituição activa no campo da criação contemporânea através de encomendas de obras; e a segunda (de 1990 até hoje) que se caracteriza pelo início da actividade de uma série de instituições do Estado. Enquanto o Serviço de Música da Gulbenkian prosseguiu a sua quase exclusiva concentração no apoio e apresentação de obras da corrente dominante – o pós-serialismo e os seus derivados – as outras instituições foram-se definindo no terreno como alternativas válidas para um aumento interno da diversidade. No entanto, apesar desta abertura à diversidade interna, todas elas manifestaram até hoje total incapacidade para impor um regime de igualdade – ou menor desigualdade – negocial de trocas culturais transnacionais entre pares.

5. Apesar da grande quantidade de viagens e estadias de pós-graduação nos países do centro – talvez a única actividade artística onde uma tal dimensão é atingida – só a instalação definitiva do compositor num desses locais lhe permite eventualmente tornar-se agente activo do subcampo.

6. Por outro lado, no interior do país, o ensino nas escolas de Música e os discursos dominantes nas publicações e na crítica não só reproduzem a primazia e a predominância dos valores centrais dos cânones como produzem uma aceitação da subalternidade como "natural". Nas histórias da música usadas no ensino, os estudantes não vêem Portugal e, como tal, não se vêem a si próprios a não ser através de uma imaginação-do-centro. As elites portuguesas que constituem o público melómano, os responsáveis culturais, os críticos e, até certo ponto, os músicos e os próprios compositores vivem uma história da música que, embora não lhes diga respeito em termos de criação, lhes produz a satisfação própria da imaginação-do-centro, a de terem uma vida cultural igual à dos outros países.

7. Mesmo nos (poucos) discursos que contestam e procuram contrariar e denunciar a invisibilidade da música portuguesa, manifesta-se de vários modos a primazia ideológica dos cânones centrais, tanto através da comparação obsessiva com o *Outro* europeu – visto como universal abstracto – como através do exagero onírico, irrealista e mítico com que se procuram valorizar os portugueses históricos menosprezados.

8. Apesar de transformações positivas no sentido da progressiva possibilidade de circulação de obras portuguesas em circuitos secundários, tudo parece indicar que as instituições dos países centrais continuarão a manter e a tentar preservar o poder de incluir ou excluir com base nos critérios estéticos que se foram sedimentando no subcampo contemporâneo, na ignorância e no desconhecimento de tudo o que lhe é externo e, ainda, na incapacidade de avaliar – quando tal eventualidade se proporciona – produtos provenientes de outros espaços de enunciação que transportam consigo, inevitavelmente, uma marca da sua especificidade diversa e local.

## 6.2. Metodologia

### 6.2.1. Nota introdutória

Se, por um lado, o objecto de análise parece, à primeira vista, limitar-se a uma problemática cultural confinada a um país, a um Estado e a uma sociedade nacional, surgiu rapidamente a consciência da impossibilidade de levar a cabo o estudo sem ter em consideração que "muitas das práticas transnacionais são originalmente transnacionais, ou seja, constituem-se livres de referência a uma nação ou a um Estado concretos" (Santos, 2001a). Nesse sentido a prática artística própria do subcampo musical contemporâneo foi, deste o início, sobretudo "uma ideia" para além de qualquer Estado: os discursos eram não apenas transnacionais mas reclamavam a universalidade inerente à história da "evolução da linguagem musical". Para além disso, o espelho no qual se avalia a ausência nas últimas décadas é o próprio subcampo contemporâneo, que não é redutível senão ao conjunto de países centrais da Europa e a um conjunto de instituições periféricas que reproduzem a sua autoridade e os seus critérios.

### 6.2.2. Âmbito temporal

O âmbito temporal da investigação, para ser compreendido, teria de ser considerado em duas delimitações: a vertente larga que abarca os discursos produzidos durante os séculos XX-XXI sobre a música e a música portuguesa; e a vertente estreita, sobre a qual incidiu particularmente a investigação, considerou as últimas décadas do século XX e a primeira do século XXI até hoje. Optei por observar com maior detalhe este período, os textos recentes sobre a história da música portuguesa, mas igualmente os seus problemas em geral, uma vez que uma série de continuidades se verificavam nos discursos e, mesmo, nos próprios problemas. No entanto não se tratava de descrever com profundidade toda a problemática histórica da música portuguesa – assunto demasiado vasto para o meu objectivo – mas assinalar os aspectos do passado e as maneiras recentes de o narrar que constituíam material factual e discursivo relacionável com o objecto de análise principal: a ausência.

A vertente estreita considera o período em questão como um período de transição ainda em curso no campo musical português. O espectro institucional relacionado com o aparecimento de novos factores susceptíveis de conter emergências que levem a reconfigurar a problemática da ausência em novos moldes. O período que decorre da Europália em 1991 até ao Porto 2001 Capital Europeia da Cultura alterou em grande medida o panorama das instituições culturais com peso e acção importante na actividade musical de forma eloquente, talvez comparável num outro sentido à criação da Fundação Calouste Gulbenkian em 1959. O núcleo da investigação encontra-se entre a análise dos discursos produzidos e publicados e a análise das práticas musicais institucionais, vistos sob o prisma da ausência e da imaginação-do-centro que lhe é concomitante.

### 6.2.3. Material

#### 6.2.3.1. Presença e ausência

Face à impossibilidade prática de enumerar todas as obras portuguesas efectivamente executadas fora do país – o que se aproximaria do mapa do tamanho do mundo de Jorge Luis Borges – a análise centra-se nas publicações mais importantes que pretendem dar panorâmicas globais ou parciais da história da música, com especial destaque para as obras gerais de histórias e balanços da música do século XX publicadas a partir de 2000. Cada uma das obras consideradas apresenta uma orientação editorial ou autoral diversa. A primeira opção dirige-se sempre para a explicitação do conceito de música do século XX e para a delimitação que cada autor ou editor estipulou à partida. Há no essencial dois tipos de opções: a que considera apenas a música da tradição erudita ocidental (Taruskin, 2005b; Deliège, 2003; Van der Weid, 1997), e a que considera e inclui a pluralidade das músicas que emergiram durante o século XX que não pertencem a essa tradição (Nattiez, 2003 e Cook e Pople, 2004). Apesar desta diversidade das obras tratava-se de verificar a ausência e analisar a presença quando esta se verifica. A monumental enciclopédia de referência *The New Grove* (Sadie, ed. 2001) constitui a base documental mais vasta disponível.

### 6.2.3.2. Os discursos internos sobre música portuguesa.
Este *corpus* documental constituiu o objecto principal de estudo. Nem sempre a problemática da ausência surge nestas obras como tal. No entanto os discursos produzidos acabam sempre por permitir uma recondução do que é dito para um estudo do não dito.
  a) Três histórias da música portuguesa: João de Freitas Branco (1995) Manuel Carlos Brito e Luísa Cymbron (1992), Rui Vieira Nery e Paulo Ferreira de Castro (1991).
  b) Vários textos de Mário Vieira de Carvalho, Manuel Pedro Ferreira, Paulo Ferreira de Castro, Alexandre Delgado, João de Freitas Branco, vários artigos de Fernando Lopes-Graça, textos dispersos ou monográficos, de e sobre Jorge Peixinho e Emmanuel Nunes, entrevistas incluídas no livro de Sérgio Azevedo; *A Invenção dos Sons*, e outros.
  c) Outros documentos: artigos da *Revista Portuguesa de Musicologia*; da *Arte Musical* e alguns artigos de jornais.

### 6.2.4. Calendarização

#### 6.2.4.1. Aprofundamento das leituras especializadas
Por leituras especializadas considero, primeiro, a leitura das obras que constituíram as construção do objecto em simultâneo com os conceitos teóricos que finalmente foram adoptados para o estabelecimento da problemática e para a sua análise. Nesse sentido, as leituras incluíram igualmente o material que pode designar-se por empírico, embora dificilmente possa considerar-se que esse material é especializado face à temática da investigação. Foi o trabalho de construção do objecto que absorveu as diferentes fontes e as transformou em documentação apropriada para este estudo. Inversamente, sem elas, a construção do objecto não teria sido possível, embora, a cada passo, o processo de interacção entre a teoria e o empírico resultasse amiúde em reformulações das várias vertentes.

#### 6.2.4.2. A recolha e a análise da documentação
Inicialmente foram consideradas as obras publicadas de âmbito mais geral: as histórias da música portuguesa, as histórias da música gerais de mais ampla circulação e importância e a enciclopédia de referência *New Grove*. Em segundo lugar, os textos dos compositores e musicólogos directamente relacionados com a problemática da ausência. Finalmente uma parte considerá-

vel dos livros publicados existentes em Portugal acabou por ser igualmente parte da "documentação". Embora se tivesse considerado, a dada altura, a possibilidade da realização de entrevistas, acabei por abandonar essa hipótese uma vez que, na minha perspectiva, os resultados acabariam por ser muito provavelmente redundantes em relação ao conteúdo já presente nas obras publicadas e às posições já aí claramente expressas. Quanto ao tratamento da documentação procurei organizar as diversas componentes do *corpus* documental em torno de tópicos e de casos exemplares – de algum modo pequenos *estudos de caso* – que permitissem uma percurso mais inteligível num material de alguma fluidez.

### 6.2.4.3. Técnicas de investigação: análise documental

A análise de conteúdo em ciências sociais não tem como objectivo compreender o funcionamento da linguagem enquanto tal (cf. Quivy e Campenhoudt, 2003). Muitas das descrições metodológicas da análise de conteúdo baseiam-se nos procedimentos a adoptar face a um conjunto de material documental variado: obras literárias, documentos oficiais, artigos de jornais, etc. Como já referido, seleccionou-se material publicado em quantidade considerável se considerarmos a exiguidade das fontes, as poucas publicações existentes.

A análise de conteúdo permite satisfazer as exigências do rigor metodológico e da profundidade inventiva que nem sempre são facilmente conciliáveis (*ibid.*: 227). Sendo o seu campo de aplicação muito vasto, há alguns que o autor refere que podem ser considerados especialmente adequados a esta pesquisa. Nomeadamente a análise das ideologias, dos sistemas de valores, das representações e das aspirações; a análise da lógica do funcionamento das organizações de acordo com os documentos que produzem; e, de certo modo, o estudo das produções culturais e artísticas (*ibid.*: 230). Com a necessária adequação à especificidade da minha temática, é óbvio que o campo de aplicação é justamente deste tipo. Uma das vantagens deste método, para Quivy, é a de que obriga o investigador a manter uma grande distância em relação a interpretações espontâneas e, em particular, às suas próprias. Esta questão particular, da grande importância no caso desta investigação, será tratada em detalhe no capítulo seguinte. Alguns pontos prévios muito gerais orientaram as leituras e as análises: qual é o discurso dos portugueses? Como é que a marginalidade ou a subalternidade se reproduz ou se combate? Qual é o papel dos agentes locais da reprodução das hegemonias e dos bloqueamentos? Que conclusões se podem tirar da análise das programações?

# CAPÍTULO VII
# EXCURSO AUTO-REFLEXIVO: A TRIPLA SUBJECTIVIDADE

**Autobiográfico e auto-reflexivo: sobre a tripla subjectividade**
As perguntas que desencadearam a reflexão sociológica começaram por ser perguntas pessoais sobre a minha vida e o meu percurso musical; numa segunda fase tornaram-se questionamentos sobre o enquadramento "institucional" desse percurso individual e, durante um certo período, a interacção entre a actividade de compositor e o exercício da actividade de programador provocou ainda mais a bipolaridade do olhar sobre o funcionamento do campo musical. Essas duplas funções – agente enquanto compositor activo no meio e agente enquanto programador em duas instituições – permitiram, no meio de grandes perplexidades, uma perspectiva alargada dos problemas, dos bloqueios, das hegemonias, das relações de poder implícitas na programação nas instituições e nas relações entre várias instituições e ainda da relação entre a prática interna, nacional, e a problemática geral das relações internacionais na actividade cultural.

Além de tudo isto – que, só por si, favorecia o exercício, mesmo que involuntário, da hermenêutica diatópica – essa bipolaridade tinha sido antecedida de uma outra circunstância biográfica relacionada com o facto de a minha aprendizagem e a minha prática musical, a partir de 1970, terem sido repartidas, embora simultâneas, entre o *jazz* e a música erudita contemporânea. Esta outra divisão continha em si a cesura entre a alta e a baixa cultura e, por isso, permitiu-me observar – e viver – os dois campos, dotado inevitavelmente de um certo descentramento do olhar.

No final deste processo, chegar aqui, ou seja, acrescentar uma vontade de estudar, compreender e tentar explicar estes processos complexos numa perspectiva de cientista social, completou uma tripla subjectividade. A questão que se colocava nesse momento era a de saber como é que se tentava construir a objectificação necessária para enfrentar as subjectividades características de um *insider*.[105] Os sociólogos frequentemente usam o termo "terreno", falam da sua experiência do terreno, referindo-se ao campo específico de estudo

---

[105] Subjectividade, no sentido que estou a usar, não é o contrário de objectividade, como é óbvio. É aquilo que nos permite constituir-mo-nos como sujeitos.

e investigação no qual se instalaram durante algum tempo. Neste caso, o "terreno" era já o "meu terreno".

A pergunta que se foi instalando era, no início: porque é que o meu trabalho como compositor – apesar de uma ou outra passagem de algumas obras "lá fora" (e não foram tão poucas como isso) – parece condenado, faça eu o que fizer, a só existir em Portugal? A segunda fase alargou o âmbito da pergunta: porque é que quase todos os compositores portugueses, com algumas variações sem grande relevância, parecem condenados a partilhar essa única existência local, independentemente da enorme variedade das composições, da vasta gama das orientações estéticas actuais? A terceira fase da pergunta alargava-se historicamente para o passado: porque é que nenhum músico português conseguiu integrar o cânone musical ocidental?

## A questão da objectificação

*Sei que estou inserido e implicado no mundo que tomo por objecto*
BOURDIEU (2004: 157)

Como levar a cabo esta análise sendo sabido que eu próprio ocupo um lugar de agente activo no campo que pretendo analisar? Isto verifica-se não apenas porque sou compositor. Conheço pessoalmente praticamente todos os autores portugueses que li, estudei e cito. De resto, são a quase totalidade dos estudiosos, críticos ou agentes que publicaram sobre a temática. A questão que se coloca é a mesma com a qual Bourdieu se confrontou ao analisar o próprio campo sociológico universitário do qual fazia parte: "o analista faz parte do mundo que ele procura objectivar e a ciência que ele produz é apenas uma das forças que se defrontam neste mundo". Face a essa constatação Bourdieu afirma que "a reflexividade é um meio particularmente eficaz de reforçar as hipóteses de se aceder à verdade [...] ao fornecer os princípios de uma crítica técnica, que permite controlar de forma mais atenta os factores susceptíveis de alterar o sentido de uma investigação" (Bourdieu, 2004: 123). É por isso necessário exercer a vigilância auto-reflexiva prolongando-a até ao próprio sujeito do investigador, eu próprio: "tenho tanto mais hipóteses de ser objectivo quanto mais tiver objectivado a minha própria posição (social, universitária, etc.) e os interesses, principalmente os interesses propriamente universitários, ligados a essa posição" (*ibid.*: 128).

No entanto "adoptar o ponto de vista da reflexividade não é renunciar à objectividade, mas pôr em questão o privilégio do sujeito cognoscente [...] é trabalhar no sentido de dar conta do sujeito empírico nos próprios termos da objectividade construída pelo sujeito científico (nomeadamente situando-o num lugar determinado do espaço-tempo social) e, assim, aceder à consciência e ao domínio possível das imposições que podem exercer-se sobre o sujeito científico através de todos os nós que o atam ao 'sujeito empírico', aos seus interesses, às suas pulsões, aos seus pressupostos, às suas crenças, à sua *doxa*, e com os quais o sujeito científico para se constituir terá de romper" (Bourdieu, 1996a: 241).

Neste perspectiva, o sujeito que efectua este trabalho de investigação, o sujeito no qual se manifesta um desejo analítico, sem que isso o obrigue a ignorar e ainda menos a suspender a sua identidade, inserida no campo musical de várias formas, suspeita que a sua identidade é múltipla e complexa, o que lhe pode talvez atribuir, paradoxalmente mas por isso mesmo, alguns privilégios. Serão esses privilégios que lhe permitem pôr em questão e impedir a tentação do ponto de vista absoluto e, pelo contrário, ter consciência da multiplicidade de pontos de vista que favorecem a objectivação da sua própria posição, no acto de olhar e analisar o objecto. Não só situando-o "num lugar determinado do espaço-tempo social" mas mesmo situando-o culturalmente numa posição capaz de uma hermenêutica diatópica. Se este aspecto é biográfico, o desejo analítico tem motivações autobiográficas. Nesse sentido estaremos longe de um "ponto de vista ingénuo sobre o objecto" (*ibid.*: 241) e numa posição na qual "o sujeito científico opera verdadeiramente o corte com o sujeito empírico e, ao mesmo tempo, com os outros agentes que, profissionais ou profanos, permanecem encerrados num ponto de vista que ignoram enquanto tal" (*ibid.*). Neste ponto, parafraseando Bourdieu, eu, enquanto agente que opera o corte consigo próprio – enquanto sujeito empírico – afasto-me, desloco-me para um ponto de observação – objectivado – do qual posso ver os outros agentes do campo "encerrados num ponto de vista que ignoram enquanto tal". Bourdieu insiste, implacável: "Não se pode negar a contradição prática: cada um sabe quão difícil é ser ao mesmo tempo apanhado no jogo e observá-lo." Mais adiante: "de facto a objectivação não tem qualquer hipótese de ser bem sucedida a não ser que implique a objectivação do ponto de vista a partir do qual ela opera". Como levar a cabo a difícil manobra?

### Serei capaz de objectivar a minha posição?

Toda esta reflexão terá de prosseguir sob a forma de um diálogo imaginário com as posições de Bourdieu. O autor defende que a objectivação participante se dá por objecto "não a experiência vivida do sujeito conhecedor mas explorar as condições sociais de possibilidade (por isso, os efeitos e os limites) dessa experiência e, mais precisamente, do acto de objectivação. Visa uma objectivação da relação subjectiva com o objecto que, longe de conduzir a um subjectivismo relativista e mais ou menos anticientífico, é uma das condições da objectividade científica" (Bourdieu, 2003a).

Há um ponto em relação ao qual não posso deixar de me considerar completamente envolvido: as minhas escolhas derivaram da minha posição no campo. Segundo Bourdieu, "está atestado cientificamente que as escolhas científicas mais decisivas (assunto, método, teoria, etc.) dependem muito estreitamente da posição que ocupa [o investigador] no seu universo profissional, naquilo a que eu chamo o campo antropológico, com as suas tradições e os seus particularismos nacionais, os seus hábitos de pensamento, as suas problemáticas obrigatórias, as suas crenças e as suas evidências partilhadas, os seus rituais, os seus valores e as suas consagrações, os seus constrangimentos em matéria de publicação dos resultados, as suas censuras específicas, e do mesmo modo, os meios objectivos inscritos na estrutura organizacional da disciplina, quer dizer, na história colectiva da especialidade e todos os pressupostos inconscientes inerentes às categorias (nacionais) do entendimento erudito" (Bourdieu, 2003: 43-58). Face ao meu universo profissional então a minha investigação não poderá deixar de "aparecer como uma transgressão sacrílega na medida em que põe em questão a representação carismática que têm frequentemente de si próprios os produtores culturais e a sua propensão para se pensarem como livres de toda a determinação social" (*ibid.*).

Para Bourdieu há sociologias que não são mais do que exposições mais ou menos complacentes de "estados de alma". Teria de se evitar este tipo de autocomplacência: "Não se pode objectivar completamente sem objectivar os interesses que se podem ter em objectivar" (Bourdieu, 1978b: 68). Devo dizer, nesta ordem de ideias, que os meus interesses em objectivar começam por ser interesses de autodefesa intelectual: quero produzir uma interpretação dos dados que possa escapar à acusação de os ter distorcido para chegar ao meu objectivo. Por um lado, a minha sorte é que não posso inventar factos, não posso forjar os dados, nem escrever sem citar aquilo que foi escrito ou dito por outros. Os documentos que uso existem, os dados são factuais, os textos estão publicados, o meu trabalho reside na sua interpretação. Mas tudo isso não é suficientemente para evitar que, sendo um trabalho transgressivo, não esteja, à partida, condenado à contestação proveniente do campo que funciona da forma que este trabalho explicita. Não obstante, os interesses que tenho em objectivar a minha posição de cientista social não poderiam ser mais claros. Sendo um compositor activo no campo musical contemporâneo, fazendo assim totalmente parte do campo que analiso, a objectivação desta minha posição é, de facto a única maneira de evitar fazer uma "sociologia de estados de alma". Até me poderia indignar com o que analiso mas a análise que produzo não pode reduzir-se à sociologia da indignação, uma variante de "estado de alma".

> [...] se por vezes é tão difícil comunicar os resultados de uma investigação verdadeiramente reflexiva, é porque temos então de conseguir de cada leitor que *renuncie* a ver um 'ataque' ou uma 'crítica', no sentido habitual, naquilo que quer ser uma *análise*, que aceite assumir sobre o seu próprio ponto de vista o ponto de vista objectivante que se encontra no princípio da análise" [Bourdieu, 1996: 240].[106]

## Estados de alma

Estes "estados de alma" são relativamente fáceis de enunciar. Primeiro, em relação à ausência da música portuguesa no contexto europeu, considero-me excluído da presença a que teria direito na circulação de obras no interior do subcampo contemporâneo, tal como considero excluídos muitos outros com idênticos direitos que bem conheço. Apesar de ter tido várias obras tocadas – e algumas repetidas até várias vezes em países do centro europeu, nos EUA e na Ásia – não penso que, por isso, se possa considerar que faço parte desse subcampo. De acordo com a minha análise do que é o subcampo contemporâneo apenas Nunes pode ser considerado seu membro. A objectificação da minha posição de observador reside no facto de, a partir da perplexidade gradual que me foi dominando em relação ao destino colectivo das obras compostas por portugueses, ter encetado um estudo desse problema, ter lido todo o material documental disponível para tornar o "estado de alma" inicial numa soma de dados objectivos passíveis de análise. Os textos que recolhi, os dados que comparo e analiso são exteriores ao meu estado de alma. Existem objectivamente para além da minha perplexidade, da minha indignação ou do que quer que sinta. Para além disso interessa-me sobremaneira tornar este

---

[106] Itálicos meus.

trabalho de tal modo objectivo que não se possa suspeitar de um segundo aspecto.

### A biografia e as disputas: uma inveja autobiográfica?

Sendo membro do campo musical, estou implicado nas disputas internas que lhe são próprias. Há alguns aspectos desta investigação que de certo modo me poderiam condicionar a lucidez enquanto sujeito objectivado. Há numerosas rivalidades, concorrências, divergências e inimizades entre compositores. Há igualmente alguns grupos de afinidades estéticas e de amizades pessoais. Há estatutos diferentes e consequentemente disputas na procura das encomendas das instituições. Há afinidades electivas óbvias entre programadores e compositores. Há divergências sobre as orientações da algumas instituições. Tudo isto faz parte do funcionamento dos campos, quer sejam artísticos, políticos, universitários ou outros. Nesse aspecto posso declarar que, ao observar a lista das encomendas do Serviço de Música da Gulbenkian, gostaria de encontrar outros números, menos desiguais. Gostaria, mas os números são aqueles, a prática foi a que os documentos atestam: Nunes foi amplamente favorecido pelo Serviço de Música da Fundação Calouste Gulbenkian. Quem poderá negar isso? Aliás, o "favoritismo", não é qualquer coisa que eu declare: é um facto empiricamente atestado pelos dados referentes à pratica da Fundação, são eles próprios que *dizem* o favoritismo. Vários autores o foram, pouco a pouco, assinalando.[107]

Esse sentimento de discordância em relação a tal favoritismo foi e é partilhado por outros compositores. Entre eles, até hoje apenas Alexandre Delgado escreveu, preto no branco, a sua posição radicalmente antagónica, embora, no campo da crítica, Paulo Ferreira de Castro reclame ter sido o primeiro a considerar a orientação estética de Nunes um beco sem saída.[108] Fui aliás contactado em 1997 por um compositor – que logo de seguida me iria lançar críticas públicas – para assinar uma carta dirigida ao Serviço de Música reclamando deste maior igualdade de tratamento. Não sei se chegou a seguir mas sei que muitos outros protestavam em surdina contra o apoio preferencial. Esse é o lado que se manifesta no interior do campo musical enquanto lugar de lutas pela primazia. A posição particular de Emmanuel Nunes no

---

[107] Ver nos capítulos XI e XII sobretudo as posições de Manuel Pedro Ferreira e António Pinto Ribeiro.

[108] Ver capítulo XII: 473-474.

subcampo musical e a acção preferencial da Gulbenkian, ao longo de quatro décadas, são dois aspectos desta investigação que poderiam (e podem) suscitar a suspeita da *inveja biográfica* em relação ao compositor e de protesto face às escolhas e orientações do Serviço de Música. A minha experiência de psicanálise diz-me que a inveja é fundamentalmente autodestrutiva no seu desejo recalcado de ter o que o outro tem, ou mesmo de ser o outro. Como disse acima os factos são aqueles. Estou de acordo? Não. Mas essa questão só é central para esta investigação na medida que traduz uma concretização exemplar do tópico "cá dentro-lá fora". É o seu estatuto "lá fora" que serve de argumento para o seu favorecimento "cá dentro".

Poderia o sujeito objectivado em cientista social ignorar os dados e a sua significação? Poderia ignorar o facto de Nunes ser o único compositor emigrado realmente com sucesso em dois países centrais, estando inserido no subcampo contemporâneo? Poderia dispensar-se de analisar tais factos – tanto a emigração como o êxito e o carácter da sua integração – ambos com indubitável importância para a investigação, em nome de uma suposta neutralidade que nem sequer é possível atingir? (Wallerstein, 1996: 91).[109]

Enquanto compositor fui-me interrogando ao longo dos anos sobre este assunto de várias formas. Deveria eu próprio ter emigrado? Não apenas da forma que o fiz, por um período de três anos, como aliás fizeram a maior parte dos compositores portugueses, mas de vez? Mesmo que o tivesse feito, nada do que este trabalho procura analisar teria mudado um milímetro. O que teria mudado teria sido a minha vida pessoal. Em qualquer caso, para mim, não só era tarde como não queria e nem sequer estava bem preparado para isso. Quando fui para a Holanda, aos 36 anos, soube sempre que iria voltar. Nunca se colocou a hipótese de uma emigração "cultural". Por isso, qualquer mudança para o local de enunciação do subcampo estava fora de questão e, aliás, nem sequer era nestes termos que via a questão nessa altura. Além disso, fui percebendo que a Holanda era um bom exemplo de uma outra periferia do subcampo. Porquê? Por razões de ordem estética e geocultural que estruturam o funcionamento do subcampo. A produção dos compositores holandeses, muito mais numerosos do que os portugueses, está tão ausente do subcampo como a portuguesa, o que significa que o potencial de exclusão que agora analiso tem um âmbito muito largo e que muitas homologias com

---

[109] "There is no neutral schollar" (ibid.).

outros países se poderiam identificar. Em todo o caso a opção de regressar a Portugal nunca esteve em dúvida.

Por outro lado, posso mesmo afirmar que a minha individuação como compositor se forjou, de certo modo, *contra* o ensino de Nunes – cujos seminários frequentei nos anos 80 – que tinha deixado fortes marcas do ponto de vista dos princípios que defendia e partilhava. A minha separação estética de Nunes nunca foi pessoal mas foi simplesmente parte da querela pós-moderna que afastou não poucos compositores em Portugal do seu tipo de orientação, especialmente a partir de 1990. Dito isto devo acrescentar que os seminários de Nunes tinham, na altura em que os frequentei, um carácter fortemente sedutor. Nunes assumia uma posição de extrema seriedade, com total investimento de todo o seu ser, o seu discurso impõe-se com naturalidade e estes aspectos em conjunto com uma atitude técnica exigente desencadeavam nos alunos um respeito enorme e, em alguns casos, uma admiração sem limites. De algum modo o seu discurso era muitas vezes mais rico e até mais livre do que poderiam fazer crer os exercícios que propunha aos alunos. Era justamente quando se analisavam as suas peças, quando se assistia à apresentação dos seus procedimentos composicionais que as suas opções técnicas de criador se sobrepunham ao seu próprio discurso. É exclusivamente deste ponto de vista que posso dizer que tive de lutar contra o seu ensino. Estavam por isso em confronto duas atitudes legítimas: um professor que ensina de acordo com as suas convicções e um aluno que se interroga, que questiona esse ensino.

A minha orientação estética (e a minha música) tornou-se muito diversa durante esse processo de individuação, de aquisição de autonomia em relação aos valores gerais do pós-serialismo; além disso, a minha localização física em Portugal coloca-me num outro ponto de observação, privilegiado para ver a ausência. Os dados documentais apresentados demonstram que existe tanto o *facto* Nunes como um *problema* Nunes. O facto é o seu percurso e a sua vida de compositor. O problema – ou seja, tudo aquilo que se deve analisar relativamente à sua importância enquanto compositor, aos reflexos e consequências do seu magistério pedagógico em Portugal, ao seu amplo estatuto de favorito da Gulbenkian e, nos últimos anos, também da Casa da Música – não resulta nem da minha invenção nem, ainda menos, de um desejo de confronto que seria absurdo neste contexto. Trata-se de um caso exemplar e ímpar. Exemplar porque atesta o facto, verificado com muitos outros compositores emigrados, da importância da localização no centro como factor decisivo da "existência" e ímpar na medida em que é o único compositor português a manter a localização no centro do subcampo contemporâneo. Esta conclusão é tão válida para Nunes, como é para Kagel, Yun, Xenakis ou Unsuk Chin. É um facto estrutural impossível de produzir por um qualquer desejo subjectivo que se possa imaginar.

Uma outra interpretação possível em relação à estratégia do Serviço de Música seria a de que o apoio persistente da Fundação Calouste Gulbenkian a Nunes ao longo de três décadas e meia terá sido o único meio de conseguir quebrar da resistência dos países do centro face aos compositores portugueses.

Não creio que esta interpretação seja válida. Por três razões. Em primeiro lugar, se Nunes não tivesse competência e qualidades de compositor não haveria nem localização nem apoio capaz de produzir qualquer efeito bem sucedido. Em segundo lugar, a integração de Nunes acontece em sintonia com a sua partilha dos valores estéticos dominantes no centro. É por essa razão que é possível ver o seu nome na lista dos professores boulezianos nomeados para o Conservatório de Paris, produzida pela pena de Duteurtre, sem referir que Nunes é português, o que, aliás, é irrelevante para o caso. Finalmente, seria notável mas implausível coincidência, ser *logo* o compositor emigrado aquele que demonstrava a eficácia do apoio financeiro da Gulbenkian apesar da sua enorme amplitude. Penso que os três factores tiveram grande importância no estatuto ímpar que Nunes veio a alcançar, mas a sua localização foi condição *sine qua non*.

No entanto esta questão não deixou de me preocupar durante a investigação. Como separar as minhas divergências em relação a Nunes e a minha perplexidade face à prática altamente selectiva da Gulbenkian, que quase ninguém questionava, dos factos que, objectivamente, marcam o carácter de uma dada situação colectiva? Como me objectivar face a isso? Como me posso distanciar e analisar aquilo que me afecta ou de que simplesmente discordo? De que forma é que, por exemplo, o discurso de Nunes é um elemento objectivo da situação sistémica que analiso, enquanto demonstração simétrica da ausência? Era necesssário considerar que "o acesso dos estetas à universalidade é produto do privilégio; eles têm o monopólio do universal" (Bourdieu, 1992: 64).

Todo o edifício teórico que uso considera que o universal é sempre construído como tal. Se existe cultura portuguesa que se tem em conta apenas quando se afirma como "universal", como analisar a cultura portuguesa que, de acordo com esta perspectiva, não se afirma como "universal", ou seja, que só se consegue afirmar como particular, como local? Não será justamente esta questão que está sob suspeita, não são estes os valores que neste momento são discutidos e contestados? Para dar um outro exemplo inverso e esclarecedor – porque me implica pessoalmente – quando, nas entrevistas que fui dando durante os anos 1990, o facto de eu próprio não falar, praticamente nunca, de compositores portugueses também não tem significado? Não é igualmente uma inequívoca demonstração da dominação ideológica que me atingia do mesmo modo que a todos os outros membros do campo? Sendo eu parte do campo não me poderia nunca retirar ou absolver dos efeitos próprios dessa pertença.

Chego assim ao ponto fundamental: *a questão que me ocupa é sistémica e envolve dispositivos de poder*. Tratava-se de analisar um problema que diz respeito a uma comunidade artística cujo factor de identificação maior é a língua, a nacionalidade. Ou seja, o meu objecto parte de um eu (no sentido da minha escolha do assunto) e contém um eu (no sentido de que eu faço parte do meu objecto) mas o meu eu é contido, dissolvido, absorvido por um grupo com interesses semelhantes: os compositores portugueses. Como qualquer campo artístico nacional, este é palco de disputas, de lutas e confrontos pela supremacia, pela sua manutenção ou pela sua contestação. A diferença que estabeleço é idêntica à que Taruskin afirma em relação aos compositores russos e aos mestres dos países do centro; os portugueses são um grupo, enquanto os mestres do centro são indivíduos, são (falsamente) universais.

Sobre este aspecto é forçoso regressar a Bourdieu. "O objectivante não encerra a objectivação [...] numa essência, num destino." Mais adiante: "É objectivando o que eu sou que me dou alguma hipótese de me tornar o sujeito daquilo que sou; e do mesmo modo, ao os objectivar, eu dou aos outros os meios de se assumirem como sujeitos daquilo que são". Neste sentido, ao objectivar-me torno-me o sujeito daquilo que sou. Mas, no mesmo lance, procuro dar aos outros (os outros compositores e musicólogos portugueses? Os programadores?) os meios de se assumirem como sujeitos daquilo que são.

Isto irá defrontar, repito, a resistência proveniente "da automistificação mistificadora que permite às imposturas legítimas viver na certeza de si" ou proveniente do "profundo irrealismo" da visão que os portugueses têm de si próprios como afirma Eduardo Lourenço. Os efeitos de ocultação sedimentados não se alteram apenas porque um autor escreve um livro ou apresenta uma investigação científica. A consciência dos limites é indispensável. Bourdieu aprofunda a separação do eu objectivado do eu inconsciente de si mesmo: "Paradoxalmente, a construção de um eu verdadeiro passa pela objectivação do ego primário, quer dizer, do desconhecimento e da automistificação mistificadora que permite às imposturas legítimas viverem na certeza de si. A objectivação que traz à luz os limites, oferece a única ocasião real de os ultrapassar". Deste modo Bourdieu salienta que uma espécie de inconsciência daquilo que se é pode permitir uma aceitação de lugares-comuns, de ideias feitas que, em última análise, produzem um efeito de ocultação sobre aquilo que se é. Assim, "a única verdadeira liberdade é aquela que permite a *maîtrise* real dos mecanismos que fundam o desconhecimento colectivo" (Bourdieu, 2003a: 41).

Contra essa liberdade conquistada ergue-se a contestação à sociologia, habitual e incessante, levada a cabo "por todos aqueles que têm necessidade das trevas do conhecimento para exercer o seu comércio simbólico" (Bourdieu, 1996b: 20). Para o autor, "o trabalho de objectificação, necessariamente colectivo, que torna os mecanismos explícitos, longe de constituir o investigador numa espécie de juiz supremo, superior e exterior ao campo que analisa, pretende somente restituir aos indivíduos e aos grupos o meio de se reapropriarem dessa verdade que se diz objectiva". Tal como disse acima, nada garante que essa pretensão (o trabalho de objectificação pretende somente restituir o meio de se apropriar dessa verdade que se diz objectiva) consiga vencer os obstáculos que irá defrontar. Como afirma Santos, do interior de uma cultura os seus *topoi* parecem inexpugnáveis. O meu pé noutra "cultura" permite ver o invisível para aqueles que têm necessidade das "trevas do conhecimento". Ao fazer esta investigação nunca deixei de sentir o peso do meu comprometimento, do meu lugar determinado, dos meus objectivos e investimentos. Resta saber se "a distância constitutiva da representação teórica" foi suficiente para, ao descobrir-me comprometido, ter sobrado espaço para produzir uma reflexão de ciência social.

Na verdade, entre as conclusões deste trabalho avulta uma consideração da vivência naturalizada da situação de subalternidade; avulta uma aceitação do funcionamento actual do campo musical como sendo impossível de alterar; avulta ainda um modo de tentar ultrapassar a subalternidade que é produzida socialmente através da esperança secreta, que cada um possuiu erroneamente, na "minha qualidade" específica, no "meu talento" particular, que irá permitir vencer os obstáculos que os outros, que não têm a "minha qualidade", não conseguem vencer. Esta expectativa individual vai gradualmente embatendo em tudo aquilo que, não sendo resultado de julgamentos de valor mas sim de funcionamentos sistémicos, subterrâneos, ocultos, não ditos e não pensados como tal, acaba por produzir o silenciamento ou a localização destes produtos artísticos dotados de um desejo de universal como quaisquer outros.

O que é que fará este trabalho aparecer como uma transgressão sacrílega? Será pôr em questão "a representação carismática que têm frequentemente de si próprios os produtores culturais e a sua propensão para se pensarem como livres de toda a determinação social". Isto é válido para os compositores e os músicos em geral tal como para os produtores culturais institucionais. As suas escolhas são determinadas pela ideologia carismática da "música ela própria" e, em particular, pela ideologia que, disseminada por publicações do centro, nos diz que artistas temos de "trazer cá", que pianistas estão a começar uma "carreira internacional", que compositores ganharam os melhores prémios, etc. Os discursos analisados sublinham até que ponto está interiorizada, mesmo em responsáveis culturais, ou melhor, *especialmente* em responsáveis culturais, uma visão do mundo da cultura como lugar de heroicidades individuais, lugar no qual, a *responsabilidade cultural* dos responsáveis culturais não tem meio, nem meios, de se exercer.

Na perspectiva que os produtores culturais têm de si próprios nada disto tem a ver com determinações sociais e ainda menos com relações de saber//poder no âmbito transnacional. Quando emerge um vislumbre de suspeita, um perfume de percepção, a enunciação a que se chega é a de que "nos países avançados" há mais e melhores artistas ou que Portugal é "um país atrasado". Não era de outro modo que eu próprio pensava durante muito tempo.[110]

Bourdieu refere que "uma moral, uma política, ou mais simplesmente um humor: a indignação moral e a participação afectiva" (*ibid.*) fornecem muitas

---

[110] Tomei consciência do tratamento desigual a que o artista português está sujeito por parte dos próprios responsáveis portugueses ainda nos anos 1970. Num festival internacional de música organizado por Madalena Perdigão no final dos anos 70 tiveram lugar na Aula Magna em Lisboa dois concertos de jazz: um com o grupo de Anthony Davis e outro com o quarteto de Rão Kyao, no qual participei. Para o americano havia um piano *Steinway*. Soube no final do concerto pela própria directora – não a conhecia pessoalmente nem me tinha ouvido tocar até então – que foi por sua intervenção directa que o mesmo piano pôde ser usado por nós. Alguém da Aula Magna tinha decidido que um *Steinway* para o americano estava bem mas para o grupo português não era preciso um piano tão bom. Não estava em causa nenhum preconceito que não o da inferioridade natural dos portugueses. Neste caso foi por intervenção directa da directora artística que tal não se concretizou. Veremos adiante que Perdigão tinha sido criticada por Mário Vieira de Carvalho no período anterior ao 25 de Abril. Este episódio passou-se desta forma clara: o responsável da Aula Magna e, com ele, muitos outros de várias formas até hoje decidem com base no pressuposto de que, sendo para um português, já não é necessária a mesma *consideração* que se atribui à *partida* ao Outro. Neste caso a acção de Madalena Perdigão foi no sentido contrário.

vezes o ponto de partida para a investigação, mas desaparecem, no final do trabalho científico. A verdade objectiva a que se chega no final do trabalho científico conduz ao pessimismo inerente ao facto de o grupo artístico subalterno não ter grande consciência nem combatividade lúcida contra a subalternidade que o afecta: "um pessimismo, quer dizer, uma maneira um pouco triste de aceitar, em si e nos outros, esta famosa 'verdade objectiva' que as necessidades da existência habitual obrigam a esconder e a esconder-se. Absolutamente o inverso do triunfalismo que se atribui muitas vezes à ciência social" (*ibid.*).

Deste modo posso reconhecer a indignação moral e a participação afectiva como alguns dos meus próprios pontos de partida, como motores primeiros do desejo de investigar, de analisar e de problematizar esta temática. Esse desejo começou a ganhar forma e a vislumbrar-se de forma idêntica à que Akhmatova usou para descrever o momento inicial da escrita de um poema: *Primeiro um certo mal-estar...* Mas, para Bourdieu, esse motivos "desaparecem, no final do trabalho científico" e fica um pessimismo, "uma maneira um pouco triste de aceitar em si e nos outros essa famosa verdade objectiva". Mais adiante escreve: "não é impossível imaginar universos sociais nos quais estariam reunidas as condições para que o conhecimento da verdade objectiva, deixando de ser a arma por excelência de uma luta pela dominação, se torne o princípio de um domínio do grupo sobre ele próprio". Será assim?

## A hermenêutica diatópica

Estas posições de Bourdieu devem ser complementadas com este conceito de Boaventura de Sousa Santos já referido anteriormente: "A hermenêutica diatópica é baseada na ideia de que os *topoi* de uma dada cultura, por fortes que sejam, são tão incompletos como a própria cultura. Essa incompletude não é visível do interior da cultura ela própria, uma vez que a aspiração ao universal induz tomar a parte pelo todo. A incompletude de uma dada cultura tem de ser avaliada do ponto de vista dos *topoi* de outra cultura" e mais adiante "o objectivo da hermenêutica diatópica [...] é aumentar ao máximo a consciência do carácter incompleto recíproco implicando um diálogo com um pé numa cultura e um pé noutra" (Santos, 1995: 340).

Para além da importância do conceito em si mesmo, experimentei, se assim posso dizer, durante os anos em que fui simultaneamente, primeiro, estudante de música clássica e aprendiz prático da música de *jazz* e, mais tarde, músico de *jazz* e "jovem" compositor de música erudita. Apesar destas práticas musicais serem parte integrante do mundo ocidental estão separadas por universos de significação, por métodos de aprendizagem, provêm de tradições diferentes, oral a primeira, escrita a segunda e, em última análise, ocupam lugares diferentes na dicotomia alta/baixa cultura. Desse modo, manter as duas práticas em simultâneo, mas recusando liminarmente considerar qualquer possibilidade de fusão, foi próximo de ter um pé numa cultura e outro pé noutra. Essa experiência biográfica informou uma boa parte das inquietações que acabam por motivar a investigação em curso e, inscreveu-se, de certo modo, no núcleo descentrado do sujeito e na maneira como ele passou a olhar o mundo.

Sobre a questão das diferenças entre o *jazz* e a música erudita no artigo "Con(di)vergências"[111] expus alguns das questões básicas que é necessário considerar:

> Comecemos pela constatação mais evidente: o *jazz* e a música contemporânea constituem dois universos separados. Cada música tem a sua história, os seus heróis, os seus mitos, a sua ética, a sua literatura, a sua crítica especializada, o seu público [...] Parece-me obrigatório, antes de tentar analisar os diversos tipos de interacções que se têm diversificado, compreender que a atitude largamente dominante é a do desinteresse mútuo, ou a do complexo de superioridade mal disfarçado. [...]
> A própria organização da vida musical tem em conta esta classificação, e os esforços de algumas instituições para criar espaços de intercâmbio e contacto embatem nas mais diversas resistências. [...] A divisão existe, pois, também ao nível das organizações de concertos: há os festivais de música contemporânea e as tentativas eclécticas deparam com dificuldades. [...]
> No próprio cerne das duas actividades musicais estão duas coisas diferentes. O músico de *jazz* encontra a sua individualidade, não na maneira como compõe, mas na maneira como toca, no som pessoal que consegue criar. É na relação física com o instrumento que se desenvolverá determinada concepção musical, muitas vezes intuitiva. Na música contemporânea, na linha da música erudita europeia, a individuação realiza-se sobretudo pela escrita, pela *écriture*. Na fase conceptual mais extremista dos anos 70 falava-se de música para olhar e menos para ouvir. É óbvio que se trata de um contra-senso, mas que tem a virtualidade de acentuar essa importância do texto musical, da grafia. Estamos portanto naquilo a que eu poderia chamar o primeiro nível de leitura: duas músicas diferentes e de difícil comunicação entre si. [Vargas, 2002: 184-185]

---

[111] Este artigo foi publicado originalmente na revista Colóquio-Artes, nº 85, 1990, Fundação Calouste Gulbenkian e incluído em Vargas (2002: 184-191).

Está-se perante aquilo que Jean Molino caracteriza como a tribalização das músicas no final do século XX (Molino, 2003).[112] Há também um aspecto político que merece consideração. Enquanto que a música clássica sempre foi vista como uma arte das elites – como Taruskin escreve, uma tradição literata – o *jazz* nasceu, por volta de 1900, a partir das práticas musicais dos descendentes dos antigos escravos negros norte-americanos. Expandiu-se extraordinariamente durante o século XX até se constituir como género musical de direito próprio. A sua qualidade e a sua diferença atraíram compositores do início do século. Isto é sabido. Do ponto de vista simbólico essa música possuía uma aura de "esquerda" ao qual se opunha o carácter elitista associado genericamente à música clássica. Para muitos amadores musicais esta dicotomia é válida e, por vezes, contraria as análises sociológicas que partem da identificação da origem social. Deste ponto de vista, a Actor-Network-Theory ao defender que o social não é simplesmente um dado à partida mas é antes um processo de agrupamentos e reagrupamentos sucessivos,[113] compreende a instabilidade das inserções sociais melhor do que a sociologia de tipo marxista que parte da definição prévia de uma pertença de classe. O subcampo da música contemporânea em Portugal é disso um bom exemplo. Nele tanto se encontram filhos ou parentes de ex-ministros do antigo regime como compositores provenientes de zonas suburbanas ou dos arredores dos grandes centros urbanos.[114] O seu reagrupamento identitário sob uma nova pertença ao grupo da música de vanguarda, assegura uma nova auto-imagem de superioridade social ou intelectual. Face a esta situação, a visão tradicional de esquerda terá visto a minha passagem para a música contemporânea como "um desvio de direita" tal como, inversamente, no campo desta direita que se vê a si

---

[112] Como uma das formas da tribalização verificou-se o aparecimento e gradual importância de uma terceira corrente – uma música improvisada ou composta com interacção ou não com electrónica – que se afirma como espaço de grande criatividade. Essa corrente, de certo modo hibrida, não altera a minha posição atrás exposta uma vez que transcende a mera "relação".

[113] Ver Latour (2004).

[114] Esta sociologia do "olhar" pode certamente ser contestável e não pretende nenhum estatuto de cientificidade. O conceito de *habitus* de Bourdieu, tão contestado, fala de *disposições incorporadas* e tenta evitar a determinação economicista. Mas, mesmo no actual regime democrático, se podem detectar artistas emergentes com fortes graus de familiaridade com melómanos *e* membros do poder político. Não existe determinação que substitua as qualidades dos artistas mas existirão, sem dúvida, "contextos favoráveis" ao seu desenvolvimento.

própria como a elite da criação artística, a mesma passagem poderá ter sido vista como desejo de "ascensão social". Penso que este tipo de categorização é limitada e insuficiente para dar conta da actual complexidade do social na actividade cultural e ainda menos da minha heteronímia falhada. Além disso, hoje apenas do ponto de vista simbólico se pode considerar tal superioridade. Na verdade não existem de forma evidente diferenças de origem social entre os músicos de *jazz* e os compositores contemporâneos e, se as houver, julgo serem mesmo desfavoráveis aos últimos. Teria sido uma "ascensão social" para "baixo".

Descrevi até aqui o que penso sobre as diferenças entre as músicas, para mim irredutíveis e as lutas entre as diferentes autoconstruções. Mas como é que eu vivi essas tensões? Não sem dificuldade. Em relação às duas tribos musicais, a minha posição, idêntica à que assumo em relação ao uso de material folclórico e o seu "tratamento erudito" – que quando isso ocorre são as duas músicas que perdem – não é em geral compreendida. É todo o edifício ideológico pós-moderno, pós-colonial e multiculturalista (hibridez, cruzamentos, terceiro espaço) que defronto. Posso dar as explicações e usar os argumentos que quiser, que não adianta nada em relação às visões de fixidez que são dominantes em dois aspectos. Primeiro, confesso, não estou certo de que as minhas convicções e as minhas concepções de base, que servem de ponto de partida para cada composição, não sejam traídas no momento da escrita. As obras são dotadas de uma vida própria e por vezes contradizem os seus autores. Segundo, a questão da heteronímia não é compreendida, excepto se aplicada ao caso de Fernando Pessoa, ou seja, pelos críticos literários. Todos os discursos sobre o descentramento do sujeito de Freud a Deleuze, embatem na visão do senso comum de que uma pessoa é (ou devia ser) una. No *fundo* quem és? perguntam os adeptos das identidades assassinas.[115] Para se compreender bem o que está subjacente a esta inquisição diria, com Manuel Gusmão, que "sou um judeu alemão ou um palestiniano de Jerusalém".

Posso referir vários exemplos da tensão entre os dois campos musicais. É suficiente referir uma entrevista à revista *Jazz Maganize* na qual Michel Portal, clarinetista francês que toca música "clássica", que foi solista na primeira gravação de *Domaines* de Pierre Boulez e que, ao mesmo tempo, toca música improvisada e *jazz*. Dizia ele então que estava habituado a ser considerado pelos membros do campo clássico como um bom músico de *jazz* e no campo

---

[115] Referência ao livro *As Identidades Assassinas* de Amin Malouf, Lisboa. Difel.

do *jazz* como um bom músico clássico. Ou seja, uma espécie de desconfiança geral por essencialismos de identidades absolutas. Este é um *must* que se repete de cada vez que algum músico, especialmente de *jazz*, se atreve – é o termo – a gravar ou fazer concertos de música clássica. Acontece com Keith Jarrett que, por melhor que toque, é sempre subtilmente aconselhado a não gravar Bach ou Chostakovitch, com Chick Corea quando toca Mozart ou Scriabin, etc. Mas deve sublinhar-se que as resistências são provenientes de ambos os lados, em particular dos seus núcleos duros tribalistas. Cada núcleo duro assume que o seu campo é superior ao outro. Pode ler-se a propósito de um concerto de Corea que tocar Scarlatti e Scriabin não é o que se espera de um músico de *jazz* da sua categoria ou que não vale a pena Jarrett meter-se num repertório no qual já há tantos e melhores pianistas a tocar. Para além disso, como frequento concertos das duas práticas musicais, vejo que a capilaridade entre os públicos é muitíssimo reduzida. Há sem dúvida um pequeno número de pessoas, sobretudo as que viveram o período de intensa troca e circulação que se verificou nos anos 1960 e 1970, que frequenta alguns concertos das duas áreas. Mas são uma minoria. Qualquer programador de uma instituição cultural na qual se pratique a transversalidade musical sabe isto melhor do que um sociólogo. Os públicos são diferentes, têm constituições sociais diferentes e, acima de tudo, o seu número médio apresenta enormes diferenças. Um outro exemplo. Numa entrevista minha de 2008 teve lugar o seguinte diálogo:

A – No entanto nega a possibilidade da síntese! Parece-me uma contradição!
APV – Não! Porque *jazz* é jazz, música erudita é música erudita, Procurei aprofundar as razões de ser das duas músicas. É como chegar ao pé do Fernando Pessoa e perguntar-lhe assim: "Ó meu amigo, afinal porque é que o Álvaro de Campos escreve de uma maneira e o Ricardo Reis escreve de uma maneira completamente diferente? Porque é que não junta as duas coisas? José Gil, o filósofo, há pouco publicou um romance. E até agora publicou filosofia. É a questão das heteronímias. O romance dele não é considerado pelos filósofos, provavelmente não é lido.
A – Mas não será impossível ao José Gil romancista esquecer o José Gil filósofo? Tudo o que ele já escreveu anteriormente estará de certa forma ali presente...
APV – Mas isso é a heteronímia... a questão é que a maior parte das pessoas não terão lido Deleuze, Foucault e, sobretudo, Freud, que nos ensinou que cada um de nós são vários, todos temos vários dentro de nós. O artista é

aquele que mais facilmente exprime os seus vários eus. José Gil disse-o. Falou de heteronímias. Agradeço-lhe isso porque passo a vida a ser confrontado com essa questão. A sorte de Fernando Pessoa foi não ter dado entrevistas! Senão, estaria sempre a ouvir: "Ora diga lá quem é o Bernardo Soares? Que brincadeira vem a ser esta?" E depois tenho a minha biografia. Até um certo momento, a prática de músico de *jazz* teve a primazia. Depois passou a ser a música contemporânea.
[...]
APV – ... Qual é o meu problema? Conhecer muito bem as duas práticas musicais.
A – E é um problema?
APV – Durante muito tempo, para mim foi. Há relativamente pouco tempo tornou-se evidente que não era um problema, mas sim um privilégio... É que o meu caso é raro. Não conheço nenhum músico de *jazz* que tenha composto três óperas – estou a compor a quarta –, quatro peças para orquestra sinfónica, etc. Inversamente não conheço nenhum compositor de óperas e de peças para orquestras e quartetos de cordas que, ao mesmo tempo, tenha gravado seis ou sete discos de jazz. Alguns tiveram contacto com a outra música; na Holanda, alguns compositores diziam: "Ah, o *jazz* para mim é muito importante porque é uma libertação". É verdade, mas o contacto que eles tiveram com o *jazz* foi efémero e pouco relevante nas suas biografias [*Revista da SPA*: Outubro, 2008: 28-29].

Face a esta perspectiva corrente restou-me colocar a realidade perante um facto consumado: eu vivi e vivo assim, faço o que faço, penso o que penso. Esta foi a minha solução biográfica perante a perplexidade face ao mundo. Construí a minha autobiografia desse modo. As minhas duas práticas musicais atingiram, cada uma em seu momento, uma legitimação pública. Mas posso referir dois ou três exemplos da resistência do campo clássico em relação ao meu percurso. Antes disso é importante relembrar a posição de Andreas Huyssen (1988). Para este autor, o modernismo não pode ser compreendido sem o seu outro, a cultura de massas. O autor chama-lhe *The Great Divide*, considera Adorno o seu principal teórico, com a sua condenação sem apelo de toda a cultura de massas – incluindo o *jazz* que comentou de uma perspectiva germanocêntrica quase inacreditável – e sublinha que durante o século XX aos períodos de troca se sucederam períodos de "angústia de contaminação". Aquilo que os modernistas, sobretudo os vanguardistas pós-1945, mais temiam era a possibilidade de qualquer contágio com a vulgaridade representada pela cultura de massas e o sucesso público. Tal como afirma Bauman, para um modernista radical, o sucesso é visto como um sinal de fracasso por défice de radicalidade. Ter sucesso é motivo da maior desconfiança. Ora, eu tinha tido sucesso – relativo, mas suficiente para o que interessa aqui – e aí radicava imediatamente uma fonte de desconfiança que, aliás, não tardou a exprimir-se de forma violenta. Mas, mesmo antes disso, um colega meu da Escola Superior de Música contou-me que quando foi estreada a minha peça *Três Fragmentos* para clarinete solo, por António Saiote, no Conservatório de Lisboa em 1985, ele e Constança Capdeville tinham comentado: "Ele pode vir do *jazz* ou lá de onde vem, mas a pessoa senta-se e ouve música!" Claro que este era inequivocamente um elogio, que devo agradecer. Aliás continha uma crítica implícita à situação inversa: a pessoa sentar-se e *não ouvir* música. Mas não deixava de incluir – e é isso que é significativo do ponto de vista que trato agora – uma referência à proveniência identitária: "vir do *jazz*". Este *slogan* de diferença, de exterioridade, esta identidade suspeita, aos olhos do meio clássico mais conservador – e, por vezes, ao mesmo tempo conservador e "de vanguarda" – constituía um sinal de rejeição. Se ele veio do *jazz*, onde ainda por cima teve sucesso popular, então é mais que certo que nunca poderá vir a ser um bom compositor. Face a esta ideologia que, apesar de tudo não é partilhada pelo meio clássico no seu todo, a minha única hipótese seria tentar compor boas peças, ir sendo capaz de compor cada vez melhor. Penso, de facto, parafraseando Jorge Luis Borges, "ter escrito algumas linhas secretas dignas de me acompanhar até ao fim". Com o passar dos anos pude aliás verificar que a atitude dos músicos do campo clássico, mesmo das orquestras sinfónicas, tradicionalmente os mais resistentes, foi mudando gradualmente até chegar ao abraço comovido no final de uma estreia ou até de um simples ensaio. Por outro, a pressão do real tem feito que alguns artistas, mesmo quando dotados de um estatuto considerável, manifestem alguma inquietação face às antigas categorias. Será, por exemplo, o caso de Pedro Burmester que, tanto na sua prática, como em algumas entrevistas, tem dado mostras de uma espécie de atenção criativa ao mundo e às problemáticas das suas características de transição e também, talvez de outro modo, de Mário Laginha, entre outros. Em todo o caso, se em 2009 posso tocar – e tenho grande prazer nisso – as minhas músicas de *jazz*, compostas dos anos 1970 a meados de 1990, a verdade é que penso já não conseguir compor outras desse género. Porquê? Não sei. Talvez porque já não serei capaz de repetir essa capacidade que tive. Talvez porque os meus interesses nos últimos anos se dirigiram noutra direcção. Pelo caminho perdi algumas capacidades ou possibilidades para adquirir outras.

Em 2004 escrevi numa nota de programa da estreia da peça *Reentering* para orquestra, o seguinte texto, intitulado "Sobre a melancolia física do artista":

> Íntima e desoladamente, vou estando cada vez mais convencido da inutilidade da arte e da música no quadro do espaço-tempo em que vivo. Uma nova obra portuguesa, amputada quase sempre dos seus modos actuais de sobrevivência – a edição da partitura e a edição discográfica – destina-se à categoria de desperdício patrimonial virtual e acrescenta-se às anteriores como alimento para a persistência do secular discurso lamentoso. É tempo de considerar esta situação definitiva, irreformável. Esta não é uma boa notícia mas mais vale considerá-la verdadeira para melhor se poder interpretar a hipocrisia dos discursos oficiais de sempre e a permanência das insuficiências de todo o Século XX.
> Resta ao criador considerar a sua obra como uma carta escrita aos amigos destinada a ser lida daqui por mil anos, na melhor das hipóteses. No entanto, quando componho, sinto-me como que deslocado para fora das determinações do real e concentrado na coisa-em-si e assim posto em sossego na atitude desinteressada kantiana.

Neste texto encontro dois tipos de reflexão. Primeiro, uma reflexão do artista sobre a sua condição num dado momento do espaço-tempo que não é muito diferente de outras que se encontram noutros autores na Parte III. Mas, na parte final, descrevo o momento em que, por assim dizer, a necessidade de fazer a obra me restitui aparentemente a autonomia isolada do artista na qual reside a possibilidade de continuar a trabalhar.

Fazendo uma espécie de ponto de ordem: enquanto cientista social devo observar escrupulosamente as regras de uma investigação de carácter científico, devo explicitar e objectificar os meus interesses no campo que analiso e do qual faço parte, sendo que o tipo de funcionamento do campo de que faço parte tem implicações directas no artista que reflecte sobre a sua própria condição. Mas, no momento em que regresso à minha subjectividade artística, apesar de consciente das determinações externas, devo ser capaz de continuar a criar. Tenho de me imaginar *senhor absoluto* das minhas opções, tenho de confiar na minha atitude ética e estética em relação ao meu trabalho e nas leituras que faço das opções disponíveis. Porque nesse momento não estou a fazer ciência social, estou a tentar fazer arte, e, apesar da consciência das redes de poder, das determinações sociais, das estruturas que regulam o mundo musical, da primazia de narrativas ideológicas e construídas que interferem directamente no meu trabalho, tenho de recuperar a *ilusio* de que fala Bourdieu sem a qual poderia paralisar. Pierre Bourdieu nunca pretendeu fazer outra coisa que não ciência social. Eu pretendo (também) fazer arte.

Quanto às disputas ideológicas, às lutas pela primazia próprias dos campos culturais, não me restava nem me resta alternativa senão participar nelas tal como, diga-se, todos os outros. Ter um pé numa cultura e um pé noutra foi ter vivido essa forma de tensão entre a alta e a baixa cultura "por dentro"; considero que esse exercício vivencial, por vezes bem duro, constitui um privilégio para poder ver aquilo que "do interior de uma única cultura" parece inexpugnável, fixo, imutável e que, como tal, se torna invisível.

## A aprendizagem e as perplexidades

Depois de uma curta passagem pela Faculdade de Direito da Universidade de Lisboa, em 1971, transferi-me para o curso de História da Faculdade de Letras da Universidade do Porto onde completei o bacharelato em 1975. Sobretudo a partir de 1972, o meu empenho no curso foi muito reduzido porque o interesse pela música, em especial pelo *jazz*, foi aumentando. Decidi voltar a estudar música e, nessa época, a única maneira de o fazer seriamente era regressar aos estudos de música clássica. Fi-lo na Escola de Música do Porto dirigida pela Prof. D. Hélia Soveral e, anos mais tarde, no Conservatório de Música do Porto onde completei o Curso Superior de Piano em 1987 com Fausto Neves. Pelo meio, com outras interrupções dos vários estudos, decidi terminar igualmente a licenciatura em História o que fiz sem grande pressa entre 1980 e 83. Nessa altura já estava em plena actividade como músico de *jazz* profissional com os vários grupos que fui tendo no Porto, Zanarp, Abralas, e nas colaborações regulares com Rão Kyao, com quem gravei em 1976 o primeiro disco de *jazz* feito em Portugal por músicos portugueses, *Malpertuis*, seguido de mais três. A partir de 1983, ano em que foi editado o primeiro disco do meu quarteto, *Outros Lugares*, o empenhamento no meu quarteto de *jazz* constituía a parte principal do meu trabalho musical. Foram sendo publicados discos sucessivamente em 1985, 1987, 1989 e 1991. O sucesso público desses discos foi considerável, apesar de o *jazz* ser uma prática musical ainda limitada, mas o carácter particular da música que compunha permitiu, com surpresa geral, um alargamento do público habitual. Esse período foi o primeiro momento de dissidência, de heterodoxia. A minha música, ligada claramente à direcção da ECM que privilegiava bastante músicos europeus, tanto interessava a pessoas algo afastadas do *jazz*, como provocou críticas do núcleo duro dos *jazz fans* e de alguns críticos. A questão era *ser ou não ser* jazz. Depois de uma última participação no Festival de Jazz de Cascais/Estoril em 1983 não voltei a ser convidado para tocar nesse evento. No entanto, o início do *Jazz* em Agosto no Acarte da Fundação Calouste Gulbenkian onde tocámos na primeira edição em 1983 e sucessivamente nos anos impares até 1991, julgo que muito por iniciativa da Dr.ª Madalena Perdigão, permitiram-me continuar no espaço púbico que, de resto, ultrapassou largamente o espaço restrito dos festivais de *jazz*.

No entanto, ao mesmo tempo, numa primeira manifestação de heteronímia, continuava a estudar música clássica e a ter aulas de composição no conservatório com Candido Lima e Álvaro Salazar e passei a frequentar os seminários de Emmanuel Nunes a partir de 1984. A consciência das especificidades das duas tradições musicais foi sendo gradual. No livro de 2002 publiquei uma história que traduz os primeiros momentos da descoberta de dissensões:

1976
Durante um certo tempo os amigos e colegas da Escola de Música do Porto (Miguel Ribeiro Pereira, Francisco Melo, Carlos Miguel, Isabel Canelas, Ana Valente, mais tarde o Miguel Henriques e outros que lá iam às aulas de análise do Salazar, Miguel Graça Moura, Francisco Monteiro, Paulo Ferreira de Castro) e os músicos de *jazz* reuniam-se para ouvir música ou conversar. Mas as reuniões degeneravam em discussões, por vezes, violentas com alguma facilidade. As visões do mundo eram diferentes e alguns dos temas básicos das divergências e concorrências – esta música é melhor do que aquela – vinham à baila. Uma houve que me fez, daí em diante, pensar duas vezes na conveniência de tal ecumenismo. Não cito nomes, nem é muito importante. O pretexto inicial foi um comentário cínico de um músico de *jazz* sobre o piano desafinado de um colega da escola, "não se pode tocar naquilo". O outro reagiu mal e a coisa foi aquecendo ao ponto de já estar tudo aos berros com insultos de parte a parte. Eles não se conheciam bem e comecei a ficar à rasca. Afinal o infeliz ecuménico tinha sido eu. Tentei apaziguar as coisas com argumentos provavelmente falsos mas relativamente eficazes naquelas circunstâncias. O problema da afinação não era igual para os dois pontos de vista. O colega da escola estava sobretudo interessado na estrutura, na forma das peças que tocava. Tocava e analisava o pensamento do compositor no mesmo gesto. Nesse contexto a maior ou menor desafinação do piano tornava-se secundária face à atitude fundamental. Para o músico de *jazz* era muito mais importante que a coisa soasse bem imediatamente e, nesse sentido, um piano desafinado era insuportável. A discussão tinha origem nessa diferença de atitude face à música. Estes argumentos talvez não fossem estúpidos, mas, mesmo que fossem, tiveram a vantagem de fazer arrefecer os ânimos

exaltadíssimos e a torrente dos clássicos "vocês só usam a cabeça, não investem o corpo" *versus* "no *jazz* o pensamento musical é pobre, é só energia mal dirigida", etc. A minha intervenção de emergência operou de certo modo no mesmo registo maniqueio, mas procurou inverter a ordem das prioridades ou pelo menos baralhar os dados para permitir voltar a pensar. [Vargas, 2002: 341].

Mais uma vez a tribalização de que fala Molino (2003). Acerca do meu estudo da composição penso que o ensino dos professores de composição e análise musical em Portugal era amplamente dominado pela corrente pós-serial nas suas várias vertentes, e uma espécie de perplexidade não resolvida face aos seus discursos, às suas técnicas e aos seus interditos – particularmente explícitos no ensino de Nunes – foi-se acumulando. Seria mesmo assim? Não haveria outros modos de encarar a composição contemporânea? Tinha tido um vislumbre dessa perspectiva em duas aulas com Constança que eu e outro colega fomos ter a Lisboa em 1977. As respostas a estas questões não eram dadas nessa altura, apesar das leituras compulsivas que fazia, e foi-se desenhando o desejo de estudar fora de Portugal, apesar de já ter mais de 35 anos. Mas não queria ir para os países onde estas correntes eram igualmente dominantes, sobretudo a França e a Alemanha. Nessa altura, o interesse pela música de Steve Reich, que me parecia então uma alternativa rica ao predomínio do pós-serialismo, levou-me e colocar a Holanda como a melhor hipótese, uma vez que os Estados Unidos eram demasiado longe e o ensino lá era demasiado caro para poder ser escolha. Acabei por ir para a Holanda, onde tinha alguns amigos que me ajudaram nos contactos em especial Ana Mafalda Castro e Amílcar Vasques Dias. Não tive bolsa da Gulbenkian no primeiro ano – facto que na altura me pareceu exclusivamente devido a uma desconfiança do seu júri em relação às minhas capacidades, mas que mais tarde percebi ser (também) uma prática recorrente face aos heréticos – e paguei os estudos com o que tinha. [116] No segundo e terceiro anos já tive bolsa. Julgo que o critério de base da atribuição da bolsas da Gulbenkian era o seguinte: os alunos e candidatos aprovados por Nunes, quase sempre com destino a Paris, tinham normalmente bolsa desde o início. Os outros, os que escolhiam outros destinos, só tinham bolsa depois de provarem no primeiro ano que eram capazes. Nove anos mais tarde tive conhecimento de um caso semelhante. Em 1996

---

[116] Solicitei por carta uma qualquer forma de apoio ao Serviço de Música e, de facto, foi-me feita uma encomenda nesse ano que veio a ser a peça para orquestra *Geometral*.

dois alunos meus tiveram destinos opostos: L. T., que terminara o curso da Escola Superior de Música de Lisboa com 19 valores, não teve bolsa para ir estudar para a R. A. of Music em Londres. Mas, no mesmo ano, R. R., que iria igualmente terminar, mas com 13 valores,[117] teve bolsa da Fundação para ir estudar com Emmanuel Nunes em Paris e, o que é pior, soube-o e gabou-se disso entre os colegas antes de sairem os resultados das bolsas. Confirmou-se, julgo, que o critério prevalecente estava directamente ligado tanto à orientação estética dos candidatos, como à eventual influência directa de Nunes no júri. Na verdade esta prática era coerente com a visão da produção musical contemporânea patente na acção global de Gulbenkian nos seus diversos aspectos: programação, encomendas e apoios de outra natureza. Não deixa de ser importante referir que o próprio Nunes, pediu bolsa à Gulbenkian no início dos anos 60 e foi-lhe recusada (Borel *et al*, 2004: 24). Nessa altura o critério seria outro.

Nessa altura não era capaz de problematizar estes aspectos nos termos em que o faço hoje. Para mim como talvez para todos os outros a questão era sobretudo estética. Desse modo, tal como Bourdieu descreve, permanecíamos encerrados num ponto de vista que ignorávamos enquanto tal. Não era capaz de avançar para uma perspectiva de relações de poder no interior do campo artístico, não era capaz de me retirar da ideologia carismática que, em última análise, desloca para a esfera individual aquilo que afinal é um funcionamento estrutural do campo.

Como já disse, a minha posição no campo musical tem sido a da dissidência. Tem assumido várias formas e tem tido vários nomes conforme as épocas e os campos artísticos, teóricos, institucionais ou práticos onde se manifesta. No próprio caso desta investigação a dissidência manifesta-se na posição crítica em relação ao funcionamento do campo musical erudito quer em Portugal quer na sua relação com o funcionamento do campo na Europa. Visa descrever este funcionamento nos seus diversos aspectos e fazê-lo numa perspectiva crítica. Visa estabelecer um certos número de enunciados sobre o funcionamento nos quais assentam os pilares que sustentam a ausência. A investigação é, por isso, transgressiva e sujeita à partida a tentativas de descredibilização. Ao colocar o funcionamento do campo *sob suspeita* coloca-se à mercê das *reacções próprias* dos campos sob suspeita.

---

[117] Mais tarde fez melhoria de nota e foi classificado com 19 valores.

## O início da investigação em Durham

Esta investigação começou na Universidade de Durham, na Inglaterra sob a orientação do Prof. Max Paddison depois de um processo de candidatura às bolsas da F.C.T. relativamente atribulado. O projecto inicialmente apresentado já continha muitos aspectos próximos do que veio a tornar-se a sua temática central, a música portuguesa e o contexto europeu, mas manifestava ainda uma hesitação entre a componente sociológica e uma componente estética que vim a secundarizar. No entanto, a estética, fazendo parte do dispositivo discursivo da hegemonia do subcampo contemporâneo, não deixava de estar intrinsecamente ligada ao núcleo temático. O que pretendo agora referir é o facto de ter podido concluir, ao fim de relativamente pouco tempo, que o desconhecimento da música portuguesa era absolutamente total. Não apenas em Durham mas no Reino Unido e nos Estados Unidos. As primeira leituras e os primeiros contactos foram esclarecedores. Recordo uma conversa com um excelente professor do Departamento de Música na qual procurei explicar o meu tema, as minhas preocupações e interesses e, após ter referido Lopes-Graça, o seu trabalho como compositor e as suas recolhas de música popular ouvi o seguinte comentário: "Quem havia de dizer! Portugal tem um Bela Bartók!" Anteriormente, na Holanda e, nessa altura com alguma surpresa, tinha podido constatar que Nunes não era de modo nenhum conhecido. O mesmo se verificava em Durham e na Grã-Bretanha em geral. Foi-se tornando evidente que seria necessário inverter as posições respectivas dos meus orientadores, Max Paddison e Boaventura de Sousa Santos, uma vez que *a dimensão da ausência* representaria para mim um esforço suplementar – tentar explicar com um mínimo de consistência aquilo que pretendia abordar – e quase um indelicadeza intelectual para com Max Paddison que, não obstante, sempre se manifestou interessado na problemática e fazia a sua parte do mesmo esforço. Mas de certo modo a realidade da ausência infiltrava-se na própria investigação da ausência. A excelentíssima biblioteca e os enormes recursos informáticos da rede disponíveis para os alunos da universidade permitiam buscas em praticamente todas as publicações em língua inglesa e, se era possível obter dados inestimáveis sobre os debates em curso nas musicologias anglo-americanas, era igualmente fácil de concluir que, com a excepção de um artigo de Ivan Moody, compositor inglês radicado em Portugal, publicado na revista *Tempo*, em 2000, e alguns artigos sobretudo de carácter etnomusicológico, nada tinha sido publicado em muitos anos de "*musicology*" que versasse qualquer aspecto da música portuguesa em geral ou qualquer aspecto de um compositor português do século XX. Uma ou outra *review* dos discos mais recentes de música antiga portuguesa não alterava o essencial. A extraordinária dimensão da ausência da música portuguesa mede-se muito melhor fora de Portugal. Por isso, é fácil falar de "reconhecimento internacional" em Portugal. É uma ficção que ninguém se dá ao cuidado de verificar melhor. Tal como já tinha podido notar quando estive na Holanda, a Europa sobre a qual se escreve em Portugal não existe. É uma entidade mítica, construída pela imaginação do centro criada pela elite através de leituras de um ou outro jornal e de várias revistas da especialidade, centradas na divulgação dos novos discos. Como nos ensina Eduardo Lourenço, os discursos que se produzem em Portugal podem ser não apenas profundamente irrealistas sobre Portugal como profundamente errados sobre a Europa imaginada. As visitas de consulta à Biblioteca Nacional de Paris e à Mediathèque do IRCAM não acrescentaram nada de particular àquilo que já conhecia.

A conhecida divisão entre as culturas anglo-saxónicas e as chamadas continentais é muito patente. A selecção de compositores continentais considerados importantes nos países de língua inglesa permite concluir que as estruturas do subcampo contemporâneo franco-alemão penetram muito menos aí do que em Portugal. O seu peso simbólico existe de forma esparsa mas depara com um critério local próprio que filtra o âmbito de influência e o alcance do subcampo contemporâneo. Há muitos compositores que fazem parte do subcampo continental como figuras de relevo, recorrentes nos programas dos festivais dos países centrais que tiveram menos peças tocadas nas Ilhas Britânicas ou nos Estados Unidos do que eu – e daí não tiro nenhuma conclusão particular ou, ainda muito mais claramente, Luís Tinoco. Isto confirma que, na verdade há várias europas, que há grandes diferenças entre zonas linguísticas traduzíveis com clareza em diferentes vidas musicais. Inversamente muitos compositores britânicos não tem nenhuma presença no subcampo contemporâneo. O Festival de Huddersfield assume na Grã-Bretanha o papel de quase único e muito parcial local de presença relativa dos valores do subcânone contemporâneo. Assim, foi a esse festival que se deslocou a Orquestra Gulbenkian para executar obras de Nunes e foi durante alguns anos a única instituição da Grã-Bretanha a integrar o Réseau Varèse.

### Eu, programador, como alimento das perplexidades
Sendo eu próprio programador não poderia programar-me a mim próprio ao contrário de um director de um Teatro Nacional onde, sendo encenador, pode programar peças ou óperas com o seu trabalho dessa natureza o número de vezes que achar correcto ou desejável. Foi esse o caso de vários directores dos

teatros nacionais. Mas, como é evidente, os programadores, mesmo quando não são agentes activos – compositores ou músicos –, acabam por ter sempre um conjunto de afinidades electivas com artistas que apreciam e favorecem em relação a outros. No exercício de equilibrismo a que fui sujeito – a que me sujeitei – percebi que naturalmente essas afinidades, se eram manifestas nas grandes instituições culturais portuguesas, seguramente que existiriam igualmente nas grandes instituições europeias. A experiência relatada nos textos que publiquei em 2002 mostra alguns exemplos das primeiras percepções que tive sobre o modo de funcionamento próprio do cânone musical e, em particular, do funcionamento do subcampo contemporâneo, dos diversos mecanismos de tipo canónico que operam no subcampo, e do mesmo fenómeno noutras artes.

A conclusão a tirar é dupla: em primeiro lugar, no âmbito estreito da sua actividade, mesmo um pequeno programador dispõe de uma margem de acção que lhe permite quebrar algumas barreiras que habitualmente são colocadas à música portuguesa quer interna quer externamente. Em segundo lugar é patente que essa esfera de acção do programador, enquanto intermediário cultural, defronta ou aceita a lógica do funcionamento global do campo cultural, defronta (ou aceita) a prática sedimentada nos agentes de acordo com os seus interesses específicos (sejam económicos, estéticos ou pessoais) que fazem parte integrante da sua posição no subcampo.

Esta investigação procurou dar conta, por isso, dessas zonas: a zona de conflito ou confronto, e essa outra zona de passividade ou aceitação do funcionamento tal como ele se apresenta num dado momento. O lado dos passivos leva vantagem normalmente sobre o lado crítico, embora o carácter de disputas salientado por Bourdieu como inerente ao campo cultural esteja sempre latente.

Tendo presentes estes aspectos, o facto de ter conseguido, em 1998, com relativa facilidade e de acordo com o administrador do CCB, Miguel Lobo Antunes, propor ao Arditti Quartet gravar um disco com cinco quartetos de cordas portugueses dos últimos dez anos – o que incluía o meu primeiro quarteto, *Monodia quasi un requiem* – levantou-me imediatamente as maiores reservas em relação à orientação que tinha sido seguida pelo Serviço de Música da Fundação Calouste Gulbenkian. Se isto tinha sido possível ao fim de dois anos de trabalho numa instituição, porque é que durante os trinta anos da direcção de Pereira Leal o Serviço de Música tinha feito tão pouco? De onde derivava essa estranha demissão? Antes de prosseguir com as interrogações quero acrescentar dois aspectos importantes. Primeiro, o Arditti Quartet tinha já gravado em 1988 a obra de Nunes *Esquisses* para quarteto de cordas para a editora francesa Erato num disco subsidiado pela Gulbenkian. Segundo, quando me encontrei com Irvine Arditti, ele próprio me confessou logo que não conhecia nenhum outro quarteto de compositores portugueses, para além desse, o que não me admirou. Se ninguém lhe tinha mostrado, como poderia conhecer? Por isso, pediu as partituras e ficou desde logo assente que a escolha das peças a incluir na gravação seria em última análise do próprio Arditti. Na verdade aceitou todas as obras apresentadas. Esta abertura possível à acção foi confirmada mais recentemente. A acção conjunta de Luís Tinoco e Pedro Carneiro, com o apoio de Miguel Santos, director da delegação da Fundação Calouste Gulbenkian no Reino Unido e do Festival Atlantic Waves, confirmou estas perplexidades. Em poucos anos, conseguiram, com determinação e, naturalmente, os seus interesses, fazer com que vários discos com obras de vários compositores portugueses por grupos ingleses fossem gravados e editados, ou seja, mais do que todas as instituições culturais juntas.[118]

Considerando as análises críticas que apresento sobre a Gulbenkian e o seu apoio quase exclusivo a Nunes, pode perguntar-se porque é que no ano 2000, no exercício das minhas funções de programador musical na Fundação de Serralves eu próprio propus e organizei um evento dedicado à música de Emmanuel Nunes com dois concertos do Ictus Ensemble da Bélgica. A resposta a esta pergunta só pode ser dada a partir das posições que defendi sobre o papel do programador, sobre a orientação global que na minha perspectiva devia presidir a essas funções. Assim, disse numa pequena entrevista ao jornal *Público* em Janeiro de 1997 que o programador não inventa, aproveita o que existe, e enquadra. Nos textos que escrevi nesse período, quer interna quer publicamente, sobre as opções de base que seguia em Serralves estava a integração na comunidade artística local, o fomento da criação através de encomendas – uma por ano – e finalmente uma política de apresentação em Serralves de compositores de modo a colmatar ausências prolongadas. O caso de Nunes era então exactamente esse: havia dez anos que nenhuma obra de Nunes era apresentada no Porto. Verificava-se a sua ausência no contexto da cidade e da região. No entanto, enquanto programador com idênticas funções no CCB entre 1996 e 1999, não me ocorreria fazer idêntica proposta. Pelo contrário, em Lisboa, a presença da música de Nunes era regular na

---

[118] A substituição recente de Miguel Santos na direcção da delegação da Gulbenkian no Reino Unido levou à suspensão quer do festival quer do projecto editorial discográfico.

Fundação. Não teria qualquer sentido, face a esse "excesso de presença" de Nunes em Lisboa, considerar tal possibilidade. Esse excesso de presença produzia um corte na real diversidade das práticas e contribuía para afunilar o ensino em torno de uma estética que dava sinais de fadiga, na minha opinião. Mas devia igualmente ser tocado no Porto. Nessa época pensava ainda que a questão tinha sobretudo a ver com a qualidade reconhecida de Nunes e pensava que, com o tempo, outros compositores viriam a ter idênticos apoios por parte da Fundação Gulbenkian. Suspeitava então que, apesar de Jorge Peixinho ter tido um número considerável de encomendas, havia por parte do Serviço de Música uma espécie de desconfiança em relação à sua obra e ao seu percurso. Falava-se no meio de um conflito anterior entre Peixinho e a Gulbenkian e, por isso, a questão poderia ser também de carácter pessoal. Talvez isso explicasse a clara opção *local* em relação a Peixinho e a opção *internacional* em relação a Nunes.

A minha análise era insuficiente. Não era sequer uma análise, era uma impressão. Na altura não dispunha dos dados que conheço hoje nem o tempo confirmou as minhas expectativas. Regressando, por isso, às interrogações questionava-me na altura sobre quais seriam os bloqueios internos e externos que o Serviço de Música enfrentaria?

Mas aqui chegava a uma outra perplexidade: ao contrário do que seria à partida provável ou "natural", ninguém do campo musical ou fora dele ousava exprimir qualquer discordância, divergência ou simplesmente crítica relativamente a essa matéria. Tal como, diga-se, em relação a qualquer outro aspecto da orientação do Serviço de Música. O poderio económico da Fundação seria um factor capaz de provocar uma autocensura de tal modo interiorizada que ninguém, aparentemente, se dava conta dela? Precisei desta investigação para dar conta de uma polémica publicada nos anos 1970 onde teve especial relevo Mário Vieira de Carvalho, então membro do Partido Comunista, em torno da orientação geral do Serviço de Música e muito mais tarde da edição do livro comemorativo dos 50 anos da Fundação, em 2008, para encontrar uma divergência aberta, escrita por António Pinto Ribeiro (antigo consultor de Madalena Perdigão no extinto ACARTE e ex-programador da Culturgest) aos vários aspectos que me tinham provocado durante vários anos as perplexidades ou as suspeitas discretas.

Esta evolução do questionamento que descrevi atrás não se deu, de uns pontos para os outros, sem um grande esforço, sem uma série de dificuldades e dúvidas que se tornavam obstáculos para a definição da perspectiva analítica.

Cada deriva conduzia a uma outra. Em lugar das narrativas dos sujeitos, no caso das histórias da música amiúde dos sujeitos-heróis, dos grandes mestres, das descrições de genealogias de mestres – sem dúvida o que se verifica nas histórias tradicionais – seria necessário deslocar-me para questões mais amplas, para análises das desigualdades nas relações de poder entre Estados, entre nações, e nas relações de poder no interior dos campos culturais que a globalização tornou mais evidentes.

> As estratégias dos agentes e das instituições empenhados nas lutas literárias ou artísticas não se definem no confronto puro com possíveis puros; dependem da posição que os agentes envolvidos ocupam na estrutura do campo, quer dizer, na estrutura da distribuição de capital específico, do reconhecimento, institucionalizado ou não, que lhes é concedido pelos seus pares-concorrentes e pelo grande público e que orienta a sua percepção dos possíveis proporcionados pelo campo e a sua "escolha" daqueles que se esforçarão por actualizar e produzir. Mas, inversamente, as paradas de luta entre os dominantes e os pretendentes, as questões a propósito das quais se enfrentam, as próprias teses e antíteses que mutuamente se opõem, dependem do estado da problemática legítima, quer dizer, do espaço das possibilidades legadas pelas lutas anteriores, que tendem a orientar a busca de soluções e, por conseguinte, o presente e o porvir da produção" [Bourdieu, 1996a : 240].

Este ir-e-vir permanente proposto por Bourdieu traduz-se num trabalho de grande complexidade e dificuldade para o investigador e reclama uma atenção criativa sem descanso. Há que problematizar a questão de saber até que ponto é possível manter este método sem alterações num âmbito de análise transnacional, no qual, de certo modo, cada campo artístico específico acaba por se constituir como um conjunto de vários campos operando simultaneamente mas nem sempre em sincronia. No campo musical francês, no campo musical britânico ou no campo musical português, por exemplo, verificam-se lutas entre ortodoxos e heréticos que podem ser analisadas de acordo com o método proposto por Bourdieu. A questão que se poderá colocar será saber de que modo os contactos desiguais entre os países (nas suas interacções permanentes, embora talvez sujeitas aos desfasamentos temporais que Bourdieu refere em relação à circulação internacional das ideias)[119]

---

[119] Ver o Intermezzo no final do capítulo VIII.

podem provocar situações nas quais os campos, em cada caso, apresentam forças internas mais difíceis de identificar e de referir do que se circunscritos a cada país. Nesse sentido, o que define as posições de ortodoxo e herético em cada campo nacional pode, na circulação internacional, no *travelling process* que se verifica na circulação das ideias e das práticas artísticas, ser objecto de transformações importantes no que se refere à inserção no novo contexto. Por outras palavras, um ortodoxo, num determinado país, pode assumir no novo contexto uma posição que permita uma leitura de si próprio enquanto herético e o inverso também pode acontecer. Os campos de possibilidades e os espaços dos possíveis não permanecem os mesmos quando muda o local observado e mesmo o ponto do observador.

Como foi já referido importa considerar análise o que é análise, crítica o que é critica. Mas Bourdieu admite "o mal-estar que suscitava em mim, no momento da publicação, o sentimento de ter cometido uma espécie de deslealdade ao instituir-me como observador de um jogo que continuava a jogar". Por isso, prossegue: "senti de maneira particularmente viva o que estava implicado na pretensão de adoptar a posição de observador imparcial, ao mesmo tempo omnipresente e ausente, porque dissimulado atrás da impessoalidade absoluta dos procedimentos, e capaz de tomar um ponto de vista quase divino sobre colegas que são também concorrentes" (Bourdieu, 1992).

Devo confessar, para terminar, que talvez não tenha cometido a deslealdade de que fala Bourdieu – em última análise um sentimento – uma vez que não quis adoptar a impossível posição imparcial, nem assumir um ponto de vista absoluto. Sou parte do que descrevo e o que descrevo existe. Daí decorreu, confesso, uma grande, uma enorme tristeza durante uma boa parte desta investigação. Daí poderá igualmente resultar o que me parece ser o desconforto, o desapontamento que sinto na grande maioria dos compositores portugueses, sobretudo nos menos jovens, apesar do entusiasmo que é próprio da prática artística, do próprio acto criativo. Mas estou consciente do carácter herético da investigação e das tentativas de descredibilização de que será objecto, uma vez que faz parte de uma luta cognitiva contra uma forma de desigualdade e um dispositivo de poder. A contestação irá expressar-se nos termos habituais dos detentores do dispositivo de poder e dos valores que assimilaram. Um deles, porventura o mais cínico e conformista será afirmar que já sabemos que é assim e não há nada a fazer.

Que resultados práticos poderão advir desta investigação? Não muitos, julgo. Um livro é uma livro e o seu alcance transformador é necessariamente limitado. Toma parte na luta cognitiva sobre o mundo, lança pistas de interpretação das forças em jogo e das visões do mundo em confronto que lhe são subjacentes mas o seu potencial capaz de produzir mudanças é limitado. Do ponto de vista pessoal, julgo que qualquer mudança positiva que possa ocorrer nesta área artística, chegará tarde demais para mim e já para muitos outros da geração seguinte: os dados já foram lançados e uma boa parte das suas vidas e do seu trabalho já terá sido irremediavelmente marcado pela situação que aqui se pretende descrever e analisar.

CAPÍTULO VIII

## COMO ANALISAR PORTUGAL NESTE CONTEXTO TEÓRICO? A SEMIPERIFERIA

**8.1. Portugal como hipótese ou como problema?**

*Portugal é sempre a mesma merda:*
graffiti *na Avenida Infante D. Henrique em Lisboa, 2009*

O facto de se poder editar uma colecção de seis volumes com o título *Portugal como Problema* (Calafate (org.) 2006), e outro livro com o título *Portugal: O Medo de Existir* (Gil, 2005) demonstra que considerar a existência do país, a sua identidade e a sua problemática identitária em relação ao resto da Europa não constituem uma evidência que dispense reflexão mas antes uma problemática sempre em debate.[120] Na sua "Introdução Geral" Pedro Calafate escreve que a colecção "procura equacionar a reflexão das elites de pensadores portugueses sobre a nossa condição, identidade e situação no contexto dos demais povos e nações" ao longo da História. Para o autor, "Portugal é efectivamente 'um problema', no sentido mais profundo do termo" sendo a colectânea de textos uma contribuição para a sua compreensão. Nesse sentido, Calafate considera que é relevante nos textos dos séculos XV a XX "surpreender linhas de continuidade insuspeitadas, factores de resistência que ainda hoje nos tolhem o pensar e o agir" simultaneamente com outros que "pelo contrário, nos impulsionam e nos motivam" (Calafate, 2006).

De outro modo, o livro de José Gil coloca-se numa perspectiva analítica que procura questionar aspectos que se teriam sedimentado após o salazarismo afectando e penetrando profundamente ainda hoje a sociedade portuguesa. Assim escreve que "em Portugal nada acontece, quer dizer nada se inscreve – na história ou na existência individual, na vida social ou no plano artístico" (Gil, 2005: 15). Para Gil, existe um défice de espaço público que se manifesta em muitos sectores, no debate político, na crítica da artes e nos *media*. Escreve nomeadamente que a arte não tem espaço público e é uma

---

[120] Já em 2009 Boaventura de Sousa Santos publicou o artigo "Portugal: Tales of Being and not Being" na revista *Portuguese Literary & Cultural Studies* (2009: 1-45), onde desenvolve algumas das suas posições.

questão privada: "Não entra na vida, não transforma as existências individuais." Para Gil, a arte "expõe-se em vitrinas (como durante tantos anos as exposições, espectáculos, os concertos de artistas estrangeiros se produziam nas *montras* da Gulbenkian, que apresentava o que se fazia *lá fora* na época da ditadura)" (*ibid.*: 27).[121]

Uma obsessão consigo próprio, um debate persistente sobre a identidade e o destino de Portugal que caracteriza tantos escritos permite a Eduardo Lourenço escrever que "com a possível excepção do povo judeu, não há muitos outros exemplos de países com um tal nível de auto-reflexão"[122] (Lourenço, 1997: 10) ou a José Gil escrever que "todos os portugueses falam constantemente dos 'portugueses' que são 'assim' ou 'assado' (Gil, 2005: 15). Neste capítulo iremos passar em revista uma série de questões sobre os seguintes tópicos: como tem sido descrita e analisada a posição de Portugal no sistema-mundo enquanto país europeu? Como tem sido problematizada a sua cultura em relação às outras culturas em geral e às europeias em particular? Pode-se falar de uma identidade da cultura portuguesa? Qual tem sido a posição da cultura portuguesa na sua relação com a Europa? Como é vista a cultura portuguesa tanto do seu próprio interior, do ponto de vista dos seus agentes, como do seu exterior, especialmente, dos países da Europa?

### 8.1.1. Uma sociedade semiperiférica; sobre o conceito de semiperiferia

Segundo Boaventura de Sousa Santos, "o conceito de semiperiferia foi formulado por Wallerstein enquanto categoria intermédia entre as categorias polares do sistema mundial: os países centrais e os países periféricos" mas, para Santos, "nunca foi aprofundado por Wallerstein e não tem passado de um conceito descritivo, vago e negativo". Daqui resulta que, para Santos, "a necessidade de enriquecer teoricamente o conceito de semiperiferia resulta evidente da aplicação deste à formação social portuguesa" (Santos, 1990: 106-107).

Para Santos, "durante o longo período colonial e sobretudo a partir do século XVIII, Portugal foi um país central em relação às suas colónias e um país periférico em relação aos centros de acumulação capitalista". Apesar de ter passado esse período em que "desempenhou o papel de 'correia de transmissão' entre uns e outros" para Santos não parece ser razoável que,

---

[121] Itálicos meus. Como veremos, esta descrição não se circunscreve ao período salazarista e o conceito de *montra* aplicado à Gulbenkian justifica-se plenamente ainda hoje.
[122] Tradução do francês.

tendo perdido o império, Portugal tenha perdido a sua posição semiperiférica. Afirma "não é crível que Portugal estivesse sociologicamente reduzido ao seu império". Por isso "é necessário que o conceito de semiperiferia seja referido a uma materialidade social específica, isto é, a um conjunto de condições sociais, políticas, económicas e culturais que caracterizam internamente a sociedade portuguesa e a adequam em geral para papéis de intermediação entre o centro e a periferia, as quais podem ser diferentes em momentos históricos diferentes" (*ibid.*: 107).

No texto de 1993 Santos actualiza o conceito de semiperiferia de acordo com as contribuições de Wallerstein de 1984. Segundo este autor "Em momentos de expansão da economia-mundo os Estados [semi-periféricos] ligam-se como satélites, a uma determinada potência central e servem, até certo ponto, de correias de transmissão e de agentes políticos de um poder imperial" (1984: 7 *apud* Santos, 1993: 22). Para Santos, sendo uma característica principal da economia-mundo a concorrência entre os países do centro daí resulta "uma divisão do sistema mundial em regiões, em zonas de influência, formadas por um conjunto de países com fortes laços económicos, sociais, políticos e culturais, sendo a Europa Ocidental a região central do sistema-mundo na qual Portugal se insere" (*ibid.*: 22).

No entanto, para o autor, "a natureza intermédia de uma determinada sociedade traduz-se em características sociais que são específicas dessa sociedade e, em certo sentido, únicas. Essa natureza resulta do desenvolvimento histórico nacional e da multiplicidade de formas que os seus contactos com processos socioeconómicos de dimensão mundial assumiram e faz com que ela esteja profundamente inscrita nas estruturas e práticas sociais e culturais" (*ibid.*: 23). O que parece importante realçar desta análise é o facto de a situação intermédia estar profundamente inscrita nas estruturas e nas práticas culturais. Outros aspectos serão analisados pelo autor em obras posteriores. Santos descreve alguns dos problemas que se colocam em geral em torno do conceito de semiperiferia e da importância crescente dessas entidades intermédias. Assim "a teoria social tem tentado caracterizá-los aplicando uma variedade de conceitos: países semi-industrializados, países recém-industrializados, centros atrasados, desenvolvimento independente e semiperiferia" (*ibid.*: 16).

Na mesma direcção equaciona o papel do Estado neste processo evolutivo: "O Estado-nação cuja principal característica é, provavelmente, a territorialidade, converte-se numa unidade de interacção [...] relativamente descentrada [...] por outro lado, em aparente contradição com esta tendência assiste-se a um desabrochar de novas identidades regionais e locais alicerçadas numa revalorização do direito às raízes (em contraposição ao direito à escolha)." Para Santos, "este localismo [...] assenta sempre na ideia de território seja ele imaginário ou simbólico, real ou hiper-real". Uma das consequências para a sociologia comparada é que "como a realidade social se torna mais obsolescente, mais translocalizada e menos exótica, ela acaba também por ser mais comparável e até fungível. Cada objecto empírico torna-se assim implícita ou explicitamente comparável ao resto do mundo." Para Santos, "Portugal é talvez o exemplo mais elucidativo de uma complexa combinação de características sociais paradigmaticamente opostas [...]. Nos últimos quinze anos, em que convergiram e se fundiram temporalidades sociais muito distintas: cinco séculos de expansão europeia, dois séculos de revoluções democráticas, um século de movimento socialista e quarenta anos de Estado-providência." (*ibid.*: 19).

Em 1993 Santos defende que "Portugal é uma sociedade semiperiférica da região europeia do sistema mundial. Durante vários séculos essa posição semiperiférica assentou no império colonial português. A partir do seu desmantelamento em 1974-1975, Portugal tem vindo a renegociar a sua posição no sistema mundial. Tudo indica que essa posição semiperiférica irá manter-se, desta vez devido à integração na CEE e às relações económicas e sociais privilegiadas com a África lusófona" (*ibid.*: 20). Para o autor, embora o tipo de intermediação desempenhado pelas sociedades periféricas seja definido globalmente no próprio sistema mundial, as intermediações específicas são determinadas pela região do sistema mundial a que essa sociedade pertence e dependem da trajectória histórica tanto da região como de cada uma das sociedades nacionais que a compõem (cf *ibid.*: 22-23). No contexto da adesão à CEE, Santos defende que "o Estado regula a dialéctica da identidade e da diferença entre Portugal e os países centrais europeus, assumindo uma forma política a que cham[a] Estado-como-imaginação-do-centro".

### 8.1.2 A imaginação-do-centro
O que é que caracteriza este conceito? Para o autor é através da dimensão simbólica que o Estado regula com discursos e actos simbólicos a dialéctica de distância e proximidade, da diferença e identidade, entre Portugal e a Europa:

> a regulação consiste em criar um universo imaginário onde Portugal se transforma num país igual aos outros, sendo o seu menor grau de desenvolvimento considerado simples característica transitória que cabe ao Estado gerir e atenuar gradual-

mente na qualidade de guardião dos interesses nacionais. É essa construção simbólica que cumpre a função de recurso estratégico e determina a forma política dominante do Estado: Estado-como-imaginação-do-centro. A sua produtividade é variada. Primeiro produz sinais inteligíveis e credíveis de uma vida melhor, tornando transitórias e suportáveis as dificuldades e carências actuais. Segundo, permite que o Estado tire partido de todos os benefícios decorrentes da integração [europeia], relegando eventuais custos para um futuro indeterminado. Terceiro, deslegitima qualquer especificidade do desenvolvimento nacional que não se enquadre nos objectivos do Estado, alegando que contrariam os padrões de desenvolvimento europeu e quarto, despolitiza o processo político interno, invocando a inevitabilidade técnica de determinadas medidas em nome das exigências da integração europeia. Por outro lado, as relações políticas e económicas que Portugal tem vindo a desenvolver com as antigas colónias, no plano simbólico deslocam Portugal para o centro e, a partir dele, organizam as trocas políticas e económicas. No entanto adivinha-se aqui a reconstituição, em novos moldes, do papel colonial de intermediação ou de correia de transmissão: Portugal como mediador entre o centro e a periferia, ou seja, justamente a característica principal do carácter semiperiférico das sociedades no sistema mundial [*ibid.*: 51].

Para Boaventura de Sousa Santos, "o Estado-como-imaginação-do-centro é uma entidade transitória que, de acordo com o desenvolvimento futuro da Europa, ou deixará de ser "centro" ou deixará de ser "imaginação" (*ibid.*: 51-52).[123] O que se sabe hoje da evolução da Europa aponta para o reforço das duas velocidades sendo o grupo mais lento constituído pelos países do Sul, Portugal, Grécia, talvez a Espanha e a Irlanda, que partilham algumas características comuns, ao qual se juntou mais recentemente o grupo dos países da Europa oriental anteriormente integrados na órbita soviética. Em suma, Portugal, heterogéneo e complexo, de desenvolvimento intermédio e especial capacidade de mediação caracteriza-se pela construção social tanto de representações do centro como de representações da periferia (Ramalho, 1994: 95). Segundo Maria Irene Ramalho "a um país como Portugal, do 'centro' lhe fica, como vamos vendo, a 'imaginação' dele". A autora distingue o facto de o Ocidente não se rever por igual em todos os seus países, apesar de todos partilharem a mesma ideologia da supremacia ocidental (*ibid.*).

---

[123] Para uma aplicação deste conceito à literatura portuguesa, ver M. C. Ribeiro, (2004).

Este aspecto é importante a vários títulos. Primeiro porque ilustra aquilo que no âmbito deste trabalho se pode descrever como uma emulação constante dos valores simbólicos do centro europeu, na realidade importados, mas simbolicamente imaginados. Segundo porque, neste contexto e neste período, Portugal dotou-se gradualmente de uma rede de equipamentos culturais dependentes do Estado e organizou uma série de grandes eventos culturais que alteraram substancialmente as infra-estruturas existentes durante o período anterior. A ideologia que prevaleceu durante a sua realização pode ser vista e analisada como intimamente ligada à formulação de Boaventura de Sousa Santos.[124] O autor sublinha ainda que tudo indica que "a Europa irá desenvolver-se a duas velocidades" e que "o período de transição da sociedade portuguesa justapõe-se, assim ao período de transição da própria Europa". Igualmente este aspecto pode reportar-se à vida musical no sentido em que na Europa, quer no campo 'clássico' como no subcampo contemporâneo, se verifica uma "crise" tem sido objecto de várias análises como vimos; este trabalho analisa uma problemática local e a sua interligação nem sempre é coincidente com a crise global. Verifica-se uma pluralidade temporal e trans-escalar (Santos, *ibid*.).

No seu artigo "Entre Próspero e Caliban: colonialismo, pós-colonialismo e inter-identidade", Santos, (2001b) apresenta as suas hipóteses de trabalho referentes à sociedade portuguesa. Em primeiro lugar, "Portugal é desde o século XVII um país semiperiférico no sistema mundial capitalista". Esta condição, tendo evoluído ao longo dos séculos, manteve os seus traços fundamentais: "um desenvolvimento económico intermédio e uma posição de intermediação entre o centro e a periferia da economia-mundo; um Estado que, por ser simultaneamente produto e produtor dessa posição intermédia e intermediária, nunca assumiu plenamente as características do Estado moderno dos países centrais, sobretudo as que se cristalizaram no Estado liberal a partir de meados do século XIX; processos culturais e sistemas de representação que, por se quadrarem mal nos binarismos da modernidade ocidental – cultura/natureza; civilizado/selvagem; moderno/tradicional – podem considerar-se originalmente híbridos, ainda que, no fundo, sejam apenas diferentes [...]" (*ibid*.: 23-24).

Em segundo lugar, Santos considera "que esta complexa condição semiperiférica se reproduziu até bem recentemente com base no sistema colonial

---

[124] Cf. C. Ferreira (2004).

e reproduz-se, desde há quinze anos, no modo como Portugal está inserido na União Europeia". Para Santos, "daqui decorrem três sub-hipóteses. A primeira é que o colonialismo português, sendo protagonizado por um país semiperiférico foi ele próprio semiperiférico, um colonialismo subalterno, o que fez com que as colónias fossem colónias incertas de um colonialismo certo". Em segundo lugar, "pelas suas características e duração histórica a relação colonial protagonizada por Portugal impregnou de modo muito particular e intenso as configurações de poder social, político e cultural não só nas suas colónias como no seio da própria sociedade portuguesa". Segundo Santos "esta impregnação colonial do poder, longe de ter terminado com o colonialismo continuou e continua a reproduzir-se". O fim do colonialismo, para Santos, "não determinou o fim da colonialismo do poder nem nas suas ex-colónias, nem na ex-potência colonial". Em terceiro lugar, o processo de integração na União Europeia "parece destinado a ter um impacto tão dramático na sociedade portuguesa quanto o colonialismo teve". Para Santos, esse impacto "parece ir no sentido da reprodução em novos termos da condição semiperiférica" (*ibid.*: 24).

As análises de Boaventura de Sousa Santos fornecem uma visão ampla e sociologicamente fundamentada desta evolução histórica, como reconhece José Mattoso.[125] A sua visão particular da cultura portuguesa discute e confronta-se forçosamente com várias outras descrições de Portugal, ou visto como decadente ou, inversamente, como dotado de um destino, que alicerçam o que o autor designa por visão mítica e/ou psicanalítica. Para Santos, "enquanto objecto de discursos eruditos, os mitos são ideias gerais de um país sem tradição filosófica nem científica. O excesso mítico de interpretação é o mecanismo de compensação do défice de realidade, típico das elites culturais restritas e fechadas (e marginalizadas) no brilho das suas ideias" (Santos, 1994a: 49). Esta tese do autor explica-se pela reprodução prolongada e não alargada de elites culturais de raiz literária, muito reduzidas em número e muitas afastadas das áreas de decisão política, educacionais e culturais. Tenderam a funcionar em circuito fechado, nunca puderam comparar ou verificar as suas ideias, e tão-pouco foram responsabilizadas pelo eventual impacto social delas. Para Santos, "a cegueira das elites culturais produziu a invisibilidade do país" (*ibid.*: 50). Pelo contrário, contra estas perspectivas o autor defende que Portugal é um país inteligível, que não está doente

---

[125] Cf. Mattoso, A Identidade Nacional, (1998).

nem precisa de cura psiquiátrica, mas considera que o apoio institucional ao desenvolvimento das ciências sociais foi escasso apesar de estarem em condições de garantir a médio prazo um conhecimento fiável plural e complexo sobre a sociedade portuguesa. Apesar das dificuldades teóricas específicas – que enumera – que as ciências sociais enfrentam nas suas análises da sociedade portuguesa, Santos considera que "o brilho das análises dos analistas míticos e psicanalíticos constitui um capital simbólico" que o poder democrático consegue neutralizar culturalmente através da cooptação política. O aprofundamento de estudos sociais seria a única via para combater uma das constantes do pensamento mítico: o discurso de decadência e de descrença ou o seu reverso simétrico, o discurso de que Portugal tem um destino a cumprir" (*ibid.*: 64). Em qualquer caso estas descrições identitárias de Portugal ou da cultura portuguesa pura e simplesmente não consideram a música como elemento importante ou sequer digno de referência neste questionamento identitário. A primazia da raiz literária das análises das identidades, a sua quase exclusividade como fonte e lugar da expressão analítica tem excluído em larga escala a consideração das outras expressões artísticas e, no caso da música, talvez se verifique uma consequência lateral da sua reduzida relevância social. Voltaremos a este aspecto mais adiante.

### 8.1.3. As culturas nacionais e a cultura de fronteira
Santos considera que há vários desafios a enfrentar no que respeita à recontextualização das identidades especialmente na condição semiperiférica. Assim, "como ponto de partida," pensa "ser necessário re-analisar as culturas das nações questionando as construções oficiais da cultura nacional". Para isso o autor propõe três orientações metodológicas:

> a primeira é que não sendo nenhuma cultura autocontida, os seus limites nunca coincidem com os limites do Estado; o princípio da soberania nunca teve um correspondente no domínio da cultura. A segunda é que, não sendo autocontida, nenhuma cultura é indiscriminadamente aberta. Tem aberturas específicas, prolongamentos, interpenetrações, interviagens próprias, que afinal são o que há de mais próprio nela. Finalmente a terceira orientação metodológica é que a cultura de um dado grupo social não é nunca uma essência. É uma autocriação, uma negociação de sentidos que ocorre no sistema mundial e que, como tal, não é compreensível sem a análise da trajectória histórica e da posição desse grupo no sistema mundial [Santos, 1994: 130].

Santos afirma que "aplicadas à cultura portuguesa estas orientações significam muito sucintamente o seguinte. Em primeiro lugar, a cultura portuguesa não se esgota na cultura dos portugueses e, vice-versa, a cultura dos portugueses não se esgota na cultura portuguesa. Em segundo lugar, as aberturas específicas da cultura portuguesa são, por um lado, a Europa e, por outro, o Brasil e até certo ponto a África. Em terceiro lugar, a cultura portuguesa é a cultura de um país que ocupa uma posição semiperiférica no sistema mundial" (*ibid.*).

A temática desta dissertação investiga uma manifestação artística que, sendo parte da cultura portuguesa, manifesta várias especificidades particulares que importa considerar. Assim, sobre a questão de nenhuma cultura ser indiscriminadamente aberta, podemos afirmar que a música dos compositores portugueses teve aberturas específicas que, por exemplo, durante o século XX se podem resumir à abertura inicial à música alemã, seguida de uma longa relação com a música francesa, que ainda persiste, mas nas últimas décadas do século, acompanhada do resultado de outras interpenetrações com músicas provenientes de outros países; esta diferença pode ser retratada através da análise das viagens dos compositores portugueses. Mas não sendo uma essência, a negociação de sentidos que ocorre no sistema mundial tem enfrentado várias dificuldades decorrentes da situação semiperiférica e de características específicas do grupo social a que a música erudita está intrinsecamente ligada. Tal como Richard Taruskin afirma em relação a toda a música erudita da tradição ocidental (cf. Taruskin, 2005b), a música portuguesa é um produto das elites culturais, destina-se prioritariamente ao consumo por parte das elites ligadas ao poder mas ocupa um lugar específico neste quadro, sendo um produto de e para uma fracção relativamente reduzida das elites. A evolução recente da música portuguesa está muito ligada aos grandes eventos culturais organizados pelo Estado entre 1990 e 2001 e, num outro sentido, sofre os efeitos da capacidade ou da incapacidade dos novos intermediários culturais produzidos simultaneamente com esses eventos, na orientação global e na negociação transnacional. Por outro lado, essa negociação transnacional verifica-se (ou não) com um centro europeu que, ele próprio, se encontra determinado pela sua posição ambivalente de centro de produção e difusão da música europeia e de centro tradicional em situação de "crise" no contexto mundial dominado pela globalização hegemónica norte-americana, amplamente dominante na esfera da indústria audiovisual e capaz de impor mundialmente a cultura e a música *pop* oriunda dos países de língua inglesa. Trata-se de uma situação de grande complexidade, na qual, para usar uma expressão de Walter Benjamin, vários tempos históricos se sobrepõem simultaneamente. Finalmente, a análise das construções oficiais relativas à música portuguesa revelam que, com excepção de um curto período do Estado Novo, essas construções têm sido lacunares, insuficientes e incapazes de produzir uma imagem ou uma orientação capaz de se reproduzir. Trata-se por isso de uma construção fraca.

Retomando e repetindo: "nenhuma cultura é indiscriminadamente aberta; tem aberturas específicas, prolongamentos, interpenetrações e interviagens próprias", é "uma autocriação, uma negociação de sentidos que ocorre no sistema mundial". Santos tem insistido na interpretação da cultura portuguesa, no seu todo, como uma cultura de fronteira, uma cultura que "teve sempre uma grande dificuldade em se diferenciar de outras culturas nacionais [...] e manteve até hoje uma forte heterogeneidade interna". Para o autor, "a cultura portuguesa não tem conteúdo. Tem apenas forma, e essa forma é a fronteira ou a zona fronteiriça" (Santos, 1994: 132). É sabido que as culturas nacionais são uma criação do século XIX, são o produto de uma tensão entre universalismo e particularismo gerido pelo Estado, que desempenha o papel de diferenciar a cultura do território nacional face ao exterior e promover a homogeneidade cultural no interior. Face a estas condições, Santos considera que "o Estado nunca desempenhou cabalmente nenhum desses papéis, pelo que, como consequência, a cultura portuguesa teve sempre uma grande dificuldade em se diferenciar de outras culturas nacionais". Sublinha ainda que o défice dessa acção do Estado teve um impacte decisivo na cultura dos Portugueses. As espacio-temporalidades culturais locais e transnacionais foram sempre mais fortes do que a espacio-temporalidade nacional (*ibid.*: 133). Nesse espaço intermédio entre os espaços locais e transnacionais, que considera muito ricos, o espaço nacional é deficitário. Assim, escreve, "enquanto identidade nacional, Portugal nem foi nunca suficientemente diferente das identificações positivas, as culturas europeias, nem foi nunca suficientemente diferente das identificações negativas que eram, desde o século XV, os outros, os não europeus" (*ibid.*). Em relação à Europa não é suficientemente diferente para se ter constituído como *Outro*, mas não é suficientemente idêntico para ser o *mesmo*.

**8.1.4. Portugal visto pelos Europeus: representações do Outro periférico**
Para o autor, a manifestação paradigmática dessa matriz intermédia, semiperiférica, está no facto de os portugueses terem sido, a partir do século XVII, o único povo europeu que, ao mesmo tempo que observava e considerava os povos das suas colónias como primitivos ou selvagens, era, ele próprio,

observado e considerado, por viajantes e estudiosos dos países centrais da Europa do Norte como primitivo e selvagem (Santos, 1994: 13). No artigo "Entre Próspero e Caliban", o autor refere que "como afirma Castelo Branco Chaves, é a partir da segunda metade do século XVIII, e por invenção sobretudo dos Ingleses, que a 'lenda negra' de Portugal e dos Portugueses como povo decaído, degenerado, imbecilizado mais se aprofunda". Se pensarmos ainda na reconstrução levada a cabo por Pereira Bastos sobre "o perfil do português saído dos estudos do sociólogo francês Paul Deschamps" nos anos 30 realizados a convite de Salazar, percebemos que "mais importante ainda é que, em pleno século XX, muitas das características atribuídas aos Portugueses têm semelhanças surpreendentes com as narrativas colonialistas, inclusive as portuguesas, atribuíam ao negro africano, ao escravo americano ou ao índio americano" (Santos, 2001b: 53).

Pode perguntar-se até que ponto é que estas representações dos Portugueses pelos Europeus do Norte ainda se mantêm hoje, sob a forma de resquícios ou sedimentos de um olhar de tipo colonial. O processo que leva à supremacia da segunda modernidade ocorre, historicamente, em sincronia com a formação do cânone da "Western art music". Tendo isso em conta, o facto de o interesse dos Europeus em geral relativamente à música portuguesa se dirigir, ainda hoje, principalmente para o fado, uma expressão artística local, vernácula, popular e urbana, passível de globalização subalterna, como vimos, em paralelo com o desinteresse e a ignorância de outras expressões "cultas", na verdade tratadas como inexistentes, pode ser significativo da forma como Portugal é visto quando olhado da Europa.

Daqui decorre que "enquanto cultura europeia, a cultura portuguesa foi uma periferia que, como tal, assumiu mal o papel de centro nas periferias não europeias da Europa", ou seja, nas suas colónias. Para Santos deste facto resulta "o acentrismo característico da cultura portuguesa que se traduz numa dificuldade de diferenciação face ao exterior e numa dificuldade de diferenciação no interior de si mesma" (Santos, 1994: 133). A partir de um texto de 1928 de Fernando Pessoa no qual o poeta declara o provincianismo como "o mal superior português" afirmando que "o sindroma provinciano compreende pelo menos três sintomas flagrantes: o entusiasmo e a admiração pelos grandes meios e pelas grandes cidades; o entusiasmo e admiração pelo progresso e pela modernidade, e na esfera mental superior, a incapacidade de ironia" (Pessoa, 1980: 159 apud Santos). Boaventura de Sousa Santos, embora concordando com esta caracterização geral, discorda no que respeita a ela constituir, no caso português, "o sindroma provinciano". Para Santos "o elemento barroco da cultura portuguesa faz com que a *mimesis* da "civilização superior" ocorra sempre com uma distância lúdica e espírito de subversão, selectiva, superficial e ambiguamente combinados com a dramatização do próprio, do vernáculo, do genuíno" (Santos, 1994: 134-135). António José Saraiva designa de "aldeanismo" a presença quase dominante das formas populares rústicas sobre as formas aristocráticas e académicas que quase sempre obedecem a padrões cosmopolitas. Para este autor, "aldeanismo" é diferente de provincianismo; este caracteriza-se por falta de autenticidade, não é um produto da província mas sim da capital "e na medida em que esta é, não a capital do país onde está, mas o satélite intelectual de uma capital europeia de onde se importam as modas (Madrid, Roma, Paris, um pouco Londres)". (Saraiva, 1985: 103) Saraiva acrescenta que quando Pessoa falava do provincianismo português referia-se aos intelectuais de Lisboa e Porto.

Se não tenho grandes dúvidas sobre o provincianismo das elites urbanas da grandes cidades, tenho dúvidas sobre a possibilidade de esta posição de Santos, sobre o elemento barroco da cultura portuguesa e a distância lúdica e espírito de subversão que lhes são próprios no acto mimético face à cultura superior poder ser aplicável à música portuguesa da tradição erudita tanto no seu todo como na maior parte dos casos particulares. Há vários autores que apontam aspectos similares como António José Saraiva que, sobre a facilidade da assimilação dos escravos na sociedade portuguesa escreve: "uma certa liberdade em relação às fronteiras culturais, uma certa promiscuidade entre o Eu e o Outro, uma certa falta de preconceitos culturais, a ausência do sentimento de superioridade que caracteriza, de modo geral, os povos da cultura ocidental" (Saraiva, 1985: 103). Mesmo no campo musical Rui Vieira Nery dá exemplos da evolução do vilancico ibérico que têm um carácter similar. Apesar de a língua dominante ser o castelhano há um número significativo de textos noutras línguas ou dialectos que são utilizados quando o narrador do poema ou as personagens envolvidas são apresentados como estereótipos regionais: "Ciganas que lêem a sina anunciam o futuro à audiência, referindo-se geralmente ao nascimento de Cristo; pastores galegos aparecem tocando as suas gaitas de foles; escravos negros falam em crioulo e espanhol e cantam e dançam diante do Menino Jesus" (Nery, 1997: 99). Para o autor, estas obras representam uma das fontes escritas mais antigas dos crioulos africanos do espanhol e do português e a própria música procura incorporar elementos idiomáticos das tradições nativas da música africana. Mas, pouco depois, D. João V, considerando os vilancicos uma tradição primitiva, excluiu-os da Capela Real em 1717 e "foram proibidos em todas as igrejas do Reino e colónias em 1723. O objectivo era transformar a Capela Real portuguesa numa réplica da Capela papal seguindo os modelos do barroco romano" (*ibid.*: 101). Poder-se-á considerar este caso como paradigmático da acção estatal como sintoma do "síndrome provinciano" contra uma prática da espaciotemporalidade local cosmopolita. A partir deste momento, a história da música portuguesa confunde-se com uma literatura de viagens: uma narrativa assente em viagens de bolseiros para diversos centros europeus, regressos a Portugal introduzindo estilos e práticas musicais, em períodos sucessivos, o que configura a forma como o poder e/ou as elites culturais sempre vêem a solução do problema do *atraso* da música portuguesa.

## 8.2. Nós e a Europa

### 8.2.1. Portugal e Europa: ressentimento, fascínio e inferioridade

Vários autores consideram o livro de Eduardo Lourenço, *O Labirinto da Saudade* marcante nas reflexões sobre Portugal e a sua identidade. É o caso, por exemplo de Vitorino Magalhães Godinho (2009) que, aliás, o considera uma excepção, embora "demasiado centrado no plano literário para poder formular o problema em toda a sua amplitude". Para Godinho, "nunca pomos em questão a nossa posição no mundo, o que fomos e o que somos" e afirma que, em geral, "tem sido muito mais um discurso retórico de autocomplacência ou autojustificação do que uma análise aprofundada das condições efectivas do viver do nosso povo" (*ibid.*: 50). Medeiros Ferreira escreve que "foi Eduardo Lourenço quem mais questionou a identidade nacional" sublinhando "o profundo 'irrealismo' da imagem que os portugueses fazem de si próprios" (1993: 172).

Os escritos de Lourenço mostram que a relação de Portugal com a Europa foi sempre uma relação de distância e diferença mais do que propriamente de pertença. No artigo "Nós e a Europa: Ressentimento e fascínio", pode ler-se:

> O que a disjuntiva [ressentimento e fascínio] revela é a consciência de uma distância, de uma marginalidade, talvez sobretudo, de uma como que fatal dependência ou inferioridade do tipo de cultura, e dos exemplos mais elevados quando a considerávamos nessa espécie de espelho abstracto mas singularmente mágico onde brilham [...] as estrelas fixas do céu cultural europeu [Lourenço, 1994: 25].

Eduardo Lourenço começou a escrever sobre as relações entre a cultura portuguesa e a Europa ainda nos anos 1940. O seu artigo "Europa ou o diálogo que nos falta" de 1949 é um dos primeiros de uma série de escritos sobre essa temática que se prolonga por mais de cinquenta anos. Enquadrando a cultura portuguesa no quadro da evolução moderna do Norte europeu, escrevia então:

> O mundo da cultura portuguesa arrasta há quatro séculos uma existência crepuscular. Passando à margem dos três decisivos acontecimentos espirituais da idade moderna – a cisão religiosa das reformas, a criação da física matemática e a filosofia cartesiana – a nossa cultura dos séculos XV e XVI perdeu o que tinha de vivo e prometedor, para conservar apenas o comentarismo ruminante e estéril, do qual aliás jamais se libertara completamente, mesmo nas horas mas felizes" [Lourenço, [1949] 2005: 17].

Podemos ler nesse artigo frases que mantêm ainda hoje uma ressonância activa nos discursos correntes: "Comparticipando duma civilização mas continuando refractários ao seu espírito, uma vez que assimilamos apenas a sua face exterior, inessencial, estamos ausentes do mundo da cultura" (*ibid.*: 18). Noutra passagem, "Isolados na pátria cultural que nos coube [...] cortados uns dos outros como ilhotas mudas numa paisagem deserta de incentivos espirituais, como nos atrevemos a falar ainda de cultura, da nossa cultura?" (*ibid.*: 20).

Este texto tem em comum com a conferência de Lopes-Graça de 1943 no Conservatório do Porto a partilha de mesma atmosfera histórica e intelectual que se vivia nesses anos e no regime de então, e é possível reconhecer em vários aspectos deste tom lamentoso um carácter que ainda hoje marca fortemente muitos dos nossos discursos. Há ajustes e precisões nos textos mais recentes que naturalmente actualizam as suas posições de 1949. Mas na verdade continua a ser possível equacionar a questão em termos similares, que mais não fosse, pelo menos num aspecto: Portugal e a Europa não é uma relação "evidente" e a própria enunciação dos dois termos da dicotomia revela os traços que permanecem claros enquanto doloroso sentimento de diferença e problemático sentimento de pertença. O próprio Eduardo Lourenço escreve, no artigo "Nós e a Europa ou as duas razões", de 1988, "que a Península seja e faça parte da Europa é um dado, ao mesmo tempo geográfico e histórico, irrelevante. Mais curioso é que nós, peninsulares, no refiramos espontaneamente à 'Europa' como se lhe não pertencêssemos ou fôssemos nela um caso à parte" (Lourenço, 1997: 51). Lourenço cita "a célebre *boutade* de Pascal 'verdade para cá dos Pirenéus, erro para lá'," a propósito da "marginalização crescente entre a Europa aquém e além da simbólica cordilheira". Convém repetir aqui as posições de Enrique Dussel segundo as quais em finais do século XIX o Sul da Europa permanece na memória eurocêntrica do Norte anglo-saxónico e germânico um momento tardio da Idade Média ou a parte norte da África – a África começa nos Pirenéus – tendo a visão Iluminista do norte construído uma parede de cimento à volta da Europa desconectada do Sul (Dussel, 2002: 231). Kant e Hegel escreveram passagens esclarecedoras sobre a forma como a modernidade eurocêntrica via os seus diversos *outros*, em especial, o africano. Referindo Montesquieu e Voltaire, para Lourenço, tratava-se de "tornar evidente a separação de espaço de luz de um espaço de fantasmagoria" e refere como Hegel, ao "germanizar o sentido da História como Espírito, extremou a divisão de duas Europas, a do centro e da margem, essa margem que nós representamos por excelência" (Lourenço, 1994: 52).

O autor tenta descrever diferenças importantes entre esse momento histórico da separação e a actual situação. Em primeiro lugar, hoje a própria Europa "europeia" luta desesperadamente pelo seu estatuto histórico-cultural, numa "construção de identidade capaz de compensar a sua antiga função de 'olhar do mundo'." Em segundo lugar, agora "não só estamos na Europa, para onde entrámos, como tão significativamente se diz, como somos vistos como europeus". Lourenço interroga-se sobre se "fomos nós que entrámos para ou na Europa ou a Europa que desceu até nós". Para o autor, estes são apenas "símbolos de um percurso ou de uma metamorfose de relações" (*ibid.*). Partindo da constatação de que "Portugal e a Espanha estão na Europa – na antiga Europa hegemónica – com maior ou menor intensidade, eficácia e presença, mas com um sentimento de não-estranheza, de naturalidade que não pode comparar-se com os do passado", Lourenço, no entanto, prossegue questionando se "o intercâmbio económico, informativo, turístico, futebolístico teria, em escassas dezenas de anos, posto termo ou tornado anacrónico o contencioso cultural ou a simples realidade do sentimento de especificidade da cultura e da vida peninsulares durante séculos, em relação à Europa?" (*ibid.*: 53) E acrescenta: "Não é crível que nesta ordem as relações da cultura ibérica com a outra ou as outras culturas de recorte europeu [...] tenham sofrido uma mudança tão profunda." O autor sublinha a profundidade e duração da dissensão: "não é de um dia para o outro que se apaga uma longa herança de *troca desigual*,[126] de desconhecimento ou de indiferença no plano das relações culturais no sentido mais vasto do termo". E conclui: "Continuamos a consumir, em qualidade e quantidade, mais cultura inglesa, francesa, italiana, alemã, etc., do que e Europa consome cultura ibérica" (*ibid.*). Nesta frase de Eduardo Lourenço está resumida, de certo modo, *a razão de ser desta investigação*, que procura elucidar e problematizar as razões e os termos em que uma tal troca desigual continua a verificar-se num campo artístico particular.

Lourenço procura articular três termos do problema: o ressentimento, a comparação obsessiva e o modelo: existe "uma complexa estrutura de ressentimento cultural criado pela comparação [...] obsessiva das nossas realidades culturais com aquelas de que a Europa de além-Pirenéus era um modelo inacessível". Mas, para o autor, "contrariamente ao que gostam de pensar os hagiógrafos autistas da cultura peninsular o nosso famoso complexo de culpabilidade cultural não provinha unicamente do olhar mais ou menos ignorante, desdenhoso ou condescendente, que nações ou culturas hegemónicas projectavam sobre as nossas criações ou o nosso saber". Para Lourenço, "sob a forma de lúcida e salutar autocrítica esse descontentamento ou consciência do nosso atraso [...] manifestou-se no interior da cultura peninsular antes que o olhar 'europeu' no-lo devolvesse como censura e crítica de uma mentalidade". Lourenço afirma que "essa autoconsciência é tardia e inadequada (mesmo em Verney) mas [...] soubera dar expressão 'europeia' ao seu nascente sentimento de 'decadência' " (*ibid.*: 55).

A ruptura crucial entre o pensamento de tradição peninsular e o europeu localiza-se no período de Montesquieu e Voltaire: "A península desaparece do horizonte como locutor válido ou a outra Europa torna-se para a cultura peninsular lugar de refúgio ou modelo inacessível. Começa então a nossa *invisibilidade* ou visibilidade intermitente na cena europeia dominante que é a inglesa ou holandesa no discurso científico e político e a francesa no científico e cultural, em sentido largo" (*ibid.*: 57).[127] Defendendo que "é a racionalidade [...] que define a Europa" (*ibid.*: 58) e que "gente que se chamou Leonardo, Galileu, Descartes ou Einstein [...] teve lugares de nascimento, herança, aprendizagem, actuação, num certo espaço e não noutro, no interior de certas tradições educativas, de conservação do saber que em dado momento não só ficavam na Europa mas davam forma e figura e uma realidade histórica

---

[126] Itálico meu.
[127] Itálico meu.

e cultural que tem um percurso, uma memória que o resto da humanidade incorpora ou não" (*ibid.*: 59).

### 8.2.3. Cá dentro e lá fora

A questão da cultura portuguesa na sua relação com as outras culturas europeias e do mundo foi sendo abordada em várias décadas por Eduardo Lourenço. No livro *Destroços* (2004), que reúne alguns desses textos, Lourenço afirma que "as categorias de 'lá fora' e do 'cá dentro' [...] não são expressões para separar ou distinguir o que por natureza é, ou separado está" mas antes constituem "uma e só expressão" para "designar não um qualquer tipo de relação efectiva entre nós e os outros [...] mas uma percepção de nós mesmos" (*ibid.*: 162). Para o autor, é em relação a "lá fora", expressão que considera "uma referência indeterminada e vazia, que o 'cá dentro' ocupa o espaço inteiro da nossa identidade, simultaneamente efectiva e afectiva, real e imaginária". Para Lourenço "vivemo-nos como uma ilha", e "a expressão 'cá dentro' dá forma a esse conviver connosco, a esse estar connosco, cercados de mundo," [...] "visto e sentido do interior da ilha que somos, ou da nossa interioridade simbólica". Este ponto é visto de forma idêntica por António José Saraiva – "Portugal é um oásis ou uma ilha [...] e a gente aqui prisioneira adquiriu um complexo de ilhéu" – que refere igualmente "a mitificação que aqui se faz do estrangeiro, designado frequentemente pela expressão 'lá fora' que sugere um sentimento de claustrofobia" (*apud* Calafate, 2006, vol. IV: 403).

Para Lourenço "só quando pela diversificação interna do corpo europeu [...] a Europa emerge como Modernidade é que a distância interior, a espécie de espaço não nosso, por incompatível ou inacessível, se converte num verdadeiro 'lá fora'. Assim "a dialéctica do 'cá dentro' e do 'lá fora' [...] inscreve-se toda na esfera do nosso relacionamento com a Europa Moderna" (Lourenço, 2004: 166). Considerando que "a essência da modernidade, o seu espírito [...] costuma sintetizar-se como a era da dúvida", Lourenço sublinha "foi sobretudo a do direito de duvidar". Foi em relação ao paradigma cultural dos tempos modernos – do norte europeu – que se desenhou "para os que o não assimilaram, assimilaram mal ou ficaram fora dele esse realíssimo e bem próximo lá fora em relação ao qual os que dele se sentiram excluídos, ou dele se excluíram, por complexas razões se refugiaram num cá dentro" (*ibid.*: 167).

Constitui-se assim uma dicotomia entre "lá fora" visto como pólo de saber e "cá dentro" como pólo de "não saber". Lourenço procede à breve descrição dos momentos históricos que estabeleceram essas categorias. Assim, "o cá dentro e esse lá fora não é invenção de Antero e da sua geração mas ninguém como eles elevaria à categoria de vivência cultural essa separação lida num código negativo". Mas já antes "Duarte Macedo, um dos nossos mais famosos estrangeirados, quer dizer na altura apenas alguém que estando lá fora nos via e julgava com o olhar cultural dessa Europa cientificamente mais adiantada que nós, nos tratava de índios da Europa, epíteto análogo ao dos mais célebres cafres da Europa usado por António Vieira" (*ibid.*: 168).

Lourenço refere que "António Sérgio, na sequência de Antero, elevaria [estes diagnósticos] a sistema concentrando na figura de Luís António Verney o modelo do discurso crítico fundador dessa separação entre um lá fora, modelo cultural para um cá dentro, um Portugal [...] imerso numa ignorância e num anacronismo, sobretudo na ordem científica e filosófica a que era urgente e vital subtrair-nos" (*ibid.*: 169). Para Lourenço, "o peremptório discurso anteriano sobre a nossa subalternidade cultural [...] transformou em chaga morbidamente cultivada um diagnóstico que instituía o lá fora como referência exemplar e de difícil, senão impossível, lugar habitável por nós". Uma vez estabelecida e consideravelmente interiorizada esta interpretação de Portugal como lugar de ignorância e anacronismo, a reacção oposta assumiu uma forma extrema de exaltação quase fundamentalista de nacionalismo cultural "como reacção a este atestado de menoridade mental, fez reflorir em termos mais exacerbados e ufanistas a clássica – e, aliás, natural – exaltação do nosso só por ser nosso, criando um discurso cultural nacionalista puramente onírico" (*ibid.*).

Lourenço considera que esse discurso cultural nacionalista puramente onírico, "apesar das trágicas consequências que teve no plano ideológico, político e na gestão da nossa herança histórica está longe de estar esgotado" (*ibid.*: 170). O autor vai mais longe e escreve "até se pode dizer que é o discurso da moda, a expressão do nunca extinto fundamentalismo lusitano". O argumento principal de Lourenço neste texto de 1983 diz que "é nesta perspectiva que ainda hoje considerações sobre o lá fora e o cá dentro mantêm alguma actualidade", considerando tal facto paradoxal: "quando na vivência quotidiana de Portugal e na energia cultural que a exprime já nada justifica – nos termos em que continua a ter sentido – a pertinência e o interesse de tal separação, de tão obsessiva fixação" (*ibid.*).

Este discurso do "esplêndido isolamento", no entanto, manifesta-se ainda no nosso âmbito de análise de formas mais ou menos subtis. A nossa investigação terá por isso de tentar identificar, por um lado, a incrível persistência dessa perspectiva e desse tipo de discurso mas igualmente analisar as práticas concretas das instituições "cá dentro" e "lá fora" que, de algum modo, tanto favorecem ainda hoje a existência do onírico nacionalismo como, por outro lado, criam e reproduzem, na prática, a situação subalterna no campo musical e a chaga que daí decorre. Como veremos, no campo musical a separação referida manifesta-se (ainda e sempre) de forma quase patológica.

### 8.2.4. Debates internos sobre a ferida narcísica

Se nos anos 1960, no campo cultural, o discurso dominante era de inspiração marxista, esse discurso não era o único, segundo Lourenço: "menos influente, sobretudo na sua expressão literária, um outro discurso, que o complexo movimento da 'filosofia portuguesa' ilustrava, renovava uma antiga polémica acerca do sentido e valor da nossa Cultura na perspectiva de um 'nacionalismo' militante, paralelo, mas não idêntico, ao que servia de referência à ideologia do regime" (*ibid*.: 95-96). A temática desta investigação impõe que se olhe atentamente para essas querelas, para as suas formulações, para os seus equívocos, acima de tudo porque, apesar das muitas diferenças entre esse período e a actualidade, se verifica em textos recentes sobre música portuguesa uma persistência ou uma reincidência de tais problemáticas que talvez apenas na esfera da literatura sejam hoje vistas como pertencentes ao passado. Naquelas polémicas, era principalmente a literatura que constituía o objecto central das análises, das divergências e dos argumentos e contra-argumentos polémicos.[128] Eduardo Lourenço reúne alguns artigos dos anos 1950 – que não estavam disponíveis havia muito tempo – que nos elucidam sobre os termos desse debates. No seu artigo "A chaga do lado da cultura portuguesa"[129] trata, em primeiro lugar, de responder, em tom polémico mas salutar, a um artigo de

---

[128] A passagem da literatura para o seu novo estatuto resulta directamente das grandes diferenças que se verificaram entretanto no capitulo da tradução literária. Sem as traduções que se verificaram para francês, inglês e muitas outras línguas, a literatura portuguesa seria hoje provavelmente objecto de novas versões dos mesmos diagnósticos que eram feitos nos anos 50 e 60. O caso de Fernando Pessoa é apenas aquele que mais eloquentemente demonstra a importância da tradução como veiculo indispensável para a circulação das obras (literárias, como é evidente, mas não só), para a sua "after life" tal como Benjamin sublinhava um dos aspectos mais óbvios da importância da tradução (Benjamin: 1999: 70). No entanto, sobre este aspecto na actualidade, ver António Guerreiro no Intermezzo seguinte.

[129] Cf. Artigo de Maria Manuel Baptista "D' 'A Chaga do Lado da Cultura Portuguesa' ou uma polémica (in)actual" in Baptista (2006). 27-54.

José Régio[130] sobre "a nossa invisibilidade cultural no Estrangeiro" (*ibid.*: 102) e em segundo lugar "desse movimento de hiper-nacionalismo histórico e cultural" que "sob a forma de 'filosofia portuguesa' construiu uma 'esquizofrenia cultural' [que se] traduz em desdém ou sumária execução do Estrangeiro em geral – e da França em particular" (*ibid.*: 100).

À distância que o tempo nos permite, é possível detectar que Lourenço tem em vista algo mais. Embora escreva que "a sua [de Régio] acusação disfarçada do Estrangeiro enquanto 'olhar que nos ignora' merece ser discutida" continua sugerindo que "não é de excluir que na hora presente essa queixa do Estrangeiro não receba de domínios estranhos à Cultura, estritamente considerada, um vento propício, acaso insciente a quem nele voa" (*ibid.*: 101). Neste passo, Lourenço estará a referir-se às condições políticas em que o regime de Salazar, à volta dos anos 1960, enfrentava oposição firme de muitos países em relação à sua política colonial – que Salazar mantinha em contracorrente com os ventos da descolonização levada a cabo pela maior parte dos países europeus após 1945 – e, em menor grau, ao carácter antidemocrático do seu regime. O *slogan* salazarista "orgulhosamente sós" manifestava este isolamento político. Nesse sentido, as posições da "filosofia portuguesa" – levando a cabo "uma execução sumária do Estrangeiro em geral" – não podiam deixar de ir ao encontro dos objectivos propagandísticos que nessa época eram os do regime.

Mas Lourenço não descarta totalmente a posição de Régio na medida em considera que o problema deve ser considerado. Lourenço, aliás, considera a posição de Régio diversa da simplesmente nacionalista: "A obsessão pelo tema da injustiça intolerável que nos é feita em permanência no mercado mundial da cultura é nele muito anterior à penosa exaltação ideológico-cultural do momento sob o signo do complexo de inferioridade histórico voltado do avesso" (*ibid.*: 101-102) e, assim, escreve: "pode, pois, aceitar-se ao menos como postulado que é exacto não sermos vistos no Estrangeiro" (*ibid.*). Para o autor, "um tal fenómeno, mesmo incontestável, não pode servir de base a qualquer sentimento de injustiça, ou ressentimento cultural [...] e se eles existem [...] é porque esse "não ser visto no estrangeiro" se traduz sob formas passionais ou judicativas do género 'é injusto que esse estrangeiro não nos conceda uma atenção proporcionada à que nós lhe consagramos' ou

---

[130] Cf. Régio, José, "Nota desagradável", in *Comércio do Porto – Suplemento de Cultura e Arte*, 13 de Março de 1962: 5.

'a nossa presença no estrangeiro não corresponde ao valor da nossa Cultura'. Para Lourenço, estas posições "supõem, como qualquer coisa implícita, que uma tal inatenção estrangeira, além de injusta, representa em si mesma uma como que diminuição da nossa existência cultural" no sentido em que representam "uma verdadeira mitificação do olhar estrangeiro, considerado, em suma, embora sob uma forma 'ressentida' como o Olhar Absoluto. Deste modo Lourenço começa por devolver o ressentimento à sua implícita mitificação do exterior – o tal olhar absoluto – mas defende que "esse Olhar Absoluto, concebido sob nome de 'Estrangeiro', é um reino de ilusão e fonte de mal-entendidos sem fim, pelo simples motivo de que não existe" (*ibid.*: 103).

Neste trabalho procura-se definir com maior exactidão sociológica a problemática em questão e propõem-se dois pontos. Por um lado, é necessário fazer uma análise distinta dos diversos campos culturais na medida em que, apesar de existirem entre os campos as homologias assinaladas por Bourdieu, os modos de produção de inclusão ou exclusão são muito específicos em cada caso. Por outro lado, será necessário circunscrever mais especificamente os lugares de enunciação das culturas e suas relações transnacionais. Nessa medida poderemos aceitar que "o estrangeiro" enquanto "Olhar Absoluto" de facto não existe, tal como era formulado neste período.[131] Mas convém intercalar desde já o facto de o próprio Eduardo Lourenço, num período histórico posterior, os anos 1980, manter que, do ponto de vista simbólico senão real, existe e continua a existir uma problemática que designa, por exemplo, de "Nós e os Outros: a Europa ou as duas razões". No texto que temos vindo a estudar, está-se num momento histórico específico e verifica-se um determinado modo de enunciação do problema. Mas é forçoso reconhecer que a problemática não se resume ao modo particular como nessa época a questão era posta e tratada sobretudo nos meios literários portugueses e, nesse sentido, é necessário superar esses termos. Do mesmo modo, os discursos provenientes de agentes do campo musical não se podem agrupar num todo sem simplificar e sem menosprezar diferenças de vulto. Hoje, não obstante ter mudado, em muitos aspectos, a realidade e os contextos, há outros discursos e outros modos de enunciar a problemática que, de algum modo e sob outras formas, se mantém meio século depois.

---

[131] No entanto, veremos no capítulo XII de que forma se continua a manifestar ainda hoje nos discurso de agentes activos na programação musical a assunção desse Olhar Absoluto como existente (e como argumento decisivo para a suas práticas).

Aliás Eduardo Lourenço escreve: "Em verdade, de um modo sumário, mas não despido de fundamento, o sentimento da nossa não-visibilidade repousa sobre dados sérios [...] existimos pouco, lá fora" (*ibid.*: 105-106) embora afirma pouco antes que "o inventário da visibilidade portuguesa nesse 'Estrangeiro' nunca foi tentado em termos sérios (*ibid.*: 104). Para Lourenço "mais a sentem [a falta de consideração por nós] aqueles aquém o acaso ou os deuses do caminho puseram a viver nesse Estrangeiro onde lhes é fácil palpar, além da grande ausência cultural da sua Pátria, a deles mesmos, exilados de um duplo exílio" (*ibid.*: 106). Este aspecto, que trás à colação os "estrangeirados", os emigrantes culturais, será abordado pelo autor em vários outros artigos que referiremos adiante, mas, de passagem, deve assinalar-se que a condição do exílio tem sido rodeada de uma aura particular, mesmo nas teorias pós-coloniais, que importa igualmente não mitificar.

Mas o aspecto fundamental para o autor é o facto de que estas posições de Régio e outros, "se exprimem este sentimento, não só não o explicam, nem resolvem, como de algum modo o agravam, convertendo-o em puro ressentimento" (*ibid.*: 107). Para Lourenço "é deste complexo que devemos, com toda a urgência, libertarmo-nos" e "uma tal psicanálise [...] significa uma verdadeira quadratura da nossa situação cultural, mas só ela nos poderá restituir o horizonte cultural sem complexos necessário à respiração normal e adulta de um povo reconciliado consigo mesmo e com os outros. Um tal propósito é obra de todos e de ninguém" (*ibid.*). Aceitando "como postulado que é exacto não sermos vistos no Estrangeiro" Lourenço propõe uma análise que reverte para o interior da cultura portuguesa uma parte importante da produção dessa invisibilidade.

Lourenço considera que "o aparecimento de uma consciência portuguesa anormalmente preocupada ou ferida pela inatenção do Estrangeiro aos seus valores culturais parece-nos constituir um sintoma – e alarmante de um estado de coisas anormal". Refere que "Régio tem razão ao aludir à hipótese do 'silêncio nacional' como uma das explicações possíveis do 'silêncio universal' e vai mais longe ao assinalar que "onde Régio vê uma possível causa, nós vemos um efeito de uma situação global, cujos reflexos, 'silêncio nacional'-'silêncio universal', em vez de serem antagónicos são um só e mesmo fenómeno lido sob dois registos diferentes" (*ibid.*). Este ponto tem a maior importância neste campo de investigação.

Lourenço critica Régio por "passar da tentativa de explicação" para "a simples lamentação". Assim "a existência de um inegável sentimento de 'injustiça' cultural que nos é feito e a 'acusação' respectiva que ele gera são a solução [...] de uma dificuldade nossa. Simplesmente, essa dificuldade tornou-se como que invisível a nossos próprios olhos pela simples razão de que coincide com a nossa própria realidade cultural excessivamente alienada na sua raiz pela fascinação estrangeira e incapaz de abdicar dela ou de entreter com ela relações normais" (*ibid.*: 114). Assim, "a contradição efectiva da nossa existência cultural, da qual é impossível sair sem aceitar previamente que ela existe", manifesta-se por exemplo numa "simples vista de olhos por uma vitrina de Coimbra, Porto ou Lisboa. Nós vivemos colectivamente com a cabeça metida na sopa alheia. Basta folhear os nossos jornais". (*ibid.*: 115).[132] Considerando que "este louco amor, velho de séculos, está virgem em folha como no primeiro dia provençal", ou seja, que essa disposição de abertura em relação às culturas exteriores é constitutiva da cultura portuguesa, Lourenço insiste que a solução não está no inexistente "olhar da Dama que corresponda a esse fervor incrível de uma Cultura inteira"; pelo contrário, "é dentro do olhar nacional que se vive ou morre, é dentro dele que nós inventamos mesmo esse olhar estrangeiro cuja ausência afinal não nos faz assim tanta falta, mas cujas exigências são inseparáveis do sistema geral da Cultura" (*ibid.*: 116). Como não considerar que existe um problema interno perante afirmações como esta: "Citar um autor nacional, um contemporâneo, um amigo ou inimigo, porque nele se aprendeu ou nos revimos com entusiasmo é, entre nós, uma raridade ou uma excentricidade como usar capote alentejano. A referência nobre é a estrangeira por mais banal que seja, e quem se poderá considerar isento de um reflexo que é, por assim dizer, nacional?" (Lourenço, 1982: 76-77).

Lourenço problematiza ao mesmo tempo o facto de a nossa realidade cultural estar excessivamente alienada pela fascinação estrangeira e o facto de ser no seu interior que tal fixação é formada. Reformulando esta posição nos termos teóricos que seguimos neste trabalho diríamos que *a presença hegemónica dos valores culturais do centro europeu no país foi interiorizada pelos agentes culturais,* na sua quase totalidade, numa perspectiva de *subalternidade* e não de *troca ou diálogo cultural enriquecedor* e que essa interiorização só pode alterar-se por via de uma transformação interna que transforme o complexo de inferioridade numa assunção de maturidade.

---

[132] Este aspecto, válido em geral, só terá sido agravado e aprofundado, em certas áreas, na actual fase de globalização hegemónica dirigida pelos Estados Unidos cuja cultura de massas exerce um domínio à escala planetária.

O ponto no qual este trabalho procura ir mais além do que as posições deste autor, refere-se ao esforço de *diferenciação* entre os discursos e as práticas institucionais e os discursos e as práticas artísticas; ambos manifestam, de algum modo, os efeitos analisados por Lourenço mas parece-nos que as *consequências das práticas institucionais* têm um peso muito maior na instauração do funcionamento cultural subalterno do que as consequências da interiorização da inferioridade por parte de alguns artistas, na medida em que estão investidas de *autoridade*.

De outro modo as relações de poder entre o Norte e o Sul, entre o centro e as periferias da Europa, são de algum modo já entrevistas por Lourenço neste artigo: "é de um combate que se trata quando se fala de cultura"; e, mais adiante, "a existência cultural participa e é um elemento da violência histórica inscrita até hoje nas relações inter-humanas". Para o autor, "a visibilidade ou não visibilidade de uma Cultura [...] inscrevem-se num horizonte cultural onde reinam certas forças e se perseguem certos objectivos, onde são vigentes certas normas de valoração e não outras" (*ibid*.: 117). Teremos de sublinhar aqui que é portanto *uma relação de poder* que está em causa. Lourenço conclui: "É, pois, neste sentido que se deve buscar a razão ou sem-razão da desatenção cultural de que somos 'vítimas' e, mais adiante, "o combate da nossa cultura consigo mesma – no qual a referência ao estrangeiro está naturalmente implícita – é o nosso verdadeiro combate. [...] É o nosso assunto. Quando o resolvermos, o resto nos será dado por acréscimo" (*ibid*.: 118).

Neste ponto, considerando a esfera específica de análise deste trabalho acrescentaríamos que, para além do "assunto" interno assinalado por Lourenço, é forçoso identificar, no âmbito transnacional, a autoridade de que está investido o centro do subcampo contemporâneo, a capacidade que tem tido e que procura preservar de determinar as inclusões e as exclusões, e as determinações internas do campo cultural musical, enquanto campo específico no qual práticas de poder se formaram historicamente nos processos que procurámos analisar nos capítulos sobre a formação do cânone musical ocidental e do subcampo contemporâneo.

No seu artigo "A cultura portuguesa hoje" Eduardo Lourenço afirma que "a cultura portuguesa é [...] neste 'hoje' que aqui descrevo de fora, uma cultura em estrela, desierarquizada, como, de resto, acontece no mundo inteiro e pelas mesmas razões. Em termos de consumo, mas igualmente de impregnação do nosso imaginário, pelo menos em termos de ubiquidade cultural, nenhuma criação pode comparar-se à música, seja a *world music* ou a sua reapropriação e recriação em chave nacional". E prossegue: "A julgar pela quantidade e variedade de expressões musicais, de espectáculos, de intervenções dessa ordem [...] a julgar sobretudo pelo eco crítico-publicitário que acompanha tais manifestações em múltiplos e extraordinariamente informados suplementos e crónicas nos principais jornais do país, terei de concluir que essa é hoje a cultura de base da geração entre os 15 e os 30 anos" (1998: 18-19). Para o autor "[a] música, dividida secularmente entre, por um lado, a vertente popular ritualizada e estática, e, por outro lado, a vertente da 'grande música' cultivada pelas classes cultas, nunca foi, entre nós, uma componente particularmente significativa em termos de imaginário cultural. E o seu papel foi sempre mais ornamental ou cultural do que expressão vital simbolicamente transcendente. [...] Pela primeira vez, a música, na sua generalidade, tornou-se, entre nós, como em outras áreas culturais e em diálogo com elas, uma paixão pública". Mais adiante escreve: "Limitemo-nos a assinalar que a expressão musical da nossa cultura tem hoje um impacto dantes desconhecido entre nós, sem que isso exemplifique aquele tipo de visibilidade, e aceitação que é hoje a marca própria da música *rock*, *pop* ou *rap* de matriz anglo-saxónica" (*ibid.*: 19). Lourenço estabelece uma relação entre o fenómeno da globalização e o seu impacto específico em Portugal: "Como se tivéssemos acedido à outrora inacessível 'primeira classe' da civilização e da cultura – quando toda a gente se instalava também na mesma carruagem". Mas sublinha:

> Nenhum perigo ameaça hoje mais a cultura portuguesa, consciente de estar vivendo em moldes novos e dinâmicos uma pratica simbólica multifacetada nas suas manifestações – da música ao cinema –, do que a fixação sobre o seu próprio sucesso desvinculado de qualquer utopia cultural que não tenha o culto de Portugal como motor e centro. Que neste reflexo possamos ver uma defesa instintiva contra a chamada 'mundialização cultural' que, na verdade, é o estimulo mais evidente dessa nova cultura portuguesa compreende-se. Mas não ao ponto de nos dissolvermos no mel de uma litania fundamentalista destinada a converter a nossa velha e aberta casa lusitana numa ilha hipoteticamente imaginada com as dimensões do mundo. Sem diálogo nem confronto com as ilhas que sempre nos cercaram – a começar pela mais próxima –, o nosso paraíso cultural *new look* não é mais do que a versão falsamente universalista e cosmopolita daquele tempo português que, durante séculos, nos separou de nós mesmos por nos ter separado do mundo em que começáramos a estar primeiro que outros europeus" [*ibid.*: 20-21].

É patente que no imaginário cultural português o estrangeiro é, ou pelo menos muitas vezes foi, uma espécie de eufemismo para a França, ou, mais exactamente, Paris. Mas a própria cultura francesa tem visto, na actual fase, o seu estatuto anteriormente central posto em causa. O autor sublinha o carácter agónico inerente às relações entre as culturas. "A Europa sente-se hoje relativizada por uma espécie de olhar exterior, omnipresente que alguns ressentem como perda de alma e identidade" e segundo o autor tem uma "consciência de cultura invadida" (Lourenço, 1997: 127). Mais adiante escreve: "As culturas não são realidades angélicas que se comunicam deixando incólumes os sujeitos delas. São anjos guerreiros que combatem sem dúvida com meios da luz mas, sabendo-o ou não, veiculando a vontade de poderio, o fluxo de desejos, a energia vital e espiritual dos seus suportes naturais, sejam eles nações, comunidades, instituições, escolas ou simples indivíduos" (ibid.: 128). Lourenço acrescenta: "É pois uma ingenuidade pensar que a cultura não tem sujeito." No entanto sublinha que "a colonização cultural obedece a leis mais subtis e complexas do que a colonização 'tout court' (ibid.: 129).

Neste texto de 1982, "Portugal-França ou a comunicação assimétrica", escreve: "Toda a comunicação cultural [...] deve tanto à efectiva superioridade em termos de energia espiritual e criadora de um dos actores como à carência dele e ao apelo que constitui o outro" (ibid.). Lourenço considera que a cultura francesa "foi ascendendo de cultura centrípeta a cultura irradiante, referência modelar, efectiva ou mítica para áreas cada vez mais afastadas do centro criador" e, por outro lado, "a cultura portuguesa manteve desde a origem uma relação, não só privilegiada como umbilical com a cultura francesa enquanto cultura institucionalizada e já consciente da sua força e impacto pedagógico" (ibid.: 130). Lourenço, mais adiante, prossegue: "a constatação supérflua da hegemonia cultural francesa, o fenómeno da comunicação assimétrica que representa são [...] um objecto de perplexidade cultural para nós mesmos [...] e tocam no fundo no complexo – e complexado – tema da nossa identidade" (ibid.: 133). "Que essa dependência, por vezes osmótica, não encontre ao menos uma vaga compensação na recíproca" é motivo de reflexão para que "o até certo ponto reflexo de ressentimento fantasmático a que dá origem não se transforme em pura e simples esquizofrenia cultural. A presença hegemónica da cultura francesa no nosso horizonte não comporta apenas os aspectos de diálogo gratificante e de fascínio positivos". Lourenço afirma: "interessar-me-á apenas o fenómeno da comunicação assimétrica enquanto apreendido e vivido como elemento perturbador do nosso próprio estatuto cultural" (ibid.).

Noutro texto já de 1992, "Du Portugal émigrant au Portugal européen", Lourenço aborda a questão da emigração tanto a massiva dos anos 60 como a de intelectuais e artistas para França. Para o autor "da segunda ou terceira geração são cada vez mais numerosos os portugueses-franceses, ou os portugueses-europeus – artistas de teatro, músicos, jornalistas, encenadores, homens de televisão – que se incorporam, por assim dizer fisicamente, no *nouveau générique da la France*" (*ibid*.: 184). Para Lourenço, "mais do que a presença das nossas '*stars*'" – Maria de Medeiros, Maria João Pires, Pomar, Emmanuel Nunes, Manoel de Oliveira, Ana Salazar, Fiadeiro, Saramago ou Vergilio Ferreira – que representam com tanto sucesso Portugal em França ou na Europa, são os novos europeus-portugueses, quer dizer, o novo Portugal europeu que mudam a velha relação entre a cultura portuguesa e a cultura francesa. Mas não nos enganemos. Estamos somente na aurora de uma reciprocidade digna desse nome, aquela que ultrapassa do interior duas culturas com um peso tão diferente" (*ibid*.).

Há vários aspectos a salientar nestes textos. No texto mais recente, de 1998, o autor sublinha a crescente importância da música no universo cultural no país mas assinala que "sem diálogo nem confronto" com as outras culturas, "o nosso paraíso cultural *new look*" não passa de uma "versão falsamente universalista e cosmopolita" do tempo do isolamento de Portugal em relação à Europa. Para Lourenço, existe o perigo da "fixação sobre o seu próprio sucesso [da cultura portuguesa *new look*] desvinculado de qualquer utopia cultural que não tenha o culto de Portugal como motor e centro". Em primeiro lugar Lourenço insiste na sua posição de que a "assimetria" é fundamentalmente um problema interno da cultura portuguesa. Apesar de admitir que as relações entre as culturas configuram relações de poder, de certa forma, Lourenço naturaliza-as. Apesar de colocar correctamente um dos lados da problemática no interior da sociedade portuguesa, Lourenço não questiona suficientemente o funcionamento do campo cultural institucional como produtor de não existência. Em segundo lugar defende que se está no começo, na aurora de uma reciprocidade entre as duas culturas mas sublinha que, mais do que nas *stars*, é nas gerações de emigrantes portugueses que tal reciprocidade se começa a fundamentar e vislumbrar.

Nessa medida, as referências, mais ligadas a esta investigação, a Maria João Pires e Emmanuel Nunes, uma intérprete e um compositor, se confirmam para Lourenço uma presença destes artistas no centro europeu, não se configuram, em si e por si só, como contributo eloquente dirigido para a reciprocidade entre as duas culturas, recordemos, a europeia e a portuguesa. Na verdade, aqueles artistas, no caso da pianista, largos anos integrada no circuito dos "grandes pianistas", representada por agentes do campo e tendo contratos com etiquetas discográficas, primeiro, a Erato francesa e, posteriormente, a Deutsche Grammophone, alemã, e no caso do compositor, radicado desde 1964 na França ou na Alemanha, igualmente com contratos com editoras de partituras, Jobert e Salabert e postos de ensino em várias escolas de música do centro europeu, estamos perante o paradigma dos artistas emigrantes, dos *travelling artists*, relocalizados no centro do subcampo clássico e do subcampo contemporâneo, respectivamente, e deste modo, não sendo propriamente representantes "directos" – no sentido de localizados no país – da cultura portuguesa. A sua posição é, pois, fundamentalmente individual, correspondendo mais ao paradigma dos emigrados culturais ou dos estrangeirados que sempre foram indivíduos e nunca grupos. Uma comunidade artística não pode emigrar em peso; ainda menos, uma cultura.

Dentro do mesmo tipo de problemática, José-Augusto França tinha colocado, uns anos antes, algumas questões importantes sobre o campo das artes. Segundo o autor "Vieira da Silva nasceu em Portugal e é portuguesa mesmo para além da sua naturalização francesa; mas é como 'pintor parisiense' ou europeu, ou ocidental, que ela se define, em outros quadros culturais, e qualquer mistura seria condenável metodologicamente, senão pelo simples bom senso [...] De resto, a sua obra só foi suficientemente revelada em Portugal em 1970 muito para além das balizas deste trabalho" (França, 1974). Para Carlos Leone, não é o facto de pertencer a outros quadros culturais, mas sim o facto de o país não os ter integrado, que faz de Vieira de Silva estrangeirada" (Leone, 2005: 67). Julgo ser bastante discutível esta interpretação que faz depender o conceito de estrangeirados do facto de o país os integrar ou não. O que significa integrar? Como se processa essa integração?

Noutro texto, França revela aspectos do funcionamento do campo artístico que nos interessam aqui. Começando por sublinhar que é impossível determinar a fronteira entre um bem cultural e um bem não cultural enquanto mercadoria submetida às leis do mercado, o autor escreve que a cultura está sempre e necessariamente em "situação", o que significa "relação" que por sua vez significa "condição" (França, 1974). Para além de considerar as possibilidades do artista (pessoais e sociais) França refere "as possibilidades do seu público, considerado ao mesmo tempo individual e colectivamente e, entre um e outro pólo, as possibilidades de circulação que deles dependem, condicionam a acção da obra de arte" (*ibid.*: 156). O autor propõe o conceito de mais-valia geoartística e afirma que existe como que fatalmente um valor que é garantido pelo prestígio do centro em que a obra foi realizada e considera que a nacionalidade, neste caso, é menos definida pela *nacionalidade* do pintor do que pela do *local* em que ele trabalha. De resto o autor concretiza esta afirmação afirmando que "a escola de Paris de outrora (como de hoje) é naturalmente composta por Russos, Bálticos, Japoneses, Alemães, Espanhóis, Portugueses, Italianos, Venezuelanos – e mesmo por Franceses". A força centrífuga, que observamos anteriormente no caso dos compositores, verifica-se igualmente no campo das artes plásticas. Nesta excelente reflexão sobre a localização da cultura e os campos de produção artística, França escreve: "um pintor que trabalhe e exponha em Paris [...] beneficia de um preconceito favorável em relação a um pintor limitado aos horizontes culturais da capital de qualquer outro país" (*ibid.*: 156). Sobre a possibilidade de contrariar esta localização do poder de declarar a relevância, José-Augusto França defende que "um crítico estrangeiro que afirme em Paris que no seu próprio país se encontra um pintor mais interessante que outro de definição parisiense ninguém o acreditará por princípio" (*ibid.*). Na mesma direcção o autor sugere que "as historias gerais da arte (contemporânea) publicadas em Paris ou em Nova Iorque, em Londres, em Berlim ou em Roma, não se assemelham, como se os autores se ocupassem de fenómenos diferentes – em planetas diferentes. As próprias escolhas críticas dos historiadores são naturalmente condicionadas pelos seus interesses nacionais ... e por uma informação próxima que tende a ser valorizada" (*ibid.*: 161).

Tendo assim definido os funcionamentos dos campos nacionais da arte, França considera que disto são vitimas "os leitores que pertencem a zonas neutras de informação [...] colocados sob a dependência de uma informação invasora". Deste modo podendo lançar um olhar sobre um horizonte mais vasto do que aquele que domina em cada centro, o autor defende que a partir de um lugar subalterno se poderia fazer o papel de historiador "numa posição ideal na medida em que não estariam sujeitos a uma política interna de valores próprios da defender: uma espécie de privilégio dos pobres que lhes daria vantagem" (*ibid.*). Esta será uma forma de considerar a *exterioridade* como lugar privilegiado para identificar os mecanismos dos países centrais.

### 8.2.5. À maneira de conclusão

A caracterização da sociedade portuguesa como semiperiférica no sistema mundial conduz directamente à definição da sua identidade e da sua cultura como identidade e cultura de fronteira, com grande dificuldade em se diferenciar das outras culturas, permanentemente aberta às influências externas mas muitas vezes capaz de as integrar de forma barroca, com uma distância lúdica e integradora. O défice da acção do Estado enquanto diferenciador face ao exterior e criador de homogeneidade interna é factor decisivo nessa caracterização de fronteira.

A dicotomia "Nós e a Europa" assumiu formas de fascínio em relação ao Outro europeu e igualmente ressentimento ou lamento face à ignorância ou ao desprezo votado à cultura portuguesa. Os "estrangeirados" – termo cunhado por António Sérgio – caracterizam-se por, tendo estado em contacto estreito com as culturas do Norte da Europa, mais "avançadas" e "desenvolvidas" fazerem diagnósticos do atraso português e proporem sucessivamente reformas para a sua superação século após século. Mas, ao tornar o Outro um absoluto e ao tomá-lo sistematicamente como modelo – positivo ou negativo – as elites culturais portuguesas vivem na hesitação intermitente face a uma dupla identificação entre o interior e o exterior. Daqui deriva tanto a autoflagelação como a automitificação. As elites culturais separadas do todo social e com relativa irrelevância sofrem mais da síndrome do provincianismo do que a sociedade no seu todo, coisa que elas próprias estarão muito longe de admitir. A sua auto-representação é cosmopolita e o seu maior pavor é justamente o provincianismo, tal como o concebem.

A identidade de fronteira caracteriza-se por uma auto-representação do sujeito mista, em vias de se despedir de uma identidade "arcaica" – um passado a negar ou a denegar – e a aderir a uma imagem de si próprios "moderna", um futuro por-vir. A indecibilidade (Fortuna e Silva, 2002) é acompanhada por ambivalência, uma flutuação dos afectos que os sujeitos investem alternadamente entre posições opostas. Nesse sentido, para o sujeito indeciso a visão do aquém arcaico e o além-futuro podem substituir-se nas respectivas posições (Machaqueiro, 2005: 696-697).

As identidades dão o produto de jogos de espelhos que definem as relações entre si como relações de diferença; são sempre relacionais mas raramente são recíprocas; a relação de diferenciação é uma relação de desigualdade: quem tem poder para declarar a diferença, tem poder para a declarar superior às outras diferenças em que se espelha (Santos, 2004: 46). Por isso "as identidades subalternas são sempre derivadas e correspondem a situação em o poder de declarar a diferença se combina com o poder de resistir ao poder de declarar inferior" (*ibid.*). Quando não há resistência não há identidade subalterna, há apenas subalternidade. Do ponto de vista do diferente superior, a identidade dominante só se transforma em facto político na medida em que entra em disputa com identidades subalternas. Esse facto político é hoje designado por multiculturalismo (*ibid.*: 47). No subcampo contemporâneo não há multiculturalismo; há apenas hegemonia e subalternidade ou, em certos casos, formas actualizadas do exotismo já usual pelo menos desde o século XVIII.

Para Boaventura de Sousa Santos a identidade dominante só é possível através da produção activa da inexistência do *Outro*. Como vimos face à dicotomia civilizado/selvagem – identidade matricial da modernidade ocidental – o português foi produzido como um outro-quasi-selvagem da Europa. A auto-reflexão portuguesa e a sua hesitação identitária – entre o arcaísmo mitificado e a modernidade por-vir – configura uma forma de resistência à identidade dominante europeia. Do lado desta, a produção da identidade subalterna portuguesa é acompanhada pelo relevo dado ao exótico, ao específico atrasado, etc., e mesmo ao rácico. Segundo um dos relatos recolhidos por Chaves (1983: 24) "os portugueses são altos, bem parecidos e robustos, na sua maior parte muito morenos, o que resulta do clima e ainda mais do cruzamento com negros" (*apud* Santos, 2004: 49). O estereótipo dos Europeus sobre os Africanos é convocado para confirmar a veracidade do estereótipo europeu em relação aos Portugueses.

A ausência da música portuguesa produzida activamente pelos europeus do centro e pelos seus agentes portugueses internos, decorrente, de acordo com Lourenço e Santos, do conflito identitário interno próprio das semiperiferias, confirma-se *a contrario* pela atenção dada ao fado e, mais recentemente, aos produtos passíveis de integração no conceito de *world music*, músicas que transportam consigo elementos exóticos suficientes que lhes permitem assumir a categoria de localismos globalizados, desde que mantenham com evidência o carácter local que ao mesmo tempo os aprisiona. A música portuguesa da tradição erudita padece em larga escala da hesitação identitária: não é suficientemente diferente para ser um Outro nem é (ou está) suficientemente próxima ou idêntica para fazer parte do Mesmo. Por outro lado, os textos de José-Augusto França sublinham com clareza alguns dos dispositivos que fundamentam e reproduzem o exercício do poder dos centros nos campos artísticos. Para além da indecibilidade existem os dispositivos de poder.

### Intermezzo

### Sobre a circulação internacional das ideias, das teorias, das obras, à questão da tradução

Neste *Intermezzo* proponho-me abordar brevemente uma série de pontos relacionados com a circulação de objectos culturais de vária natureza entre diferentes países, diferentes línguas e diferentes culturas. Se a questão da tradução é, sem dúvida, central para esta problemática, não me parece que a problemática se reduza apenas à literatura. Como veremos, tudo aquilo que se prende com a passagem de um país para outro transcende a questão técnica e estética da tradução para chegar a conteúdos que, mesmo que não envolvam tradução linguística propriamente dita, se revelam como formas de incomunicabilidade potencial entre culturas. Existe a crença de que a vida intelectual é espontaneamente internacional. Ora, segundo Bourdieu, "nada de mais falso. A vida intelectual é o lugar, como todos os outros espaços sociais, de nacionalismos e imperialismos e os intelectuais veiculam, quase tanto como os outros, preconceitos, estereótipos, ideias recebidas, representações muito sumárias, muito elementares, que se alimentam de acidentes da vida quotidiana, de incompreensões, de feridas (aquelas que podem infligir ao narcisismo o facto de se ser desconhecido num país estrangeiro)" (Bourdieu, 1990: 1). Vimos com Lourenço como esta ferida narcísica tem sido fulcral para o olhar sobre si própria que marca fortemente a cultura portuguesa no seu todo. Bourdieu levanta de início dois aspectos diferentes: quando existe uma circulação, ela defronta preconceitos, estereótipos e representações que colocam vários obstáculos – diga-se, por vezes intransponíveis – mas, por outro lado, quando não existe circulação, o resultado é o puro desconhecimento. Na nossa temática verifica-se mais o segundo caso, um desconhecimento decorrente de localizações inamovíveis. Mas, face a estas análises, poder-se-á antecipar que uma circulação eventual da música portuguesa em maior escala não deixaria de encontrar os preconceitos, estereótipos e representações que constituem a "ideologia" do subcampo central da música contemporânea.

Na enunciação do problema, Bourdieu diz que "condições sociais da circulação internacional das ideias" poderia ser dito "*import-export* intelectual". Ao usar um vocabulário económico salienta que se produz sempre "um efeito de ruptura" na medida em que "descrevemos [as tendências das trocas internacionais] numa linguagem que deve mais à mística do que à razão". Há, portanto, a necessidade de abordar a questão mais com a razão do que com a mística que habitualmente domina os discursos sobre o assunto. Bourdieu

aponta "um certo número de factores estruturais que são geradores de mal-
-entendidos" sendo o primeiro "o facto de os textos circularem sem os seus
contextos"... não transportarem consigo o campo de produção [...] do qual
são produto" e, segundo, o facto de "os receptores, estando eles próprios
inseridos num campo de produção diferente, os reinterpretarem em função
do campo de recepção" (*ibid.*: 2).

Daqui poderá deduzir-se com alguma propriedade que, por exemplo, uma
obra musical, independentemente das convicções – ou das crenças – do seu
autor, contém em si o traço do seu campo de produção, mesmo que tenha
sido composta sob a mística de que a circulação internacional da música,
ainda mais do que a intelectual ou mesmo a artística, seja espontânea, dado
o seu carácter "universal". Tal como escreveu Bourdieu, "nada é mais falso".
Relativamente à recepção externa existe a convicção de que "alguém que é
uma autoridade no seu país não transporta a sua autoridade consigo" e por
isso a leitura estrangeira pode ter uma liberdade que não tem a leitura nacional, submetida a efeitos de imposição simbólica, de dominação ou mesmo
de constrangimento". Segundo Bourdieu, "é isto que faz pensar que o julgamento do estrangeiro é um pouco como o julgamento da posteridade. Se, em
geral, a posteridade julga melhor, é porque os contemporâneos são *concorrentes* e têm interesses *ocultos* para não compreender e mesmo para impedir a
compreensão [...] os estrangeiros têm, em certos casos, uma distância, uma
autonomia em relação às condições do campo".[133] Apesar de estar a ter em
conta um campo nacional, o autor considera que "as autoridades de instituição [...] passam bastante bem as fronteiras, porque há um internacional de
mandarins que funciona muito bem" (*ibid.*: 3). Deste modo o autor relativiza
e ultrapassa a sua questão mas, na verdade, continua a funcionar a crença
generalizada na qualidade superior do julgamento do estrangeiro – e, como
veremos, em Portugal funciona particularmente bem –, não apenas por ser
mais livre, mais autónomo, mas porque, pura e simplesmente, está dotado de
maior autoridade e mais bem cotado no mercado internacional de valorização e julgamento, o que pressupõe mais competência e qualificações do que
o campo nacional. Em relação a Portugal este aspecto manifesta-se, segundo
Lourenço, no facto de "citar um autor nacional, um contemporâneo, um
amigo ou inimigo, porque nele se aprendeu ou nos revimos com entusiasmo
[ser] entre nós uma raridade, uma excentricidade" (Lourenço, 1982: 76).

---

[133] Itálico meu.

Há uma série de operações sociais na transferência de um campo nacional: "uma operação de selecção (o que é que se traduz? O que é que se publica? Quem traduz? Quem publica?); uma operação de marcação (de um produto previamente desmarcado) através da casa editora, da colecção, o tradutor e o autor do prefácio (que apresenta a obra apropriando-se dela e anexando-a à sua própria visão e, em todo o caso, à problemática inscrita no campo de acolhimento e que não faz senão muito raramente o trabalho de reconstrução do campo de origem, antes de mais nada porque é demasiado difícil); e, enfim, uma operação de leitura, os leitores que aplicam à obra categorias de percepção e problemáticas que são produto de um campo de produção diferente" (Bourdieu, 1990: 3).[134]

Face a estes vários problemas percebe-se que a ideia feita da independência, da autonomia do julgamento de valor feito noutros países não significa de modo nenhum uma saída dos constrangimentos dos campos. Interrogando-se sobre quem são os descobridores e quais os interesses que têm em descobrir, Bourdieu sugere que "aquilo a que cham[a] interesse será talvez o efeito das afinidades ligadas à identidade (ou homologias) das posições nos campos diferentes" e, mais adiante, que "a essas homologias de posição correspondem homologias de interesses e homologias de estilo, de partidos intelectuais, de projectos intelectuais. Pode-se compreender essas trocas como alianças". Ao lado destas ligações entre "criadores" existem "clubes de admiração mútua, que me parecem menos legítimas porque exercem um poder de tipo temporal na ordem cultural [...] penso por exemplo na internacional do *establishment*, quer dizer, todas as trocas que se instauram entre detentores de posições académicas importantes". Para Bourdieu "há traduções que não podem ser compreendidas senão forem recolocadas na rede complexa de trocas internacionais entre detentores de posições académicas dominantes, trocas de convites, de títulos de doutores *honoris causa*, etc." (*ibid.*: 5). Estas serão formas que a internacional do *establishment* adquire. Existem "lutas internacionais pela dominação em matéria cultural" na opinião do autor ligadas "às lutas no seio de cada campo nacional, no interior das quais a definição nacional (dominante) e a definição estrangeira são postas em jogo" (*ibid.*: 8). Se uma análise destes aspectos se deve dirigir para

---

[134] Sobre os problemas e as condições que presidem ao trabalho da tradução, no sentido amplo que propõe, ver Santos (2006a: 120-125).

o campo nacional em Portugal, é uma evidência que os mesmos factores operam nos outros países.

Noutro texto Bourdieu reclama "uma compreensão sociogenética das obras intelectuais" contra as "incompreensões relacionadas com a circulação internacional das ideias" (in Calhoun C. *et al*, 1993: 263-275). Deste modo, se considerarmos as obras musicais quando viajam igualmente sem os seus contextos, estamos no domínio daquilo que na ontologia musical de Roman Ingarten se designa por "recepção"[135] e na sociologia de Adorno se designa por "consumo"[136], ou seja, a forma como uma peça musical é recebida quando executada fora do seu contexto original. Ora Bourdieu sublinha as enormes possibilidades de recepção errónea: "as categorias de percepção e interpretação que os leitores lhes [às obras] aplicam, estando elas próprias ligadas a um campo de produção sujeito a tradições diferentes, tem todas as possibilidades de serem mais ou menos inadequadas" (*ibid.*: 263) na medida em que "o que é ignorado, propositadamente ou não, é a questão do modo de produção intelectual que estrutura a [minha] investigação". Propõe contra essa inadequação "a implementação do princípio de flexibilidade" para pôr em prática o internacionalismo que a ciência pressupõe e promove" (*ibid.*: 264). Lois J. D. Wacquant (1993) afirma que é claro que as estruturas dos campos intelectuais nacionais actuam como mediações cruciais no comércio estrangeiro de teorias. O autor sugere "que o [campo] do país exportador molda formativamente o conteúdo e a constituição do produto; o [campo] do país que recebe de uma forma prismática que selecciona e refracta os estímulos externos de acordo com a sua própria configuração (*ibid.*: 246).[137]

Na sequência da sociologia das ausências e da sociologia das emergências, que aumentam o número e a diversidade das experiências disponíveis e possíveis, Boaventura de Sousa Santos, propõe o trabalho complementar da tradução que visa criar "inteligibilidade, coerência e articulação num mundo enriquecido por multiplicidade e diversidade", mas sublinha que se trata de um

---

[135] Cf. Ingarten, (1989).
[136] Cf. Paddison, (1993) e Adorno, (1998).
[137] Para Wacquant, estes factores interagiram para tornar difícil aos anglo-americanos conseguir uma compreensão total da estrutura e significado global da sociologia de Bourdieu. Numa nota de pé de página o autor acrescenta que a mutação transatlântica de Foucault demonstra este processo ainda melhor do que o de Bourdieu. O Foucault construído pelos académicos americanos atraídos pelas suas teorias é virtualmente um autor diferente do francês (ou europeu).

trabalho intelectual e político mas também emocional porque pressupõe o inconformismo perante uma carência decorrente do carácter incompleto ou deficiente de uma dado conhecimento ou de uma dada prática; para o autor as ciências sociais convencionais, e o seu fechamento disciplinar "significou o fechamento da inteligibilidade da realidade investigada" e a redução dela "às realidades hegemónicas e canónicas" (Santos, 2006a: 119-120).

As posições de George Steiner, embora concentradas na tradução *stricto sensu*, podem ser alargadas de acordo com esta problemática. Para Steiner, "a tradução está implícita em todos os actos de comunicação, a emissão e a recepção de cada um e todos os modos de significação, seja no mais largo sentido semiótico ou nas mais específicas trocas verbais. Compreender é decifrar. Ouvir significação é traduzir. Por isso os meios e problemas essenciais estruturais e executivos do acto de traduzir estão completamente presentes nos actos da fala, da escrita, da codificação pictórica no interior de uma dada língua" (Steiner, 1998: xii).

Esta poderosa declaração está presente, explícita ou implicitamente, noutros textos do autor. No artigo "O que é a literatura comparada" de 1994 afirma: "todo o acto de recepção de uma forma significante, na linguagem, na arte, na música é comparativa [...] procuramos compreender, 'colocar' o objecto perante nós – o texto, o quadro, a sonata – dando-lhe o contexto inteligível e informante de experiências prévias e relacionadas. Olhamos intuitivamente para análogas e precedentes, para os traços de uma família (por isso familiar) que relacionam a obra que é nova para nós com um contexto reconhecível." Mais adiante escreve: "Interpretação e julgamento, mesmo se espontâneos na linguagem, mesmo se provisórios e até disparatados, provêm de uma câmara de ressonância de pressupostos e de reconhecimentos históricos, sociais e técnicos" (1996: 142). Aquilo que Steiner aqui sublinha é o facto de termos tendência para esquecer facilmente quanto as nossas avaliações ou julgamentos de valor sobre obras de arte e peças musicais são determinadas pelo nosso *conhecimento localizado* ou pela nossa *experiência particular*. Mesmo quando, em teoria, recusamos universais, quando defendemos a presença dialéctica no interior das próprias obras de arte de determinações ou manifestações dos contextos sociais, económicos ou políticos, somos muitas vezes incapazes de reconhecer que o nosso contacto e conhecimento é *parcial*, que é parcial e incompleta a nossa capacidade de interpretação do significado total depositado e, por isso, proposto, pela obras de arte que transportam consigo um certo estranhamento ou provocam um efeito de falta de familiaridade. Quando o familiar se torna estranho o pensamento é obrigado a confrontar-se com a alteridade radical, perde certezas. É por isso que Steiner considera a tradução entre diferentes línguas como sendo "uma aplicação particular de uma configuração e modelo fundamental para a fala humana mesmo quando é monoglota" (1998: xii). Para além dos factores sociais, económicos e políticos que afectam a tradução ou, num sentido mais lato, a circulação de obras de arte (literatura, pintura, música, etc.), podemos perguntar: até que ponto poderá uma linguagem natural depositar estruturas de pensamento – tão particulares e específicas como qualquer língua – na música (na sua forma, nas suas figuras, na sua própria estrutura)? Uma língua não é apenas uma língua: "Cada linguagem humana traça o mundo de forma diferente. [...] Cada língua – e não há línguas pequenas ou menores – constrói um conjunto de mundos possíveis e de geografias de memórias" e desse modo "quando uma língua morre, com ela morre possivelmente um mundo. Não existe a sobrevivência dos mais aptos. Mesmo quando é falada por um punhado de teimosos sobreviventes de comunidades destruídas, uma língua contém em si um potencial imenso de descoberta, de recomposições da realidade, de sonhos articulados que são conhecidos por nós como mitos, como poesia, como conjectura metafísica e como discurso da lei. Inerente a *After Babel*, está o desaparecimento acelerado de linguagens por todo o mundo, a soberania detergente das chamadas línguas maiores cuja dinâmica eficácia tem a sua origem no alargamento planetário do *marketing* de massas, da tecnocracia, e dos *media*" (Steiner, 1996: 196). A este processo chamam muitos autores globalização. Para Steiner, "o inglês e o inglês americano têm atingido rapidamente o estatuto de verdadeira língua mundial". Mas, por outro lado, "ser um escritor numa língua 'menor' é um *complex fate*. Não ser traduzido, e especificamente, não ser traduzido para inglês é correr o risco de ser extinto. Romancistas, autores teatrais, mas até poetas – esses guardiões eleitos do irredutível autónomo – sentem isto dolorosamente. Têm de ser traduzidos para as suas obras, para as suas vidas virem a ter a hipótese legítima de chegar à luz" (*ibid.*).[138]

---

[138] Já na fase da revisão final deste trabalho um texto de António Guerreiro, publicado no Expresso (Actual, 31 de Dezembro de 2009, p. 19) prolonga as reflexões aqui apresentadas referindo-se "[à] circulação transnacional de produtos literários, nomeadamente uma *world fiction* de fácil, rápida e larga difusão" que "abafa e reduz o espaço [...] outrora dedicado à literatura nacional. [...] tudo que faz parte da literatura nacional é remetido a uma espécie de clandestinidade, em todas as instâncias". E, mais adiante, afirma que o "género" da entrevista ao escritor "deve a sua sobrevivência, quase exclusivamente a entrevistas a escritores estrangeiros. Ou – o que significa o mesmo – concentrou-se nos dois escritores

Estamos perante uma problemática completamente afim da problemática da ausência da música portuguesa, não obstante não ser a língua inglesa a assumir o papel de língua franca no campo musical. O seu equivalente no contexto europeu é o subcampo contemporâneo dos países centrais da Europa. Para Steiner, esta necessidade – a necessidade de existir – inspirou diversas tácticas que têm os seus correlativos na música. Desde os autores que escrevem os seus livros na língua nativa e em *World-English*, até aos que orientam as suas obras para o mercado dos países de língua inglesa e aos que "adquirem visibilidade como tradutores dos seus rivais ingleses ou americanos". Encontramos aqui um exemplo impressionante da infiltração do contexto, da condição local específica do artista no interior dos próprios textos. Segundo Steiner, muitas vezes as escolhas das obras a traduzir resultam de circunstâncias fortuitas: um encontro casual[139], um movimento monetário do agente, um negócio de um pacote por isso "é a roleta da tradução para anglo-americano que marca muito largamente a actual paisagem da eminência e resposta literária". Como exemplo desse carácter fortuito o autor refere o caso de obras de primeira classe que "por mera falta de sorte não encontraram tradutores".

Refere ainda que "a presença nos Estados Unidos de um pequeno grupo de tradutores talentosos e produtivos do espanhol foi decisiva para dar à ficção e ao verso latino-americano a sua recente incandescente elevação. Concomitantemente a relativa pequenez de tradutores do português significou que o romance brasileiro tenha ficado largamente desconhecido" (*ibid.*: 199). Para o leitor Steiner, tal como para uma grande parte do mundo, uma comunidade literária permaneceu silenciada durante muito tempo, por não ter passado o clube mundial da publicação e da recepção anglo-americana. Deste modo aumenta a responsabilidade do tradutor inglês ou americano.

É um desafio e uma árdua tarefa analisar no campo musical este tipo de funcionamentos – de hegemonias, de lutas de capital simbólico – do ponto de vista de um pequeno país europeu, analisar os efeitos das viagens das obras musicais, as consequências do desaparecimento do seu contexto face aos preconceitos associados aos modos de produção dos países onde tem lugar a recepção. O desaparecimento do contexto está presente de uma maneira ou

---

nacionais que estão cotados nessa bolsa internacional de valores literários: António Lobo Antunes e José Saramago".

[139] Cf. com a descrição de Helène Borel sobre o encontro entre Nunes e um editor da Jobert em Paris em 1970 (Borel, 2001: 34).

de outra. O que isto quer dizer é que a ideia corrente – embora desacreditada – de que a música é uma linguagem universal continua a ser capaz de obnubilar qualquer tentativa de considerar a sua localização de origem como uma factor tão merecedor de ser analisado como a localização de uma ideia, uma teoria, um romance. É a ausência das palavras – o que em qualquer caso só se verifica na música instrumental – que lança sobre as músicas locais uma espécie de indefinição em relação ao seu lugar de pertença. Mas, como vimos, muitos dos aspectos que Steiner e Bourdieu referiram aplicam-se directamente a todos os campos artísticos ou intelectuais.

Uma das armadilhas que a persistente predominância da ideia da universalidade provoca é a consideração de que a música, por um estranho e milagroso processo, seria a única actividade humana que surgiria à partida como "natural", como "espontaneamente internacional" e sem vestígios do mundo que cada língua – a linguagem como lugar do pensamento – transporta consigo, a única actividade humana que não seria um produto de certas condições históricas, sociais e económicas.[140] A universalidade associada à ideia da música – uma linguagem universal que, pelo seu grau de abstracção, é capaz de estabelecer uma comunicação independentemente da condição específica dos receptores – faz parte de "uma cosmovisão que é imposta como explicação global do mundo anulando a possibilidade de complementaridade entre saberes" (Santos *et al.* 2004: 28). Outra aspecto da armadilha é ignorar que essa ideia de universalismo não passa de um localismo globalizado, ou seja, um processo pelo qual determinado fenómeno local é globalizado com sucesso. Neste sentido, a música europeia olha-se a si própria como universal mesmo quando admite que existem outras músicas no mundo, na medida em que as desqualifica de algum modo. Neste quadro, no campo musical existe uma forte tendência para considerar qualquer problemática desta natureza como relevando da esfera individual. Na verdade, compositores e músicos tendem a actuar individualmente para concretizarem as suas aspirações. Muitas vezes essa acção resulta num exílio cultural pessoal, numa emigração para outros países. Esta opção é certamente válida do ponto de vista individual e continuará a sê-lo no tempo futuro. Mas esta investigação não versa a questão do exílio cultural – nem um certo prestígio que lhe está associado – nem a

---

[140] Vimos no capítulo IV, "O cânone musical ocidental e a sua contestação", o estado actual dos debates e da crítica no campo musicológico à ideia tradicional de universalidade e a análise do seu papel enquanto elemento constitutivo do cânone musical da música erudita europeia.

emigração cultural como uma forma de solução individual para cada caso a não ser na medida em que isso informa a questão que estamos a abordar, ou seja, a análise de uma comunidade que tem certas características comuns: o país, a nacionalidade, a localização e o trabalho no país de origem. É justamente quando as condições de vida profissional ou intelectual são duras que surge a expressão, tão corrente em Portugal, de "exílio no próprio país". Mas outros países periféricos europeus sofrem problemas similares.

No seu ensaio *Os Testamentos Traídos*, de 1993, Milan Kundera escreve: "Este conceito não é quantitativo; designa uma situação; um destino: as pequenas nações não conhecem a sensação feliz de estarem lá [être là] desde sempre e para sempre; passaram todas, neste ou naquele momento da sua história, pela antecâmara da morte; sempre confrontadas com a arrogante ignorância dos grandes, vêem a sua existência perpetuamente ameaçada ou posta em causa; porque a sua existência é uma questão" (Kundera, 1993: 225). O escritor refere-se sobretudo às nações da Europa central que chegaram à sua independência no século XIX, como a sua. Por isso afirma: "Janacek e Bartók participaram com ardor na luta nacional dos seus povos" e que "esse é o seu lado século XIX: um sentido extraordinário do real, uma ligação às classes populares, uma relação mais espontânea com o público; estas qualidades, então desaparecidas na arte dos grandes países, ligaram-se com a estética do modernismo num casamento surpreendente, inimitável, feliz" (*ibid.*: 226). No entanto, prossegue de uma forma que é transponível para todas as nações pequenas: "Dissimuladas atrás das suas línguas inacessíveis, as pequenas nações europeias (a sua vida, a sua história, a sua cultura) são muito mal conhecidas; pensa-se naturalmente que aí reside o *handicap* principal para o reconhecimento internacional da sua arte". Para Kundera é o contrário que se verifica: "esta arte tem esse *handicap* porque todo o mundo (a crítica, a historiografia, tanto os compatriotas como os estrangeiros) a cola à grande foto de família nacional e não a deixa sair de lá" (*ibid.*: 227).

Kundera refere os escritores que "passaram uma grande parte da sua vida no estrangeiro, longe do poder familiar" como Ibsen, Strindberg, Joyce. Mas continua: "Para Janacek, patriota cândido, isso seria inconcebível. Por isso, pagou." Sobre o compositor checo escreve mais adiante: "nenhum estudo musicológico importante analisando a novidade estética da sua obra foi escrito pelos seus compatriotas até hoje. Não existe nenhuma escola influente da interpretação janacekiana que pudesse tornar a sua estranha estética inteligível ao mundo. Não existe estratégia para fazer conhecer a sua música. Não existe edição completa em discos da sua obra. Não existe edição completa dos seus escritos teóricos e críticos. E, no entanto, esta pequena nação nunca teve nenhum artista maior que ele" (*ibid.*).

Kundera regressa à mesma temática no seu livro *A Cortina*, de 2005, onde escreve: "quer seja nacionalista ou cosmopolita, enraizado ou desenraizado, o cidadão europeu vive sempre profundamente determinado pela sua relação com a sua pátria" e considera que "a problemática nacional é, na Europa, plausivelmente mais complexa e mais séria do que é geralmente aceite". Kundera afirma que "ao lado das grandes nações existem na Europa pequenas nações" e, por isso, defende o seu ideal europeu como "o máximo de diversidade num mínimo de espaço" (Kundera, 2005: 33). O funcionamento do subcampo musical contemporâneo caracteriza-se inversamente, na minha perspectiva, por um mínimo de diversidade num máximo de espaço.

Comentando o facto de em França se ouvir Kafka habitualmente referido como escritor checo, apesar de ter escrito em alemão e se considerar um escritor alemão, pergunta: "tivesse ele escrito em checo, quem o conheceria hoje? Nenhum dos seus compatriotas (quer dizer, nenhum checo) teria tido a autoridade necessária para dar a conhecer ao mundo aqueles extravagantes textos escritos na língua de um país longínquo "of which we know little" (*ibid.*: 35).[141] Na divulgação de obras de arte, como Bourdieu nos ensinou, há sempre uma questão de autoridade implicada na acção dos agentes do campo.[142]

Para Kundera há duas formas relacionadas de provincianismos. O primeiro traduz-se pela incapacidade de encarar a própria cultura no contexto global. As pequenas nações, para o autor, são hostis ou reticentes ao contexto global, porque, apesar de terem uma grande estima pela cultura global, esta aparece-lhes como uma coisa inacessível, distante, como uma realidade ideal com a qual a sua literatura nacional tem pouco a ver. Por outro lado, o provincianismo dos grandes países é, para Kundera, a incapacidade de considerar a sua cultura no contexto mundial; uma espécie de auto-absorção, de auto-encantamento que caracteriza uma cultura central para a qual todas as outras olham e admiram. Este duplo provincianismo manifesta-se em Portugal de forma patente: "o doloroso sentimento com que cada português vive de não ter ao seu alcance aqueles múltiplos e esplendorosos espelhos em que as culturas privilegiadas se podem rever de um só golpe e em corpo inteiro" (Lourenço, 1982: 76). Muitos outros artigos de Eduardo Lourenço levantam hipóteses

---

[141] Em inglês no original.
[142] Cf. as posições de José-Augusto França no capítulo VI deste trabalho.

em relação à cultura portuguesa em particular relativamente à sua relação de fascínio, de quase fixação, na cultura francesa. Por outro lado, aquilo a que Boaventura de Sousa Santos chama "o trabalho da tradução" pode ser visto igualmente como uma tarefa sociológica contra estas duas formas de provincianismo, como um dispositivo que procura retirar as diversas expressões culturais do silêncio a que o funcionamento desigual dominante as condena.

Tal como afirma Bourdieu, o cientista social procura *dizer* o mundo tal como ele é. No entanto não pode inventá-lo apenas porque suspeita que ele existe. À suspeita chama-se hipótese de trabalho. A verificação de que o mundo é assim ou não chama-se confirmação ou desmentido das hipóteses. Ao resultado final chama-se ciência social.

# CAPÍTULO IX
# A AUSÊNCIA: GRAUS DO ENUNCIADO

> *"Contra factos, só há argumentos"*
> MIA COUTO[143]

## 9.1. O enunciado

Alain Badiou (1999) inicia o seu capítulo "Uma tarefa filosófica: ser contemporâneo de Pessoa" da seguinte forma: "Pessoa, falecido em 1935, só foi conhecido em França de forma um pouco mais vasta, cinquenta anos mais tarde. Eu também participei nesta demora escandalosa" (Badiou, 1999: 57). Essa assunção de responsabilidade pessoal de Badiou – por sincera que seja – ignora, talvez sem saber que ignora, que a demora que atingiu o conhecimento da obra de Fernando Pessoa em França é uma característica da relação da cultura portuguesa, no seu todo, com a Europa e o mundo, tal como, inversamente, o desconhecimento da cultura portuguesa e dos seus artistas é resultado de uma característica sistémica dos países do centro em relação aos artistas que tiveram ou têm o seu lugar de enunciação em pontos afastados. É a forma cultural da dicotomia centro-periferia.

Em que termos se tem abordado, em Portugal, o caso da ausência da música portuguesa? A melhor maneira de iniciar um apanhado do modo variado como ela é encarada, será talvez através de algumas declarações de compositores e musicólogos portugueses em períodos diversos, sucessivamente, 1943, 1960, 2001 e 2007.

Numa conferência proferida em 1943 no Conservatório do Porto, Fernando Lopes-Graça afirmava:

> O *processus* histórico na música portuguesa é descontínuo, cheio de hiatos, sem núcleos vitais nem figuras realmente representativas [Graça, 1989: 15].

Mais adiante escreve:

> Onde estão porém as obras que poderiam conceder foros de existência independente, autónoma e individualizada à música portuguesa? Quais são as obras que constituem o *corpus* histórico da música portuguesa? ? [*ibid.*: 16].

---

[143] In Couto, Mia (2000) *O Último Voo do Flamingo*, Lisboa: Caminho.

Após referir a longa predominância em Portugal da ópera italiana, que considera inautêntica, nos séculos XVIII e XIX, interroga-se o autor:

Mas possuiremos nós, em contrapartida, o génio da música sinfónica ou da música de câmara? [*ibid.*: 21].

Em 1960, escreve Lopes Graça:

Certo e sabido: quando não se acham lamentavelmente inçadas de erros e confusões, são singularmente omissas ou parcíssimas no que respeita a Portugal as histórias da música saídas dos prelos estrangeiros. [...] Os estrangeiros desprezam ou desconhecem a música portuguesa. Prezam-na ou conhecem-na todavia mais os mesmos portugueses? Que temos feito nós para a dar a conhecer, para a proteger, para a valorizar aos nossos próprios olhos e aos dos estranhos? [Graça, 1973: 100].

Para Lopes Graça há, pois, dois problemas: o primeiro é o facto de a música não ter atingido entre nós "o estádio relativamente superior dessas outras manifestações [artísticas e literárias] da nossa vida espiritual" (Graça, 1989: 15) e o segundo prende-se com a ignorância a que ela é votada quer no estrangeiro quer no próprio país. Com outra perspectiva e décadas mais tarde, Alexandre Delgado escreve:

As sinfonias de João Domingos Bomtempo, Viana da Mota, Luís de Freitas Branco, Joly Braga Santos e Fernando Lopes-Graça constituem um *corpus* de grande qualidade, que noutro país faria regularmente parte dos programas de concertos, seria estudado por especialistas e apreciado pelos melómanos. Em Portugal raramente se ouve, ninguém o estuda, poucos o conhecem. A maior parte das partituras não está editada ou é de difícil acesso; não há uma visão histórica do conjunto; algumas dessas obras não são tocadas em Lisboa há mais de 25 anos (é o caso chocante das quatro sinfonias de Luís de Freitas Branco) [Delgado, 2001: 9].

Delgado confirma o desinteresse interno relativo à música portuguesa, apesar de considerar que existem obras portuguesas de grande qualidade. Pode concluir-se que a "ausência" começa por se manifestar dentro do próprio país através de uma atitude descuidada e negligente para com os seus artistas.

Em relação ao segundo aspecto, o desconhecimento por parte dos estrangeiros, em contraste com as afirmações anteriores, embora admitindo implicitamente o mesmo estado de coisas, Carlos de Pontes Leça escrevia em 1972 no artigo "História dum festival: o Festival Gulbenkian de 1957 a 1970":

> É igualmente importante sublinhar que, ao atrair deste modo a atenção do meio internacional para o nosso país, o Festival contribuiu para que, nesse mesmo meio, despertasse um novo interesse em relação à música e aos músicos portugueses [...] O festival constituiu directa ou indirectamente um processo extremamente válido de promoção além-fronteiras da nossa música e dos nossos músicos. Aliás a eficácia dessa promoção não deve medir-se apenas pelos resultados obtidos até agora, dado que algumas portas que actualmente nos começam a dar acesso ao resto da Europa foram precisamente abertas, ou pelo menos, entreabertas, graças, em boa parte, ao Festival [Leça, 1972].

Mas, num texto de 2007 de Paula Guimarães, membro da Direcção da MisoMusic Portugal e do Centro de Informação da Música Portuguesa, criado em 2005, lê-se:

> A Música Contemporânea Portuguesa e os compositores portugueses são praticamente desconhecidos fora de Portugal. Esta condição prolonga-se desde há décadas no nosso país e ameaça perpetuar-se, uma vez que não têm sido desenvolvidas as estratégias necessárias à internacionalização da música portuguesa por parte dos sucessivos governos.[144]

Estes exemplos mostram diversos aspectos da "ausência" e diferentes formas de a descrever e problematizar. Corporizam os tópicos discursivos principais que reaparecem sempre que está em causa a discussão da ausência da música portuguesa da tradição erudita. Deve realçar-se não apenas a absoluta contradição entre as duas últimas convicções, mas igualmente o facto de estes discursos poderem coexistir ao longo das últimas décadas e até hoje. O que é que permite dizer que determinado festival em 1972 contribuiu para a promoção da música portuguesa no estrangeiro e em 2007, pelo contrário, afirmar que o desconhecimento da música portuguesa no estrangeiro é uma condição que se prolonga desde há décadas no nosso país e ameaça

---

[144] Esta citação faz parte do texto de apresentação do projecto daquelas instituições, *Circuits*, criado para, segundo a autora, "tentar inverter esta situação, apesar dos escassos recursos financeiros de que dispõe para o efeito" (http://www.misomusic.com/port/internacio/circuitos_main.htm).

perpetuar-se? Estar-se-á perante uma primeira fractura entre discursos institucionais e discursos dos artistas? Será que essa fractura poderá revelar-se mais complexa quando discursos de artistas evidenciam uma interiorização dos valores que comandam a instituição-arte? Cada um dos pequenos fragmentos acima citados podia, desde já, ser objecto de análise a partir do nosso ponto de vista teórico considerando os pressupostos que os textos expressam, assumem ou aceitam. Deixamos essa tarefa para mais tarde. Todos os autores referidos assinalam o desconhecimento e a ausência da música portuguesa no contexto europeu. No entanto, há alguns outros tópicos que se podem retirar da sua leitura.

A primeira ideia é a de que a história da música portuguesa não está no mesmo patamar do resto da sua cultura e não tem figuras suficientemente representativas. É o tópico da inferioridade.

A segunda ideia, que contraria a primeira, defende que há obras portuguesas que são de grande qualidade mas são votadas à negligência no próprio país. É o tópico da superioridade potencial ou da historiografia mítica.

A terceira ideia é que, se os estrangeiros manifestam ignorância ou desprezo pela produção musical portuguesa, o mesmo se passa com os próprios portugueses, constituindo-se assim um isolamento ou uma marginalização no próprio país. É o tópico da subalternidade externa e da marginalização interna.

A quarta ideia é a de que as iniciativas da Gulbenkian, desde o seu início, começaram a contrariar e combater esse estado de coisas. É o tópico do voluntarismo discursivo inconsequente e/ou da acção contraditória das instituições culturais.

A quinta ideia é a de que, já no novo milénio, essas iniciativas voluntaristas fracassaram e que os apoios e políticas oficiais nem são suficientes nem têm eficácia. É o tópico do falhanço do Estado e das instituições.

Há outros tópicos discursivos que serão detectados ao longo da exposição que seguirá. Mas prossegue-se com a verificação da ausência nas histórias da música gerais para podermos medir o seu grau e a sua extensão.

## 9.2. Verificação da ausência: o grau

É aconselhável recordar aqui dois conceitos já apresentados. Sempre que se fala de saber, fala-se de poder. A patente invisibilidade da música portuguesa, ou a referência residual a pouquíssimos compositores, traduz-se numa forma de saber – saber "história da música" – que se reproduz e se multiplica em numerosos livros. Daqui resultam discursos, passíveis de serem estudados, repetidos, transmitidos e finalmente aptos para legitimar, pelo saber dito, a forma de poder institucional e ideológico que regulou a vida musical europeia durante todo o século XX. Há uma intensa articulação entre o saber assim transmitido e a legitimação das práticas culturais. Neste sentido, a invisibilidade da música portuguesa é tornada real – nos textos – mesmo naqueles casos em que alguns dos seus compositores ocuparam palcos importantes em capitais da vida musical europeia. A construção canónica retirou-os da memória que é sempre construída e reconstruída de cada vez que se publica uma história da música.

Em segundo lugar é necessário considerar a quem é que está atribuído o poder de designar, de falar com a autoridade investida que permite constituir o discurso histórico: dividir, seleccionar, incluir e excluir ou ignorar. Quem detém essa autoridade é o musicólogo, o historiador, o especialista. Esses agentes são, assim, elementos e factores fulcrais e determinantes na construção do cânone. Mas os agentes operam nos seus próprios espaços de enunciação e não é idêntico aquilo que se reconhece e consagra ou aquilo que se descarta ou excluiu, conforme se trata de obras de língua inglesa, francesa, alemã ou italiana. Cada campo artístico/musicológico está marcado pelo seu lugar, pela sua língua, pelo seu horizonte. Cada autor autorizado redige irremediavelmente inserido no seu contexto local, tanto mais quanto mais o seu discurso se reclame de uma visão global ou universal, quanto mais assuma para si próprio uma posição supra-histórica. Porque só é possível alguém reclamar uma posição universal – válida imediatamente para qualquer tempo ou espaço – quando não sabe que não conhece aquilo que não conhece.

Os livros que veremos de seguida foram lidos da perspectiva do investigador com o seu olhar binocular: procura a ausência da música portuguesa, procura a produção activa da ausência e, simultaneamente, vê a presença e a hegemonia dos valores dominantes nos países do centro, em suma, vê enunciações do cânone. Mas vê igualmente a historicidade desses valores, visíveis na diversidade contingente das escolhas, dos destaques, década após década. Para além da verificação da ausência dos compositores portugueses ou dos que têm uma presença residual, em poucos casos que aliás deixam dúvidas – impossíveis de esclarecer – sobre o real conhecimento da própria música que é referida, seria um estudo interessante captar em cada texto, em cada obra, as presenças de compositores dos vários países que, nas obras subsequentes, se tornaram igualmente ausências ou, inversamente, captar as formas sempre discretas das redescobertas. É essa a instabilidade do cânone musicológico. Não é este, no entanto, o lugar de uma tal análise.

### 9.2.1. Lugar nas histórias tradicionais anteriores ao final do século XX

Deixamos para mais tarde a enciclopédia de referência *The New Grove* (Sadie, 2001) e as entradas aí existentes sobre compositores portugueses, entradas aliás escritas por musicólogos portugueses, na sua grande parte provenientes do corpo docente do curso de Ciências Musicais da Universidade Nova. Iremos começar pelas obras que existem traduzidas em português e disponíveis no mercado. Existem mais alguns livros, dicionários e histórias da música gerais que se podem encontrar em bibliotecas e alfarrabistas mas já muito difíceis de encontrar nas livrarias.[145]

Talvez a mais importante seja a *História de Música Ocidental* de Donald J. Grout, publicada na Gradiva em 1999, mas já anteriormente usada nas escolas sobretudo na sua terceira edição em inglês. A *História Universal da Música* de Roland de Candé, publicada pelas Edições Afrontamento em 1999 e o *Dicionário Oxford de Música*, publicado pelas Publicações Europa-América em 1999, embora tenham algum significado, foram muito menos usadas no ensino.

Iremos proceder a uma análise pormenorizada da presença/ausência da música portuguesa nestes volumes que, estando traduzidos, têm por isso uma importância particular nas bibliografias indicadas nas várias instituições de ensino da música, incluindo as duas Escolas Superiores de Música de Lisboa e Porto e as Universidades.

A edição traduzida na Gradiva é a quarta edição de 1988, *A History of Western Music*, publicada na W.W. Norton & Company, Inc. (Grout e Palisca, 2007). Este livro tem uma única referência à música portuguesa ou, talvez melhor dito, a Portugal:

> Em 1720 ou 1721 Scarlatti deixou a Itália para entrar ao serviço do rei de Portugal. Quando a sua aluna, a infanta de Portugal, casou com o rei Fernando de Espanha, em 1729, Scarlatti seguiu na comitiva para a corte de Madrid, onde passou o resto da sua vida e onde compôs a maioria das suas 555 sonatas [Grout, Palisca: 2007: 484].

---

[145] A amostra aqui apresentada é considerável. Visitas de estudo a várias bibliotecas em Londres, Universidade de Durham, Paris (Nacional de Paris e IRCAM) e em Portugal (Biblioteca Nacional e Museu Gulbenkian-Arte e nas Escolas Superiores de Música do Porto e de Lisboa)) mostraram-me que alguns destes livros já não se encontram mesmo em algumas das bibliotecas. Ao longo dos anos fui comprando uma boa parte deles, mas visitas a livrarias em Portugal, Inglaterra, França e Bélgica mostram que os títulos mais antigos estão fora do mercado há bastante tempo nos vários países.

Mais adiante lemos: "tal como Scarlatti parece ter criado sem recorrer a quaisquer modelos o seu estilo próprio de música para tecla, também não teve, aparentemente quaisquer sucessores, com a possível excepção de alguns compositores portugueses e espanhóis" (*ibid.*). A referência que acabamos de ver, na verdade, resulta da passagem por Portugal de um compositor canónico. É o seu percurso biográfico que os autores seguem e mesmo o seu impacto em compositores portugueses é referido como "possível". Existe igualmente uma referência à Península Ibérica a propósito da arte dos trovadores da Idade Média: "os trovadores foram poetas compositores que se multiplicaram na Provença [...] a sua arte, inicialmente inspirada na cultura hispano-romana da vizinha Península Ibérica, difundiu-se rapidamente para norte" (*ibid.*: 85).

A *História Universal da Música* de Roland de Candé (Candé, 2003-2004) originalmente publicada em França em 1978, foi traduzida em 2004. Editada pela Afrontamento não inclui qualquer referência a compositores nem referências a Portugal.

O *Dicionário Oxford de Música*, de Michael Kennedy (1994), publicado em 1994 com tradução de Gabriela Cruz e Rui Vieira Nery, inclui um nota deste autor sobre a tradução portuguesa, na qual se pode ler: "Não foi feita qualquer tentativa para reforçar a informação da obra sobre a música e os músicos portugueses, que é aqui – como se poderá constatar – mínima. As Publicações Dom Quixote têm previsto no seu plano de edições a médio prazo o lançamento de um Dicionário de Música Portuguesa que funcionará, a este nível, como um complemento especializado da presente edição" (*ibid.*: 8). Esta obra, anunciada por Nery em 1994, não foi publicada até 2009.

Também o *Guia de Música de Câmara* de Tranchefort (2004) publicado em 1989 e traduzido pela Gradiva em 2004, não inclui nenhum compositor português.

A *História da Música Ocidental* dirigida por Jean e Brigitte Massin de 1983 traduzida em português e publicada no Brasil em 1997 com 1255 páginas, para além do episódio Scarlatti não inclui nenhuma referência a qualquer compositor português (Massin, ed., 1997). A *História da Música na Europa*, da francesa Brigitte François-Sappey, sem data mas publicada provavelmente nos anos 90, inclui várias notas da edição portuguesa entre as quais breves entradas de Correia de Araujo (1581-1646?) e Rodrigues Coelho. O livro de Guido Boffi, *História da Música Clássica*, das Edições 70, traduzido em 2002, inclui um apêndice de 15 páginas para compositores portugueses e brasileiros e duas páginas sobre Emmanuel Nunes. (Boffi, 2002: 283-384) As obras de Roland de Candé destinam-se ao público em geral e aproximam-se de obras de divulgação de acordo com as narrativas tradicionais. É o caso de *O Convite à Música* (1982) e *de Músicos: a vida, a obra, os estilos* (1985) publicadas pelas Edições 70. Esta última obra, um pequeno dicionário, anuncia no frontespício "a colaboração de Ernesto Gonçalves de Pinho para os músicos portugueses e brasileiros". A *Enciclopédia da Música do Século XX*, edição brasileira de 1995, tradução da obra original de Paul Criffiths de 1985 não inclui nenhum compositor português.

### 9.2.2. Histórias traduzidas publicadas antes de 1970

A grande maioria das obras que seguem já só existirão em bibliotecas ou alfarrabistas. Começaremos por um livro de 1971, *Que é a música?* da colecção Livros RTP, do compositor e autor espanhol Valls Gorina. Incluiu um apêndice "Sobre a história da música portuguesa" da autoria de José Carlos Picoto (143-188).[146] Vemos assim que foi uma opção incluir em algumas edições portuguesas apendices ou colaborações específicas para colmatarem a ausência nos livros originais. O livro de Percy Buck (1943), traduzido por Lopes-Graça, não inclui nenhuma referência à música portuguesa. Pode-se ler "Falla, apesar de toda a sua graciosidade e encanto, não se afirmou como artista de grande estatura, visto a sua música ser baseada nas melodias populares estanholas e estas serem, em geral, meras corporizações de ritmos de dança" (*ibid.*: 29).[147] A obra de Vuillermoz, (s.d.) no capítulo final, "Panorama", escreve:

> Passemos sumariamente em revista alguns membros das diversas escolas musicais que, com variáveis sincronismos seguiram, no decurso do século XX, mais ou menos rapidamente o irresistível movimento de evolução de que a França deu o exemplo e forneceu a técnica. [...] se procurássemos uma prova de superioridade da música francesa no princípio deste século encontrá-la-íamos naquela homenagem espontânea e intuitiva que lhe tributaram [...] todos os compositores internacionais que, depois de ouvirem Debussy e Ravel, mudaram de vocabulário [*ibid.*: 399].

---

[146] É de assinalar a forma como termina este apêndice: "Anuncia [-se] para breve a estreia de uma das mais recentes composições de Emmanuel Nunes, jovem autor que tem já obras editadas em Paris". Embora antecipando uma problemática que será tratada mais adiante é de realçar neste caso que é já notícia digna de referência, num texto curto, algo que *ainda não aconteceu*, porque o compositor tem "obras editadas em Paris", ou seja, já foi caucionado por instâncias de consagração.

[147] Este julgamento de valor reflete a problemática do nacionalismo musical *versus* valores canónicos.

Este aviso prévio demonstra eloquentemente o que José-Augusto França defende. Cada país, neste caso, cada musicologia dos países do centro, tem uma agenda nacional explícita ou oculta. Aquilo que é indiscutível para Vuillermoz – a superioridade da música francesa no início do século XX – foi, senão completamente substituído, pelo menos muito contrariado, nas narrativas reconstruídas a partir de 1945, pela nova supremacia da musica alemã, mais exactamente vienense (Mahler, Schoenberg, Berg, Webern). Se Debussy manteve, no essencial, o seu lugar, já Ravel, embora mantendo o seu lugar no cânone do repertório, foi em parte desqualificado nestas novas narrativas por menor radicalidade face aos valores que elevaram os vienenses a verdadeiros faróis do século por vir. Importa sublinhar que a realidade dos factos não se altera, o que se altera é a sua leitura, a sua interpretação. Mas a nova narrativa do passado produz uma representação dele, que, ela, enquanto nova representação e novo discurso passa a ser, em si, um facto histórico. No livro de Vuillermoz seguem-se os capítulos nacionais entre os quais o capítulo dedicado a Portugal que abarca os principais nomes da sua história desde os compositores das Escolas de Évora e Vila Viçosa do século XVII, até Lopes-Graça e Joly Braga Santos (ibid.: 403-408).

A *História da Música Pelicano*, (Robertson e Stevens, 1960-1963), em três volumes, cujo âmbito cronológico termina em 1918 (*ibid*.: 275), caracteriza-se por referir as *Cantigas de Santa Maria* de Afonso, *o Sábio* como baseadas no idioma galego (*ibid*.: I – 279), por não referir como habitualmente a passagem por Lisboa de Scarlatti e por não incluir Portugal no capítulo "Nacionalismos" (*Ibid*.: III -211-254), no qual existe um subcapítulo "Espanha" (*ibid*.: 231-233) nem referir o país em nenhuma outra passagem.

A obra do autor belga Jacques Stehman (1964) inclui no índice remissivo os nomes de Frei Manuel Cardoso, Damião de Góis, Duarte Lobo, Filipe de Magalhães, Marcos Portugal, João Lourenço Rebelo, Carlos Seixas, Domingos Bomtempo, Luís de Freitas Branco, Rui Coelho, Alfredo Keil e Viana da Mota. Os mais recentes constituem uma simples lista de nomes sem qualquer outro comentário: Álvaro Cassuto, Ivo Cruz, Armando José Fernandes, Frederico de Freitas, Lopes-Graça, Artur Santos, Vitorino de Almeida, Jorge Peixinho, Maria de Lurdes Martins, Joly Braga Santos, Filipe de Sousa, Croner de Vasconcelos, no Capítulo "Após 1945" (*ibid*.: 274).

A obra de língua alemã de Rudolf Stephan *Música* (1968) conta com a colaboração de Carl Dahlhaus, em alguns artigos (*ibid*.: 11). A edição portuguesa foi coordenada por Francine Benoit e contou com a colaboração de Álvaro Cassuto, Fernando Lopes-Graça, Filipe de Sousa, João de Freitas Branco,

José Blanc de Portugal, Manuel Jorge Veloso e Maria Malafaia. No entanto, na sua leitura e no seu índice onomástico e remissivo não se encontra nenhuma referência a Portugal. Apenas o "Dicionário Biográfico" (*ibid.*: 491-513) inclui nomes de compositores portugueses e a informação de que "na parte referente às personalidades musicais portuguesas e brasileiras utilizou-se o Dicionário de Música de Tomás Borba e Fernando Lopes-Graça" (*ibid.*: 491). Tudo parece indicar que as colaborações dos autores portugueses terão servido para revisões da tradução ou para completar as inclusões no "Dicionário Biográfico".

### 9.2.3. Histórias em inglês não traduzidas

Em Paul Henry Lang, *Music in Western Civilization* (Lang, 1941) no capítulo "Mozart's Italian Operas", Lang escreve que "apesar do seu sucesso inicial moderado, pouco depois da morte de Mozart, Fígaro reapareceu em várias imitações. A maior parte dessas óperas foram obra de compositores obscuros [...] mas podem encontrar-se entre eles músicos eminentes da estatura de Ferdinando Paer, um rival de Rossini [...] e de Marcos Portugal (1771--1839), *Il nuovo Fígaro*, (1797), o grande compositor português" (*ibid.*: 662). Não encontrámos nenhuma outra referência, mas devemos deter-nos um pouco mais nesta obra.

O capítulo 14, intitulado "As periferias do Século XVIII e a sua prática", (675-733) inclui três subcapítulos, "Espanha", "Inglaterra" e "América". O capítulo 10, "O Barroco" inclui um subcapítulo "O barroco noutros países", incluindo Holanda, Espanha, e América do Norte (*ibid.*: 418-429). No capítulo 19 "As periferias do século XIX e a sua prática" encontramos um primeiro subcapítulo intitulado "Alemanha". Escreve o autor: "Examinando a cena musical na Alemanha descobrimos, para nosso espanto, que maioria dos seus músicos não estavam a par das mudanças que estavam a ter lugar tanto na música como nas relações e políticas musicais internacionais. Antigas linhagens musicais não foram afectadas pela passagem das gerações e de ilhas curiosas de estilos mesmo dentro das várias facções" (*ibid.*: 916). No segundo ponto, "França", lemos "na última parte do século XIX o déspota musical em França era a ópera, o género nacional tão auspiciosamente lançado por Scribe e Meyerbeer. *Musique* era sinónimo de palco lírico e ninguém prestava atenção a nada mais" (*ibid.*: 923). Sobre a Inglaterra escreve: "As instituições musicais floresceram, as universidades continuaram a ensinar os seus estudantes de uma maneira académica exemplar e uma estável corrente de *virtuosi* e compositores estrangeiros mantive o nível da prática musical num plano elevado mas o declínio da música inglesa, no sentido mais estrito da palavra, foi completo". Sobre a América, Lang escreve: "Há uma certa semelhança entre a história da música na Inglaterra e na América no século XIX. Ambos os países resistiram à colonização musical estrangeira, conquistaram os invasores e estabeleceram a sua própria comunidade artística; [...] ambos atingiram a sua liberdade através da estrada da música romântica e pós-romântica alemã; ambos permaneceram limitados à concepção Anglo-Saxónica da música coral e instrumental, em relação às quais a ópera, então o principal veículo dos compositores continentais, era um meio estranho" (*ibid.*: 933).

Sublinhamos estas passagens porque os tópicos aqui referidos – a indiferença às novidades estilísticas, a primazia da ópera e um declínio da criatividade musical em relação a glórias passadas – são igualmente recorrentes nas narrativas das histórias da música portuguesa do século XIX. Estas afirmações de Paul Henry Lang relativamente invulgares e de um tipo reflexivo normalmente ausente dos livros canónicos (as *master narratives* do cânone), nomeadamente pelo uso repetido do termo "colonizar", demonstram que a ideia a partir da qual qualquer descrição do século XIX português, ao sublinhar o atraso, a fixação na ópera e a ausência de obras relevantes, pressupõe implicitamente que o contrário se passava nos países desenvolvidos, avançados, "europeus". Neste sentido agudizam a impressão de que são narrativas escritas a partir de uma ideia formada pelo cânone musical – o que não admira uma vez que a formação dos musicólogos e dos músicos portugueses foi exactamente essa até há pouco tempo, senão ainda hoje – narrativas nas quais o obscuro e oculto desejo de estar a par com a entidade mítica Europa, não tem verdadeiramente em consideração a especificidade histórica de cada país. Lang mostra-nos que muitos desses aspectos se verificaram igualmente em vários outros países, mesmo do centro. Mas a construção ideológica formada nos séculos XIX e XX que preside ao cânone musical histórico, na sua descrição ininterrupta de mestres e de evolução estilística, ignora todos os aspectos que lhe são exteriores.

Outro aspecto prende-se com o nacionalismo musical. Lang, no capítulo "Nacionalismo em Música" afirma: "O século XVIII foi o século do internacionalismo, o século XIX foi a era da reacção, o século do romantismo, da renascença gótica, da descoberta das terras exóticas, da voga renovada de filosofias nevoentas, místicas, pessimistas." Para Lang, "a vasta literatura desde então devotada às chamadas escolas nacionais musicais, atribuiu valores específicos à sua mera existência, enquanto oposta às escolas 'internacionais' dos séculos passados" (*ibid.*: 938). Lang discute esta perspectiva que atribui valor em si à presença de características nacionais defendendo que só a elevação a atributos de universalidade lhes pode dar o estatuto de obras de arte. Numa perspectiva próxima da que Lopes-Graça defendia nas décadas de 1930 e 1940, escreve: "uma obra de arte pode ter um papel na arte do mundo na medida em que representa alguma coisa universal, alguma coisa que não pertence apenas à nação que a produziu". Lang aborda o que designa de desaparecimentos temporários:

> As condições necessárias para o aparecimento de uma cultura musical diferem nos diversos círculos da civilização. Um largo território com um longo passado histórico, como o da Europa, naturalmente cai em zonas e períodos de cultura nos quais alguns povos desaparecem da arena da música enquanto outros, tomam o seu lugar. Esse desaparecimento pode ser temporário – Espanha ou Inglaterra – ou, pelo contrário, pode parecer aparentemente permanente – os Países Baixos depois do meio do século XVII – e há povos e nações cuja organização social impede completamente a formação de uma cultura musical. Esta última situação pode ser observada nos tempos modernos em nações com uma estrutura social feudal dominando uma civilização maioritariamente agrária e camponesa – Roménia, Bulgária –, e onde as classes médias não são articuladas devido ao seu pequeno número [*ibid.*: 940].

Para Lang alguns "grandes génios" podem surgir em contextos nos quais se verifica "uma ausência de uma cultura musical original" mas o verdadeiro mercado dos produtos destes artistas não se situa no interior das tendas das feira camponesas das suas pátrias mas nos edifícios de pedra das metrópoles musicais. Assim observamos que a arte de Tchaikovsky ou de Stravinsky se tornou um bem de consumo não da Rússia mas da Europa e da América do Norte" (*ibid.*: 940). Para este autor, assim, a existência do que chama uma cultura musical, depende da estrutura social e económica dos países, sendo os países menos desenvolvidos, no sentido moderno do termo, inaptos para a sua emergência. Incluindo a Rússia entre os inaptos, é a esse país que Lang vai buscar os exemplos dos dois compositores que refere como bens de consumo das metrópoles ocidentais – ou seja, absorvidos pelo cânone musical ocidental – apesar da sua origem em países atrasados. Para Lang, essa passagem explica-se com o conceito de "génio": a capacidade individual capaz de ultrapassar "a ausência de uma cultura musical original". De acordo com os estudos posteriores de Taruskin e outros autores sobre a música russa, esta posição é dificilmente defensável actualmente. A perspectiva de Paul Henry Lang é mais um exemplo da visão canónica predominante acerca da música dos países centrais *versus* países periféricos, embora seja capaz de ir além da mais comum descrição dos factos musicais em termos exclusivamente musicais, ao considerar e reflectir sobre as condições da sua produção. No entanto, Lang não chega a problematizar a formação histórica do cânone musical ocidental como construção ideológica baseada em inclusões e exclusões. Noutros termos conceptuais, pode reafirmar-se que a "subida" à categoria de obra de arte dotada de universalidade – a canonização – tem sido ela própria dotada de historicidade. Como vimos anteriormente, o cânone tem a instabilidade como uma das suas características actuais.

A obra de 1957 *European Music in the Twentieth Century* (Hartog, 1957) que conta com as prestigiadas colaborações de Eric Walter White, Norman del Mar, Walter e Alexander Goehr, Reginald Smith Bridle e outros tem, sem dúvida, muitas outras omissões para além de Portugal, que não é referido em nenhum ponto. Na sua introdução, o editor Howard Hartog explica, a certo momento, que ocorrem certas omissões inevitáveis e algumas são atribuíveis à falha de contribuições planeadas. Refere que as omissões da Bélgica, Holanda, Jugoslávia, Roménia e Bulgária derivam desse factor (*ibid.*: 8). Nos casos de obras escritas com colaborações de vários autores, há habitualmente contactos com autores locais para redigirem textos referentes a zonas periféricas, zonas situadas no exterior dos países centrais. Segundo o editor, esse foi o caso dos cinco países ausentes por falha das contribuições previstas mas não terá sido o caso de Portugal.

Da importante *The New Oxford History of Music*, de 1974, em dez volumes, o volume X, *The Modern Age, 1890-1960* (Cooper, 1974), com contribuições de muitos autores, não tem nenhuma referência à música portuguesa. Inclui um capítulo dedicado à música espanhola. O mesmo se verifica no volume IX *Romanticism 1830-1890* (Abraham, 1990). No volume VIII, *The Age of Beethoven, 1790-1830* (Abraham, 1985b) no capítulo "Ópera italiana", escrito por Winton Dean, lemos: "a Península Ibérica viu o nascimento de inúmeras óperas italianas, muitas delas compostas por visitantes italianos, outras de compositores locais que transferiram as suas actividades para Itália. Estes incluíam numerosos alemães e europeus do centro [central Europeans] Martin y Soler e Portugal (Portogallo) da Ibéria e um ocasional polaco ou russo. Entre a morte de Mozart e o aparecimento de Rossini nenhum foi um artista de primeira classe e poucos aspiraram até à segunda classe" (*ibid.*: 376). No volume VII, *The Age of Enlightenment 1745-1790* (Wellesz e Sternfeld, 1973) encontra-se uma referência da autoria de Gerald Abraham: "as numerosas óperas italianas do português Joās [sic] Carvalho (1745-1798) gozaram de grande sucesso no seu próprio país" (*ibid.*: 282). Numa nota de pé de página no capítulo "Ópera espanhola", Abraham indica que manuscritos se encontram na Biblioteca de Ajuda em Lisboa. No volume VI *Concert Music 1630--1750* (Abraham, 1985a) no capítulo "Música de Tecla (1630-1700)" da autoria de John Caldwell lemos: "[Scarlatti] isolado na corte espanhola não parece ter exercido influência nos seus compatriotas mais jovens Platti, G. B. Martini, Galuppi, Paradisi. E não há muita evidência nas sonatas para cravo do seu colega português Carlos de Seixas (1700-1742) embora haja mais no seu aluno espanhol Antonio Soler". A nota de pé de página cita a fonte: "Santiago Kastner, Portugaliae Musica (Lisboa, 1965)" (*ibid.*: 615). Para além da habitual referência à passagem por Lisboa de Scarlatti, à filha do rei, ao seu casamento com Fernando VI de Espanha e às suas sonatas para cravo expressamente compostas para ela (*ibid.*: 608), o autor escreve: "Em Portugal, o único compositor de nota foi Manuel Rodrigues Coelho (c.1555-1635). Depois de Coelho e Correa houve ainda maior declínio até que em Espanha surgiu a importante figura de Juan Cabanilles (1644-1712)". A nota respectiva refere que uma das mais importantes fontes da música portuguesa de órgão deste período é o MS Braga 964 e remete para "Doderer, OrgelMusik und orgelbau in Portugal des 17. Jarhhunders. (Titzing, 1978)" (*ibid.*: 528). No volume V *Opera and Church Music (1630-1750)*, (Lewis e Fortune, 1975) escreve-se que Portugal seguiu um curso semelhante ao da Espanha: "Serenatas e uma zarzuela de um compositor anónimo, *En Poder da la Harmonía*, foram tocadas na corte de D. João V entre 1771 e 1713. Encorajado pela sua rainha austríaca, João mandou vir músicos italianos e enviou portugueses para Itália e, a um dos últimos, Francisco António de Almeida, é creditada a primeira ópera italiana de um português, o *dramma comico La Pazienza di Socrate* executado na Côrte-Real durante o Carnaval de 1733. O autor refere ainda *La finta pazza* em 1735 e *La Spinalba* em 1739. Ainda em 1733 refere a apresentação da "ópera vernacular *Vida do grande Dom Quixote de la Mancha* do judeu brasileiro António José da Silva" (*ibid.*: 168).

*The Larousse Encyclopedia of Music* (Hyndley, 1971), obra de grande formato difícil de encontrar, é de todas as publicações consultadas em língua inglesa a que contém mais informações sobre a história da música portuguesa, apesar de estarem incluídas no capítulo "Spanish Music from 1800" (*ibid.*: 472-474). Embora seja baseada na enciclopédia publicada em França com o título *La Musique: les hommes; les instruments; les oeuvres*, editada por Norbert Dufourcq em 1965 contém vários artigos originais para a edição inglesa e não indica nome de tradutores.

A obra *A Dictionary of Twentieth-Century Composers 1911-1971* de Kenneth Thompson (1973) não inclui nenhum compositor português nas suas 666 páginas.

O livro de grande formato *Contemporary Composers* (Morton e Collins (ed.), 1992) inclui três entradas de compositores portugueses: Fernando Lopes--Graça, Jorge Peixinho e Emmanuel Nunes. O autor das entradas é Mário Vieira de Carvalho de acordo com a prática seguida em geral pelo *New Grove*: musicólogos locais escrevem sobre compositores locais.

## 9.2.4. Histórias em francês não traduzidas

Em *Plaisir de la musique* de Roland Manuel (1951), volume 3, podemos ler no *24º Entrétien* entre o autor e Nadia Tagrine, "A renovação em Inglaterra e Espanha" o seguinte: "os povos centrais inclinam-se a dobrar-se sobre si mesmos, são analistas à francesa ou sonhadores à alemã" e mais adiante "os espanhóis e os ingleses, povos periféricos, estão virados para o exterior" e ainda "uma música que resiste às solicitações das modas estrangeiras, fielmente ligadas aos seus valores permanentes – ao seu terreno. É nisso que a Espanha e a Inglaterra se assemelham (*ibid.*: 223-224). Pouco adiante: "A Península Ibérica foi sempre e de todos os pontos de vista impermeável à influência da música alemã. Contaminada desde o século XVIII pelo teatro lírico italiano, a música espanhola participa na sua decadência [déchéance]" (*ibid.*: 225). No volume 2, mais uma vez a propósito de Scarlatti lemos que passou de Londres a Portugal e depois a Espanha acrescentando que "Scarlatti passou mais de 30 anos na Península Ibérica onde [où] a sua música nos mostra que não foi insensível à voz das guitarras espanholas" (vol 2,: 189).

O *Dictionnaire de la musique* de Marc Honnegger de 1970 (Honneger, 1993) inclui na sua lista de colaboradores o nome de Mário Simões Dias (Coimbra) (*ibid.*: v) e comporta um número razoavelmente completo de entradas de compositores portugueses de todos os períodos até Joly Braga Santos, Frederico de Freitas e Fernando Lopes-Graça. A ausência de Peixinho e de Nunes leva a crer que as duas reedições posteriores (1986 e 1993) não actualizaram as opções da 1.ª edição.

O livro de 1962 *Panorama de l'art musical contemporain* de Claude Samuel tem particular interesse porque, em vez de se limitar a enumerar os compositores e as obras mais importantes, o autor procura problematizar criticamente a música portuguesa em duas páginas. Para Claude Samuel, "a música portuguesa contemporânea caracteriza-se no seu conjunto por uma profunda reacção conservadora e nacionalista. Os compositores portugueses, querendo utilizar os recursos do seu património folclórico, permanecem muitas vezes na tradição sinfónica pós-romântica, ou tentam escapar-lhe seguindo o exemplo neoclássico" (Samuel,1962: 532). O autor refere "Luís de Freitas Branco como introdutor do impressionismo, Viana da Mota como figura que dirigia o grupo de orientação "nacionalista" e "um terceiro grupo de músicos [que] tentou assimilar a lição da vanguarda internacional, uma vanguarda que não é necessariamente genial ou aventurosa mas que encontrou algum eco na produção de Federico [sic] de Freitas, de Fernando Lopes Graça e de Ruy Coelho" que considera o fundador da ópera moderna portuguesa e ainda José Manuel Braga Santos "que seguiu o ensino de Hermann Scherchen" (*ibid.*: 533). Apesar destas informações deve-se notar que Claude Samuel termina os parágrafos anteriores sobre a Espanha do seguinte modo: "a abundância de nomes [de compositores] que acabamos de enumerar deixa supor um número impressionante de obras escritas em cada ano. Entre estas nenhuma obra notória foi trazida ao nosso conhecimento. Se elas existem, sem dúvida que não passaram ainda os Pirenéus" (*ibid.*: 532). A metáfora da fronteira pirenaica aqui usada por Samuel é idêntica à do tempo de Pascal. Mas, para além disso, o autor confessa que dos muitos nomes que refere nenhuma obra é sua conhecida. Daqui se pode retirar a conclusão plausível de que, mesmo quando os autores referem alguns nomes de compositores ou obras, isso não significará que as conheçam ou, em alguns casos de obras do passado, sequer que as tivessem podido conhecer. A edição moderna de muitas das obras dos séculos XVI, XVII e XVIII portuguesas foi apenas realizada pela Gulbenkian, muitas delas tiveram as chamadas primeiras audições modernas nas últimas décadas e as gravações que existem só então foram realizadas. Para além do maior ou menor esforço de inclusão nas histórias que os autores tenham manifestado, as infra-estruturas elementares que permitem à música existir – as partituras em primeiro lugar – de facto estiveram muito tempo apenas disponíveis em bibliotecas.

A *Histoire de la Musique* dirigida por Roland Manuel de 1963 na Encyclopédie de la Pléiade não tem qualquer capítulo sobre a música portuguesa. No capítulo de Adolfo Salazar "La musique espagnole" refere-se Portugal por interposto compositor: "instalado em Lisboa, Ernesto Halffter, diminuiu a sua produção nos anos seguintes, mas uma das suas últimas obras, *Rapsódia Portuguesa*, apresenta-nos o autor despido de preconceitos, desligado de todas as teses estéticas ou técnicas, com uma imaginação sempre fresca e uma orquestração de colorido nítido" (Manuel, 1963: 1371).

O Dicionário Larousse *Musique Contemporaine*, um volume em formato de bolso de 1970 da autoria do crítico Claude Rostand, contém duas pequenas entradas: Fernando Lopes-Graça e Joly Braga Santos. Na enciclopédia *Musique* dirigida por Maurice Le Roux (Le Roux, 1979) não existe qualquer referência. Em *Musique de notre temps* (Kadar, 1973) também não existe nenhuma referência a portugueses.

O *Nouveau Dictionnaire de la Musique* de Roland de Candé (Candé, 1983) tem uma única entrada sobre Marcos Portugal (*ibid.*: 440) e uma referência ao país a propósito da passagem de Scarlatti na entrada respectiva (*ibid.*: 488).

O *Dictionnaire de la Musique* da Larousse de 1987 (Melchior-Bonnet, 1987) de 882 páginas, tem uma única entrada individual, Nunes (*ibid.*: 558), e uma entrada, Portugal, na qual se abarca toda a história da música portuguesa com uma parte inicial sobre a Idade Média e três divisões com os títulos "A Idade do Ouro (século XVII)", "O período italiano (século XVIII)" e "Para uma música nacional (séculos XIX e XX)". Apresenta alguns erros na redacção dos nomes como F. Lopez Graça, A. J. Fernandez e R. Peixinho (*ibid.*: 642).

Como veremos nos livros mais recentes, publicados após o ano 2000, os autores actuais (com a excepção do livro de Von der Weid) optam quase sem excepção por não incluir qualquer referência à música composta em Portugal, nem qualquer nome de compositor (com excepções em Deliège e um artigo de Albèra com duas referências a Nunes) o que permite reiterar a permanência inultrapassável da fronteira e talvez mesmo um agravamento em comparação com as esparsas, por vezes incorrectas, mas em todo o caso, referências aqui e ali presentes.

### 9.2.5. Histórias em inglês depois de 2000

A história geral mais importante publicada em inglês depois de 2000 é, sem dúvida, a *New Oxford History of Western Music* da autoria de Richard Taruskin, geralmente considerado o mais brilhante musicólogo da sua geração. Sendo um musicólogo associado por vezes à nova musicologia, poderia talvez esperar-se uma diferente abordagem. Mas o facto é claro. A única página na qual Taruskin refere o nome de Portugal encontra-se no volume 2 e diz: "no ano seguinte, 1719, [Scarlatti] tomou a posição de *maestro di cappela* na catedral de Lisboa, em Portugal, onde escreveu várias oratórias e outras obras sacras (algumas no casto *stile antico*) e também supervisou a educação musical da infanta Maria Bárbara, uma cravista dotada. Com o seu casamento com Fernando, o príncipe coroado de Espanha, 1728, seguiu Maria Bárbara para Madrid onde era conhecido por Domingo Escarlatti e serviu como músico da corte até à sua morte em 1757" (Taruskin, 2005b: 390).

Tal como em Grout, há igualmente uma referência relativamente aos trovadores medievais com um pouco mais de detalhe: "a presença de trovadores estimulou a ascensão da escola provençal tardia, de pouco interesse para a história da música. No lado ocidental [da península ibérica], contudo, e especialmente na corte do noroeste de Castela e Leão, os trovadores foram imitados no vernacular local, galaico-português. Esta breve efervescência deixou um importante monumento musical na sua aurora, as *Cantigas de Santa Maria*, compiladas durante um período de cerca de trinta anos (1280-?) sob a supervisão do rei Afonso X (o Sábio). (Taruskin, 2003d: 128). Voltaremos a este livro no ponto seguinte.

Outro livro importante publicado em 2004 é *The Cambridge History of Twentieth-Century Music*, editado por Nicholas Cook e Anthony Pople. A opção editorial é similar à da Enciclopédia de Nattiez: tenta abarcar todos os géneros musicais, não se restringindo à música da tradição erudita. Este volume, com colaborações de vários autores de várias nacionalidades, não incluiu nenhuma referência a qualquer compositor ou músico português (Cook e Pople, 2004)

O livro *The Penguin Companion to Classical Music* (Griffiths, 2004) de 896 páginas na forma de dicionário de compositores, obras e termos musicais, tem duas pequenas entradas: uma Lopes-Graça onde lemos: "compositor português, o Bartók do seu país [...] curiosamente foi enquanto esteve em Paris que a sua musica se tornou distintivamente portuguesa" (*ibid.*: 324) e outra sobre Nunes: "compositor português, um dos mais respeitados modernistas tardios [...] Colónia e Paris permaneceram os seus dois lugares de residência" (*ibid.*: 556). À parte estas duas pequenas notas não tem entrada geral sobre Portugal. Este livro foi traduzido recentemente, e o seu livro *Modern Music: a concise history de* 1978, igualmente omisso, foi publicado em edição brasileira em 1989.

*The rest is noise* (Ross, 2008) uma história da música do século XX já anteriormente citada, não tem igualmente qualquer referência a portugueses.[148] O livro foi traduzido em Portugal, em 2009, na Casa da Letras já na fase da revisão final deste trabalho.

---

[148] Alex Ross, assinala o importante aspecto de terem surgido mulheres compositoras provenientes de espaços periféricos e refere Cheng Yi, Kaaja Saariaho, Unsuk Chin, e Sofia Gubaidulina. O que Ross não nota é o facto de viverem nos Estados Unidos, em França e na Alemanha, ou seja, não considera o seu real espaço de enunciação, o que transforma o seu subtítulo *After Europe* em miopia geocultural sobre a localização da cultura. (2008: 517)

A 7.ª edição da *História* de Grout de 2006 tem muitas diferenças em relação à 3ª edição usada na tradução portuguesa da Gradiva já referida. O seu novo autor e editor, J. Peter Burkholder, em última análise, escreveu um novo livro (Burkholder et al, 2006). Para além do habitual episódio Scarlatti (*ibid.*: 514) as referências a Portugal são apenas contextuais. No capítulo sobre a Renascença lemos: "Durante o século XV os portugueses estabeleceram colónias e rotas de mercado desde a África até à Índia e às Índias orientais" (*ibid.*: 150) e no capítulo "Uma cultura global" lemos que "os regimes autoritários de Espanha e Portugal, as últimas ditaduras da Europa Ocidental, foram pacificamente substituídos por governos democráticos" (*ibid.*: 943).

Marcando uma ausência consistente nas publicações mais recentes em língua inglesa, três outros volumes publicados à volta da passagem do milénio em Inglaterra e dedicados à música do século XX de Paul Griffths (1995) e dois da autoria de Arnold Whitall (2003;1999) também não incluem qualquer referência a portugueses. A *Encicloplédia da Música do Século XX* de Paul Graffiths existe em edição brasileira da Martins Fontes de 1995, e tem uma pequena entrada para a Fundação Gulbenkian. O muito recente *Musical Modernism at the Turn of the Century* de David Metzer (2009) não refere igualmente nenhum compositor portugues. É indubitável que a ausência da música portuguesa, ou de compositores portugueses, nas publicações de língua inglesa é muito notória e muito ampla.

### 9.2.6. Análise de um caso

Tanto Grout em 1983 como Taruskin em 2005 (entre os outros autores já citados) referem o famoso episódio da passagem de Scarlatti por Lisboa e da sua partida para Madrid acompanhando a sua aluna agora rainha. O que está em causa não é nada que se refira à vida musical portuguesa, ela própria, mas antes o acompanhamento geográfico do percurso de um compositor canónico. É esse factor que leva os dois autores e outros a incluírem o episódio. Ele reveste-se de alguma importância no que respeita ao trabalho de Scarlatti, uma vez que terá sido em Madrid que o compositor italiano compôs a maior parte das suas sonatas para cravo. Mas, nessa medida, é igualmente evidente que o episódio relatado não revela nenhum aspecto directamente relacionado com Portugal e a sua música excepto a informação lateral de que D. João V contratou Scarlatti para trabalhar na sua corte. Parafraseando Eduardo Lourenço, "nós" sabemos que essa contratação fez parte de uma política sistemática de importação de músicos italianos, associada ao envio de compositores/bolseiros para estudarem as tendências estéticas do barroco italiano em Roma. O facto de tal não ser referido, como de resto nenhuma outra coisa que diga respeito a qualquer fase da história da música portuguesa, só pode permitir a conclusão de que a música portuguesa, para Grout e Taruskin, "não faz parte" da história da música ocidental. É uma sua expressão local, periférica, menor e, por isso, pode ser ignorada sem prejuízo para as suas narrativas. Taruskin reclama, na introdução do volume I da Oxford e em entrevistas sobre o seu livro, o facto de nela existirem aspectos nunca antes incluídos nas histórias da música tradicionais e afirma serem usados métodos derivados da hermenêutica da suspeição. Entre as críticas de Taruskin aos livros anteriores aponta o facto de constituírem *master narratives*, na verdade, narrativas dos mestres. Poder-se-ia esperar alguma diferença face à obra de Grout. Mas não é o caso: é patente a semelhança da referência a Scarlatti e à princesa Maria Barbara nos dois livros. Não existe nenhuma outra referência à música de Portugal e, desse modo, a música portuguesa não existe nos seus seis volumes. O nome do país aparece como o lugar no qual um mestre viveu alguns anos, é acompanhando o percurso do mestre que se encontra, não a música portuguesa, mas a corte do rei D. João V. O cerne da questão reside certamente nas opções de Taruskin – que, aliás, declara não incluir todos os seus compositores favoritos em detrimento de outros que lhe pareceram mais indicados para a sua narrativa – mas sobretudo no facto de a sua história definir como objecto a "música erudita ocidental", que problematiza, de facto em moldes teóricos ricos e inovadores sendo, em última análise, os modos de narrar o cânone musical que está em causa. A história de Taruskin é uma história do cânone ocidental e nele Portugal não existe.

### 9.2.7. Três livros em França
Nas três obras principais em língua francesa publicadas depois de 2000 há várias diferenças a considerar, existem aqui e ali referências à música portuguesa mas será talvez difícil argumentar-se daí que a música portuguesa "existe" na Europa pelas razões que adiantaremos adiante.

### 9.2.7.1. A Enciclopédia de Nattiez
A enciclopédia *Musiques* (2003) dirigida por Nattiez é uma obra monumental em cinco volumes e cerca de 5000 páginas. Foi publicada primeiro em italiano na Einaudi e dois anos depois em francês na Actes du Sud/Cité de la Musique. É um projecto inovador e conta com colaboradores de muitas nacionalidades. Nattiez, na sua introdução geral à obra, enuncia as suas opções editoriais. Reclamando o conceito de intriga de Paul Veyne (1971) como perspectiva

central do historiador da qual resulta uma selecção dos factos em função do seu interesse para a intriga escolhida, Nattiez optou por uma extrema variedade de opções e pediu aos seus colaboradores ampla liberdade e até parcialidade em função dos interesses de cada um, para obter uma panorâmica muito ampla das músicas e das problemáticas do século XX. Nattiez escreve que a etiqueta "música contemporânea" designa cada vez mais um momento da evolução estilística no século XX, que a "longa marcha" da modernidade musical não conduziu à estabilidade de uma nova linguagem musical universal e, finalmente, que a paisagem mudou completamente do ponto de vista sonoro, estético, ideológico e económico, durante as duas últimas décadas dos século XX (Nattiez, 2003: 29 e 48).

Continuando a nossa busca encontramos duas referências de um autor francês, Philippe Albèra, à música de Nunes apesar de não se referir a sua nacionalidade. Nas 1492 páginas do I Volume encontramos em duas páginas do artigo de Albèra, "Modernité – II. La forme musicale" (*ibid.*: 234-263), as seguintes passagens: "Num compositor da geração seguinte, marcado ao mesmo tempo por Stockhausen e Boulez, Emmanuel Nunes, a ideia da espacialização do som, central na sua estética, deriva da experiência da obra aberta nas suas primeiras obras" (*ibid.*: 241). Vinte páginas mais adiante o autor escreve: "as revoltas por vezes epidérmicas dos jovens compositores nos anos 1960 e 1970 não impediram o prestígio de uma reflexão colectiva profunda: as aporias do serialismo honram também um pensamento que soube afrontar os seus próprios limites. Compositores como Ferneyhough e Nunes, ao desenvolverem o pensamento paramétrico nas suas direcções diferentes, estão ligados à história fulminante desses anos; retomaram o projecto de uma modernidade musical procurando pensá-la de forma renovada" (*ibid.*: 261).

Destas duas breves referências a Nunes de Philippe Albèra, um musicólogo parisiense, membro do grupo editorial Contrechamps, dificilmente se pode considerar terem alguma relação com a música portuguesa, tomada evidentemente *strito sensu* (aliás, como foi dito, não é indicada a nacionalidade do compositor) ou que manifestam algum conhecimento dela, para além da obra particular, individual, de Nunes. Na verdade, o seu texto leva a cabo dois comentários sobre a inserção e a posição específica de Nunes no quadro da narrativa principal dos prolongamentos do serialismo e das novas leituras ou esforços de renovação das correntes que o prosseguiram até ao final do século.

Sobre estas passagens, tanto as de Deliège (onde Nunes é igualmente o único compositor português referido, embora não apenas o único *português* referido, como veremos mais adiante), como as de Albèra, paira a afirmação de Pascal Dusapin ao jornal *Público*, quando interrogado sobre se conhece compositores portugueses: "O Emmanuel Nunes é, para nós, quase um compositor francês. E conheço outros, mas não consigo lembrar-me dos nomes".[149] É esse facto – ser *quase* um compositor francês – que permite a esses autores, nomeadamente a Albèra, não só conhecer, mas não referir a sua nacionalidade. Como defendi anteriormente a nacionalidade não constitui factor decisivo, nem sequer importante, na pertença ao subcampo contemporâneo; o factor decisivo de um subcampo que se vê a si próprio como universalista é a localização dentro dos limites do seu horizonte próximo, a presença efectiva naquele que é o seu lugar de enunciação.

Tal como Dusapin, também Deliège e Albèra, no caso improvável de conhecerem outros compositores portugueses, não conseguiram igualmente "lembrar-se dos nomes" nos seus artigos ou livros. Não é disso que se trata como é relativamente evidente. Como dissemos, o que está em jogo é a inserção ou a exclusão do subcampo central da música contemporânea derivada da própria presença física e artística no centro. Nunes é um dos muitos compositores emigrados que, uma vez relocalizados no centro, se lançaram numa prática composicional conforme aos valores do centro e se atribuíram uma teoria "universalista", própria dos primeiros tempos do serialismo e prosseguida até hoje pelos agentes activos na administração e regulação do subcampo contemporâneo.

Para além destas duas frases sobre Nunes, existem ainda duas referências explícitas a Portugal no volume I de Nattiez. Encontram-se no artigo "Nationalismes et traditions nationales" de Bojan Bujic. A primeira diz: "O Terceiro Reich e a União Soviética tornaram-se exemplos eloquentes desta ligação [entre nacionalismo étnico e estatal]: despertaram, por sua vez, ecos ou suscitaram imitações em Espanha e Portugal, tal como nos países do antigo Pacto de Varsóvia" (*ibid.*: 180). A segunda referência encontra-se no ponto 4.6. do mesmo artigo com o subtítulo "L'Amérique Latine" e diz: "A libertação dos países da América Latina da dominação colonial de Espanha e de Portugal produziu uma série de movimentos para a emancipação cultural e política" (*ibid.*:188) Estas duas passagens, igualmente breves, não se referem como é óbvio à música portuguesa mas, antes, a primeira ao nacionalismo do tempo do regime de Salazar e a segunda ao colonialismo português.

---

[149] In *Público*, 16 de Janeiro de 2007.

O autor escolhe "vários exemplos diferentes" para ilustrar que "as características do nacionalismo musical diferiram de país para país ao longo do século XX" e o ponto 4 do seu artigo subdivide-se em nove subcapítulos: a Espanha, a Polónia, o nacionalismo checo, a Grã-Bretanha, a América Latina, os Estados Unidos, a Rússia e a União Soviética e a Alemanha. Do ponto de vista europeu de Bujic, no seu pequeno apanhado sobre os nacionalismos musicais no século XX, o nacionalismo musical português tem uma importância residual e é apenas referido enquanto subproduto dos nacionalismos fascistas ou totalitários europeus. Tal como noutras obras que vimos anteriormente, no inevitável capítulo sobre os nacionalismos musicais, Portugal não é incluído.

### 9.2.7.2. O livro de Deliège

No livro de grande formato e mais de mil páginas já referido de Célestin Deliège, *Cinquante ans de modernité musicale: de Darmstadt à L'IRCAM*, considerando a posição de Deliège como agente activo no interior do subcampo contemporâneo, considerando que foi e é uma figura de proa do campo musicológico de língua francesa, muito próximo de Boulez (que, aliás, ocupa um lugar vastíssimo no seu livro) não admira que aí Nunes seja objecto de considerações próximas das de Albèra e antagónicas das que Duteurtre lhe dedicou. São antagónicas, o que face à perspectiva oposta dos autores, é previsível e complementar.

No entanto, já suscita alguma perplexidade o facto de existirem dois nomes portugueses referidos no seu livro. Segundo Mário Vieira de Carvalho, os dois nomes que estiveram sempre presentes, desde o início, nos Encontros Gulbenkian foram Emmanuel Nunes e Jorge Peixinho (Carvalho, 1991). Este facto poderia lançar algumas expectativas sobre a posição de Deliège em relação aos dois compositores. Há dois nomes referidos no livro de Deliège e um deles é, de facto, Nunes mas o segundo não é Jorge Peixinho. Para além de Nunes, o outro nome português incluído é o de Luís Pereira Leal, director do Serviço de Música da Fundação Calouste Gulbenkian de 1978 até 2009.

Este aspecto é de realçar na medida em que, para além da localização do subcampo musical contemporâneo, enquanto espaço específico de enunciação, se sublinha o papel do intermediário cultural, do agente, do responsável institucional enquanto membro activo do círculo restrito que constitui o subcampo. Deliège afirma: "É entretanto de Portugal que vem o reconhecimento, depois da Revolução dos Cravos. A muito poderosa Fundação Gulbenkian, com Luís Pereira Leal à frente do departamento musical, irá fazer-lhe regularmente encomendas. Quando chega este *manager* duas obras foram executas: *Purlieu* (1970) e *Dawn Wo* (1972)".[150] (Deliège, 2003, 672)

Na entrevista a Pedro Figueiredo, publicada na *Arte Musical* (nº 14, Janeiro//Abril de 1999), Nunes afirma: "Eu tenho tido a sorte de o director do serviço de música da Fundação, Luís Pereira Leal, ter seguido com o máximo de continuidade toda a minha obra, mesmo *lá fora*, permitindo-lhe que acompanhasse sempre o meu percurso, provocando uma enorme ligação entre mim e a Fundação, logo, entre mim e o público" (*ibid.*: 23).[151]

Igualmente se dá conta da relação de Pereira Leal com Nunes no livro *Emmanuel Nunes, compositeur portugais*, (Borel, 2003). Hélène Borel, mulher do compositor, escreve:

> Quando Luís Pereira Leal toma a direcção do serviço de música da Fundação Calouste Gulbenkian em Lisboa, instaurou-se um ritmo regular de encomendas e concertos, motivados por um interesse autêntico e um conhecimento real da sua música. Na sua programação dos Encontros de Música Contemporânea que têm lugar cada ano no mês de Maio em Lisboa, várias retrospectivas das obras de Emanuel Nunes foram apresentadas. Luís Pereira Leal defende a sua obra há vinte cinco anos e ao longo dos anos nasceu uma amizade construída sobre uma afinidade pessoal que ultrapassa completamente as suas funções enquanto compositor e

---

[150] Na lista das obras encomendadas pela Gulbenkian incluída no programa do Concerto de encerramento das Comemorações dos 50 anos verifica-se que a Gulbenkian encomendou vinte e três peças a Nunes, tendo sido *Purlieu* e *Dawn Wo* as duas primeiras da lista estreadas em 1971 e 1973, um ano mais tarde em relação às datas referidas por Deliège e ambas antes do 25 de Abril de 1974 (2007: 37). Afirmar que "o reconhecimento chegou depois da revolução" não é exacto. A nomeação de Pereira Leal após a demissão de Madalena Perdigão ocorreu em 1978, depois de três anos de direcção colegial da qual foi um dos membros, tendo já anteriormente feito parte do grupo de colaboradores de Madalena Perdigão (ver Ribeiro, 2007).

[151] Itálico meu. Na verdade, a Orquestra Gulbenkian deslocou-se várias vezes para participar em execuções de obras de Nunes, pelo menos em França e Inglaterra, e o Coro e a Orquestra igualmente em Espanha e França. É a Orquestra Gulbenkian que participa nos dois discos da Audivis-Montaigne de *Quodlibet* e *Machina Mundi*. Outros discos de Nunes foram financiados pela Fundação. Estes factos contrastam com o facto de não haver nenhuma outra gravação da Orquestra com outras obras portuguesas digna de nota, excepto talvez o Concerto para piano de Viana da Mota, apesar da sua participação em várias gravações do repertório tradicional que, aliás, obtiveram prémios de imprensa (ver *Factos e Números*, Lisboa, 2009: 107-108). Esta obra foi escrita pelos responsáveis dos vários serviços da Fundação.

director musical. Desde 1982, Emanuel Nunes é convidado regularmente para dirigir seminários de composição na Fundação Gulbenkian em Lisboa [*ibid.*: 40-41].

Nestas duas passagens, atesta-se o reconhecimento pessoal por parte do compositor da amizade e do apoio persistente do director musical do Serviço de Música da Gulbenkian.[152]

Prosseguindo a leitura de Deliège, vemos que inclui uma segunda parte sobre Nunes no seu capítulo 53 "L'IRCAM (II) Maison des compositeurs" no ponto 2: "Compositeurs résidents ou semi-résidents", Deliège escreve: "Peter Szendy e Alain Bioteau trouxeram – ecos da sua tese de doutoramento IRCAM – alguns elementos que permitem uma abordagem adequada de *Lichtung* [...]. Os autores começam por lembrar alguns elementos gramaticais dados pelo compositor, nomeadamente no programa das Jornadas Musicais de Donaueschingen, em 1981.[...] Trata-se de sobreposições rítmicas de grupos irracionais, quintina contra septina, o que nos mergulha imediatamente num clima que parece dever saturar um pouco a estética de Nunes, a do serialismo dos anos 50. Na ocorrência, o antigo aluno conservou do ensino de Stockhausen uma inegável recordação". (Deliège, 2003: 976) Mais adiante o autor escreve: "Alain Bioteau, realizador com Eric Daubresse de *Lichtung I* põe o problema da espacialização da obra e relembra alguns pontos da história do fenómeno em França desde *Orfeu* de Pierre Henry em 1951. Este foi na Europa o acontecimento inicial" (*ibid.*: 977). Deliège refere que depois do investimento no espaço de Stockhausen e mais tarde de Boulez e alguns outros no IRCAM, "seja como for, o domínio aparece muito rapidamente esgotado". Mais adiante, Deliège é ainda mais definitivo em relação à problemática da espacialização: "No dia de 1956 no qual ouvi *Gesang der Jünglinge* e, dez anos mais tarde, *Hymnen*, aprendi tudo o que o século XX me pode ensinar sobre a espacialização na música"

---

[152] O facto de Pereira Leal ser citado por Deliège merece duas considerações: em primeiro lugar talvez derive da referência que Hélène Borel lhe faz no livro da Harmattan. É patente que Deliège leu esse livro do qual refere os artigos de Szendy e Bioteau sobre *Lichtung* mas não deixa de ser possível estabelecer um paralelo de outra ordem. Os compositores do século XVIII viviam na dependência e nos favores dos seus mecenas. É por essa razão que D. João V é referido a propósito de Scarlatti. Pereira Leal cuja direcção teve algumas características monárquicas – longa duração e autoridade incontestada – assumiu em relação a Nunes o papel de mecenas e protector infatigável e, como adiantarei nas conclusões finais, algumas ilações se poderão tirar deste novo tipo de relação entre as instituições culturais e os compositores, de que este caso é apenas o maior e mais impressionante exemplo.

(*ibid.*: 977). O autor comenta de seguida os pressupostos expressos por Bioteau de literalidade e de figuração: "pelo primeiro parece querer entender a necessidade de uma correspondência íntima entre a escrita e a espacialização; pelo segundo, a resposta espacial deve ornamentar a escrita". E continua: "deve sublinhar-se que é este contraponto que organiza a maior originalidade de *Lichtung*; é talvez a primeira vez, desde *Différences* de Berio (1960), que se pode ouvir, com meios infinitamente mais evoluídos, uma tal congruência entre o palco e a difusão na sala. Importa aliás notar a este propósito que o desejo de Nunes é que só os sons dos altifalantes sejam ouvidos [perçus], mas para obter uma verdadeira *réussite* sobre este ponto, os músicos deveriam estar totalmente dissimulados ou tocar noutra sala, o que correria o risco de recriar a duvidosa atmosfera do concerto de banda magnética comparado por Boulez ao forno crematório". Deliège refere ainda que "uma recordação da teoria de Stockhausen se lê também na junção das alturas e das durações, se bem que se trate de uma interpretação muito pessoal de Nunes" (*ibid.*).

Um aspecto que ressalta do texto de Deliège é o facto de o autor entabular um diálogo relativamente claro com os textos dos autores que refere – Peter Szendy e Alain Bioteau – do ponto de vista do que é dito sobre os procedimentos compositivos e com a sua própria memória da história destes procedimentos, ou seja, da sua procedência de Stockhausen.[153] Assim pode-se questionar se Deliège teria escrito o mesmo texto sobre a peça de Nunes, se não tivesse tido ao seu dispor as informações técnicas fornecidas pelo compositor e pelos seus assistentes e comentadores. Discutem-se mais, no artigo de Deliège, aspectos teóricos relacionados com as técnicas utilizadas, do que se tenta, propriamente, um esforço de interpretação específico, um comentário, uma análise da obra. Este tipo de abordagem é típico das análises da música pós-serial. Em lugar de se tentar falar do que a música é, escreve-se sobre a maneira como a música foi feita, e os compositores desta corrente, conscientes do facto, fornecem generosamente aos seus musicólogos mais próximos, os elementos necessários para os seus comentários. Trata-se por isso mais de um discurso sobre outro discurso, ou outro conjunto de discursos, do que uma analítica das obras. Mesmo "la partition" é secundarizada face à predominância das explicações não propriamente analíticas, mas antes explicações de procedimentos de composição. A análise, em princípio, deveria proceder a partir da leitura da partitura e da audição da peça, em lugar

---

[153] Cf. Szendy (1998)

de se constituir como uma descrição dos princípios composicionais usados pelo compositor. Na musicologia francesa actual esta prática é corrente e os estudos das géneses das obras decorrem, quase em exclusivo, dos documentos fornecidos pelos compositores, descrevendo os seus procedimentos, mostrando os seus esquissos, incluindo a vasta parametrização – a divisão dos esquissos, em tabelas numéricas de alturas, ritmos (ou durações), intensidades, etc. Tudo aquilo que permite a Deliège afirmar que "uma recordação da teoria de Stockhausen se lê também na junção das alturas e das durações", permite também aos outros autores especular sobre os dados do tipo descrito e produzir um discurso. É desnecessário afirmar que estes discursos estão tão ligados aos princípios da corrente pós-serial como as próprias obras que comentam. Sem os esquissos e sem as informações dos compositores, quase não haveria discursos possíveis, a julgar pelo que é publicado nas revistas da especialidade nas últimas décadas.[154] A ciência moderna só considera aquilo que pode medir, afirma Boaventura de Sousa Santos. O sucesso analítico das músicas pós-seriais deriva do facto de fornecer aos analistas muito material que favorece os cálculos, convida à medição e permite o discurso repleto de jargão legitimador para-científico. O insucesso da mesma música em termos de audiências deriva exactamente das mesmas razões. A psicologia cognitiva defende que aquilo que se pode medir nas partituras e nos esquissos não se pode ouvir no mesmo plano na situação de concerto.[155]

Avançando imediatamente para possíveis consequências, importa desde já reflectir sobre a *ausência* de Jorge Peixinho no livro de Deliège e na Enciclopédia de Nattiez. Essa ausência – e de qualquer outro compositor português – permite retirar uma dupla conclusão ou uma dupla confirmação. Em primeiro lugar, Deliège não menciona Peixinho seguramente porque não ouviu nenhuma obra do compositor ou, caso tenha ouvido, não foi em quantidade suficiente para lhe atribuir qualquer relevância no contexto europeu. Peixinho, tal como a quase totalidade dos compositores portugueses, não faz parte do subcampo musical contemporâneo tal como ele existe, ou seja, num espaço de enunciação geograficamente muito delimitado, como sabemos, a França, a Alemanha e de certo modo, o Norte de Itália. No entanto, veremos mais adiante que uma parte importante da sua formação aí decorreu.

---

[154] Abordei este tema em "Sobre a Análise Musical" (Vargas, 2002).
[155] Cf. Lerdhal e Jackendoff (1988) e ver Revue Contrechamps, Composition Perception, n.º 10, 1989

Já sublinhámos que, do mesmo modo, os livros sobre música contemporânea e as publicações especializadas de musicologia, análise e teoria musical publicados em língua inglesa não consideram igualmente nenhum compositor português, incluindo neste caso o próprio Nunes com a excepção da pequena nota de Paul Griffiths referida. Do ponto de vista geocultural do universo linguístico anglo-saxónico Nunes é visto – mais exactamente *não é visto* – como uma *figura local* da música francesa ou da música continental.

Entre as duas zonas culturais e linguísticas – a anglo-americana e a europeia continental – verifica-se um corte na percepção do mundo. O mundo musical não é o mesmo quando retratado pelos *schollars* dos vários universos linguísticos e culturais. Cada um efectua uma selecção diversa do real, cada um lança-se para o seu trabalho historiográfico a partir de uma intriga histórica – no sentido do termo em Paul Veyne – diversa. Por isso, a segunda confirmação é a de que a perspectiva de Deliège – na verdade descrita pelo próprio como testemunho – abarca principalmente, embora não exclusivamente, o universo franco-alemão que os lugares simbólicos do subtítulo (Darmstadt e IRCAM) atestam.[156]

### 9.2.7.3. A *História de Música do Século XX* de Jean-Noel von der Weid

Entre as histórias da música publicadas depois de 2000 a *Musique du XXième siècle* de Jean-Nöel von der Weid (2005) representa uma excepção. No capítulo "L'esprit dés nations" dedica as páginas 557-564 a Portugal, acrescentando uma bibliografia actualizada – o título mais recente data de 2003 – e uma discografia considerável. Deste ponto de vista, está mais actualizada do que as histórias da música portuguesas, publicadas em 1991 e 1992, e este facto não deixa de ter importância se considerarmos que o livro se encontra traduzido em alemão e italiano. Porque é que se verifica esta considerável diferença?

Face ao real desconhecimento da música portuguesa, a estratégia dos autores e dos editores é geralmente recorrer a musicólogos ou compositores locais para escreverem as entradas como é o caso no *New Grove* inglesa e na *M.G.G.* alemã, entradas que são devidamente creditadas. Esta opção é sem dúvida mais segura no que respeita à visão global do campo artístico nacional e passível de análise uma vez que configura um discurso local publicado

---

[156] A bibliografia apresentada no livro *Emmanuel Nunes*, (Szendy, (ed.)1998) refere quatro artigos em língua francesa, dois artigos em língua alemã, e dois em espanhol da autoria de Enrique Macias, confirmando essa clara divisão, tal como a pertença de Nunes ao campo continental franco-alemão.

numa língua global. Mas Jean-Noel von der Weid optou por outra solução. O compositor Sérgio Azevedo revela de que forma é que se estabeleceu o seu contacto com von der Weid, que se traduziu pelo envio de discos e livros para o autor: "resolvi contactar o autor por carta ... e tive uma grata surpresa: Jean-Nöel não só me respondeu como se mostrou interessado em conhecer melhor a música nacional". Mais adiante prossegue: "pus-lhe nas mãos todas as informações e livros que possuía, forneci-lhe contactos [...] e o resultado foi no que toca à parte portuguesa uma lugar bastante mais significativo e – reconheçamo-lo – justo" (Azevedo, 2007). Azevedo compara aqui as duas edições. Na segunda, o autor terá contactado alguns outros compositores portugueses para redigir o seu capítulo[157], o que se torna óbvio quando cita uma declaração do compositor Pedro M. Rocha referindo em nota que se trata de uma comunicação pessoal (Weid: 2005: 560). Aliás, alguns problemas se podem levantar neste caso. Weid escreve: "É cada vez mais difícil, ou impossível, compor peças para orquestra, *a fortiori* óperas – com raras excepções como Alexandre Delgado – não por falta de orquestras e de organismos de qualidade mas pelas reticências dos políticos e dos agentes de arte que não querem lançar-se em rixas artísticas que lhes trariam pouca glória e nenhuns 'retornos do investimento' imediatos" (Weid, 2005: 560). As declarações de Pedro Rocha que se seguem vão na mesma direcção: "não há muitos intérpretes que queiram investir seriamente no repertório de certas músicas contemporâneas. Por um lado, isso é caro, e por outro, não querem tocar peças que podem levar muito tempo e esforço para estudar e interpretar" (*ibid.*). Prossegue von der Weid: "outros, pelo contrário (Sérgio Azevedo, Carrapatoso ou Tinoco), são programados bastantes vezes em Portugal, 'voire à l'étranger', porque algumas das suas obras, menos vanguardistas, reclamam um investimento menor ou falam uma linguagem que seduz melhor o público" (*ibid.*). O único exemplo gráfico de uma partitura incluído no seu livro é igualmente uma página de Pedro Rocha compositor que, no entanto, não faz parte do grupo de compositores portugueses incluído no *New Grove*. O autor apresenta uma panorâmica, correcta e abrangente da música portuguesa do século XX e, mesmo, a mais recente bibliografia e discografia publicada em qualquer língua, incluindo o português. Weid assina o seu livro e assinala, pelo menos parcialmente, as suas fontes locais nomeadamente na bibliografia publicada em português e

---

[157] Pude confirmar esta informação pessoalmente com Pedro Rocha. Outros compositores poderão ter sido contactados e fornecido mais informações ao autor.

bastante actualizada que apresenta o que deriva certamente da colaboração dos compositores portugueses contactados. Poderá questionar-se se o autor conhece na verdade as obras e os compositores que refere –apesar da ajuda de Sérgio Azevedo – uma interrogação que percorre, como vimos, outros livros publicados no século XX, ainda com maior razão de ser. Em qualquer caso, esta obra representa uma excepção positiva no panorama actual.

Há, no entanto, que analisar os três pontos referidos à luz dos capítulos anteriores. Os lamentos de Pedro Rocha, são obviamente legítimos, mas devem ser vistos na perspectiva global de "crise" da música contemporânea. Não são específicos da situação em Portugal e o seu discurso não é partilhado por muitos outros agentes do campo musical português sobretudo quando se compara a situação actual com décadas anteriores. Em relação às diferenças entre os mais tocados e os menos tocados deve-se trazer à colação a estrutura de qualquer campo artístico como lugar de lutas pela primazia, como lugar de disputas permanentes entre os consagrados e os recém-chegados. A querela entre os modernos e os pós-modernos, de que aquelas passagens são um vislumbre, deve ler-se neste quadro.

### 9.3. Um olhar interno: Lopes-Graça sobre "Os historiadores estrangeiros e a música portuguesa" de 1961

Naquele que é o único artigo publicado em Portugal que me foi possível encontrar directa e explicitamente sobre as histórias publicadas noutras línguas, "Os historiadores estrangeiros e a música portuguesa", de 1960 (1973: 97-100), Lopes-Graça tece alguns comentários sobre algumas histórias da música de autores franceses. Como já tínhamos citado começa por escrever: "Certo e sabido: quando não se acham lamentavelmente inçadas de erros e confusões, são singularmente omissas ou parcíssimas no que respeita a Portugal as histórias da música saídas dos prelos estrangeiros" (*ibid*.: 1973: 97). O autor refere a *Histoire illustré da la Musique* de René Dumesnil, publicada em 1934 (Plon, 1934) "absurdamente muda sobre a música em Portugal" e compara-a com a mais recente publicação na Gallimard de 1959, *Histoire illustré da la Musique*, da autoria de Marc Pincherle. Lopes-Graça escreve: "temos de estar agradecidos à história de Pincherle pela sua maior generosidade: nas suas 223 páginas de formato monumental, faz nada menos de… duas referências de passagem à música portuguesa: a primeira, para citar o nome de Joan [*sic*] Rebello entre os polifonistas vocais ibéricos do século XVII, a segunda para nomear Manuel Rodrigues Coelho entre os organistas da geração que sucedeu à de Cabezón. *Et c'est tout*" (*ibid*.: 96-97). Lopes-Graça ironiza com a referência à "la princesse Madeleine-Barbara de Portugal, la future reine d'Espagne" lamentando que "entre as princesas de Portugal não se conheça nenhuma com aquele nome...". Mais adiante Lopes-Graça escreve: "É claro que nós não pretendemos que a música e os músicos portugueses possam aspirar a ocupar largo espaço nas histórias gerais da arte dos sons", mas põe em questão os critérios musicológicos que levaram à escolha de João Lourenço Rebelo: "Não percebemos por que critério musicológico não se há-de referir a outros vultos, um Duarte Lobo, um Manuel Cardoso, um Melgás" Lopes-Graça escreve ainda:

> a partir do século XVII a música portuguesa não existe para M. Marc Pincherle (já não existia antes). Pode-se alegar para este silêncio a falta de projecção universal dessa música (e nós não contrariemos essa razão, embora ela não nos pareça decisiva para um historiador). [...] Mas pode-se também mais uma vez acusar os franceses de desconhecerem ou fingirem que desconhecem a geografia, quando verificamos que, chegado por exemplo ao período contemporâneo, M. Marc Pincherle reserva na sua história um cantinho praticamente a todas as escolas nacionais (na Europa: à Espanha, à Inglaterra, à Bélgica, à Holanda, à Suíça, à Hungria, à Checoslováquia, à Suécia, à Noruega, à Dinamarca, à Finlândia, à Polónia, à Roménia, à Grécia; na América, aos Estados Unidos, ao México, ao Brasil, ao Chile, à Argentina, ao Uruguai e a Portugal ... nicles" [*ibid.*: 99].

Depois de contestar a "universalidade" de alguns nomes seleccionados pelo autor francês que cita, Lopes-Graça considera o facto lamentável e afirma:

> os estrangeiros desprezam ou desconhecem a música portuguesa. Prezam-na ou conhecem-na todavia mais os mesmos portugueses? Que temos feito nós para a dar a conhecer, para a proteger, para a valorizar aos nossos próprios olhos e aos dos estranhos? Que crédito podemos nós esperar para ela, quando sabemos o que dessa música exportamos como expoente das nossas faculdades artísticas, os desaires a que nos sujeitamos com o beneplácito de entidades responsáveis, uma das quais proclamava alto e bom som que Portugal se estava tornando mundialmente conhecido graças ao génio (génio foi mesmo o que se disse) de dois compositores de... canções revisteiras? [*ibid.*: 100)]

Nesta passagem final Lopes-Graça levanta dois problemas diferentes mas funde-os num só. O primeiro prende-se com a maneira como, do seu ponto de vista, nós maltratamos o nosso património musical, antigo ou actual, quer dentro do país, desconhecendo-o, quer fora, não o divulgando. O segundo problema – de outra ordem – prende-se com o facto de um responsável oficial do antigo regime ter, primeiro, exagerado, como é habitual na esquizofrenia portuguesa analisada por Eduardo Lourenço que oscila entre a depressão e a euforia face ao seu *Outro* – a Europa ou o mundo – e, segundo, ter tido como pretexto para a sua euforia nacionalista dois compositores de "canções revisteiras". A questão que aqui é colocada faz parte da problemática relação de Lopes-Graça com a baixa cultura de raiz urbana. Esta problemática não se exprimia geralmente nestes termos (alta cultura/baixa cultura) em 1960,[158] mas as suas manifestações nos escritos de Lopes-Graça são várias e mereceriam um maior estudo uma vez que essa dicotomia ocupa um lugar central no seu trabalho de compositor e nos seus escritos, mesmo que enunciada noutros termos. Para Lopes-Graça a música erudita é vista como uma manifestação cultural superior mas este não é o lugar adequado para tratar essa problemática.[159] Embora não seja consolação para as queixas de Lopes-Graça deve dizer-se que a situação actual – apesar de bastante diferente em vários aspectos – mostra eloquentemente e ainda o carácter subalterno persistente da música portuguesa e a sua ausência total ou presença residual das histórias da música publicadas e nos países de língua inglesa e em França com a excepção referida.

A entrada de Portugal na União Europeia, que poderia gerar expectativas nesta matéria, não alterou substancialmente esta lado do problema. Uma comparação com o período do regime de Salazar e a sua posição de isolamento político e cultural permite-nos dizer que Portugal "se abriu" à Europa e ao mundo retomando expressões de Lourenço. Mas a imaginação-do-centro – ou seja, pensar que Portugal é um país da Europa em pé de igualdade com todos os outros – continua sendo o conceito que permite compreender melhor tanto *a ilusão de pertença*, como *a real subalternidade* no contexto europeu.

Como vimos atrás no enunciado e veremos com maior detalhe mais adiante, o próprio Lopes-Graça considerava em 1943 que a música portuguesa tinha uma história da música descontínua, sem "núcleos vitais nem figuras realmente representativas". Por outro lado considerava que, em Portugal, não se estimava a música portuguesa. Estes dois aspectos do discurso de Lopes-Graça

---

[158] Embora seja de assinalar que o termo Alta Cultura foi usado no regime de Salazar para designar alguns organismos oficiais.

[159] Tratei este aspecto no ensaio "Erudito/Popular, Lopes-Graça/Amália, [...]" Cf. Vargas (2002: 13-27).

estão intimamente ligados às reflexões de Lourenço sobre o problema da cultura portuguesa dividida entre a autoflagelação e a automitificação, sendo esta a hesitação identitária de fronteira que melhor a caracteriza. Pelo contrário, a ideologia do cânone musical, incluindo certamente a ideologia e a prática do subcampo contemporâneo, não manifesta angústias identitárias mas antes uma autoconfiança universalista que lhe permite ignorar as expressões artísticas das periferias sem nenhum pudor pós-colonial. Assume-se como central, descreve as suas figuras, os seus debates, as suas crises, as suas renovações, as suas rupturas e cabe aos periféricos uma das duas opções: ou deslocar-se para o centro onde poderá acontecer uma integração momentânea, ou permanecer no local de origem e assumir a fatalidade da *minor language*. Mas, como nos diz George Steiner, cada língua contém em si um mundo. É a maneira como esse mundo se vê a si próprio que veremos no próximo capítulo.

### 9.4. Conclusões

Desta amostra ampla das histórias da música publicadas podemos tirar várias conclusões. A manifestação da ausência tem intensidades desiguais. Em língua inglesa ela é praticamente total. O caso de Scarlatti e algumas referências ao período barroco, pelo seu carácter irrelevante ou meramente residual, não chegam para contrariar a evidência. Sobre o século XX não existe nenhuma referência. A invisibilidade é total e inclui silêncio quase total sobre Nunes, compositor com pouquíssimo impacto na vida musical e nos historiadores e musicólogos dos países anglo-saxónicos. Nos países do continente europeu, com a excepção do livro de Weid, já comentada, as referências são muito esparsas e particularmente a ausência muito pronunciada nos cinco volumes da Enciclopédia de Natttiez mostra que a questão é estrutural e de longa duração.

Várias questões se colocam, no entanto, não face às histórias que omitem, pura e simplesmente, qualquer informação ou notícia referente à música portuguesa – as que produzem da forma mais radical a inexistência da música portuguesa – mas face às histórias que incluem alguns dados, parcos ou residuais que sejam, relativos a um ou outro compositor português. Há várias perguntas a fazer. Como é que os autores dessas obras obtiveram os dados que incluem? Não tendo existido gravações nem partituras durante muitas décadas será possível que os autores conhecessem realmente as peças de que escreveram os títulos, que alguma vez as tivessem ouvido? Claude Samuel fornece a resposta mais plausível quando, a propósito do elevado número de obras espanholas que refere, acrescenta que nenhuma chegou ao seu conhecimento, nenhuma ultrapassou os Pirenéus. Por isso, devemos dividir as referências em duas categorias: as que podem ser referidas após consulta bibliográfica ou após consultas directas a agentes locais ou a musicólogos conhecidos pessoalmente e as que são realmente do conhecimento auditivo –em concerto ou em disco – dos autores. Como assinalou Lopes-Graça as histórias escritas pelos "estrangeiros" ou omitem ou "estão eivadas de erros". Os erros derivam de informações mal transmitidas ou mal recebidas. O caso de Weid, que obteve os dados claramente a partir de fontes portuguesas, mesmo considerando a primeira edição do seu livro, é indicativo do facto de ser esse talvez o procedimento mais comum dos autores que não querem deixar Portugal fora do mapa musical europeu. Incluir uma nota biográfica, citar uma obra de Luís de Freitas Branco ou de Joly Braga Santos implica um esforço bibliográfico relativamente reduzido. Sobretudo antes de 1976 quando se iniciou a colecção PortugalSom (mesmo assim com uma muito lenta publicação de discos que foi demorando décadas e de distribuição internacional quase nula), ouvi-las realmente implicaria um outro esforço muito mais difícil: uma viagem a Portugal uma vez que as obras raramente fizeram a viagem inversa até uma sala de concertos em Paris, Londres ou Berlim.

Face a isto, o procedimento dos editores das enciclopédia de referência *The New Grove* ou de *MGG* – escolher um coordenador local que distribui por autores diversos as entradas escolhidas – por um lado, assegura um mínimo de rigor metodológico compatível com os princípios que norteiam tais publicações. Mas, por outro lado, confirma que nenhum autor dos países onde as obras são publicadas se abalançou a escrever. Na verdade pouquíssimos o poderiam ter feito, na medida em que a situação geral é a do desconhecimento total. Destes vários factores pode concluir-se que as proporções da ignorância nos países centrais sobre a música portuguesa são quase incomensuráveis. Com as duas ou três excepções dos franceses que escreveram sobre Nunes nestes volumes, a grande maioria dos autores não conheceria as obras que cita, o que não é, no entanto, facilmente demonstrável. Não se poderia exigir a um editor de obras de autoria colectiva que conhecesse tudo – cabe aos autores dos artigos essa responsabilidade –, nem a um autor único que pretende dar uma panorâmica geral restringir-se ao que conhece. Não conhece, mas sabe que pode referir como existente se obteve tal informação. Ou seja, não se trata de lançar uma acusação sobre os autores de incompetência ou de falta de honestidade intelectual. Trata-se de sublinhar que, mesmo quando há referências, o seu significado deve ser filtrado pela consciência dos procedimentos adoptados. Poderá, de facto, verificar-se um desconhecimento real da música.

A constelação poder/saber começa a articular-se, neste campo, pelo lado do saber. Os enunciados no campo musical podem ser ditos e disseminados num quadro de instituições de que fazem parte as escolas, as instituições culturais ou musicais e podem surgir nos seus documentos, nas declarações de programação, em notas de programas e nas críticas nos jornais e nas pouquíssimas publicações especializadas. A esfera pública contém ainda os colóquios, as conferências e os debates que, embora com pouco impacto social, são lugares nos quais os agentes exprimem e difundem os seus discursos. Há que acrescentar que, para além da esfera discursiva – lugar onde acontece a luta pela primazia e pela supremacia – não se pode ignorar que o âmbito das práticas pedagógicas não discursivas é fundamental em qualquer aprendizagem. No ensino musical há, sem dúvida, um elevado peso de práticas não discursivas, como a imitação sensível do que faz o professor, procurar repetir o seu exemplo interpretativo de uma passagem musical, etc.

Quem tentar estudar a história de música ocidental nestes livros – não há outros – em Portugal, depara com a ausência do trabalho dos compositores portugueses, não vê o país e começa a interiorizar aí a inexistência, a subalternidade e o inegável carácter local e periférico do país. O ensino do repertório canónico, o ensino da composição baseado nos modelos do subcampo contemporâneo, coloca a pedra que falta para concretizar a imaginação-do-centro: os músicos portugueses, embora ausentes das narrativas europeias, trabalham imaginando-se parte de uma história e de uma tradição que, na realidade, não os considera. Ao saber formado desta forma acrescenta-se a parte poder da constelação poder/saber de dois modos complementares. Por um lado, pelas práticas dos programadores dos países centrais da Europa e, por outro lado, pela larga supremacia do repertório canónico nas instituições culturais portuguesas. A relativa diferença que se poderá detectar sobretudo a partir de 2000 é apenas sintoma de uma emergência que ainda não está solidamente enraizada, que ainda mostra fragilidade ou que ainda se poderá vir a traduzir mais tarde – como em alguns períodos do passado – num pequeno momento de renascença seguido eventualmente de uma decadência. Nesse sentido é um *ainda não* tanto como uma possibilidade nas mãos dos agentes no futuro, dependente da sua acção.

Nesse sentido importa de seguida estudar os escritos – os discursos – dos autores portugueses, indagar da consciência desta problemática, verificar o tipo de narrativa que se usa quando se fala de música portuguesa, da sua singularidade ou da sua inferioridade, da sua qualidade ou da falta dela, da sua inserção na grande narrativa ou da sua marginalidade.

# CAPÍTULO X
# DISCURSOS E HISTÓRIAS DE UMA NÃO-HISTÓRIA

**Introdução: a elevada capilaridade dos agentes**

Antes de proceder à análise dos dados e dos discursos, importa sublinhar desde já um ponto prévio importante: a maior parte dos autores que iremos citar enquanto musicólogos, historiadores e compositores desempenham ou desempenharam diversos tipos de funções. Encontra-se, por isso, um elevado grau de capilaridade entre agentes que escrevem e comentam, agentes que decidem ou legislam, agentes que compõem e programam. As diversas subjectividades próprias de cada tipo de prática entrecruzam-se de forma intensa no campo musical português. Quase todos têm ou tiveram lugares de responsabilidade em instituições de ensino, exerceram cargos de direcção ou programação em instituições culturais, exerceram ou exercem crítica em jornais e assumiram cargos em governos. O autor deste trabalho não é excepção.

Manuel Pedro Ferreira, músico e compositor, é professor no curso de Ciências Musicais da Universidade Nova e membro do CESEM[160], antigo presidente da Juventude Musical Portuguesa e actualmente crítico musical no jornal *Público*.

Paulo Ferreira de Castro, igualmente professor na Universidade Nova, foi crítico no *Expresso*, director artístico e mais tarde também administrador do Teatro Nacional de São Carlos.

Rui Vieira Nery, além de professor da Universidade Nova e de seguida da Universidade de Évora, foi crítico no jornal *Independente*, foi director-adjunto do Serviço de Música da Fundação Calouste Gulbenkian durante vários anos e Secretário de Estado da Cultura durante dois anos do primeiro governo de António Guterres. É membro regular do júri do Prémio Pessoa, instituído pelo jornal *Expresso*. Algo de semelhante se verifica com outra das nossas fontes mais importantes.

Mário Vieira de Carvalho, grande estudioso de Lopes-Graça (1989; 2006) e de Luigi Nono (2007) foi igualmente crítico durante vários anos no *Diário de Lisboa*, é professor na Universidade Nova e director do CESEM, tendo exer-

---

[160] Centro de Estudos de Sociologia e Estética Musical sediado na Universidade Nova.

cido igualmente funções de Secretário de Estado do primeiro governo de José Sócrates durante quase três anos.[161]

Esta enorme capilaridade dos vários agentes, a multifuncionalidade que os caracteriza, verifica-se igualmente com alguns compositores.

António Pinho Vargas – o autor deste trabalho – além de músico e compositor, foi professor da Escola Superior de Música de 1991 até 2005, escreveu três críticas no jornal *Público* em 1991, desempenhou vários anos as funções de assessor para a programação musical na Fundação de Serralves e no Centro Cultural de Belém e publicou artigos e dois livros sobre diversas problemáticas.[162]

Alexandre Delgado, além de músico e compositor, foi crítico musical no *Público*, é autor de vários livros e desempenha actualmente as funções de director artístico do Festival Cistermúsica de Alcobaça.

Sérgio Azevedo, professor na Escola Superior de Música desde 1990 e compositor, publicou vários textos, o livro *A Invenção dos Sons* em 1998 e assume, por vezes, funções de programação.

João Paes, compositor, autor da entrada sobre música erudita no Suplemento *do Dicionário de História de Portugal*, foi director artístico do Teatro Nacional de São Carlos em 1974.

São excepções Manuel Carlos Brito e Luísa Cymbron, que se circunscrevem ao ensino na Universidade Nova e à publicação de estudos musicológicos, e, em menor grau, Fernando Lopes-Graça, que tendo vivido uma boa parte da sua vida durante o regime do Estado Novo, além de compositor e autor de numerosos escritos, em certos períodos foi impedido de exercer actividade pedagógica por razões de carácter político.

---

[161] O Professor Mário Vieira de Carvalho, como se verá fonte de grande importância neste trabalho, nas suas múltiplas vertentes, na sua arguição nas provas públicas de doutoramento referiu vários textos seus que não referi no meu texto, nomedamente Carvalho (1991 e 2003). Decidi incluir alguns destes artigos na Bibliografia dada a sua importância histórica e o seu interesse para outras problemáticas. O factor decisivo da inclusão de um texto é o seu interesse para a temática em questão e o seu tipo de tratamento. Tal como a sociologia da música de Adorno não foi importante para o quadro analítico, alguma da produção teórica de Carvalho está associada, na minha apreciação, ao anterior paradigma da sociologia da música. No entanto, muitos dos seus escritos e a sua acção como agente activo é amplamente referida neste trabalho. Sobre Adorno, ver Vargas (2002: 94-147).

[162] Sobre a minha própria capilaridade, sobretudo no que respeita ao exercício de funções de programador, ver neste livro o Capítulo VIII e Vargas (2002: 263-265).

Mesmo João de Freitas Branco, autor de diversas obras e nos últimos anos da sua vida professor da Universidade Nova, foi igualmente director artístico do Teatro Nacional de São Carlos em dois períodos (Castro, 1991: 176-177).

Será de ter em conta em relação a esta capilaridade dos agentes as posições dos autores da Actor-Network-Theory, como Latour, Law e Hennion.[163] Estes autores defendem que, em vez de procurar definir à partida uma determinada posição fixa no social, se deve considerar que há permanentemente reagrupamentos, reajustes e criação de novas redes. Esta capilaridade, se tem lugar neste campo artístico (e universitário, crítico, político), um campo relativamente próximo de um microcosmos, verifica-se justamente porque o social não é estável nem as identidades são fixas mas estão antes em negociação permanente.

## 10.1. As estruturas e as queixas internas

Os diversos autores que são objecto de estudo, mesmo quando escrevem sobre o passado histórico, fazem-no obviamente da sua perspectiva actual, produzem discursos só possíveis no século XX, num certo momento do tempo, e fazem-no a partir de um certo lugar de enunciação, que é Portugal. Considerei que não teria interesse para esta investigação ter em conta escritos sobre história da música portuguesa ou aspectos da sua problemática anteriores à primeira metade do século XX apesar do seu interesse para outros tipos de temáticas. Consideram-se alguns aspectos dessas narrativas apenas na medida em que lançam alguma luz sobre o modo como se vê hoje quer o presente quer o passado. Em todo o caso, mesmo neste período relativamente circunscrito, há *nuances*, tomadas de posição, mudanças de perspectivas que serão devidamente assinaladas quando relevantes. Não se trata de narrar, mais uma vez, a história da música portuguesa, mas sim de retirar das narrativas existentes tópicos que ilustrem e nos permitam analisar os discursos sobre a ausência e sobre a subalternidade.

### 10.1.1. O desinteresse e as dificuldades internas: o subcampo interno

Já Lopes-Graça dizia em 1960 que os estrangeiros desprezavam ou desconheciam a música portuguesa. Mas interrogava-se: "Prezam-na ou conhecem-na todavia mais os mesmos portugueses? Que temos feito nós para a dar a conhecer, para a proteger, para a valorizar aos nossos próprios olhos e aos dos

---

[163] Cf. Latour (2007), Hennion (2004) e Law (1992).

estranhos? (Lopes-Graça, 1973: 100). Uma das hipóteses de trabalho aponta para a raiz da ausência no interior do próprio país. Começaremos por um dos últimos balanços publicados sobre as dificuldades internas. Na sua recensão do livro de Manuel Pedro Ferreira, *Dez Compositores portugueses*, Luciana Leiderfarb escreve no *Expresso*: "Que os músicos do século XX sofreram a música tanto quanto a amaram talvez não seja uma revelação, mas é, com certeza, uma verdade que convém não esquecer. O livro *Dez Compositores Portugueses* [...] passa em revista o rol de razões pelas quais a história da música portuguesa não só está ainda "por fazer", como as tentativas de a iniciar são sucessivamente obstaculizadas."[164] A música em Portugal ama-se, sofre-se e depara com obstáculos.

No livro *A Sinfonia em Portugal*, publicado em 2001, Alexandre Delgado escreve no "Preâmbulo": "o seu incentivo foi o facto de não existir um único livro sobre este tema: mesmo no panorama rarefeito da bibliografia sobre música portuguesa, era uma lacuna demasiado gritante" (Delgado, 2001: 9). Para Delgado, como já foi citado, "as sinfonias de João Domingos Bomtempo, Viana da Mota, Luís de Freitas Branco, Joly Braga Santos e Fernando Lopes-Graça constituem um *corpus* de grande qualidade, que noutro país faria regularmente parte dos programas de concertos, seria estudado por especialistas e apreciado pelos melómanos". E continua: "Em Portugal raramente se ouve, ninguém o estuda, poucos o conhecem. A maior parte das partituras não está editada ou é de difícil acesso; não há uma visão histórica do conjunto; algumas dessas obras não são tocadas em Lisboa há mais de 25 anos (é o caso chocante das quatro sinfonias de Luís de Freitas Branco)" (*ibid.*).

A questão coloca-se pois quer em relação à mera possibilidade de trabalhar na escrita da história por parte dos musicólogos, quer em relação à sua presença nos programas de concertos. A dificuldade musicológica é um espelho de outra mais ampla: o desconhecimento. Na introdução do livro *Dez Compositores Portugueses*, "Conhecer é preciso", Manuel Pedro Ferreira escreve: "O presente livro nasceu de um vazio. Chegados ao fim do século XX, os compositores portugueses que marcaram o seu horizonte estético são-nos, com raríssimas excepções, quase desconhecidos" (Ferreira, 2007: 13). Mais adiante prossegue: "Grande parte das peças escritas neste século permanece inédita e poucas têm conseguido mais do que uma audição." Para o autor, isto aplica-se "tanto àqueles que usaram uma linguagem acessível como aos que

---

[164] *Expresso* de 5 de Outubro de 2007.

exploraram sonoridades mais ousadas". Deste modo o autor afasta a possibilidade de tal inexistência poder ser atribuída exclusivamente às crises comunicacionais decorrentes das correntes de vanguarda e prossegue: "o número de obras que ficaram na gaveta ou dela saíram por breves instantes [...] é quase inacreditável, é de arrepiar". Tal como outros autores, Ferreira compara a situação da música com outras artes: "Se apenas um quinto dos quadros pintados por Vieira da Silva fosse do conhecimento público, seria um escândalo: mas como se trata de músicos portugueses acha-se normal" (*ibid.*). O autor remete para anteriores posições: "a situação já há muito que aflige as pessoas mais atentas. No início da década de 60, João de Freitas Branco, perguntava desesperado: "Quem conhece verdadeiramente as obras a cujo conjunto chamamos a música portuguesa contemporânea?" (*ibid.*).

Ferreira refere que "Freitas Branco podia, apesar de tudo, consolar-se, observando que 'em todo o caso, um compositor com provas dadas e 'nome feito' se sente pessoa considerada, respeitada, tratada com deferência nos jornais, até por antagonistas, apesar de ninguém verdadeiramente conhecer a sua música". No entanto prossegue: "Sabemos todos, porém, que nos últimos trinta anos, até o respeito se perdeu, para não falarmos da cobertura jornalística da nova música de concerto, que raramente merece o luxo de uma crítica." (*ibid.*: 14). Ou seja, verifica-se, para o autor, um afastamento progressivo da esfera pública.

## 10.1.2. O atraso das estruturas base e os decisores

Em 1960 João de Freitas Branco escrevia igualmente "a falta de edições para os compositores, a magreza dos proventos que lhes trazem os seus direitos de autoria, a quase inexistência de tournées nacionais, etc., são fundamentalmente consequências da falta de mercado consumidor" (Branco, 1960: 35) e, pouco antes, "na Alemanha, a probabilidade de um administrador cultural público possuir cultura musical é bastante alta. Em Portugal é quase nula" (*ibid.*: 27). A situação, como temos visto, não parece ter-se alterado nestes aspectos. Ferreira, em 2008, aponta um conjunto de razões – relacionados com o tópico do atraso das estruturas – que explica este estado de coisas: "a fraqueza congénita e o virtual desaparecimento do mercado para edição musical em Portugal, que hoje renasce das cinzas" e acrescenta "o tradicional desinteresse dos editores fonográficos, largamente dependentes da produção internacional e adeptos do lucro fácil; o diminuto número de orquestras e a programação rotineira dos seus repertórios; a falta de uma informação actualizada sobre a criação musical" (Ferreira 2008: 13).

Para além da questão das estruturas há igualmente uma atribuição de responsabilidades aos intermediários culturais, aos programadores e às suas opções: "Chamar 'nossa' à música dos criadores nacionais das últimas gerações implica, por si só, um esforço reivindicativo, que a consciência de pertencer a uma comunidade nacional só parcialmente justifica. Há de facto quem se contente com peças internacionalmente consagradas e com importações avulsas de artistas da moda, ignorando quem, entre nós, prossegue laboriosamente a grande arte musical." Prossegue o autor: "Mas quando os decisores públicos crêem que a promoção da sua imagem depende da aura cosmopolita que possam exibir perante parceiros e amigos, e usam os fundos por que são responsáveis para sustentar, juntamente com a própria vaidade, o snobismo da clientela, acaba sempre por sacrificar-se o investimento na criatividade ao fogo-fátuo dos eventos mediáticos que saciam os consumidores e alimentam o novo-riquismo cultural" (*ibid.*: 14-15). Esta descrição corresponde parcialmente ao que chamamos neste trabalho o funcionamento do subcampo musical em Portugal, que assegura a continuação das hegemonias do centro clássico e contemporâneo e a subalternização interna da música portuguesa.

### 10.1.3. Nós – a tacanhez – e os outros
O autor está consciente da violência da sua prosa: "o leitor poderá ficar surpreendido com a dureza do tom com que descrevo a realidade a que normalmente não se dá importância alguma", e prossegue, referindo-se à relação entre a produção local e "o resto do mundo" e à impossibilidade de diálogo com a produção global: "Imaginemos então que nos podemos dar ao luxo de frustrar o talento artístico emergente, condenando-o ao silêncio ou ao exílio; que podemos alegremente prescindir de interlocutores artísticos que nos permitam dialogar com o resto do mundo; que, ao ouvi-lo, nos devemos a todo o momento reconhecer no seu discurso, prescindindo pura e simplesmente da própria voz. É isso que queremos?". Mais adiante continua: "uma comunidade que prescinda de exploradores da imaginação sonora amputa tanto a própria potência expressiva como a correspondente capacidade assimilativa. Reivindicar uma tradição musical portuguesa supõe, pois, por um lado, a querença de reconhecer na comunidade nacional um organismo íntegro, espiritual e expressivamente não mutilado, criativamente aberto ao mundo e, por outro, a expectativa, que daí se segue, de ver reconhecida por essa mesma comunidade o papel social do compositor" (*ibid.*: 15).

O autor recorre de seguida a Fernando Lopes-Graça, o autor que mais escreveu sobre as problemáticas das tradições musicais nacionais. Assim escreve: "Há cinquenta anos atrás, Fernando Lopes-Graça fazia notar que 'a ideia bastante espalhada de que a música é uma arte universal – a arte universal por excelência – nunca passou de um mito'. No mesmo artigo Lopes-Graça salienta que 'se cada povo, se cada nação que atingiu um certo grau de cultura, possui a sua poesia, a sua literatura, a sua pintura próprias, pode ter igualmente a pretensão de possuir uma música própria. Não se conclui daí que este povo, esta nação deva cair num nacionalismo estreito [...] qualquer música deve aspirar, se não a uma significação, ao menos a uma validade universal'. (*in* Lopes-Graça, [1948] 1992: 180). Segundo Manuel Pedro Ferreira, "para mal dos nossos pecados a necessidade de habitar um terreno musical próprio tem sido reconhecida por muito poucos". No momento de encontrar responsáveis o autor recorre a figuras de retórica: "Os principais responsáveis por essa falta de reconhecimento têm sido, segundo julgo, a tacanhez e o snobismo, qualidades que vejo representadas, na minha galeria de tipos sociais, pelas figuras do desembaraçado e do opinioso. [...] Para o desembaraçado, a música pode bem viver numa tenda, desmontável à mínima tempestade orçamental. Para o opinioso, a boa arquitectura sonora nasce das recensões fonográficas e dos escritórios dos agentes e prescinde de alicerces. Ambos acham que os verdadeiros compositores são super-homens cujo génio se manifesta independentemente das condições de aprendizagem e exercício do seu ofício, ignorando que o desabrochar criativo exige estímulos sociais e um diálogo permanente, através dos executantes com o resultado sonoro" (Ferreira, 2007: 16).

Ferreira considera que "a comparação com a vida musical de outros países europeus, conjugada com uma maior preparação técnica e teórica dos organizadores musicais, possa vir num futuro próximo a sapar a tradicional influência do snobismo e da tacanhez nacionais. Tal expectativa não impede que essa influência tenha marcado de forma extremamente negativa o século findo" (*ibid.*).

Chegando a conclusões relativamente próximas, Paulo Ferreira de Castro tinha afirmado na sessão comemorativa do Dia Mundial da Música em 1991: "Confrontemo-nos de uma vez por todas com esta realidade brutal e incompreensível num país que é parte integrante da Comunidade Europeia: a esmagadora maioria da população portuguesa é absolutamente analfabeta em matéria de música, porque o sistema escolar português é praticamente omisso em matéria de formação geral nesta área". Mais adiante: "O público português, sobretudo o lisboeta –ou pelo menos uma parte significativa dele – é seguramente o mais snob e ao mesmo tempo o mais ignorante da Europa". E prossegue: "Portugal tem, apesar de tudo, uma cultura musical antiga – quase completamente desconhecida, aliás, do cidadão comum – [...] mas – e o facto constitui motivo de verdadeira vergonha nacional – talvez nenhum outro país da Europa preste tão pouca atenção à conservação e valorização do seu património musical. Com excepção de algumas iniciativas da Fundação Calouste Gulbenkian, e outras pontuais, da Divisão de Música da Direcção Geral da Acção Cultural (nomeadamente da publicação aliás muito irregular de discos consagrados à música portuguesa) e do Departamento de Musicologia do Instituto Português do Património Cultural, muito pouco se tem feito no sentido de divulgar a herança musical no nosso país, e mesmo o investigador especializado esbarra em múltiplas dificuldades na tentativa de aprofundar o conhecimento desse sector fundamental da cultura portuguesa" (Castro, 1991a).

Quanto mais se avança nesta direcção mais facilmente se chega a zonas profundas da sociedade portuguesa. Nos textos que acabamos de ver, no momento em que se trata de apontar os responsáveis recorre-se normalmente ao défice estrutural ou a figuras de retórica, evitando, deste modo, a identificação explícita de responsáveis directos e uma análise de práticas institucionais concretas. Paulo Ferreira de Castro aponta responsabilidades genéricas ao analfabetismo musical do público, ao snobismo lisboeta e à insuficiente acção dos organismos oficiais, e a interpretação de Manuel Pedro Ferreira não identifica com total clareza os responsáveis da falta de reconhecimento: "a situação do compositor em Portugal está, de resto, ligada ao tratamento de que a Música em geral tem sido objecto, até há pouco, por parte das instituições do Estado" (Ferreira, 2007: 14). Onde está a raiz deste conjunto de problemas?

## 10.1.4. O Estado e o atraso das estruturas: edições de partituras, de discos (dados e discursos sobre inexistência; discursos de pequena melhoria e de atrasos)

Para Ferreira há mais algumas razões para além do virtual desaparecimento do mercado para edição musical em Portugal, do desinteresse dos editores fonográficos, da programação rotineira e tradicional das orquestras, que já vimos, (Ferreira, 2007: 14). O autor refere "alguns exemplos da atitude do Estado português" relativamente ao ensino musical e à informação e documentação artística. Refere em primeiro lugar que "nos anos 60, previa-se que o novo edifício da Biblioteca Nacional [...] deveria abrir com uma secção de Música, a exemplo dos outros países ocidentais". Mas, prossegue depois de narrar vários episódios "decorreram mais de vinte anos até se criar, em 1991, de forma muito precária, a Área de Música da Biblioteca Nacional, depois reconvertida em Centro de Estudos Musicológicos" (*ibid.*: 17). Sobre o ensino refere "um relatório oficial assinado por António Lopes Ribeiro [que] denunciava a vergonhosa desactualização do ensino musical no Conservatório". Depois do abandono do projecto de lei de finais de 1969 "elaborado por José Hermano Saraiva, então ministro da Educação Nacional, [...] foi criado em 1971 um regime de "experiência pedagógica" que, apesar dos frutos dados no domínio da educação musical, conduziria à perpetuação das antigas carências em domínios fundamentais: o ensino superior de Direcção, de Composição, de Musicologia e de vários instrumentos de orquestra, e a preservação do património musical. Resultado: só nos anos 80 e 90 se começou a criar, de forma dificultosa, descoordenada e nem sempre vantajosa, aquilo que estava já oficialmente previsto em 1969" (*ibid.*).

Sobre as publicações o autor escreve: "A publicação pela Juventude Musical Portuguesa da revista *Arte Musical* esteve interrompida durante vários anos[165] por diversas razões sobretudo de carácter económico, que inviabilizavam todos os intentos de publicar comercialmente entre nós um periódico (um que fosse!) ligado à música clássica" (*ibid.*:18). Mas "durante quase uma década (entre 1986 e 1995), não houve em Portugal nem *Arte Musical*, nem nenhum periódico de informação musical que tenha sobrevivido (apesar de ter havido várias tentativas nesse sentido), com a consequência previsível: um maior isolamento social dos músicos portugueses" (*ibid.*).

Estes dados confirmam o isolamento social interno da música clássica em geral e da música contemporânea em particular. Na verdade confirmam que a ausência da música portuguesa, antes do mais, começa por ser uma ausência local, uma dificuldade em se inserir de forma consistente na própria vida cultural do país a não ser como resíduo, mesmo que ilustre, como manifestação precária de acções individuais. De acordo com estas posições, a música em Portugal existe, mas existe mal.

### 10.2. As três histórias até ao século XIX
Das três historias já referidas, iremos abordar em especial as duas últimas, a de Nery e Castro de 1991, e a de Brito e Cymbron, de 1992. A história de João de Freitas Branco, apesar do seu interesse, foi publicada em 1959. As edições posteriores contêm acrescentos de João Maria de Freitas Branco, só

---

[165] Neste momento (2009), a publicação da *Arte Musical* está mais uma vez interrompida.

identificáveis na leitura corrida se comparados com o original. Destacaremos por isso o "Anexo" publicado em 2004 na sua 4ª edição da autoria de José Eduardo Rocha.

### 10.2.1. A fatalidade do lugar de enunciação

Há aspectos nos discursos sobre "a música portuguesa e os seus problemas" que se manifestam nas próprias narrativas do seu passado. No que segue procura-se descortinar, por detrás das descrições da história, dos comentários, dos artigos, das comparações, a presença fantasmagórica do cânone e dos seus valores. Procura-se encontrar nestes discursos manifestações explícitas ou implícitas da interiorização da subalternidade. Há declarações dispersas que são por vezes mais eloquentes sobre os valores interiorizados e correntes do que textos mais articulados destinados a publicação. De algum modo é este o caso das declarações de Rui Vieira Nery ao *Diário de Notícias* em 2006 sobre Francisco António de Almeida, a propósito da sua ópera *La Guiditta*. Na peça escreve Bernardo Mariano: "Diz o Prof. Nery, por fim, que "se ele não tivesse sido obrigado, como bolseiro do rei que era, a regressar a Portugal, não seria de espantar que tivesse permanecido em Roma e aí tivesse feito uma carreira internacional mais destacada".[166] Rui Nery assume com total naturalidade, sendo na altura director-adjunto do Serviço de Música da Gulbenkian e tendo sido Secretário de Estado da Cultura, que "regressar", estar "cá dentro", impede "uma carreira internacional". Implicitamente, assume a fatalidade e a inferioridade. Além disso, o que é que significa "uma carreira internacional"? Será necessário interrogar os destinos de Marcos Portugal ou, mesmo, de Domingos Bomtempo que permaneceram nos países centrais longos períodos e "aí fizeram uma carreira internacional mais destacada" sem por isso assegurarem presença no cânone musicológico nem nos programas da vida musical na Europa. Penso que os dados demonstrarão que o que é afirmado em relação ao século XVIII se manteve válido e actuante até ao final do século XX. Portugal nunca fez parte do espaço de enunciação central da música ocidental. Mas que um agente activo do campo, como Rui Vieira Nery, possa sustentar um tal discurso poderá ser visto tanto como simples lucidez, como, por si só, como um sintoma importante da interiorização da subalternidade.

Num programa da RTP2, *Câmara Clara*, apresentado em 2008, Alexandre Delgado, a propósito do seu livro *Luís de Freitas Branco* afirmou que o com-

---

[166] In *Diário de Notícias* de 16 de Julho de 2006.

positor, se não fosse português, seria tocado em todo o mundo. O que está em causa nestes dois comentários – aliás, muito correntes no campo musical – respectivamente de 2006 e 2008, é que o discurso sobre a exclusão dos portugueses é tomado não apenas como um facto mas como uma fatalidade. Por outro lado é igualmente "natural" a forma como é usado o "se". *Se* não tivesse regressado, *se* não fosse português ou, por outras palavras mais conformes com os conceitos que estamos a usar neste trabalho, *se o seu lugar de enunciação tivesse sido outro que não Portugal*, a importância das suas músicas e das suas carreiras poderia ter sido mais relevante. Parece-me contestável ou insuficiente esta ilação em relação ao passado. Marcos Portugal passou larga parte da sua vida nos centros europeus, as suas óperas tiveram grande sucesso na sua época, mas nem assim é hoje considerado nem "cá dentro" nem "lá fora". Neste caso trata-se da condenação em bloco da ópera italiana desse período, declarada pelo cânone musical, que desqualificou o nome de Marcos Portugal. Aliás, na actual fase de revisão e crítica dos cânones, que tem permitido uma grande número de estreias modernas de obras não tocadas durante os duzentos anos de hegemonia incontestada do cânone europeu, as obras de Marcos Portugal não tem sido muito favorecidas pelas programações. Anuncia-se neste momento a sua ópera *La Zaira* na temporada de 2009-2010 da Fundação Calouste Gulbenkian justamente em primeira audição moderna.[167] Há por isso uma grande complexidade de factores envolvidos para além dos referidos anteriormente pelos autores. Para além do lugar de enunciação, de importância fulcral, há que ter em conta se o estilo musical em questão está *conforme aos valores* que, em cada momento particular da História, se tornaram os *dominantes* e foram incluídos ou excluídos das formações canónicas que regulam o repertório.

---

[167] Sobre esta estreia moderna, Cristina Fernandes escreveu no *Público* de 15 de Outubro de 2009, (P2: 9) o que já sabemos – "o compositor da história da musica portuguesa de maior projecção internacional" com "obras difundidas por toda a Europa, no Brasil e noutros países da América Latina e nalguns casos permaneceram no repertório durante várias décadas". Assinala igualmente que "o desconhecimento da obra de Marcos Portugal e de tantos outros compositores portugueses deve-se em parte à escassez de edições modernas", tendo sido, neste caso, a transcrição efectuada por Bárbara Villa-Lobos no âmbito do projecto do CESEM Edições Críticas da Música de Marcos Portugal.

### 10.2.2. Tópico do atraso dos compositores portugueses

Um dos tópicos fundamentais das descrições históricas é o do atraso dos compositores portugueses em relação às correntes europeias. Um dos casos mais apontados prende-se com a produção dos polifonistas de Évora de 1580 a 1640, o período filipino. Carlos Brito escreve no seu capítulo "O florescimento musical durante o período filipino" o seguinte: "os efeitos acumulados da crise do Império, da Contra-Reforma, e da perda da independência irão progressivamente reduzir o país a uma situação de isolamento e de subalternidade cultural que se irá manter até ao século XVIII". Como sabemos, na opinião dos membros da geração de 1870, como Antero de Quental, não é partilhada a opinião de que a decadência terminou no século XVIII. O que talvez se perceba, uma vez que para Brito, "terá sido a música a arte que foi menos afectada por este processo de decadência" e por essas razões "os anos entre 1580 e 1640 são uma verdadeira idade do ouro da nossa música" (Brito, 1992: 83).

Mas há diferentes visões sobre este período. Lopes-Graça tinha escrito em 1943 sobre o período habitualmente designado como de "ouro": "O único período em que na nossa produção musical há uma certa continuidade história é", para Lopes-Graça, "o dos polifonistas da chamada Escola de Évora, que se estende dos fins do século XVI aos fins do século XVII" (Lopes-Graça, 1989:17). No entanto, afirma: "não me parece [...] que esse seja o tal período excepcional". Lopes-Graça escreve que "os nossos mestres polifonistas" estavam "integrados numa cultura que já se tinha divorciado das correntes vivas do pensamento europeu" e por isso "não podiam deixar de ser o que a fatalidade histórica fez deles: meros epígonos do polifonismo franco-flamengo". Para o autor, "o epigonismo, por muito brilhantemente que seja defendido [...] nunca pode alicerçar uma cultura viva, alimentar uma tradição fecunda" (*ibid.*). "De então para cá", continua, "nunca mais a música portuguesa acertou o seu passo pelo da evolução geral da música europeia; nem sequer me parece que a música tenha jamais constituído entre nós um assunto de ordem elevada, uma actividade artística correspondendo a uma necessidade profunda do espírito" (*ibid.*). Para Lopes-Graça mesmo o período de "ouro" dos polifonistas de Évora revela o seu atraso em relação à Europa. Pode-se pensar que, nessa altura, Lopes-Graça não teria ainda todo o conhecimento de que hoje se dispõe sobre as obras desses autores. Mas talvez ainda mais importante seja a visão teleológica do autor, visão moderna por excelência, que pensa a evolução da música como um percurso linear apontado em direcção ao futuro. Outra visão é a de Nery: "os excessos contrapontísticos [...] típicos da polifonia franco-flamenga posterior a Josquin [...] nunca tinham encontrado grande eco entre nós" (Nery, 1991: 47). Brito acrescenta a esta posição que a maioria das edições de Duarte Lobo, Filipe de Magalhães e Manuel Cardoso apareceu quando estes se encontravam no fim da vida e "tal hipótese poderia explicar o aparente conservadorismo de uma boa parte deste repertório" (Brito, 1992: 85). Durante este período o futuro D. João IV foi coleccionando a sua famosa biblioteca mas, para Brito, "o seu carácter de colecção privada fez [...] com que não tivesse desempenhado nenhum papel na formação dos compositores portugueses do século XVII". D. João IV foi mecenas de vários compositores, publicou às suas custas as obras de João Lourenço Rebelo (*ibid.*: 89) e é nesse período que se dá o desenvolvimento do vilancico ibérico religioso, inicialmente um género profano.

Sobre o vilancico religioso Nery escreve que embora o castelhano fosse o idioma largamente predominante encontramos também uma percentagem significativa de textos nas várias línguas e dialectos ibéricos (especialmente português e galego) e castelhano adulterado por línguas provenientes dos "vários grupos étnicos e sociais presentes no espaço cultural da Península e dos seus dois impérios (asturiano, basco, sayaguês, cigano, mourisco e sobretudo 'negro' ou 'guinéu' (Nery, 1991: 74). No entanto, Nery defende que "o Maneirismo perdura na Música portuguesa muito para lá de as suas últimas manifestações em Itália terem dado definitivamente lugar ao Barroco, ao longo da décadas de 1630 e 1640". Apesar deste quadro de "indiscutível estagnação" Nery assinala que verificamos "por detrás de todas as aparências de estagnação múltiplos sinais de mudança"; que há "fortes indícios de que as inovações formais e estilísticas dos italianos foram sendo conhecidas no nosso País" e, em terceiro lugar, que "esse conhecimento afectou significativamente a evolução da nossa música" (*ibid.*: 77). Nesse sentido o autor defende a existência de um primeiro barroco português – ou porventura ibérico – que se manifestaria desde a década de 1630 (*ibid.*: 80).

Segue-se um período pouco estudado, entre a tradição ibérica autóctone e a afirmação progressiva das formas barrocas italianizantes (*ibid.*: 82) que perdura até à penetração maciça dos modelos italianos a partir da segunda metade do século XVIII (*ibid.*: 81). No seu ponto 4.3. "Os finais do século XVII", Carlos Brito escreve: "Após o período excepcional que o domínio filipino representou para a nossa música religiosa, durante a segunda metade do século XVII, a manutenção da nossa situação de prolongada dependência cultural em relação à Espanha, que entrara ela própria num processo de decadência, afastou-nos cada vez mais da evolução musical entretanto operada nos grandes centros europeus".[168] Mais adiante escreve: "De facto nem a Espanha, nem ainda menos Portugal, receberam o influxo significativo da revolução musical que teve lugar em Itália ao longo do século XVII" (Brito, 1992: 97). Para o autor "não existiam as condições sociais, nem as condições políticas que iriam estar na base da difusão europeia de novos géneros de origem italiana, como a ópera e a cantata", nem da música instrumental profana (*ibid.*). O autor conclui o capítulo afirmando: "a situação geral do país na segunda metade do século XVII não foi de molde a proporcionar uma renovação do ensino e da prática musical que permitisse não só que a nossa música reatasse o seu contacto com as novas correntes entretanto surgidas na música europeia, como o aparecimento de um grupo de compositores de envergadura equivalente à dos principais representantes da escola de Évora na primeira metade do século" (*Ibid.*: 98). Carlos Brito refere, finalmente, que "será necessário esperar pela subida ao trono de D. João V, numa altura em que o Barroco musical europeu tinha chegado ele próprio já à sua fase final, para encontrarmos uma vez mais reunidas as condições de uma extensa e duradoira transformação na nossa história musical, traduzida na adopção de uma nova linguagem e de um novo estilo" (*ibid.*).

Os dois tópicos principais aqui referidos são *o afastamento progressivo* e a distância em relação aos novos estilos europeus e o reatar, a "adopção", ou seja, *a importação*, dirigida pelo poder político, de uma nova orientação estilística.

### 10.2.3. Tópico da obsessão comparativa do português com o europeu

Seguem-se alguns exemplos dos discursos nos quais o tópico da comparação está presente. Sobre o que designa por Período Maneirista, Rui Nery escreve "que o estilo de Coelho revela semelhanças evidentes ao de um Sweelinck ou de um Byrd, sobretudo no que este tem de virtuosístico" (Nery, 1991: 67). Sobre os espectáculos do Teatro do Bairro Alto de António José da Silva, Carlos Brito escreve que, aí, "espectáculos de bonecos ou de marionetas igualmente designados como óperas representam até certo ponto o equivalente nacional de géneros semioperáticos como a *ballad opera* inglesa ou um pouco mais tarde a *opéra comique* francesa e o *singspiel* alemão (Brito, 1992: 109). "*La Giuditta* [oratória de Francisco António de Almeida] de 1726 é sem dúvida uma das obras-primas do nosso século XVIII fazendo lembrar na sua expressividade nobre e intensa as melhores páginas das óperas italianas de Haendel". (*ibid.*: 107)

---

[168] Itálicos meus.

Os dois tópicos presentes nesta passagem são a qualificação "o nosso século XVIII" – "Nós e a Europa" – e o tópico do "fazendo lembrar" a que se recorre sempre que se valoriza uma determinada obra. Parece ser uma impossibilidade descrever uma qualquer prática artística em Portugal sem acrescentar imediatamente uma referência exterior, mesmo quando, como neste caso, essa ligação putativa tem maior relação com as referências actuais dos autores, do que com os próprios objectos e produtos artísticos descritos.

Uma influência substituiu outra. Pouco adiante Brito escreve que "a rápida substituição da tradição espanhola pela tradição italiana é igualmente visível no campo da música profana e teatral". Sobre o principal compositor deste período, Carlos Seixas, escreve o autor: "O principal estudioso da obra de Seixas, o musicólogo Santiago Kastner, vê no melodismo lírico e sentimental do seu estilo afinidades com o *Empfindsamer Stil* ou estilo da sensibilidade de Carl Philipp Emanuel Bach (Brito: 111; Nery: 97). É sabido que Seixas fez uma única viagem na sua vida, de Coimbra para Lisboa e, por isso, não é plausível que tivesse tido qualquer contacto com os Alemães. Por isso *fazer lembrar*, as *afinidades*, são conceitos que derivam das perspectivas posteriores dos musicólogos que aplicam retrospectivamente o que conhecem hoje do cânone europeu ao passado que estudam e pretendem descrever. Mas marcam o discurso.

Não se deve pensar que este tipo de discurso é exclusivo dos autores portugueses. Há um estilo de crítica musical que não é capaz de articular uma ideia sem o recurso sistemático à comparação, à enumeração das influências. Em todo o caso este é um estilo crítico que é mais usual em magazines do que em livros com ambições musicológicas. O exemplo que segue é patente do uso excessivo desse tipo de discurso. O crítico musical David Hurwitz escreveu na revista *Classical Today* sobre um CD com obras de Freitas Branco publicado pela Naxos com o apoio da Sociedade Portuguesa de Autores.

> Quem foi Luís de Freitas Branco? A sua Segunda Sinfonia combina temas gregorianos (Respighi) com cromatismo ricamente lírico (Franck). "Depois de uma leitura de Guerra Junqueiro" é puro Richard Strauss, mais precisamente "Don Juan", inclusivamente com a combinação de um solo para violino, harpa e *glockenspiel*. "Paraísos Artificiais" é francês, d'Indy a aproximar-se de Debussy e Ravel – há um episódio com sussurrantes instrumentos de madeira directamente originários de "Daphnis et Chloé", com a excepção de que [a obra] de (Freitas) Branco é efectivamente a obra que se lhe antecede (1910), a criação de um compositor de 20 anos com enormes talentos. O que torna isto tudo tão fascinante não é que (Freitas) Branco seja derivativo, mas que a música soe mesmo assim tão autêntica. O Franck

é bom Franck, o Strauss é tão incandescente como o verdadeiro Strauss. (Freitas) Branco não esconde as suas influências, ele deleita-se com elas, e isto confere à sua música uma autenticidade e um foco que torna a questão da pura originalidade basicamente irrelevante [Hurwitz, 2009].[169]

Há no entanto que prolongar as interpretações possíveis deste texto. Em primeiro lugar ilustra melhor as referências históricas do autor sobre o período em questão do qualquer outra coisa. O crítico inglês muito provavelmente não conhecia a obra de Luís de Freitas Branco e os leitores ingleses da revista *Classical Today* seguramente também não. Daí o começo retórico com a pergunta "Quem foi Luís de Freitas Branco?". O crítico assume que tem de apresentar aos seus leitores o compositor periférico e desconhecido. Mesmo sendo a sua própria "descoberta" claramente positiva, como é o caso, o seu elogio só é possível através da comparação com os modelos. Luís de Freitas Branco é derivativo mas é autêntico, como afirma. Mas, como temos visto e veremos ainda mais adiante em numerosos exemplos, a perspectiva comparativa é também a usada pelos musicólogos, historiadores e compositores portugueses. Porquê? Porque também eles – nós – conhecem melhor as obras canónicas europeias do que as obras do seu país, também eles valorizam e descrevem as obras com discursos baseados no seu carácter derivativo, visto como necessariamente, obrigatoriamente ou fatalmente derivativo. Esta poderá ser uma definição de um carácter subalterno, tal como estes tópicos permitem uma avaliação do poder disciplinar da hegemonia do cânone musical europeu. O cânone produz-se e reproduz-se incessantemente e, nesse processo, cria à sua volta subalternidades.

### 10.2.4. Tópico das estreias como signo de Europa

Outro dos aspectos mais recorrentes nos discursos sobre a história da música portuguesa é o da referência, não à música portuguesa propriamente dita, mas aos diversos momentos de entradas do repertório externo, proveniente do centro, dos comentários sobre o desfasamento em relação ao seu aparecimento nos locais de origem. Estas referências atestam em primeiro lugar os diferentes tempos: o tempo "lá fora" e o tempo "cá dentro". Em

---

[169] Este excerto, quase insultuoso, parece-me, foi-me enviado no convite para o lançamento do CD na Sociedade Portuguesa de Autores sem identificar o autor da tradução, nem a data da crítica.

segundo lugar, atestam a subalternidade perene das práticas internas cuja análise e valorização depende em larga medida do seu ajuste ou desajuste em relação ao exterior.

Carlos Brito escreve: "Do mesmo modo que aconteceu em quase toda a Europa, a influência operática italiana determinou em larga medida o estilo da música religiosa portuguesa produzida no século XVIII. [...] Aqui mais uma vez os modelos de referência terão sido as obras dos napolitanos David Perez e Niccolò Jommelli" (Brito, 1992: 116). No capítulo sobre música instrumental Brito refere que "nas raras vezes em que são mencionados os autores das obras podemos verificar que ao lado de árias de ópera de compositores italianos como Cimarosa e Paisiello, ou em certos casos de compositores portugueses, se ouviam também sinfonias de Haydn" (*ibid.*).

É de salientar o facto seguinte: "a partir de 1770 um género de canção sentimental designado por modinha que parece ter sido originalmente importado do Brasil para a metrópole pela mão do poeta e cantor mulato Domingos Caldas Barbosa" e ainda a "canção dançada de origem afro-brasileira o *lundum* caracterizado pelo seu ritmo sincopado e pela sua voluptuosidade". Ao contrário do que se verificou noutros países europeus, a permeabilidade da cultura portuguesa manifestou-se na inversão da relação colonial com o Brasil. Deve salientar-se ainda o facto de, nas descrições destas formas, serem usados os habituais estereótipos sobre os negros e os súbditos coloniais, a volúpia, a sensualidade.

Brito, em relação ao repertório levado à cena no São Carlos na primeira década do século XIX escreve que: "continuará a ser dominado pelas produções italianas" e mais adiante que "merece a pena salientar a primeira apresentação entre nós de uma opera séria de Mozart, *La Clemenza di Tito*, [...] apesar de pela sua concepção formal e estilística esta produção mozartiana não constituir uma verdadeira excepção relativamente ao restante repertório do Teatro" (Brito, 1992: 131). Sobre esta referência é importante notar que, de acordo com o cânone operático clássico-romântico, esta ópera "italiana" e "séria" de Mozart não era considerada importante nem era muito apresentada. No entanto, nos últimos anos do século XX as reconsiderações sobre a historicidade do cânone e o renovado interesse pela música "antiga", como vimos, levaram a que esta e outras óperas deste período, antes pouco executadas, fossem recuperadas e voltassem a integrar os programas de concertos e récitas dos teatros de ópera do campo musical europeu.

Nada atesta melhor o facto de que as narrativas históricas sobre a história da música portuguesa, ou em Portugal, assentam mais numa perspectiva de análise derivada da visão canónica em cada momento dominante sobre a música europeia do que na comparação entre aquilo que era o cânone relativamente estável na primeira metade do século XX e as transformações que ocorreram posteriormente. De acordo com as perspectivas mais recentes da musicologia europeia central, poderia dizer-se que os critérios de programação em Portugal no século XIX no campo operático estavam em desajuste com a visão canónica vigente durante todo o século XX, mas assumem uma nova actualidade face às mudanças e às reformulações que alteram, transformam e reformulam o cânone recuperando muitas das obras "italianas" que, durante muito tempo traduziam e representavam um signo de inferioridade face à música alemã, vista como "a verdadeira" música.

Especialmente de 1980 até à actualidade, a continuação da primazia de óperas italianas na programação do São Carlos – com presenças, ano após ano, de obras sempre canónicas de Verdi, Puccini, Rossini, mas com outros compositores antes muito menosprezados pela crítica como Donizetti, Mascagni, etc. – e na maior parte dos teatros de ópera do mundo ocidental – deixou de suscitar por parte da crítica os comentários negativos de outrora. A revisão das perspectivas modernas, a reinclusão dessa produção operática no quadro das preocupações musicológicas está na base do fim eventual do preconceito anti-italiano excepto nos modernistas que continuam fiéis à narrativa germanocêntrica canónica.

Sobre a primazia italiana no século XIX Carlos Brito escreve: "o S. Carlos reabre na temporada de 1815-16, apresentando ao público lisboeta as primeiras óperas de Rossini, as quais dominarão todo o repertório até 1824". Mais adiante: "uma nova viragem dá-se em 1843 com a estreia do *Nabucco* de Verdi, a qual inaugura um predomínio das produções verdianas que se manterá inabalável ao longo de quarenta anos" (*ibid.*: 131).

Um debate entre defensores de italianos ou de alemães surge na segunda metade do século XIX. Carlos Brito remete para um panfleto anónimo de 1872, já posterior, portanto, no qual já se exprime esta perspectiva: "Os grandes mestres Beethoven, Weber, nunca deram entrada neste teatro! *As Bodas de Fígaro*, a *Flauta encantada* de Mozart, nunca se ouviram cá. Sempre *Trovador*, sempre *Rigoleto*, sempre *Traviata*" (*apud ibid.*: 131). O autor confirma que "não obstante a severidade da crítica, o nosso panorama apresenta-se como um espelho do que existia em Itália, onde o repertório alemão era em geral mal aceite e até 1871 nunca se ouviu nenhuma produção wagneriana" (*ibid.*: 132). Há portanto uma perspectiva histórica que analisa de um ponto de vista actual as diferentes práticas musicais nesta área na Alemanha e na Itália e, implicitamente, formula uma crítica à vida musical portuguesa por ter preferido a importação de Itália do que a importação da Alemanha. A preferência pela Itália e a resistência à dominação alemã é vista como um signo de inferioridade. O facto paradoxal desta perspectiva, amplamente representada nos textos portugueses, reside no facto de quer óperas de Verdi, quer óperas de Rossini, que se mantiveram em representações, terem sido presença constante no cânone operático em todos os teatros de ópera do mundo durante todo o século XX e continuarem a ser até hoje. É o "atraso" português em relação à aceitação da hegemonia da música alemã durante o século XIX e a progressiva construção da narrativa histórica em torno dessa hegemonia que fundamenta estas descrições da música em Portugal. Veremos de seguida a inversão desta tendência nos finais do século XIX com os tópicos discursivos da "abertura do país ao exterior", a quebra do seu "isolamento" e, finalmente, a nova primazia alemã e da música instrumental vista como signo progressivo.

### 10.2.5. Estreias no século XIX

Apresentamos mais alguns exemplos da enumeração de estreias e da presença em Portugal de obras por vezes bem pouco canónicas.

1. "A aquisição, em 1780, de algumas partituras de Haydn e Boccherini para uso da corte [...] indicaria um certo nível de actualização do gosto musical (na Biblioteca da Ajuda conservam-se, aliás, partituras de vários compositores não italianos, como J. C. Bach, Gluck, Myslivecek, Pleyel, Wagenseil e as três óperas milanesas de Mozart, que contudo, nunca foram executadas" (Castro, 1991: 119).

2. "Terá sido durante a representação de uma ópera no Palácio de Salvaterra (*Riccardo Cor di Leone* de Grétry), constituindo uma inovação em matéria de repertório, até então quase exclusivamente confinado a *opere buffe* e *burlete* de Guglielmi, Paisiello, Cimarosa e outros compositores italianos) que a rainha terá tido um dos seus mais fortes ataques de loucura" (*ibid.*).

3. "Durante o breve período de actividade do Teatro da Rua dos Condes que precedeu de imediato a fundação do Teatro de São Carlos [...] o repertório executado centrava-se em óperas cómicas de Paisiello, Cimarosa e Gazzaniga (Brito, 1989: 108). Entretanto, desde 1782, Marcos Portugal dirigia no Teatro do Salitre um repertório principalmente constituído por adaptações de libretos cómicos italianos, cantados em português por actores portugueses". (*ibid.*:120)

4. "A fundação do Teatro de São Carlos [...] que imediatamente se converterá no centro exclusivo do repertório lírico italiano [...] (a ópera cantada em

língua portuguesa não conhecerá aí mais do que uma existência efémera não sobrevivendo para além das primeiras temporadas)" (*ibid.*).

5. "Será ainda antes do seu encerramento [durante o período miguelista] que se verifica uma importante inovação do repertório, com as primeiras representações em Portugal de óperas de Rossini, [...] Donizetti, e Mercadante. Todos estes compositores conquistarão de forma duradoura o gosto do público (destronando assim, entre outros, as obras de Marcos Portugal, que fizera representar no teatro numerosas óperas italianas da sua autoria e dirigira pela primeira vez em Portugal, o *Orfeu* de Gluck e *La Clemenza di Tito* de Mozart respectivamente em 1801 e 1806" (*ibid.*: 122).

6. "No Porto, a inauguração do Teatro de São João em 1798 [...] (onde [...] se registaram ocasionalmente estreias portuguesas de obras importantes como *Cosi fan tutte* talvez na temporada 1814-15)" (*ibid.*).

7. Sempre segundo Castro, "a grande novidade do final do século é constituída pela introdução dos dramas wagnerianos, a partir de 1896 (*Lohengrin*) e das óperas veristas e de Puccini, e do repertório francês". Segundo o autor, "integrando-se como 'teatro italiano' no movimento de difusão das obras de Wagner em Itália (ocorrido desde 1871) o São Carlos regista a partir sobretudo de 1892-3, sob a orientação do empresário Freitas Brito, uma vaga de wagnerofilia que culminará com a estreia da Tetralogia, cantada em língua alemã e precedida de uma iniciação à obra por meio de numerosas publicações e palestras, na temporada de 1908-9 (consagrando ao mesmo tempo o fim do monopólio das companhias italianas no teatro)" (*ibid.*: 152).

### 10.2.6. Comentário

Estas numerosas descrições da vida musical portuguesa na passagem do século XVIII para o XIX são baseadas quase em exclusivo na enumeração das obras e dos compositores fundamentalmente italianos que constituíam o repertório dos teatros ou na progressiva actualização do repertório apresentado em Portugal de acordo com a produção e a evolução estilística dos centros musicais europeus. Na verdade não existe grande diferença, deste ponto de vista, entre este período e a actualidade se considerarmos as (pequenas) mudanças de gosto. Em Portugal as programações das instituições culturais em geral e, nomeadamente, do Teatro de São Carlos, em particular, continuam a ser preenchidas do mesmo modo pelo cânone musical e operático europeu, considerando as suas mudanças internas e a sua evolução histórica. O mesmo se verifica de resto na maior parte dos teatros de ópera do mundo ocidental consubstanciando a existência de um museu imaginário que realiza e concretiza num determinado tipo de repertório a predominância do cânone (cf. Goehr, 1992; Zizek e Dolar, 2002). Tal como funciona, a vida musical portuguesa, ao permanecer centralizada em larga escala no repertório canónico, é o primeiro modo de criação de inexistência da música portuguesa.

Castro escreve: "com a viragem do século, a tradição das academias de amadores em círculos burgueses e aristocráticos conhece um particular desenvolvimento, devendo-se-lhe a difusão do repertório instrumental então mais recente reunindo piano, cordas e sopros [...] incluindo por vezes arranjos de sinfonias de Mozart e Beethoven" (Castro, 1991: 125-126). Depois de referir as dificuldades decorrentes da "desconfiança com que as autoridades policiais em tempo de difusão das ideias iluministas encaravam todo o tipo de associação" o autor sublinha o "especial significado (d)a fundação em 1822, de uma Sociedade Filarmónica por iniciativa de João Domingos Bomtempo, compositor e pianista que conquistara notoriedade em Paris e Londres" (*ibid.*). Repete-se nesta passagem um dos *topoi* mais recorrentes nas narrativas da história musical portuguesa: os compositores que assumem um papel importante nas instituições de ensino e que procuram actuar como reformistas são quase sempre "estrangeirados" no sentido de transportarem o prestígio adquirido nos países do centro.

Poderemos continuar comparando de seguida os diversos momentos em que se verifica uma homologia estrutural nas narrativas da música portuguesa. Também neste aspecto não há diferenças de vulto entre o tempo de D. João V, protector de compositores que apoiou com bolsas de estudo para estudarem em Itália, e os reinados seguintes: "tal como sucedera no reinado de D. João V também agora a Coroa envia a Itália como bolseiros alguns jovens músicos portugueses" (Castro, 1991: 104) e Marcos Portugal (1762-1830) que, segundo Castro, "em 1792 beneficiando de protecção régia, parte para Nápoles" (*ibid.*: 131).

### 10.2.7 Tópico das reformas e dos introdutores (ir e vir)

#### 10.2.7.1. Itália D. João V

No ponto 5.1 "A italianização da vida musical portuguesa na primeira metade do século XVIII", Carlos Brito assinala que "a subida ao trono de D. João V em 1707 marca o início de uma significativa viragem na nossa história política, social e cultural" (Brito: 165; cf. Nery: 84-86). Esta viragem na direcção da italianização traduziu-se fundamentalmente em três aspectos.

1. O tópico das reformas.

Primeiro a reforma das instituições musicais. Para Brito, "a renovação das instituições e da vida musical portuguesa [...] vai estar desde o seu início directamente ligada à reforma da Capela Real, que foi elevada à dignidade de Sé Patriarcal em 1716 e à criação em 1713 de uma instituição adjacente [...] o Seminário da Patriarcal o qual iria constituir a principal escola de música de Portugal" (Brito: 105-106; cf. Nery: 88-89).

2. O tópico dos bolseiros.

Segundo Brito, a essas instituições "foram atribuídas rendas avultadas" das quais resulta o segundo aspecto: "uma parte das quais foi utilizada para enviar um certo número de bolseiros para Roma a fim de aí completarem a sua formação musical" (Brito: 106; cf. Nery: 90). Pode-se afirmar que desde este período até hoje só se volta a encontrar uma situação similar de investimento sistemático em bolsas a compositores, primeiro no período de D. José (Nery: 104) e depois já no século XX na política da Fundação Calouste Gulbenkian a partir de 1960.

3. O tópico da contratação no estrangeiro.

O terceiro aspecto prende-se com a contratação de músicos no estrangeiro. Brito escreve: "os nossos embaixadores estiveram decerto envolvidos na contratação de vários cantores romanos [...] que vieram servir para a Capela Real a qual em 1739 contava já com vinte e seis cantores italianos" e "quarenta e seis trinta anos mais tarde" (Brito: 106). Também actualmente os maestros titulares das duas Orquestras Sinfónicas portuguesas têm sido de uma maneira geral contratados no estrangeiro o que parece fazer crer que as sucessivas reformas não lograram conseguir uma alteração positiva da capacidade interna de produzir competências.

### 10.2.7.2. Itália D. José

Segundo Brito, "com a subida ao trono de D. José em 1750 inicia-se um novo capítulo da nossa história operática. [...] O rei tentou organizar um verdadeiro estabelecimento operático de corte fazendo contratar em Itália alguns dos melhores cantores do seu tempo [...], o arquitecto Giovanni Bibiena para desenhar e construir a Ópera do Tejo, e o compositor napolitano David Perez (Brito: 113). Verifica-se nesta fase a passagem de Roma para Nápoles como centro formador de bolseiros e exportador para Portugal: "João Cordeiro da Silva terá estudado em Nápoles, João de Sousa Carvalho [...] o nosso mais destacado compositor deste período [...] foi durante seis anos bolseiro [...] no conservatório de S. Onofrio a Capuana em Nápoles, juntamente com os irmãos Braz e Jerónimo Francisco de Lima" [...] "A influência operática italiana determinou em larga medida o estilo da música religiosa portuguesa produzida no século XVIII. Aqui, mais uma vez, os principais modelos de referência terão sido as obras dos napolitanos David Perez e Niccolò Jommelli" (*ibid.*).

### 10.2.7.3. Marcos Portugal: paradoxos
Na capítulo de Brito e Cymbron, "A hegemonia da ópera italiana. Os teatros de S. Carlos e de S. João", os autores escrevem que os teatros de ópera "irão constituir o eixo central de toda essa vida musical ao longo do século XIX, colocando a música instrumental, bem como as restantes manifestações musicais, na posição de meros satélites da cultura operática, assim como os compositores nacionais numa posição de total subalternidade em relação a um género e a uma actividade musical em larga medida importados" (Brito, 1992: 129).

Mais adiante escreve: "Em 1799 o S. Carlos apresenta pela primeira vez uma ópera de Marcos Portugal (1762-1830), compositor cujas obras se haviam celebrizado em toda a Itália e noutros países da Europa" (*ibid.*:1 30); em 1792 "partiu para Itália [...] como acontecera com muitos outros músicos portugueses do século que findava" e pouco adiante afirma que "Marcos Portugal é o compositor português de todos os tempos cuja obra conheceu uma maior difusão internacional" (*ibid.*). Dois tópicos estão aqui presentes – o "ir e vir" e a "difusão internacional".

Neste caso, Lopes-Graça e a sua ideologia moderna, favorável à música instrumental alemã e fortemente opositor da hegemonia europeia da ópera italiana, desqualifica o compositor português, neste caso por ter tido sucesso fora de Portugal no estilo proscrito pela perspectiva canónica do século XX: "Que Marcos Portugal foi aclamado, festejado, disputado no estrangeiro?! Sem dúvida. Mas também, por exemplo, Rossini e Puccini (salva a devida distância...) [...] por terem escrito no género em que certamente é mais fácil triunfar e por terem contemporizado com as predilecções, com o gosto de um público a maior parte das vezes superficial [...] foram aclamados, festejados e disputados, e nem por isso a História deixa de os julgar por terem assim esbanjado o seu real talento" (Graça: 1989: 159).

Marcos Portugal, apesar do sucesso internacional, é desqualificado por Lopes-Graça, por se exprimir num estilo dominante na Europa da sua época, considerado não autêntico. Mário Vieira de Carvalho apresenta uma posição idêntica sobre Marcos Portugal em *Pensar é Morrer*. Partindo de uma análise segundo a qual as óperas de António José da Silva, *o Judeu*, apresentadas no Teatro de Bonecos do Bairro Alto em português, deviam ser interpretadas "impondo uma espécie de *Singspiel* português contra a ópera italiana" (Carvalho, 1993: 35) – contra a interpretação de Brito que defende em 1982 que estas óperas seriam do puro estilo italiano – salientando que "a língua confere logo, só por si, um certo carácter às partes cantadas" além de que, na sua interpretação "certos desenhos de ornamentação vocal e certas repetições podem ser eventualmente entendidos precisamente como sátira do italianismo" (*ibid.*). Para Carvalho, enquanto no Teatro do Bairro Alto "o divertimento se podia transformar em esclarecimento [...] na corte teria a eficácia de mero divertimento" (*ibid.*: 37). Não é este o lugar para analisar esta importante obra do autor sobre o Teatro de São Carlos e os sistemas sóciocomunicativos aí implicados. Como o nosso objecto é outro, importa assinalar de que modo Carvalho vê Marcos Portugal neste contexto. Assim Marcos Portugal "é a um tempo produto e produtor do retrocesso ideológico [...] Enquanto antes da sua viagem a Itália cultivava géneros músico-teatrais (sobretudo farsas) em língua portuguesa no Teatro do Salitre depois da sua repentina 'subida de cotação' no mercado europeu passa a dedicar-se exclusivamente à ópera italiana" (*ibid.*: 61). Mais adiante estabelece a seguinte comparação: "Enquanto este [Mozart] faz tendencialmente o percurso da ópera *seria* para a opera *buffa*, da ópera italiana para o *Singspiel*, do teatro de corte para o teatro burguês, das fórmulas da ópera tradicional para a representação musical do processo de desenvolvimento dramático, Marcos Portugal segue ao longo de toda a sua carreira exactamente o caminho inverso. Como artista, responde às solicitações típicas do público do T. S. C.. Para ele, tal como para o seu público, o T.S.C. significa ascensão social e consideração pública". Mais adiante Carvalho acrescenta que "a assimilação da ópera italiana no século XVIII [...] liga-se ao teatro dos jesuítas dos século XVI e XVII e age contra o desenvolvimento do teatro português, em especial as tentativas de afirmação de uma ópera portuguesa ou de um género português de teatro musical" (*ibid.*: 62).

Seria interessante ver este tipo de análise aplicado ao passado recente ou mesmo à actualidade se fossemos porventura capazes de estabelecer hoje sem dificuldade o que é um estilo "autêntico" ou quais são hoje as condições essenciais para estabelecer "um género português de teatro musical". Por exemplo, sabemos hoje que o estilo dominante do pós-1945 foi o serialismo e o pós-serialismo. Chega tal verificação para uma desqualificação semelhante dos seus praticantes nomeadamente de Nunes? Serão eles "autênticos"? Poderá manter-se hoje a aura de *resistência*, autoconstruída e autolegitimidora, que rodeia os seus praticantes? Ou poderão ser vistos, a exemplo da designação usada na arquitectura modernista, como representantes de um "estilo internacional" cosmopolita no mesmo sentido em que a ópera italiana o era no século XVIII? Deslindar estas questões, muito marcadamente de ordem ideológica, será uma tarefa que nem a História se encarregará de levar a cabo. A ideia da História como *grande juiz* está desqualificada teoricamente uma vez que é sempre, e em cada momento, uma posição momentânea destinada a ser substituída por outra no momento histórico seguinte ou, pelo menos, quando se verificar uma alteração nos paradigmas que nos permitem ler o mundo. É por estas razões que os cânones ocidentais – antes indiscutíveis – estão hoje sob suspeita. Além disso, como nos ensinou Benjamin, a História é sempre a História dos vencedores. No caso deste livro de Carvalho é relativamente claro que a análise que se leva a cabo tem modelos adornianos de progresso e restauração, representados pelo *Singspiel* de Mozart, visto como esclarecido, e a ópera italiana, tradicional, da corte, do São Carlos, vista como sinal de retrocesso (divertimento).

### 10.2.7.4. Bomtempo: Londres, classicismo e reformas
Segundo Cymbron, João Domingos Bomtempo, pianista e compositor que viveu em Londres e Paris, tentou contribuir para por termo ao reinado exclusivo da ópera, "para a introdução entre nós da música instrumental de raiz germânica, boémia e francesa, e para a reforma do ensino musical segundo o modelo laico representado pelo Conservatório de Paris" (Cymbron, 1992: 138). Segundo Castro desempenhou "um papel comparável ao dos literatos e pedagogos ditos 'estrangeirados' do século XVIII e princípio do XIX". (Castro, 1991: 132) mais um dos exemplos recorrentes do *topos* do reformista estrangeirado. A verve crítica do jovem Lopes-Graça, a sua filosofia da história da música, considera insuficientes os dotes artísticos de Bomtempo: "figura a tantos os títulos notável, não era decerto artista criador à sua medida, nem à altura das circunstâncias" (Lopes-Graça, [1955] 1989: 17-18). Na perspectiva de Graça deve valorizar-se antes do mais e em oposição simétrica àquilo que serve para desvalorizar Marcos Portugal, a sua predilecção pelo classicismo vienense e o contacto com os centros que lhe "abriu os olhos". "Como artista, deve-se a Bomtempo a introdução na música instrumental portuguesa das formas do chamado classicismo vienense [...]. Aliás, foram os grandes centros musicais do estrangeiro, como Paris e Londres, onde a sua mentalidade e a sua cultura se formaram. [...] foi o contacto com esses centros que lhe abriu os olhos para o muito que, em matéria de actualização da cultura musical, havia

a fazer entre nós" (*ibid.*: [1958] 1973: 55-56). Parece confirmar-se a homologia estrutural nas narrativas dos diversos períodos da música portuguesa.

### 10.2.7.5. Germanofilia nos finais do século XIX

A vida musical do Porto nos finais do século XIX teve considerável incremento e alguns dos seus responsáveis tiveram tido uma passagem pela Alemanha em mais uma substituição de centro irradiador. Alguns exemplos:

1. Segundo Paulo Ferreira de Castro, Bernardo Moreira de Sá (1853-1924) foi "discípulo em Berlim do famoso Joachim e fervente wagneriano" (Castro, 1991: 149).

2. Sobre o pianista Raimundo de Macedo (1880-1931) afirma: "regressado do Conservatório de Leipzig onde estudara" (*ibid.*). Também em Lisboa a predominância das viagens de formação naquele pais é patente.

3. Sobre Alexandre Rey Colaço escreve: "formado em Madrid, Paris e Berlim" (*ibid.*).

4. Sobre David de Sousa, lê-se que foi "formado no conservatório de Leipzig" (*ibid.*).

Se pensarmos nos casos de Viana da Mota e de Luís de Freitas Branco, que veremos no ponto seguinte, ambos com estudos no mesmo país, pode afirmar-se que a ida para a Alemanha, nesta fase, se tinha tornado quase obrigatória na formação complementar dos músicos portugueses. Castro refere que "as primeiras orquestras lisboetas cuja actividade decorre de forma mais ou menos estável serão [...] a Orquestra Sinfónica Portuguesa dirigida pelo maestro espanhol Pedro Blanch (desde 1911) e a Orquestra Sinfónica de Lisboa dirigida (desde 1913) por David de Sousa, formado no conservatório de Leipzig" (*ibid.*: 151).

Sobre o movimento orfeónico, o autor escreve "de acordo com um artigo do *Diário de Notícias*, já em 1863 por ocasião de uma visita a Paris o Rei-Artista D. Fernando II tivera "diversas conferências com Rossini e com várias outras ilustrações musicais, para estudar os meios de estabelecer em Portugal as associações de coros que tanto influem na educação e moralidade do povo francês e alemão" (*in* Teixeira, 1986: 285, *apud ibid.*). Segundo Castro, "no campo da ópera, intensifica-se a contestação ao modelo institucional do Teatro de São Carlos e a crítica à sua incapacidade em constituir-se como teatro de ópera nacional o que leva à supressão do subsídio estatal em 1892" (*ibid.*: 152). Castro cita uma passagem de Fialho de Almeida por altura do centenário do teatro de ópera: "No fim de contas, mesmo sob o ponto de vista da música [...] qual tem sido o papel do S. Carlos na desinvolução das artes nacionais e no cultivo religioso da emoção? Acaso alguma vez se viu sob a influência de tantos anos de subsídios líricos, surgir entre os frequentadores de S. Carlos um gosto fino, um critério acústico educado, uma paixão forte pela obra genial dos grandes mestres?" (Almeida, 1933: 266-267 apud Castro: *ibid.*).

Segundo Castro, face às mudanças de gosto os empresários serão levados a introduzir alterações substanciais na programação do teatro: "a grande novidade do final do século é constituída pela introdução dos dramas wagnerianos, a partir de 1896 (*Lohengrin*) e das óperas veristas e de Puccini, e do repertório francês. [...] integrando-se como 'teatro italiano' no movimento de difusão das obras de Wagner em Itália (ocorrido desde 1871) o São Carlos regista a partir sobretudo de 1892-3, sob a orientação do empresário Freitas Brito, uma vaga de wagnerofilia" (Castro, 1991: 152).

### 10.2.7.6. Viana da Mota e Luís de Freitas Branco
Ainda segundo Paulo Ferreira de Castro, "as figuras mais influentes na viragem do século seriam José Viana da Mota (1886-1948) e Luís de Freitas Branco. Segundo o autor, o primeiro, "graças ao patrocínio de D. Fernando e da condessa de Edla parte para Berlim em 1882 para frequentar o conservatório Scharwenka, recebendo igualmente lições de Liszt em Weimar, em 1885, e, desde 1887, de Hans von Bülow"; O autor escreve que "a partir da sua primeira visita a Bayreuth (1884)" o interesse por Wagner e "pela obra e a filosofia do compositor alemão farão dele, nos anos 90, um pianista-conferencista muito apreciado, além de colaborador dos *Bayreuther Blätter* e outras publicações" [...]. "Com o início da Grande Guerra instala-se na Suíça" e "em 1917 fixa-se definitivamente em Portugal, sendo nomeado director do Conservatório de Lisboa" onde trabalha "no projecto de reforma daquele estabelecimento de ensino oficialmente consagrado em 1919" (*ibid.*: 158). Segundo Castro, "como compositor, Viana da Mota parte de uma aproximação à estética do Romantismo alemão, e consagra-se muito em especial à invenção de um estilo que se assume como caracteristicamente nacional, parcialmente baseado numa recriação pessoal do folclore". Para o autor, a *Sinfonia 'À Pátria'* (escrita em 1895 e estreada dois anos depois num concerto do Orpheon Portuense)" é "uma obra profundamente emblemática de uma certa mitologia de 'ressurgimento' nacional (de inspiração sintomaticamente camoniana), possivelmente o mais eloquente testemunho musical da atmosfera do pós-Ultimato (*ibid.*).

Diz-nos Paulo Ferreira de Castro que "quanto a Luís de Freitas Branco (1890-1955), é habitual apontá-lo como "o introdutor do modernismo musical em Portugal", pelo papel preponderante que lhe coube na aproximação da música portuguesa do seu tempo às correntes estéticas europeias mais inovadoras" (*ibid.*: 159-162). Após a sua formação inicial sob Augusto Machado e o Padre Tomás Borda, "prosseguindo os seus estudos desde 1906 com o organista e compositor belga Désiré Pâque, que o iniciou nas teorias de Vincent d'Indy" e posteriormente "em 1910, parte para Berlim onde estuda com Humperdinck e onde reencontra o mestre belga". Nesta cidade, uma audição em 1910 de *Pelléas et Mélisande* de Debussy "viria a constituir um facto decisivo na orientação francófila e latina da sua estética". Sobre este facto, Castro cita Freitas Branco: "a minha educação musical, então essencialmente germânica mudou, ou antes, começou uma vida artística nova que era finalmente aquela por que eu ansiava" ([1959] *apud* Castro, 1991: 159). No entanto o autor refere que "na sua primeira obra mais importante – a [1.ª] Sonata para violino e piano, concluída em 1907 " evidencia "uma clara influência de César Frank" e mais adiante "[E]m 1909, as suas afinidades com a cultura literária e musical francesa tornam-se patentes" em diversas obras que cita (Castro, *ibid.*: 160). Sobre esta fase, o autor escreve estarmos perante "uma extraordinária manifestação de criatividade, praticamente sem paralelo na história de música portuguesa (de certo modo comparável à efervescência "modernista" sua contemporânea na literatura e nas artes plásticas portuguesas" (*ibid.*).

Apesar de o caso de Freitas Branco ser visto como excepcional verificamos neste passo o tópico do introdutor e o da aproximação às correntes europeias e uma descrição idêntica à das biografias dos compositores de hoje: os professores, as viagens, as influências.

### 10.2.7.7. Conclusões

Cada momento "cosmopolita" de introdução em Portugal de uma corrente ou de uma nova ideia de universalidade é seguido por uma incapacidade de se produzir e reproduzir essa tendência para além de um ou outro seguidor – João de Freitas Branco considera a ligação entre o seu pai Luís de Freitas Branco e Joly Braga Santos como o único caso de um compositor português que terá influenciado outro.[170] A cada um destes momentos segue-se ou um retorno ao discurso nacionalista com a seu apelo à re-ligação às fontes verdadeiras do "ser português" ou, cada vez com menores lapsos temporais entre si, uma nova investida de uma outra corrente cosmopolita, sob a forma de um

---

[170] Cf. Branco (1959; 1960).

novo estilo, de uma nova técnica ou de uma nova filosofia estética. A descrição sucessiva de "introdutores" em Portugal atesta este processo estrutural de subalternidade, esta incapacidade para incorporar de uma forma profunda as novidades importadas.

### 10.3. As Histórias sobre o século XX

#### 10.3.1. Relatos do século XX até 1992

##### 10.3.1.1. Problemáticas do nacionalismo musical

Apresentaremos aqui brevemente um apanhado das descrições de Paulo Ferreira de Castro e de Luísa Cymbron, autora que, aliás, no essencial, segue o texto de Castro do capítulo "Fim-de-Século e Modernismo".[171]

A questão do nacionalismo musical esteve sempre presente nos debates no campo musical até 1945. Não apenas em Portugal mas em praticamente todos os países do Ocidente. Nos países centrais, nos quais a ideia da universalidade da música estava mais arreigada, havia não obstante discussões e recepções que sublinhavam o carácter nacional, tanto em França, de Debussy, do Grupo dos Seis, como respostas possíveis à primazia alemã, nesta fase principalmente wagneriana, ainda em França da natureza da música russa que os *ballets* russos aí instalados desde 1906 aprsentavam, como na Alemanha de forma cada vez mais intensa até ao ponto culminante da ideologia nazi que procurava enfatizar a presença espiritual do *volk* na música. Na Alemanha nazi o modernismo foi visto como uma forma de arte degenerada e proibido, o que, no imediato pós-guerra, provocou uma inversão do prestígio simbólico a favor das correntes anteriormente excluídas e perseguidas, como vimos no capítulo V.

Não admira que em Portugal um dos aspectos mais persistentes se prenda com "o debate entre os partidários de uma atitude estética de tipo nacionalista (inspirada ou não no folclore) e os defensores de uma orientação artística cosmopolita ou universalista não se encerraria [...] no período politicamente conturbado mas culturalmente fecundo da primeira república" (Castro, 1991: 165). Segundo o autor, este debate "reformulado e reenquadrado nos seus pressupostos ideológicos, reencontrá-lo-emos de novo no período

---

[171] Esta é igualmente a opinião de Manuel Pedro Ferreira (Cf. Ferreira, 2001).

seguinte, prolongando de uma ou outra forma os seus efeitos até aos dias de hoje" (*ibid.*). Na verdade, sob diversas formas a questão do nacionalismo *versus* cosmopolitismo não deixa de ocupar um lugar central, mesmo nas fases em que uma das tendências parece dominar a oposta. Os termos da discussão vão variando de acordo com os conceitos disponíveis em cada período, mas o seu núcleo fundamental persiste. Mas pode afirmar-se que, a partir do impacto da Escola de Darmstadt em Portugal, a questão do nacionalismo musical como que desapareceu dos debates públicos. As ideias subjacentes à nova corrente eram fundamentalmente cosmopolitas e universalistas. Para estes compositores não havia nacionalidade, havia "música de vanguarda" independente de qualquer nacionalidade ou lugar, de uma forma de certo modo correspondente ao chamado estilo internacional na arquitectura.

Nos finais do século XIX e inícios do século XX não era ainda assim. Os momentos mais marcantes deste percurso histórico e a continuação das sucessivas filiações, para além dos já referidos Viana da Mota e Luís de Freitas Branco, prendem-se com Lopes-Graça que ocupa um lugar central no século XX português como tem sido referido. Um dos aspectos mais ricos do seu percurso foi a tensão que conseguiu manter, no quadro do nacionalismo musical de António Ferro e Rui Coelho, entre essa orientação próxima do regime e a sua própria que definia como "nacionalismo orgânico", acusando os seguidores da política salazarista no campo musical de superficialidade e mediocridade.[172]

### 10.3.1.2. A caminho do presente

No seu último capítulo, "A difícil invenção do presente", Paulo Ferreira de Castro empreende uma descrição das "alterações nas estruturas da vida cultural portuguesa de meados do século XX" e considera que "são determinadas por diversos factores: a relativa liberalização do regime político empreendida pelo governo de Marcelo Caetano; o lento processo de abertura do país ao exterior, e de superação do isolacionismo ideológico e cultural das décadas de 30 a 50, precipitado depois pela revolução de 25 de Abril de 1974; e, no plano mais especificamente musical, a generalização dos *mass media* – a rádio (com a sua programação diária de música 'clássica', actual Antena 2), o disco, o cinema e a televisão (emissões públicas a partir de 1957) – provocando

---

[172] Sobre esta problemática, ver Carvalho (em particular 1989, 2006) e Cascudo (2004).

nomeadamente a decadência da actividade musical amadora mas igualmente um considerável alargamento das referências culturais do público, e a difusão em larga escala de obras, intérpretes e correntes estéticas" (*ibid.*: 176).

O autor descreve as alterações institucionais verificadas no São Carlos (*ibid.*: 176-177) e nas orquestras (*ibid.*: 177-178) mas reserva um adequado destaque para a Gulbenkian. Assim escreve:

> Mas o factor de maior impacto no delineamento da actual fase da vida musical em Portugal seria, indubitavelmente, o conjunto de realizações promovidas no domínio da música pela Fundação Calouste Gulbenkian (criada em 1956). Sob o impulso de Madalena de Azeredo Perdigão, multiplicam-se iniciativas de amplo alcance, como a realização dos Festivais Gulbenkian de Música (1957-1970), a constituição de uma orquestra própria em 1962 (denominada Orquestra Gulbenkian a partir de 1971), de um coro profissional (1964), além de um grupo de bailado, a instituição de temporadas regulares de concertos nos auditórios construídos na nova sede da Fundação (desde 1970), a criação dos Encontros Gulbenkian de Música Contemporânea (regularmente realizados desde 1977), das Jornadas de Música Antiga (desde 1980) do Serviço ACARTE ("Animação, Criação Artística e Educação pela Arte", a partir de 1983) além da constituição de uma comissão de musicologia (de que resultariam edições impressas e discográficas consagradas ao património musical português) do apoio a várias entidades promotoras de concertos e a múltiplas iniciativas de âmbito pedagógico-musical, da concessão de bolsas a estudantes portugueses, da organização de cursos e concursos nacionais de composição (1965, 1968, 1971 e 1974), da encomenda de obras a compositores portugueses e estrangeiros, etc. [*ibid.*:177].

Esta detalhada descrição das actividades e da importância da Fundação Gulbenkian atesta a sua centralidade inequívoca na actividade musical em Portugal embora seja necessário proceder adiante a actualizações e problematizações de alguns aspectos. Um dos aspectos, tanto dessa centralidade, e como dessas problemáticas prende-se com algumas consequências daquilo que o autor refere em seguida:

> De facto, dada a inércia ou a incapacidade manifestada pelas entidades oficiais e privadas para sustentar iniciativas dinamizadoras da vida musical (situação que se tem prolongado, de um modo geral, até aos nossos dias), pode dizer-se que – com todas as distorções que inevitavelmente resultam da existência de uma *forte super-estrutura* num país de infra-estruturas frágeis – é quase exclusivamente graças

à Fundação Gulbenkian que Lisboa pode hoje considerar-se um centro musical relativamente importante a nível europeu, participando regularmente do circuito internacional dos maiores concertistas e agrupamentos sinfónicos e de câmara do nosso tempo [*ibid.*: 177].[173]

Mais uma vez, tal como a quase totalidade dos musicólogos portugueses, o maior destaque sobre a importância da Gulbenkian dirige-se para o facto de participar "do circuito internacional dos maiores concertistas e agrupamentos sinfónicos e de câmara do nosso tempo", ou seja, de se inserir como compradora ou importadora no plano das trocas culturais. Nesse sentido, o que mais se destaca da acção da Gulbenkian é o facto de ter favorecido a importação do "lá fora" para "cá dentro". Veremos adiante a contestação e as divergências de Mário Vieira de Carvalho, nos anos 1970, face à orientação do Serviço de Música que ficará longos anos como a única expressão de forte dissidência face à Gulbenkian no espaço público.

### 10.3.1.3. O impacto da escola de Darmstadt

A mudança do pós-guerra faz-se sentir em Portugal mais tarde: "Do ponto de vista da criação, o início da década de 60 marca de forma muito nítida uma ruptura na orientação técnica e estética da maioria dos compositores portugueses" (*ibid.*: 178). Após referir os nomes das gerações anteriores que continuavam activos (Lopes-Graça, Joly Braga Santos) "sem renegarem no essencial as linhas definidoras das respectivas linguagens" e alguns outros que "fazem a transição entre os últimos prolongamentos de um neoclassicismo de feição por vezes um tanto académica e processos de escrita mais identificados com a modernidade europeia dos anos 40 e 50", o autor escreve: "é sob a franca influência das correntes vanguardistas do pós-guerra, e em particular do epicentro de Darmstadt, que compositores como Álvaro Cassuto, Jorge Peixinho, Emanuel [sic] Nunes, Constança Capdeville e Álvaro Salazar, acompanhados por Filipe Pires, emergem no estagnado e timorato panorama musical português do meio século" (*ibid.*). Mais adiante estudaremos esta fase com maior detalhe.

### 10.3.2. Esboços posteriores a 1992

Depois da publicação das duas histórias de música portuguesa em 1991 e 1992 não houve nem reedição, nem actualização, nem nenhuma outra publi-

---

[173] Itálico meu.

cação similar. Há vários textos dispersos que apresentam balanços, de Carvalho, (1992), Azevedo (1998), Ferreira (2007), e um anexo da autoria de José Eduardo Rocha na 4ª edição da *História* de João de Freitas Branco.[174]

No seu capítulo "Trajectórias da Música em Portugal no século XX: escorço histórico preliminar" Manuel Pedro Ferreira escreve que "a história da música do século XX está por fazer. Não dispomos ainda de suficientes trabalhos de investigação sobre os diversos aspectos da actividade musical, nem de uma visão de conjunto suficientemente integrada" (Ferreira, 2007). Na parte final do seu capítulo, Ferreira escreve: "A adesão de Portugal à Comunidade Europeia, com o concomitante crescimento das comunicações internacionais e do fluxo financeiro, e a apetência democrática pela diversificação dos pólos culturais, afectou indirectamente a vida musical dos anos 90, através da multiplicação dos contactos profissionais, do aparecimento de novos festivais de música, da dinâmica criada por instituições como o Centro Cultural de Belém, a Culturgest e a Fundação de Serralves ou por projectos pontuais como Lisboa 94 – capital europeia da Cultura" (*ibid.*: 52). Veremos mais adiante que a entrada em cena destas novas instituições terá uma grande e cada vez mais notória importância na perda da hegemonia de que a Gulbenkian dispôs durante várias décadas e no aumento claro da diversidade interna.

A quarta edição da *História da Música Portuguesa*, editada e actualizada por João Maria de Freitas Branco, inclui um novo anexo sobre a criação musical em Portugal 1960-2004 (Rocha, 2004) da autoria de José Eduardo Rocha.[175] Trata-se, juntamente com o escorço de Ferreira, da publicação que mais se aproxima do presente. No ponto 2 – "da segunda guerra ao segundo milénio" – José Eduardo Rocha escreve: "o ano de 2002 [...] foi um ano especial para a Música Contemporânea Portuguesa. Realizaram-se duas boas retrospectivas de dois importantes compositores portugueses contemporâneos: Emmanuel Nunes e António Pinho Vargas". O autor considera que "o aconte-

---

[174] O livro recente de Victorino de Almeida (2008), apesar do seu interesse, apresenta-se como um testemunho individual e não pretende ter a exaustividade de uma história.

[175] As sucessivas edições desta obra foram-se esgotando. O seu editor, João Maria de Freitas Branco, a partir da segunda edição, tem acrescentado notas que o seu pai terá deixado tendo em vista uma nova edição do livro original de 1959 que no entanto nunca publicou em vida. Entretanto, o editor tem-no feito sem que seja clara a diferença entre o conteúdo original da primeira edição e os acrescentos posteriores – o que só se pode verificar lendo-a e comparando-a com as edições seguintes. Esta opção metodológica, certamente discutível, não afecta o "Anexo" em questão, de autoria devidamente assinalada.

cimento é significativo por muitas e variadas razões" (*ibid.*: 346-347). Como primeira razão aponta o facto de "nunca se terem realizado, nestes moldes retrospectivas de compositores no activo, sejam do passado longínquo ou recente [...] apesar de muitos compositores urgentemente o merecerem" (*ibid.*). Para o autor, a segunda razão deriva de "terem ido avante com o apoio de instituições privilegiadas, em novos espaços públicos (CCB e Culturgest) emblemáticos do reequipamento cultural recente da sociedade portuguesa, já que anteriormente era a Fundação Calouste Gulbenkian que se ocupava dessa missão". A terceira razão, "porque o nível dos empreendimentos foi de excelência contando com os melhores intérpretes e formações disponíveis" e "a quarta razão pela qual as retrospectivas mencionadas também foram significativas prende-se com a relativa adesão do público, essa entidade que para a música contemporânea é um verdadeiro problema" acrescentando: "não terá sido essa a razão principal para o fim dos encontros Gulbenkian?" (*ibid.*: 347).

Finalmente, a quinta razão, para o autor, "prende-se com a delicada questão das correntes musicais.[176] A um certo nível de leitura, tanto Emmanuel Nunes como António Pinho Vargas, por causa da proximidade temporal e espacial das retrospectivas pareceram representar dois perfis de composição opostos, não com a polemização mundana 'à la querelle des Bouffons' [...] mas o suficiente para dar, a muitos observadores atentos, a indução de uma polarização de duas atitudes antagónicas, que dialecticamente coexistem na instituída música contemporânea actual". Concretizando a sua perspectiva de bipolarização, José Eduardo Rocha escreve:

> Às vezes, nos currículos portugueses, dá-se demasiada ênfase a uma ou outra escapadela no exterior [...].Ora Emmanuel Nunes é um compositor português que verdadeiramente se internacionalizou. O seu grande talento, que dificilmente se teria formado e desenvolvido no Portugal da sua juventude, ainda que mais tarde apoiado pela Fundação Calouste Gulbenkian aqui sediada, encontrou na região franco-alemã o verdadeiro terreno para se implantar (todos os títulos das suas obras são em francês, alemão ou latim). Também por isso, Nunes representa a música contemporânea fortemente alicerçada na tradição *mittel* europeia, sobre-

---

[176] Devo acrescentar, numa nota pessoal de carácter auto-reflexivo, que esta dupla polaridade enunciada por Rocha não será certamente partilhada sem discussão pelos diversos agentes do campo musical em Portugal. Que tenha conhecimento, nenhuma recensão foi publicada sobre este anexo.

tudo a do foco darmstadtiano derivado da segunda escola de Viena e que até ao pós-modernismo constituiu a base do cânone musical contemporâneo [*ibid*.: 350].

O autor tece algumas considerações sobre este contexto. "Os seus paradigmas significaram para várias gerações do pós-guerra [...] o estado mais avançado da música e as direcções técnicas e estéticas lógicas a tomar sob o ponto de vista de uma ideia da evolução histórica" (*ibid*.: 351). Por outro lado, afirma, "desde há três décadas que, gradualmente, compositores de todo o mundo têm vindo a protagonizar uma reacção a essa espécie de "estalinismo" [...] reacção cujo mais conhecido representante em Portugal é António Pinho Vargas, simbolizando, nesta análise, a reacção pós-moderna a esses cânones e dogmas composicionais que marcaram o progresso musical nos anos 50, 60 e 70". A autor termina esta exposição escrevendo: "Para concluir este eclodir de razões, a influência tentacular dos dois músicos na sociedade musical portuguesa é grande, seja do primeiro com os seus 'pares rítmicos', seja do segundo com os seus 'ritmos pares' (*ibid*.: 351). Assim, escreve: "Emmanuel Nunes, através dos estimulantes seminários realizados na Gulbenkian, desde os anos 80, e da apresentação regular das suas obras em Portugal (geralmente com o apoio da Fundação Calouste Gulbenkian) de que a retrospectiva foi o remate lógico. Mas também ao abrigar, nos centros musicais importantes onde se fixou em França e na Alemanha, numerosos alunos, estagiários e assistentes (os mais célebres são João Rafael e Pedro Amaral, mas podemos ainda referir Virgílio Melo, Roy Rosado, Pedro Rocha, Paulo Ferreira Lopes, Ricardo Ribeiro, entre outros). E prossegue: "António Pinho Vargas, através dos *media*, onde, desde os tempos em que foi um popular músico de jazz, nunca deixou de ter assídua presença, mas também através de cargos públicos em instituições (Serralves e CCB) e obviamente através do ensino onde é um demiurgo e popular professor, bem como através dos seus discos, escritos, conferências e apresentações da sua obra de que a retrospectiva foi o zénite lógico mas não conclusivo" (*ibid*.: 351-352).

Depois de referir a importância de Christopher Bochmann citando Teresa Cascudo, "um dos artífices da grande transformação ocorrida no âmbito da composição portuguesa nos últimos anos", Rocha escreve: "ainda que estes e outros compositores tentem consciente ou inconscientemente 'fabricar' discípulos, ou impor as suas maneiras, a filosofia da diversidade e da liberdade de escolha começa a impor-se na sociedade actual" (*ibid*.).

Regressando à questão do aumento da qualidade das interpretações, Rocha traça alguns aspectos que diferenciam a fase actual da fase anterior: "Lembremo-nos que outro 'par' importante de compositores, Constança Capdeville e Jorge Peixinho [...] sentiram-se um pouco forçados [...] a fundar os seus próprios grupos". Segundo o autor, "se não fossem eles a ocupar-se disso seria muito difícil, nesse tempo, em Portugal, encontrar intérpretes especializados e portanto ver as suas obras 'quase (in)completas' realizadas" (*ibid.*: 347). O autor sublinha neste aspecto a transformação ocorrida em Portugal no final do século XX com o aparecimento de novas instituições culturais activas no campo musical – ao nível das encomendas, da apresentação de concertos, e em alguns dos casos mais recentes, nas gravações – terminando com a posição solitária de Gulbenkian, como havia referido, verificando-se igualmente uma mudança considerável do ponto de vista da existência de grupos e intérpretes competentes. O autor tece ainda algumas considerações sobre um outro aspecto: "o conceito de história da música de um determinado país é hoje um conceito discutível, dada a ambiguidade estética que envolve o conceito de nação, numa época em que aparentemente não há fronteiras e as mercadorias circulam livremente" (*ibid.*: 348).

De acordo com as posições analíticas já aqui apresentadas sobre o actual período histórico há que enfatizar o facto do autor ter escrito "aparentemente não há fronteiras" o que reforça no que segue: "Daí não decorre que hoje sejamos mais beneficiados com a circulação de produtos [...] a verdade é que a colocação dos nossos produtos musicais no mercado internacional continua muito difícil. [...] Hoje em dia o problema da qualidade intrínseca ou técnica já não se põe mas mais o da qualidade do mercado, pois será muito difícil para um país que mesmo depois da entrada na UE, permanece periférico, competir com países com mais longas tradições de criação e cosmopolitismo musicais". Mais adiante escreve: "Quando falamos de História da Música, devemos sempre pensar que estamos a aludir à história da música dos países mais ricos ou poderosos do mundo, e, se há excepções, muitas delas necessariamente se relacionam com o conceito de germanófolo, ou anglófono, ou francófono" (*ibid.*: 349). E prossegue: "mesmo quando o panorama de compositores de nomeada inclui tantos chineses, coreanos ou japoneses, a situação é paradoxal, pois se reporta à adopção de modelos da cultura ocidental e menos ao inverso". [...] Não há nenhuma evidência de que o "génio" [...] seja exclusivo de alguma comunidade humana. Mas a transformação desse génio em mercadoria de referência depende de muitos outros factores, um dos quais o grau de desenvolvimento económico e cultural das sociedades" (*ibid.*). O autor aproxima-se, nestas passagens de enquadramento do fenómeno musical nas últimas décadas, das reflexões de José-Augusto França e de George Steiner sobre o campo artístico e literário atrás referidas, e da problematização mais geral que este trabalho procura levar a cabo. Em relação ao tipo de público que frequenta habitualmente os concertos de música contemporânea, mais adiante Rocha cita declarações de Cathy Berberian de 1961 que, de algum modo, vão de encontro às teorias de Pierre- Michel Menger sobre o isolamento do que aqui designamos por subcampo contemporâneo: "Ce n'est pas [...] comme ce qui on voit en Italie ou l'ont voit toujours les quatre mêmes pelés avec leurs épouses, et leurs non-épouses, et les chefs d'orchestra, et les chanteurs, et les rivaux et les concurrents..." (*apud*: 349). Este é um testemunho por parte de uma artista célebre em relação à crise da música contemporânea e ao carácter de "arte para produtores" definida por Bourdieu como vimos nos capítulos respectivos.

Uma das questões que quase inevitavelmente afloram nos textos sobre história da música portuguesa é a questão da ópera e da supremacia italiana. Segundo Rocha "observa-se até que na nossa história da música – pelo menos entre o barroco e a *belle époque* –, há um predomínio da ópera (especificamente dos modelos italianos) em detrimento do desenvolvimento de outros géneros de prática musical (coral, coral-sinfónica, sinfónica, camerística, solística, etc.) (*ibid.*: 353). Sobre as óperas compostas por portugueses, neste contexto, Rocha escreve "exceptuando a *Serrana* [de Alfredo Keil, composta em 1885] que se manteve mais ou menos constante no repertório (de vinte e tal em vinte e tal anos), raramente uma destas óperas foi reposta em concerto, remontada em palco, recuperada musicologicamente, editada ou gravada" (*ibid.*: 354). Em nota, o autor aponta as pouca excepções : "só o filme-ópera *Os Canibais* (1988) de Manoel de Oliveira (com libreto e música de João Paes) , alguns registos televisivos (por investigar na sua totalidade) e *Os Dias Levantados* (1998) de António Pinho Vargas (editada pela EMI e que também saiu com o jornal Público na colecção 25 de Abril 30 anos) estão profissionalmente gravadas. As partituras das óperas deste último e de *O Doido e a Morte* (1993) de Alexandre Delgado, foram impressas pela Musicoteca, mas só para aluguer. Mais nenhuma ópera portuguesa dos séculos XX e XXI se encontra acessível em qualquer suporte" (*ibid.*: 354). Tendo sido publicado em 2004, este texto deve ser actualizado em dois aspectos: primeiro, a editora Musicoteca faliu em 2005, tendo, ainda antes, encerrado a sua actividade editorial, dando continuidade ao destino efémero que caracterizou até hoje todos os projectos editoriais em Portugal; em segundo lugar, foi editada em 2005 a gravação da ópera de câmara *O Fim* (2004) de Carlos Marecos, com o apoio do Instituto Camões que, aliás, também apoiou em parte a edição discográfica de *Os Dias Levantados* e ainda a gravação e transmissão pela RTP2 da ópera do próprio José Eduardo Rocha *Os Fugitivos* (Branco: 2005: 362).

Há que referir igualmente que a Casa da Música deu início à publicação de discos, nos quais participam os seus agrupamentos residentes, o Remix Ensemble e no terceiro igualmente a Orquestra Nacional do Porto: o primeiro CD duplo de 2004 inclui obras de Jorge Peixinho, Emmanuel Nunes, Miguel Azguime, Nuno Côrte-Real e de Brice Pauset, James Dillon, e Johannes-Maria Staud; posteriormente publicou dois CD monográficos o primeiro com duas obras de Emmanuel Nunes em 2007; e o segundo com três obras de António Pinho Vargas em 2008 o que, de algum modo, poderá aparentar uma confirmação da dupla polaridade estilística defendida por Rocha.

De acordo com estes dados apesar da mudança estrutural do panorama institucional do campo cultural português, com a entrada em acção das novas instituições já referidas durante os anos 1990, de outros pontos de vista, como o das edições de partituras e o das edições discográficas, igualmente estruturais, o panorama actual mantém-se em patamares da carência ou insuficiência. O que não parou de aumentar até hoje foi o aparecimento de novos compositores e o interessa de jovens solistas e grupos de câmara por obras de autores portugueses do século XX.[177]

---

[177] Estes jovens músicos manifestam com frequência e lucidez a grande dimensão da ausência. Já na revisão final da tese pude ler declarações do jovem violoncelista Bruno Borralhinho ao jornal *Público* que complementam e reforçam o enunciado inicial: "Vivo na Alemanha há quase dez anos e constato com tristeza que a música erudita portuguesa é quase desconhecida. Nunca vi nenhuma obra portuguesa nos programas mas grandes orquestras alemãs e nunca vi um recital em que se tocasse um compositor português" in *Público* (Y, 5 de Fevereiro de 2010: 16).

# CAPÍTULO XI
# AUTORES E CÂNONES

Fernando Lopes-Graça é, de longe, o compositor português do século XX com maior "obra literária" publicada. Nos últimos anos destaca-se Alexandre Delgado, igualmente autor de três livros publicados entre 2001 e 2007 (Delgado, 2001; 2005; Delgado *et al.* 2007). Ambos abordaram directamente a problemática da ausência da música portuguesa e, por isso, uma análise dos discursos dos portugueses sobre o assunto terá forçosamente de passar com algum detalhe por estes compositores/autores.

## 11.1. Autores e Compositores

### 1.1.1. Os dilemas de Lopes-Graça
Figura absolutamente central da música portuguesa do século XX, a vida de Fernando Lopes-Graça abarca praticamente todo o século e tanto a sua actividade como compositor como a sua actividade reflexiva e crítica não têm paralelo. Para Paulo Ferreira de Castro "Lopes-Graça aparece indubitavelmente como a personalidade dominante da vida musical portuguesa durante o período salazarista e marcelista, facto tanto mais paradoxal porquanto toda a sua actividade se desenvolve assumidamente à margem dos circuitos institucionais oficiais do regime" (Castro, 1991: 171). Além disso levou a cabo "a última tentativa e, sem dúvida, a mais consequente, de concepção de um estilo musical 'nacional' por via de uma assimilação aprofundada do carácter idiossincrático da música rural tradicional". Para o autor "essa matriz cultural, depurada e reinventada integra-se num discurso musical informado pelos modelos de Ravel, Stravinsky, Falla e Bartok" (*ibid.*: 172). Voltaremos à questão de um estilo nacional.

Há alguns aspectos centrais na sua produção e reflexão, nomeadamente a questão do "nacionalismo orgânico" – conceito de certo modo produzido para marcar a sua diferença quer em relação aos compositores nacionalistas precedentes quer em relação às políticas igualmente nacionalistas de António Ferro, ideólogo do regime de Salazar – bem como todo o trabalho teórico e prático relativo ao folclore português e uma espécie de ambivalência face à dicotomia alta/baixa cultura, ou à dicotomia erudito/popular que mantêm presença recorrente nos seus escritos. Não obstante a importância em si, que aliás já tem sido objecto de outros estudos recentes, estas problemáticas não constituem temáticas centrais para o nosso objecto de análise. Serão abordados apenas na medida em que se relacionem com a temática da ausência.

As análises de Lopes-Graça mantêm um equilíbrio instável entre diversas posições, por vezes, contraditórias. Vou procurar agrupá-las em sete pontos.

1. Não existe história da música portuguesa.

> Por um lado, a música portuguesa não teve um processo histórico orgânico, foi sucessivamente interrompida por hiatos, descontinuidades e não apresenta figuras suficientemente ou realmente representativas; é uma história fraca, incapaz de atingir o carácter "universal" de outras artes, especialmente a literatura. [Graça, [1943] 1989: 15]
> Não existe continuidade histórica, nem substancial, nem instrumental, na música portuguesa [...] A música portuguesa [...] tem de se fazer ainda". [Graça, [1942] 1989:152]
> [...] uma das fatalidades da música portuguesa foi nunca ter encontrado, nos três ou quatro momentos em que a nossa cultura estremeceu [...] a personalidade ou as personalidades que, no seu domínio próprio, encarnassem os ideias e as tendências da hora". [Graça, [1955] 1989a: 15]

2. Por outro lado, cada momento mais ou menos criativo é analisado pelo compositor/autor como atrasado, desfasado ou retrógrado em relação aos seus contemporâneos europeus. Assinale-se que esta perspectiva só é possível quando se tem uma perspectiva global sobre o passado que privilegia a linearidade temporal e não considera a geografia, nem os diferentes espaços de enunciação. Além disso, para Graça, as tentativas reformistas não tiveram os talentos associados indispensáveis para criar continuidade.

> Que Marcos Portugal foi aclamado, festejado, disputado no estrangeiro?! Sem dúvida. Mas também, por exemplo, Rossini e Puccini (salva a devida distância...) [...] por terem escrito no género em que certamente é mais fácil triunfar e por terem contemporizado com as predilecções, com o gosto de um público a maior parte das vezes superficial [...] foram aclamados, festejados e disputados, e nem por isso a História deixa de os julgar por terem assim esbanjado o seu real talento". [1943, *ibid.*:1989: 159]

Domingos Bomtempo [...] figura a tantos os títulos notável, não era decerto artista criador à sua medida, nem à altura das circunstâncias [1955, 1989a: 17-18]
Como artista, deve-se a Bomtempo a introdução na música instrumental portuguesa das formas do chamado classicismo vienense [...] Aliás, foram os grandes centros musicais do estrangeiro, como Paris e Londres, onde a sua mentalidade e a sua cultura se formaram. [...] foi o contacto com esses centros que lhe abriu os olhos para o muito que, em matéria de actualização da cultura musical, havia a fazer entre nós [1958, *ibid.*:1973: 55-56].

3. A questão da ópera italiana
A questão do predomínio da ópera italiana em detrimento das formas instrumentais e sinfónicas vienenses coloca Lopes-Graça próximo das posições canónicas dos defensores da música absoluta. Para Graça,

a ópera absorveu inteiramente as nossas atenções e um desprezo soberano, de que ainda hoje nos não achamos completamente curados, foi votado às formas da música sinfónica e de câmara [...] apesar dos exemplos a todos os títulos ilustres fornecidos pelos grandes génios dramáticos da história da música [...] há que reconhecer que não é certamente no campo da ópera que as grandes culturas musicais clássicas encontram a razão da sua vitalidade histórica e da sua continuidade histórica. [1989, *ibid.*: 19-20].
[...] a ópera apesar das obras primas que inegavelmente conta no seu activo, é um género demasiado ligado a circunstâncias de tempo e de lugar, demasiado tributária dos gostos de um certo momento histórico, da moda, e do capricho do público para se livrar de ter uma vida mais efémera do que a sinfonia ou o quarteto" [*Ibid.*: 20].
A ópera possui menos condições de durabilidade e de efectividade artística do que qualquer das formas de música pura e que são, porventura, as criações desta que mais profundamente e inequivocamente revelam o génio musical dos povos [*ibid.*].
Eis por que, desprezando a lição de Domingos Bomtempo, que nos inculcava o cultivo da sinfonia e da sonata, formas mais sólidas, de maior alcance estético e com maiores condições de perdurabilidade do que a ópera e continuando a dar preferência a esta [...] os compositores portugueses afastaram acaso as possibilidades de dotarem a música portuguesa com obras que representassem por si mesmo pelo seu valor intrínseco um marco histórico da nossa cultura musical ou que, quando menos, constituíssem um ponto de partida, uma indicação, uma base mais ou menos estável para sobre elas se alicerçarem as construções do futuro [*ibid.*: 20-21].

Este programa, estas convicções, são claramente devedoras da concepção canónica vigente que dava a primazia à música absoluta de proveniência germânica. Os modelos referidos, Haydn, Mozart e Beethoven, a trindade do estilo clássico, constituíram a base do cânone clássico durante do século XIX. Nenhum outro país europeu, França, Inglaterra, Itália, ainda menos Rússia ou Hungria, etc., pode apresentar figuras comparáveis quer na sinfonia quer na sonata. Donde se poderá concluir que as deficiências do 'génio' musical português seriam comuns a todos os outros países europeus que não a Alemanha e Áustria ou, de outro modo, que o problema português seria em última análise não ser germânico, não partilhar, não integrar, o conceito de música absoluta. Para Graça, a pergunta "Mas possuiremos nós, em contrapartida, o génio da música sinfónica ou da música de câmara?" exprime aquele que para si é o principal défice da música portuguesa. O compositor vê a ópera como género inferior incapaz de atingir artisticamente o plano espiritual que reserva para a música instrumental. Esta concepção constitui a base da sua visão da música portuguesa em largos períodos dominada pela ópera; quer fosse italiana, nacionalista, cosmopolita ou local, na sua perspectiva, a ópera foi sempre considerada, explicitamente ou ao nível do subtexto implícito, como signo de inferioridade.

4. Aos compositores portugueses pede-se, como única forma válida de atingir depois a "universalidade", um nacionalismo "orgânico" alicerçado nas fontes populares – como todos os nacionalismos – e não apenas o uso superficial de elementos folclóricos inseridos numa sintaxe derivada de música alemã ou francesa.

> Qualquer produção musical portuguesa, que queira apresentar-se hoje com carta de alforria no meio das outras culturas musicais, tem, necessariamente, de vir impregnada de um certo sabor étnico, de um certo 'popularismo', que lhe limita naturalmente o alcance estético, que não lhe permite subir a grandes alturas, mas que é uma condição porventura necessária para, um dia, os compositores nacionais poderem adquirir uma linguagem e uma técnica musicais que os capacite para a exprimirem-se em termos de aceitação universal [1942, 1989 ibid.: 152].

> [...] a formação espiritual de Viana da Mota é mais além do que portuguesa [...] e a origem do seu nacionalismo musical [...] se deve buscar numa circunstância por assim dizer exterior: o desejo de implantar entre nós [...] a tendência mais vital da

música europeia contemporânea –o nacionalismo de base ou inspiração folclórica" [...] sofreu de uma contradição entre a matéria e a linguagem, aquela extraída do nosso fundo popular, esta continuando subsidiária [...] de uma linguagem harmónica de raiz germânica". [1989b *ibid.*: 23-24].
[...] o nacionalismo de Keil [...] atinge vulto em *A Serrana*, de 1899, mas as suas óperas anteriores não podem aspirar à condição de óperas portuguesas por lhes faltar uma condição primordial [...] o serem escritas no idioma pátrio [*ibid.*].

Em relação à questão do nacionalismo, ao "certo sabor étnico" como "condição porventura necessária para, um dia, os compositores nacionais poderem adquirir uma linguagem e uma técnica musicais que os capacite para a exprimirem-se em termos de aceitação universal" deve-se assinalar que é uma reflexão muito localizada numa problemática por agora encerrada. O nacionalismo musical, de certo modo, desapareceu dos discursos actuais, já não constitui matéria de reflexão como constituía para Lopes Graça.[178] A questão, tal como formulada nesta altura era ainda proveniente do século XIX. Seguindo Taruskin, salientamos os três aspectos seguintes: qualquer conservatório do século XIX fora dos países de língua alemã era uma agência de colonialismo musical; como qualquer outro colonialismo também este procurava justificação no argumento de que podia desenvolver melhor os recursos locais do que os nativos faziam. Como os outros colonialismos mantinha-se produzindo e administrando *ersatz* de tradições nacionais que reforçavam a dependência em relação à metrópole. Mas o colonialismo nacionalista – Taruskin pensa aqui nos nacionalismos musicais – era uma dupla contradição. Os elementos musicais que manifestavam carácter local eram, ao mesmo tempo, o veículo do seu apelo internacional e a eventual garantia do seu estatuto secundário em relação aos naturalmente nascidos universais, como Brahms. "Sem o seu fato nativo – leia-se sem os seus traços nacionais – um compositor periférico nunca poderia atingir nem sequer um lugar secundário no cânone; mas, com elas – as suas marcas locais – nunca poderia atingir mais."[179] Enquanto que até ao final da segunda guerra mundial esta problemática estava viva e mesmo posteriormente se prolongou nos países sob a órbita soviética, o interna-

---

[178] Para uma outra perspectiva geral sobre esta problemática e Lopes-Graça, ver Cascudo (2006).
[179] Taruskin, Richard: "Nationalism, §11: Colonialist nationalism", *Grove Music Online* (Acedido a 13 Maio 2007). Na edição impressa este artigo encontra-se em Sadie, S. (ed.),(2001) vol. 17.

cionalismo e o universalismo radicais da Escola de Darmstadt tornaram-na obsoleta no Ocidente. A música alemã exerceu o seu poder irradiador através dos conservatórios do século XIX. Mas, após 1945, a hegemonia musical moderna passou a funcionar de outro modo. Em lugar de simplesmente irradiar passou sobretudo a centrifugar. A hegemonia pós-serial, que foi um facto até certa altura, procedeu pela via da atracção centrifugadora para o centro, primeiro para Darmstadt, depois principalmente para o IRCAM. É esta inversão geocultural que associada ao reduzido espaço central de enunciação que explica que, ao contrário do que pensava Lopes-Graça, tenha sido Emmanuel Nunes, segundo Peixinho, "o menos português de todos os compositores portugueses"[180] a ter conseguido a tal "carta de alforria", não propriamente entre as culturas musicais, mas entre os seus pares localizados no centro. Este facto não anula o de as actuais hegemonias contarem igualmente com agentes locais dispostos a trabalhar ao seu serviço ou mesmo a financiar com encomendas. No entanto, o quadro global mudou a ponto de a questão do nacionalismo musical não se colocar enquanto tal.

5. Em Lopes-Graça, coexistiam assim as várias posições que se seguem:
a) uma critica severa aos estrangeiros pelo desprezo e ignorância demonstrada em relação à música portuguesa, já referida no ponto 9.3.

> É claro que nós não pretendemos que a música e os músicos portugueses possam aspirar a ocupar largo espaço nas histórias gerais da arte dos sons" [...] Não percebemos por que critério musicológico não se há-de referir a outros vultos, um Duarte Lobo, um Manuel Cardoso, um Melgás [...] [1953], [Lopes-Graça, 1989b: 61].
> [...] a partir do século XVII a música portuguesa não existe para M. Marc Pincherle (já não existia antes). Pode-se alegar para este silêncio a falta de projecção universal dessa música (e nós não contrariemos essa razão, embora ela não nos pareça decisiva para um historiador).
> E mais adiante,
> Mas pode-se também mais uma acusar os franceses de desconhecerem ou fingirem que desconhecem a geografia, quando verificamos que, chegado por exemplo ao período contemporâneo, M. Marc Pincherle reserva na sua história um cantinho praticamente a todas as escolas nacionais (na Europa: à Espanha, à Inglaterra, à Bélgica, à Holanda, à Suíça, à Hungria, à Checoslováquia, à Suécia, à Noruega, à

---

[180] In Arte Musical, Outubro de 1995.

Dinamarca, à Finlândia, à Polónia, à Roménia, à Grécia; na América aos Estados Unidos, ao México, ao Brasil, ao Chile, à Argentina, ao Uruguai e a Portugal ... nicles" [*ibid.*: 99].

b) uma crítica contundente ao fascínio interno pelo "lá fora" e consequente reduzido interesse pelo "cá dentro":

[...] é um facto suficientemente observado que o nosso público melómano se acha cada vez mais possuído de uma xenofilia artística que o tem levado progressivamente a uma lamentável e irritante atitude de completo desprezo pela música e pelos músicos portugueses". [(1954) 1989b: 41]
[...] o que seria preciso [...] era que o compositor português fosse considerado pelo público, pelos empresários e pelos organismos culturais oficiais como um ser artisticamente necessário e não como um simples e mesquinho tolerado" [(1957) *ibid.*: 49]
[...] as variações sinfónicas intituladas Vathek [de Luís de Freitas Branco] escritas em 1914 só trinta e tantos anos depois tiveram a sorte de ser executadas" [(1954) *ibid.*: 82]
[...] as nossas glórias são quase sempre... póstumas" [(1952); *ibid.*:96)

c) uma denúncia da falta de estruturas, responsabilizando a própria Gulbenkian:

[...] a edição musical é coisa que não existe entre nós" [(1953); *Ibid.*: 59]
[...] foi possível graças à muito louvável iniciativa da Fundação Gulbenkian o aparecimento da Portugaliae Música, cujo 1º volume tivemos ensejo de saudar [...] Por importante e altamente prestável que seja a edição de Portugaliae Música, podia-se pensar que a Fundação Gulbenkian estaria também disposta a encarar o sério problema da edição dos compositores dos tempos actuais. [...] deste modo a situação continua como a definimos em 1953" [1973: 307-308].

d) com uma filosofia da história, que aplicada à música portuguesa, se tornava muito crítica em relação ao que se fazia "cá dentro", Lopes-Graça defendia que "a música portuguesa não existe" no sentido da evolução orgânica que existia noutros países.

[...] há [...] a questão de existirmos: e nós, musicalmente, quase não existimos [...] sem solicitações de ambiente, sem profunda necessidade de música, sem cons-

tantes de pensamento a orientar, a definir, a robustecer o trabalho do compositor […] a nossa produção é frouxa, desconexa, fragmentária, com raros surtos criadores […] (1951) [1989a: 32-33).
[…] ou teremos de chegar à triste conclusão de que […] os nossos artistas músicos não têm a consciência da sua abismal situação, ou, o que é pior, se acham satisfeitos com ela?" (1954) [1989a: *Ibid.*:43]

5. No início do impacto de Darmstadt em Portugal, Lopes-Graça, em 1960, teme que essa corrente, que se vê a si própria como universal, acabe por vir a ser mais um momento de "recomeço" sem nenhuma ligação com o passado, mais um momento de corte, de início sempre retomado, de adopção, em última analise, da "última moda de Paris", da última corrente que "lá fora" adquire primazia, como noutros momentos do passado.

[…] uma nova fase crítica se nos afigura apontar no horizonte […] a substituição do conceito ou no ideal de "nacionalismo" […] pelo conceito ou pelo ideal de "universalismo" com tudo o que possa ter de ilusório ou perigoso. […] a linguagem dodecafónica é, por essência e por coerência lógica, uma linguagem "universal" ou "universalizante", destinada portanto a abolir as culturas musicais particularizadas, os "nacionalismos" [1973: 65]
[…] seria uma nova fase crítica porque ela viria somar-se às outras crises que, periodicamente, tem obstado a que a música portuguesa se afirme ou se consolide como realidade étnico-cultural, fazendo-a gravitar na órbita de outras músicas (a italiana, a alemã, a francesa). [*ibid.*: 67]
É legitima a tentativa recente do dodecafonismo? Porque não, se tudo tem sido tentativa… Mas se nós não tivemos verdadeiramente classicismo, se não tivemos verdadeiramente romantismo, se não tivemos (ou dele tivemos apenas um assomo) verdadeiramente "nacionalismo", iremos ter um dodecafonismo, ou, para afinar pela teoria deste, iremos então ter um "internacionalismo" mais bem sucedido? [*ibid.*: 68]
Aceitarão eles, esses jovens compositores, que lhes perguntemos se têm consciência daquilo que faz, que sempre tem feito, o drama da música portuguesa […] [n]esse *brûler les étapes*, nessa descontinuidade, enfim, nesse começar permanente que impede, tem impedido que a música portuguesa se afirme como um organismo vivo, vário, sim, sujeito a crises, sim (como tudo) mas fornecendo-nos um chão mais ou menos seguro […] Esperarão eles resolvê-lo, liquidá-lo, mediante o dodecafonismo serial, isto é, pela negação (pelo menos debaixo do ponto de vista da ortodoxia do sistema) do próprio drama? [1961, *ibid.*: 69].
[…] a nossa música tem sido um quase permanente começar [1961, *ibid.*: 73).

## 6. Notas finais e algumas narrativas sobre Lopes-Graça

A maior parte dos escritos de Lopes-Graça são anteriores à recente contestação do cânone musical, aos discursos sobre a crise da música clássica, e ainda aos discursos sobre a crise comunicacional da música contemporânea. Desse modo a sua posição parte dos pressupostos então correntes, que aceitavam a selecção canónica sem a interrogarem. Quando surgem questões de compreensibilidade elas colocam-se no âmbito da relação da sua obra com as fontes folclóricas que usou. Há alguns aspectos da maneira como o seu trabalho foi recebido e é lido e interpretado em Portugal, já depois da sua morte, que remetem para alguns dos tópicos principais que temos usado. Há várias referências ao período em que o compositor estudou em Paris, uma referência a um contacto artístico com consequências estimulantes em Paris e outra à participação no Congresso de Praga em 1948 já referido. Mário Vieira de Carvalho, que tem sido o maior estudioso de Graça, escreve que o "contacto assíduo do compositor com as fontes da música rústica" [...] intensifica-se a partir de 1938, quando Lopes-Graça, estimulado pelo interesse de uma cantora estrangeira que conhecera em Paris (Lucie Dewinsky), começa a trabalhar na primeira das quatro colectâneas de 24 Canções populares portuguesas em versões de canto e piano" (Carvalho, 1989: 7).

A segunda referência menciona uma participação de Lopes-Graça no Congresso dos compositores e musicólogos progressistas em Praga em 1948. Essa passagem surge na sequência de uma reflexão do autor sobre a posição de Lopes-Graça acerca do tipo de tratamento musical a dar ao material folclórico de base conforme o seu destino fosse dentro ou fora das salas de concertos. Assim, segundo Carvalho, "Lopes-Graça não recuava ante uma abordagem ousada das canções populares, modulando as peculiaridades musicais destas com a sua perspectiva de músico apetrechado com uma técnica ou uma linguagem modernas" (*ibid.*: 24). Assim "mesmo nesse repertório destinado a uma circulação democrática, fora das salas de concertos, não abdicava da modernidade estética, isto é, não se sentia compelido a cultivar uma linguagem musical tida por mais fácil ou acessível" (*ibid.*). Para Mário Vieira de Carvalho a questão da alta e da baixa cultura expressa-se sob a forma da alternativa entre concertos nas salas eruditas e concertos no que designa como espaços de circulação democrática. Para o autor, nas duas situações, Lopes-Graça permanece um compositor "moderno". No entanto, numa passagem anterior, Carvalho afirma sobre as *Canções Heróicas* escritas para o Coro de Amadores de Música, que foram "escritas num estilo singelo e combativo, visando a sua apropriação por grupos vocais e instrumentais populares" (*ibid.*: 20). No que diz respeito à sua música "erudita" – a produzida "para as salas de concerto" – o autor escreve: "De igual modo e por maioria de razão, nunca houve da parte de Lopes-Graça a preocupação de simplificar a sua música para a tornar acessível ao público das salas de concertos: na sua música vocal e instrumental de câmara ou sinfónica assumia naturalmente as suas convicções estéticas, dava livre expressão às suas ideias, sem constrangimentos" (*ibid.*).

Há no entanto que fazer uma análise dos termos em que é enunciada a opção perante a qual estavam colocados os compositores soviéticos em 1948. O autor refere "a contradição entre a sinceridade do artista e a necessidade de criar uma música ao alcance das massas enormes que naquele país tinham passado a frequentar as salas de concertos" (*ibid.*: 25). Em primeiro lugar o autor presume não haver qualquer hipótese de estarem associados no mesmo compositor os dois termos da sua dicotomia: "a sinceridade" e compor música "ao alcance das enormes massas". Daí ocorrer uma contradição: todos os que respondessem positivamente à "necessidade" estariam certamente a trair as suas verdadeiras convicções (modernas). Parece-nos que a "sinceridade" é aqui tomada como equivalente do modernismo, tal como este conceito era visto e criticado pelos jdanovistas, ou seja, uma tendência artística passível de ser acusada de formalismo burguês pró-ocidental pelas autoridades soviéticas. Para Carvalho, "sinceridade" é outra palavra para "modernista" e, sem dúvida, uma expressão que oculta a verdadeira dimensão estética e política da questão de fundo. Em segundo lugar, aquilo que o autor descreve como a "necessidade de criar uma música ao alcance das massas enormes que naquele pais tinham passado a frequentar as salas de concertos", não só contém implicitamente uma positiva avaliação de um presumível aumento da frequência dos concertos na URSS, como não menciona aquele que é o factor mais importante neste caso, ou seja, o facto de essa "necessidade" ser simplesmente a orientação política dominante do regime de Estaline, naquele momento corporizada na versão do realismo socialista de Jdanov.

Como sabemos, há longos anos, os compositores "sinceros" – ou seja os compositores que, tal como Lopes-Graça, assumissem naturalmente as suas convicções estéticas, dessem livre expressão às suas ideias, sem "constrangimentos" ou, por outras palavras, os compositores modernistas, estariam na URSS desse período sujeitos a fortes pressões e perante o espectro da repressão que, aliás, se abateu sobre numerosos artistas. Partindo da descrição da relativa heterodoxia de Lopes-Graça face às posições estalinistas mais radicais, o autor apresenta uma construção que parece atenuar e ocultar as dimensões da alternativa real em discussão. Na verdade, Lopes-Graça, depois de 1945, apesar de dois momentos de aproximação relativa às dissonâncias próprias da estética decorrente da escola de Viena (*Catorze Anotações* e *Canto de Amor e Morte*), nunca abandonou a sua ligação a ideias musicais provenientes do seu período central.

Nesse sentido a sua própria leitura dos compositores portugueses do passado como divorciados das correntes europeias da época encontra na sua produção um pretexto para enunciados similares. No *Dicionário de História de Portugal* Lopes-Graça escreveu em 1963:

> Algumas observações de ordem genérica há previamente a formular. Principiemos por aquela que mais sujeita se tem achado a debate. Já por razões de isolacionismo político e cultural, imperante no país por motivos históricos sobejamente conhecidos, a arte musical portuguesa, no que se refere mormente à criação, apresenta-se-nos, no geral, de índole conservadora, mais propriamente: revelando um singular desfasamento em relação às correntes técnicas e estéticas em curso no resto da Europa musical (*in* Serrão, 1963, vol. 3: 161).

Ora, a sua posição estilística folclorizante estava totalmente em contraciclo com as posições hegemónicas no pós-1945 dominadas pela escola de Darmstadt, como veio a ser afirmado por Peixinho.[181] Face a esse facto inegável tem de fazer-se um pequeno esforço para imaginar Lopes-Graça a escrever sobre Lopes-Graça nos mesmos termos teóricos, com a mesma filosofia da História com que o faz sobre os polifonistas de Évora e muitos outros: teria de escrever sobre o atraso de si próprio em relação às correntes europeias da época, sobre o seu próprio conservadorismo. É nesses momentos que a hegemonia do cânone e as armadilhas da concepção teleológica da História que lhe preside se voltam contra os discursos que a aceitam, que não a problematizam, nem a explicam. A sua defesa do *sabor étnico* necessário para "qualquer produção musical portuguesa, que queira apresentar-se hoje com carta de alforria no meio das outras culturas musicais", apesar de, nas suas próprias palavras, lhe limitar naturalmente o alcance estético, não lhe permitir subir a grandes alturas, não se concretizou nos moldes que imaginou: "é uma condição porventura necessária para, um dia, os compositores nacionais pode-

---

[181] Ver Capítulo XI. 6. "Peixinho ousava declarar que Fernando Lopes-Graça "já não corresponde a uma actualidade actuante [...] nem do ponto de vista europeu nem do ponto de vista português" (Ferreira, 2002: 248).

rem adquirir uma linguagem e uma técnica musicais que os capacite para a exprimirem-se em termos de aceitação universal". Esta designação "aceitação universal" é problemática em si mesmo, face ao facto de sabermos que não existe aceitação universal. Mas, se Lopes-Graça queria com isto afirmar "uma aceitação, um reconhecimento, uma consagração" capazes de ultrapassar a fatalidade local que ele próprio zurzia, então teremos de concluir que não se atingiram os objectivos pela via do sabor étnico local. Para além destas duas referências explícitas não existe no livro de Carvalho qualquer outra que trate do impacto, ou da ausência dele, da música de Lopes-Graça fora de Portugal ou que questione, nos mesmo termos em o próprio Graça o fez, na sua conferência de 1943, a questão do valor da sua obra "no contexto europeu". Graça escreveu muitas linhas sobre a carência de uma verdadeira figura portuguesa comparável em estatura artística e ética aos grandes mestres canónicos. Em *O Essencial sobre Fernando Lopes-Graça*, Carvalho não abordou esta problemática do discurso universalista nem a contesta.

Mas existem várias outras passagens que, de modo oposto, perspectivam o trabalho do compositor português em função de exemplos, modelos ou práticas que tiveram lugar noutros países – a história em espelho – de modo não muito diverso dos exemplos discursivos que vimos anteriormente relativamente aos períodos históricos anteriores. Assim, nos três próximos excertos lemos que os modelos estrangeiros enquadram, explicam, enfocam ou permitem comparar o seu percurso.

> Em 1942 funda a Sonata, sociedade de concertos para a difusão da música contemporânea, cujas sessões se tornam ponto de encontro de uma vanguarda político-cultural de intelectuais, artistas, estudantes e activistas de outros grupos sociais, incluindo o operariado. [...] O facto de a Sonata constituir à partida um espaço de resistência e de intervenção político-cultural dava aos seus concertos características que a individualizavam em relação à vida musical oficial, a outras experiências de tipo cooperativo [...] ou ainda a associações congéneres que a precederam na Europa como, por exemplo, a *Verein für musikalische Privataufführungen* da Viena dos anos vinte [Carvalho, 1989: 18].
>
> [...] as canções heróicas aparentam-se, no tipo de linguagem musical e na função, com os *Arbeiterlieder*, canções operárias criadas nomeadamente por Hanns Eisler no seio do movimento antifascista na Alemanha em finais da década de 20 . (*Ibid.*:20)
> A circulação dos exemplares da colectânea de 1946 escapados à policia [...] favoreciam esta última modalidade de música praticada em casa, muitas vezes com acompanhamento de piano (se o havia), recuperando uma tradição de *Hausmu-*

*sik* que, com este cariz político, tem igualmente precedentes na Alemanha dos anos vinte". [*ibid.*: 21].

Estes três exemplos colocam a sociedade Sonata e determinados aspectos das canções heróicas de Lopes-Graça como iniciativas comparáveis a práticas da Alemanha nos anos 20. Tentando mostrar um enquadramento geral, este é feito sistematicamente a partir do modelo da precedência do centro sobre a periferia (nos casos citados, sempre na Alemanha). Iremos prosseguir com a descrição do autor sobre a formação de Lopes-Graça enquanto compositor.

[para além de Debussy] as outras influências mais importantes são as de Ravel, Falla, Bartók, Stravinsky e a escola schoenberguiana [*ibid.*: 27].
 No entanto é essencialmente através da assimilação de Falla que Lopes-Graça desenvolve desde muito cedo o iberismo que perpassa em tantas das suas obras, marcado pela recepção de elementos do folclore andaluz [*ibid.*].
De Bartók aproveita Lopes-Graça menos os dados imediatos da forma do que a metodologia de pesquisa, avaliação e integração (na sua própria linguagem de compositor) da música tradicional [*ibid.*: 28].
Ao contrário de Bartók, Stravinsky representa para Lopes-Graça a estrita fonte de informação e estudo visando o apuramento das técnicas de composição [*ibid.*:29]
Em O Menino da sua Mãe (1936) parece clara a simbiose entre a linha de descendência debussista/raveliana e a schoenberguiana, ou antes berguiana [*ibid.*: 29].

Como temos verificado este tipo de descrição é a norma nos escritos musicológicos em Portugal. Pode colocar-se a seguinte questão: podia ser de outro modo? Pensamos que sim se o cânone não constituísse o núcleo do nosso pensamento, se as relações geoculturais de poder neste campo fossem outras. Os compositores centrais franceses ou alemães não têm menos "genealogia" do que os portugueses, como é evidente. A questão é de proporção entre, por um lado, a aceitação de supremacia, por outro lado, a assunção de superioridade "natural". Tal como Chakrabarthy afirma "os europeus" não têm de se referir ao seu exterior. O seu mundo é, aos seus olhos, o mundo.

Nessa medida esta descrição-tipo revela um lado comum da formação dos compositores portugueses – a viagem de aprofundamento da aprendizagem – seguida de um regresso acompanhado pelos "fantasmas" da viagem. Se ficamos a saber em que fontes Lopes-Graça se inspirou no seu trabalho, Carvalho não aborda a sua "ausência" do contexto europeu, o enorme desconhecimento que a seu respeito se verifica no contexto europeu. Aquele que é considerado justamente uma das maiores figuras da música portuguesa do século XX é, já quase sem retorno possível, ignorado pelas bibliografias dos países centrais praticamente sem nenhuma excepção de relevo, para não falar das salas de concertos. Quando é referido diz-se simplesmente "o Bartók português", como Griffiths, ou refere-se a sua inserção nas correntes nacionalistas.

### 11.2. Alexandre Delgado: uma historiografia mítica?

Nos últimos anos, Alexandre Delgado tem publicado vários livros que incluem dados e comentários sobre a temática da ausência da música portuguesa no contexto europeu, sendo inegavelmente o autor que mais a tem contestado.

O primeiro desses livros, *A Sinfonia em Portugal*, foi publicado em 2001. Delgado escreve no Preâmbulo: "o seu incentivo foi o facto de não existir um único livro sobre este tema: mesmo no panorama rarefeito da bibliografia sobre música portuguesa, era uma lacuna demasiado gritante" (Delgado, 2001). Como já foi dito, para Delgado, "[a]s sinfonias de João Domingos Bomtempo, Viana da Mota, Luís de Freitas Branco, Joly Braga Santos e Fernando Lopes-Graça constituem um *corpus* de grande qualidade, que noutro país faria regularmente parte dos programas de concertos, seria estudado por especialistas e apreciado pelos melómanos". E continua: "Em Portugal raramente se ouve, ninguém o estuda, poucos o conhecem. A maior parte das partituras não está editada ou é de difícil acesso; não há uma visão histórica do conjunto; algumas dessas obras não são tocadas em Lisboa há mais de 25 anos (é o caso chocante das quatro sinfonias de Luís de Freitas Branco) (*ibid*.: 9).

Esta descrição atesta o desinteresse da comunidade musical portuguesa pela sua história em geral, o abandono a que as entidades oficiais votam o património musical – incluindo, presume-se, sem que o autor o especifique, a Fundação Calouste Gulbenkian – a ausência da vida musical a que a maior parte do repertório é votada pelos intermediários culturais (programadores, responsáveis culturais, directores de orquestras e serviços de música) nos quais reside uma responsabilidade objectiva das escolhas e das exclusões.

Delgado considera que, neste panorama, a edição discográfica "tem sido o único balão de oxigénio. A colecção PortugalSom, começada em 1978, teve enorme importância histórica e permitiu às gerações actuais conhecer" a maior parte dessas obras. Para o autor, "este livro pretende demonstrar que a Sinfonia, apesar da sua chegada tardia a Portugal e dos grandes hiatos que separam os seus primeiros exemplos, atingiu entre nós uma maturidade e uma singularidade que estão em flagrante contraste com a 'invisibilidade' que a nossa sociedade lhe confere desde a origem" (*ibid*.: 10-11). Nesta passagem Delgado associa a invisibilidade das obras às práticas internas da sociedade portuguesa.

Para além de aspectos discursivos patentes que serão analisados mais abaixo, esta referência remete directamente para a produção de invisibilidades que Boaventura de Sousa Santos teoriza na sua sociologia das ausências. Remete igualmente para as observações que Lopes-Graça profere quando, face à ausência de compositores portugueses nas histórias da música estrangeira, se interroga sobre se esta ausência não é antes de mais da responsabilidade dos próprios Portugueses. Pode acrescentar-se que a nossa hipótese de trabalho é a de que se produziu uma interiorização tal dos valores do centro canónico europeu, que a sociedade portuguesa e, em particular, o meio musical e os seus agentes, tomando como seus esses valores, se identificam com o Outro europeu e bloqueiam activamente – agindo sempre tendo em conta os valores do centro, a sua divulgação e o seu consumo – o contacto, o conhecimento, a consideração do Mesmo consigo próprio. Sendo considerado local, o repertório português é imediatamente desqualificado, julgado sem interesse e descartado pelas próprias estruturas oficiais quer do Estado, quer privadas, que presidem à sua produção e deveriam proceder, em princípio, à sua conservação e divulgação.

A continuação deste estado de coisas durante todo o século XX só se compreende à luz desta identificação duradoira com o Outro e da não-identificação consigo próprio. Mesmo alguns dos agentes mais directamente interessados no assunto, os compositores, colocam interrogações sobre a relevância do repertório anterior como os textos de Lopes-Graça demonstram com muita clareza. Como vimos, Lopes-Graça interroga-se "Mas possuiremos nós, em contrapartida, o génio da música sinfónica ou da música de câmara?" Esta dúvida – que está na base da desqualificação da produção própria em detrimento daquela que possui o "génio" (que, como já sabemos, será principalmente a música alemã do final do século XVIII e do século XIX) – está na base, sustenta e reproduz a ideologia que criou o cânone musical europeu.

Um dos aspectos da irrelevância interna de que a música portuguesa é alvo tem a ver com a não-existência de partituras editadas. Não sendo editada, a música não apenas não pode ser lida nem estudada, como perde a legitimidade simbólica que a materialidade da partitura lhe imprime. Segundo Delgado, "um dos seus anátemas é o facto de as partituras e materiais de orquestra não estarem, na sua maioria, editados e comercializados. As únicas excepções, actualmente esgotadas, foram a *Sinfonia "À Pátria"*, a *1ª Sinfonia* de Bomtempo, a *Sinfonia per Orchestra* de Lopes-Graça, e a *5.ª Sinfonia* de Joly" (*ibid*.: 11). O autor escreve: "A *2ª Sinfonia* de Bomtempo e a *Sinfonia 'À Pátria'* estão agora editadas pela Musicoteca (Lisboa)" (*ibid*.). Como é dito por muitos autores a edição em Portugal tem sido uma das raízes desta problemática. A editora que Delgado refere existiu de 1991 a 2002 mas, após a sua falência, o seu espólio encontra-se neste momento à guarda de um tribunal num armazém. Neste aspecto a observação de Delgado já não se aplica. As partituras editadas pela Musicoteca não estão disponíveis, o que confirma a precaridade perene dos esforços editoriais. Para Delgado "sem acesso às partituras por parte dos leitores interessados, este livro não faria sentido. Por isso o seu lançamento coincide com a fase de digitalização desse arquivo [Arquivo da Música Escrita da RDP] que permitirá a consulta através da Internet de todas as partituras aqui analisadas" (*ibid*.). Também aqui a expectativa do autor foi negada pela realidade. As partituras que refere, na sua grande parte, não estão disponíveis em 2009, oito anos após as suas afirmações.

No epílogo do seu livro, o autor, referindo-se "ao nível artístico que este género" atingiu em Portugal, considera "que este panorama é inesperado num país meridional e com poucas raízes na música orquestral 'pura'. No quadro dos países latinos – com excepção da França onde sobressaíram grandes vultos como Berlioz, Franck, Roussel ou Honegger – a qualidade do nosso sinfonismo é, simplesmente, fora do comum. Espanha ou Itália não tem nesta área um legado de importância comparável "(*ibid*.: 139). Delgado tenta enquadrar a sua análise numa perspectiva que tenha em conta os quadros geoculturais da produção musical que apresentou, utilizando conceitos como Europa meridional e ensaiando uma espécie de musicologia comparada. No entanto, fazer uma comparação deste tipo e inverter os seus resultados atribuindo às sinfonias portuguesas uma supremacia parcelar é uma opção teoricamente problemática. Não se trata de produzir análises que corrijam os erros de perspectiva anteriores substituindo-os por novos erros de perspectiva. O autor, neste caso, assume para si próprio um lugar de observação objectiva ou neutral – ele "conhece" os repertórios da França, da Espanha e da Itália, compara-os e emite um juízo de valor – quando o mais provável será conhecer apenas aquilo que lhe foi dado conhecer pelo próprio funcionamento do cânone.

A produção de ausências e de exclusões que afecta a música portuguesa produz igualmente e de forma equivalente a ausência de outros. E, pode colocar-se a hipótese de a França – um dos países centrais da Europa – lhe parecer ter um repertório superior simplesmente porque é esse repertório é muito mais conhecido, muito mais executado, muito mais gravado. Será na eventual ignorância da especificidade dos outros países igualmente periféricos que Delgado produz a sua própria sentença subcanónica. O caso sob escrutínio é a subalternidade que foi produzida (e isto é da ordem do factual ou do verificável). O autor não tem em conta que, neste período histórico, também a Espanha, e mesmo a Itália, estavam excluídas do cânone, construído como vimos em torno da produção alemã e dos conservatórios que sempre actuaram como agentes activos do colonialismo alemão, como diz Taruskin.[182] O cânone procede por exclusões. Não tem grande sentido estabelecer comparações entre alguns dos excluídos e retirar daí uma suposta superioridade da produção portuguesa. Para Delgado, a produção sinfónica portuguesa será superior às dos países meridionais que refere e, por isso, aumenta a injustiça ou o carácter inexplicável do desconhecimento europeu. O que se pretende demonstrar aqui é que a subalternidade é produzida activamente pelo centro, pelo Norte canónico através da *master narrative* que é também uma selecção de obras-primas de mestres. Desconhecer produções periféricas é o funcionamento "normal" constitutivo da formação e da regulação disciplinar canónica. Mas a própria periferia produz e reproduz activamente o cânone quando o evoca sistematicamente para tentar legitimar a produção local. Para Delgado: "Este facto [a qualidade do nosso sinfonismo] não tem sido reconhecido em Portugal quanto mais no estrangeiro. As nossas sinfonias não são mencionadas em dicionários ou histórias da música além-fronteiras. A culpa não é dos compositores: de facto quem conhece as sinfonias de Freitas Branco ou de Joly Braga Santos? Como se podem avaliar e apreciar obras que durante décadas não são tocadas e que nunca chegaram a ser editadas?" (*ibid.*: 140).

Perante este quadro, já amplamente referido por vários autores, Delgado aponta uma explicação: "A verdade é que em Portugal sempre lidámos mal com o conceito de 'clássicos', de 'repertório' e de 'cultura viva'. O problema é essencialmente grave na Música, dadas as lacunas do ensino geral, a quase inexistência de edições e o atraso da investigação musicológica; mas é extensivo a todas as artes" e aponta em seguida o exemplo do Teatro no qual "os grandes textos da nossa dramaturgia, mesmo editados, praticamente nunca são levados à cena. Não há uma noção de repertório". E conclui: "um país que

---

[182] Ver texto sobre Nacionalismo R. Taruskin, (2001) em *The New Grove*, ed. S.Sadie, Vol 17).

não tem uma cultura própria não chega a ser um país. Neste nosso rectângulo oscilamos entre dois excessos: um snobismo provinciano e ignorante que despreza tudo o que é português com um ancestral complexo de inferioridade; e um nacionalismo reaccionário e trauliteiro que faz a apologia bacoca de tudo o que tenha a chancela nacional. As duas tendências são igualmente perniciosas e desgastantes. Quem sofre é a nossa cultura, que se vê privada daquele lastro de fruição e de convivência capaz de a manter viva". (*Ibid.*)

Na recensão bibliográfica deste livro na *Revista Portuguesa de Musicologia* nº 9, a que voltaremos, Francesco Esposito (2002) escreve sobre este último ponto: "Sem querer aqui entrar no assunto levantado por esta drástica constatação, parece-me contudo que há momentos em que a exigência do autor de dar espaço à própria indignação e de denunciar a suposta ingratidão do meio português face aos seus músicos acaba por relegar para segundo plano o que nas intenções deveria ser o objectivo prioritário do livro, ou seja, fazer apaixonar o leitor pelas obras descritas" (*ibid.*: 201). E mais adiante: "a reivindicação do valor das músicas examinadas torna-se, às vezes, tão arrebatada que leva a colocar em segundo plano os instrumentos – lógicos, mas não necessariamente frios e assépticos – da análise critica, incorrendo na tentação de apelar a um nacionalismo semelhante àquilo que o próprio autor tinha apontado como uma das limitações do meio português" (*ibid.*: 202).

Pode-se tentar exprimir em termos sociológicos esta posição de Esposito: Delgado escreve uma *musicologia da indignação* sobre a ausência da música portuguesa. Se as suas razões são válidas é necessário proceder a uma sociologia que explique ou tente explicar. De facto, apesar de Delgado ser um militante entusiasta da defesa da música portuguesa, no ponto seguinte procuraremos analisar o seu discurso e propor uma outra leitura da subalternidade da música portuguesa sem recorrer a argumentos semelhantes ao seguinte: "ao ouvir esta obra maravilhosa [*Sinfonia 'À Pátria'* de Viana da Mota] só não se emocionará quem não tiver um pingo de amor pelo seu país, ou um pingo de sensibilidade musical". Na verdade, pensamos que o discurso de Delgado, tal como o de Lopes-Graça e o da maioria dos autores que escrevem sobre música portuguesa, assume uma forma que reproduz as próprias razões de fundo sobre as quais se estabeleceu essa subalternidade. São análises que se exprimem, por vezes, em termos de revolta moral e raramente em termos de relações de poder, de poder geopolítico e geocultural. Por ser uma questão de relações de poder, por ser uma questão de discursos que criam e reproduzem essas relações de poder é que este discurso nacional e indignado não foi capaz de criar alternativas críticas à situação que pretende denunciar e combater.

Francesco Esposito, na recensão já referida, tece algumas considerações gerais sobre a dificuldade de percorrer o caminho da sinfonia não só pela escassez da bibliografia sobre os autores portugueses como pela "dificuldade que existe em explicar, em determinados períodos, a episódica presença de obras que poderiam pertencer a este género sem, contudo, as inserir na complexidade das dinâmicas socioculturais que se escondem por detrás dum contexto aparentemente plano e uniforme", e considera que "não pode tão--pouco bastar o paralelismo com a evolução contemporânea da música sinfónica no resto da Europa que, embora legítima e profícua, por si só, não consegue dar conta da especificidade da produção local, tendo contribuído para a consolidação dum preconceito negativo em relação a uma tradição que, ao ser comparada com os vértices da produção sinfónica estrangeira, acabava inevitavelmente por ser sentida como deficitária" (*ibid.*: 197).

Parece-nos que esta observação poderia ser alargada com vantagem a todas as fases e as épocas da produção musical portuguesa. O motivo da comparação, como vimos, é um *topos* permanente dos historiadores e musicólogos portugueses, tal como a referência à história da Europa é, segundo Chakrabarthy, um *topos* das histórias subalternas. No entanto, no texto de Esposito e considerando o seu objecto – o livro de Delgado – podemos considerar pertinente o que escreve: "Este preconceito surgiu, como é notório, na segunda metade do século XIX quando – naqueles países em que, por multíplices razões, o melodrama tinha desempenhado um papel de absoluta hegemonia em detrimento de outros repertórios – se descobriu, com notável atraso, a excepcional evolução que entretanto a música instrumental tinha tido na Europa centrosetentrional." Esposito continua: "uma das instâncias prioritárias que, portanto, se impôs frequentemente ao compositor de música instrumental dos contextos meridionais, foi a contribuição para a recuperação do tempo "perdido", tornando-se, por um lado, artífice duma obra de desprovincialização da cultura musical do próprio país e, por outro, demonstrando que a sua própria produção conseguia estar a par com as mais avançadas posições estrangeiras". Este autor escreve: "Parece-me que se podem ler nesta perspectiva muitas das experiências dos protagonistas da chamada "rinascita" da música instrumental italiana do fim do século XIX, aos quais uma peculiar retórica nacionalista permitiu "rodear o complexo" em relação a outras tradições, sobretudo a alemã, graças a uma ligação ideal com a prestigiada tradição instrumental italiana do século XVIII e a consequente remoção *tout court* de todas as experiências oitocentistas de Itália neste campo. Numa nota de pé de página o autor acrescenta: "desta forma se explica, em parte, a completa desatenção da historiografia face à música instrumental italiana do século XIX, tema sobre o qual a única visão de conjunto é ainda hoje a de Sergio Martinotti, *Ottocento strumentale italiano*, Bologna, Forni, 1973 (*ibid.*: 195).

Este momento de musicologia comparativa confirma que o cânone europeu foi produtor activo de exclusões, que o seu campo geográfico de selecção foi extremamente reduzido e ainda que circularam por vários países periféricos – ou parcialmente periféricos como a Itália no século XIX – os mesmo *topoi*: "a recuperação do tempo perdido", constituição de nacionalismos para "rodear o complexo", estabelecendo ligações idealistas com tradições gloriosas do passado – quer reais quer imaginárias – quer através da declarações de modernidade acompanhadas de repúdio em relação a fases "menores". Esposito continua escrevendo:

> Parece-me também que uma instância análoga, que se poderia sinteticamente definir como de 'actualização' e de 'modernidade', foi também sentida com urgência no contexto português traduzindo-se na vontade tenaz de João Domingos Bomtempo em introduzir já nas primeiras décadas de Oitocentos a lição do classicismo europeu e de uma cultura do concerto na Lisboa 'rossinizada' do tempo; da mesma forma, em finais de século, pode interpretar-se a programática tentativa de Viana da Mota de sintetizar numa só obra – a *Sinfonia 'À Pátria'* – as principais tendências da música sinfónica europeia, que ainda não tinham encontrado aplicação em Portugal" [*ibid.*].

Esta expressão – "ainda não" – reforça a ideia de que, nos países periféricos, neste período e até hoje, o *topos* dominante foi sempre a recuperação do tempo perdido, a superação tardia do atraso em função da seta do tempo do centro. Para Esposito será "à luz de uma mesma perspectiva [que] podem ser consideradas, em tempos mais recentes, "iniciativas como a organização da sociedade de concertos Sonata, da qual Fernando Lopes-Graça foi um dos principais promotores, assim como aquele "conflito entre ser moderno e ser sincero" tão significativo na produção de Joly Braga Santos" (*ibid.*: 197-198).

Esposito escreve que "o recurso a frequentes referências a outras obras, autores ou tradições, para explicar o carácter das obras abordadas, expediente que talvez derive da origem radiofónica do texto mas que, na passagem à página escrita, se traduz por uma redundância de evocações genéricas que muitas vezes não ajudam a focalizar o valor e a individualidade das obras examinadas" (*ibid.*: 201). A observação crítica de Esposito aponta uma característica da prosa de

Delgado mas a explicação que fornece para o facto – talvez a origem radiofónica do texto – não nos parece suficiente. Trata-se justamente da presença obsessiva do cânone, de certo modo inconsciente – por isso reveladora dos nossos mecanismos interiorizados – num discurso que pretende combater a subalternidade criada pela própria construção canónica ao longo do tempo. Além disso constitui um discurso fechado, culto, no sentido de só poder ser decifrado por aqueles que, já pertencendo ao campo artístico em questão, poderão dispor de dados suficientes e assim captar o *name dropping* usado.[183]

Esposito refere alguns desses exemplos. Numa nota de pé de página este autor refere do texto de Delgado, na descrição da 2.ª Sinfonia de Bomtempo um carácter "mais vincadamente pré-romântico, com alguns parentescos schubertianos" assim como "um calor e uma franqueza mais latinos, talvez uma grama mais de exuberância operática da obra. (*ibid*.: 201) E continua:

> A seguir, na descrição do primeiro andamento, sublinha a utilização da mesma tonalidade do *D.Giovanni* (p. 51) e a sucessão de temas "que se vão brotando uns dos outros, um pouco à maneira de Schubert;" o segundo andamento, pelo contrário, "já aponta para o tipo de canzonetta mendelssohniana, nomeadamente o andamento lento da Sinfonia Italiana (p. 54) embora "no centro do andamento [tenhamos] [...] uma melodia ondeante e arrebatada que nos faz pensar no Verdi da juventude!"(p. 56) e ainda "no fim [...] um procedimento schubertiano (p. 55); o terceiro andamento é "um *Minueto* que já aponta mais para o *scherzo* beethoveniano" (p. 55) que nos propõe um momento de '*pathos*' beethoveniano" e na instrumentação do trio, "um quê de alentejano (p. 56); o final apresenta "uma graça impertinente, balética, 'quase offenbachiana' e na continuação do segundo tema c'ontornos inconfundíveis de ópera italiana' [*ibid*.: 57].

Os exemplos que Esposito aponta são, só por si, suficientemente eloquentes dos procedimentos discursivos sistemáticos de Delgado assentes na adjectivação e no recurso à comparação exemplar com autores canónicos quer anteriores quer mesmo posteriores. O cânone está omnipresente no pensamento de Delgado. Mas outros casos podem ser acrescentados desmentindo parcialmente a opinião de Esposito quando diz que "este recurso

---

[183] *Name dropping* foi o termo sugerido por Clara Keating, a quem dei a ler este capítulo, partindo das teorias de Van Leween.

[...] adquire um papel predominante nos capítulos dedicados à produção sinfónica do século XIX" (*ibid.*: 201). Pensamos que este "recurso" é verdadeiramente sistemático e a dificuldade em falar das obras sem recorrer a comparações com obras canónicas do centro europeu manifesta-se em todos os períodos. A recolha que se segue demonstra até que ponto estão disseminadas por todo o livro os recursos discursivos da adjectivação metafórica e comparativa que constituem uma manifestação do tópico "lá fora" no tópico "cá dentro".

Sobre a 3.ª Sinfonia de Luís de Freitas Branco:

> A introdução ... engana-nos duas vezes: as harmonias que fingem conduzir a um repouso brahmsiano, sofrem um desvio wagneriano, que evita o modo maior e impõe a melancolia do modo menor" [*ibid.*: 75].
> [...] a orquestra acaba por se aglomerar numa dissonância que, tal como em Bruckner, parece o clímax de um parto difícil". [*ibid.*]
> O 4º andamento é um *Allegro Vivace* que arranca com um fragor que lembra a música do checo Janacék". (*ibid.*:76)
> [...] num tempo ligeiramente refreado, Allegro, somos levados numa cavalgada ofegante [...] que já anuncia Joly Braga Santos". [*ibid.*: 77]
> o tema frenético aparece com uma cintilância tchaikovskiana" [*ibid.*].

Sobre a 4.ª Sinfonia de Luís de Freitas Branco:

> Voltando ao *più mosso*, surge o exemplo, raro em Luís de Freitas Branco, de um acorde que sobrepõe os modos maior e menor: uma dissonância agridoce, ravelinana. [*ibid.*: 85].

Sobre a 1.ª Sinfonia de Joly Braga Santos:

> [...] é uma irrupção de precocidade: uma obra inacreditavelmente escrita por um compositor de 22 anos, que representa um meio termo entre o neoclassicismo britânico e o neo-realismo de um Chostakovitch (então pouco conhecido em Portugal) [*ibid.*: 96].
> [...]reminiscência indirecta de César Franck [*ibid.*: 99].
> [...] com o tema martelado e sincopante das cordas a ser complementado pelo desenho beethoveniano pontuado dos sopros [*ibid.*].
> Há como que um exacerbamento da latinidade sem o freio da disciplina centro--europeia. A escrita modal, associável aos sinfonistas ingleses –Vaughan Williams,

William Walton – é utilizada numa linguagem desabrida e veemente sem qualquer espécie de contenção ou concisão" [*ibid.*: 102].
A pulsação binária e amável é bem diferente de um scherzo, mas a sua vivacidade também diverge da placidez dos intermezzos de Brahms [*ibid.*: 105].
[...] "um processo caro a Sibelius, um compositor que Joly Braga Santos muito admirava" [*ibid.*]
À maneira de Mahler, é uma premonição do final da sinfonia [*ibid.*:110].
As harmonias de quartas e quintas e a matéria evanescente da orquestração evocam *La Mer* de Debussy [*ibid.*: 115]
O fascínio que tal música [dos marinheiros do Sul de Moçambique] exerceu sobre o compositor lembra o que o gamelão indonésio exerceu sobre Debussy, aquando da exposição Universal de Paris em 1889 [*ibid.*: 120].
Dir-se-á que Joly transporta para a orquestra – como Xenakis e Ligeti – experiências oriundas da música electrónica". [*ibid.*: 121-122]
[...] o anseio expresso nos versos é o mesmo anseio da música, numa torrente melódica digna de Puccini [*ibid.*: 129]
A obra termina num pianíssimo etéreo, como que uma versão marinha da despedida de "A Canção da Terra" de Mahler [*ibid.*: 129]

Sobre Fernando Lopes-Graça:

Lopes-Graça sugere um lirismo recatado que se diria bem português. Despertamos dessa divagação preambular com um tema cuja rispidez orgulhosa se diria bem castelhana [*ibid.*: 135].
[...] passamos então à secção B: uma melodia dos violinos lança-se em vagas reminiscências de Borodine ou de Rimski-Korsakov [*ibid.*]

Estes exemplos são demonstrativos de uma imaginação-do-centro. Querendo construir um discurso para elogiar e divulgar as sinfonias portuguesas "desprezadas pelos estrangeiros" e maltratadas pelos portugueses pelas razões que aponta, como vimos, Alexandre Delgado, ao usar na sua prosa referências permanentes ao discurso canónico hegemónico que está na base de tal "desprezo" e de tais "maus-tratos", evidencia, neste livro sublinhe-se, uma forma de subalternidade interiorizada no seu próprio discurso, uma dependência aguda dos valores do centro europeu, uma radical incapacidade de estabelecer ou construir um discurso autónomo sobre essa música, um discurso que não recorra sistematicamente à legitimação que se obtém através do cânone. Assim, a situação de subalternidade que afecta a música infiltra-se no discurso sobre a música e reproduz, nele próprio, a posição de inferioridade na qual se baseia a subalternidade. Inversamente a superioridade da música hegemónica é atestada e reafirmada pelas referências permanentes aos seus valores, aos compositores "com história", aos casos exemplares.

Embora seja um facto que não será fácil, nem sequer desejável, construir um discurso sobre obras musicais sem recorrer, por vezes, a uma espécie de musicologia comparativa, a prática sistemática de tal recurso – que como já vimos está presente na maior parte dos discursos sobre vários momentos das histórias da música portuguesas – pelo contrário, reconstrói o espelho no qual a música dos centros e a sua hegemonia se propaga. Para além disso, são assumidos no seu texto, em vários pontos, estereótipos e conceitos de identidade musical amplamente discutíveis: "um exacerbamento da latinidade", "a disciplina centro-europeia"; "um lirismo recatado que se diria bem português", "um tema cuja rispidez orgulhosa se diria bem castelhana". Estas são, entre outras, expressões de lugares-comuns que precedem qualquer questionamento. Este é um factor que revela até que ponto o quadro analítico seguido, se esta expressão se pode aplicar, está contaminado pelos discursos oitocentistas ou da primeira metade do século XX sobre as identidades nacionais.

O livro publicado em 2007, *Luís de Freitas Branco*, da autoria de Alexandre Delgado, Ana Teles e Nuno Bettencourt Mendes, manifesta diferenças consideráveis em relação ao que vimos assinalando em *A sinfonia em Portugal* de 1999. Há uma menor impulsividade referencial e um esforço claro para constituir discursos mais autónomos sobre o compositor, tanto nos capítulos de Ana Teles e de Nuno Bettencourt Mendes, como no capítulo do próprio Alexandre Delgado. Constitui-se deste modo como uma das obras recentes que melhor permite vislumbrar uma mudança de paradigma discursivo e analítico. No prefácio, da autoria de Paolo Pinamonti, director do Teatro Nacional de São Carlos à data do festival comemorativo dos cinquenta anos da morte do compositor, realizado em 2005, por iniciativa de Delgado, lê-se: "A ideia de uma evolução progressiva da linguagem musical, ideia que dominou a vida musical, bem como o mundo da historiografia musical e da pesquisa musicológica ao longo do século XX, começa a mostrar os seus limites. Torna-se cada vez mais evidente que a experiência da música culta, nos últimos cem anos, tem sido uma experiência plural, articulada, não interpretável apenas segundo a categoria de Progresso *versus* Restauração". Pinamonti considera "fortemente limitativo, se não mesmo inútil, continuar a questionar, quando se fala dos compositores do século XX, se esses mesmos compositores são ou não "modernos", como se uma simples inovação linguística justificasse a maior ou menor importância de um autor" (Delgado *et al*, 2007: 13).

Nestas linhas Pinamonti recusa, sem o citar, a herança de Adorno, tal como foi enunciada na *Filosofia da Nova Música* (1973) e prosseguida por numerosos seguidores, entre os quais avulta Boulez, especialmente nos seus escritos dos anos 1950, e assinala a predominância de tal perspectiva ao longo do século XX e os seus limites. Pinamonti prossegue: "Só assim é possível compreender a riqueza da vida musical do século passado e, nesta ideia aberta de 'modernidade', Luís de Freitas Branco ocupa um lugar importante, não só na perspectiva da história da música portuguesa" (*ibid.*).

Paolo PInamonti salienta dois aspectos principais: primeiro, que a leitura tradicional de Luís de Freitas Branco tinha como ponto de referência a visão do tempo linear e os conceitos de progresso dominantes da Europa durante o século XX e, segundo, que a importância do compositor ultrapassa o quadro nacional. Mas, na verdade, esse passo teórico fundamental – apresentar uma explicação para os fundamentos teóricos, a filosofia da história da música em última análise, a visão do mundo que legitima as perspectivas que criam a subalternidade de um compositor – não é dado por Delgado com clareza em nenhum dos seus textos. Ainda mais difícil é dar um tal passo para explicar a subalternidade de uma comunidade nacional de artistas. Nos defensores da narrativa dominante sobre a música do pós-guerra na Europa e no mundo encontra-se presente e activa essa perspectiva de que o livro já citado de Célestin Deliège e numerosos artigos da enciclopédia de Nattiez são apenas alguns exemplos. O texto de Pinamonti demonstra que o autor partilha a visão recente de uma perspectiva crítica dos princípios históricos e filosóficos que permitiram a própria constituição do cânone. Mas mesmo os que escrevem contra a invisibilidade da música portuguesa – um facto inegável – por maior que seja a sua boa vontade e o seu entusiasmo estruturam o seu discurso a partir dos mesmos pressupostos que combatem.

Como se pode clamar contra as exclusões do cânone e celebrá-lo, enquanto tal, ao mesmo tempo?[184] Como se pode protestar contra a invisibilidade

---

[184] É importante repetir que não são as obras do cânone, em si, que estão sob suspeita, mas sim o processo histórico que presidiu à sua formação e preside à sua hegemonia actual. Como compreender a inclusão de algumas oratórias de Haendel ao lado da longa exclusão das suas óperas ou a inexistência das de Vivaldi se não se questionar a historicidade do cânone? Essas obras não tinham qualidade e agora já têm? São estas variantes no tempo que demonstram a historicidade das escolhas.

da música portuguesa e simultaneamente usar a mesma retórica e os mesmos valores que procederam a essa exclusão?

Alexandre Delgado, na sua introdução escreve: "Seja qual for o ângulo de observação, Luís de Freitas Branco domina o século XX português com a estatura de um colosso, de importância comparável, no âmbito da música, a um Fernando Pessoa. Poderosa e multiforme, a sua criação colocou-nos em sintonia com a Europa" (*ibid.*: 15). Como se pode constatar, a perspectiva de Delgado mantém os *topoi* do atraso e da recuperação do atraso até à almejada sintonia com a Europa. A sua observação, que efectua um julgamento de valor sobre o trabalho criador individual de Freitas Branco, não impede que se leia o seguinte: "a segurança com que o jovem compositor queimou etapas e passou do apogeu do romantismo à onda da renovação debussysta parece inacreditável num meio atrasado e mesquinho, que mal começara a despertar para a música sinfónica e de câmara. [...] a polémica gerada em 1911 [...] dá-nos a medida do atraso lisboeta".

As intenções de Alexandre Delgado poderão ser louváveis na medida em que procuram dar contribuições para combater o isolamento e a subalternidade da música portuguesa. Não há outro compositor tão dedicado a esse combate o que, só por si, é digno de registo. Cada página sua é simultaneamente um apelo na sua defesa e uma demonstração das dificuldades das suas estruturas, se comparadas com as europeias; mas é simultaneamente um protesto sobre uma exclusão escrito com os termos e os conceitos que lhe presidem, que a fomentam, que a reproduzem.

Há várias outras observações que podem fazer-se sobre este tipo de prosa. "A criação de Luís de Freitas Branco colocou-nos em sintonia com a Europa", diz Delgado. A Europa de que fala Delgado não existe, é a Europa criada pela imaginação do periférico. Mas a Europa real dos países centrais não deu por nada, porque a sua forma hegemónica de organizar e regular o mundo musical não tem em conta a existência de Portugal, nem de outras periferias, a não ser como consumidor dos seus produtos. "Freitas Branco domina o século XX português com a estatura de um colosso" é uma frase que terá sido escrita sobre Beethoven centenas de vezes durante os séculos XIX e XX. Este procura ser um discurso criador de cânone, mas, neste caso, arrisca-se a ser uma criação falhada. Sem proceder à crítica prévia, a tentativa de criar cânones plurais ou alternativos está votada ao insucesso. Quanto Boaventura de Sousa Santos propõe uma ecologia de saberes está a propor um procedimento que seja capaz de colocar em relação e diálogo diversos tipos de saberes até aqui divididos em saberes dominantes e saberes subalternos ou subjugados, para usar o termo de Foucault. Não há diálogo quando só uma parte é que fala. "De importância comparável, no âmbito da música, a um Fernando Pessoa", outro esforço de Delgado de criação de cânone, é uma forma possível de reclamar uma parte do cânone literário. Interessa analisar, não a relatvamente recente canonicidade do poeta, mas o tempo-espaço envolvido no desfasamento que envolveu a entrada de Pessoa no cânone literário europeu. Esse é que é o nosso objecto de análise, como a observação de Badiou atrás citada, demonstra: o espaço-tempo desigual criado por relações de poder.

Trata-se de um tipo de discurso que reproduz o imaginário canónico, os seus termos de valor, o seu modo de ver e descrever o mundo. Nessa medida, torna-se inoperante porque afirma aquilo que procura negar e descreve o subalterno nos próprios termos que o reduzem à subalternidade. A lógica da exclusão contamina o discurso do excluído. "Quem fala pelo subalterno?" pergunta Spivak. Dito por outras palavras, como se pode reclamar o direito à inclusão? Como se pode quebrar a linha abissal que divide o funcionamento sistemático e a regulação invisível do mundo musical europeu entre "os que são tocados à partida" e "os que não são tocados"? Ainda mais importante, de que modo se desmontam os valores interiorizados que sustentam a presença dessa linha nos nossos próprios discursos e nas nossas próprias práticas?[185]

## 11.3. Amostra de discursos de outros compositores

O livro de Sérgio Azevedo, *A Invenção dos Sons* (1998), tem grande importância porque foi durante alguns anos – e continua a ser – uma fonte quase única sobre a música portuguesa da segunda metade e, em particular, do final do século XX. Nas numerosas entrevistas publicadas verifica-se uma progressiva diminuição das queixas face à situação geral conforme a idade dos compositores vai diminuindo. Esse facto pode ser interpretado de duas formas: como reflexo da percepção de uma melhoria das condições em alguns aspectos ou como aceitação implícita da condição de nicho de mercado, mas poderá igualmente traduzir a *illusio* inerente à situação de começo de carreira por parte da mais nova geração.

---

[185] O autor deste trabalho, na sua tripla subjectividade, embora não se reveja no discurso de Delgado, nem no de Lopes-Graça, não se considera excluído dos efeitos que descreve nos seus discursos. Reconhece a presença das mesmas forças no seu próprio pensamento e, mesmo, na sua própria prática. Não só não pode pretender a posição de observador neutro como antes reconhece em si próprio, como se verá adiante, a eficácia dos processos produtores de subalternidade.

Apesar de julgarmos não ser necessário repetir os diagnósticos lamentosos já amplamente identificados até aqui, há no entanto algumas opiniões particulares que devem ser referidas. Para Fernando Correa de Oliveira (1921) "se não fosse o António Ferro a lançar a Amália Rodrigues em Paris, se calhar agora ninguém sabia quem era a Amália" (*ibid.*:64). Maria de Lurdes Martins (1926) afirma: "A Gulbenkian tinha-me encomendado uma obra à minha escolha e eu propus a ópera [...] *Donzela Guerreira* [...] a obra é de 1995 e ainda não foi feita" (*ibid.*: 83). [...] "Acho que é tudo pouco estimulante e agora está a ser muito pior. (*ibid.*: 82). "O Penderecki disse-me que tem o seu próprio empresário, não é ele que está a tratar das coisas. Aqui isso não acontece" (*ibid.*: 84). Para Filipe de Sousa (1927), "a situação actual da música entre nós é, se não calamitosa, pelo menos preocupante. [...] neste chão estéril de incentivos, de público e de estruturas profissionais, espanta-me ver tanta gente nova e de qualidade" (*ibid.*: 95). Clotilde Rosa afirma: "gostaria de ver enfim realizada a minha ópera *Portuguex* com libreto de Armando da Silva Carvalho, encomendada pela S.E.C. [...] continua na gaveta desde 1989 sem mais explicações [...] lamento também que das cerca de 60 obras [minhas] só uma esteja de momento editada [...] e apenas 4 gravadas em CD" (*ibid.*: 108). Para Filipe Pires (1934), "ao nível do ensino deu-se sem dúvida um grande passo em frente com a criação das Escolas Superiores de Música e a reformulação das orquestras" [...] mas "verificamos que as necessidades de consumo são ainda muito reduzidas" (*ibid.*: 116). Para Álvaro Salazar (1938), "continuamos, em termos colectivos, muito longe da implantação de uma cultura musical sólida" (*ibid.*:137).

Álvaro Cassuto (1938), na altura da entrevista maestro titular da Orquestra Sinfónica Portuguesa (*ibid.*: 143) afirma que a música em Portugal "está de péssima saúde [...] pior, não direi do que há 10 ou 20 anos atrás mas certamente do que há 30 ou 40. Mas compreenda-me bem. Não é a música (nem os compositores) [...] o que está de má saúde são as instituições que devem incentivar, apoiar, difundir. [....] Naquela época havia uma instituição pública (a Emissora Nacional) que incentivava a criação musical e o seu Gabinete de Estudos atribuía um vencimento a vários compositores que se obrigavam a apresentar uma obra todos os anos [...] executadas de imediato [...]. Hoje não há nada de semelhante [...] e as minhas várias propostas de se criar algo do género não têm obtido qualquer apoio por parte daqueles que têm o poder decisório. [...] a crítica (que devia ter mais discernimento) junta a sua voz às massas que promovem as celebridades (*ibid.*: 147-148).

À pergunta de Azevedo "acha que se tivesse ido para França teria tido outras hipóteses de ser agora um nome na cena internacional?" Cândido Lima

(1939) responde: "Penso que isso é evidente. Cá volta a questão do homem e da sua circunstância.[...] Muitas vezes penso no que teria acontecido. O Emmanuel Nunes ou o Xenakis são compositores internacionalmente (e justamente) reconhecidos. [...] não sou eu que vou fazer futurismo em relação àquilo que me poderia ter acontecido se vivesse nos EUA ou em França" (*ibid.*: 160). António Victorino de Almeida, segundo Azevedo "súmula do que o ecletismo musical português produziu neste século" e figura característica de aparência proteiforme (*ibid.*: 42) afirma: "Emmanuel Nunes não se ouve cá mais do que a minha música ou a sua [de Azevedo]. A verdade é que normalmente a encomenda é da Gulbenkian e tudo o que é encomendado pela Gulbenkian é mais promovido.[...] Quantas obras do E. Nunes é que são tocadas por ano? [...] No fundo somos todos muito pouco tocados, todos muito pouco conhecidos, todos muito pouco divulgados" (*ibid.*: 188). Mais adiante afirma: "Ouça, infelizmente a crítica que vai fazer crítica à Gulbenkian não vai fazer crítica ao Emmanuel Nunes [...] mas sim à Gulbenkian, percebe?" (*ibid.*: 189).

Este conjunto de declarações mostra uma comunidade artística que se sente maltratada pelas instituições, com queixas de vária ordem: manifestam-se os tópicos da falta de estruturas, das obras que ficam por estrear apesar das encomendas, encontram-se descrições catastróficas, fala-se da hipótese emigrante como alternativa apesar de se referirem melhorias pontuais aqui e ali. Afloram igualmente referências sobre a relação de Nunes com a Gulbenkian e o seu reconhecimento interno e externo. O tom geral que marca as posições desta geração é bastante pessimista, negativo, e corresponde no essencial às descrições de Ferreira (2009) e de Delgado (2001).

Entre os compositores mais novos que eu (1951) Alexandre Delgado (1965) retoma alguns aspectos do tipo de descrição que temos visto mas começam a surgir nas suas posições algumas divergências em relação à geração anterior. Nesta entrevista, anterior aos seus livros que análisamos no ponto anterior, sobre o ensino o compositor afirma que tem melhorado "mas continua a ter graves problemas estruturais a começar pelo ensino geral. Continuamos a ser um povo musicalmente analfabeto e sê-lo-emos sempre enquanto a música como elemento básico da cultura geral não for incluída em todos os graus de ensino" (Azevedo 1998: 464) Depois de referir as carências estruturais – investigação musicológica, a edição de partituras e de discos – refere que "a falta de acessibilidade e de conhecimento é a principal razão por que os nossos autores não fazem parte dos programas habituais" (*ibid.*). Para Delgado a diferença assinala-se em relação à orientação específica da música contemporânea, "cujos concertos, por muito divulgados que sejam, estão sistematicamente às moscas. A separação dos repertórios teve efeitos particularmente desastrosos" e mais do que isso "os compositores são os principais culpados. Quando estes escreverem uma música que interesse aos músicos e aos melónamos, o problema resolve-se" (*ibid.*: 465). Esta posição diverge das anteriores sobretudo ao considerar a própria música composta entre os factores que provocam o seu isolamento. De modo similar, Eurico Carrapatoso (1962) se considera igualmente necessário "lutar contra a má formação liceal e universitária" em termos gerais assinala que "ao tentarmos reduzir a composição a uma ciência exacta, sem os seus aspectos mais maravilhosos que são as suas componentes dúbias e proteiformes, potenciamos a normalização do aluno numa mesma bitola". (ibid.: 407) e mais adiante "nem tudo é computável na vida" (*ibid.*: 408). O que se contesta aqui é a primazia ainda vigente na altura do pós-serialismo: "A afirmação de Boulez 'quem não sentiu a necessidade serial é um compositor 'inútil' tem todo o sentido no contexto intolerante e panfletário em que surgiu. Hoje, todavia, começa a fazer todo o sentido afirmar-se, "quem sente a necessidade serial é um compositor inútil". (*ibid.*: 403)

Estas posições de crítica à posição dominante do pós-serialismo começam a aumentar nesta fase. Outros compositores incluídos na recolha mostram-nos que a posição vanguardista tradicional continua a ter adeptos entre esta geração por vezes exprimindo-se através de textos de carácter semi-poético ou quase esotérico que de algum modo salvaguardam a universalidade inerente à corrente dominante ou a defesa da expressão individual livre de qualquer constrangimento externo. (cf. *ibid.*: 327-330)

Na minha entrevista inserida no livro de Sérgio Azevedo assumo algumas posições deste tipo, críticas do pós-serialismo, mas igualmente próximo das anteriores sobre as problemáticas em questão que acabamos de ver. Sobre a questão das óperas disse: "o que é que em Portugal existe? Não é só a ópera. Que peças é que há para orquestra?" (*ibid.*: 286) ou mais adiante: "Actualmente o Paulo Ferreira de Castro queixa-se disto: "eu já nem consigo fazer uma temporada decente, quanto mais encomendas aos portugueses". [...] é uma questão global" (*ibid.*: 287). Não há diferença face ao tom geral que vimos atrás. De passagem pode-se reflectir sobre o facto de Castro, na altura director do Teatro Nacional de São Carlos, exprimir com clareza no seu desabafo, a ordem de prioridades que todos os programadores sempre partilharam: primeiro, fazer uma temporada decente, depois encomendar peças aos portugueses. Há também na minha entrevista momentos de um discurso de legitimação pela via de uma imaginação-do-centro: "Como dizia o Andriessen "you can not trust anybody" (*ibid.*: 281) ou mais adiante "o Ligeti diz que improvisa e encontra o seu material" (*ibid.*).

É óbvio que nós não conseguimos pensar fora do todo em relação ao qual vivemos um sentimento de pertença, mas fazemo-lo sobretudo imaginando como existente uma relação que na verdade é muito desigual ou mesmo imaginária. É um facto que eu também afirmava que "Boulez é o poder da música contemporânea em França, da mesma maneira que o Lully era o poder da música do Luís XIV" (*ibid.*: 285-287) mas só mais tarde posso considerar que o meu discurso se começou a distanciar da maior parte dos aspectos até aqui analisados nos agentes do campo. A minha muito lenta e gradual formação da perspectiva que irá conduzir, anos mais tarde, à formulação da temática desta investigação, pode-se vislumbrar de forma mais articulada pela primeira vez no texto publicado em 2002 "Cânones irregulares sobre o cânone". É se salientar que esse processo gradual decorreu mais directamente da prática da programação numa instituição, o Centro Cultural de Belém, do que propriamente da actividade de compositor, o que traduz um dos efeitos possíveis da elevada capilaridade dos agentes do campo. Nesse texto escrevi:

> Quando o quarteto Arditti tocou e gravou no CCB cinco quartetos portugueses ouvi uma série de comentários extraordinários. Primeiro, do próprio Irvine Arditti: excepto Nunes, de quem tinha gravado o quarteto para a Erato/IRCAM com o habitual financiamento da Gulbenkian, não conhecia mais nenhuma música portuguesa. Mas como é que havia de conhecer, se ninguém lha mostrou ou lhe deu a ouvir? Depois, disse-se que o concerto provava que até os melhores não se importavam de tocar música portuguesa, se isso lhes fosse proposto. Não se importavam! Finalmente, que o concerto com os quartetos portugueses, afinal, até tinha sido melhor do que o do dia anterior com quartetos dos ingleses Ferneyhough, Birtwistle, Adès e Dillon. Partia-se, sem dúvida, do princípio de que o contrário é que seria normal. Eis a ideologia do cânone no seu funcionamento mais esplendoroso. É por isso que não tenho grande respeito por ele. Porque sei que é fornecido regularmente pelas publicações que emanam do centro com aparato crítico mas conteúdo ideológico, porque parte de preconceitos de toda a ordem longamente formados e sedimentados, porque dispensa qualquer autonomia de pensamento e, finalmente, porque oprime" (Vargas, 2002: 93).

No mesmo texto tinha tentado anteriormente uma abordagem e uma interpretação possível desta problemática:

"A questão da internacionalização da cultura portuguesa tem sido recorrente nos tópicos programáticos dos últimos governos. Esse objectivo surge enunciado sem mais, sem que haja uma reflexão sobre o problema, sem explicitar por que é que essa é uma dificuldade tal que reclama medidas governamentais. As mais das vezes esse objectivo fica simplesmente no papel do programa do governo e desaparece quase sempre da prática. Outros valores (?) mais alto se alevantam. Mas não me parece que o problema seja apenas esse. A análise devia dirigir-se primeiro para os critérios que transformam outras culturas em hegemónicas, o que toda a gente sabe mais ou menos empiricamente, mas sabe-se e reflecte-se menos sobre o funcionamento interno das hegemonias culturais e sobre os seus mecanismos de autodefesa" (*ibid.*: 86).

Mais adiante, escrevi:

"É óbvio que a cultura portuguesa é periférica como o país. Dificilmente seria de outra maneira. Por isso ficou afastada, ao longo dos séculos XIX e XX da constituição dos cânones culturais entretanto formados nos centros da cultura ocidental. Trata-se de um processo, ou seja, de qualquer coisa dinâmica, com alguns pilares relativamente fixos e outros mutáveis. Com esta explicável excepção [Nunes], que se passa com a música portuguesa de outros compositores? Uma ou outra presença de uma obra portuguesa, um programa aqui e ali, não altera o quadro geral. Há discos há venda fora de Portugal? Não. Há partituras editadas e consistentemente distribuídas? Não, e infelizmente neste caso, nem sequer em Portugal depois do fogo-fátuo da Musicoteca e da sua consequente falência prática. O único factor que mudou bastante em Portugal foi o considerável incremento das encomendas de novas obras, concomitante, aliás, com um renovar do interesse internacional por estreias a partir de 1980". (ibid. 87) [186]

Abordando a questão da circulação internacional, escrevi: "Pode portanto dizer-se que a internacionalização da música portuguesa não existe. Se isso é um facto, convém colocá-lo no devido contexto, para não se cair no habitual muro de lamentações. O objectivo deste texto é mesmo contribuir para

---

[186] Cf. Samson, (2000) e neste livro p. 123/124.

o fim das lamentações e apelar à acção lúcida. A dita internacionalização passaria pela integração parcial nos cânones clássico e contemporâneo(s), facto deveras improvável se, como vimos, estes cânones funcionam com critérios ideológicos e geográficos identificáveis. Só o desmantelamento dessa ideologia e dos seus aparelhos poderia mudar alguma coisa e não vislumbro essa possibilidade num futuro próximo. Com este ponto de vista será mais fácil desmontar as falácias subservientes que estes mecanismos põem em acção (*ibid*.:89). Mais adiante "as periferias não querem ser novos centros irradiadores, mas iguais aos centros que já existem e, nessa medida, os programadores preferem apostar em valores seguros do cânone do que arriscar quaisquer rupturas. [...] a ideologia que constitui e governa o cânone opera internacionalmente como *doxa*, como coisa não questionada, e impõe-se com a naturalidade que caracteriza a vida ser assim" (*ibid*.: 91-92). As posições que aqui defendi podem ser vistas como próximas das de Carvalho (1992) e Ferreira (2007).

Apesar de neste ensaio haver talvez uma intuição da problemática mais geral que aqui se tenta aprofundar e fundamentar, nas entrevistas publicadas no mesmo volume de 2002 concentrei-me sobretudo no ataque à primazia da orientação pós-serial em Portugal e na descrição do meu próprio percurso iniciático, nas minhas influências principais, legitimadoras das tomadas de posição contra os consagrados, configurando desse modo a posição própria dos recém-chegados nas disputas inerentes ao campo musical. Dessa maneira a minha posição foi, durante bastantes anos, muito idêntica à posição dos outros compositores que vimos aqui anteriormente, o meu discurso tinha igualmente alicerce numa imaginação-do-centro e não era capaz de abandonar o tom geral do discurso lamentoso mais ou menos comum à maior parte dos compositores e autores que abordavam este assunto.

## 11.2 Ir e vir

### 11.2.1. Ir e vir – os dados

Iremos passar em revista, a partir dos dados incluídos no *The New Grove Dictionary of Music and Composers* de 2001, a persistência do *topos* "ir e vir", uma das características marcantes dos percursos da quase totalidade dos compositores portugueses do século XX. Nesta secção temos em conta que não basta que uma coisa exista para que tenhamos o sentimento da sua presença (Perelman e Olbrehcts-Tyteca, 2006). Há que a reforçar pela apresentação dos dados. Esta opção de apresentação justifica-se para pôr em evidência aquilo que, apenas descrito em geral, perderia de certo modo, a importância que gostaria de lhe ver atribuída. Do mesmo modo, ao contrário da opção geral seguida neste trabalho, no qual traduzo todas as citações, nesta parte preferi manter o texto original inglês face ao carácter de quadro que possui. Acrescento ainda a informação do autor da entrada na enciclopédia alemã *Die Musik in Geschichte und Gegenwart* (*MGG*) de 2006 quando existe. É de sublinhar que esta obra de lingua alemã não está disponivel na maior parte das bibliotecas das escolas de música, o que reflecte o facto de a lingua alemã ser pouco estudada e ainda menos falada em Portugal de uma forma geral. Segue-se uma relação das entradas dos compositores contrada principalmerte nos desrcições que sublinham as viagens, os regressos e as funções institucionais assumidas.

### Vianna da Motta [Viana da Mota], José

(b S Tomé, 22 April 1868; d Lisbon, 1 8 de Junho de 1948). [...] "After early studies at the Lisbon Conservatory he went to Berlin where he had lessons from Xaver Scharwenka (piano) and Philipp Scharwenka (composition). He subsequently worked with Liszt at Weimar (1885) and Bülow at Frankfurt (1887), and made extensive tours of Europe (1887-8), the USA (1892-3, 1899) and South America (1902), sometimes playing as many as four concerted works in one programme. In Berlin he collaborated with Busoni on several editorial projects" [...] "From 1915 to 1917 Vianna da Motta held the post formerly occupied by Stavenhagen at the Geneva Conservatoire, and from 1919 to 1938 was director of the Lisbon Conservatory.[...] As a composer he was instrumental in introducting into Portugal post-Beethovenian symphonic form and he pioneered the use of folksong material in serious music". [...]

   Hopkins, Charles, 'Vianna da Motta, José', Grove Music Online. (Acedido em 12 Março 2008)

   Teresa Cascudo, *MGG*

### Lacerda, Francisco de

(b Ribeira Seca, S Jorge, Azores, 11 May 1869; d Lisbon, 18 July 1934). He studied under Vieira, Gazul, Montinho de Almeida and Soromenho at the Lisbon Conservatory, where he was made professor of piano in 1892. Three years later he went to Paris to study at the Conservatoire under Pessard, Bourgault--Ducoudray, Libert and Widor, and at the Schola Cantorum under d'Indy and Guilmant. Thereafter he established himself as a conductor in Paris, in other

French cities and throughout Europe. He founded the Concerts Historiques in Nantes (1905) and the Filarmonia de Lisboa (1923). [...]

Bourligueuz, Guy: 'Lacerda, Francisco de', Grove Music Online., (Acedido em 8 de Junho 2007)

Não existe entrada na *MGG*

### Silva, Óscar da

(b Oporto, 21 April 1870; d Leça da Palmeira, 6 March 1958). [...] "He studied in Oporto and Lisbon before leaving for Germany in 1892 to continue his piano studies. He was a pupil of Julius Ruthardt and Carl Reinecke at the Leipzig Conservatory, and of Clara Schumann in Frankfurt. Shortly afterwards, he embarked on a brilliant solo career, giving performances, of his own works especially, in various European cities. On returning to Portugal, he accepted a teaching position at the Oporto Conservatory". [...]

Fernandes, Cristina : 'Silva, Óscar da', Grove Music Online. (Acedido em 8 Junho 2007).

Não existe entrada na *MGG*

### Costa, Luis

(b São Pedro, 25 Sept 1879; d Oporto, 7 Jan 1960). [...] "After early studies with B. V. Moreira de Sá in Oporto, he went to Germany to study with Vianna da Motta, Stavenhagen, Ansorge and Busoni. In addition to his career as a solo pianist, he participated in concerts with the cellists Casals, Hekking and Guilhermina Suggia, the pianists Cortot and Friedman, the violinists Enesco, Arányi, Senatra and Fachiri, and the Rosé, Zimmer and Chaumont quartets. He was appointed director of the Oporto Conservatory, and also of the concert society Orpheon Portuense, in which capacity he introduced many well-known musicians, including Ravel in 1928". [...]

Asta-Rose, Alcaide: 'Luis Costa', Grove Music Online. (Acedido 8 de Junho de 2007).

Adriana Latino, *MGG*

### Coelho, Rui

(b Alcácer do Sal, 3 March 1889; d Lisbon, 5 May 1986) [...] "He studied at the Lisbon Conservatory with Alexandre Rey Colaço (piano) and António Eduardo da Costa Ferreira and Tomás Borba (composition). Later he studied with Humperdinck in Berlin (1910–13) and with Vidal in Paris. In Portugal he often appeared as a pianist and a conductor, mainly performing his own works. He worked for Portuguese radio and was music critic for several Lisbon newspapers". [...] He composed in a nationalist manner, aiming (in his own words) "to make known to the world the Portuguese spirit". [...]

Picoto, José Carlos: 'Coelho, Rui', Grove Music Online. (Acedido em 8 de Junho, 2007)

Adriana Latino, *MGG*

**Branco, Luís de Freitas**
(b Lisbon, 12 Oct 1890; d Lisbon, 27 Nov 1955). [...] "He studied composition in Lisbon privately with Augusto Machado and Tomás Borba, then with Désiré Pâque and Luigi Mancinelli. He also studied the piano and the violin. He completed his studies in Berlin with Humperdinck and Pâque (1910) and in Paris with Grovlez (1911). [...] He taught at the Lisbon Conservatory (1016-30, later becoming its assistant director (1919-1924)". [...]

Latino, Adriana: 'Branco, Luís de Freitas', Grove Music Online.. (Acedido em 23 Outubro de 2006).

Adriana Latino, *MGG*

**Carneiro, Cláudio**
(b Oporto, 27 Jan 1895; d Oporto, 18 Oct 1963). [...] "In Oporto he studied the violin with Miguel Alves and Carlos Dubini, and composition with Lucien Lambert. He continued his studies in Paris with Bilewski and Boucherit, and with Widor at the Conservatoire (1919 and 1922). One of his first works, the Prelúdio, coral e fuga for strings, was conducted by Pierné at the Colonne concerts in 1923. A government grant enabled him to visit the USA (1928--30), and he returned there in 1956. In 1935 he took composition lessons with Dukas in Paris. He was appointed lecturer in composition at the Oporto Conservatory (1938), of which he was later made director (1956-8)". [...]

Picoto, José Carlos, Latino, Adriana: 'Carneiro, Cláudio', Grove Music Online.. (Acedido 08 Junho 2007).

Adriana Latino, *MGG*

**Cruz, Ivo**
(b Corumbá, Brazil, 19 May 1901; d Lisbon, 8 Sept 1985). [...] "He began his musical studies in Lisbon with Timoteo da Silveira (piano), Tomás de Lima and Tomás Borba (composition). In 1923, together with Eduardo Libório, he founded the periodical Renascimento musical, which was concerned with research into old Portuguese music. After concluding his law studies at Lis-

bon University (1919-24) he went to Munich, where he studied for five years with Richard Mors (composition and conducting), with Reuss at the Trapp Conservatory and with Alfred Lorenz and von der Pfordten (aesthetics and music history) at the university. Back in Lisbon he founded the Sociedade Coral Duarte Lobo (1931) and the Lisbon PO (1937), with which he presented the major choral and orchestral repertory. He was appointed director of the Lisbon Conservatory in 1938, retaining the post until his retirement in 1971". [...]

Picoto, José Carlos, Latino, Adriana: 'Cruz, Ivo', Grove Music Online. (Acedido 8 de Junho de 2007)

Não existe entrada na *MGG*

**Freitas, Frederico de**
(b Lisbon, 15 Nov 1902; d Lisbon, 12 Jan 1980) [...] "He studied the piano, the violin and composition at the National Conservatory, graduating in 1925. That year he won a government scholarship to study in several European countries. He was appointed conductor in 1935 of the newly formed Portuguese radio chamber orchestra and in 1940 founded the Lisbon Choral Society. He was conductor of the Oporto SO (1949–53) and of the Portuguese RSO from 1956". [...]

Picoto, José Carlos, Latino, Adriana: 'Freitas, Frederico de', Grove Music Online. (Acedido 8 de Junho de 2007)

Adriana Latino, *MGG*

**Sousa, Berta Alves de**
(b Liège, 8 April 1906; d Oporto, 1 Aug 1997). [...] She studied at the Oporto Conservatory. Between 1927 and 1929 she worked in Paris with Wilhelm Backhaus, Theodore Szántó and Georges Migot. She was also a pupil of the pianist José Vianna da Motta in Lisbon and the conductor clemens Krauss in Berlin. Later, she attended courses given by Alfred Cortot (piano) and Edgar Willems (music education). She received the 1941 Moreira de Sá prize in composition. In 1939 she became a critic for the Oporto newspaper Primeiro de Janeiro, and from 1946 she taught at the Oporto Conservatory. [...]

Cruz, Gabriela: 'Sousa, Berta Alves de', Grove Music Online. (Acedido a 12 de Março de 2008).

Não existe entrada na *MGG*

### Fernandes, Armando José

b Lisbon, 26 July 1906; d Lisbon, 3 May 1983). [...] "He studied at the Lisbon Conservatory with Colaço and Varela Cid (piano) and with Freitas Branco and Costa Ferreira (composition); his studies were continued in Paris with Boulanger, Dukas, Roger-Ducasse and Cortot. Soon his activities as a composer and teacher prevailed over his career as a pianist. He accepted a teaching post at the Academia de Amadores de Música in Lisbon (1940) and joined the music studies department of the national broacasting station, under whose auspices most of his works were written. [...] He was a lecturer in counterpoint at the Lisbon Conservatory, 1953-76".[...]

Picoto, José Carlos, Latino, Adriana : 'Freitas, Frederico de', Grove Music Online.. (Acedido 8 de Junho de 2007)

Catarina Latino, *MGG*

### Graça, Fernando Lopes

(b Tomar, 17 Dec 1906; d Parede, nr Cascais, 27 Nov 1994). [...] "He studied in his home town and at the Lisbon Conservatory (1924-31), where he was taught by Adriano Merea and Vianna da Motta (piano), Tomás Borba (composition) and Branco (musicology). He also attended courses in the arts at Lisbon University (1928-31) and Coimbra (1932-4)". [...] These years [1932-6] coincided with his first efforts as a composer, which reveal the influence of Schonberg and Hindemith. [...] In 1937 Graça went to Paris, where he studied musicology with Paul-Marie Masson at the Sorbonne. While he was there he composed the realist ballet La fièvre du temps, commissioned by the Maison de la Culture; he also made his first harmonizations of Portuguese folksongs. He turned towards an 'essential nationalism', characterized by the treatment of folk material and by the assimilation of its harmonic, melodic and rhythmic elements into some of his own compositions (e.g. the Piano Sonata no.2), in which references to folksongs are combined with the use of expanded harmony and percussive rhythms alternating with linear polyrhythms. This new tendency reflects the influence of Bartók, Falla and Koechlin. Graça returned to Lisbon in 1939 and there took on work as a writer on music, musicologist, teacher, concert organizer and choirmaster. He taught piano, harmony and counterpoint at the Academia de Amadores de Música, founded both the Sonata organization (1942-60), dedicated to 20th-century music, the Gazeta musical (1951) and undertook research into folk music, which he continued to do from the 1960s in collaboration with Michel Giacometti". [...]

Picoto, José Carlos, Cascudo, Teresa: 'Graça, Fernando Lopes', Grove Music Online. (Acedido 23 de Outubro de 2006)

Teresa Cascudo e J-M. Pedrosa Cardoso, *MGG*

**Vasconcelos, Jorge Croner de**
(b Lisbon, 11 May 1910; d Lisbon, 9 Dec 1974) [...] "After initial studies with his mother, Laura Croner, he entered the Lisbon Conservatório Nacional, where he studied the piano with Silva and composition with de Freitas Branco. A government grant enabled him to pursue his studies in Paris (1934-7) with Dukas, Boulanger, Roger-Ducasse and Cortot. On returning to Lisbon he was appointed professor at the conservatory (1938-74). [...] Vasconcelos works were influenced mainly by Ravel, but also Stravinsky and Hindemith". [...]

Picoto, José Carlos, Latino, Adriana: 'Vasconcelos, Jorge Croner de', Grove Music Online. (Acedido 08 Junho 2007)

Manuel Carlos Brito, *MGG*

**Oliveira, Fernando Correia de**
(b Oporto, 2 Nov 1921). [...] "He studied at the Oporto Conservatory with Cláudio Carneiro (composition) and Maria Adelaide Freitas Gonçalves (piano). In 1948 he studied in Venice with Hermann Scherchen. In the same year he formulated the principles of a composition system called 'sound symmetry' which includes 'symmetrical harmony' and 'symmetrical counterpoint'. [...] He founded the Parnaso Academy for music, dance and theatre in Oporto.

Picoto, José Carlos, Latino, Adriana: 'Oliveira, Fernando Correia de Vasconcelos, Grove Music Online. (Acedido 8 de Junho de 2007)

Não existe entrada na *MGG*

**Santos, Joly Braga**
(b Lisbon, 14 May 1924; d Lisbon, 18 July 1988). [...] "He studied the violin and composition at the Lisbon Conservatory (1934-43) but abandoned his studies before graduating. He continued to study composition privately with Luís de Freitas Branco until 1945. In 1947 he joined the music studies department of Portuguese radio, for which he wrote a great deal of music. In addition, after the première of his First Symphony, he studied conducting in Venice with Hermann Scherchen in 1948 on a scholarship from the Portuguese government and, later, composition in Rome with Mortari (1959-60). He was conductor of the Oporto SO, 1955-9, assistant conductor of the

Portuguese RSO, 1961–88, and lecturer in analysis and composition at the Lisbon Conservatory from 1972 until his death". [...]

Latino, Adriana: 'Santos, Joly Braga', Grove Music Online. (Acedido 8 de Junho de 2007),

Adriana Latino, *MGG*

**Martins, Maria de Lurdes**
(b Lisbon, 26 May 1926) [...] She studied at the Lisbon Conservatory with her mother Maria Helena Martins. There she finished the higher degree in piano and composition in 1949, having worked with Artur Santos, Jorge Croner de Vasconcelos, Marcos Garin and Santiago Kastner. Between 1959 and 1960 she obtained a grant from the Calouste Gulbenkian Foundation to study composition at the Munich Hochschule für Musik with Genzmer and also attended courses with Stockhausen in Darmstadt. She attended seminars with Maderna and obtained a diploma in Orff-Schulwerk at the Salzburg Mozarteum (1965). She also attended many courses abroad dedicated to methods of music learning by children (Kodály, Orff). She served as the founder-president of the Portuguese Musical Education Association (1972) [...] She taught at the Lisbon Conservatory (1983–96) and is now retired.

Azevedo, Sérgio: : 'Martins, Maria de Lurdes', Grove Music Online. (Acedido 12 de Março de 2008),

Não existe entrada na *MGG*

**Sousa, Filipe de**
(b Lourenço Marques, Mozambique, 15 Feb 1927). [...] "He took a degree in classical philology at Lisbon University and studied the piano (diploma 1947) with Abreu Mota and composition (diploma 1952) with Jorge Croner de Vasconcelos at the Lisbon Conservatory; he also studied conducting with Fritz Lehmann in Munich (1954–5), Hans Swarowsky in Vienna (1957) and Albert Wolff in Hilversum (1957). He was one of the founders of the Portuguese section of the Jeunesse Musicale and, during his ten years as director of the Portuguese television music department (1959–69), he also taught composition at Lisbon Conservatory (1963–7). [...] He has carried out much reaesrch discovering several 18th and 19th century Portuguese manuscripts which he has reconstructed and revised". [...]

Alcaide, Asta-Rosa, Delgado, Alexandre: 'Sousa, Filipe de', Grove Music Online. (Acedido 08 Junnho de 2007).

Não existe entrada na *MGG*

### Rosa, Clotilde
(b Lisbon, 11 May 1930). [...]"Educated at the Lisbon Conservatory (1942-9), she played the harp as a freelancer until 1963, when she went to study in the Netherlands. She joined the Oporto RO (1965), then the Lisbon RO (1969), where she remained until its extinction in 1991. In 1987 she was appointed a teacher at the Lisbon Conservatory. Rosa's visit to the Netherlands exposed her to contemporary musical trends that had barely reached Portugal. Through repeated visits to Darmstadt and her acquaintance with Peixinho she became involved in the performance of avant-garde music". [...]

Ferreira, Manuel Pedro: 'Rosa, Clotilde', Grove Music Online. (Acedido 8 de Junho de 2007),
Não existe entrada na *MGG*

### Pires, Filipe
(b Lisbon, 26 8 de Junho de 1934). [...] "From 1946 to 1953 he studied the piano with Lúcio Mendes and composition with Artur Santos and Jorge Croner de Vasconcelos at the Lisbon Conservatory. From 1950 he has pursued a prominent career as a pianist in Portugal and later abroad. From 1957-60 he studied in Hanover, on a government grant, with Winifried Wolf (piano) and Ernst-Lothar von Knorr (composition). He then taught composition at the Oporto Conservatory (1960-70). Meanwhile, he worked as a critic and gave conferences and courses on analysis. During the 1960s he attended the Darmstadt summer courses and studied 12-note composition in Berlin with Kroellreuter (1964) and electronic music in Paris with Pierre Schaeffer (1970-72). From 1972-5 he taught composition, analysis and electronic music at the Lisbon Conservatory, of which he was also director. [...] He received numerous composition prizes in Portugal and abroad. [...]

Latino, Adriana: 'Pires, Filipe', Grove Music Online. (Acedido 8 de Junho de 2007),
Teresa Cascudo, *MGG*:

### Capdeville, Constança
(b Barcelona, 16 March 1937; d Lisbon, 5 Feb 1992). [...] She studied the piano, composition and early music at the Lisbon Conservatory [...] She was a pianist and percussionist, and participated in 'scenic music' performances. Her compositions have been presented at major European festivals, including Royan, Warsaw, Zagreb and Lisbon, and she was a founding member of Colecviva, which introduced music theatre into Portugal".[...]

Cruz, Gabriela: 'Capdeville, Constança', Grove Music Online. (Acedido 8 de Junho de 2007),
Não existe entrada no *MGG*.

### Salazar, Álvaro

(b Oporto, 2 March 1938). [...] "He studied at the Lisbon Conservatory with Armando José Fernandes, and also took a degree in law. He later continued his musical studies in France with Amy, Dervaux and Swarowsky, and completed the conducting course at the Ecole Normale. In 1987 he founded the group Oficina Musical, with whom he has performed much contemporary music and given many first performances. He was conductor of the Estoril Festival Chamber Group (1979-85). [...] He teaches at the Escola Superior de Música e de Artes do Espectáculo in Oporto and at the Lisbon Conservatory". [...]

Bochmann, Christopher: 'Salazar, Alvaro', Grove Music Online. (Acedido 8 de Junho de 2007),
Não existe entrada na *MGG*

### Cassuto, Álvaro

(b Oporto, 17 Nov 1938). [...] "He began his musical studies with Artur Santos and Lopes-Graça in Lisbon and continued them with Klussmann in Hamburg. He also studied conducting with Pedro de Freitas Branco. Between 1959 and 1965, when he had already had some pieces performed in Portugal, he studied conducting with Karajan and Herbert Ahlendorf in Berlin and with Ferrara in Hilversum, having obtained a grant from the Calouste Gulbenkian Foundation. In 1960 and 1961 he attended the courses at Darmstadt, where he had contact with Stockhausen, Ligeti and Messiaen. In 1965 he obtained the diploma in orchestral conducting at the Vienna Conservatory. [...] During his stay in the USA (1969-70) he won the Koussevitsky Prize in Tanglewwod (1969) [...]

Azevedo, Sérgio: 'Cassuto, Alvaro', Grove Music Online. (Acedido 8 de Junho de 2007),
Não existe entrada na *MGG*

### Lima, Cândido

(b Vila de Punhe, nr Viana do Castelo, 22 Aug 1939). [...] "He studied music at the conservatories of Braga, Lisbon (piano, 1967) and Oporto (composition, 1970), and philosophy in Braga (1968-73). He attended summer courses in Darmstadt (1970-72) and international music courses in various European cities. He studied at the University of Paris, obtaining the master's degree (1976), the Diploma of Further Studies (1978) and a doctorate (1983), the last two under the supervision of Xenakis. He also studied with Xenakis at the Institute of Aesthetics and Science of the Arts of the Sorbonne, took a doctorate in aesthetics at the Sorbonne and periodically attended the IRCAM and CEMAMu (Paris). In 1970 he was appointed professor of composition at Oporto University, a position he held until 1986, when he became professor of composition and musical aesthetics at the Escola Superior de Música in Oporto. [...] In 1973 he founded the Grupo Musica Nova, which he directs and in which he plays the piano". [...]

Latino, Adriana: 'Lima, Cândido de', Grove Music Online. (Acedido 8 de Junho de 2007),

Adriana Latino, *MGG*.

**Peixinho, Jorge**
(b Montijo, 20 Jan 1940; d Lisbon, 30 8 de Junho de 1995). [...] "After completing his studies in piano and composition at the Lisbon Conservatory with Artur Santos and Jorge Croner de Vasconcelos (1951-8), he studied with Boris Parena and with Petrassi at the Accademia di S Cecilia in Rome, where he obtained the diploma in composition in 1961. In 1960 he also worked with Nono in Venice and with Boulez and Stockhausen at the Musik-Akademie in Basle. He took part in the Darmstadt summer courses (1960-70) and from 1962 directed contemporary music courses in Portugal and South America. In 1970 he founded the Grupo de Música Contemporânea de Lisboa (GMCL), with whom he played an important part in promoting the works of contemporary Portuguese and foreign composers. He performed with GMCL in many European countries". [...]

Latino, Adriana: 'Peixinho, Jorge', Grove Music Online. (Acedido 8 de Junho de 2007),

Adriana Latino, *MGG*.

**Almeida, António Victorino d'**
(b Lisbon, 21 May 1940) [...] "He began his music studies with Marina Dwander, Artur Santos and Joly Braga Santos. In 1959 he completed his higher degree in piano studies with Campos Coelho at the National Conservatory, Lisbon. In 1960 he was awarded a grant from the Instituto de Alta Cultura to study piano with Schiske at the Vienna Hochschule für Musik. While there he also studied with Wladyslaw Kedra and Dieter Weber. He also studied com-

position with Cerha on a grant from the Calouste Gulbenkian Foundation. He was the cultural attaché in Vienna (1974–81) and founded the Almeida-Pluhar-Marinoff Trio in 1983". [...]

Azevedo, Sérgio: 'Almeida António Victorino de', Grove Music Online. (Acedido 8 de Junho de 2007),

Não existe entrada na *MGG*

### Nunes, Em(m)anuel

(b Lisbon, 31 Aug 1941). [...] "He studied composition in Lisbon with Francine Benoit at the Academia de Amadores de Música (1959-63) and with Fernando Lopes Graça at the University (1962-4). He attended summer courses at Darmstadt (1963-5), moved to Paris (1964), then attended the Hochschule für Musik in Cologne (1965-7), studying with Pousseur (composition), Jaap Spek (electronic music) and George Heike (phonetics) and taking courses with Stockhausen. He returned to Paris in 1970 and a year later and won a premier prix for aesthetics at the Paris Conservatoire. With a grant from the Portuguese government (1976-7) and as composer-in-residence in Berlin at the invitation of the Deutscher Akademischer Austauschdienst (1978–9), he organized courses at the University of Pau and at the Hochschule für Musik in Freiburg. Since 1979 he has lived alternately in Paris and Oeldorf (Cologne). From 1981 he has run seminars in composition in Lisbon sponsored by the Gulbenkian Foundation and has organized conferences and seminars in various European and North American cities. Since 1986 he has been professor of composition at the Institut für Neue Musik in Freiburg and is regularly asked to lecture at the Paris Conservatoire. Many of his works have been performed during festivals and on the radio throughout Europe". [...]

Latino, Adriana: 'Nunes, Emanuel', Grove Music Online. (Acedido 22 de Março de 2006),

Teresa Cascudo, *MGG*:

### Dias, Amílcar Vasques

(b Badim, Monção, 7 March 1945). [...] He studied the piano and composition with Manuel Faria (1957-66) and later attended the conservatories of Oporto and Braga, where (1970-74) he studied with Cândido Lima and Maria de Lurdes Ribeiro. In 1974 a grant from the Calouste Gulbenkian Foundation enabled him to go to the Netherlands, where at the Hague Conservatory he studied with Louis Andriessen, van Bergeijk and Schat (composition diploma, 1982). He also attended seminars with Emanuel Nunes, Stockhausen and

Xenaxis and (1987-8) was a member of the artistic council of the municipality of Amsterdam. On his return to Portugal (1988) he taught at various schools of music and continued his training as a composer at the University of British Columbia, Vancouver, and other North American universities. He was appointed a teacher at the University of Evora in 1996. Much of his music is influenced by his stay in the Netherlands". [...]

Azevedo, Sérgio: 'Dias, Amílcar Vasques', Grove Music Online. (Acedido 8 de Junho de 2007),

Não existe entrada na *MGG*

**Brandão, Paulo**
(b Lisbon, 21 Jan 1950). [...] "He studied at the Fundação Musical dos Amigos das Crianças (1954-64). From 1965 he studied at the Lisbon Conservatory and at the Academia de Amadores de Musica, with professors Adácio Pestana, Artur Santos, Elisa Lemos, Capdeville and Álvaro Salazar, graduating in 1979. In 1976 he attended the composition courses in Darmstadt and also seminars with Heinz Henings, Peter Sefcik, Corboz, Vassili Arnaudov and others. [...] he has been a professor at the Lisbon Conservatory since 1985". [...]

Azevedo, Sérgio: 'Brandão, Paulo', Grove Music Online. (Acedido 8 de Junho de 2007),

Não existe entrada na *MGG*

**Bochmann, Christopher**
(b Chipping Norton, 8 Nov 1950). British composer, teacher and conductor. He studied in Paris with Nadia Boulanger (1967), with whom he continued to work until 1971, and privately with Richard Rodney Bennett (1969-72). In 1968 he went to New College, Oxford (BA 1971, BMus 1972, MA 1976, DMus 1999). After teaching in a number of schools, including Cranborne Chase School and the Yehudi Menuhin School, Bochmann went to Brazil, where he taught at the Escola de Música de Brasília (1978-80). In 1980 he moved to Portugal where he has developed an extensive activity as a teacher at most of the important music schools, particularly the Instituto Gregoriano de Lisboa (1980-90) and the Escola Superior de Música de Lisboa (from 1985), of which he is the present director and head of composition. In 1984 he became conductor of the Portuguese Youth Orchestra.

Azevedo, Sérgio: 'Bochmann, Christopher', Grove Music Online. (Acedido 12 de Março de 2008)

Não existe no *MGG*.

### Pinho Vargas, António

(b Vila Nova de Gaia, 15 Aug 1951) [...] "He studied piano at the Oporto Conservatory and took a degree in history at the University of Oporto. As a *jazz* pianist he has performed in many countries with his group as well as making six CDs (1974-96)" for which he won for three times the Prémio de Imprensa Sete de Ouro for the best record of the year. His interest in contemporary classical composition came a little later, and he went to study with Klaas de Vries at the Rotterdam Conservatory (graduated 1990). In 1991 he was appointed a teacher at the Escola Superior de Música in Lisbon. He has been musical advisor to the Casa Serralves, Oporto (since 1994), and the Centro Cultural de Belém, Lisbon (1996-9). He was awarded the Comenda da ordem do Infante D. Henrique in 1995". [...]

Bochmann, Cristopher: 'Pinho Vargas, António', Grove Music Online. (Acedido 8 de Junho de 2007),

Teresa Cascudo, *MGG*

### Sousa Dias, António de

(b Lisbon, 13 Nov 1959).[...] "He has a background that includes studies in jazz, electronics, telecommunications, musicology and computer programming, in addition to his studies in composition at the Lisbon Conservatory with Capdeville and at the University of Paris VIII with Horacio Vaggione. [...]He has been appointed to teach composition and electro-acoustics at the Escola Superior de Música in Lisbon, of which he is also sub-director (1995--2001). [...]

Bochmann, Cristopher: "Sousa Dias, António de', Grove Music Online. (Acedido 8 de Junho de 2007),

Não existe no *MGG*

### Oliveira, João Pedro

(b Lisbon, 27 Dec 1959) [...] He studied at the Instituto Gregoriano in Lisbon (organ with Antoine Sibertin-Blanc and composition with Christopher Bochmann). He also frequented the seminars given by Emanuel Nunes at the Gulbenkian Foundation. He continued his studies in the USA at Brooklyn College with Charles Dodge and at SUNY, Stony Brook, where he studied electronic music with Arel and Semegen (PhD, 1990). He was appointed to teach at the music department of the University of Aveiro. [...] Stylistically, his music owes much to his American training, with a clearly atonal language". [...]

Bochmann, Cristopher: 'Oliveira, João Pedro', Grove Music Online. (Acedido 8 de Junho de 2007),
Teresa Cascudo, *MGG*

**Chagas-Rosa, António**
(b Lisbon, 1 8 de Junho de 1960). [...] "He obtained a higher degree in the piano from the Lisbon Conservatory (1981) and a history degree from the New University of Lisbon (1983). With a grant from the Calouste Gulbenkian Foundation he went to the Netherlands, where he finished his Masters degree in the piano and 20th-century chamber music at the Amsterdam Conservatory in 1987 under Hrisanide's guidance. Later he was awarded a grant from the Portuguese ministry of culture to study for the higher degree in composition at the Rotterdam Conservatory. He obtained his diploma in 1992, having worked with Wagemans and de Vries, and attended seminars given by Tippett, Lutosławski, Berio and Birtwistle....He began teaching at the University of Aveiro in 1996".

Azevedo, Sérgio: 'Chagas-Rosa, António', Grove Music Online. (Acedido 8 de Junho de 2007),
Teresa Cascudo, *MGG*

**Azguime, Miguel**
(b Lisbon, 24 February 1960) [...] "He studied at the Academia de Amadores de Música (1966-76), while also attending the Lisbon Conservatory. From 1975 to 1982 he studied percussion with Catarina Latino and Júlio Campos and founded various groups performing *jazz* and improvised music. In 1984, with a grant from the German government, he went to Darmstadt, where he studied percussion with James Wood and composition with Horatiu Radulescu, Brian Ferneyhough and Clarence Barlow. He also attended seminars with Emmanuel Nunes, Cristóbal Halffter and Tristan Murail. Between 1985 and 1986 he studied percussion with Gaston Sylvestre in Paris and Nice. On his return to Portugal he founded Miso Records (1985), the Miso Ensemble (in 1985, with the flautist Paula Azguime), and also the International Festival of Live Music (1992)".[...]

Azevedo, Sérgio: 'Azguime, Miguel', Grove Music Online. (Acedido 23 de Maio de 2007).
Não existe entrada na *MGG*

### Soveral, Isabel

(b Oporto, 25 Dec 1961) [...] "She studied with Peixinho (from 1983), and later attended piano and composition courses at the Lisbon Conservatory, where her composition teacher was Joly Braga Santos. In 1988 she attended the New York State University, Stony Brook, with grants from the Fulbright Foundation, the Luso-American Foundation for Development and the Ministry of Culture, obtaining a PhD in composition under the supervision of Arel and Semegen. On her return to Portugal she was appointed to the staff of the University of Aveiro, where she now lectures". [...]

Azevedo, Sérgio: 'Soveral, Isabel', Grove Music Online. (Acedido 8 de Junho de 2007).

Não existe entrada na *MGG*

### Carrapatoso, Eurico

(b Mirandela, 15 Feb 1962) [...] "He started his musical studies relatively late, in 1985 with José Luís Borges Coelho. However, he rapidly finished his examinations in fugue at the Oporto Conservatory with Cândido de Lima and obtained the higher composition degree with Peixinho at the Lisbon Conservatory. In 1988 he attended the Lisbon Escola Superior de Música, where he came into contact with Capdeville. While completing his musical education Carrapatoso also obtained a history degree at the University of Oporto (1985) and was subsequently a lecturer in history at that university. He was then professor at the Lisbon Escola Superior de Música from 1995 until 1999".

Azevedo, Sérgio: 'Carrapatoso, Eurico', Grove Music Online. (Acedido 08 8 de Junho de 2007)

Não existe entrada na *MGG*.

### Delgado, Alexandre

(b Lisbon, 8 8 de Junho de 1965).[...] He was educated at the Fundação Musical dos Amigos das Crianças (FMAC) in Lisbon (1977-85). His first opus dates from as early as 1980, one year before he became a private pupil of Joly Braga Santos (1981-5). Unattracted by the avant garde, Delgado widened his horizons at the Nice Conservatoire (1986-9) with Jacques Charpentier, a former pupil of Messiaen. He also studied the viola privately with Barbara Friedhoff (1986-91). [...]

Ferreira, Manuel Pedro: 'Delgado, Alexandre', Grove Music Online. (Acedido 23 May 2007),

Manuel Pedro Ferreira, *MGG*.

Azevedo, Sérgio  (b Coimbra, 23 Aug 1968). [...] He studied with Lopes-Graça at the Academia de Amadores de Música and later with Capdeville and Bochmann at the Escola Superior de Música in Lisbon. Since 1993 he has himself taught at the Escola Superior and worked as an editor at Portuguese National Radio". [...]

Bochmann, Cristopher: "Azevedo, Sérgio", Grove Music Online. (Acedido 8 de Junho de 2007),

Não existe entrada na *MGG*

### 11.2.2. Análise

Algumas conclusões breves das entradas no *New Grove*.

1. Com duas excepções – Carrapatoso e Azevedo – *todos* os compositores portugueses do século XX com entradas no *New Grove* de 2000 estudaram algum tempo fora de Portugal.

2. Geografia das viagens: encontra-se nestes dados uma passagem da predilecção pela viagem para Berlim no início do século para uma concentração cada vez maior em Paris. Mais recentemente assinala-se que alguns compositores estudaram na Holanda ou nos Estados Unidos. Com a excepção de Nunes, o *único* emigrante definitivo, todos os outros compositores, depois de períodos mais ou menos longos, regressaram a Portugal.

3. A grande maioria dos compositores, depois de regressar, assumiu posições no ensino da composição em Conservatórios ou Escolas Superiores; posições de direcção destas ou doutras instituições de ensino; nalguns casos a sua actividade de compositores foi descrita, aqui ou noutros lugares, como sendo introdutores de determinados estilos.

4. Todos os autores das entradas nesta Enciclopédia são portugueses ou radicados em Portugal com as duas excepções de Charles Hopkins e Guy Bourligueuz, autores das entradas de Viana da Mota e Francisco de Lacerda. Não se pode por isso retirar qualquer conclusão que aponte para um "reconhecimento do centro ou internacional" a partir destas entradas. Embora publicadas em inglês numa publicação inglesa prestigiada, as entradas são, na verdade, discursos locais sobre compositores locais depois traduzidos.

5. É de assinalar a ausência nestas publicações dos alunos de Nunes ou os que mais tempo estudaram consigo (João Rafael, Virgílio Melo, Pedro Rocha, Pedro Amaral). Se o caso da ausência de Amaral se poderá dever a questões cronológicas – a edição é de 2001 – nos restantes casos, sendo Rafael e Amaral compositores presentes com destaque na lista de encomendas da Gulbenkian, pode concluir-se que o critério que preside à orientação da Gul-

benkian é diverso daquele que presidiu às escolhas do corpo de musicólogos portugueses para o *New Grove*. Enquanto no *New Grove* se encontra uma amostra mais ampla, os critérios da Fundação Calouste Gulbenkian alinham muito mais claramente, como veremos de seguida com maior detalhe, pelo núcleo duro da corrente pós-serial e suas derivações, estética dominante no subcampo contemporâneo. A selecção para o *New Grove* constitui uma instância de legitimação e consagração na verdade levada a cabo pelo corpo de musicólogos que seleccionou. Tem por isso um alcance sobretudo académico. De outro modo, a Gulbenkian é uma instância de consagração com efeitos mais imediatos ou concretos na própria prática musical; nesse sentido possui maior capital simbólico e, por isso, maior alcance e poder para consagrar e legitimar.

### 11.3. Gulbenkian: centralidade e controvérsias

### 11.3.1. Centralidade

A acção da Fundação Calouste Gulbenkian no campo cultural e em particular no campo musical a partir da sua formação em 1956 é considerada por todos os autores como absolutamente central (Brito, 1992: 173); (Castro: 1991: 177); (Carvalho: 1991); (Ferreira, 2001; 2007). Paulo Ferreira de Castro, na passagem em que confirma a centralidade da Fundação Calouste Gulbenkian na vida musical portuguesa escreve: "dada a inércia ou a incapacidade manifestada pelas entidades oficiais e privadas para sustentar iniciativas dinamizadoras da vida musical (situação que se tem prolongado, de um modo geral, até aos nossos dias), pode dizer-se que – com todas as distorções que inevitavelmente resultam da existência de uma forte super-estrutura num país de infra-estruturas frágeis – é quase exclusivamente graças à Fundação Gulbenkian que Lisboa pode hoje considerar-se um centro musical relativamente importante a nível europeu" (Castro: 1991: 177).

O autor não deixa de apontar distorções resultantes da existência de "uma forte super-estrutura num país de infra-estruturas frágeis". Levanta-se portanto uma pista de investigação em torno de tais distorções. A que tipo de distorções se refere o autor? Até que ponto resultam do poder excessivo de "uma forte superestrutura" num contexto no qual tudo o resto parecia não ter meios de criação e afirmação de alternativas "num país de infra-estruturas frágeis"? Seguiremos com uma breve descrição dos propósitos e da acção inicial da Gulbenkian, com uma nota histórica das controvérsias que se foram gerando, com uma análise do cânone da Gulbenkian patente nas encomendas de obras e noutros aspectos da programação e finalmente uma discussão mais detalhada da acção do Serviço de Música em relação à ausência da música portuguesa com destaque para a excepção Nunes, os seus próprios discursos sobre Portugal e o carácter de certo modo inverso da carreira de Peixinho. Importa tentar clarificar de que forma a acção de Fundação Calouste Gulbenkian se posiciona face à dicotomia "cá dentro"-"lá fora", indagar se as suas orientações se mantiveram inalteráveis durante os 50 anos da sua actividade e quais foram as suas relações com o subcampo contemporâneo central.

A hipótese de trabalho é a de que a acção da Gulbenkian se caracteriza por uma ambivalência face quer à divulgação e promoção da música portuguesa, quer à promoção activa da dominação dos cânones musicais em Portugal.

Começando pelo projecto inicial, António Pinto Ribeiro, que considera "um autêntico programa de política cultural para a música" (Ribeiro, 2007: 283) refere declarações de Madalena Perdigão a João de Freitas Branco em 1989, na qual afirma que a fundação da Orquestra, do Coro e do *Ballet* não constavam do programa inicial e só surgiram à medida que foi verificando as lacunas do meio musical portuguesa. A posição da directora considerava que "o recurso sistemático à colaboração de agrupamentos estrangeiros parecia-me errado e nada dignificante para a cultura portuguesa" (*ibid.*). Partia-se, por isso, de um diagnóstico que constatava um atraso estrutural, e a Fundação Calouste Gulbenkian, recusando a solução da importação sistemática, decidiu actuar em várias direcções: investir na investigação musicológica do património musical português, na formação de profissionais e na programação musical com critérios de excelência e actualidade. (*ibid.*: 284). No que respeita às bolsas de estudo, Ribeiro afirma que "praticamente nenhum músico português relevante no panorama da música portuguesa erudita dos últimos 50 anos foi excluído, de uma forma ou de outra, deste tipo de apoios, que totalizam 5493 bolsas entre 1959 e 2004 (*Ibid.*).

O Festival Gulbenkian, o primeiro passo, foi iniciado em 1957 e a criação da Orquestra mais tarde, em 1962, o Coro em 1964 e o Grupo Experimental de Bailado inicialmente exterior à Fundação embora apoiado por ela, acabou por ser integrado nas suas estruturas (*ibid.*: 290). O artigo "História dum Festival: o Festival Gulbenkian de 1957 a 1970", de Carlos de Pontes Leça dá-nos um balanço geral. O Festival Gulbenkian, que se realizou de 1956 até 1970, tendo sido a primeira edição realizada por iniciativa da Marquesa do Cadaval com o apoio da Fundação que, no ano seguinte, assumiu a sua continuação. O autor cita o primeiro relatório, datado de 1961, do Presidente da Fundação que escreve sobre "o primeiro Festival [...] tinha como objectivo último a futura integração de Portugal no quadro dos países que contam entre as actividades regulares a organização de grandes festivais internacionais de música" (Leça, 1972: 6). Mais adiante o relatório diz: "Assim, e para além da sua eventual repercussão internacional, os Festivais Gulbenkian passaram a visar sobretudo a cultura musical do povo português" (*ibid.*).

Convém sublinhar que no I Relatório de 1961 o Presidente da Fundação escrevia que os Festivais visavam "a cultura musical do povo português" e no segundo relatório, de 1964, enunciavam-se quatro directrizes: manter a índole acentuadamente cultural da iniciativa; conservar o carácter eclético dos programas, praticar preços módicos e acentuar a descentralização das manifestações artísticas" (*ibid.*). É importante referir estes propósitos dos primeiros anos da Gulbenkian para descortinar até que ponto se podem verificar mudanças ou inflexões nas décadas seguintes. No que respeita às encomendas e apresentações de obras compositores portugueses, ao lado de numerosas formações e artistas estrangeiros presentes,[187] Leça aponta o número de primeiras audições realizadas nos Festivais: 1 de Luís de Freitas Branco, 4 de Fernando Lopes-Graça, 1 de Croner de Vasconcelos, 1 de Francine Benoit, 3 de Joly Braga Santos, 2 de Maria de Lurdes Martins, 3 de Filipe Pires, 1 de Jorge Peixinho, 1 de Álvaro Cassuto e 1 de Constança Capdeville (*ibid.*). Até 1972, face a estes dados, pode dizer-se que a orientação do Serviço de Música sob a orientação de Madalena Perdigão teve em conta de forma abrangente a diversidade própria do criação musical portuguesa nesse período. A maior parte dos compositores no activo encontram-se representados em proporções relativamente equilibradas. Carlos de Pontes Leça refere ainda o facto de se tentar "fazer ouvir música portuguesa interpretada por categorizados solistas ou agrupamentos estrangeiros a fim de contribuir para a mais fácil divulgação destes além- fronteiras" e refere como exemplos a apresentação das óperas *La Spinalba* de Francisco António de Almeida e da *Trilogia das Barcas* de Joly Braga Santos por elencos internacionais e o *Concerto da Camera col violoncelo obligato* de Lopes-Graça por Rostropovitch. No ponto 11 do seu artigo, "Projecção do festival no estrangeiro", Leça escreve:

> Se bem que – conforme foi acentuado – se tenha proposto acima de tudo levar a cabo uma acção cultural junto do público português, o Festival acabou por fazer

---

[187] Sobre estes nomes ver Leça, (1972).

chegar a sua voz também aos meios artísticos internacionais. Esta projecção além-fronteiras é naturalmente determinada pela própria dinâmica da organização de qualquer festival de Música que queira pautar a sua programação por um critério de grande exigência de nível artístico. Prova dessa projecção internacional são os artigos que a imprensa estrangeira lhe dedicou em número crescente ao longo dos últimos anos. Na sua maioria, esses artigos foram escritos por críticos especializados que expressamente de deslocaram ao nosso pais para assistir às manifestações artísticas do Festival. Bastante elucidativo é também o facto de, em 1969, terem vindo a Lisboa cerca de vinte jornalistas estrangeiros, com o fim de presenciar a estreia mundial da oratória *A Transfiguração* de Messiaen [*ibid.*: 11].

O tópico que aqui se vislumbra é o "lá fora" trazido "cá dentro". De acordo com os termos usados por Eduardo Lourenço pode-se afirmar que o festival foi um sucesso "lá fora" mas terá contribuído para mostrar o que se fazia "cá dentro". Mais adiante lê-se a passagem já citada anteriormente: "é igualmente importante sublinhar que, ao atrair deste modo a atenção do meio internacional para o nosso país, o Festival contribuiu para que, nesse mesmo meio, despertasse um novo interesse em relação à música e aos músicos portugueses... o festival constituiu directa ou indirectamente um processo extremamente válido de promoção além-fronteiras da nossa música e dos nossos músicos. Aliás a eficácia dessa promoção não deve medir-se apenas pelos resultados obtidos até agora, dado que algumas portas que actualmente nos começam a dar acesso ao resto da Europa foram precisamente abertas, ou pelo menos, entreabertas, graças, em boa parte, ao Festival" (*ibid.*: 12).

Nesta fase do trabalho torna-se claro, face aos outros dados já apresentados, que esta opinião escrita em 1972 – que o "cá dentro" passou a ser divulgado "lá fora" – enfermará de optimismo excessivo de tal modo opostas são as posições escritas nas décadas seguintes e até hoje. No entanto, tanto o Festival Gulbenkian como a política adoptada após o seu final, foram gerando controvérsias, em especial durante os anos 1970, no meio musical português.

### 11.3.2. Controvérsias

Uma das questões prende-se com o impacto da acção da Gulbenkian no funcionamento das outras estruturas existentes. João Paes, no suplemento do *Dicionário de História de Portugal* apresenta uma perspectiva deste impacto: "durante os 20 anos deste período [1942 a 1962] a vida musical portuguesa teve a vertente espectacular mais equilibrada em toda a sua história, com o Teatro de São Carlos ressurgido e um calendário de concertos bem distribuído ao longo do ano e com um nível artístico altíssimo (Paes, 1998: 582). Para o autor,

> com a entrada em actividade da Fundação Calouste Gulbenkian, o panorama musical transformou-se rapidamente. A directora dos serviços musicais não tardou em afirmar-se como a nova personalidade a ter em conta no meio musical português (após casar com o presidente da fundação, passou a usar o nome de Madalena Perdigão). Começou por munir os seus serviços de instrumentos colectivos necessários aos seus propósitos concentracionários: um departamento de musicologia, uma boa orquestra (de câmara) um grande coro, um grupo de bailado e outro de ópera (ambos "experimentais"). E gradualmente foi asfixiando as associações de concertos com uma política de baixos preços para espectáculos de alto nível, só possível com o apoio de um potentado financeiro da estatura da Fundação Gulbenkian. Por fim desferiu o golpe de misericórdia concentrando nos Festivais Gulbenkian de Música, em escasso mês e meio, o equivalente às temporadas juntas de todas as associações de concertos. Para sobreviver o Círculo de Cultura Musical e a Sociedade de Concertos de Lisboa tiveram de reduzir drasticamente as suas actividades; e a Sinfónica Nacional, sem maestro titular [...] cedo entrou em decadência acelerada deixando as respectivas temporadas de ser potenciais concorrentes dos Festivais Gulbenkian [*ibid.*].

A decisão de acabar com os festivais, segundo Paes, provocou perplexidade:

> [...] tendo o Festival Gulbenkian adquirido fama e dimensões comparáveis à dos maiores festivais europeus de música, o conselho de administração da Fundação, em reunião tristemente histórica, declarou-o incomportável e votou a sua extinção. Lisboa perdeu assim, de um momento para o outro, a posição prestigiosa que o Festival Gulbenkian lhe granjeara no âmbito da Associação dos Festivais de Música Europeus; a fundação perdeu uma grande directora, com a demissão de Madalena Perdigão; e o público melómano perdeu uma grande festa. Como não se previa que as antigas associações ressuscitassem e as orquestras da Emissora Nacional estavam moribundas, parecia iminente o fim da era dos grandes concertos em Portugal. Tal não sucedeu, surpreendentemente, visto que o mesmo conselho que acabara com o Festival Gulbenkian aprovou o plano de actividades do novo director dos serviços de música, Luís Pereira Leal, que na prática consistia no alargamento da temporada de concertos a todo o ano, exceptuando o Verão. Regressou-se assim a uma situação equilibrada no calendário musical lisboeta,

comparável à que existia antes do advento da Fundação... com a diferença que agora a hegemonia da Gulbenkian era total [*ibid.*].

Sobre estas mudanças, A. P. Ribeiro escreve que "se pensarmos na importância e na dimensão destes festivais, na sua implicação social, na autoridade que deles adveio para a Fundação, percebemos como o Serviço de Música consubstancia o seu poder no seio da Fundação, transformando-se numa organização interna, autónoma, pesada e custosa" (Ribeiro, 2007: 291).

As consequências da acção da Gulbenkian, para Paes, traduziram-se numa destruição de outras estruturas existentes e na aquisição de uma hegemonia total; para Ribeiro na aquisição de poder interno pelo Serviço de Música e na sua transformação num estrutura pesada e custosa. Durante este processo a Gulbenkian foi vendo aumentar o seu capital simbólico e o seu carácter de instância de consagração evoluiu até chegar ao ponto de ser praticamente a única instituição operativa no campo musical contemporâneo.[188] Havendo apenas uma instância de consagração, o facto de uma determinada corrente estética adquirir primazia simbólica no interior da direcção da instituição poderia provocar uma espécie de exclusão automática não só das preferências da instituição como do próprio espaço público dessa arte, sendo verdadeira a afirmação de que "a hegemonia da Gulbenkian era total". Terá sido esta porventura uma das distorções referidas por Paulo Ferreira de Castro em 1991, a aquisição de uma hegemonia total?

### 11.3.3. A crise na Fundação e no Serviço de Música em 1974

A revolução do 25 de Abril teve enorme impacto na própria Fundação Calouste Gulbenkian, até então vista como um estado dentro do Estado, uma espécie de oásis no interior do país do regime antidemocrático. Segundo António Pinto Ribeiro "no meio desta convulsão social e nas sequelas da crise do petróleo a Fundação sofre uma primeira crise a vários níveis: de autoridade, de organização interna, de reconhecimento nacional e de orientação programática" (*ibid.*: 293). Nos debates que tiveram lugar nesse período sobre

---

[188] Deve acrescentar-se que o poderio do Serviço de Música e a sua hegemonia se alargou para além da própria actividade da Fundação: Luís Pereira Leal foi longos anos (e ainda será nalguns casos) director artístico do Festival de Sintra, do Festival da Madeira e do Festival do Algarve. O Festival de Leiria teve como director alguns anos Carlos de Pontes Leça, que foi substituido mais recentemente por Miguel Sobral Cid, igualmente director--adjunto do Serviço de Música.

a orientação do Serviço de Música avultam as acusações de carácter elitista da programação, da presença maciça de artistas estrangeiros que remetia os portugueses para um segundo plano e, em segundo lugar, o facto de se ter tornado uma empresa "lisboeta", em última análise, o oposto dos objectivos anunciados nos primeiros relatórios. O musicólogo Mário Vieira de Carvalho foi, segundo Ribeiro, "à época um dos críticos mais contundentes da orientação programática para a música da Fundação levada a cabo por Madalena Perdigão" (*ibid.*). Na verdade, algumas dessas críticas, que iremos passar em revista, hoje relativamente esquecidas, começaram a ser formuladas ainda antes de 1974.

Num texto publicado no *Diário de Lisboa*, em Junho de 1970, Mário Vieira de Carvalho escrevia: "Urge trazer a debate os Festivais Gulbenkian. Não esqueçamos que absorvem quantias fabulosas (talvez mais elevadas que o total despendido com as demais actividades da Fundação, no domínio da música ) e que as questões atinentes ao emprego de um tal volume de investimentos e sua eficácia reprodutiva (do ponto de vista do nosso contexto sociocultural) são de ordem pública" (Carvalho, 1974: 13). No ponto "Música e músicos portugueses" o autor refere: "Dado que a Fundação Gulbenkian tem promovido a edição de música portuguesa antiga tanto impressa como em disco, seria de esperar que os Festivais reflectissem esse aparente interesse pelas produção nacional. Os gráficos que desenhamos falam por si: Lisboa – a música portuguesa situa-se, em regra, entre os 5 e 10 por cento; Coliseu – raras vezes excede os 5 por cento ou então é pura e simplesmente ignorada (1966 e 1970); Porto – de cada dois Festivais, só um concede à música portuguesa 5 por cento do programa (à excepção de 1966, ano de *La Spinalba* de Francisco António de Almeida) e outras cidades – à parte o XII e o XIV Festivais, volta a funcionar a linha limite de 10 por cento" (*ibid.*: 19) Carvalho procede a um estudo da programação dos festivais e apresenta dados estatísticos: "Se individualizarmos a produção portuguesa contemporânea, o panorama reveste tal gravidade que apetece qualificá-lo escandaloso: Lisboa – todos juntos os compositores portugueses contemporâneos não valem mais do que 5 por cento; Porto – desde 1966 não há nenhum que se aproveite; Coliseu e outras cidades – só de vez em quando aparecem vestígios, que chegam a atingir a percentagem de 10 por cento (*ibid.*). "O Serviço de Música responderá talvez com o argumento das obras encomendadas, distinguidas com todas as honras (?) no âmbito do Festival. Mas não convence ninguém. É flagrante a contradição entre os programas dos Festivais e essa actividade mecenática, que deveria constituir a cúpula de uma verdadeira política de fomento da música portuguesa, no duplo aspecto da produção e do consumo. Na verdade, para que serve encomendar obras se o seu destino é morrer logo após a 1.ª audição?" (*ibid.*: 20). O autor critica o facto de após as estreias as encomendas se destinarem ao desaparecimento, uma prática que, como sabemos, se mantém em geral até hoje. Carvalho aponta ainda que "além disso, há ainda outro ponto comprometedor [...] nunca qualquer dos compositores portugueses contemporâneos beneficiou nem sequer de um centésimo dos cabedais esbanjados pela Gulbenkian com um Britten, um Milhaud, um Messiaen ou um Penderecki. [...] Em relação ao primeiro [Fernando Lopes-Graça] apurámos que o volume da sua música, incluída no conjunto dos 14 festivais, equivale a ¼ do programado, em um só Festival, com a música de Britten" (*ibid.*).

Sendo um *insider* e estando ligado por relações pessoais a Lopes-Graça e aos membros do Grupo de Música Contemporânea de Lisboa, Carvalho dispunha de dados concretos sobre os montantes gastos com os portugueses e os outros artistas, o que lhe permitia o tipo de crítica seguinte: "Não contente com isso a ética da Fundação (ou do seu Serviço de Música) chega ao ponto de discutir *cachets* pedidos por artistas portugueses, enquanto se gastam quantias fabulosas (da ordem das centenas ou mesmo milhares de contos) com as vedetas estrangeiras. Porquê? Porque o objectivo dos festivais é o "consumo do sensacionalismo da música" *ibid.*: 22).

Num artigo posterior, publicado no *Diário de Lisboa* em 1972, Carvalho aponta aquilo que considera uma mudança na estrutura e no tipo de funcionamento da Gulbenkian: "À medida que foi multiplicando as suas actividades musicais, a fundação adquiriu um certo *facies* empresarial, já muito afastado, na prática, dos estritos limites estatutários em que à primeira vista a sua missão se deveria manter" (*ibid.*: 37). Esclarecendo que não se trata de insinuar que a Fundação "passou a exercer funções lucrativas", o autor refere que "para além de criar uns tantos organismos artísticos sob a sua administração directa (Orquestra, Coro, Companhia de Bailado), passou a empregar boa parte (ou a maior parte?) das suas energias financeiras e organizacionais, destinadas ao sector da música, na organização de concertos e outros espectáculos". Para o autor, embora disto tenha resultado "um incremento da vida musical [...] a Fundação não pôde, não quis, ou não soube fazer a ligação entre esta actividade de consumo e o desenvolvimento das potencialidades nacionais em matéria de produção" (*ibid.*).

Deste modo, para o autor, "a Fundação apareceu essencialmente como uma terceira força actuando sobretudo através dos mecanismos de concorrência: a) concorrência às orquestras existentes, pela criação de uma nova orquestra, concorrência aos coros semiprofissionais existentes pela criação de um novo coro; b) concorrência às entidades oficiais e privadas promotoras de concertos, pela realização de toda a casta de espectáculos musicais; c) concorrência às salas de espectáculos pela edificação de novas salas" (*ibid.*: 38). Para o autor, "a actividade musical da Fundação tendeu a desenvolver-se em círculos concêntricos de área cada vez menor até coincidirem praticamente com o espaço ocupado em Lisboa pelo Palácio da Avenida de Berna" enquanto, na sua opinião, "a longo prazo seria muito mais reprodutivo (culturalmente falando) gastar dinheiro com o fomento de agrupamentos como o Quarteto do Porto ou o Grupo de Música Contemporânea de Lisboa [...] do que organizar setenta concertos em dois meses e meio para um círculo de 500 *habitués* [...] "(*ibid.*)

Já em 1974, após o 25 de Abril, o artigo "A Fundação Gulbenkian e as suas ligações com o regime fascista" foi publicado no jornal *Diário de Lisboa*, em Maio de 1974. Carvalho divide a sua recensão crítica em três pontos: Festivais Gulbenkian; discriminação entre artistas estrangeiros e portugueses e imperialismo cultural; mentalidade empresarial e métodos repressivos. Sobre o primeiro ponto escreve:

"Durante catorze anos a Fundação organizou, através do seu Serviço de Música e exclusivamente segundo os critérios, o gosto ou os caprichos da sua directora, festivais megalómanos, que chegaram a atingir o número de quarenta e cinco concertos concentrados em pouco mais de três semanas. [...] Estes festivais custavam milhares e milhares de contos [...] mas o rendimento cultural extraído de tão fabulosos investimentos era praticamente nulo. A vinda maciça dos nomes mais sensacionais do 'estrelato' internacional nada tinha a ver com um critério de equilibrado e estimulante intercâmbio com o estrangeiro; era antes um instrumento do colonialismo ou imperialismo culturais que sufocavam as potencialidades criadoras dos artistas portugueses. Na verdade os melhores valores da nossa cultura musical ou eram pura e simplesmente afastados do contacto com o grande público ou ocupavam uma posição de parentes paupérrimos, submersa na mole imensa da programação.

O autor sublinha uma diferença progressiva entre os princípios estatutários e a prática:

Objectivamente, os festivais serviam não os fins de desenvolvimento cultural estatuídos no acto de instituição do Sr. Gulbenkian mas antes a imagem de prestígio pessoal que de si própria a directora do Serviço de Música pretendia criar no estrangeiro. Estas críticas foram em várias ocasiões e por várias formas apresentadas à Fundação mas nunca a responsável deu satisfações públicas da sua acção ou procurou aconselhar-se com pessoas de reconhecida competência. O conselho de administração acabou por obrigar à supressão dos festivais sem, no entanto, retirar à directora do serviço qualquer dos seus poderes absolutos, pelo que a orientação das suas temporadas de concertos permaneceu inalterável com os mesmos vícios dos festivais (*ibid*.: 153).

Carvalho interroga igualmente as vantagens da política de importação de artistas cada vez mais importante na acção do Serviço e o seu efeito reprodutivo, e questiona-se sobre essa orientação face aos objectivos estatutários anteriores. No segundo ponto, "Discriminação entre artistas estrangeiros e portugueses" Carvalho escreve:

> Esta discriminação institucionalizou-a a Gulbenkian a todos os níveis: ao nível de salários, ao nível de *cachets*, ao nível da produção cultural. Assim: – na Orquestra Gulbenkian as regalias económicas e de estatuto concedidas aos instrumentistas estrangeiros foram uma das causas da crise, que determinou a expulsão de alguns músicos e a saída voluntária de outros, empenhados na defesa dos direitos e da dignidade profissional dos artistas portugueses. [...] Os *cachets* atribuídos a solistas portugueses convidados (pianistas, cantores, etc.) eram *cachets* de miséria, regateados tostão por tostão, quando comparados ao dinheiro esbanjado com os convidados estrangeiros (consta que Karajan ficou surpreendido quando verificou que todas as suas despesas, incluindo as extraordinárias, da sua estadia em Lisboa iriam ser pagas pela Fundação extracontrato). [...] nunca o Serviço de Música teve a preocupação de esboçar um plano a sério para fomentar a actividade dos nossos compositores e dos nossos intérpretes. Orçamentava milhares de contos para satisfazer os seus compromissos com o estrangeiro (só a encomenda e a montagem de *A transfiguração* de Messiaen teria custado cerca de dois mil contos) e entretanto ignorava pura e simplesmente a situação dos nossos artistas. Para não falar em numerosos casos individuais, lembro o Quarteto do Porto e o Grupo de Música Contemporânea de Lisboa, que foram cilindrados por acções e omissões da Fundação Gulbenkian. Quanto ao "Auxílio aos compositores portugueses" (assim chegaram a aparecer nos jornais notícias emanadas da Fundação sobre as encomendas de obras musicais) as condições eram tão humilhantes que Lopes-Graça, entre outros, sempre se recusou a aceitá-las" (*ibid*.: 154)

No terceiro ponto Mário Vieira de Carvalho exprime a sua visão sobre o papel de uma fundação que importa citar amplamente:

> [...] a missão de uma fundação é antes de mais subsidiar. Subsidiar neste caso obras de cultura e de beneficência. Uma fundação não se destina a transformar-se no que falta, mas a criar condições financeiras para que o que falta surja. A Fundação subsidiou a criação de Escolas de Enfermagem (por exemplo) mas não chamou a si, como é óbvio, a direcção dessas escolas. No caso da música, passou-se precisamente o inverso: a directora do serviço, com o beneplácito dos administradores, criou uma orquestra, um coro, um grupo de bailado no interior da própria Fundação e por ela directamente geridos e administrados. A Gulbenkian, enquanto proprietária da orquestra, do coro e do grupo de bailado, é a Gulbenkian-Empresa, que recebe financiamento para se manter da Gulbenkian-Fundação. Como na música quem decide da Gulbenkian-Fundação é a mesma pessoa que decide da Gulbenkian-Empresa, logo se vê onde passou a residir o vício: a Gulbenkian-Fundação passou a servir preferencialmente os interesses egoístas da Gulbenkian-Empresa. Concretamente a D. Madalena Perdigão perdeu toda a objectividade em relação aos problemas que afligiam globalmente a vida musical portuguesa e que mais careciam de uma acção consequente por parte de quem tinha meios financeiros para lhes acorrer. Os seus espectáculos, os seus concertos, com a sua orquestra, o seu coro, o seu grupo de bailado, nos seus auditórios da Avenida de Berna absorviam quase inteiramente as atenções da Fundação. Tudo o mais, para a Fundação, passou a ser secundário. O País musical ficou reduzido às instalações da Fundação. Na qualidade de empresa gestora dos referidos organismos musicais e de agência de concertos, a Gulbenkian concorria com as outras instituições, e com os artistas ou agrupamentos que não pertenciam ao seu império. Ciosa de um poder económico que nenhuma outra entidade musical possuía no País, utilizou-o mais para liquidar progressivamente o indispensável pluralismo de iniciativas e o surto e desenvolvimento de novos valores do que para os favorecer. Entretanto, a confusão entre as atribuições de empresa e de fundação, no âmbito do serviço de música, já ultrapassava todas as marcas: havia casos em que as bolsas de estudo eram usadas como complemento dos vencimentos dos instrumentistas da Orquestra Gulbenkian, ou como meio de pressão sobre os artistas seus beneficiários (Gerardo Ribeiro, por exemplo, foi pressionado para trabalhar na orquestra durante um ano, "em troca" das bolsas de estudo que lhe haviam sido concedidas para Nova Iorque, o que, na actual fase da sua formação, anularia irremediavelmente as perspectivas de aperfeiçoamento ao mais alto nível). De resto, pressões, represálias, ameaças,

misturadas com aliciamentos, tornaram-se moeda corrente nas relações do Serviço de Música da Fundação com os artistas portugueses. O que contava já não era nem a música, nem a cultura, nem a salvaguarda dos fins institucionais da Gulbenkian; era tão-só a manutenção de um poder absoluto e discricionário nas mãos da directora do Serviço de Música, apoiada no seu marido, Presidente do Conselho de Administração. Dezenas de depoimentos podem ser recolhidos a este respeito, para além dos que já foram tornados públicos (entre estes recordo, pela sua gravidade extrema, os casos do Grupo de Música Contemporânea de Lisboa, do Quarteto do Porto, da boicotagem à prospecção folclórica realizada por Giacometti e Lopes-Graça, da expulsão de instrumentistas da Orquestra Gulbenkian, mediante "processos disciplinares" onde as acusações de "subversão" se misturavam com as de "falta de respeito" pelas hierarquias [...] [*ibid.*: 154-156].

Na sua conclusão, o autor escreve: "as responsabilidades de Fundação Gulbenkian na criação de métodos repressivos e discriminatórios no meio cultural português transcendem largamente os limites da actividade musical. Cabe a todos os sectores lesados unirem-se e denunciarem no seu conjunto os atropelos cometidos pela actual administração" (*ibid.*:156). Mais adiante: "Há um delegado legalmente nomeado pelo Estado português para fiscalizar a administração da Fundação. A função desse delegado é assegurar-se de que a Fundação não está a ser desviada dos fins para que foi instituída. Havendo desvios, o Estado tem competência para mandar apurar as responsabilidades e mandar substituir no todo ou em parte os administradores (sejam ou não vitalícios nos seus cargos) (*ibid.*: 157). Depois de um parágrafo no qual refere que "o Estado português estava interessado nos serviços que a Fundação pudesse prestar no domínio assistencial e cultural" constituindo "um apoio supletivo para o financiamento da guerra colonial" e "não estava interessado em apurar os desvios pessoalistas por que enveredava a política da Fundação (na medida em que a mesma entidade apoiava o fascismo sempre que necessário" o autor termina com o apelo: "Impõe-se que o Governo Provisório tome medidas de saneamento no âmbito da Fundação: suspendendo imediatamente toda a administração, nomeando novo ou novos delegados do Estado, realizando um inquérito", acrescentando em nota de pé de página que "de resto, o Estado que tem competência para aprovar, tem competência para alterar, se assim o entender necessário o próprio estatuto da Fundação" sublinhando que "a Fundação Calouste Gulbenkian é uma pessoa jurídica de nacionalidade portuguesa, logo sujeita à legislação portuguesa" (*ibid.*: 158).

Para alguns autores, como Vasco Pulido Valente, o que se passou entre 25 de Abril de 1974 e 25 de Novembro de 1975 foi simplesmente uma tentativa do Partido Comunista Português para tomar conta do aparelho de Estado (Valente, 2009: 279-302). Independentemente do crédito que se possa atribuir a esta tese, estas críticas de Mário Vieira de Carvalho, na altura membro do Partido Comunista, escritas no calor de Maio de 1974, lidas à distância de três décadas, parecem, pelo menos, expressar uma visão da actividade cultural próxima das posições do Partido Comunista Português numa fase de luta aberta pelo poder e remetem para os problemas internos que se verificaram na Fundação após o 25 de Abril.[189]

Nos debates então verificados, segundo Ribeiro (2007: 294), Madalena Perdigão respondeu fundamentalmente em dois pontos. Primeiro com os planos de descentralização cultural das actividades musicais e de formação; com a política de preços populares nos festivais e com o argumento de que elevar a qualidade da música em Portugal só seria possível numa primeira fase com a presença de músicos internacionais de grande craveira. Em relação à crítica da Gulbenkian como empresa, Perdigão argumentou que "os que criticam a política dita empresarial da Fundação no domínio da música esquecem o pequeno pormenor que é a existência física do Centro Cultural da Avenida de Berna".[190]

Após da demissão de Madalena Perdigão, ultrapassada a fase de transição durante a qual o Serviço de Música teve uma direcção colegial de três membros, um dos quais, Luís Pereira Leal, que foi nomeado director do serviço em 1978 tendo exercido o cargo até hoje (2009, ano em que se reformou). Este longo período de 31 anos manifesta algumas diferenças de vulto em relação ao período anterior. Segundo Ribeiro, o serviço reafirmava continuar a orientação programática de Madalena Perdigão, contudo "só em parte o poderia fazer, uma vez que a sociedade portuguesa sofrera importantes e marcantes alterações" (*ibid.*: 295). Para além da Revolução de Abril, a entrada para a União Europeia em 1986 criaram "processos de renovação na sociedade portuguesa" mas "o crescimento do serviço era notório e tinha uma orçamento de 64 228 000$00 o que confirma o seu poder e alguma hegemonia de gosto no seio da Fundação". Ribeiro insiste na "ausência de resposta do Estado e na inexistência de organizações similares" para reforçar o papel do Serviço na implantação de um gosto musical nacional (*ibid.*). Para além da crescente

---

[189] Cf. artigos de António Barreto e António Pinto Ribeiro em Barreto (org) (2007).
[190] *In Expresso* de 8 de Março, 1975 (*apud* Ribeiro, 2007: 294).

importância da temporada anual criaram-se nos finais dos anos 70 três iniciativas: os Encontros de Música Contemporânea (1977) as Jornadas de Música Antiga (1980) e o início dos seminários de Emmanuel Nunes (1980) (*ibid.*). Segundo Ribeiro, "a iniciativa é de Luís Pereira Leal, que não só colaborara com Madalena Perdigão, como tinha formação em análise e composição", tendo estado na base da formação do Grupo de Música Contemporânea de Lisboa (GMCL) de Jorge Peixinho.

A importância dos Encontros até à sua extinção em 2001-2002 foi crucial no sector, e da sua análise resultam algumas das distorções eventualmente invocadas por Paulo Ferreira de Castro. Uma análise mais aprofundada dos Encontros será feita mais adiante no subcapítulo o cânone da Gulbenkian (ver Anexo I).

Em 1992 Mário Vieira de Carvalho prossegue as suas análises da acção do Serviço de Música em termos não muito diferentes dos feitos nos anos 1970.[191]

---

[191] É necessário fazer algumas considerações sobre estes debates e os lugares do espaço público onde ocorreram. Os artigos de Carvalho, recolhidos em *Para um dossier Gulbenkian*, tinham sido publicados no Diário de Lisboa, tendo tido, por isso, um forte impacto público. As outras fontes que aqui utilizamos, pelo contrário, circunscrevem-se a revistas de pouquíssima circulação (Ferreira, 2002) ou a volumes de difícil ou muito restrito acesso, Ferreira (2007), Paes (1998), Ribeiro (2007) e Carvalho (1991, 1992). O que isto significa é que, nas últimas décadas, qualquer tipo de debate ou contestação sobre as orientações do Serviço de Música da Gulbenkian quase desapareceu dos jornais. Este facto, aliás, mereceu um comentário de António Barreto, no lançamento dos dois volumes que coordenou, contendo análises sectoriais independentes e externas sobre os 50 anos da Fundação. Barreto afirmou então que se espantava pelo facto de, dada a importância da Fundação na sociedade portuguesa, não ter havido praticamente estudos ou balanços da sua acção o que retoma uma parte da sua introdução aos volumes: "o convite incluía a intenção de tornar públicas a matéria de facto, as reflexões, e as análises que permitissem uma avaliação da acção da Fundação" e "dada a inexistência de uma avaliação global não era fácil proceder a juízos de valor sobre os fundamentos, os resultados, os êxitos ou os erros e insucessos desta instituição". (Barreto, 2007). Barreto exprimiu o desejo de ir mais além do que o simples relatório ou a enumeração de feitos. Justamente o título de outro volume publicado em 2009 da autoria dos responsáveis dos serviços, como uma espécie de resposta aos volumes anteriores é *Factos e Números*. O capítulo sobre a Música, muito provavelmente da autoria de Luís Pereira Leal e Rui Vieira Nery – dos autores citados os únicos ligados ao serviço – é exemplo desse carácter de enumeração de feitos, para além de várias enormes listas de artistas que actuaram na Fundação, maestros, solistas, etc.(AA.VV; 2009:102-124) No campo musical, após a crise de 1974 e 1975, o debate sobre a orientação do Serviço de Música praticamente não existiu no espaço público com a excepção de alguns artigos de Augusto M. Seabra nos

Segundo o autor, "As temporadas de concertos da Fundação Gulbenkian alargaram-se cada vez mais ao longo deste período, ao mesmo tempo que cresciam os efectivos da sua orquestra". Carvalho assenta as suas críticas em duas vertentes principais: agência de concertos, rotinas e omissões no que respeita aos portugueses. Assim, sobre a temporada afirma que "apesar de nelas participarem muitos dos mais famosos solistas, agrupamentos de câmara e também orquestras sinfónicas (estas sobretudo no âmbito do ciclo anual Grandes Orquestras Mundiais, iniciado em 1988) ou talvez por isso mesmo: por excessiva dependência de critérios de 'sensacionalismo' foi notória a tendência para a rotina de 'agência de concertos'. A quantidade, embora de grandes artistas ou celebridades, perdeu-se na deficiente qualidade da organização ou na indefinição de critérios quanto à missão ou função dos espectáculos programados" (Carvalho, 1992). Manuel Pedro Ferreira, por outro lado, fala no "ritual conformista dos concertos da Orquestra Gulbenkian" (2007: 210-211). A associação das expressões usadas pelos autores, "dependência de critérios de sensacionalismo", "rotina de agência de concertos" e "ritual conformista" não deixa de configurar uma crítica poderosa quer aos critérios de programação quer aos hábitos de consumo do público frequentador da temporada da Gulbenkian.[192] De igual modo, Mário Vieira de Carvalho aponta omissões e paradoxos na programação da Fundação:

> jornais *Expresso* e *Público*. A excepção verificou-se aquando da decisão de extinguir o Ballet Gulbenkian no final da temporada 2005-2006. Em forte contraste com os acalorados debates públicos que ocorreram a propósito de Lisboa 94, da Expo 98, do Porto 2001, da Casa da Música e sempre que houve (ou há) uma mudança de director artístico do Teatro de São Carlos, as notícias referentes a cada nova temporada musical da Gulbenkian resumem-se normalmente a descrições dos principais artistas e das orquestras que irão estar presentes e uma ou outra nota sobre as encomendas (ou uma curta nota sobre a sua redução, quando isso se verifica) ao lado de comentários relativamente habituais sobre *mais uma temporada de excelência*. Pela sua parte, Pereira Leal ao longo dos anos em que foi director do Serviço de Música deu pouquíssimas entrevistas e, que eu tenha conhecimento, nunca foi questionado publicamente sobre as suas opções. Penso que a explicação para tais factos estará na seguinte frase de António Pinto Ribeiro já citada: "nenhum músico relevante no panorama da música portuguesa erudita dos últimos cinquenta anos foi excluído (...) deste tipo de apoios". Daqui terá resultado uma das distorções: uma espécie de intimidação generalizada face ao poder da Gulbenkian vista no campo como instância consagradora, mas mais, dotada do poder de silenciar.
>
> [192] Devo acrescentar um aspecto não incluído na versão apresentada na Universidade de Coimbra. Manuel Pedro Ferreira, elemento do júri, na sua arguição durante as provas públicas de doutoramento desta tese afirmou que era estranho eu referir na nota de pé

Não admira, por isso, que, assoberbado por compromissos de rotina cada vez mais volumosos, o Serviço de Música não pudesse fugir-lhes e caísse em algumas omissões inesperadas. Assim, se em 1975, por ocasião do 20º aniversário da morte de Luís de Freitas Branco, ainda organizou uma exposição e alguns concertos, já em 1990 quase deixou passar a efeméride do centenário do nascimento do mesmo compositor. O mesmo é válido, também em 1990, para os 50 anos de Jorge Peixinho (1940-1995). No género coral-sinfónico, por exemplo, permaneceu inédita uma das mais importantes obras de Peixinho, aliás premiada pela Fundação Gulbenkian, *Eurídice reamada* (1968) sobre poemas de Herberto Hélder, facto que não pode deixar de se contrapor à frequência e ao empenho com que Coro e Orquestra Gulbenkian interpretam e gravaram repertório de outros países, seleccionado segundo duvidosos critérios de prioridade". (Carvalho 1992)

É de intercalar aqui a referência a um texto de Augusto M. Seabra, incluido nas notas de programa dos Encontros de 1979 no qual escreve sobre a estreia de *Tríptico* de Jorge Peixinho (1959-60): "o *Tríptico* que só agora será estreado foi a terceira obra de Jorge Peixinho. [...] o lapso de tempo é, por si só, significativo das dificuldades com que se tem deparado a apresentação e divulgação de obras contemporâneas em Portugal. Poucos terão lutado contra tal estado de coisas como Jorge Peixinho, autor intérprete animador." Esta passagem confirma o atraso com que algumas obras do compositor foram estreadas em vários períodos.

No final do seu artigo, Mário Vieira de Carvalho escreve: "Em síntese: não obstante as novas e fecundas perspectivas abertas ao florescimento da música em Portugal, os últimos vinte e cinco anos têm-se caracterizado pela contradição em alguns aspectos agravada entre a abundância de meios destinados à proliferação de actividades musicais de consumo e a escassez de investimentos reprodutivos, que favoreçam a criatividade nacional. Alguns centros

---

de página anterior "a excepção de alguns artigos de Augusto M. Seabra", quando este crítico se sentava na fila da direcção do Serviço de Música nos concertos, enquanto ele próprio não recebia convites. Este argumento, um pouco bizarro como elemento de análise, não deixa afinal de reforçar notícias de práticas de silenciamento, chegando, como se vê, à disputa pelo maior capital simbólico de heroicidade. Os textos de Seabra são públicos e podem-se consultar tal como os artigos de Manuel Pedro Ferreira aqui citados. A disputa invocada, pela fila ou pelo bilhete, no entanto, confirma o temor provocado pela Gulbenkian.

de decisão continuam a confundir o desenvolvimento sociocultural com a expansão duma cultura de fachada" (Carvalho, 1992: 10)[193] Esta frase resume de uma forma geral a posição do autor, expressa em vários textos de diferentes proveniências, em relação às políticas e às práticas dos "centros de decisão" no campo musical. O autor refere que "quanto aos compositores a quem a Fundação encomenda regularmente obras Emmanuel Nunes e Jorge Peixinho foram presenças constantes". Esta afirmação reclama uma verificação num outro plano que se prende com as relações transnacionais implementadas pela Fundação. Trata-se de verificar a proveniência dos grupos que executaram as obras dos dois referidos compositores e pode deduzir-se naturalmente a diferença dos custos conforme são grupos portugueses ou estrangeiros. Este aspecto será investigado mais adiante [ver Anexo I].

As críticas de Mário Vieira de Carvalho às orientações do Serviço de Música da Fundação Gulbenkian são de igual modo reforçadas, numa outra perspectiva, por Manuel Pedro Ferreira. Segundo este autor: "os anos oitenta são marcados pelas primeiras manifestações de uma estética pós-moderna ou de pós-vanguarda, estimuladas pelo contacto com a jovem música italiana" [...] e escreve "os Encontros de Música Contemporânea, promovidos pela Fundação Gulbenkian desde 1977, privilegiam na sua programação os nomes consagrados e os guardiões da ortodoxia vanguardista, estando nela infimamente representadas as novas gerações alemã ou italiana, de tendência declaradamente pós-moderna" (Ferreira, 2007: 212).

Como já vimos a divisão da actividade musical da tradição europeia em dois cânones paralelos, o cânone histórico propriamente dito e o que se tem considerado aqui o subcânone contemporâneo, levou a que cada uma dessas esferas, com um certo grau de autonomia, tivessem produzido no seu interior diversos modos de produção de conformismos. Se o modo conformista canónico se traduz por uma programação rotineira, atenta às ofertas do centro e às propostas dos agentes internacionais, o modo conformista do subcampo contemporâneo não tardou a repetir, na sua esfera pública ainda mais reduzida, a criação dos mesmos procedimentos de exercício de poder, a criação de ortodoxias capazes de reproduzirem os seus privilégios – o de serem tocados

---

[193] Carvalho, Mário Vieira (1992). (Texto elaborado a partir do capítulo sobre a criação musical erudita *in Portugal Contemporâneo*, dir. António Reis, Publicações Alfa, vol. VI.; actualização da informação no quadro do Projecto "Investigação, Edição e Estudos Críticos de Música Portuguesa dos Séculos XVIII a XX", financiado pelo Programa Praxis XXI, da Fundação para a Ciência e Tecnologia).

e repetidos – ao mesmo tempo que foram revelando igual capacidade no exercício das exclusões dos dissidentes. É este o significado da expressão do autor quando afirma que "privilegiam na sua programação os nomes consagrados e os guardiões da ortodoxia vanguardista" (*ibid.*)

Um fenómeno similar se pode verificar no campo do ensino. De igual modo se constituíram terrenos de privilégio, campos de favorecimento e, ao contrário, zonas de ausências e de exclusões activamente organizadas. No que respeita à questão da diversidade da oferta pedagógica, nesse período da dissolução das vanguardas e da emergência das correntes pós-modernas, Ferreira escreve: "Neste contexto, um número crescente de jovens aprendizes de compositor marcados pela efervescência do pós-25 de Abril e ansiosos por explorar as potencialidades criativas que os conservatórios teimavam em não abrigar ou desenvolver procuraram o conselho pontual de Jorge Peixinho, Constança Capdeville ou Christopher Bochmann (um notável compositor inglês radicado em Lisboa desde 1980) e acabam por se aglutinar em torno dos Seminários de Composição dirigidos por Emmanuel Nunes na Fundação Gulbenkian, que desde então tem continuadamente apoiado este compositor, apesar de radicado no estrangeiro. A alta qualidade pedagógica e artística destes Seminários, centrados nos processos de escrita de Nunes, o mais profundo e coerente dos nossos criadores da geração de Darmstadt, veio permitir o prolongamento de uma estética de vanguarda na obra de muitos dos autores mais jovens, dos quais se tem destacado, entre outros valores, João Pedro Oliveira" (*ibid.*: 212). Mais adiante o autor refere: "é evidente um renovado interesse pela criação musical, traduzido num grande número de novos compositores explorando vias estéticas diversas. [...] As instituições têm contudo tardado a reconhecer através de incentivos à criação ou de encomendas, esta diversidade (só a estética monumental de Emmanuel Nunes parece dar dividendos), bem como as potencialidades da nova geração de artistas, cuja actividade encontra dificuldades de toda a ordem" (*ibid.*: 213).

Este quadro traçado por Ferreira aponta para a predominância dos seminários de Nunes na Gulbenkian – desde 1980 até aos nossos dias – que terá favorecido "o prolongamento de uma estética de vanguarda na obra de compositores mais jovens" e a contrapartida de, por um lado, existir uma restrição em torno da sua orientação estética e, por outro, dificuldades para todos os que procuravam outras posições, outros horizontes e outras orientações. O autor acusa as instituições de terem ficado restringidas ao que chama "a estética monumental" de Nunes, e de terem ignorado as potencialidades da diversidade estilística entretanto verificada no que afirma ser "um grande número de novos compositores explorando vias estéticas diversas". Veremos no capítulo XII sobre as novas instituições culturais, que esta crítica se aplica principalmente à Gulbenkian e, em parte, à Casa da Música. Do mesmo modo, António Pinto Ribeiro, no seu balanço de 2007 sublinha a diversidade que se foi criando em Portugal e no mundo, contra a persistência nas antigas orientações do Serviço. Após referir os clássicos do século XX, os portugueses que tiveram encomendas e os solistas e os "agrupamentos de referência" que actuaram nos Encontros (cf. Ribeiro, 2007: 295-296), sublinha: "Deste enorme grupo podemos salientar os que foram, sem dúvida, os compositores privilegiados dos Encontros, e esse destaque permite avaliar a orientação ideológica e afectiva desses eventos. São eles os portugueses Constança Capdeville, Jorge Peixinho e Emmanuel Nunes, o alemão Karlheinz Stockhausen e o francês de origem grega Iannis Xenakis" (*ibid.*: 296).

A propósito do fim dos Encontros em 2001, Ribeiro escreve: "o fim dos Encontros enquadra-se num contexto internacional em que a par da circulação de um determinado tipo de música contemporânea de contornos ainda vanguardistas, se questiona fortemente o estatuto da vanguarda". E prossegue: "para a estética contemporânea as vanguardas não mais podem reivindicar que se antecipam à História, reivindicação essa que era o seu trunfo inicial. Por outro lado, o afunilamento dos Encontros segundo uma determinada orientação estética, resultou na sua guetização, coexistente com a ausência de estratégias de comunicação específicas para a difusão desta expressão artística, diferenciada estética e ideologicamente" (Ribeiro, 2007: 298). Sobre este último aspecto Ribeiro escreve:

> Os cursos de composição de Emmanuel Nunes [...] acrescentaram, no início, um acréscimo de qualidade na formação musical e estética dos compositores que com ele estudaram – e são numerosos os que, em regime de *workshops* anuais, muito lhe devem –, ao longo de vinte cinco anos. Por outro lado, Emmanuel Nunes tornou-se um compositor de eleição do Serviço de Música, sendo aquele com mais obras encomendadas (mais de vinte). Mais uma vez, verificamos que o afunilamento no sentido de uma única estética, neste caso pedagógica, em vez da opção pela diversidade [...] acabou por difundir a orientação estética do Serviço de Música com uma imagem de alguma cristalização e esgotamento programático (*ibid.*: 298-299).

Sobre o modelo adoptado após o final dos Encontros o autor escreve: "este figurino merece as maiores reservas". [...] A Música Contemporânea é hoje composta de uma *diversidade de propostas estéticas e ideológicas* que constituem, aliás, a sua mais-valia, e a razão de ser de uma programação mais actualizada e com ritmos diferenciados no meio da programação geral".[194]

O tópico da crise do cânone do subcampo contemporâneo e do aumento progressivo da diversidade das orientações contrasta fortemente com a orientação seguida pelo Serviço de Música dirigido por Pereira Leal até 2009, mesmo após o fim dos Encontros, como veremos. De acordo com a orientação restricta do subcampo contemporâneo, a Gulbenkian continuou fiel a essas orientações, o que é visível não só no apoio muito marcado a Nunes, mas igualmente nos grupos regularmente contratados para concertos preenchidos com clássicos do pós-guerra ou os seus seguidores actuais, visto por muitos, como Duteurtre, como epígonos dos seus professores da geração anterior. A análise da programação entre 2002 e 2009 demonstrará com clareza esse facto. (cf. cap. 12.2.3)

O argumento de Madalena Perdigão em 1974 de que "elevar a qualidade da música em Portugal só seria possível numa primeira fase com a presença de músicos internacionais de grande craveira" transformou-se, durante os 30 anos da direcção de Pereira Leal, numa espécie de *eternização* da primeira fase. Na temporada de concertos a dominação do repertório canónico, a fidelização de relações com os poderosos agentes dos artistas do centro e uma reduzida presença de artistas portugueses não diminuiu de modo nenhum dos anos 70 até hoje. No subcampo contemporâneo idêntica fidelidade às instituições, aos grupos, aos compositores, às estéticas e orientações dominantes dos países centrais realizou, como foi dito, um *afunilamento* contrário à diversidade proclamada nas orientações programáticas dos primeiros relatórios do Presidente dos anos 1970 e contrário à própria evolução das práticas musicais no mundo conforme referido por Ribeiro. Esse afunilamento reproduziu-se igualmente na pedagogia – entregue exclusivamente desde 1980 até hoje a Nunes – e na predilecção indisfarçável pela estética pós-serial, verificável nos destinatários no maior número de encomendas. Os desígnios de modernização do período inicial de Gulbenkian transformaram-se na eternização de uma hegemonia.

Do ponto de vista da divulgação dos compositores portugueses "lá fora" devem distinguir-se dois aspectos com resultados diversos. A colecção Por-

---

[194] Itálico meu.

tugaliae Musica editou partituras de numerosos compositores portugueses, em especial dos séculos XVII e XVIII,[195] o que permitiu, para além da própria investigação musicológica, que muitas dessas obras fossem apresentadas em concertos, em vários casos com as chamadas "estreias modernas", e gravadas por grupos internacionais especializados em música antiga. Estas gravações foram apoiadas e financiadas pela Gulbenkian, factor não negligenciável, uma vez que o poder e a resistência dos países do centro, a sua concentração no repertório canónico e, mesmo nos casos dos especialistas em redescobertas ou reinterpretações de obras anteriores a 1800, com tendência a escolher repertório, eventualmente esquecido, mas sempre proveniente dos mesmos espaços de enunciação; sem o "incentivo" – eufemismo para o fulcral apoio financeiro da Gulbenkian – esse poder não teria ido tão longe na aceitação das gravações dessas obras portuguesas para além da contrapartida imediata de, pelo menos, um concerto em Lisboa praticamente assegurada.[196]

---

[195] Ver no capítulo XI.1. os comentários de Lopes-Graça sobre a colecção.

[196] É possível encontrar, mesmo nesses casos, declarações que manifestam uma espécie de condescendência que, de algum modo, *provincializa* as obras. Harry Christophers, director do grupo The Sixteen, escreve no *booklet* do CD de 2002 com o *Te Deum* de António Teixeira (1707- c1759): "Imaginem uma igreja no coração de Lisboa, um musicólogo inglês residente em Portugal, o capaz departamento de arte da estimada Fundação Gulbenkian e um marcante produtor da BBC e então uma sequência extraordinária de acontecimentos se desenrola. [...] A obra estava bem documentada mas só quando o Dr. Rui Nery da Fundação Gulbenkian encomendou a Christopher Bochmann a localização da partitura e a realização de uma edição moderna, a sua verdadeira mestria se tornou realidade". [...] Depois de ensaios em Londres, voamos para Lisboa para executar, pela primeira vez nos tempos modernos o *Te Deum* de Teixeira, na própria igreja que se tinha tornado, durante tempos incontáveis, a casa do manuscrito". A edição discográfica decorre do, ou engloba claramente, o concerto em Lisboa. Na sequência da proposta do Porto 2001, o mesmo Harry Christophers, designado por Cristina Fernandes como "um grande entusiasta da música portuguesa" montou a oratória *La Giuditta* de Francisco António de Almeida. Sobre a obra o maestro afirma ao jornal *Público*, de 28 de Setembro de 2001: "Recorda-me uma espécie de cruzamento entre Haendel e Vivaldi. [...] segue as pisadas da ópera e da oratória barroca italiana, mas tem também algo de português". Mais adiante diz: "Na abertura escreve secções lentas muito bonitas, mas alterna-as com outras bastante banais. Tive de pensar muito sobre isto. Não é consistente mas acredito que ele sentia que era." Questionado sobre as relações entre os músicos britânicos e o seu importante papel na divulgação da polifonia portuguesa da Renascença responde: "Os grupos de música antiga britânicos sentiam o desejo de alargar o repertório deste período e verificaram que em Portugal havia muito para descobrir. A ambição tornou-se realizável graças ao patrocínio de instituições como a Gulbenkian, que tinham interesse em levar a cultura portuguesa a outros países."

Em relação aos compositores do século XX, em particular da segunda metade do século, a política do Serviço de Música traduziu-se por um fracasso ou, talvez melhor, por uma ausência de qualquer política para além das antigas predilecções. Assim, as excepções são os apoios concedidos aos discos de Nunes, e à edição do CD com obras de Pedro Amaral e a London Sinfonietta em 2007, em associação com a Gulbenkian de Londres. Todos os restantes compositores, tirando alguns apoios pontuais pouco relevantes a projectos externos, poderão afirmar que não tiveram ou tiveram pouquíssimo retorno internacional directamente ligado à política da Fundação.

### 11.4. O Cânone da Gulbenkian

#### 11.4.1. Quadro

Esta tabela dá conta das encomendas feitas pela Fundação Calouste Gulbenkian a compositores portugueses.[197]

| Compositores (Data de nascimento) | Encomendas Total | Datas (1ª / última) |
|---|---|---|
| Emmanuel Nunes (1941) | 23 | 1969-2007 |
| Jorge Peixinho (1940 -1995) | 12 | 1963-1995 |
| Joly Braga Santos (1924-1988) | 11 | 1963-1986 |
| Constança Capdeville (1937-1992) | 10 | 1969-1991 |
| Cândido Lima (1939) | 9 | 1978 -1992 (1 n. est.) |
| João Rafael (1960) | 7 | 1991-2005 |
| Luís Filipe Pires (1934) | 7 | 1967-1988 |
| Clotilde Rosa (1930) | 6 | 1981-1993 |
| Pedro Amaral (1972) | 5 | 1996-2006 |
| Maria de Lourdes Martins (1926) | 4 | 1968-1995 (1 n.est.) |

---

[197] in *Catálogo de Obras Encomendadas a Compositores pelo Serviço de Música da Fundação Calouste Gulbenkian*, 1963-2007, ed. Fundação Calouste Gulbenkian, 2007.

| Compositores (Data de nascimento) | Encomendas Total | Datas (1ª / última) |
|---|---|---|
| Álvaro Cassuto (1938) | 4 | 1970-1987 |
| João Pedro Oliveira (1959) | 4 | 1991-2004 |
| António Pinho Vargas (1951) | 3 | 1988-2001 |
| Miguel Azguime (1960) | 3 | 1995-2007 |
| Isabel Soveral (1961) | 3 | 1994-2006 (1998 n.e.) |
| Álvaro Salazar (1938) | 2 | 1988-1996 |
| Alexandre Delgado (1965) | 2 | 1996-1998 |
| Frederico de Freitas (1902-1980) | 1 | 1968 |
| Armando José Fernandes (1906-1983) | 1 | 1966 |
| Fernando Lopes-Graça (1906-1994) | 1 | 1981 |
| Elvira de Freitas (1927) | 1 | 1975 |
| Armando Santiago (1932) | 1 | 1967 |
| Lopes e Silva (1937) | 1 | 1993 |
| António Victorino d' Almeida (1940) | 1 | 1975 (estreia 1985) |
| Paulo Brandão (1950) | 1 | 1979 |
| Christopher Bochmann (1950) | 1 | 2005 |
| António Chagas Rosa (1960) | 1 | 1996 |
| Pedro Rocha (1961) | 1 | 1997 (n.e.) |
| Emanuel Frazão (1961) | 1 | 2001 |
| Tomás Henriques (1963) | 1 | 2003 |
| Sérgio Azevedo (1968) | 1 | 2001 |
| Luís Tinoco (1969) | 1 | 2003 |
| João Madureira (1971) | 1 | 2003 |
| Patrícia Almeida (1972) | 1 | 2006 (n. e.) |
| Nuno Miguel Henriques (1978) | 1 | 2006 |

## 11.4.2. Análise do cânone da Gulbenkian

Os dados sobre o número de encomendas permite diversos pontos de análise. Em primeiro lugar avulta a enorme primazia de Emmanuel Nunes, amplamente distanciado com as suas 23 encomendas.[198] Em segundo lugar verifica-se a primazia, principalmente no período do Festival Gulbenkian, de Joly Braga Santos com 12 encomendas em relação a uma única feita ao seu quase contemporâneo Fernando Lopes-Graça. As encomendas a Jorge Peixinho são, considerando a sua morte prematura em 1995, talvez proporcionalmente idênticas às feitas a Nunes mas suscitam uma análise comparativa que se fará adiante (ver Anexo I). Em terceiro lugar. os compositores da chamada geração de Darmstadt tiveram em geral bastantes e regulares encomendas até meados dos anos 1990. A partir daí nenhum dos ainda vivos – Cândido Lima (9), Filipe Pires (7), Clotilde Rosa (6), Maria de Lourdes Martins (4)[199], Álvaro Salazar (2) Álvaro Cassuto (4) Lopes e Silva (1) – voltou a ter qualquer encomenda. Verifica-se deste modo uma mudança nas opções do Serviço que coincide com a morte de Jorge Peixinho em 1995.

Em quarto lugar constata-se que, a partir de 1990, os alunos de Emmanuel Nunes e outros que, tendo frequentado os seus seminários, partilham uma direcção estética próxima – João Rafael (primeira encomenda em 1991, última 2005; total 7), Pedro Amaral (primeira encomenda 1996, última 2006; total 5), João Pedro Oliveira (primeira encomenda 1991, última 2004; total 4), Isabel Soveral (primeira 1994, última 2006 total:3) e Miguel Azguime (primeira 1995, última 2007; total 3), Pedro Rocha (encomenda 1997, não estreada; total 1) – foram gradualmente assumindo uma supremacia cada vez mais clara nas escolhas do Serviço de Música (naturalmente depois de Nunes, que a partir de 1990 teve apenas 3 encomendas mas 12 obras tocadas nas temporadas entre 2002 e 2009). Deve considerar-se que entre as 3 encomendas se encontra a ópera *Das Märchen*, feita em parceria com o São Carlos e a Casa da Música, provavelmente de custo muito elevado, dada a grande dimensão da obra.

Em quinto lugar, os compositores que optaram por direcções estéticas diversas da dominante, António Pinho Vargas (última encomenda, 2000;

---

[198] Estes números dão uma média de 1 encomenda em cada ano e meio no período temporal em questão. Embora não tenha dados que me permitam confirmar isso, julgo, pelo meu conhecimento do campo, que talvez não haja no mundo nenhum outro compositor com uma tal média de encomendas por parte da mesma instituição.

[199] Maria de Lourdes Martins faleceu já depois de 2007.

total 3) e Alexandre Delgado (última encomenda, 1998; total 2) não tiveram qualquer encomenda do Serviço de Música a partir de 2000. Outros compositores não alinhados com as direcções de Nunes, Sérgio Azevedo, Luís Tinoco, João Madureira tiveram 1 encomenda cada um, entre 2001 e 2003. Os restantes compositores, que talvez não se integrem com tanta clareza nas categorias definidas, tiveram 1 encomenda cada um, o que não permite grandes conclusões a não ser, em qualquer caso, uma importância residual.

De acordo com estes dados parece-nos que é inegável o afunilamento referido por Ribeiro (2007) e Ferreira (2007) em torno da obra de Nunes, da sua estética e dos seus discípulos. A continuação de apoios sistemáticos aos seus seguidores sublinha igualmente o alinhamento do Serviço de Música pelas orientações dominantes do subcampo contemporâneo europeu. Nesse sentido é clara a opção contra *a diversidade do real* apontada por Ribeiro e Ferreira. Se acrescentarmos o facto de Nunes dirigir a selecção das peças para os Workshops de Jovens compositores, os seminários, e ser membro do júri de atribuição das bolsas de estudo configura-se, na verdade, uma enorme influência na sua orientação. Será ainda cedo para se poder avaliar em toda a extensão a importância deste magistério pós-serial na evolução ou involução da música portuguesa mais recente.

## 11.5. Ir e ficar: Nunes

*Para fazer o que faço tenho de viver onde vivo*
EMMANUEL NUNES[200]

Para além de todos os aspectos já referidos, justifica-se a vários títulos uma análise centrada na figura e no discurso de Emmanuel Nunes. Corresponde de forma complexa ao nosso tópico do "lá fora" – "cá dentro" – "lá fora"; coloca questões relacionadas com a problemática do cosmopolitismo *versus* identidade e, finalmente, com a questão central da localização. Como é que o compositor vê o seu estatuto privilegiado, o seu carácter de emigrado, como equaciona a sua relação com o país e o ensino musical?

---

[200] In *Expresso*, 16 de Dezembro de 2000.

Em primeiro lugar, no quadro geral da ausência da música portuguesa no contexto europeu, o seu nome é o único a ser referido em Portugal como "reconhecido internacionalmente". Nesse sentido parece ser, à primeira vista, a excepção. Em segundo lugar, é igualmente o único do quadro "ir e vir" a obrigar à alteração do tópico para "ir e ficar": instalou-se em Paris em 1964[201] e aí vive ainda hoje; desse ponto de vista, o seu "reconhecimento" confirma a importância da localização no centro dos compositores do subcampo contemporâneo uma vez que é o único português que aí ocupa um lugar proeminente. Mas, por isso mesmo, a sua presença no centro do subcampo como emigrante obriga a relativizar o seu carácter de "reconhecido". O seu lugar de enunciação foi sempre principalmente concomitante com locais (Paris e Baden-Baden) que se incluem na rede geocultural do subcampo. Não se discute o seu mérito, como é óbvio, uma vez que nem todos os compositores que vivem em Paris, ou noutros locais do centro, têm um estatuto semelhante. O que pode questionar-se é o facto da expressão "o compositor mais reconhecido internacionalmente" poder fazer crer que um compositor, vivendo e trabalhando em Portugal, acabou por conseguir quebrar os bloqueios que as estruturas do subcampo contemporâneo colocam ao seu exterior, àquilo que desconhecem, ignoram, desprezam, e terá conseguido combater e vencer, apenas com a sua qualidade, a subalternidade própria do seu país e que afecta todos os outros compositores. Como sabemos não é esse o caso. Se, como afirma, "não é menos português por isso", o facto não deixa, no entanto, de alterar consideravelmente os dados da questão no que respeita à ausência. Como vimos, Dusapin afirmou: "Para nós é quase um compositor francês" o que revela com clareza a importância do lugar de enunciação, a poderosa integração e absorção de Nunes pelo e no subcampo, e a pouquíssima importância da sua nacionalidade, tal como se verifica com muitos outros referidos no Excurso sobre compositores emigrantes. No entanto, se, por estas razões, a nacionalidade de Nunes não conta, ou conta pouco, em Paris, é um facto que conta efectivamente em Portugal. É de Portugal que lhe são feitas muitas encomendas, vem regularmente dirigir os seus seminários e assistir às suas obras. Nesse contexto, nas várias posições públicas, quase todas em entrevistas, foi tecendo fortes críticas ao estado do ensino da música em Portugal. Esta posição pode

---

[201] Sobre as circunstâncias e as dificuldades no ensino que o levaram a Paris ver entrevista a Pedro Figueiredo in *Arte Musical* 1999.

configurar uma típica aproximação à figura clássica do estrangeirado que – para usar uma expressão de Lopes-Graça sobre Bomtempo[202] – "com os olhos abertos" pela estadia "lá fora", emite juízos de valor sobre o atraso de Portugal e propõe medidas e reformas para a sua superação. Nunes não propôs exactamente medidas concretas – excepto uma sugestão sobre a integração dos seus seminários no sistema geral do ensino da composição – mas referiu-se várias vezes à necessidade de uma alteração de alto a baixo de todo o sistema de ensino e lamentou o facto de nunca ter sido chamado para fazer essa reforma global. Enquanto uma boa parte dos compositores e musicólogos portugueses se lamenta do estado de coisas, da falta de apoios, da falta de consistência, do carácter fugidio das estreias seguidas de silêncio Nunes efectua uma inversão discursiva. Estando "lá fora", com grandes e continuados apoios de uma instituição, tanto "cá dentro" como "lá fora", apesar dessas condições de excepcionalidade inegáveis, Nunes lamenta não poder alterar "cá dentro", de cima a baixo, o sistema de ensino em Portugal. A partir da sua posição de privilégio, Nunes realiza o reverso da lamentação.

As posições de Nunes estiveram sempre de acordo com os princípios universalistas que norteiam a ideologia canónica: " 'A minha obra só tem valor em função do que vier' dizia-me há pouco tempo Emmanuel Nunes, aludindo ao conjunto das suas obras publicadas" (Carvalho, 1978: 221). Esta afirmação corresponde à posição do artista que remete para o futuro as suas expectativas e a sua consagração definitiva. Segundo Bourdieu, "a mística crística do "artista maldito", sacrificado neste mundo e consagrado no além, não é sem dúvida mais do que a transfiguração em ideal, ou em ideologia profissional, da contradição específica do modo de produção que o artista visa instaurar" (Bourdieu, 1996: 105). Na verdade, a simples enunciação de tal frase dá ao artista a "aura" da profundidade e do reconhecimento futuro, coloca-o afastado das preocupações terrenas imediatas e, de certo modo, consubstancia uma declaração de triunfo prévio no terreno simbólico, de acordo com a perspectiva de Bourdieu.

Apesar desta análise conhecida da relação oposta entre os artistas de larga circulação e os artistas das áreas de produção restrita – certamente o caso dos compositores eruditos durante o século XX –, é, no entanto, necessário ter em conta o modo de funcionamento específico do subcampo musical contempo-

---

[202] Ver página 351 neste trabalho.

râneo, o mais claramente dependente dos subsídios do Estado e das instituições culturais de todas as artes tal como defende Menger. Deste modo, este tipo de declaração, apesar de relativamente frequente nos compositores vanguardistas, procura omitir e ocultar a situação relativamente segura do ponto de vista económico que o apoio sistemático por parte de instituições como a Fundação Calouste Gulbenkian ou o Estado e as suas instituições culturais garante aos membros reconhecidos (pelos seus pares e pelos agentes activos) no subcampo musical contemporâneo. Talvez seja adequado citar aqui Bourdieu: "a estrutura do campo literário, isto é, a estrutura das posições objectivas ocupadas por agentes que competem pela legitimidade no campo tal como as características objectivas dos agentes eles próprios". É neste quadro de luta pela legitimidade que uma forma de violência simbólica se verifica. Este conceito é definido por Bourdieu como "o poder de impor significações [...] como legítimas dissimulando as relações de força que são o fundamento da sua força" (Bourdieu: 1970: 18).

Tanto a questão da sua localização no centro, como a especificidade da sua posição estética, afloram nos textos dos anos 1970 de Mário Vieira de Carvalho sobre o compositor: "No panorama da cultura musical portuguesa, Emmanuel Nunes ocupa, neste momento, um lugar isolado. Não tem "companheiros de armas" [...] Vive em Paris desde 1964, e vive efectivamente lá, à margem dos eventos que porventura aqui ocorram. Pensa a sua música ou, se quisermos, a sua mensagem em línguas estrangeiras: *Es webt... Down Wo...* [...] Para compreender Emmanuel Nunes é preciso fecharmo-nos na sala de concertos e atentarmos, antes de tudo, na realidade som. Nada é mais importante do que a capacidade de estruturá-lo em durações, alturas, timbres, intensidades, silêncios, em organizá-lo no tempo e no espaço" (Carvalho, 1978: 222--223). Carvalho descreve aqui a posição de Nunes nos termos adequados aos compositores da corrente pós-serial e, nesta fase, sublinhando aspectos ainda directamente associados ao serialismo integral e à sua operação técnica fundamental: a parametrização. A esta posição técnica/estética corresponde uma filosofia da música universalista desligada de preocupações mundanas ou de qualquer posição extra-musical. Estamos em plena ideologia da *music itself*: "O que significa, em suma, que os pontos de referência culturais a que podemos recorrer durante a audição duma obra de Emmanuel Nunes são exclusivamente pontos de referência sonoros. [...] Se sairmos da sala de concertos [...] encontramos 'o País real'. E então, depende mais de nós do que do compositor a questão de saber se a sua música tem ou não tem que ver connosco". Carvalho prossegue: "Socialmente 'desenraizado', também não assume uma cultura, nem sequer uma língua: *Purlieu, Dawn Wo, Impromptu, Fermata, Ruf*, palavras inglesas, francesas, italianas, alemãs, que são títulos das suas obras" (*ibid.*: 223).

"Voltar costas a preocupações sociais", como escreve Mário Vieira de Carvalho, é um dos *topoi* do pós-serialismo em geral[203] e um dos *topoi* ocidentais durante a Guerra Fria, a liberdade do compositor, dos artistas contra a ideologia soviética dos conteúdos e fortemente crítica do formalismo decadente do Ocidente. "Daí resulta um certo divórcio do imediato, um consciente "voltar costas" a condicionantes histórico-sociais. [...] Pretende produzir existências sonoras que vivam, por si, o tempo que lhes permita a sua capacidade vital: um dez ou cem anos".[...] Cada obra teria o seu DNA, os seus genes, os seus cromossomas necessários recebidos de uma tradição (aqui no sentido mais próximo da raiz etimológica: transmissão, passagem de testemunho" (*ibid.*: 224). As posições organicistas oriundas de Goethe são recorrentes e comuns aos compositores pós-seriais, tal como a exclusiva concentração na ideologia da *music itself*: "Para Emmanuel Nunes a "célula originária" pode ser um conjunto de três ou quatro notas, que vai dar a tónica da obra [...] compor para mim é o acto de fazer nascer algo que, uma vez gerado, deverá ter as melhores condições internas que lhe permitam viver. As obras têm de ter o carácter de seres vivos, que vivam o que forem capazes de viver" (*ibid.*: 232).

### 11.5.1. Os olhares
Seria muito improvável que a questão da sua localização fora do país por quatro décadas não fosse aflorada nas suas entrevistas. Assim, na já referida entrevista à *Arte Musical* nº 4 de 1999, tem lugar o seguinte diálogo:

> A.M.: O Emmanuel viveu tantos anos fora do País que se calhar já é mais francês do que português...
> E.N.: Não. Eu nasci aqui e continuo a sentir-me português, e sempre o serei.
> A.M.: Gostava que comentasse uma frase da última entrevista dada pelo já falecido Jorge Peixinho, que dizia que "o Emmanuel é o compositor português menos português".
> E.N.: Depende do conceito daquilo que é "ser português". Se "ser português" significa a identificação com determinados modos de estar e pensar e com uma

---

[203] A excepção de Luigi Nono é praticamente única entre os compositores da primeira fase de Darmstadt. O caso de Hans Werner Henze corporiza o seu oposto: igualmente compositor de esquerda, ao não aceitar alguns dos interditos dos vanguardistas tornou-se "renegado" para estes, inclusive, para o próprio Nono.

determinada mentalidade então eu não sou português. Agora, se isso significa uma herança cultural, que vem da história e da tradição, onde se inclui a minha verdadeira base de desenvolvimento psicológico, e a minha primeira língua, aí já sinto que o sou" [*ibid.*: 24].

Na pequena entrevista já referida de Pascal Dusapin, ao jornal *Público*, publicada em 16 de Janeiro de 2007, à pergunta "Conhece a música contemporânea portuguesa? A obra de Emmanuel Nunes?..." Dusapin responde o que já vimos sobre Nunes e prossegue: "E conheço outros, mas não consigo lembrar-me dos nomes". Esta resposta quase cândida de Pascal Dusapin, por um lado, confirma, o que já sabemos sobre Nunes mas, por outro lado, atesta o real desconhecimento dos agentes do centro em geral sobre todos os outros compositores. Estes são pouco *memoráveis*, como se conclui em Dusapin e nem a execução de algumas obras em alguns festivais do subcampo contemporâneo altera grandemente tal facto.

De acordo com o atrás exposto, a posição de Nunes não deixa de se configurar como próxima da figura histórica do "estrangeirado" incompreendido. De facto, em várias intervenções públicas, Nunes colocou-se frequentemente na posição do injustiçado pelas instituições do Estado – "nunca fui contactado por nenhum Ministério da Educação em Portugal" ou "ninguém cairia na asneira de me dirigir um tal convite: teria de ser uma reestruturação completa". Nunes reclamou nunca ter sido chamado pela Secretaria de Estado da Cultura para vir dirigir uma reforma do ensino da música em Portugal. Sobre este aspecto importa considerar a entrevista de Pedro Amaral, publicada em *A Invenção dos Sons*, que a certo momento pergunta: "À parte os seminários que orienta na Fundação Gulbenkian, por que razão não exerce nenhum cargo de ensino no país? Nunca lhe interessou?" Nunes responde: "[...] o interesse que poderia suscitar-me o desempenho de tais funções estaria sempre dependente de dois factores principais: do interesse dos alunos em aprender – e o quê – em primeiro lugar, e, em segundo lugar, da possibilidade de criar condições para que os futuros músicos pudessem de facto aprender de uma forma sólida e consequente. [...] o problema é a realidade concreta do ensino no país. De resto nunca fui contactado por nenhum Ministério da Educação em Portugal e, por isso mesmo, a questão do interesse nunca se colocou" (Azevedo, 1998: 232-233). Mais adiante Nunes afirma: "Seria importante promover, no próprio seio do ensino uma espécie de Academia que, três ou quatro vezes por ano, reunisse em torno de uma instituição pedagógica uma série de professores competentes [...].

Teria de ser algo de regular e integrado nos programas oficiais do ensino em Conservatórios, Escolas Superiores, etc., capaz de assegurar uma sólida continuidade. [...] Pelas minhas funções como professor – primeiro em Freiburg, actualmente no Conservatório Superior de Paris – sei exactamente do que estou a falar, e conheço as possibilidades reais de o pôr em prática [...]. Há que enriquecer o magro nível de conhecimentos práticos que actualmente se transmitem aos nossos estudantes" (*ibid.*: 234).

Finalmente, "uma última pergunta: se colocassem à sua disposição todos os meios necessários a uma reorganização do ensino em Portugal e se lhe interessasse dar vida a semelhante projecto, quais seriam as suas prioridades? Nunes responde: "Nunca me coloquei a questão nesses termos. [...] Mas se eventualmente tudo se conjugasse nesse sentido, seria necessário antes de mais reavaliar a competência de cada professor, compreender especificamente quais as capacidades e os limites de cada um... – o que já de si seria impossível, e ninguém cairia na asneira de me dirigir um tal convite: teria de ser uma reestruturação completa! Se do ponto de vista político, não há ninguém com a noção completa das necessidades actuais do ensino da música, ninguém com competência suficiente para saber avaliar o que há a fazer para se atingir um nível internacionalmente aceitável [...] ninguém que compreenda que há que começar pela base para se chegar a um nível de qualidade europeia... Sem esta percepção clara por parte do poder político, como se poderá fazer o que quer que seja?" (*ibid.*: 235). Apesar desta descrição de tipo apocalíptico, poucas páginas antes Nunes afirmara: "Nos seminários que dou regularmente na Fundação Calouste Gulbenkian, por iniciativa do Dr. Luís Pereira Leal, tenho o prazer de encontrar uma série de jovens com um nível técnico cada vez mais avançado. Não quero com isto, de modo nenhum, afirmar que seja eu o responsável por esse nível crescente; mas a verdade é que o contacto com novos tipos de conhecimento (e a Fundação Calouste Gulbenkian permite-o de uma maneira privilegiada) é condição essencial para uma tal evolução na aprendizagem" (*ibid.*: 233). Apesar de repetir "nunca pensei voltar a Portugal por motivos profissionais", Nunes afirma que a falta de iniciativa por parte das entidades responsáveis resulta de duas razões: "A primeira é o facto de eu ter abandonado o pais – entenda-se: de eu o ter 'deixado ao abandono'. A segunda prende-se com a existência de uma estrutura interna que como se sabe é extremamente "endogâmica", no interior da qual as pessoas se equilibram umas às outras – tanto intelectualmente como economicamente – não estando de forma nenhuma dispostas a colocar em risco esse equilíbrio" (*ibid.*: 232).

Já na entrevista a Pedro Figueiredo na *Arte Musical*, Nunes, por um lado, reconhece "que cada vez é mais fácil o intercâmbio de ideias e processos concretos técnicos entre mim e eles [os alunos], disso não há a mínima dúvida" mas, por outro lado, à pergunta "Acha que isso é o resultado da criação dos cursos superiores de composição precisamente há dez anos", Nunes responde: "Eu não conheço, não tenho a mínima ideia do que se passa nesses cursos. Mas é óbvio que o contacto com essas matérias, mesmo que sejam mal dadas, provoca naqueles que têm interesse e qualidades próprias uma procura de complemento formativo por forma a melhor compensar o mau ensino". Nunes reafirma que "penso que seriam muitas mais [pessoas] se esses seminários fossem directamente integrados no ensino normal em cada ano lectivo. O que teria o inconveniente de me ver confrontado com algumas instituições, o que possivelmente irai criar um conflito aberto entre nós" (*Arte Musical*, 1999, nº 14: 14-15).

Neste aspecto, Nunes recobre e reencarna na totalidade os traços que caracterizaram ao longo da história de Portugal a figura do "estrangeirado" como reformador, como alguém que tendo conhecido o "desenvolvimento dos países avançados" se propõe aplicar em Portugal os modelos que reformariam o país e o retirariam do atraso em que se encontra. Nunes não esconde que a sua perspectiva visa "atingir um nível internacionalmente aceitável"; não renega possuir o conhecimento necessário para atingir tais objectivos – "sei exactamente do que estou a falar, e conheço as possibilidades reais de o pôr em prática" – e admite que tal deriva directamente da sua experiência pedagógica nos países do centro: "pelas minhas funções como professor, primeiro em Freiburg, actualmente no Conservatório Superior de Paris". Os traços fundamentais da figura do "estrangeirado" encontram-se sem dúvida reunidos no discurso de Nunes. Mesmo as afirmações que sugerem uma espécie de contencioso latente com as instituições de ensino em Portugal são igualmente frequentes nos posições do estrangeirado típico.

### 11.5.2. Entrevistas a propósito do Prémio Pessoa em 2000

O conjunto de entrevistas feitas a propósito da atribuição do Prémio Pessoa do semanário *Expresso* no ano 2000 permitiram a Nunes voltar a algumas destas temáticas. No artigo assinado por Carlos Câmara Leme lê-se "o compositor espera que o prémio "sirva para que a política nacional passe a reconhecer a importância da cultura musical". E acrescenta: "Era bom que este prémio ajudasse o governo a seguir uma política musical consequente e capaz de permitir a formação neste país sobretudo de instrumentistas, para que possamos deixar de ser obrigados a importar músicos,"[204] Mais adiante o autor da peça escreve: "Consequente com estas afirmações o compositor no âmbito da semana dedicada à sua obra, já tinha lamentado o estado da música no país e a sua relação com Portugal:" "Ninguém me quer cá. Nunca me perguntaram na vida qual era a minha opinião sobre este ou aquele problema, mas também não é por acaso que não me perguntaram".

Mais adiante Rui Viera Nery, membro do júri do Prémio Pessoa, declara: "Foi uma grande justiça porque Emmanuel Nunes é um grande representante da cultura portuguesa no mundo". Logo de seguida lê-se: "Pelo mesmo diapasão afinou António Pinho Vargas: "Nunes é, sem qualquer dúvida, o compositor português de maior prestígio internacional senão o único" (*ibid.*: 32). Numa outra peça com o título "Entre a acústica e a aritmética" escreve-se "no âmbito da Semana Emmanuel Nunes levada a cabo pela Fundação de Serralves, com o intuito de homenagear, nas palavras de António Pinho Vargas, 'a figura de proa da corrente pós-serial'." O autor desta investigação desempenhava na altura funções de consultor da Fundação de Serralves sendo a semana em questão da sua iniciativa; a minha visão e o meu discurso nessa altura, como já foi dito e aqui se verifica, não se distinguia dos lugares comuns habituais e, assim, constitui mais um exemplo das práticas discursivas dominantes.

Na "caixa" sobre a semana, Cristina Fernandes escreve no Jornal *Público*: "Com um percurso criativo de surpreendente coerência, Emmanuel Nunes é uma das mais importantes figuras da música portuguesa do século XX e aquela que conseguiu obter maior projecção internacional." Mais adiante escreve: "Bolseiro da Fundação Gulbenkian e do governo francês durante os anos 70, afirma-se progressivamente no plano internacional, em especial na França e na Alemanha. [...] desde 1989 que o IRCAM alberga as suas criações proporcionando-lhe os meios tecnológicos e assistência técnica." Finalmente: "No auge da sua maturidade artística, o Prémio Pessoa vem coroar uma merecida lista de distinções – oficial da Ordem das Artes e das Letras pelo governo francês (1986), Comendador da Ordem de Santiago e Espada (1991), doutoramento "honoris causa" pela Universidade Paris VIII (1996) e Prémio de composição da UNESCO (1999)".

No mesmo dia o *Diário de Noticias* publica idêntica notícia sobre a atribuição do Prémio Pessoa, assinada por Ana Marques Gastão. Nessa página

---

[204] In *Público*, 18 de Dezembro de 2000.

lê-se: "Sinto-me muito honrado com a atribuição do Prémio Pessoa e penso que é extremamente importante que este prémio seja atribuído ao campo da música, o que não é habitual." Mais adiante reitera o que se lê no jornal Público, que "possa "servir para chamar a atenção para a importância do desenvolvimento da vida musical em Portugal".[205]

No *Expresso* de 16 de Dezembro a notícia da atribuição do Prémio Pessoa vem na primeira página. Aí o compositor afirma: "É preciso formar músicos. Enquanto isso não acontecer não é possível conferir à música portuguesa o estatuto europeu que ainda não tem". Emmanuel Nunes explica que foi isso que o obrigou a sair de Portugal: "Para fazer o que faço tenho de viver onde vivo. Mas não sou menos português por não viver aqui".[206] Na página 14 do semanário, no artigo assinado por Catarina Carvalho e Luciana Leiderfarb, lemos: "Em França onde vive desde 1981, escrevem-lhe o nome com "z". Não é uma ofensa ao seu português natal mas sim uma deferência: porque em francês o "s" final seria mudo". Mais adiante lemos: "E no entanto as suas obras tem nomes estrangeiros. Emmanuel Nunes explica-se quando lhe colocam a questão. Diz que todas as obras são fruto de vivências. E vivências, das que inspiram obras, ele só as teve lá fora. 'Um dia pode acontecer-me uma obra cujo título seja em português, não tenho pena de ter nascido em Portugal". Mais adiante escrevem os autores: "na esteira de uma visão "pluridimensional" da música, outros novos compositores surgiram, influenciados por Emmanuel Nunes. Destacam-se João Pedro Oliveira, Pedro Amaral e Sérgio Azevedo, entre outros." Referindo-se aos seminários de composição na Gulbenkian lê-se que essa prática pedagógica "segundo o compositor português 'marcou e transformou o panorama da composição'." É de referir que, no seu discurso na cerimónia da entrega do Prémio, Nunes demarcou-se do título da entrevista publicada no jornal Público ("Ninguém me quer cá") afirmando nunca ter dito tal coisa e lamentou não ter tido resposta às cartas que enviou ao director do jornal.

"Para fazer o que faço tenho de viver onde vivo". Nesta passagem manifesta-se a problemática central desta investigação, a *localização no lugar de enunciação*. "Mas não sou menos português por não viver aqui" mostra, ao mesmo tempo, uma espécie de desconforto ou inquietação identitária pessoal de

---

[205] In *Público* e *Diário de Notícias*, 18 de Dezembro de 2000
[206] In *Expresso*, 16 de Dezembro de 2000. Há que salientar que o outro Prémio Pessoa na área musical foi atribuido a Maria João Pires, um outro exemplo de sucesso "lá fora".

Nunes face ao estatuto de emigrante que, de um modo ou outro, perpassa em todas as suas entrevistas. Para além disso, vivendo onde vive, Nunes repetidamente sublinhou o carácter especial da sua amizade com Pereira Leal e a sua importância na sua carreira musical. Apesar da multiplicidade de factores envolvidos, o enorme apoio financeiro da Gulbenkian ao longo de 30 anos constituiu uma pedra basilar, um sustentáculo firme, sem a qual o seu percurso não teria sido o mesmo.

### 11.6. Ir e vir: Peixinho

#### 11.6.1. Problemática de um caso exemplar

Sabemos que Peixinho foi visitante assíduo de Darmstadt, foi aluno de Boulez em Basileia no início dos anos 1960 e participou na realização prática de obras de Stockhausen como *performer*. Mas, apesar destas viagens, o seu lugar de enunciação foi, sobretudo a partir de certa altura, fundamentalmente Portugal. A invisibilidade, o desconhecimento, a ignorância e a negligência que afectam o lugar de enunciação periférico afectam o artista que nele habita. A análise anterior – no excurso sobre os compositores emigrantes – mostra que não existe compositor português, espanhol, grego, belga, coreano, japonês, chinês, húngaro, argentino ou russo que tenha passado a ocupar um lugar no subcampo musical contemporâneo sem ter emigrado para o lugar de enunciação, o centro da Europa. George Steiner fala da fatalidade das "*minor languages*" no campo literário, Deleuze e Foucault falam de "*minor knowledges*" que são vítimas de exclusão ou negligenciados. O que se verifica no campo musical é absolutamente similar. Permanecendo na periferia, o compositor (e o intérprete) permanece invisível e ausente do subcampo. A sua única possibilidade de aspirar à enunciação é a emigração para o centro. Neste sentido a sua música, ela própria, é absolutamente irrelevante quanto à possibilidade de existir ou de não existir. O factor determinante para produzir existência é o lugar onde habita, o lugar onde a música existe. É nessa medida que a teoria pós-colonial, ao sublinhar a importância da localização da cultura, ultrapassa as contribuições pós-modernas que nunca problematizaram a colonialidade cultural nem na perspectiva de centro e de periferia, nem na perspectiva do global e do local.

Alguns anos após a morte de Jorge Peixinho surgiram duas obras importantes *In Memoriam* Jorge Peixinho, com um vasto número de contributos (Machado, 2002) e uma tese de Cristina Delgado Teixeira (Teixeira, 2007).

No seu artigo, incluído no primeiro destes livros, "A obra de Jorge Peixinho; problemática e recepção" Manuel Pedro Ferreira escreve que "Jorge Peixinho foi, indubitavelmente, o compositor da sua geração que mais marcou a música portuguesa e o único que logrou quebrar as barreiras que têm tradicionalmente separado a música das restantes expressões artísticas" (Ferreira, 2002: 223). Mas acrescenta: "Apesar disso [...] permaneceu, durante a sua vida, largamente desconhecido como compositor. Várias das suas peças nunca foram tocadas: grande parte delas foi executada uma, duas ou três vezes perante plateias reduzidas; a sua obra não foi praticamente objecto de edição impressa, e só uma parte ínfima (sobretudo obras dos anos 60) beneficiou de edição discográfica". Por isso mais adiante afirma que "qualquer balanço da produção de Peixinho é prematuro, já que não existem ainda condições mínimas para o seu estudo. Não há partituras editadas nem estudos analíticos sobre as mesmas" referindo numa nota de pé de página que o único estudo analítico que conhece foi por ele próprio encomendado a Paulo Lameiro para a colectânea Dez Compositores Portugueses "cuja publicação está agendada para 1998"[207] (*ibid.*: 229).

Reforçam-se aqui alguns aspectos fundamentais da situação geral da música em Portugal. Primeiro, o autor afirma que Peixinho foi o único a quebrar as barreiras com as outras práticas artísticas atestando assim o elevado grau de isolamento interno da música mesmo nos outros meios artísticos. Além disso, sendo o compositor mais importante da sua geração, enfrentou as carências estruturais internas: poucas execuções, poucas gravações e ausência total de partituras editadas. Esta constatação é certamente válida para a generalidade dos compositores da sua geração e das anteriores.

Do mesmo modo, Cristina Delgado Teixeira considera o compositor figura ímpar na segunda metade do século XX e enuncia as condições em que a sua actividade multifacetada –compositor, intérprete, crítico e pedagogo – se realizou "apesar da adversidade do meio musical português, da falta de investimentos infra-estruturais e de meios reprodutivos que contribuíssem para o desenvolvimento das componentes criativas". A autora prossegue com a referência a um dos *topoi* que temos seguido. "Jorge Peixinho optou por viver em Portugal, depois de uma forte internacionalização durante o período de amadurecimento da sua formação, tempo em que circulou na rede dos mais pres-

---

[207] Como vimos acima, o referido livro acabou por ser publicado apenas em 2007 e, por isso, algumas análises, publicadas em 2002, no livro *In Memoriam* anteciparam-se àquela.

tigiados criadores europeus de música contemporânea". Tendo "optado", foi mentor e representante das novas correntes ligadas à vanguarda musical e à chamada escola de Darmstadt fomentando diversas iniciativas de difusão de obras dessas correntes (Teixeira, 2006: 15). Por outro lado, Ferreira sublinha que "além de respeitado pelos críticos, Peixinho foi um compositor repetidamente premiado" (Ferreira, 2002), seguindo-se a enumeração dos prémios que recebeu. Para além das consequências simbólicas que se reflectem no pequeno campo musical, os prémios de Peixinho e a sua inconsequência, mostram o carácter pouco relevante do ponto de vista social dos concursos de composição instituídos e realizados sem grande impacto e ainda com poucas consequências práticas para a maior parte dos premiados.

O autor oferece uma interpretação peculiar da criação dos Encontros: "Optando por uma estratégia defensiva a Fundação Gulbenkian, a partir de 1977, encaminhou a música contemporânea para um beco da sua programação (os Encontros de Música Contemporânea) com a louvável intenção de a promover; mas usou seguidamente esse beco para limitar drasticamente o acesso ao pensamento criativo de hoje ao grande público" (*ibid.*: 227). Como vimos, a partir das análises de Menger, Born e outros, a realização de festivais de música contemporânea foi parte *constitutiva* do funcionamento do subcampo contemporâneo. A iniciativa da Gulbenkian foi uma realização local de uma prática corrente nos países centrais e, em geral, na Europa. Nos Estados Unidos, esse efeito de estufa – para usar uma expressão de Joseph Kerman (1983) – concretizou-se, de um outro modo, nas universidades.

Ferreira sublinha o isolamento radical desse período: "Se a estratégia da Fundação Gulbenkian pôde dar azo a mal-entendidos, pior foi a demissão das restantes instituições musicais, que esqueceram, por norma, os criadores, sobretudo depois de 1974, com o avolumar da crise das orquestras" (*ibid.*). Nesse contexto de centralidade e mesmo total hegemonia da Gulbenkian, o autor sublinha que "Peixinho foi dos poucos que levantou a voz para criticar a Fundação Gulbenkian, tendo obviamente mais a perder do que a ganhar"[208](*ibid.*:228). Relativamente à primazia dos valores da Escola de Darmstadt, de que Peixinho foi o principal introdutor – realizando a sua vez do *topos* recorrente na história da música portuguesa – Ferreira escreve: "Peixinho regressou de Itália em 1961 imbuído de um espírito de missão ou

---

[208] Esta consideração sublinha a hegemonia da Gulbenkian já referida fora da qual a existência musical se podia tornar problemática até meados da década de 1990.

a reiteração da boa nova: "A era tonal chegou ao fim; a música dodecafónica não é a arte do futuro é já a do presente" (*Diário de Lisboa*, 25.7.1961, *apud ibid.*:233)" e prossegue: "relativamente aos países latinos (para não falar já dos outros) tinha um atraso de uma dúzia de anos" (*ibid.*: 233-234). Outros dois *topoi* recorrentes aqui referidos são o *regresso* de outros países do centro trazendo consigo os seus valores, e, o segundo, a perene consideração do *atraso* que pressupõe o avanço do tempo dos países centrais.

Apesar de o autor considerar que Peixinho ultrapassou no início de década de 70 a fase serial e para-serial, acrescenta os limites de tal mutação e cita Peixinho: "O que interessa na música contemporânea é a criação de novos universos de linguagem sonora. De uma nova sintaxe" (in *Diário de Lisboa*, 7-8-1969 *apud* Ferreira: 242) e ainda "Stockhausen insistiu na necessidade de evitar os esquemas musicais de tipo tradicional que levassem o intérprete [a ser] influenciado por resíduos de memória... do repositório das suas anteriores interpretações. Mais adiante "era ponto fundamental evitar o mais possível a melodia [...]. Hoje não se pode criar uma melodia. [...] não passam de plágios, de adaptações conscientes ou subconscientes, de resíduos estruturais de um passado". [in *Vida Mundial*, 3-1-1969, *apud* Ferreira: 242) Vemos que Peixinho partilhava os valores fundamentais da Escola de Darmstadt e seguiu a evolução dos compositores principais dessa corrente. É nesse sentido que se podem interpretar as suas posições em relação a outras orientações de compositores, vistos como retrógrados pelas vanguardas. Ferreira escreve que "Peixinho ousava declarar que Fernando Lopes-Graça "já não corresponde a uma actualidade actuante [...] nem do ponto de vista europeu nem do ponto de vista português"[209] (*ibid.*: 248). Este é um dos momentos de disputa interna própria dos campos artísticos entre os consagrados e os heréticos vanguardistas descrita por Bourdieu. Esta posição de Peixinho motivou reacções dos críticos Manuel de Lima e Mário Vieira de Carvalho que, do ponto de vista desta investigação, colocam problemas muito ricos. Seguimos aqui a descrição de Ferreira. Manuel de Lima escreveu: "Há um isolamento Graça e outrossim um isolamento Peixinho. Em Lopes-Graça é o isolamento das instituições, compensado pelo apoio do público; em Jorge Peixinho é o isolamento do público, compensado pelo apoio das instituições." Há nesta afirmação de Manuel de Lima uma consciência daquele que veio a ser – e já era então – o carácter descrito por Menger de música subsidiada como carac-

---

[209] In *Crítica*, Julho de 1972

terístico das produções da nova música. É relativamente óbvio que onde se lê "apoio das instituições" se deve ler, naquele contexto histórico, pouco mais do que Fundação Gulbenkian. Aliás, Lima prossegue: "no último concerto a que assisti, por sinal realizado sob os auspícios da Fundação Gulbenkian (como quase todas as suas actuações) e cujo local era o mais pequeno dos auditórios referida instituição, a sala estava pouco mais de meia".[210]

Por sua vez, para Mário Vieira de Carvalho, "Peixinho teria de escolher entre a tentação cosmopolita e a permanente inserção no meio nacional, única via que poderia servir, através de uma arte dialecticamente equacionada, a deseja mobilização social" (Carvalho, 1978: 249). Carvalho afirma: "O ponto fraco de Peixinho tem sido o de se deixar absorver excessivamente pela pesquisa formal, abstraindo-se, enquanto artista de tudo o mais, desligando-se das solicitações ou necessidades de um contexto social, cultural e político, em que não sabe, não pode ou não quer inserir-se". Como vimos no ponto anterior, no seu artigo sobre Emmanuel Nunes, Mário Vieira de Carvalho embora se refira ao carácter "puramente musical" da obra de Nunes não é, de modo nenhum, tão enfático nem tão crítico face à sua absorção pela "pura pesquisa formal" de que acusa Peixinho neste artigo. Para Carvalho, então, era necessário optar entre a tentação cosmopolita, o deixar-se absorver excessivamente pela pesquisa formal e a inserção no meio nacional, respondendo às necessidades e solicitações de um contexto social, cultural e político.

Este aspecto é particularmente significativo uma vez que existem declarações de Peixinho sobre questões ideológicas que estavam muito presentes entre os artistas nesse período. Peixinho oscila entre as posições de Adorno e as posições de Brecht que marcaram uma divisão na reflexão da esquerda europeia sobre o posicionamento dos artistas perante a sociedade e a actuação política ou militante. O lado adorniano manifesta-se quando Peixinho reafirma em 1963 "a falência da famigerada e já desautorizada [...] crença no conteúdo ideológico da música".[211] Mas, em 1969, o compositor afirmava: "a vanguarda é essencialmente revolucionária em relação a todos os valores ideológicos estéticos e morais. Tende para a subversão dos pseudo-valores herdados de uma sociedade ultrapassada e cristalizada, de uma sociedade vegetativa e em decomposição."[212] Como sabemos, para Adorno, esta posi-

---

[210] In *Diário de Lisboa*, 23-11-1972 *apud* Ferreira, *ibid*.
[211] *Jornal de Artes e Letras*, Novembro de 1963 *apud* Ferreira: 245.
[212] *Diário de Lisboa*, 7-8-1969, *apud* Ferreira 245.

ção crítica efectivava-se no tratamento do material imanente disponível e na autonomia da obra de arte e não, ao contrário de Brecht, na adopção de temáticas directamente implicadas em acções militantes ou pedagógicas.[213]

Mas Carvalho continua a referir-se "à sua própria instabilidade, que tende a desenraizá-lo do país e a transformar em regra primeira da sua realização artística o contacto constante com grandes centros culturais estrangeiros – o que ameaça empurrá-lo para a zona de influência da grande máquina que ele julga contestar" (*ibid.*).

Carvalho descreve de seguida a sua visão sobre o subcampo contemporâneo (apesar de não o designar desse modo) a que chama *grande máquina*: "Por força de numerosos festivais, encontros, cursos e demais acontecimentos no género que se multiplicam pelo mundo inteiro, com participação única das novíssimas gerações de compositores de vários países e dum público restrito de 'aficionados' (na maioria constituído pelos próprios compositores e pelos críticos, interpretes, editores convidados) criou-se uma espécie de oligarquia internacional de jovens músicos, que defende o mito de uma música universal: aquela que é produzida na linha que, em cada momento, e segundo a tal oligarquia, explora os caminhos mais potencialmente relevantes" (*ibid.*).

Esta descrição aproxima-se consideravelmente daquela que Pierre-Michel Menger irá utilizar para qualificar o funcionamento do subcampo contemporâneo. Na verdade, os traços gerais deste subcampo começam a ser delineados logo nos anos 60 a partir de estruturas já no terreno desde o pós-guerra. Na época, este tipo de posições – no caso de Carvalho marcados pela alternativa "neo-realista"[214] que Fernando Lopes-Graça corporizava em Portugal, referida igualmente no texto citado por Manuel de Lima – defendendo uma ligação intrínseca à sociedade, ao povo a que se destinaria a música – talvez remetessem tanto para os princípios associados com a tendência de Lopes-Graça, como para um imaginário próximo das posições de Luigi Nono. Tendo sido figura fundadora de Darmstadt e mais tarde membro do Comité Central do Partido Comunista Italiano, Nono foi-se gradualmente afastando das grandes instituições associadas ao subcampo e passou a defender uma *praxis* musical e política, através de concertos e debates realizados em fábricas e

---

[213] Sobre as ideias estéticas e políticas de Peixinho, dispersas por numerosas entrevistas, ver o excelente apanhado de Teixeira, 2006.

[214] Este termo foi o eufemismo usado em Portugal para evitar, na situação de perseguições políticas e de clandestinidade, a utilização do termo "realismo socialista".

outros locais afastados das salas de concertos tradicionais.[215] A partir de 1980, Nono manteve a sua posição particular no subcampo contemporâneo mas, de algum modo, regressou parcialmente ao universo institucional de que tinha procurado afastar-se.

Nesse artigo, Carvalho exprimia, com alguma violência, as opções perante as quais Peixinho teria de se definir: "A Jorge Peixinho, neste momento fixado na Bélgica com uma bolsa do respectivo governo (segundo consta) põe-se realmente uma opção: ou se internacionaliza definitivamente e vem cá só de vez em quando para tentar *colonizar-nos*;[216] ou decide afirmar-se como músico português, e então o desafio que se lhe lança é o de criar uma música verdadeiramente nova que seja produto da equação entre os artistas e o seu meio. [...] Para Peixinho, aquilo que designámos por internacionalização seria na realidade a integração noutro meio social, noutra sociedade que não a portuguesa" (*ibid.*) Manuel Pedro Ferreira propõe uma interpretação actual das posições de Mário Vieira de Carvalho que citou amplamente: "A esta distância é fácil ver que a ideologia universalista segregada pela comunidade artística internacional de que fala Mário Vieira de Carvalho foi assumida pelo grupo que de facto detém o poder e mais propriamente constitui uma 'oligarquia', os organizadores de festivais e directores das instituições nacionais que apoiam a criação musical". Neste passo, Ferreira desloca o conceito de oligarquia dos termos em que Carvalho a tinha definido, para o aplicar às organizações culturais que entretanto assumiram os valores ligados "aos jovens compositores", ou seja, aos compositores da corrente pós-serial que foram gradualmente adquirindo uma supremacia simbólica e prática no Ocidente. Ferreira, no entanto, face à evolução das biografias e com a perspectiva que a passagem do tempo permite obter, escreve: "É curioso constatar como a internacionalização ou integração noutro meio social (no caso, o franco-germânico) acabou por ser a opção não de Peixinho mas de Emmanuel Nunes que por via desse facto, como bem notou Peixinho, "talvez seja o compositor menos português do século XX",[217] e nas palavras proféticas de Mário Vieira de Carvalho, parece vir "até cá de vez em quando para tentar colonizar-nos" e justificar os avultados apoios que, com pleno merecimento artístico, recebe da Fundação Gulbenkian" (Ferreira, 2002). As palavras proféticas de Mário Vieira de Carvalho

---

[215] Sobre a evolução das posições e práticas composicionais de Nono, ver Carvalho (2007) e Nono (1993).
[216] Itálico meu.
[217] In *Arte Musical*, Outubro de 1995 *apud* Ferreira.

tornaram-se realidade com outro compositor, ao qual, diga-se com clareza, nunca colocou publicamente desafio similar: ter de optar.

Regressando à ideia de Taruskin sobre os conservatórios de música como agências do colonialismo musical alemão durante o século XIX, é fundamental comparar, considerando os diferentes contextos e temporalidade históricas, o papel desempenhado pelo IRCAM nos vinte e cinco anos finais do século XX, com os conservatórios do século XIX face às periferias que alimentavam. Pode-se colocar como hipótese de trabalho muito plausível a existência de um paralelo histórico entre a hegemonia total da música alemã, a partir de meados do século XIX, o espírito reformador que animou as periferias, pela via da aplicação local dos métodos e dos valores da música alemã – o que aliás seria o programa que Viana da Mota iria tentar em Portugal no início do século XX – e a hegemonia actual da "catedral" IRCAM e o igual espírito reformador que ela estimula, como fomos verificando nas declarações de Nunes até agora transcritas. A grande diferença histórica reside no novo e mais acentuado carácter centrifugador do subcampo contemporâneo e no facto da hegemonia actual estar longe de se poder comparar em termos de aceitação "universal" com aquele que se verificou com a música alemã no século XIX..

Na última parte do seu artigo Ferreira aborda a questão do pós-modernismo e do seu impacto na obra de Peixinho e refere que "a faceta pós-moderna na obra de Peixinho pode [...] detectar-se na impureza objectiva dos meios e modos de comunicação sonora" apontando as obras nas quais se manifestam aspectos desse impacto. O autor considera que "apesar da influência pós-moderna, [ela] não é determinante em todas as obras então escritas sendo perceptível sobretudo nas peças dos anos 1982-84". (*ibid.*: 258) E prossegue: "Enquanto a temática do pós-modernismo encontrava, como acabámos de ver, uma tímida expressão no nosso país, os Encontros Gulbenkian de Música Contemporânea, fiéis ao conservadorismo institucional dos organizadores, continuaram surdos às novas correntes estéticas e atentos ao último figurino parisiense, escolhendo centrar-se na obra e na personalidades consagradas e de compositores da geração de Darmstadt. Os seminários de Composição Musical dirigidos por Emmanuel Nunes nas instalações da Fundação Gulbenkian prolongaram, entre os novos, a hegemonia do abstraccionismo para-serial, já anteriormente posta em causa na produção de Constança Capdeville, Jorge Peixinho e Clotilde Rosa" (*ibid.*: 259).

Há vários aspectos deste texto que merecem análise. Em primeiro lugar, Ferreira assinala uma divisão no seio dos darmstadtianos portugueses entre

Nunes e os compositores referidos quanto à continuação da ortodoxia. Quanto ao que Ferreira designa por eixo franco-alemão já verificámos que se trata do lugar de destino da grande maioria dos compositores emigrantes pós-1945, que se constituiu como o lugar de enunciação do subcampo contemporâneo, detentor das capacidades produtoras e disseminadoras, em suma, do poder regulador do funcionamento desse campo cultural. O Réseau Varèse, formado em 1999,[218] será a confirmação e a institucionalização desta estrutura de poder/saber no campo, tendo sido formado inicialmente, num total de 12 instituições, por quatro instituições de países de língua alemã e quatro de instituições de língua francesa. Um dos aspectos que merecem ainda referência prende-se com alguma duplicidade de critérios do Serviço de Música em relação aos vários compositores associados a esta corrente. Nem todos foram tratados de forma idêntica, como já é patente.

### 11.6.2. Um caso significativo: "O sucesso, para quê?"

Numa nota de pé de página, Manuel Pedro Ferreira escreve: "o estrondoso sucesso da versão de concerto do *Libera Me*, estreada a 15 de Fevereiro de 1980, é espelhado na crítica de João de Freitas Branco publicada no *Diário Popular* de 25/2/80 ([a obra] actuou um cheio como peça de efeito, daquelas que positivamente agarram o público e lhe acendem o entusiasmo') e é confirmado pelo texto que Augusto M. Seabra lhe dedicou no *Diário de Notícias* de 28/2/80, onde se refere a recepção entusiástica por parte do público (uma recepção absolutamente triunfal)'. No entanto, novas apresentações da obra teriam de esperar por Agosto de 1986 (Estoril/Festival da Costa do Estoril, com o Coro Gulbenkian) e novamente por 1991 (Munique, em Abril, com o Coro da Rádio Bávara, e Lisboa/Festival dos Capuchos, em Julho com o Coro Gulbenkian). A indiferença da Fundação Gulbenkian, única organização capaz de viabilizar a manutenção no repertório de novas obras portuguesas, ao sucesso desta, como de outras obras de Constança, viria a suscitar a revolta da compositora, expressa na entrevista que concedeu a Manuel [P] Ramalho [Ferreira], "O sucesso, para quê?"[219]. Nessa entrevista, para além do citado por Ferreira, Constança Capdeville afirma: "tem sido extraordinário o acolhimento do público, toda a gente o sabe". À pergunta "...mas as suas obras ouvem-se uma vez, duas já é raro acontecer, e parece que a Fundação Gulbenkian, que faz as

---

[218] Ver adiante do ponto VI 8.
[219] Informação Musical, nº 6 (Fevereiro de1982), pp. 3-5. (Ferreira, 1982: 384).

encomendas, não se preocupa em rentabilizá-las, nem sequer para satisfazer as preferências do público... isso não é frustrante?", a compositora responde: "Não, frustrante seria não conseguir resolver um problema. É revoltante! Tu és testemunha da reacção espantosa do público: a própria Direcção do Serviço de Música o reconheceu, na estreia dos *Esboços para um Stabat Mater* e prometeu a um crítico, que o faria executar no decorrer desta temporada; pois deve ter-se esquecido. Mas isso já não está na minha mão" (*ibid.*: 5). Esta expressão revela a impotência do artista face ao exercício do poder decisório e, neste caso, discriminatório, da instituição que detém a possibilidade e os instrumentos adequados para incluir ou excluir da sua programação as obras que ela própria encomenda.

Manuel Pedro Ferreira refere-se à Fundação Calouste Gulbenkian como "a única organização capaz de viabilizar a manutenção no repertório de novas obras portuguesas". No entanto, tal como no caso referido, verifica-se que a instituição, pelo contrário, manifestou, a par com uma política particular e selectiva de encomendas a compositores, já analisada anteriormente, uma tendência inegável para se desvincular das obras, mesmo das que ela própria encomendou. Há a excepção de Nunes com obras várias vezes repetidas, quer nos Encontros de Música Contemporânea, quer após o seu final. O caso da obra *Ruf*, apresentada no Grande Auditório da Fundação várias vezes, é apenas o maior dos vários exemplos (como se poderá ver no Quadro do Anexo I). Pode-se concluir que, em primeiro lugar, o Serviço de Música dispunha dos meios necessários e, caso tivesse sido essa a sua orientação, teria sido possível concretizar, em relação a outros compositores, essa capacidade de "viabilizar a manutenção no repertório de novas obras portuguesas". Em segundo lugar, que o generalizado "abandono" das novas obras após a sua estreia manifesta uma das formas de produção activa de inexistências com que temos tentado caracterizar a ausência interna da música portuguesa.

### 11.6.3. Sobre a actividade do Grupo de Música Contemporânea de Lisboa

O livro de Cristina Teixeira inclui no Anexo 5 uma relação das actividades do Grupo de Música Contemporânea de Lisboa (GMCL) a partir de 1969 (Teixeira, 2007). A autora reúne as 32 actuações do GMCL fora de Portugal. Da nossa perspectiva esta enumeração é importante por duas razões. Em primeiro lugar, traduz a efectiva presença internacional do grupo criado por Jorge Peixinho em Portugal nos anos 70. A sua primeira apresentação teve lugar no Festival de Royan em 1972, e prosseguiram no Festival de Música Contemporânea "Outono de Varsóvia em 1974, em dois concertos no Festival

Gaudeamus em Amesterdão (1979 e 1985), outro em Estugarda (1978). Praticamente todos os outros concertos tiveram lugar de forma repetida e relativamente sustentada em Espanha, no Brasil e na Itália. Mas, em segundo lugar, e face a esta descrição, aumenta a confirmação da nossa hipótese de trabalho sobre o carácter decisivo da localização definitiva no centro como forma de legitimação. Apesar deste número razoável da chamada "circulação internacional" do grupo de Peixinho, somos confrontados com a sua posterior ausência em todas as publicações que vimos, com a sua inexistência total nas narrativas especializadas publicadas nos países centrais. Este aspecto reforça não só o peso determinante da *localização da cultura* como sublinha a necessidade de considerar qualitativamente o tipo de presença em questão.

Não há muitos dados que permitam uma tal análise, com uma excepção, justamente um artigo de Mário Vieira de Carvalho sobre o concerto no Festival de Royan. No artigo "Presença em Royan"[220] Carvalho escreve: "'A Fundação Gulbenkian apresenta o Grupo de Música Contempo-rânea de Lisboa (direcção Jorge Peixinho)'. Tal era o anúncio que figurava no programa do Festival de Royan de 1972 a inculcar que todas as despesas decorrentes da deslocação, incluindo *cachets*, foram suportadas por aquela instituição" (Carvalho, 1978: 203). O autor, nessa época ainda envolvido em controvérsias regulares com a Fundação, pretende salientar que "depois de ter posto numerosas dificuldades à existência do grupo [...] decidiu rever a sua posição e dar-lhe abertamente o merecido apoio". Para Carvalho, "deixou pois de raciocinar como uma empresa capitalista, ciosa do seu pessoal e temerosa da concorrência, para assumir o papel que legal e estatutariamente lhe compete: proteger e financiar, entre outras coisas, actividades ou entidades que desenvolvam ou pretendam desenvolver qualquer acção cultural de mérito" (*ibid.*). No entanto o autor faz alguns reparos sobre essa participação: "foi negociada com o director artístico de Festival (Claude Samuel) apenas cerca de um mês antes da data prevista para o concerto, muito depois de ter sido divulgado o calendário completo; se a Fundação subsidia há tantos anos o festival de Royan, *sem qualquer contrapartida*, seria lógico que tratasse deste assunto com mais tempo".[221] E prossegue: "Além disso, o concerto foi 'encaixado' precipitadamente num tempo livre que sobrara às onze da manhã, num dos dias mais exaustivos do Festival, o que poderia ter diminuído bastante o seu significado" (*ibid.*).

---

[220] Publicado no *Diário de Lisboa* em Maio de 1972.
[221] Itálico meu.

Esta participação do GMCL no Festival de Royan aparece nas descrições da actividade do grupo como um ponto alto da sua presença internacional. O artigo de Carvalho descrevendo com maior detalhe o contexto e as circunstâncias dessa participação das quais se pode concluir que essa iniciativa de Gulbenkian se traduziu por uma participação "menor" no quadro geral do Festival, sendo as descrições e referências posteriores, sem dúvida, verdadeiras, parte da tendência para uma mitificação que habitualmente comanda estas narrativas e muitas vezes não permite uma apreensão exacta do evento.

Vários outros compositores portugueses podem, nos últimos tempos, reclamar a presença de obras suas em eventos internacionais, várias obras premiadas em concursos, especialmente no campo da música electro-acústica, e uma circulação relativa de algumas obras. A nossa análise, no entanto, considera importante relativizar estes factos e compreender o seu real significado. Como vimos, José Eduardo Rocha escreve que "nos currículos portugueses, dá-se demasiada ênfase a uma ou outra escapadela no exterior" mas considera correctamente que "Emmanuel Nunes é um compositor português que verdadeiramente se internacionalizou" (Rocha, 2004). A actividade musical contemporânea não se reduz aos eventos que fazem parte do subcampo contemporâneo, considerado como o conjunto de instituições, festivais, *ensembles* e solistas que tem o poder simbólico aqui descrito. Mas se estes eventos secundários existem, se não faria sentido ignorá-los, é forçoso ter em conta, como os dados demonstram, que só o subcampo contemporâneo dispõe da autoridade discursiva para declarar a importância, só ele possuiu a autoridade para canonizar, para legitimar e consolidar uma efectiva presença. Quando Rocha escreve acima "verdadeiramente", o que este termo significa é justamente a diferença de poder simbólico adquirida pelo subcampo contemporâneo que, desse modo, possui igualmente a capacidade inversa de declarar inexistente, por omissão, tudo aquilo que não considera. Daqui decorre que nem todas as idas "lá fora" têm o mesmo significado, apesar de cada compositor nestas circunstâncias pretender retirar daí o máximo proveito legitimador, o que será não apenas compreensível, como igualmente parte do próprio funcionamento estrutural das disputas nos campos artísticos.

**11.7. Análise comparada dos encontros: Nunes e Peixinho (Anexo I).**
Para além da hegemonia de Nunes, notória no quadro referente às encomendas do Serviço de Música da Fundação Calouste Gulbenkian, o quadro comparativo entre Nunes e Peixinho, os dois compositores portugueses com

mais encomendas da Fundação, apresentado no Anexo I, permite retirar mais algumas conclusões:

1. As numerosas peças de Nunes, encomendas da Gulbenkian ou não, foram *sempre* executadas nos Encontros por músicos, *ensembles* e mesmo orquestras vindos do exterior, com a excepção das peças com participação do Coro e da Orquestra Gulbenkian, embora dirigidos por maestros estrangeiros. Este facto relocaliza Nunes no "lá fora", sublinha a sua exterioridade em relação ao meio musical português e, por outro lado, forneceu às suas obras boas interpretações pelos grupos especializados do centro.

2. Pelo contrário, as obras de Jorge Peixinho encomendadas pelo serviço de música da Fundação foram executadas na sua grande maioria pelo Grupo de Música Contemporânea de Lisboa dirigido pelo próprio Peixinho. A excepção, desta vez de sinal contrário, relativamente às obras executadas pela Orquestra Gulbenkian ou por artistas vindos do exterior reduz-se consideravelmente. Neste sentido, Peixinho, apesar do número razoável de peças e encomendas, foi sistematicamente *provincializado* e reduzido ao estatuto de compositor local.

3. O número de peças de Nunes tocadas nos Encontros excede largamente o já inultrapassável número das vinte e três encomendas que lhe foram feitas pelo Serviço de Música. Não só outras obras foram incluídas na programação como várias das obras foram repetidas várias vezes. Estas execuções, duas e três vezes, ampliam a diferença já patente no número de encomendas.

4. Pelo contrário, a maior parte, senão a totalidade, das peças de outros compositores portugueses – de que aqui não damos conta – mesmo incluindo as obras encomendadas pelo Serviço de Música, forma executadas apenas uma vez e, nos poucos casos contrários, isso aconteceu com execuções dos grupos locais.[222]

5. Verifica-se um elevado número de obras de Jorge Peixinho no ano seguinte ao da sua morte. Essa edição de 1996 foi concebida como Homenagem a Jorge Peixinho, o que explica o carácter excepcional da programação desse ano.

6. Outro aspecto que deve ser analisado e comparado prende-se com as diferenças entre as datas da composição das obras e a sua estreia. Nalguns casos entre a data da encomenda e a data da execução verifica-se um hiato de vários anos. Há duas razões possíveis para isso; em primeiro lugar pode verificar-se um atraso por parte do compositor na composição da sua obra;

---

[222] Ver no capítulo XI o ponto 11.6.2.

em segundo lugar, estando a obra pronta, a razão de ser desse hiato prende-se exclusivamente com os critérios internos do Serviço de Música que, tendo a obra na sua posse, decide não a incluir ou só a incluir anos mais tarde, como no caso de *Euridice Reamada*, de Peixinho, já referido por Carvalho.

Em conclusão pode afirmar-se que a posição de Emmanuel Nunes no quadro global da programação da Fundação Calouste Gulbenkian pode ser, de 1970 a 2000, do ponto de vista simbólico, comparável à posição dominante de Pierre Boulez em França. Nos termos de Menger e Bourdieu, Nunes é o artista reconhecido, consagrado e dotado de meios muito superiores aos dos seus pares.

Por outro lado a relação entre Nunes e Peixinho pode ser comparada com a relação entre Ligeti e Kurtág que já vimos no Excurso. Enquanto os primeiros se deslocam para os países do centro onde obtêm uma posição de destaque – Ligeti em poucos anos, Nunes em bastantes anos –, os dois compositores localizados no exterior do subcampo, Kurtág (até ter emigrado ele próprio) e Peixinho (até ao fim da vida), os que não emigraram definitivamente, apesar das suas viagens, não foram reconhecidos do mesmo modo. Neste sentido a Gulbenkian, com a sua orientação local, reforçou a autoridade simbólica do centro, contribuiu para a localização periférica e a provincialização não só de Peixinho como da maior parte dos compositores portugueses, para o seu carácter subalterno, o seu enorme desconhecimento, para a inexistência que a música portuguesa tem ainda hoje, como se vê nos textos da maior parte dos autores. Este facto é tanto mais paradoxal quanto mais a ideia corrente é a de que a Gulbenkian foi o Ministério da Cultura substituto da carência estatal em Portugal. Terá sido assim em muitas áreas e, no campo musical, foi-o enquanto "ilha europeia" em Lisboa. Mas existe uma ligação intrínseca entre esse carácter "europeu", que a Gulbenkian sempre reclamou para a sua acção, tanto no campo da programação clássica como no da contemporânea e sua adopção/submissão aos critérios do centro. Como afirma Said, as elites locais procuram reconstruir *pequenas europas*, adoptar as histórias das metrópoles coloniais – neste caso uma forma de colonialismo cultural – assumir os juízos de valor que daí são emitidos, os próprios critérios valorativos aí vigentes. Na perspectiva da nossa análise a Gulbenkian, no campo musical, foi criadora e reprodutora de uma *pequena europa* na Avenida de Berna.[223] Nunca foi capaz de

---

[223] Recordando a frase de José Gil: "os concertos de artistas estrangeiros se produziam nas *montras* da Gulbenkian, que apresentava o que se fazia *lá fora* na época da ditadura" (2005: 17).

"abrir as portas" para a música portuguesa contemporânea, portas que Pontes Leça, com voluntarismo optimista, pensava já entreabertas em 1972 com o Festival Gulbenkian.

De acordo com as concepções da filosofia pragmática de Dewey, James e outros, "o princípio da interacção está na base de toda a concepção pragmatista dos objectos, entidades, e processos existentes no mundo, cuja caracterização adequada passa por conhecer as relações ou interacções com os outros". (Nunes, J. A. 2009: 58) Ainda segundo o autor "este envolvimento com o mundo implica um "envolvimento mútuo dessas entidades e processos plurais, sempre no quadro de uma comunidade" (*ibid.*). Neste sentido "no quadro de uma subjectividade localizada socialmente, delimitada por condições materiais, pela fisiologia, por hábitos e pelas visões dos outros" pode-se afirmar que tudo começa na experiência vivida" (*ibid.*: 59). Onde quero chegar é ao facto de não se poder analisar estas problemáticas senão observando as consequências das acções, das práticas, das aplicações concretas de princípios. Foi neste sentido que dirigimos a nossa análise. Foi no quadro da sua interacção com a comunidade, da sua interacção com as subjectividades localizadas dos artistas que o Serviço de Música não conseguiu ou não quis ter uma actividade verdadeiramente transformadora neste campo particular.

### 11.8. Estruturas: edições e discos

No processo da formação canónica verificado ao longo do século XIX a catalogação e a edição de partituras constituiu uma base fundamental para permitir o estudo e a execução das obras. Em Portugal este processo nunca se concluiu e os passos que foram dados nesse sentido foram sempre muito parcelares e incompletos. Segundo Teresa Cascudo, "parece ser difícil pensar nos frutos da etérea arte dos sons como património, mesmo quando o que está em causa é uma colecção de instrumentos ou de autógrafos". Segundo a autora "essa pode ser uma das razões subjectivas que explicam o elevado número de documentação musical ... que ainda se encontra por catalogar" (Cascudo, 1997: 5). A autora afirma ainda que "os únicos catálogos com características similares na Península Ibérica são os catálogos da obra de Manuel de Falla e de Cláudio Carneyro (*ibid.*). A autora refere como tendo sido louvável a iniciativa da Direcção-Geral do Património Cultural em 1978 – o Catálogo Geral da Música Portuguesa[224]

---

[224] Catálogo Geral da Música Portuguesa. Repertório Contemporâneo, Lisboa, Secretaria de Estado da Cultura – Direcção-geral do Património Cultural, 1978-1980.

– que "unicamente pretendia fornecer uma lista classificada das obras o que fez que se prescindisse da descrição exaustiva dos documentos". Mesmo assim, segundo a autora, "a iniciativa não teve continuidade, tendo ficado limitada a vários compositores do século XX, entre os quais não se encontrava Fernando Lopes-Graça" (*ibid.*). Cascudo refere numa nota que os compositores abrangidos pelo catálogo foram: Cláudio Carneyro, Álvaro Cassuto, Armando José Fernandes, Maria de Lourdes Martins, Fernando Corrêa de Oliveira, Filipe Pires, Joly Braga Santos, Berta Alves de Sousa e Jorge Croner de Vasconcelos.

A interrupção tem sido um dos aspectos mais característicos das iniciativas desta natureza. Um governo decide avançar com um projecto mas, poucos anos depois, essa medida é abandonada. Anos mais tarde, um outro governo considera importante uma outra medida, por hipótese, editar partituras em lugar de proceder à catalogação de obras, mas esta medidas têm tido um carácter casuístico e voltam a ser interrompidas ou descontinuadas.

Daqui resulta que, por vezes, alguns compositores tentam enfrentar o problema de forma individual. Cascudo, mais adiante, afirma: "as características dos circuitos da música contemporânea em Portugal, em particular no período do Estado Novo, influíram de maneira importante na conformação das características do espólio musical de Lopes-Graça." Refere que "a fraqueza da edição de música impressa em Portugal durante a maior parte da carreira de Lopes-Graça como compositor fez com que ele próprio se tornasse editor da sua música, reflectindo-se isso nalgumas características dos seus autógrafos" (*ibid*.: 6). Outra autora, Catarina Latino publicou o artigo "A edição musical em Portugal nos anos 80-90" no qual fornece mais alguns dados: "O panorama da edição musical em Portugal é o reflexo do panorama musical em si mesmo: se por um lado é frágil, por outro é persistente, recusa-se a desaparecer, e tenta acompanhar a vida cultural do país. Associado, desde o século XVIII, a iniciativas comerciais privadas, é já no século XX que se podem encontrar algumas realizações, por parte do Estado ou de autarquias, representando estas, no entanto, uma percentagem mínima do movimento editorial musical" (Latino, 1998: 216-217). A autora traça o panorama da edição durante o século XX: "desde o início deste século quase a terminar, podemos encontrar, a par das muitas edições dos sucessos musicais das revistas mais em voga, os exemplares da Edição Clássica da Casa Valentim de Carvalho que, se de clássica não tem muito, tem o valor de dar a público muitas obras importantes para o estudo do piano, nas quais se incluem obras de compositores portugueses. Também as edições Sassetti seguem esta linha" (*ibid.*). Mais adiante escreve: "No final da década de 50, e com forte incidência nas três décadas seguintes, surge a colecção Portugaliæ Musica, publicada pela Fundação Calouste Gulbenkian, com o imenso mérito de constituir 'a' edição monumental da Música Portuguesa. Os grandes polifonistas, algumas obras orquestrais do barroco e música para tecla constituem o cerne desta colecção que, se tem visto reduzido o número de edições novas, tem podido ver aumentar as reedições dos números esgotados dos seus 50 títulos" (*ibid.*: 217). A autora continua afirmando: "Outros exemplos institucionais podem encontrar-se em publicações esporádicas do antigo IPPC (obras de João Domingos Bomtempo e Cláudio Carneiro), da Direcção Regional dos Assuntos Culturais, Angra do Heroísmo (obras de Francisco Lacerda), ou da Câmara Municipal de Cascais, Museu da Música Portuguesa." Neste caso seria necessário actualizar os resultados da actividade do Museu uma vez que a sua actividade teve algum incremento já após a data deste artigo sobretudo em torno de Lopes-Graça. A autora considera que "projectos mais consistentes, tanto pelo número de obras publicadas como pelo plano subjacente a essas publicações, são os projectos apresentados pela Oficina Musical, no Porto, e pela Musicoteca, em Lisboa. Na altura da redacção do seu artigo Catarina Latino, actualmente responsável pelo arquivo musical da Biblioteca Nacional, escrevia: "Sem subsídios, a Oficina Musical apenas tem tido até agora o apoio da Sociedade de Autores e da Câmara Municipal de Matosinhos [...] mas está previsto o estabelecer de uma parceria com uma fundação do Norte, como esclareceu Álvaro Salazar, director da Oficina desde a sua criação e responsável pela escolha das obras a editar a qual depende do critério de qualidade por ele definido". É de referir que Salazar foi membro da direcção ou dos corpos sociais da Sociedade Portuguesa de Autores durante mais de uma década. Segundo a autora, "para divulgação das edições a nível internacional o director da Oficina Musical tem optado pelo envio das obras a professores e executantes de nomeada, esperando assim criar o interesse pelo conhecimento de mais obras de autores portugueses, e pensando também que esse modo de divulgação será mais eficaz do que o de enviar as obras para editoras, ou para lojas onde ficariam perdidas no meio de muitas outras" (*ibid.*: 218). Esta frase permite inferir que o destino das obras enviadas pela via do circuito comercial equivale à sua 'perda' no meio das publicações existentes internacionalmente. Não há dados disponíveis que permitam concluir que o método alternativo adoptado tenha produzido resultados diversos. Como o estudo de Pierre-Michel Menger *Le paradoxe du musicien* (1983) nos mostra, a decadência em França da edição musical e dos proventos daí resultantes tem sido constante a partir de 1950. Pode adiantar-se que, como vimos, as edições da Oficina Musical dependem directamente e exclusivamente da actividade e do critério do seu director, o compositor Álvaro Salazar, e não tem tido regularidade de edições; em segundo lugar, como já referido, a Musicoteca abriu falência no início do século XXI. Pode-se concluir que as duas editoras citadas por Catarina Latino não oferecem hoje nenhuma perspectiva de futuro. É de salientar que, enquanto duram, as várias iniciativas merecem atenção e algum realce público.

Foi o caso de uma entrevista de Cristina Fernandes no jornal *Público* em 2000 a Francisco Motta Veiga, proprietário da Musicoteca "a única editora musical a funcionar em Portugal de forma sistemática". Nas suas declarações, Veiga afirma "desejamos apenas que os portugueses façam parte do circuito normal. Tem sido bastante difícil porque estamos com mais de 100 anos de atraso nesta matéria". O tópico do atraso reaparece sempre e o estado da situação é descrito com exemplos impressionantes: "Jorge Peixinho não teve uma única obra publicada em vida. [...] Quando surgiu a Musicoteca, em 1990, há mais de meio século que não se editava música em Portugal de forma regular com a excepção da colecção Portugaliae Musica da Fundação Gulbenkian (a partir dos anos 60). [...] Nunca houve uma editora com pretensões a impor-se internacionalmente". Sobre a dimensão da ausência, o seu grau, também aqui encontramos uma opinião fundada numa experiência: "Quando apareceram pela primeira vez, na Feira de Frankfurt, as partituras da Musicoteca suscitaram mesmo o seguinte comentário. "Ah! Bem me parecia que vocês também deviam ter compositores!"".

Decorrem das sucessivas descontinuidades os termos em que são anunciadas na imprensa as novas iniciativas: em 2006 uma nova colecção e o novo site do Centro de Informação Musical, ele próprio criado em 2005. Assim, no anúncio do lançamento da nova Colecção de partituras PortugalSom verificado em 2006 lê-se: "Partituras PortugalSom é uma nova colecção de partituras de compositores portugueses, editada pelo Instituto das Artes, que pretende com esta iniciativa colmatar a lacuna da não existência em Portugal de entidades editoras de partituras de música. Numa primeira fase foram seleccionadas um conjunto de 18 obras de 10 compositores".

Segue-se a lista dos compositores editados António Chagas Rosa, Luís de Freitas Branco, António Pinho Vargas, Cláudio Carneyro, Fernando Lopes--Graça, Frederico de Freitas, João Domingos Bomtempo, Luís de Freitas Branco, Luís Tinoco e Marcos Portugal. O anúncio termina com as presenças na cerimónia: "Esta sessão de apresentação contará com a presença de Suas Ex.as.: Prof. Dr. Mário Vieira de Carvalho – Secretário de Estado da Cultura-

Dr. Jorge Vaz de Carvalho – Director do Instituto das Artes – Dr. Paulo Ferreira de Castro – Membro do Conselho Editorial da colecção". Este projecto continua activo neste momento embora a sua capacidade editorial seja lenta e rarefeita, para não falar da sua distribuição. A frase de Mota Veiga anteriormente referida "bem me parecia que vocês também deviam ter compositores" pode servir de mote ao texto de Paula de Azevedo Guimarães já citado no enunciado: "A Música Contemporânea Portuguesa e os compositores Portugueses são praticamente desconhecidos fora de Portugal. Esta condição prolonga-se desde há décadas no nosso país e ameaça perpetuar-se, uma vez que não têm sido desenvolvidas as estratégias necessárias à internacionalização da música portuguesa por parte dos sucessivos governos".[225]

Neste quadro são muitas vezes organizações formadas por compositores, como a Miso Music Portugal que, com alguns apoios oficiais, tentam superar os bloqueios seculares: "O desafio que a Miso Music Portugal e o Centro de Informação da Música Portuguesa enfrentam é de tentar inverter esta situação, apesar dos escassos recursos financeiros de que dispõe para o efeito. Assim sendo, com o objectivo de lutar contra este *status quo*, concebemos o projecto *Circuits*. Temos a motivação e a versatilidade para desenvolver colaborações interculturais/criativas frutíferas e inovadores construídas com a convicção de que estamos a contribuir de forma decisiva para o enriquecimento cultural no mundo". É de salientar que foi dito ao autor por Marianne Lyon, responsável europeia dos Centros de Documentação musicais que era necessário terminar com a situação da altura (2005).[226] Todos os países europeus tinham Centros de Documentação a funcionar mas, no site da instituição, a busca Portugal conduzia ao *site* geral da Fundação Calouste Gulbenkian, onde naturalmente não havia nenhuma informação disponível directamente sobre os compositores portugueses. Um outro contacto pessoal do autor com o Dr. Pereira Leal sobre este assunto obteve uma explicação. Face à inexistência de um centro durante várias décadas, o Serviço de Música tinha-se oferecido para desempenhar esse papel, mas face ao aumento de novas peças e de compositores em actividade, o director do Serviço estava a equacionar um apoio à Miso Music, que se dispunha a abrir um Centro de Documentação. Isso veio a verificar-se com início em finais desse ano com o nome Centro de Informação da Música Portuguesa.

---

[225] Ver Capítulo XI.1.
[226] Comunicação pessoal.

Quanto à publicação de discos no seu artigo de 28 de Fevereiro de 2007 no *Jornal de Letras*, Maria Augusta Gonçalves dá-nos um panorama da edição discográfica da responsabilidade e iniciativa do Estado.[227] Escreve: "A etiqueta Portugal Som, então denominada Discoteca Básica Nacional, começou a tomar forma nos anos de 1976-78 por iniciativa do escritor David Mourão Ferreira, quando ocupava o cargo de secretário de Estado da Cultura. Segundo a autora "a defesa do património musical passa necessariamente pelo conhecimento que dele existe, pela apreciação a que é sujeito, o que impõe a edição em partitura e em disco". E prossegue: "O arquitecto Romeu Pinto da Silva, funcionário dirigente da Secretaria de Estado da Cultura sustentou o arranque do projecto e o seu desenvolvimento, durante mais de 20 anos. Os primeiros discos surgiram com a década de 1980 e concretizaram o objectivo inicial: garantir a gravação e a edição das obras dos compositores portugueses. Aqui surgiram Luís de Freitas Branco, Fernando Lopes-Graça, José Viana da Mota, João Domingos Bomtempo, Manuel Rodrigues Coelho, aqui apareceram canções de trovadores e muito do que de melhor produziu polifonia portuguesa dos séculos XVI-XVII, aqui ganharam forma gravações determinantes de compositores contemporâneos como Jorge Peixinho, Constança Capdeville ou Emanuel Nunes". Sobre a interrupção ocorrida em 2002 escreve: "Em 2002, o fecho da editora que fazia a distribuição do catálogo, com o apoio do Ministério da Cultura levou à suspensão da PortugalSom. Em 2005, um concurso abria perspectivas de retoma do projecto. No final de 2006, a Numérica, cuja determinação deu origem a alguns dos mais importantes discos de música portuguesa dos últimos anos, garantiu o regresso da etiqueta ao mercado".[228] Cinco novos discos deram início a esse recomeço de actividade.

Estes dados ilustram dois aspectos: primeiro, o carácter de eterno recomeço que caracteriza tanto as edições gráficas como as edições discográficas, sempre dependentes de apoios oficiais ou de iniciativas individuais muitas vezes destinadas ao fracasso a médio prazo. Mas, para além disso, é necessário sublinhar um segundo aspecto. A distribuição deste materiais é problemática em Portugal e fora de Portugal não chega a existir de forma minimamente consistente. No país, o número de livrarias especializadas é muito reduzido e, além disso, por vezes não se encontram disponíveis para venda mesmo as

---

[227] Para uma panorâmica da discografia geral da composição musical em Portugal ver Bernardes (2003).
[228] In Jornal de Letras, 28 de Fevereiro de 2007.

poucas partituras que existem editadas. No caso dos discos, face à presença actualmente hegemónica no mercado das lojas FNAC e ao consequente encerramento de várias lojas de discos, é quase em exclusivo nessas lojas que se podem encontrar alguns exemplares dos discos existentes. Tanto as partituras como os discos não conseguem quebrar os bloqueios que existem na distribuição internacional.

Muitas vezes estas dificuldades são criticadas pelos agentes do campo, como vimos, como sendo resultado da incúria do Estado e da falta de consideração pelo património musical do país. Parece necessário considerar pelo menos mais duas razões de fundo. A primeira relaciona-se com a crise da música clássica em geral que observamos na Parte II com a sua crescente passagem para as margens da actividade cultural no mundo. Enquanto nos países centrais muitas destas estruturas foram estabelecidas durante os finais do século XIX e durante o século XX, em Portugal nesse período histórico não houve acção, nem pública nem privada, capaz de levantar estruturas similares. Desse ponto de vista deve ser salientado o facto de muitas das iniciativas que referi terem tido lugar já em pleno século XXI, ou seja, quando nos países centrais se problematiza a crise, vista como imparável por muitos autores.

Em segundo lugar, raramente se relaciona o conjunto destas dificuldades com a predominância em Portugal da música canónica ocidental no campo musical erudito, promovida activamente pelas programações das instituições culturais em geral. Assim, quer partituras quer discos dos repertórios canónicos estão disponíveis. Neste sentido todo o edifício que regula as práticas musicais está orientado para a reprodução do repertório canónico e, também no ensino musical, de onde poderia resultar o eventual interesse nas edições e nos discos de portugueses, a estrutura dos cursos é igualmente dominada pela música do cânone clássico e do subcânone contemporâneo. É esta relação de poder desigual que subalterniza a música local, é o facto de essa subalternidade ser produzida pelos próprios agentes locais e pelas práticas discursivas dominantes que cria o conjunto de bloqueios, o dispositivo que tem condenado ao fracasso ou à irrelevância a produção local dos vários pontos de vista.

## 11.9. O centro e a sua hegemonia noutras esferas artísticas

### 11.9.1. Uma amostra
É notório no meio musical português que, não obstante a sua situação inequívoca de subalternidade no contexto europeu, não é comum encontrar-se

um texto, um artigo, um comentário que *problematize* esse facto. Encontram-se lamentos e queixas mais frequentes relativamente à situação local, mas dificilmente se encontram explicações sobre a inexistência externa vista em relação ao centros de poder externos. Quando se procura fazê-lo é o Estado, de certo modo visto como abstracção ou, mais simplesmente, o país que fornece o culpado e, além disso, os poucos textos deste tipo encontram-se em dois ou três livros ou em artigos em revistas de pouquíssima circulação.

Noutras áreas artísticas é possível encontrar uma outra maneira de encarar esse problema. Mesmo quando a análise se concentra nas deficiências políticas ou institucionais da parte portuguesa, não tendo em conta o outro lado da simetria – se há uma ausência tem de haver um local onde a ausência se verifica, um centro de poder que negligencia ou ignora – o facto é que, pelo menos, não só a "ausência" é vista como um problema como, ao mesmo tempo, se questiona o seu correlativo externo. Sem qualquer preocupação de exaustividade iremos prosseguir com uma pequena amostra de discussões públicas recentes desta problemática.

### 11.9.2. O *Grand Tour*

Uma reportagem relativa às presenças e ausências de artistas portugueses nas mostras europeias de arte permite ficar com uma ideia clara das diferenças entre os diferentes campos artísticos na forma de abordar um problema que acaba por ser idêntico. Assinado por Óscar Faria e Vanessa Rato, o jornal *Público* de 8 de Junho de 2007 publicou uma reportagem com o título "Portugal na arte: o *grand tour* não é para nós". Os autores começam por explicar em que consiste o *grand tour*: "inspiradas no *grand tour*, itinerário de viagem europeu percorrido desde o século XVII pelas classes abastadas com objectivos e culturais", no ano de 2007 as feiras de arte de Veneza, Basileia, Kassel e Münster, eventos com periodicidades diversas (bienais, de cinco em cinco, etc. ) coincidiram no mesmo ano e por isso "estas iniciativas, a 'crème de la crème' das mostras da arte contemporânea coincidem e decidiram unir-se".

Os autores irão analisar "a ausência de nomes portugueses das escolhas dos comissários da maioria das exposições de referência" (*ibid.*: 6). Alguns portugueses estão presentes mas só em iniciativas paralelas à mostra central de Veneza, onde Portugal tem uma representação oficial desde 1997. Para os autores do artigo, o que está em causa em Veneza é o facto de nenhum português integrar "a selecção de artistas feita pelo norte-americano Richard Storr, este ano comissário geral do evento". Do mesmo modo, "Em Münster, Kasper König, o comissário deste ano do *Skulptur Projekte*, também não apresenta portugueses". Os autores escrevem: "Ainda assim a questão – que pode ser considerada conceptualmente irrelevante: qual é o interesse da nacionalidade para se avaliar a pertinência de uma obra? – deve ser tida em conta. Pode ser o modo de perceber algumas razões que contribuem para a ausência de portugueses de grandes eventos artísticos". A frase anterior retoma uma das ideias base dos critérios formalistas de análise interna das obras – é unicamente em si, nos seus códigos internos que reside o que designam como "pertinência" das obras – uma posição estética até há pouco (na verdade, ainda hoje) largamente dominante nos discursos dos meios de reflexão artística contra uma perspectiva de análise externa, contextual, que tenha em conta as sociedades onde se produzem as obras de arte. Entre os contextos conta-se certamente o país onde vive e trabalha o artista e no qual a obra é feita.

No entanto, para "perceber algumas razões" os autores afirmam que é essa "a razão pela qual juntámos neste artigo artistas e comissários" e acrescentam "o retrato geral que fazem: a fragilidade da visibilidade internacional dos artistas portugueses". Nesse sentido o artigo reúne opiniões de agentes do campo quer do lado da criação quer do lado da programação ou do intermediário cultural. Neste ponto, o artigo aproxima-se da problemática desta investigação ao equacionar as diversas dialécticas global/local que estamos a procurar analisar no campo musical e aqui residem as principais diferenças. Assim, colocam duas perguntas: "É um problema com origens internas, como a ausência de uma política eficaz, no caso das artes plásticas, do Instituto das Artes?" e a segunda: "Estará ligado ao facto de não sermos suficientemente 'exóticos' para chamar a atenção dos comissários internacionais que têm agendas cada vez mais dependentes de interesses à escala global?" Os autores referem que "as mostras têm-se transformado em espelhos das movimentações diplomáticas" e recordam "os protestos veementes da França, em 2005, pela ausência de representantes seus nas exposições centrais de Veneza". Não existe no campo musical nenhum paralelo possível nem de mostras onde seja suposto haver representação nacional, nem de protestos veementes face à ausência de eventos particulares. Entre os "artistas, comissários e responsáveis de instituições" ouvidos encontra-se João Pinharanda que, segundo os autores descreve "os portugueses como espectadores de um mundo em acção do qual tentam fazer parte sem sucesso" e afirma: "só posso dizer que a resposta não está na falta de qualidade [desses artistas]". Outro depoimento é de Pedro Lapa, na altura director do Museu do Chiado e comissário da representação nacional em 2001 em Veneza que afirma: "a Espanha tem demonstrado que é o único país europeu interessado na arte portuguesa". Acrescenta ainda "a questão é pura e simplesmente o desconhecimento" e sugere que "um dos grandes problemas é a falta de meios das instituições nacionais que, sem verbas, não funcionam em rede com as homónimas internacionais, não divulgando assim as suas apostas". Os autores referem que "outra questão grave é nunca se terem organizado de forma sistemática visitas de críticos e comissários a Portugal". Alexandre Melo, comissário da representação nacional em Veneza em 1997 afirma: "Há que compreender que o mundo da arte é cada vez mais abrangente", que os grandes eventos lidam com problemas de "representatividade geográfica cada vez mais alargada" e assim as grandes opções são " mostrar artistas de regiões que têm sido desvalorizadas" – África, América Latina, Ásia – e , por isso "Europa e os Estados Unidos não são prioridades". Esta opinião mostra de que forma a questão pós-colonial se coloca explicitamente nesta área. Para André Sousa, artista e fundador de espaços não comerciais, "se as instituições tiverem um papel mais activo na promoção da cultura portuguesa, esta terá mais possibilidades de estar presente em iniciativas internacionais" mas ao mesmo tempo questiona: "se a informação não circula dentro do país como há-de circular no exterior?". Também nesta área a questão da ausência externa é relacionada com a ausência interna. Segundo Gil Heitor Cortesão, pintor, aponta "a debilidade da política cultural" e afirma: "o facto do pensamento produzido por filósofos, críticos, comissários, não ter presença afirmativa a nível internacional". Por outro lado refere "não somos suficientemente o *Outro* para ser motivo de curiosidade", o que volta a colocar um critério de alteridade "exótica" que a arte portuguesa não preenche como requisito, no centro dos critérios de escolha das grandes instituições europeias.[229]

Face às críticas generalizadas à actividade das instituições do Estado resulta um processo de isolamento de que Luísa Cunha nos dá conta. Segundo os autores, a artista "afirma não existir "contacto nem procura" por parte dos curadores internacionais. Tudo se deve ao esforço ou "à capacidade de iniciativa de cada um, até porque neste país a cultura não traz dividendos imediatos, não interessa a ninguém". Mais adiante "quanto ao exotismo, tantas vezes usado como argumento de uma escolha, comenta ser esse um produto do 'marketing', sobretudo com origem em Nova-Iorque e na Alemanha" (*ibid.*: 8). João Maria Gusmão, artista "que trabalha em dupla com Pedro Paiva", refere, segundo os autores, o facto de em Portugal não existirem "galerias

---

[229] Cf. Santos, 1985 e neste livro pág. 58 e segs..

bem estruturadas para a divulgação dos trabalhos", nem instituições que consigam "fazer circular as obras de um artista português numa realidade mais ampla". Neste aspecto Gusmão "dá como exemplo Serralves: pese embora um criterioso programa de exposições, raras vezes consegue negociar uma mostra de um nome nacional com outros espaços de dimensão internacional". Tal como as instituições culturais activas no campo musical, é apontada relativamente a Serralves uma incapacidade negocial: consegue *importar* as suas exposições mas não consegue *exportar* exposições de artistas locais. João Tabarra, artista que participou na Bienal de São Paulo em 2002 afirma: "há bons artistas portugueses, boas propostas, mas dificilmente conseguem importar-se". Os autores prosseguem sugerindo que "talvez seja esta a razão que leva muitos criadores a irem para Berlim, Nova Iorque e Londres". Para Tabarra, "começa a tornar-se comum a ideia de que se não o fizermos não teremos a mínima hipótese; quero acreditar que as coisas se podem passar de outra forma, por isso, continuo por cá". Face ao défice da comunidade, a emigração coloca-se no horizonte dos artistas. Tabarra afirma que por vezes tem a sensação de estar a viver numa época "pior que o marcelismo; faz-se sentir às pessoas a necessidade de estarem caladinhas para ver se lhes sobra alguma migalha; muitas já perderam a coluna vertebral" (*ibid.*).

Neste ponto podemos concluir que o processo passa por quatro fases: primeiro, a dificuldade perante a ineficácia das instituições na divulgação, quer dentro, quer fora do país; segundo, a incapacidade de negociação das instituições em situação de igualdade perante as congéneres internacionais, de que resulta a dificuldade de impor os trabalhos de artistas locais; em terceiro lugar, emerge a hipótese de emigração para os centros e, em quarto lugar, a atmosfera interna face à dificuldade transforma-se num regime sufocante de subserviência face aos poderes. A comparação com o marcelismo permite levantar a hipótese de, tendo terminado a fase dos grandes eventos de 1989 a 2001, nos quais o estado português organizou grandes acontecimentos culturais, a fase seguinte se caracterizar pela constatação de que daí não resultou uma transformação profunda e sustentada de enriquecimento. Não se verificou uma transformação estrutural na sucessão dos mega-eventos. Regressa a hipótese da emigração ou o medo subserviente do que resta. Pedro Cabrita Reis, artista que, segundo os autores, já participou na Documenta de Kassel em 1992 e três vezes na Bienal de Veneza (1995, 1997, 2003), afirma: "num mundo globalizado extremam-se as posições; o 'marketing' promovido pelas grandes potências económicas determina as selecções daqueles que acabam por saltar para o xadrez dos interesses curatoriais" E acrescenta: "Nos últimos dez anos a velocidade aumentou de forma exponencial; deixando de existir uma relação directa entre os autores das escolhas e os objectos das mesmas, os artistas. [...] Defensor acérrimo da capacidade de afirmação individual", admite que "continuamos sem uma visão e vontade estratégicas de afirmação do país no exterior; não estamos devidamente preparados" (ibid.: 9).

É relativamente evidente que estas reflexões sobre os problemas da invisibilidade da arte portuguesa no "mundo da arte" se aplicam quase literalmente ao campo musical. Se considerarmos que à figura do comissário se pode substituir a figura do programador ou que às escolhas de Serralves se podem substituir as escolhas da programação da Gulbenkian – que, de igual modo "raras vezes consegue negociar uma mostra de um nome nacional com outros espaços de dimensão internacional", tal como a generalidade das instituições, podemos concluir que esta problemática tem muitos pontos em comum com a que se vive no campo musical.

Dois aspectos são, no entanto, completamente diferentes: primeiro, não há nem nunca houve no campo musical nada comparável às representações oficiais nas mostras de arte, nem comissários encarregados de escolher, e assumir as suas escolhas, no campo musical; segundo, concretizando no plano discursivo o mesmo tipo de invisibilidade, nunca se fez ouvir no campo musical idêntica capacidade de problematizar estas questões enquanto tal como aqui vemos. Discutem-se problemas internos, lamenta-se a ausência, mas não se equaciona a questão da circulação transnacional nestes termos. Existe um défice de natureza teórica na medida em que não se formula sequer o problema nos termos em que este artigo o faz sobre as artes plásticas, muito claramente em termos de poder à escala global, nomeando directamente responsáveis por escolhas e descartes.

### 11.9.3. O Caso do Museu Hermitage de Sampetersburgo

Mas também nesta área existe o problema do "lá fora-cá dentro". No semanário *Expresso* de 20 de Outubro de 2007, podem ler-se algumas declarações de responsáveis de museus, relativas ao protocolo assinado pela ministra da Cultura, Isabel Pires de Lima, com o Museu Hermitage para a exibição de algumas peças daquela colecção, nas quais a permanência das temáticas anteriores se manifesta de algum modo. Assim, Raquel Henriques da Silva, professora de História de Arte da Faculdade de Ciências Sociais e Humanas da Universidade Nova de Lisboa, afirma: "O mecenato que a senhora ministra consegue para esta exposição é a melhor via para promover a cultura nacional? E que outras se fecham assim às colecções nacionais? O modo como a ministra conduziu este processo é uma declaração de incapacidade aos museus portugueses. Só resta aceitar um repto que lhe deixo: aceitar uma equipa de consulta para fazer a monitorização do pólo Hermitage."[230] Luís Raposo, director do Museu Nacional de Arqueologia, por sua vez, declara: "São iniciativas patrocinadas pelo poder político, mas não correspondem a um movimento sentido e que decorre da lógica de desenvolvimento dos museus portugueses. É redutor pensar que o que é de fora é que é bom. Trata-se de uma maneira provinciana e subdesenvolvida de não valorizar a nossa cultura". Maria João Vasconcelos, directora do Museu Nacional Soares dos Reis afirma: "Os dinheiros públicos não são grandes para as nossas áreas e é com alguma mágoa que vemos que não vão para onde achamos que é prioritário. Espero que o Hermitage não se traduza numa diminuição de meios para os museus portugueses". Pedro Lapa, ainda director do Museu do Chiado, afirma: "Porquê alugar e não comprar para aumentar os acervos dos museus que já existem em Portugal?" Finalmente, João Castel-Branco Pereira, director do Museu Gulbenkian afirma: "Sirva a exposição para o enriquecimento intelectual de quem a visitar, e que o faça com espírito crítico. Sirva também para os seus promotores entenderem que porventura muitas temáticas relativas à cultura portuguesa ainda estarão por estudar e divulgar através de boas exposições e catálogos que sejam obras de referência e que podem confrontar-se com o que agora nos é dado ver."

Estas declarações integram-se numa peça assinada por Alexandra Carita sobre "a primeira mostra do grande museu estatal de Sampetersburgo a visitar Portugal [...] na Galeria D. Luís I, no Palácio da Ajuda em Lisboa. Segundo a autora trata-se da maior exposição do museu russo "fora de portas". O que está em causa neste exemplo é o facto das autoridades portuguesas privilegiarem "mostras da arte internacional" tal como Mário Vieira de Carvalho – na altura do evento secretário de Estado da ministra alvo das críticas – escrevia nos anos 1970 sobre a Fundação Calouste Gulbenkian "grandes mostras de artistas internacionais pagos a preço de ouro".[231]

---

[230] In *Expresso, Actual*, 20 de Outubro de 2007: 7.

[231] Na sua arguição nas provas públicas desta tese Mário Vieira de Carvalho afirmou que, ao contrário do era dito nesta notícia, esta exposição não teve custos para o Estado. Não contradisse o seu argumento porque este não era de nenhum modo um aspecto central do ponto em questão, nem tinha dados para o fazer. Tratava-se de sublinhar aspectos recorrentes como "as mostras" e "as montras" e os discursos públicos que provocam.

### 11.9.4. *Art Price*

A propósito da publicação do *ranking* anual da *ArtPrice*, uma lista das obras mais caras vendidas no mercado da arte, Vanessa Rato escreve no *Público* de 29 de Outubro de 2007: "Já se sabe: a internacionalização é o calcanhar de Aquiles da arte e dos artistas portugueses" [...] "basta um único dedo de uma mão para contar as presenças nacionais". A autora refere Julião Sarmento "porventura, o mais internacional dos artistas portugueses da segunda metade do século XX, talvez a par com o escultor Pedro Cabrita Reis e exceptuando Paula Rego, radicada há décadas no Reino Unido e vista no mercado internacional como uma pintora inglesa".[232] Mais adiante cita Anísio Franco, colaborador da revista *Arte e Leilões* que sublinha: "Lamentavelmente o Julião Sarmento está nessa posição. Estaria naturalmente e sem qualquer dúvida, muito mais acima, não fosse a incapacidade de Portugal de colocar seja o que for fora do país." Franco refere ainda que Sarmento "é um dos únicos artistas portugueses do pós-segunda Guerra Mundial que fizeram um trabalho bem feito em termos de divulgação internacional. Deve-se a ele. Foi ele que o fez. Tal como o Cabrita Reis. Cada artista português está entregue ao seu destino. Deviam estar muito mais bem cotados. Espero que algum dia seja assim" (*Público*, 27-10-07: 3). Sublinha-se aqui o facto de, tal como no campo musical, se assumir nas instituições e nos governos que cabe ao artista individualmente trabalhar na divulgação da sua arte.

Sobre o funcionamento global do campo artístico actual mais importante ainda é a conclusão a que chegam Lipovetsky e Serroy (2008: 94-95) sobre museus, galerias, centros de arte contemporânea, feiras e bienais: "os comissários que as dirigem formam um círculo estreito "um grupo internacional de decisores [...] un clube fechado"[233] de conservadores, coleccionadores e críticos de arte que se tornam as instâncias legitimadoras da arte internacional, a única que vale". Esta descrição do mundo da arte é absolutamente equivalente à descrição do subcampo contemporaneo musical

---

[232] Este passo mostra uma das implicações da localização exterior, tal como vimos com Nunes.

[233] Cueco, Henry e Gaudbert, Pierre (1988) *L'Arène de l'art*, Galilée, 1998:12, citado em Lipovestsky e Serroy.

# CAPÍTULO XII
# AS NOVAS INSTITUIÇÕES
# E A NOVA DIVERSIDADE INTERNA

**12.1. Os novos intermediários culturais e as novas instituições**
A questão dos novos intermediários culturais coloca-se em Portugal principalmente a partir da década de 1990, ligada ao aparecimento de novas instituições culturais e aos grandes eventos organizados pelo Estado. Os grandes eventos começaram com a XVII Exposição de Arte, Ciência e Cultura (1983), seguindo-se as participações na Europália em 1991, na Exposição Universal de Sevilha em 1992, a produção de Lisboa 94, Capital Europeia da Cultura, em 1994, as participações na Feira de Frankfurt e na Feira Internacional de Madrid em 1997, a Expo 98 em 1998, incluindo os Festivais dos Cem Dias e Mergulho no Futuro e, finalmente, o Porto 2001, Capital Europeia da Cultura (Madeira, 2002: 10). A estes eventos devem acrescentar-se "a consolidação de grandes instituições culturais como o Centro Cultural de Belém, a Culturgest, a Fundação de Serralves" (Ferreira, C., 2004) a que se deve somar, a partir de 2005, a Casa da Música, enfim terminada após o início da sua construção no quadro do Porto 2001.

Neste contexto surgiram alguns estudos que procuraram interrogar o papel que os intermediários culturais desempenham na estruturação dos ambientes urbanos (*ibid.*). Segundo o autor, no sentido mais imediato, a noção reporta-se a um conjunto de actividades especializadas que "asseguram a distribuição e divulgação das produções, funcionando como canais de ligação entre criadores e público", implicando "agentes e organizações que intervêm nos processos de selecção, filtragem, distribuição avaliação e valorização das criações" (*ibid.*: 4). O aparecimento de novos intermediários culturais tem sido visto de várias formas. Enquanto para Bourdieu (1979) os novos intermediários culturais funcionavam como correias de transmissão do gosto típico das classes superiores, do bom gosto, enquanto membros ligados ao trabalho social e à animação cultural, para Laura Bovone devem ser vistos na actual fase não tanto dessa forma, encarregados da difusão do bom gosto entre as classes inferiores, mas antes como poderosos transmissores de cultura, entregues à elaboração e reelaboração de significados para o grande público ou para a caixa de ressonância que considera ser os meios de comunicação de massas (Bovone, 1997: 116). Toda esta transformação se verifica quando se alargam e se tornam mais complexos os circuitos por onde transitam as artes e as diversas formas de cultura (Ferreira, C. 2004) Não cabe aqui abordar a questão em toda a sua dimensão mas deve-se considerar o facto de, numa sociedade como a portuguesa, a produção e a circulação da cultura se mantém fortemente dependente do apoio e do enquadramento do Estado. (cf. *ibid.*: 15)[234]

Uma parte das actividades decorrentes dos mega-eventos do Estado centra-se, para Cláudia Madeira, na questão da internacionalização de uma forma dupla: "difusão da criação de obras de criadores estrangeiros em Portugal e/ou de produção nacional no estrangeiro, tendo por objectivo a afirmação da posição artística portuguesa a nível internacional" (Madeira, 2002: 10). Sendo este tipo de discurso um exemplo das declarações de princípios e de objectivos habitualmente presentes, cabe-nos sublinhar que estes objectivos coincidem em parte com os declarados nos primeiros relatórios do presidente da Fundação Calouste Gulbenkian, a propósito dos Festivais Gulbenkian de Música no final dos anos 50. Meio século mais tarde são as instituições do Estado, enfim no terreno, que os assumem, que os reproduzem, embora tendo em vista acções culturais muito para além de exclusivamente dedicadas à música. A autora cita Eduardo Prado Coelho que resume os resultados destes eventos em 4 pontos: a criação de equipas mais ou menos profissionalizadas numa area onde predominava o amadorismo; a visibilidade, mesmo que "pontual ou espasmódica", da cultura portuguesa no estrangeiro; a produção de materiais de promoção e divulgação da nossa cultura; a necessidade de restaurar ou tornar disponíveis um certo número de peças fundamentais da nossa cultura; e a possibilidade de dinamizar a produção interna em certos sectores culturais (*ibid.*). Deduz-se desta visão que há uma diferença entre os propósitos e os resultados dos eventos no que respeita à internacionalização.

Um dos autores que mais têm escrito sobre os desafios que se colocam à programação e que, para além disso, é um dos novos programadores que emergiram justamente neste quadro das novas instituições culturais é António Pinto Ribeiro. Em alguns dos seus vários balanços dos grandes eventos, considerou que as capitais culturais foram "uma tentativa de reivindicação de visibilidade das cidades periféricas, afastadas dos grandes centros de distribuição das indústrias culturais" (Ribeiro, 2004: 76). Sobre Lisboa 94 apontou entre outros défices a "programação por catálogo, a ausência de uma estratégia de formação de públicos e a inexistência de uma substantiva co-produção

---

[234] Para uma visão alargada destas problemáticas, ver C. Ferreira (2002; 2004).

internacional capaz de envolver os criadores portugueses de modo a rentabilizar as produções e a colocar as suas obras nos circuitos internacionais" (*ibid*.: 77) Em relação à Expo 98 afirma que "novamente a experiência de internacionalização e da co-produção portuguesa foi diminuta" (*ibid*.: 78). Na sequência desta dificuldade ou incapacidade pode acrescentar-se que tanto a Exposição de Sevilha de 1992, a Europália 91, como Frankfurt 97, se foram mostras mais ou menos amplas da criação portuguesa em Espanha, na Bélgica e na Alemanha, não se traduziram posteriormente em rentabilização de produções nem em colocação ou penetração nos ditos circuitos internacionais apesar de um ou outro caso que se pode apontar.

A questão que se coloca é sempre o carácter fechado, exclusivista, dos centros de poder cultural dos países centrais que, sem dúvida também no campo musical, mantêm os seus canais, as suas ligações e a sua capacidade de disseminar os seus produtos e de excluir ou dificultar qualquer abertura às periferias, excepto quando transportam exotismos. Em contrapartida os programadores dos eventos em Portugal não conseguem evitar as programações por catálogo – importações massivas de artistas e produções – nem têm tido qualquer eficácia na implementação da troca cultural em termos de igualdade.

Para além de ser um dos programadores mais activos nos últimos anos – assessor de Madalena Perdigão no ACARTE, programador da Culturgest de 1992 até 2003 e actualmente assessor de Rui Vilar, Presidente da Fundação Calouste Gulbenkian – António Pinto Ribeiro tem produzido várias reflexões sobre a questão da programação, da diversidade dos problemas que enfrentam, das diversas posições que existem em relação à função. Consciente de que não existe uma cultura, mas culturas, o autor interroga-se: "Como será possível programar obras modernas e pós-modernas sem nos confrontarmos com duas expectativas antagónicas em relação ao mundo e à arte?" (Ribeiro, 2000: 59). Neste sentido, afirma que "uma programação é uma opção porque tem subjacente uma visão do mundo, uma visão de um grupo que se auto-representa e representa os outros" e refere a criação como "uma história imaterial em constituição e em revisão permanentes" (*ibid*.: 60). Estas posições pressupõem uma perspectiva crítica em relação aos modelos anteriores de programação cultural. Para Ribeiro, as instituições culturais, formadas no quadro pós-1945, "haviam rapidamente passado da situação de projecto e de programa para formas burocráticas de organização interna e autoperpetuação, tornando-se instituições antidemocráticas, fechadas e preocupadas com a preservação de si próprias e dos seus funcionários e com o aumento do seu poder de intervenção". Mais adiante sugere que de "projecto inicial de activação cultural passaram rapidamente para a constituição de uma cultura de instituição fechada em circuito interno, improdutivo, embora cada vez com mais clientes e mais público" (*ibid.*: 70). Embora se possa considerar este último aspecto discutível no que respeita ao subcampo de música contemporânea – "cada vez mais público" – onde, como vimos anteriormente, proliferam discursos sobre uma crise, por vezes considerada terminal, tudo o resto se pode aplicar em geral ao conjunto das instituições que regulam o subcampo contemporâneo criadas justamente a partir de 1945. Reside nesta nova perspectiva de programação cultural a diferença e a importância dos novos intermediários e das novas instituições culturais em relação ao passado, sendo que, para o autor, "as novas gerações sabem que ser melómano já não é condição suficiente para dirigir uma organização cultural" (Ribeiro, 2004: 79).

Face aos dois modelos acima descritos – a instituição que se fecha em rotinas e a instituição que se renova e autoproblematiza – é necessário um esforço de localização ideológica dos discursos, da proveniência da autoridade de quem os profere, da visão do mundo que pressupõem. Veremos na análise que se segue de que forma as diversas instituições se posicionam e actuam face a esses modelos e de que forma as disputas internas do campo musical aí se manifestam, de que modo coexistem tanto emergências como factores que continuam a produzir e a reproduzir ausências.

Por isso, como primeira abordagem, importa em primeiro lugar analisar com algum detalhe as políticas de encomendas que estas novas instituições foram pondo em prática, para tentar chegar a conclusões mais claras sobre o seu impacto no aumento da diversidade estilística e na eventual criação de cânones alternativos ao cânone da Gulbenkian já analisado e, em segundo lugar, de que forma é que as criações têm sido tratadas no novo quadro traçado.

Os discursos públicos sobre a situação do campo musical dos últimos anos têm alternado duas posições genéricas: por um lado, as críticas já atrás referidas e, por outro, considerações mais positivas sobre as mudanças que entretanto se verificaram, decorrentes em parte da entrada em cena destas instituições. Um dos primeiros exemplos de análise quer das deficiências anteriores quer da nova situação emergente foi de Augusto M. Seabra em 1999.[235] Nesse artigo, a propósito da gravação de cinco quartetos de cordas pelo Quarteto

---

[235] "Uma geração em Música" in *Público*, 28 de Fevereiro de 1999.

Arditti por iniciativa do CCB e do IPAE, Seabra sublinha que a geração mais jovem de compositores se tem expandido de tal modo que o importante livro de Sérgio Azevedo publicado no ano anterior "já está desactualizado" e formula a hipótese de que "a presente geração de compositores, após Peixinho, Nunes e Constança Capdeville se revele a mais brilhante depois da Escola Polifónica de Évora (séculos XVI-XVII) e do florescimento da Capela Real sob D. João V".[236]

Outro exemplo mais recente desta nova avaliação é o artigo de Cristina Fernandes, "Quem tem medo da música contemporânea?", onde escreve: "Durante muitos anos, o repertório contemporâneo teve um lugar marginal na vida musical portuguesa, o que contribuiu para que fosse olhado com desconfiança pelo melómano comum e identificado com uma linguagem hermética só para conhecedores. Mas, nos últimos tempos, converteu-se numa presença bem mais normal nas temporadas de concertos. Para esta mudança têm contribuído a desmistificação de que a nova música tem que ser obrigatoriamente difícil e esotérica, algumas acções pedagógicas e uma maior familiarização com as diferentes tendências estéticas das últimas décadas – das vanguardas mais radicais às correntes mais acessíveis do pós-modernismo – através da actividade regular de grupos como o Remix Ensemble da Casa da Música ou a OrchestrUtópica residente no Centro Cultural de Belém."[237] Estes dois grupos, formados já depois de 2000, são novos instrumentos activos no campo musical. Este artigo, foi publicado a propósito de três concertos nesse fim-de-semana: "O Remix Ensemble apresenta-se no Porto e em Lisboa com obras de compositores franceses e de um português que estudou em França (Pedro Amaral), a OrchestrUtópica presta homenagem à vanguarda portuguesa dos anos 70 [...] e em Viana do Castelo prossegue o projecto Contos com Música com a estreia mundial de *A Lágrima e a Estrela* de Fernando Lapa e Mia Couto"[238] – merece algumas considerações.

A situação descrita inicialmente pela autora – um lugar marginal, desconfiança do melómano e linguagem hermética – corresponde, *grosso modo*, ao período posterior ao impacto da escola de Darmstadt em Portugal, descrito por todos os autores, mas também à hegemonia solitária durante décadas da Fundação Gulbenkian como promotora e divulgadora de música contem-

---

[236] Ver igualmente o texto de Maria Augusta Gonçalves citado no ponto 12.2.1.
[237] *Público*, 28-3-2008: 13.
[238] Este caso deve ser visto como apenas um exemplo da proliferação descentralizada de festivais de música e outros eventos pontuais em Portugal.

porânea em Portugal. Neste sentido corrobora a hipótese de que o período mais isolado socialmente da produção musical portuguesa foi o período do domínio do serialismo e pós-serialismo darmstadtiano e, ao mesmo tempo, o período da quase exclusividade da acção do Serviço de Música da Gulbenkian nessa área. Como vimos em diversos textos de Manuel Pedro Ferreira (1996 e 2008) e de António Pinto Ribeiro (2008), a Gulbenkian não se abriu às novas tendências e prosseguiu até hoje a promoção prioritária da corrente pós-serial, com o favoritismo concedido ao seu representante máximo Emmanuel Nunes e aos seus discípulos. A fase referida pela autora como "nos últimos tempos" é por nós considerada fundamentalmente como associada justamente ao aparecimento das novas instituições culturais, iniciado nos anos 1990 e com crescente visibilidade após o ano 2001. Assim, foi o aparecimento das novas instituições que permitiu que se realizasse a abertura à diversidade associada ao período pós-moderno, "a desmistificação pós-moderna da dificuldade e do esoterismo e a familiarização com as diferentes tendências das ultimas décadas".[239]

Por outro lado, o programa da OrchestrUtópica apresentado no CCB suscita a Cristina Fernandes as seguintes considerações: "A OrchestrUtópica propõe amanhã um tributo aos compositores da primeira geração da vanguarda musical portuguesa, dando a ouvir obras de Álvaro Salazar, Cândido Lima, Clotilde Rosa, Constança Capdeville e Jorge Peixinho. Em Portugal e no mundo dos anos 1970 do século XX foram tempos de mudança." E prossegue mais adiante: "Cada um dos compositores programados deixou marcas através da sua linguagem, da intervenção cívica e pedagógica e da criação de grupos pioneiros como o Grupo de Música Contemporânea de Lisboa [fundado por Jorge Peixinho em 1970), o Grupo Música Nova (Cândido Lima, 1973--74), a Oficina Musical (1978) e o Grupo ColecViva (Constança Capdeville, 1985). A sua acção persistente tornou possível o futuro e as gerações que se seguiram". Todos os grupos que a autora refere tiveram presença regular nos Encontros Gulbenkian de Música Contemporânea, sendo que, nalguns casos, era quase exclusivamente nesse contexto que os grupos se apresentavam em público. Depois dos seus desaparecimentos graduais, a própria música dos seus mentores foi rareando, como já vimos, nos programas da Fundação. O grupo Remix Ensemble adquiriu o exclusivo entre os grupos portugueses "autorizados" pelo Serviço de Música. Deve-se salientar o facto de o Serviço

---

[239] *Público*, 28-3-2008: 13 (*ibid.*).

de Música manter a sua tendência para as escolhas muito selectivas que desde sempre nortearam a sua acção. Assim, após a formação do Remix em 2000, após a sua caução pública por Nunes, depois de uma posição inicial crítica em 2000,[240] depois da sua inserção clara na esfera de influência da Gulbenkian, é apenas o Remix que pode ostentar a distinção de ser incluído na Fundação. É de notar que foi principalmente na Gulbenkian que o grupo se apresentou em Lisboa de 2004 até 2009, quase exclusivamente neste período, com três ou quatro concertos por temporada.

O grupo residente no CCB, a OrchestrUtópica, que igualmente se tem apresentado com alguma regularidade na Culturgest, e, desde a sua formação, duas ou três vezes em Serralves e na Casa da Música, nunca foi convidado para actuar na Gulbenkian, excepto na estreia das óperas dos compositores João Madureira e Nuno Côrte-Real no âmbito do programa "O Estado do Mundo", comissariado por António Pinto Ribeiro para celebrar os Cinquenta Anos da Gulbenkian e organizado independentemente do Serviço de Música. Este facto – terem sido estreadas no Grande Auditório da Fundação e encomendadas pela Fundação – não impediu que na relação das encomendas do Serviço de Música, publicada no mesmo ano (2007) no programa do Concerto de Encerramento das comemorações, estas duas obras não fossem incluídas na lista, uma vez que a sua encomenda não tinha sido da responsabilidade directa do Serviço de Música. Existe na Fundação uma estrutura rígida na divisão dos diferentes serviços. Também aqui se manifesta o estatuto de "mundo à parte" que o Serviço de Música procurou delimitar para si próprio, um estatuto de esfera de poder diferenciado no interior de um outro poder, mesmo quando em concorrência interna directa com outros serviços da própria Fundação.

Decorrente dos artigos de 1991 e 1992 de Mário Vieira de Carvalho, a análise da acção da Gulbenkian é também a análise da sua *ambiguidade* face à música portuguesa e, de acordo com os dados disponíveis nesta investigação, essa ambiguidade traduziu-se, ao longo do tempo, por uma prática orientada em duas ou três direcções que se mantiveram no essencial sempre as mesmas. Vamos por isso proceder à análise comparativa das encomendas realizadas pelas várias instituições activas no campo musical considerando igualmente a acção das mais antigas, Gulbenkian e São Carlos, nos últimos anos.

---

[240] Ver entrevista ao *Expresso* em 16 de Dezembro de 2000 na qual Nunes exprime reservas face ao Remix por ser formado quase só por estrangeiros.

## 12. 2. As novas instituições e suas consequências[241]

### 12.2.1. CCB

A programação do CCB no que respeita à criação tem claramente três fases, se não considerarmos a sua fase inicial durante a qual não existiu uma orientação muito clara. Depois de 1996 tem início um período que irá até 2001 no qual têm lugar o Ciclo Jovens Compositores em 1999, e duas edições da colaboração CCB/Remix com encomendas para música e dança. Segue-se um grande hiato até 2008 e 2009, anos em que são estreadas duas encomendas, respectivamente a Eurico Carrapatoso para a OrchestrUtópica e a António Pinho Vargas para a Orquestra Metropolitana inserida em Os Dias da Música.

O grande período intermédio durante o qual o CCB não fez encomendas coincide, *grosso modo*, com os anos da existência da Festa da Música programada por René Martin. Esta coincidência temporal não é casual. Na verdade as Festas da Música foram a importação das *Folles Journées* organizadas em Nantes por René Martin; consistiam em numerosos concertos em três dias a preços baixos, tiveram grande sucesso público e grande apoio mediático. No entanto há dois aspectos a salientar. A presença de músicos portugueses em Nantes – e mesmo no CCB – uma contrapartida relativamente lógica de acordo com o princípio da troca cultural, reduziu-se a quatro ou cinco músicos por ano (três ou quatro pianistas, uma cravista ou outros instrumentistas), acrescida, nos últimos anos, pela actuação do grupo Divino Sospiro, residente no CCB e dirigido pelo italiano radicado em Portugal, Massimo Mazzeo. Esta presença portuguesa era reduzida sobretudo considerando que os custos da operação eram enormes para o CCB, ao ponto de a realização da Festa da Música ir progressivamente absorvendo uma parte cada vez maior do cada vez mais pequeno orçamento do CCB e de se colocar, em cada ano, a questão de saber se

---

[241] Os dados que se seguem foram fornecidos por João Godinho (CCB) Margarida Mota (Culturgest), Alessandra Toffolutti e Paula Coelho da Silva (São Carlos) e Rui Pereira (Casa da Música). Os dados referentes à Gulbenkian foram consultados directamente nos programas das temporadas disponíveis na Biblioteca Arte no Museu Gulbenkian. Com esta excepção todas as outras instituições não tinham estes dados organizados e, no caso da Casa da Música, não foi possível obter os programas de todos os concertos do Remix fora de Portugal. Por isso, devo agradecer o esforço que realizaram os acima mencionados.

viria ou não o grande apoio financeiro do Ministério da Cultura sem o qual a Festa não seria possível ou se, caso contrário, implicaria o quase desaparecimento de programação durante o resto do ano. Para além de Lisboa, René Martin, agente de artistas franceses e director de vários festivais em França, exportou o seu projecto *Folles Journées*, para Bilbau e mais tarde para Tóquio.[242] Quando o presidente Fraústo da Silva foi substituído por António Mega Ferreira em 2006, o novo presidente do CCB, após uma última Festa da Música, suspendeu a sua realização com o argumento de que não tinha orçamento capaz de suportar os custos e substituiu-a pelos Dias da Música que, seguindo o mesmo modelo, passou a incorporar um muito maior número de músicos portugueses e uma transversalidade estilística que a Festa da Música, exclusivamente preenchida com música erudita dos diversos períodos históricos, nunca tinha tido. Deve-se sublinhar que a única obra contemporânea apresentada nas Festas da Música de Martin foi uma peça do francês Pierre Henry associada a Beethoven, compositor central dessa edição.[243]

É neste contexto que se pode interpretar o desaparecimento, de 2002 a 2008, das encomendas a compositores portugueses. A progressiva dissociação assinalada por Menger entre concertos do repertório histórico e concertos de criação de novas obras teve aqui um exemplo de opção radical: enquanto prevaleceu um grande evento dedicado ao repertório histórico desapareceu a criação de novas obras.

---

[242] O Presidente da República Portuguesa, Jorge Sampaio, condecorou René Martin pelo seu contributo para a música clássica em Portugal, facto que, de acordo com as posições que temos visto em numerosos autores, configura uma satisfação oficial, e ao mais alto nível do Estado, com a política de importação maciça de artistas estrangeiros, desde que a sua qualidade e o seu sucesso público esteja assegurado, e mostra ainda que as iniciativas que se aproximam do carácter de "pequenas europas" em Lisboa são altamente valorizadas.

[243] É de assinalar que quando Mega Ferreira anunciou o fim da Festa da Música no CCB em todos os jornais de referência os críticos musicais escreveram fortes protestos, tendo mesmo a crítica Luciana Leiderfarb proposto no *Expresso* a realização de uma manifestação de protesto frente ao CCB que não chegou a ocorrer. Esta reacção poderá ter uma relação com o facto de, durante os anos da Festa da Música, um bom número de jornalistas dos jornais portugueses irem a Nantes fazer reportagens e críticas dos concertos optando aliás sempre por não assistir aos concertos dos poucos intérpretes portugueses aí presentes. Este aspecto é importante porque expõe os critérios que presidem às suas escolhas e confirma igualmente o seu papel de agentes activos da hegemonia do cânone clássico.

Segue-se a relação das encomendas do CCB nos vários contextos.

1. Jovens compositores 1999: Luís Tinoco, Nuno Côrte Real, Carlos Azevedo e João Madureira.

2. CCB/Remix – 2000: As encomendas feitas em conjunto pelo CCB e pelo Remix Ensemble destinaram-se a peças com coreografias originais: Carlos Azevedo, Nuno Côrte-Real, Sara Carvalho, Nuno Maló.

3. CCB/Remix – 2001: João Madureira, Luís Tinoco, Sara Carvalho, Patrícia Almeida, José Luís Ferreira.

4. CCB/Remix – 2002: Carlos Caires, João Madureira, Luís Tinoco, Sérgio Azevedo, Nuno Corte-Real.

A relação total das encomendas do CCB apresenta a seguinte distribuição: Luís Tinoco (3), João Madureira (3), Nuno Côrte Real (3), Carlos Azevedo (2), Sara Carvalho (2), António Pinho Vargas, Sérgio Azevedo, Eurico Carrapatoso, Nuno Maló e Carlos Caires (todos com 1 encomenda).

5. O Festival Emmanuel Nunes 2002, já referido por José Eduardo Rocha, teve lugar no CCB, e foi anunciado nos seguintes termos: Com o apoio da RDP; Projecto co-financiado pela União Europeia: União Europeia FEDER; Programa Operacional da Cultura. Não apresentou encomendas nem novas obras, tal como, no mesmo ano, o ciclo Obra Completa de António Pinho Vargas na Culturgest. Ambos tiveram o carácter de mostras gerais da obra dos compositores.

6. A iniciativa Música Portuguesa Hoje, em 2008, na qual participei como um dos três comissários, não teve nenhuma encomenda directa do CCB, mas foi na verdade o primeiro festival sobre música portuguesa alguma vez realizado em Portugal e privilegiou, pelo contrário, a ideia das "segundas apresentações". Por outro lado, na sua concepção global, o presidente do CCB, António Mega Ferreira, sublinhou o corte transversal entre a alta e a baixa cultura, entre música erudita e músicas improvisadas de diversos matizes, a exemplo do que tem sido característico das programações gerais da Culturgest, da Casa da Música e do próprio CCB. A propósito da sua realização e das suas condições de possibilidade fizeram-se balanços das últimas transformações ocorridas em Portugal. Maria Augusta Gonçalves escreveu no *Jornal de Letras*, nº 985, de Julho de 2008 que "o cenário da música portuguesa hoje é radicalmente diferente do que se verificava há poucos anos. O sistema de ensino alargou perspectivas, a investigação ganhou raízes" e acrescenta que "há dez quinze anos seria difícil imaginar sequer a possibilidade de se realizar iniciativa semelhante dedicada exclusivamente à música portuguesa, fosse ou não de raiz erudita. Faltariam músicos, orquestras, seriam escassas

as obras, menos plural o universo estético apresentado".[244] A par destas considerações a autora nota, no entanto, que "as oportunidades para que as obras sejam interpretadas e divulgadas é que escasseiam. Há quem as tente criar. Há pouco mais de dois anos surgiu o Centro de Informação Musical de Miguel Azguime; Miguel Santos, da Fundação Gulbenkian em Londres, pôs de pé o Festival Atlantic Waves.[245] A RDP-Antena 2 insiste na gravação e transmissão de concertos de compositores e músicos portugueses". Mais adiante refere que "o Instituto das Artes iniciou o lento projecto de edição de partituras, com um património de séculos por responder" (ibid.: 12-13). Refere ainda que participaram no evento grupos apoiados por subsídios estatais que, por própria iniciativa, encomendam novas obras a compositores: a Orquestra Metropolitana, a OrchestrUtópica, o grupo de percussão Drumming e a Miso Music Portugal, entidade organizadora do Festival Música Viva e de residências no Instituto Franco Português.

### 12.2.2. Culturgest

A Culturgest, que iniciou a sua actividade em 1992, tem, tal como o CCB, espaços próprios para as artes plásticas e, no campo das artes performativas, para além de música apresenta teatro e dança. Por essa razão, os seus orçamentos para encomendas musicais não podem ser comparados com os do Serviço de Música da Fundação Calouste Gulbenkian nem com os da Casa da Música. No entanto, desde o seu início que se detectou uma diferente orientação global apesar de algumas *nuances* naturais associadas às mudanças de administrações e de programadores. É mais importante verificar o modo como a sua entrada em actividade provocou um acréscimo de diversidade no panorama musical em Portugal. Segue-se a descrição das suas encomendas musicais.

1. Em Outubro de 1994, *workshop* de composição musical com cinco compositores emergentes: João Madureira, Hugo Maia, Carlos Marecos, Emanuel Marcelino e José Eduardo Rocha.

2. Em Outubro de 1996 estreou a ópera de António Pinho Vargas, *Édipo, Tragédia de Saber*, em co-produção com o Teatro Rivoli.

3. Em Maio de 1998, sete compositores portugueses escreveram pequenas peças tendo como referência *Os Sete Pecados Capitais* de Kurt Weil e Ber-

---

[244] In *Jornal de Letras*, nº 985, de Julho de 2008.
[245] Este festival em Londres foi extinto pela Fundação Gulbenkian em 2009.

tolt Brecht: Pedro Moreira, Bernardo Sassetti, João Ricardo Oliveira, Isabel Soveral, Vítor Rua, Sérgio Pelágio e Carlos Marecos.

4. Em Março de 2003, verificaram-se três encomendas de obras encenadas para *ensemble* (OrchestrUtópica) e voz, a três compositores: Carlos Marecos, João Madureira e Nuno Côrte-Real.

5. Dezembro de 2008, estreou a ópera encomendada a António Pinho Vargas, *Outro Fim*.

A soma total fornece o seguinte quadro: Carlos Marecos (3), António Pinho Vargas (2), João Madureira (2) e os restantes com 1 encomenda.

Há vários aspectos a realçar. A Culturgest privilegia as óperas e os projectos colectivos com componente teatral. Por outro lado, nos seus projectos colectivos a Culturgest convidou compositores provenientes da esfera da música contemporânea e da esfera do *jazz* e da música improvisada. Em comum com as listas do Serviço de Música da Gulbenkian e da Casa da Música encontram-se: António Pinho Vargas, João Madureira, Isabel Soveral. Para além destes, em comum com a Casa da Música: Carlos Marecos; Nuno Côrte-Real; Vítor Rua; Vasco Mendonça.

Os outros compositores não tiveram obras encomendadas pela outras duas instituições embora, nas suas diversas práticas musicais, tenham participado em vários concertos, nomeadamente Bernardo Sassetti e Pedro Moreira. Finalmente, a Culturgest colaborou com a Fundação Calouste Gulbenkian nos primeiros anos da realização do novo Workshop Jovens Compositores com a Orquestra Gulbenkian tendo esses concertos aí sido apresentados; embora não as tendo encomendado, acolheu igualmente várias óperas como *W* de José Júlio Lopes, em 2007, e *Noite* de Vasco Mendonça, em 2009, e ainda uma curta e parcial apresentação em versão de concerto de uma ópera de Pedro Amaral, igualmente em cooperação com a Gulbenkian que agora se anuncia para 2010 na Fundação. A OrchestrUtópica é igualmente presença regular da sua programação.

### 12.2.3. Gulbenkian depois do final dos Encontros

Importa verificar sumariamente qual tem sido a programação da Fundação após o fim dos Encontros de Música Contemporânea.

Na temporada 2002-2003 o grupo contratado para o concerto Boulez II, o Quarteto Parisii, no dia 28 de Maio apresentou o programa com obras de Pedro Amaral (1.ª audição absoluta, encomenda da Gulbenkian – (FCG); João Rafael e Emmanuel Nunes.

Na temporada 2003-2004, continuou em Outubro o ciclo Pierre Boulez (V e VI) e a 27 de Outubro, Christophe Desjardins, viola, executou quatro obras: Gérard Grisey, Michael Jarrell e duas obras de Emmanuel Nunes, uma delas em estreia *Improvisations II – Portrait*, (Encomenda da Gulbenkian e do Festival Nuova Música). A 13 Dezembro o Remix Ensemble, apresentou obras de Isabel Soveral, Pedro Amaral e Emmanuel Nunes. A 24 de Maio o Trio Matisse incluiu uma obra de João Pedro Oliveira, (1.ª audição absoluta, encomenda do MC-IPAE). Nos dias 28 e 29 Maio foi apresentada a oratória de António Pinho Vargas *Judas secundum Lucam, Joannem, Mathaeum et Marcum*, Coro e Orquestra Gulbenkian dirigida por Fernando Eldoro. A estreia tivera lugar no Festival de Música Sacra de Viana do Castelo que encomendou a obra em 2001.

Na temporada 2004-2005 a 7 Dezembro o Psappha Ensemble estreou uma nova obra de Tomás Henriques (encomenda FCG); a 28 Fevereiro, uma de Luís Tinoco (Encomenda FCG) pelo Birmingham Contemporary Music Group; a 23 Maio, o Remix Ensemble, dir. Peter Rundel executou uma outra obra de Luís Tinoco e de Jorge Peixinho.

Na temporada 2005-2006, a 10 de Dezembro o Remix Ensemble incluiu uma obra de António Pinho Vargas, a 18 Fevereiro, o Remix Ensemble, dir. Peter Rundel, executou Emmanuel Nunes (em 1º audição absoluta); a 27 Fevereiro, a London Sinfonietta, dir. Peter Eötvös, apresentou Pedro Amaral (nova obra, 1.ª audição absoluta, Encomenda de FCG); a 30 de Maio o Drumming, dir. Miquel Bernat, executou uma nova obra de João Rafael (encomenda FCG) e António Chagas Rosa.

Na temporada 2006-2007 regressou uma designação específica, Ciclo Vanguardas/Novas Vanguardas, e teve lugar o ciclo 100 anos do Nascimento de Fernando Lopes-Graça (1906-2006) com três concertos, um do Coro Gulbenkian e dois de câmara no Auditório 2. No Ciclo teve lugar a 11 de Dezembro, o concerto pelo Ensemble Recherche, dir. Emílio Pomárico com Emmanuel Nunes – *Improvisation I – für ein Monodram*, João Rafael (nova obra, 1ª audição absoluta, encomenda da FCG) e Gérard Grisey – *Vortex Temporum*.

Na temporada 2007-2008 no ciclo Vanguardas/Novas Vanguardas, a 6 de Outubro, o Remix Ensemble executa as duas obras de Nunes que foram objecto de gravação no CD Casa da Música/Numérica, dir. Peter Rundel; este concerto repetiu-se no Porto, na Casa da Música e as obras foram: Nunes – *Duktus*, Nunes – *Épures du serpent vert II* e Miguel Azguime (encomenda conjunta FCG e Casa da Música); a 7 de Outubro o Ensemble Modern, dir. Franck Ollu, ececutou um programa Nunes (*Wandlungen* e *Épures du serpent Vert IV* em 1ª audição absoluta Encomenda da FCG e do Ensemble Modern) no quadro da "retrospectiva internacional no âmbito do Rèseau Varèse"; a /25 e 26 Outubro com a designação Nova Música Portuguesa para piano e orquestra I executaram-se as obras de Isabel Soveral e de Sérgio Azevedo, a primeira peça em 1.ª audição absoluta e ambas Encomendas da FCG. A estreia da segunda obra tivera lugar em Madrid em 2005; a 1 e 2 Novembro, no segundo concerto com o mesmo titulo, ouviu-se uma obra de João Pedro Oliveira, em 1.ª audição absoluta e Encomenda da FCG; a 30 Março o concerto do Remix Ensemble, dir. Franck Ollu, incluiu Pedro Amaral e os 3 compositores franceses, já referidos no texto de Cristina Fernandes.

Analise quantitativa das temporadas do período entre 2002-2008

| | | | |
|---|---|---|---|
| Nunes | – 12 obras tocadas | – 3 encomendas FCG | 3 estreias |
| Amaral | – 4 obras tocadas | – 1 encomenda – | 1 estreia |
| Rafael | – 3 obras tocadas | – 2 encomendas FCG | 2 estreias |
| J. P. Oliveira | – 2 obras tocadas | – 1 encomenda FCG | 2 estreias |
| Soveral | – 2 obras tocadas | – 1 encomenda | 1 estreia |
| Tinoco | – 3 obras tocadas | – 1 encomenda FCG | 1 estreia |
| Azguime | – 1 obra tocada | – 1 encomenda | 1 estreia |
| Azevedo | – 1 obra tocada | – 1 encomenda | 1 estreia P |
| Henriques | – 1 obra | – 1 encomenda | 1 estreia |
| Pinho Vargas | – 2 obras tocadas | – 0 encomenda | 0 estreia |
| Carrapatoso | – 2 obras tocadas | – 0 encomenda | 0 estreia |

Os Compositores já falecidos que tiveram obras tocadas nestes anos foram Jorge Peixinho, Lopes-Graça, Freitas Branco e Frederico de Freitas. Para além destes concertos tiveram lugar os vários concertos do Workshop Jovens Compositores com novas obras.

Este conjunto de concertos merece alguns comentários. Quando Bourdieu escreve que a hierarquia dos géneros e, no interior destes, a legitimidade dos estilos e dos autores é uma dimensão fundamental do espaço dos possíveis, sublinha um aspecto que tem a maior relevância para compreender os critérios de escolha do Serviço de Música da Fundação Calouste Gulbenkian. Estas escolhas pressupõem uma posição clara quer em relação aos estilos – no caso o estilo pós-serial e vanguardista e seus derivados hegemónicos no subcampo contemporâneo europeu – quer em relação aos autores, sendo a hierarquia assumida pela instituição amplamente favorável primeiro a Nunes, depois aos seus alunos (Rafael e Amaral) e, em seguida, aos compositores locais igualmente passíveis de associação aos estilos pós-seriais: Soveral, Azguime e Oliveira. Dentro da hierarquização dos estilos que prevalece em geral nas opções do Serviço de Música dirigido por Pereira Leal, resulta também, sem dúvida, uma hierarquização dos autores.

Pode afirmar-se que o Serviço de Música, apesar do impacto das tendências pós-modernas de vários matizes, continuou a manter até hoje total confiança e fidelidade às suas orientações o que, aliás, é assumido: "os Encontros de Música Contemporânea [...] apresentaram anualmente e de modo sistemático as tendências estéticas *dominantes* na música erudita dos séculos XX e XXI".[246] De algum modo a posição do Serviço em relação às tendências musicais recentes é idêntica à de Deliège já aqui descrita. Embora não seja dito – é um não-dito – o Serviço partilha na prática uma concentração na "*recherche musicale*". Não caindo no erro demasiado sectário de fechar totalmente as suas portas aos compositores das gerações seguintes à de Nunes e Peixinho, que não seguiram os pressupostos e as orientações derivadas da escola de Darmstadt, a Gulbenkian não deixa de reduzir a presença destes a uma clara subalternidade em relação à hegemonia dos seguidores de Nunes e dos seus próprios mestres. Isso pode-se constatar, após o final dos Encontros, pelo cauteloso número de encomendas (2) feitas a compositores que podem ser associados a esta nova corrente (Luís Tinoco, João Madureira). É de sublinhar que a obra de Madureira se destinou à OrchestUtópica, foi estreada em Dresden e Faro, mas não foi executada na Gulbenkian.

Neste período pós-encontros, António Pinho Vargas teve duas obras tocadas, tal como Eurico Carrapatoso. O meu lugar no quadro estilístico que preside às orientações do Serviço de Música, parece ser intermédio. Como se vê no Quadro apresentado, as 3 encomendas de 1989 a 2000 colocam-me algures a meio caminho entre os discípulos de Nunes mais favorecidos, Rafael (7) e Amaral (5) e o grupo dos que não tiveram mais de 1 encomenda. No entanto esta minha posição intermédia foi sendo relegada gradualmente para a zona de menor presença uma vez que não se verificou qualquer encomenda a partir de 2000. Eurico Carrapatoso que nunca teve uma encomenda do Serviço de Música. Carrapatoso, coloca-se a si próprio na "extrema-direita" do leque estilístico actual da música portuguesa.[247] Nesse sentido é portador de uma

---

[246] *In* Fundação Calouste Gulbenkian, *Newsletter* nº 101, Março de 2009, 4-6. Itálico meu.

[247] De acordo com uma informação de Carlos Caires, que assistiu a uma série de seis conferências suas sobre a música portuguesa actual. Esta auto-definição de Carrapatoso prende-se provavelmente com a opção tonal do compositor partir de finais dos anos 1990.

opção estética à qual a instituição não reconhece validade. As duas peças de Carrapatoso foram executadas uma por Solistas da Orquestra Gulbenkian, que por vezes assumem a iniciativa de pedir obras aos compositores independentemente do Serviço de Música, e a segunda no concerto dos Galliard Ensemble na temporada 2003-2004. Igualmente Nuno Côrte-Real – que teve uma encomenda, juntamente com João Madureira, da comissão organizadora da iniciativa *O Estado do Mundo*, já referida – não teve até hoje nenhuma encomenda do Serviço de Música, apesar de ter tido não poucas encomendas de outras instituições culturais, o Centro Cultural de Belém, a Culturgest e a Casa da Música, como veremos.

Como foi dito, o Serviço de Música da Gulbenkian mantém uma rigorosa linha de separação entre as suas iniciativas e as dos outros departamentos da própria Gulbenkian. Para além das duas óperas referidas, a sua lista publicada não inclui as obras musicais encomendadas pelo Serviço ACARTE durante a sua existência. Outra iniciativa do ACARTE, que prossegue até hoje apesar da extinção do próprio ACARTE, o *Jazz em Agosto*, durante as suas primeiras dez edições, não teve concertos no Grande Auditório, estando este reservado para as temporadas "oficiais" dos serviços de música e dança da instituição-mãe. Esta prática, que foi objecto de ásperas censuras por parte dos críticos de *jazz*, considerando a exclusão do Grande Auditório como sala possível para concertos de jazz, uma discriminação baseada em critérios eurocêntricos da divisão entre a alta e a baixa cultura e, como tal, descredibilizadora da legitimidade artística daquela forma musical enquanto forma cultural aceitável pela alta cultura. Nos últimos anos o Grande Auditório da Fundação Calouste Gulbenkian passou a ser usado durante o Jazz em Agosto. Nos anos que mediaram até essa consagração simbólica do *jazz* pela instituição poderá ter tido lugar um debate interno sobre a questão colocada pela existência simultânea do festival e essa interdição prática.

A existência das novas instituições culturais, o Centro Cultural de Belém, a Culturgest e a Casa da Música colocou no terreno novos pares e obrigou a Gulbenkian a um reposicionamento parcial no campo da pedagogia musical. Um dos aspectos onde se manifesta este reposicionamento verifica-se com o novo formato dos seminários de Emmanuel Nunes a partir de 2003. Até então os seminários, implicavam uma inscrição com a apresentação de um *dossier* e tinham o carácter de aulas de composição e análise. O CCB lançou a iniciativa Jovens Compositores portugueses de 1999 até 2002. A partir de 2002, os seminários de Nunes passaram ao formato Seminário/Workshop sendo as candidaturas acompanhadas da apresentação de obras destinadas à

Orquestra Gulbenkian. Seleccionadas por um júri que integra Nunes, o director do Serviço e o maestro que dirige os ensaios (nas primeiras cinco edições Guillaume Bourgnone, professor no Conservatório de Paris) e apresentadas em concertos que tiveram lugar na Culturgest nos primeiros anos, as obras são posteriormente comentadas por Nunes. Segundo Pontes Leça "pela primeira vez uma orquestra profissional passou a dedicar anualmente duas semanas da sua actividade a trabalhar peças de jovens compositores".[248]

Este novo formato favoreceu indubitavelmente um *recentramento* na Gulbenkian e no magistério pedagógico de Nunes da produção dos jovens compositores que, no decorrer dos últimos anos, estavam a obter por via das iniciativas do Centro Cultural de Belém, da Culturgest, da Casa da Música/ /Remix Ensemble e, mais tarde, da OrchestrUtópica, outros palcos e "instrumentos" possíveis para os seus inícios de carreira.[249]

### 12.2.4. Teatro Nacional de São Carlos depois de 1990

Não sendo evidentemente uma nova instituição importa verficar a prática do São Carlos, tal como fizemos com a Gulbenkian, no período em questão. Com excepção de *Das Märchen* de Emmanuel Nunes, mesmo assim uma co-encomenda com a Fundação Calouste Gulbenkian e a Casa da Música, o Teatro Nacional de São Carlos não encomendou óperas de grande formato nas últimas décadas. É sobretudo nas obras destinadas à Orquestra Sinfónica Portuguesa que o Teatro tem tido alguma acção nesse aspecto.

Nos anos 1998 e 2000 tiveram lugar duas edições de Música em Novembro, Festival de Músicas Contemporâneas de Lisboa, ainda no período da direcção de Paulo Ferreira de Castro. Foram encomendadas obras a António Pinho Vargas (2), Isabel Soveral, António Chagas Rosa, Sérgio Azevedo, Alexandre Delgado e João Pedro Oliveira. O novo director, Paolo Pinamonti, decidiu não continuar este festival. Só em 2004 o São Carlos voltou a encomendar obras. Segue uma relação das encomendas mais recentes.

---

[248] In Fundação Calouste Gulbenkian Newsletter, nº 101, Março 2009: 4-6.

[249] Comentei este aspecto em Vargas (2008: 183-184). A temporada 2010-2011 marca o fim desta iniciativa. Não será certamente um acaso, face ao que foi dito anteriormente, que no ano seguinte à saída de Pereira Leal da direcção do Serviço de Música, se verifique o final do seminário de Nunes (1982-2009) decidido pelo novo director Risto Nieminem. Este aspecto reforça com clareza a importância da acção individual do pequeno número de agentes no subcampo contemporâneo de circulação restricta.

Em 2004, António Pinho Vargas, Luís Tinoco, Eurico Carrapatoso e Alexandre Delgado.

Em 2006, Tomás Henriques, João Rafael, Sérgio Azevedo e António Pinho Vargas.

Em 2007, *O Rapaz de Bronze*, de Nuno Corte-Real, uma ópera apresentada em versões semicénicas e de concerto na Casa da Música em 2007 e depois na Culturgest.

Em 2008, estreou a referida ópera de Nunes encomenda de 2004-2007.

Em 2009, *O Velório de Cláudio*, de Nuno Corte-Real um curto Intermezzo inserido numa ópera de Haendel.

Em 1994 tinha-se apresentado a ópera de câmara *O Doido e a Morte*, de Alexandre Delgado, encomenda de Lisboa 94, estreada no Salão Nobre, onde, teve igualmente lugar a estreia da ópera *Corpo e Alma* de Christopher Bochmann em 2009.

Destes dados retira-se o seguinte somatório: António Pinho Vargas (4) Nuno Côrte-Real (2), Alexandre Delgado (2), Sérgio Azevedo (2), Isabel Soveral, Chagas Rosa, João Pedro Oliveira, Luís Tinoco, Eurico Carrapatoso, João Rafael, Tomás Henriques e Emmanuel Nunes (todos com 1 encomenda).

Para além das encomendas do Teatro para a Orquestra Sinfónica Portuguesa deve-se salientar que, entre de 1991 e 2009, se estrearam apenas três óperas portuguesas na sala principal. As óperas que se estrearam na sala principal foram *Amor de Perdição* em 1991 de António Emiliano e Camilo Castelo Branco/António Pinto Ribeiro, encomenda da Europália, *Os Dias Levantados* de António Pinho Vargas e Manuel Gusmão em 1998, encomenda do Festival dos Cem Dias da Expo 98 e a referida ópera *Das Märchen* de Emmanuel Nunes e Goethe.

Estas três óperas provocaram fortes polémicas públicas o que realça o poderoso poder simbólico associado ao Teatro de São Carlos, entidade permanentemente sob escrutínio público. As polémicas acabam por ser casos exemplares das disputas internas do campo artístico e das lutas pela primazia entre as correntes modernas e o pós-modernas.

O *Amor de Perdição* deu origem a uma troca de textos entre Paulo Ferreira de Castro, na altura crítico no *Expresso*, e Rui Vieira Nery, na altura crítico no *Independente*. Castro teceu diversas críticas à ópera considerando que "o problema posto pela música de Emiliano é mais grave, e coloca-se muito aquém do debate entre vanguarda e retaguarda, entre o pré e o pós-qualquer coisa a que alguns sectores da crítica e entenderam (piedosamente) reduzir. [...] E bem pode Rui Vieira Nery esforçar-se, no texto incluído no programa, por conferir à música deste *Amor de Perdição* uma impossível 'legitimidade histórica'. O autor refere que face à "pobreza de referências dos nossos criadores em matéria de teatro musical contemporâneo, não admira que este *Amor de Perdição* – concebido como montra, para consumo internacional, de uma realidade cultural que não existe – seja tão só uma mistura deplorável de amadorismo e pretensão a coroar uma participação portuguesa na Europália que não contempla infelizmente qualquer outra proposta de criação musical".[250] Rui Veira Nery reagiu às críticas desfavoráveis à ópera escrevendo que a música de Emiliano "lhe pareceu indiscutivelmente séria, inteligente, eficaz em termos de dramaturgia musical, coerente no plano estético" e que "não lhe parece coisa pouca para um compositor de 30 anos que aborda pela primeira vez o género operático num país onde nos últimos 100 anos ( se não 200 ) se contam pelos dedos de uma mão as óperas de autor local com a mais elementar consistência". Mais adiante lamenta que, o mais provavel, "a julgar pelo exemplo da maioria das óperas portuguesas anteriores, é que venha a desaparecer de circulação e fique apenas como referência longinqua nos anais do São Carlos e da Europália".[251] Contra uma parte da argumentação de Nery, que associou as críticas ao debate entre os "censores académicos" e a problemática modernos/pós-modernos, Castro respondeu posteriormente reafirmando a sua posição mas sublinhando que partilhava no geral com Nery as ideias "sobre a inconsistência de uma concepção da história de sentido único" acrescentando que foi "certamente um dos primeiros críticos portugueses a quebrar o tabu do maniqueísmo 'modernista', e nomeadamente, a propósito de Emmanuel Nunes, que me parece constituir um bom exemplo dos becos sem saída a que fatalmente havia de conduzir a lógica da modernidade se levada às suas consequencias mais extremas".[252] Após esta ópera António Emiliano não voltou a compor de forma relevante nesta área musical.

*Os Dias Levantados* obteve críticas relativamente positivas.[253] Será de assinalar as duas últimas a serem publicadas, da autoria de Mario Vieira de Carvalho e Manuel Pedro Ferreira, musicólogos já amplamente citados neste trabalho. Enquanto para Carvalho o compositor o encenador [Lukas Hemleb] "estiveram longe de conseguir pôr em música e em cena o desafio estrutural que se

---

[250] In *Expresso*, Revista, 16 de Novembro de 1991, pp. 103-104.
[251] In *Independente*, III, 22 de Novembro de 1991, p. 60.
[252] In *Expresso*, Revista, 29 de Novembro de 1991.
[253] Ver *Jornal de Letras*, Teresa Manzoni, 8 de Maio 1998, *Expresso*, Vanda de Sá, 9 de Maio *Diário de Noticias*, Nuno Barreiros, 1 de Maio de 1998, *Jornal de Noticias*, José Atalaia, 3 de Maio 19989, *Opera Now*, Maio de 1989 e *Semanário*, 9 de Maio 1989.

continha no texto [de Manuel Gusmão]: descentrar, fragmentar, montar e, com isso, suscitar um espectador activo, produtor de sentido. [...] A comparação com a dramaturgia igualmente não linear de Intoleranza 1960 ou, ainda mais, de *Al gran sole carico d'amore* de [Luigi] Nono (1975), torna-se inevitável também a comparação com a recente encenação da primeira em Stuttgart (1992)." Apesar de considerar que "há que saudar a tentativa de Pinho Vargas, reconhecer o esforço investido e os progressos verificados relativamente à sua ópera precedente". Carvalho afirma que "falhou um sistema de produção que, ao transformar a ópera num bem raro ou raríssimo, priva os nossos artistas (incluindo os compositores) da massa crítica necessária ao desenvolvimento de uma tradição nossa da criatividade musical". Por outro lado Ferreira escreve, depois de um comentário detalhado do texto e da encenação, "na nossa humilde opinião é uma excelente partitura [...] recordo distintamente a impressão de vitalidade rítmica e consistência tonal [...] a sensibilidade e acutilância na escrita para as vozes".[254]

Mas, no caso do jornal *Público*, saíram duas críticas no mesmo dia (27), uma muito negativa assinada por Virgílio Melo, um crítico e compositor, antigo aluno de Emmanuel Nunes, como vimos, e outra bastante positiva de Augusto M. Seabra na coluna que mantinha então no jornal. Na sequência do evento, destinado a celebrar o 25 de Abril, poucos dias mais tarde três compositores assinaram uma carta ao jornal na qual lançaram um ataque tripartido à ópera e aos seus organizadores. Primeiro, ao director do São Carlos, Paulo Ferreira de Castro, por ter permitido que uma ópera sobre um revolução tivesse sido aceite no teatro: "não é preciso impôr a António Pinho Vargas um voto de silêncio nem nos opomos a que o Teatro de São Carlos inicie um ciclo de programas dedicado à vertente lírica do PREC"; em segundo lugar, ao compositor, que acusaram de ser "no *fundo* um compositor ligeiro e esta sua composição mais um musical do que uma ópera" e, em terceiro lugar, a António Mega Ferreira, director da Expo 98 e do Festival dos Cem Dias, a quem censuraram o critério: "não vale a pena procurar adjectivos para qualificar o tipo de programação que Mega Ferreira quis para o seu festival" e mais adiante "que não se aniquilem os esforços daqueles que, com obra reconhecida tanto em Portugal como noutros países, representam a *verdadeira vanguarda* musical portuguesa".[255] É de salientar que Nunes teve igualmente uma encomenda do Festival dos Cem Dias da

---

[254] In *Arte Musical*, nº 12, Julho-Setembro, 1998.
[255] In *Público*, de 29 Abril de 1998. Itálicos meus.

Expo 98, *Musivus*, estreada nos Encontros Gulbenkian desse ano, ao contrário dos signatários da carta que não foram contemplados pelas escolhas de Mega Ferreira para esse Festival.[256]

A ópera de Emmanuel Nunes, *Das Märchen*, estreou em 2008, apesar de anunciada inicialmente para 2004, foi antecedida de uma polémica entre o compositor e o então director do teatro, Paolo Pinamonti, que Nunes responsabilizou pelo último adiamento: "por razões de ordem política e contratual, de cantores, encenador, etc., sem o meu conhecimento, o director da ópera decidiu que a ópera não estava terminada"[257] tendo referido estar a par de mudanças na direcção do teatro em breve: "a única pessoa oficial que considerou o problema da minha ópera e que apoiou como pôde [...] foi o Mário Vieira de Carvalho, secretário de Estado". Mais adiante afirma: "penso que o São Carlos mudará de política brevemente".[258] A estreia, efectivamente já depois de Pinamonti demitido e com o novo director Christopher Dammann, foi acompanhada de uma operação inédita – transmissão directa para catorze teatros espalhados pelo país – e provocou igualmente reacções muito diversas. O jornal *Público* recolheu alguns depoimentos antes da estreia por parte dos musicólogos franceses, Phillipe Alberà e Eric Dubresse, do maestro Peter Rundel e de João Rafael, antigo aluno e assistente de Nunes. Todos exprimem opiniões favoráveis. Dubresse, assistente da parte electroacústica, afirma que "é rigorosa e muito bem construída", Rafael está convicto de que "será um marco na história da ópera" e compara-a a *Wozzeck* de Alban Berg. O maestro Peter Rundel, titular do Remix Ensemble e segundo Pedro Boléo, autor do artigo, "um dos maestros mais 'autorizados' a dirigir a suas obras orquestrais" afirma "estou convencido de que a música de Emmanuel Nunes sobreviverá muitos anos. [...] Portugal devia estar orgulhoso deste homem". Por outro lado, Alexandre Delgado, no mesmo artigo, considera a música de Nunes "execrável", "música conceptual e horrenda", afirma que "o sucesso internacional não é um sucesso junto dos melómanos, mas junto de algumas pessoas fundamentais," sendo que o conseguiu "sobretudo graças à protecção da Gulbenkian". Delgado critica igualmente os enormes custos da produção

---

[256] Uma das maiores polémicas no campo musical português verificou-se a propósito da estreia de *O Corvo Branco*, uma encomenda realizada ainda antes de 1990 a Phillip Glass e cuja estreia foi sucessivamente adiada até 1998. A sua estreia teve lugar no Teatro Camões no final da Expo 98 e não no Festival dos Cem Dias.

[257] In *Público*, 19 de Janeiro de 2007. p. 27.

[258] *Ibid.*

que dariam "para um ano de uma companhia de ópera" e representam mais dinheiro que a Tetralogia de Wagner". Quanto ao futuro, tem uma opinião oposta à de Rundel: "vai pagar a factura e vai ser brutal. Vai cair no esquecimento total" e critica "a falta de coragem das pessoas" uma vez que, segundo ele, "99 em 100 assumiram que abominam aquela música. Mas preferem dizer que é muito interessante".[259] Após a estreia seguiram-se várias críticas negativas nos jornais, sendo a de Jorge Calado uma das mais contundentes ao escrever: "Infelizmente o resultado é mais que decepcionante. Como ópera, *Das Märchen* é um fracasso de proporções inimagináveis num compositor com a qualidade e a cultura de Nunes" e, mais adiante, "da encomenda interessante a um compositor estrangeirado fez-se um elefante branco. Não é apenas o milhão de euros em que tudo isto ficou. [...] Transformado em arma de arremesso contra a antiga direcção do Teatro, Emmanuel Nunes foi promovido a compositor do *establishment*, com todas as honras. Houve gravação e transmissão por satélite e – a propósito ou despropósito – um colóquio da Academia Europeia do Teatro Lírico com os suspeitos do costume".[260] Em Portugal, na imprensa escrita, quase só Manuel Pedro Ferreira contrariou claramente a tendência dominante. Escrevendo que "há muito tempo que uma obra não causava tanta celeuma [...] que era descrita como monumento ao aborrecimento; na sua extensão e hermetismo, a ópera ideal para o massacre do público" o autor acrescenta que "tinha uma ideia vaga do que o esperava [...] alguém que nos anos 80 inculcara nos seus discípulos os seus rígidos princípios progressistas e que nos anos 90 continuara a acreditar na superioridade histórica de uma linguagem puramente atonal", concluindo "enfim, no domínio estético, uma espécie de comunista empedernido, meio surdo ao mundo e às mundaneidades, sustentado na sua teimosia pelo apoio incondicional da Fundação Gulbenkian". Dito isto, Ferreira considera que "a escala é monumental, mas temperada pela micronarrativa" e por isso "este Nunes, sendo Nunes, é-o de uma forma invulgarmente empática e carnal [...] uma das suas melhores criações [...]".[261]

A transmissão em directo, já referida, provocou igualmente alguma polémica uma vez que muitos espectadores abandonaram as salas antes do final. Segundo Jorge Calado, "uma ideia interessante – a transmissão em directo

---

[259] In *Público*, 25 Janeiro 2008.
[260] In Actual, Expresso, 2 Fevereiro 2008.
[261] In *Público*, 5 de Fevereiro 2008.

de uma ópera para 14 teatros [...] falhou estrondosamente. *Das Märchen* de Emmanuel Nunes afastou o público da ópera".[262] Na blogosfera a polémica prosseguiu e no *Público* de 28 de Janeiro de 2008 foram incluídas algumas possições divergentes de letradeforma.blogspot: "*Das Märchen* afigura-se-me um desastre muito para além de tudo o que se poderia recear"; em joaomartinsentropiadesign.blogspot: "Emmanuel Nunes é um génio. [...] e *Das Märchen* ficará para a história como mais uma obra-prima."; em jantardasquartas.blogspot: "parece que foi um desastre de público a dispendiosíssima iniciativa de transmitir via satélite [...] a interminável (quatro horas) abstrusa e "vanguardista" ópera". Também neste aspecto Manuel Pedro Ferreira considera que a transmissão foi uma aposta "apesar de tudo, uma boa aposta".[263]

Face a estes resultados, Mário Vieira de Carvalho, nos dias seguintes, argumentou na imprensa, em defesa da sua iniciativa, que Nunes se tratava de um compositor reconhecido internacionalmente recorrendo assim ao conhecido argumento do "lá fora". Mais de um ano e meio após a estreia da ópera, o ex-secretário de Estado da Cultura voltou mais uma vez ao assunto no *Público* a 5 de Julho de 2009: "o exemplo de *Das Märchen* de Emmanuel Nunes, vale por todos pois, por excepção, projectou o S. Carlos numa esfera pública mais alargada, de âmbito europeu. Crónicas cobriram o evento, muitas delas com fotografia e títulos a quatro colunas, apareceram na imprensa alemã, austríaca, espanhola, francesa, inglesa e italiana".[264] Citando de seguida vários extractos de jornais, nomeadamente o *Financial Times* "a ópera de Nunes é uma tarefa colossal, exigindo enormes recursos [...] a equipa de Lisboa prodigalizou-lhe todo o amor e cuidado, providencializando tudo isso e muito mais"; a revista alemã *Opernwelt* "também assim, com meios puramente acústicos, se faz explodir os teatros de ópera" e *Opera Maganize* (Paris): "a produção é um êxito [...] a distribuição é, enfim de primeira ordem". Para Mário Vieira de Carvalho "o contraste com o que se publicou em Portugal não podia ser mais flagrante. Aqui, salvo alguma voz isolada, assistimos a um verdadeiro bota-abaixo, sem peso nem medida, todos à compita a ver quem era mais demolidor e até grosseiro" e conclui "também na ópera precisamos de "desfeudalizar" a esfera pública para vencer o atraso" (*ibid.*). Neste artigo de Carvalho surge mais uma vez o tópico do atraso e a dicotomia "cá dentro/lá fora" de uma forma que reitera

---

[262] In Actual, *Expresso*, 27 de Dezembro 2008.
[263] In *Público*, 5 de Fevereiro 2008.
[264] In *Público*, 5 de Julho de 2009: 38.

as polémicas verificadas nos anos 1970 a propósito dos Festivais Gulbenkian. Nessa altura, enquanto para Carlos de Pontes Leça numerosos críticos vinham a Lisboa e isso atestava a importância do Festival nomeadamente na divulgação internacional da música portuguesa, Mário Vieira de Carvalho criticava o festival por representar enormes gastos e por não se reproduzir em Portugal.[265] Neste caso, décadas mais tarde, o mesmo autor recorre ao argumento da recepção "europeia" em defesa da ópera ou mais exactamente, em função dos exemplos citados, em defesa da produção da ópera. As duas perspectivas da dicotomia "cá dentro-lá fora" coexistem ou alternam-se nos discursos de numerosos agentes do campo como já foi vista várias vezes neste trabalho.

Estes três episódios representam, antes de mais nada, momentos importantes das disputas internas no campo musical. Tal como a ópera de Emiliano, um *outsider* do campo erudito estrito que não voltou à composição operática, a minha ópera *Os Dias Levantados* foi um dos primeiros momentos simbólicos de uma inversão parcial das escolhas das novas instituições culturais face à hierarquia e à dicotomia moderno/pós-moderno, ou mesmo da dicotomia alta/baixa cultura, radicando aí, na minha "origem" na baixa cultura – enquanto músico de *jazz* – uma das razões da violência dos ataques dos quatro compositores críticos da ópera, todos alinhados na vanguarda modernista; por outro lado, a primeira ópera de Nunes representa igualmente a saída mais notória da sua presença quase em exclusivo nos Auditórios da Fundação Calouste Gulbenkian, de certo modo território do subcampo. A obra, de longa duração – quatro horas – ao ser apresentada no Teatro de todas as polémicas, apesar de, no essencial, ser um obra típica da produção de Nunes, como defendeu Manuel Pedro Ferreira, terá perdido a aura que rodeava habitualmente as obras do compositor quando apresentadas no seu palco habitual, a Gulbenkian e, sobretudo a partir de 2006, igualmente a Casa da Música. Os agentes pertencentes ao subcampo contemporâneo, ouvidos pelo *Público*, emitiram as opiniões favoráveis próprias dos discursos habituais do campo. Apesar de terem sido publicadas anteriormente uma ou duas críticas[266] com reservas em relação a determinadas obras, Alexandre Delgado assumiu publicamente, de forma inusitada em Portugal, uma crítica contundente muito própria da sua "maneira" tanto à música de Nunes em geral, como à sua protecção por

---

[265] Cf. capítulo XI 3.2. e 3.3.
[266] Aqui referidas estão as de Manuel Pedro Ferreira (2007) e de Paulo Ferreira de Castro (1992).

parte da Gulbenkian, o que pode atestar o silêncio intimidado que envolveu a instituição e o compositor.

### 12.2.4. Casa da Música

A Casa da Música, localizada na cidade do Porto, tal como a Fundação de Serralves, foi a última instituição a entrar em cena e, ao contrário do CCB, da Cultugest e mesmo do São Carlos, tem encomendado numerosas obras não só a vários compositores portugueses como também a estrangeiros o que tem vindo a acentuar a partir da sua entrada no Réseau Varèse. Tal como em relação às encomendas do Serviço de Música da Fundação Calouste Gulbenkian para os Encontros, há grandes diferenças relativas ao contexto e aos meios requeridos destas encomendas que merecem consideração. Há que distinguir alguns grupos de acontecimentos ou eventos que diferenciam consideravelmente as encomendas. Em primeiro lugar, as verificadas para o próprio ano do Porto 2001 Capital Europeia de Cultura; em segundo lugar, as encomendas para os dois projectos conjuntos CCB/Remix Ensemble realizados em 2001 e 2002, já referidas, em terceiro, as obras para o concerto Berio/Dusapin, que agrupou um vasto número de pequenas obras e ainda as encomendas aos jovens compositores residentes.

Encomendas associadas ao Porto 2001, Capital Europeia da Cultura, foram feitas a Ivan Moody (2) António Pinho Vargas (veio a estrear apenas em 2005), António Chagas Rosa (ópera Porto/Roterdão 2001), Eugénio Amorim, Manuel Pedro Ferreira, Miguel Azguime, Mário Laginha e Christopher Bochmann.

No quadro da colaboração com o CCB em 2001 e 2002 as já assinaladas a Patrícia Almeida, Luís Tinoco, Sérgio Azevedo, José Luís Ferreira e Carlos Caíres (2001) e Luís Tinoco, Nuno Côrte-Real, João Madureira, Sara Carvalho, Nuno Côrte-Real (2002).

No Projecto Berio, 2006, que teve lugar primeiro em Estrasburgo, Festival Musica, e posteriormente na Casa da Música, incluem-se obras de Luís Tinoco, João Madureira, Miguel Azguime, António Chagas Rosa, Mário Laginha, Vítor Rua e Laurent Filipe.

No quadro da iniciativa interna Jovens compositores residentes, foram apresentadas 2 obras de Vasco Mendonça em 2007, 3 obras de Luís Cardoso em 2008 e uma de Daniel Moreira em 2009.

Dispersas por outras iniciativas encontram-se encomendas a Carlos Azevedo/Fernando Lapa (2002), Luís Bragança Gil (2002), Sérgio Azevedo (2003), João Pedro Oliveira (2003), Isabel Soveral (2003), António Victorino

D'Almeida (2005), Mário Laginha (2005), Nuno Côrte-Real, (2005) Fernando Lapa (2005), Ivan Moody (2005), Eurico Carrapatoso, (2005) António Chagas Rosa (2005) António Pinho Vargas, (2006), João Rafael, (2006) Nuno Côrte-Real (2007), Carlos Guedes (2007), Nuno Côrte-Real (2007) (Casa da Música e Teatro Nacional de São Carlos), Cândido Lima (2007), Miguel Azguime (2007) (Casa da Música e Fundação Calouste Gulbenkian), Emmanuel Nunes (Teatro Nacional de S. Carlos, Fundação Calouste Gulbenkian e Casa da Música, em co-produção com o IRCAM-Centro Pompidou). A obra de teatro musical *La douce* de Emmanuel Nunes, (estreada em 2009) não foi anunciada como sendo encomenda da Casa da Música.

Os compositores em residência foram, em 2007 Emmanuel Nunes e Vasco Mendonça, em 2008 Magnus Lindberg, Luís Cardoso e Karin Rehnqvist, e em 2009 Jonathan Harvey e Daniel Moreira. As residências de compositores traduzem-se por um conjunto de concertos com obras dos escolhidos e alguns seminários durante o ano. No caso dos jovens compositores verificam-se várias encomendas e estreias como se confirma na lista. A comparação entre o número de encomendas e a sua importância relativa nem sempre traduz todas as implicações. Poder considerar os montantes envolvidos mostraria certamente algumas desigualdades, que no entanto, não alteram um ponto essencial. O cânone da Casa da Música – talvez ainda em formação – não corresponde ao cânone da Gulbenkian embora mantenha alguma relação com ele e, inclusivamente, nos últimos anos (2007 e 2008) essa parceria se tenha intensificado sobretudo em torno dos concertos associados à apresentação dos vários fragmentos instrumentais destinados à opera *Das Märchen*, as várias *Épures du serpent Vert* e aos concertos do *Portrait Nunes*. O site do Réseau Varèse[267] divulga as seguintes 7 obras:

> *Lichtung II* pour ensemble et électronique, *Litanies du feu et de la mer II* pour piano, *Lichtung III* pour ensemble et électronique (création mondiale) *Vislumbre* pour chœur, *Épure du Serpent Vert II* pour ensemble, *Nachtmusik I* pour cinq in trumentistes et électronique, *Musik der Frühe* pour ensemble, *Duktus* pour ensemble.

Este *Portrait* teve a participação dos grupos Remix Ensemble Porto, Ensemble Modern Francfort, Chœur de la Fondation Gulbenkian, Ensemble Intercontemporain e Musikfabrik. Os concertos tiveram lugar na Casa da

---

[267] Ver: http://www.reseau-varese.com/fr/accueil.htm

Música (7) no Festival Musica em Estrasburgo, na Cité da la Musique, Paris (1), no Festival Ars Musica em Bruxelas (1) e Maerzmusik, Berlim (1). Esta informação publicada no site do R.V. não inclui os concertos igualmente apresentados na Fundação Calouste Gulbenkian uma vez que esta instituição não integrava ainda o Réseau.

O Remix tem realizado, em cada temporada, um número considerável de concertos fora de Portugal. Em 2001, em Valência e Roterdão; em 2003 em Huddersflield; em 2004 em Barcelona e Estrasburgo; em 2005 em Paris no IRCAM e no T&M /Theatre de l'Odeon; em 2006 em Estrasburgo, em Paris (Theatre dês Bouffes du Nord), Budapeste, Madrid, Antuérpia. Em Agosto de 2007 fez dois concertos nos Nordic Music Days nos quais executou obras de António Chagas Rosa, Laurent Filipe, Pedro Amaral, Vítor Rua, Miguel Azguime, Rolf Wallin, João Madureira, Patrick Vidjeskog e Per Norgard. Em Setembro de 2007 realizou dois concertos no Festival Musica em Estrasburgo, como parte do *Portrait Nunes* apoiado pelo Réseau Varèse com obras de Emmanuel Nunes e uma estreia de Miguel Azguime. O primeiro concerto, com o Coro Gulbenkian, foi repetido na Fundação Calouste Gulbenkian em Outubro. Em Novembro actuou nos Açores XX/XXI Music-Açores com obras de Emmanuel Nunes, Morton Feldman, Elliot Carter, Saskia Bladt, Gerard Grisey e Michael Jarrell e em Viena o Concerto Consequenza, igualmente apoiado pelo Réseau Varèse.

Em 2008 o Remix Ensemble apresentou-se em Berlim (Março) com dois programas: o primeiro com obras de David Horne, Vítor Rua, Fausto Romitelli e Wolfgang Mitterer sendo as obras de Horne, Rua e Mitterer encomendas da Casa da Música, e o segundo, incluído no *Portrait Nunes* com três peças do compositor: *Nachtmusik I, Dawn Wo* e *Duktus*; em Setembro, 26 e 27 em Estrasburgo, Outubro 3 e 4 em Orleães, e dia 9 em Paris, com a ópera *Massacre* de Mitterer (Co-produção de T&M Paris, Casa da Música, Festival Musica Strasbourg e Schauspiel Frankfurt no âmbito do Réseau Varèse); no dia 28 repetiu o programa de Berlim em Estrasburgo. A 4 de Dezembro, solistas do Remix executaram obras de Tristan Murail, George Crumb, Sérgio Azevedo, Emmanuel Nunes, António Augusto Aguiar (uma improvisação).

Em 2009, Fevereiro, efectuou um concerto em Madrid com obras de Jorge E. Lopez e Gérard Grisey. Em Março participou no Ars Musica de Bruxelas (membro do Réseau) com obras de Henry Pousseur, Emmanuel Nunes, Gérard Grisey e Michael Jarrell. Em Abril, em Witten na Alemanha, com obras de Hugues Dufourt, Misato Mochizuki, Emmanuel Nunes, José Luís Torá e Daniel Moreira Em Junho em Madrid no Festival Musicahoy (membro do

Réseau) apresentou a ópera *Massacre* de Wolfgang Mitterer. Em Novembro, no Festival de Huddersfield (membro do Réseau), dois concertos, o primeiro com obras de Jonathan Harvey, Emmanuel Nunes e James Dillon e o segundo com a improvisação de António Augusto de Aguiar (contrabaixista do grupo), e obras de Daniel Moreira, Emmanuel Nunes e Rebecca Saunders.

Várias conclusões se devem tirar deste elevado número de concertos. Em primeiro lugar o Remix é o grupo português que pela primeira vez se consegue inscrever no grupo restrito dos *ensembles* do subcampo de música contemporânea; em segundo lugar, com poucas excepções, tal facto deriva directamente do facto de a Casa da Música fazer parte do Réseau Varèse, que apoiou a quase totalidade dessas actuações; em terceiro lugar, verifica-se um equilíbrio instável entre a pertença ao grupo restrito dos ensembles do subcampo, como intérprete de obras que constituem a programação tipo dos países do centro e a sua presença nesses espaços como veículo da apresentação de obras de compositores portugueses. O caso das numerosas obras de Nunes apresentadas deve ser visto numa dupla perspectiva: por um lado, sendo um compositor localizado no centro, faz parte das escolhas habituais do subcampo contemporâneo; mas, por outro lado, não deixa de ser, obviamente, um compositor português. Os dois factores, articulados e inseparáveis, poderão ajudar a compreender essa primazia que, de certo modo, prolonga ou mesmo intensifica, ao nível do número de execuções, a que já se verificava na Gulbenkian a partir dos anos 1970. Além disso, Nunes passou a ter nesse grupo um substituto privilegiado dos grupos que anteriormente vinham do estrangeiro à Fundação executar as suas obras à Gulbenkian. Após uma primeira posição crítica acerca da formação do Remix ao *Expresso* em 2000 – "ser quase só formado por estrangeiros"[268] – Nunes inflectiu depois a sua opinião, afirmando mesmo em 2007 ao jornal *Público* que o Remix tinha sido "a melhor coisa" que tinha acontecido à música portuguesa, sendo de resto, "o pior o ensino continuar com os mesmos professores", com quem prossegue o seu antigo contencioso.[269]

Resta considerar brevemente a ligação da Casa da Música ao Réseau Varèse, (RV), criado em 1999. As produções RV às quais a Casa da Música se associou foram a partir de 2003: Magnus Lindberg, *Dos Coyotes*, Pascal Dusapin, *Mojo*, James Dillon, *Philomela*, Klaus Huber, *Miserere Hominibus*, Francisco

---

[268] In Expresso, 2000, 23 de Dezembro, texto de Valdemar Cruz, Revista, p. 38.
[269] In *Público* 19 de Janeiro de 2007, p. 26.

Guerrero, *Portrait, Consequenza, un hommage à Luciano Berio*, Pascal Dusapin, *Medea*, Emmanuel Nunes, *Portrait*, Stefano Gervasoni, *Com que voz*, Wolfgang Mitterer, *Massacre*, Stockhausen, *Portrait hommage*.

Algumas conclusões decorrem destes dados. No total de 11 projectos do Réseau, apenas 2 incluiram compositores portugueses: *Consequenza, un hommage à Luciano Berio* e Emmanuel Nunes: *Portrait*. Neste sentido, o Remix assume, prioritariamente e acima de tudo, o papel de *ensemble* integrado nas estruturas do subcampo contemporâneo, do qual, aliás, fazem parte os seus dois maestros titulares até à data, Stephan Ashbury e Peter Rundel.

A propósito da estreia de *La Douce* de Nunes, em 2009, Sérgio C. Andrade escreve no jornal *Público*[270]: "também o Remix tem uma relação antiga e próxima com o compositor desde que em 2001, interpretou a sua primeira obra a que se seguiria mais de uma dezena, tanto em palcos portugueses como europeus" e prossegue "é habitual que ao Remix seja pedido que inclua obras suas no programa, acrescenta António Jorge Pacheco [director do Remix desde 2001 e director artístico da Casa da Música desde 2009 , garantindo que se trata de "uma associação que interessa a ambas as partes e que tem vindo a projectar a cultura portuguesa no mundo". Há dois aspectos a distinguir. No exercício dos seus cargos os responsáveis decidem de acordo com a sua visão do mundo (musical), tal como António Pinto Ribeiro assinalou. Nesta perspectiva a posição do director artístico da Casa da Música é perfeitamente legítima tal como terá sido a de Pereira Leal durante o seu longo período na direcção do Serviço de Música. São e foram opções. Mas essas opções foram aqui vistas e integradas numa análise mais global, como ilustrativas de uma tendência que tem sido a dominante e que dispõe de um grande poder. Desse ponto de vista, que os directores dos festivais do subcampo "peçam", como é dito, obras de Nunes, não é de admirar uma vez que, como foi documentado, é um dos importantes representantes da ortodoxia do subcampo e estes agentes não conhecem (ou não apreciam) outro compositor português. Como afirma o próprio director "estranho seria que aquele que é reconhecidamente o compositor vivo português mais influente e com uma presença constante nos mais importantes palcos europeus da música contemporânea, não tivesse a nossa atenção". A questão que se pode colocar não é directamente a inclusão de obras de Nunes na programação, embora também neste caso, tal como em relação à Gulbenkian, se possa questionar a grande intensidade da prefe-

---

[270] In *Público*, 22 de Setembro de 2009, P2: p. 8.

rência, mas antes o facto de, neste discurso, nesta defesa da opção tomada, mesmo tratando-se de um compositor português, ser o argumento "lá fora" que determina e justifica as opções e a política "cá dentro".

Repete-se assim *o tópico discursivo* recorrente e concretamente surge o mesmo tipo de recurso legitimador já presente no meu próprio discurso em 2000[271] e em Mário Vieira de Carvalho em 2008. Deste modo, da dicotomia *ressentimento* e *fascínio* enunciada por Eduardo Lourenço, nos agentes activos do campo musical português prevalece amplamente a componente *fascínio* para além da inerente assunção da Europa como um todo mítico e mitificado.

O Réseau Varèse é a institucionalização de uma estrutura que ilustra de forma indiscutível o carácter descrito por Menger do subcampo: subsidiada pela União Europeia e administrada por profissionais especializados da criação contemporânea muitas vezes rotativos entre os seus diferentes cargos de direcção de festivais ou de instituições. Os grupos participantes tem sido aqueles formados nos países centrais desde 1980 como o Intercontemporain, o Ensemble Modern, o Arditti Quartet, o Ensemble Contrechamps, o Musik-Fabrik, o Klangforum Wien, o Ensemble Recherche, etc.[272] O facto de estes intérpretes especializados serem participantes regulares há longo tempo dos concertos de música contemporânea promovidos pela Fundação Calouste Gulbenkian, quer durante muitas das edições dos Encontros, quer já depois do seu final, ilustra os factores de permanência e continuidade das estruturas de funcionamento do subcampo contemporâneo e mostra que a pertença da Gulbenkian às estruturas informais do subcampo se verificou muito antes da institucionalização que o Réseau coroa.[273] Este aspecto configura a primeira das características do Réseau: é um instrumento que reproduz em grande parte os anteriores critérios do poder no subcampo. O Réseau Varèse, promove e financia compositores, obras e intérpretes que já eram apoiados à longos anos, homenageia compositores que já eram homenageados anteriormente (Berio, Stockhausen, Xenakis, Kagel) apresenta *Portraits* de compositores já muitas vezes retratados em vários países ao longo de décadas (Xenakis, Harvey, Ferneyhough, Nunes, Sciarrino) alguns mais jovens já integrados pelo subcampo (Saariaho, Lindberg, Dillon, Rihm, Francesconi, Aperghis) e, aqui e ali, alguns recém-chegados destinados a tomarem o farol do futuro. É de

---

[271] Cf. p. 235 e p. 481.
[272] Cf. site do RV – http://www.reseau-varese.com/fr/
[273] A adesão da Gulbenkian ainda em 2009 às estruturas do RV não desmente, antes pelo contrário, confirma esta análise (ver mais adiante: 12.3.).

salientar o facto de entre os últimos compositores falecidos recentemente apenas Ligeti, desaparecido em 2006, não ter tido nem *Portrait* nem *Hommage* no RV.[274] A Fundação Gulbenkian que, com o seu poderio financeiro, sempre participou do mesmo processo, manteve a sua autonomia parcial ou aparente até 2009, sem que daí tivessem advindo grandes diferenças. [275]

Mas, por outro lado, a progressiva entrada de instituições de cidades periféricas poderá (ou poderia) conferir ao Réseau algum potencial de alargamento geocultural em relação ao cânone do subcampo. A análise das produções apoiadas pelo RV às quais a Casa da Música se associou e que comparticipou reforça a ideia de que é actualmente muito maior o peso do carácter exportador de produções centrais do que o carácter de alargamento e abertura a produções e apresentação de obras de compositores periféricos. Não é seguro neste momento saber qual das tendências se irá sobrepor ou, talvez melhor, a que tipo de equilíbrio entre as duas tendências se poderá chegar. A questão-chave é a questão da autoridade (atribuída), do poder (adquirido), da capacidade (ou incapacidade) discursiva de interlocução. No entanto, face ao que foi o estado da questão nas últimas décadas do século XX, existirá uma eventual possibilidade, talvez remota, de aumento da diversidade estilística e geocultural, uma vez que representa a emergência de algo que anteriormente não existia. As instituições periféricas terão uma palavra decisiva face aos bloqueios e aos dispositivos de poder instalados. Ou não terão.

### 12.2.5. Outras pequenas estruturas

Existem mais alguns casos que merecem referência. As orquestras regionais que foram sendo criadas a partir dos anos 1990 alicerçam a sua programação em repertório clássico-romântico canónico e só nos últimos anos da presente década começaram a incluir, aqui e ali, obras de compositores portugueses contemporâneos, particularmente a Orquestra do Algarve e a Orquestra Cascais e Oeiras. Alguns dos numerosos festivais de Verão, nomeadamente o do Estoril, o da Póvoa de Varzim, o de Leiria, o de Alcobaça, o das Caldas da Rainha, entre outros, também nas últimas décadas começaram a encomen-

---

[274] Apesar de todo o seu prestígio, a sua afirmação durante o seminário de 1991 em Szombatelhy, na Hungria, na minha presença, de que "they don't like what I do now; they call me a traitor", confirma-se de vários modos até hoje.

[275] A entrada de Fundação no RV em 2009 poderá significar uma perda ainda mais notória da já reduzida autonomia anterior e institucionaliza a ligação aos princípios dominantes já descrita.

dar novas obras para as suas edições.[276] Entre todas as autarquias a Câmara Municipal de Matosinhos destaca-se pelo elevado número de encomendas realizado e pelas gravações de música portuguesa que promove.

A Miso Music Portugal concentra uma série de estruturas no seu seio: o Centro de Documentação de Música Portuguesa; a editora Miso Music; a representação de Portugal na International Society for Contemporary Music; dispõe da Orquestra de Altifalantes; do grupo recém-formado Sond'art; e, finalmente, organiza o Festival Música Viva. Com este vasto arsenal de actividades e com vários apoios institucionais e financeiros do Estado e da Gulbenkian, tem igualmente encomendado muitas obras, especialmente no âmbito da música electroacústica. Com esse tipo de actividade variada e as várias relações internacionais que implica, a Miso Music, dirigida por Miguel Azguime e Paula Guimarães, tendo recursos relativamente reduzidos se comparados com a Fundação ou a Casa da Música, tem sido talvez a mais consistente no esforço de apresentação de música portuguesa no estrangeiro nomeadamente no seus Projectos *Circuits* embora se possa apontar a existência de um critério talvez demasiado estreito, em contra-ciclo com o aumento real da diversidade, na selecção de obras.[277] Mas o esforço é inegável.

A OrchestrUtópica,[278] criada em 2005, com o objectivo de se tornar um instrumento para os compositores portugueses, apesar de duas actuações fora de Portugal, uma em Londres no Festival Atlantic Waves e outra em Dresden, aquando de uma ligação a Lisboa de um Festival dessa cidade, tem actuado fundamentalmente em Portugal, ao contrário do Remix que, pela via da pertença à Casa da Música e da associação com o Réseau Varèse, dispõe de condições muito mais favoráveis. No entanto a presença de obras portuguesas – estreias e não estreias – nos seus programas tem sido mais numerosa e talvez mais consequente do que a prática do Remix. Mas há um outro

---

[276] Estas várias iniciativas constituem-se como um circuito secundário em relação às grandes instituições culturais. Tal como os circuitos secundários europeus, onde são por vezes incluídas obras de compositores portugueses, estas iniciativas não têm a importância simbólica e o poder de consagração das produções centrais – tanto das instituições culturais portuguesas como das instituições pertencentes ao subcampo central – mas contribuem sem dúvida para um aumento real da diversidade quer geográfica quer estilística.

[277] Cf. o site http://www.misomusic.com/ e http://www.mic.pt/

[278] O autor desta investigação fez parte do grupo de compositores fundadores da OrquestrUtópica e da sua direcção artística até à sua saída da Associação em Janeiro de 2008.

aspecto que merece referência. A maior parte dos seus concertos tem unidades temáticas designadas como, por exemplo, *Expresso do Oriente*, que procura estabelecer uma ligação com as músicas desses países, e *In Extremis*, relacionado com os países escandinavos e, mais recentemente, *Via Latina*, designação de um concerto com obras de compositores portugueses e espanhóis. No caso deste último concerto, em 2009, a OrchestrUtópica conseguiu um ano depois levar a cabo uma colaboração activa com um grupo espanhol que iria apresentar o mesmo programa em Valência havendo igualmente um troca de maestros prevista. O programa inicial foi alterado mas a troca foi conseguida. As temáticas anteriores traduzem-se em concertos onde são executadas obras de compositores chineses, japoneses e coreanos quase todos localizados no centro; depois de um desses concertos um responsável cultural de uma das instituições que acolhem a OrchestrUtópica afirmou-me: "isto é uma grande mentira. A música destes orientais é igual à dos outros todos!".[279] Este desabafo pessoal só é possível por parte de uma pessoa que tenha já adquirido alguma distância crítica face aos valores dominantes do subcampo. *In Extremis* é também um forte exemplo do facto de a maior parte das estruturas culturais portuguesas, enquanto dirige uma parte da sua actividade para apresentação de músicas, quer do centro, quer de paises periféricos, como nestes casos, acaba por nunca conseguir sem grande dificuldade e raridade operações que realizem, que se concretizem numa troca cultural. Nestas várias edições nunca a OrchestrUtópica conseguiu que música portuguesa fosse tocada no Oriente, nem na Escandinávia. Esta situação não surpreende face ao que temos visto por parte de instituições com maior poder económico e negocial teórico. Apesar da sua programação ser, sem dúvida, mais atenta às periferias do que a relação habitual com a música proveniente do centro europeu, a sua acção permanece local. Igualmente local, deve-se igualmente considerar a Sinfonietta de Lisboa, dirigida por Vasco Azevedo, que, embora não faça propriamente encomendas, pede regularmente novas obras sobretudo a jovens compositores e tem realizado estreias em número considerável.[280]

Finalmente deve constatar-se que é no âmbito da música electroacústica ou para pequenos grupos de instrumentos com electrónica que se tem verifi-

---

[279] Comunicação pessoal.
[280] Este facto foi sugerido na arguição de Manuel Pedro Ferreira, membro do júri nas provas públicas de defesa da tese. Ao contrário do que então foi dito a Sinfonietta não encomenda, no sentido que habitualmente justifica o uso do termo, ou seja, não paga aos compositores as novas obras. Pede obras e faz estreias e é isso que deve ser referido.

cado maior circulação de obras. Há duas razões para isso. Em primeiro lugar essa prática musical, que corresponde à terceira tendência identificada por Taruskin, dirige-se a um nicho de mercado ainda mais restrito, um mercado de produtores para produtores no qual proliferam os eventos e os concursos, sendo em Portugal a Miso Music a instituição mais activa nessa área. Em segundo lugar, a circulação dessas obras implica meios muito reduzidos, sendo muitas vezes apenas necessário um CD para que uma obra seja integrada num concerto. O mesmo tipo de fenómeno se tem verificado recentemente numa tendência emergente, a improvisação com *laptops* ou com *laptops* e instrumentos. Este facto liga-se de certo modo ao verificado anteriormente com músicas improvisadas de tendência vanguardista, como no caso de, por exemplo, Carlos Zíngaro, já com maior circulação há algumas décadas.

A verificação destes factos não altera, no essencial, os dados referentes à ausência, na medida em que traduz principalmente transformações nos nichos do subcampo, uma crescente autonomia face à restante actividade musical, passando relativamente ao lado das grandes instituições culturais e musicais do subcampo, não reclamando orquestras nem ensembles de grandes dimensões, não constituindo, por isso, um dado substancialmente importante para a análise da ausência no âmbito principal que depende dessas instituições.

## 12.3. Conclusões

Apesar destas novas infra-estruturas e destes mega-eventos continuam a encontrar-se, no campo musical erudito, frequentemente, fortes críticas à acção do Estado a par com a admissão de algumas mudanças positivas que se verificaram. O caso parece ter alguma relação com os dois paradigmas em confronto referidos por António Pinto Ribeiro: "uma programação é uma opção porque tem subjacente uma visão do mundo, uma visão de um grupo que se auto-representa e representa os outros" e refere a criação como "uma história imaterial em constituição e em revisão permanentes" (Ribeiro, 2004). Se, como vimos, a acção da Gulbenkian se caracteriza por uma grande ambiguidade – por um lado, *apoio* à música portuguesa, e por outro lado, *provincialização* da música portuguesa – a acção do Estado manifesta igualmente sinais contraditórios. Os aspectos que são apontados pelos autores referem lacunas nas edições de partituras, sempre parcelares, inconsistentes e incompletas, nas edições de discos, igualmente parcelares e com dificuldades de circulação e, como vimos, na política de encomendas seguida de abandono das obras, da sua não inclusão nos programas, da sua não edição e da sua não gravação.

Como vimos anteriormente, também nas artes plásticas, críticas similares são recorrentes.

Apesar das consideráveis diferenças que a entrada em cena das novas instituições e de novos programadores provocaram *internamente*, não se verificaram grandes alterações relativamente à *ausência no contexto europeu*, particularmente nas estruturas pertencentes ao núcleo do subcampo contemporâneo. É neste aspecto que à maior abertura e diversidade interna não sucedeu maior capacidade negocial externa.

A comparação entre as listas de encomendas e as apresentações de obras e compositores por estas instituições, mostram, em primeiro lugar, uma clara divisão entre as opções da Gulbenkian, fiel à sua relação com Nunes e alguns dos seus alunos e as orientações das novas instituições. Entre estas há ainda uma divisão possível. Enquanto o CCB, a Culturgest e mesmo o Teatro de São Carlos na última década, optaram pelos jovens compositores que se posicionam em estéticas diversas e não encomendaram nenhuma obra a representantes da tendência estética dominante, sendo as suas execuções das obras normalmente realizadas no quadro de iniciativas especiais ou de mostras globais, a Casa da Música ocupa uma posição intermédia. Por um lado, alinha-se nesta tendência encomendando numerosas obras a compositores "pós-modernos".[281] Nesse sentido insere-se na tendência que favorece a diversidade criada a partir de 1990. Por outro lado, a partir de certa altura, associando-se preferencialmente à Gulbenkian, prolongou e, como vimos, intensificou a presença de Nunes. Na sua relação com o exterior, gradualmente tem-se verificado um alinhamento cada vez maior com os valores e as estruturas do centro do subcampo europeu. A análise da acção do Remix Ensemble e da programação da Casa da Música em geral aponta para essa ambiguidade fundamental. Embora não se circunscreva completamente a essa direcção, prestando maior atenção à diversidade de correntes activas em Portugal e alargando a inclusão de alguns compositores das novas correntes, não deixa de se poder afirmar que, tal como vimos no Serviço de Música da Fundação Calouste Gulbenkian ao longo dos seus 50 anos, nos 8/9 anos de existência do Remix Ensemble e nos 4/5 da Casa da Música existe uma ambi-

---

[281] Como é óbvio esta designação não procura definir senão uma prática que vai para além dos princípios que foram os dominantes associados ao modernismo musical. A diversidade interna que se verifica nessas várias correntes impede a utilização deste termo para além da sua mera utilidade pragmática. Se estas designações tendem a sugerir um monolitiismo, as práticas musicais não o confirmam, mesmo no caso do modernismo.

guidade, uma espécie de hesitação identitária, entre o nós e os outros, entre o cá dentro e o lá fora, entre o global canónico e o local periférico. Mas as condições depois de 2000 são, no entanto, muito diferentes. Decorrente da sua relação com o RV, parece iniciar-se uma espécie de passagem de testemunho entre a Gulbenkian, que cada vez faz menos encomendas por ano, e a Casa da Música, tanto no que respeita tanto ao número de encomendas a compositores do centro europeu como no que respeita a concertos com obras destes na sua programação anual.

Será sobre a Casa da Música que recairá a maior expectativa de mudança, dada a existência dos dois factores apontados: a pertença ao RV e a existência do Remix e da Orquestra Nacional no seu seio. Igualmente a Fundação Calouste Gulbenkian irá encetar uma nova fase após o longo consulado de Pereira Leal com a nomeação do novo director do Serviço de Música. O facto de o novo director, o finlandês Risto Nieminem, ter no seu currículo uma passagem pelo IRCAM[282] – com o que isso significa enquanto visão do mundo e do subcampo contemporâneo – não permitirá talvez esperar grandes alterações[283], de acordo quer com a nossa análise do funcionamento do subcampo contemporâneo, quer com as práticas longamente sedimentadas no Serviço de Música da Fundação. O facto de, em 2009, a Fundação ter igualmente passado a integrar os membros do RV[284] confirmará que uma das primeiras decisões tornadas públicas do novo director faz prever um alinhamento ainda mais marcado com a estrutura central.

Numa nota final gostaria de tentar deixar mais claras as razões que podem levar o facto de a Casa da Música (e agora a Gulbenkian) integrar o RV a constituir-se como obstáculo ou dificuldade na tarefa da divulgação e promoção da música portuguesa. Dado o modo de funcionamento do campo musical canónico e hegemónico dos países centrais sabemos que a sua formação procedeu por exclusões. No entanto, essas exclusões não são apenas o resultado final de um processo historico determinado, mas são *reproduzidas* a cada momento no presente e, para tal, é necessário considerar não só o modo próprio do funcionamento do campo transnacional como a acção individual dos agentes, dos indivíduos dotados de autoridade. Irei apresentar dois exemplos deste tipo de acção. Na iniciativa do CCB, Música Portuguesa Hoje, o maestro inglês

---

[282] http://www.reseau-varese.com/en/gulbenkian2.htm
[283] A programação da temporada 2010-2011 agora conhecida, a primeira da responsabilidade de Risto Nieminen, alterou parcialmente esta expectativa.
[284] Ver site do RV: http://www.reseau-varese.com/fr/accueil.htm

Martin André, dirigiu a Orquestra Sinfónica Portuguesa num programa constituído por obras de Luís Tinoco, António Pinho Vargas e Joly Braga Santos. À pergunta da jornalista Manuela Paraíso da Rádio Europa-Lisboa, se poderia dirigir um tal programa noutro país, Martin André respondeu, com total lucidez, que não seria possível.[285] Para Martin André, a questão derivava das escolhas dos programadores e responsáveis institucionais, que não considerariam esse programa interessante ou adequado. O funcionamento do cânone musical ocidental, tal como existe e opera no mundo ocidental, implica necessariamente *a sua reprodução infinita, a sua reafirmação permanente*. Mas, para que tal se verifique é necessário que, num dado momento, um *determinado agente activo* – um programador, um director de uma instituição – concretize numa *decisão pessoal* determinada essa *exclusão*. O segundo exemplo considera a pianista Maria João Pires. Tendo integrado a partir dos anos 1970 o grupo restrito dos "grandes pianistas internacionais",[286] tendo contratos com grandes editoras, não se justifica nenhum espanto perante o facto de nunca ter tocado ou gravado nenhuma obra musical de um compositor português face ao que tem sido dito. É, aliás, condição fundamental de uma tal integração fazê-lo com um repertório canónico, com obras de "grandes mestres", Beethoven, Schubert, Chopin, Bach. Se, por hipótese relativamente absurda, tivesse alguma vez manifestado vontade de gravar uma obra de Bomtempo, Viana da Mota ou Luís de Freitas Branco, iria seguramente enfrentar por parte dos directores artísticos da sua editora discográfica uma forte e inabalável resistência, uma vez que nenhum desses compositores assina com um nome canonizado. A questão é idêntica à assinalada por José-Augusto França: os críticos de arte periféricos não têm a mesma autoridade para "consagrar" que os críticos do centro. Quem diz crítico diz qualquer outro agente activo dos campos artísticos. O facto de Maria João Pires provavelmente nunca o ter feito, releva da interiorização por parte dos elementos do campo musical de *que uma carreira* se constrói com o repertório canónico, no qual a música portuguesa apareceria como uma *excentricidade* – literal – inaceitável ou incompreensível. O funcionamento estrutural do campo passa sempre por acções individuais

---

[285] Comunicação pessoal de Manuela Paraíso.
[286] Uma tal integração resulta de inúmeros factores. Não basta "tocar muito bem". A sua enumeração seria fastidiosa mas podem incluir frequentemente um conjunto de acasos semelhantes aos referidos por George Steiner referidos no Intermezzo sobre a circulação internacional das ideias e a tradução. Tentar fazê-lo sem o repertório canónico reduziria imediatamente o artista ao carácter de "especialista".

que concretizam as exclusões. É nessa medida que o RV, sendo uma estrutura de poder importante do subcampo, contém no seu seio muitos membros (indivíduos dotados de autoridade) que partilham os valores do subcampo contemporâneo, se regulam pelos seus princípios e pelo seu próprio funcionamento estrutural. Desse modo, terão forte tendência para recusar a *ex-centricidade* periférica, o que, como vimos, se manifesta com relativa clareza nas suas escolhas fundamentais até hoje.

Este aspecto do funcionamento estrutural do subcampo musical contemporâneo será aquele que tornará mais difícil esperar uma alteração de fundo ao nível das grandes instituições dos países centrais. Ao pouco conhecimento relativo, em geral, à produção dos países periféricos europeus, aliam-se, como tudo indica, a manutenção de Portugal como país semiperiférico do sistema mundo e, internamente, a prevalência do fascínio pela Europa mitificada por parte das elites culturais.

# CONCLUSÕES GERAIS[287]

*A beleza não é privilégio de uns quantos nomes ilustres.*
*Seria muito estranho que este livro, que abarca umas*
*quarenta composições, não encerrasse*
*uma só linha secreta digna de acompanhar-te até ao fim.*
JORGE LUIS BORGES[288]

A frase de Borges em epígrafe exprime uma evidência relativa à infinita diversidade da criação artística no mundo. No entanto, a necessidade de referir uns *quantos nomes ilustres* mostra admiravelmente o modo como os cânones ocidentais se constituíram, justamente pela selecção de uns quantos nomes ilustres e *umas quantas obras-primas*. De igual modo, seria muito estranho que todas as composições de vários séculos de produção musical em Portugal não encerrassem pelo menos algumas obras secretas *dignas de nos acompanhar até ao fim*. Esta constatação, "talvez melancólica", é a que resulta desta investigação. Não só nenhuma obra musical portuguesa integra o cânone musical clássico, como, nos tempos mais recentes, se pode finalmente vislumbrar com maior nitidez qual é o mecanismo produtor de hegemonia, de valores, de convicções que têm perpetuado os tais privilégios; de que forma se constituem estruturas de poder/saber que produzem e reproduzem uma situação de dominação e subalternidade como a actualmente existente e de que modo esses valores, interiorizados pelos diversos agentes do campo musical português, conseguem prolongar a inexistência ou a subalternidade até ao próprio interior do país. É nesse sentido que a ausência, sendo uma *longue durée* de séculos, manifesta nos tempos recentes uma crescente legibilidade talvez impossível nos séculos anteriores. Sendo mais transparente e mais visível, não creio que seja possível argumentar que a ausência actual é apenas idêntica às que se verificaram nos séculos anteriores. Decorre da História passada mas usa instrumentos e dispositivos mais claros, mais fáceis de identificar.

---

[287] Muitas conclusões parcelares foram sendo feitas ao longo do trabalho. Na minha opinião não teria sentido repeti-las aqui.

[288] In Prólogo de *Os Conjurados* (1985) de Jorge Luis Borges, 1998, Obras Completas, volume III.

No entanto, esta investigação constituiu um enorme desafio. Analisar uma ausência, interpretá-la em relação a uma hegemonia que é recebida como natural, é uma tarefa herética. A hegemonia produz igualmente a neutralização da contestação da hegemonia, reafirma o carácter natural da subalternidade, a sua aparente fatalidade ou inevitabilidade. Por isso, este estudo irá defrontar tentativas de contestação e descredibilização que serão expressas nos *próprios termos*, com o *mesmo discurso*, que este trabalho procurou analisar e explicitar. Os dispositivos de poder incluem retóricas de auto-defesa relativamente previsíveis, e a luta cognitiva contra os diferentes tipos de desigualdades no mundo enfrenta sempre os discursos que sustentam e reproduzem a permanência das desigualdades.

A hegemonia do cânone clássico e do cânone do subcampo contemporâneo, cânones que se vêem a si próprios como universais e "internacionais" e não como hegemónicos, faz com que qualquer discurso que o conteste seja confrontado com proclamações de particularismo ou de nacionalismo serôdio; tendo isso em consideração, a tarefa de proceder ao levantamento da ausência, sem cair no lamento ancestral nem em discursos de exaltação nacional reaccionária e ilusória, era extremamente difícil. E, no entanto, a ausência prossegue, as hegemonias dominam e os discursos que a tentam contestar têm sido inoperantes.

O modo instituído da programação cultural em Portugal parece continuar o programa de abertura do país ao exterior, recorrente em vários períodos históricos, tendo o último sido iniciado a partir de 1974. As circunstâncias dessa época, sair do "esplêndido isolamento" salazarista contra o qual era necessário reagir, traumatizaram várias gerações no sentido em que qualquer crítica ao cosmopolitismo, tal como o termo é visto tradicionalmente, aterroriza as elites culturais no seu todo. O fantasma do provincianismo do regime de Salazar e, inversamente, a ânsia de cosmopolitismo que provocou, não se diluiu dos imaginários culturais apesar de já terem passado mais de três décadas. Tendo sido realizado esse programa de abertura à circulação de obras artísticas europeias e mundiais, absolutamente necessário naquele período, não parece ter sido realizado o seu correlativo inverso, a "internacionalização da cultura portuguesa", apesar de tal desígnio ser frequentemente proclamado quer nos programas dos governos, quer nos discursos das instituições culturais. A música é talvez a área artística onde a ausência de presença portuguesa no contexto europeu se manifesta de forma mais aguda. A análise das publicações gerais dos países centrais atestam inequivocamente essa ausência ou, em casos esporádicos, uma presença muito residual.

A raiz do problema é a questão do poder cultural, simbólico, económico e político dos países centrais da Europa e o seu reverso português, as mais das vezes sob a forma de uma imaginação-do-centro. Quanto ao poder cultural em questão, tratar-se-ia de "estudar o poder no ponto em que está em relação directa e imediata com o seu objecto, o seu alvo, o seu campo de aplicação, no ponto em que ele se implanta e produz os seus efeitos reais" (Foucault, 2000: 33). Esse estudo não tem sido feito neste campo particular, julgo que como decorrência da sua aceite "naturalidade". Bourdieu mostra-nos que, quando os pensamentos e as suas percepções dos subalternos são estruturadas de acordo com as próprias estruturas da relação de dominação que lhes é imposta, os seus actos de conhecimento são inevitavelmente actos de reconhecimento, de submissão. Daqui decorre uma espécie de ilusão interna, uma representação do funcionamento do campo musical que não formula a ausência em termos de relações de poder.

Toda esta problemática pode ser relacionada com a identidade de fronteira, uma auto-imagem social e culturalmente construída que é mista e internamente dividida entre modelos de referência que concorrem entre si. No campo da música portuguesa verificam-se amiúde sinais dessa identidade de fronteira; mista porque contém duas imagens alternativas, uma forte e outra fraca. Primeiro, trabalhamos no interior do país com o pensamento fixo numa visão da evolução da linguagem musical europeia, isto é, dos países centrais produtores do cânone. Este é o modelo de referência forte. Mas a segunda imagem prende-se com as condições locais reais do exercício da prática musical associada a esse modelo sendo por isso uma imagem fraca. Daqui resulta a hesitação dos sujeitos que não são capazes de distinguir nesse complexo misto as imagens que se fundem e confundem nele.

Se a diferenciação entre *nós* e *eles* é a estratégia identitária básica, então as identidades de fronteira são aquelas em que a diferenciação é sempre problemática, sempre em aberto e nunca resolvida. Talvez aqui radique a permanência de discursos idênticos sobre períodos históricos muito distintos. Esta problemática traduz-se numa ansiedade centrada em dois fantasmas: o do atraso de Portugal em relação à Europa e a recorrente necessidade de uma rápida modernização. Deste ponto de vista, como estado de permanente ansiedade, a música portuguesa e a sua narrativa reflecte em vários graus e escalas a sucessão interminável de períodos de atraso e de períodos de modernização. São dois *topoi* interligados do ponto de vista da necessária superação: é o diagnóstico do atraso que obriga à necessidade da modernização. Em relação às estruturas-base da actividade musical, músicos, orquestras, partituras, compositores, professores, etc., a cada "modernização" – de alcances variáveis – sucede-se um novo desajuste, um novo atraso, sempre visto em relação à Europa, mítica ou mitificada, o lugar onde existe aquilo que "cá dentro" não existe ou não funciona. A consciência, também variável, desta permanência estrutural cria um dos pólos da identidade de fronteira: aqui, onde vivo e componho é o país onde não há condições, estruturas, apoios, etc. O outro pólo, os "outros", a "Europa", "lá fora", tem duas dimensões: por um lado é-me dado a ver na programação internacional a que posso semanalmente assistir nas suas várias salas de apresentação, o "moderno" que devíamos conseguir ser mas não fomos ainda capazes. Estas salas, com destaque para a Gulbenkian, são o "lá fora" trazido "cá dentro" todas as semanas.[289] O eufemismo corrente "de nível internacional" é o *leitmotiv* de quase todos os programadores e de quase todas as programações culturais. Todos optam por essa auto-representação individual ou colectiva e é ela que sustenta a produção de inexistências.

Face a essa presença do *Outro* europeu, do moderno, do avançado, face a esse convívio regular com a *pequena europa*, o espectador português, especialmente das elites, assume maioritariamente, neste campo musical específico – mais do que em outros – a ilusão de ele próprio "estar na Europa", de "ser moderno" e de ter um gosto tão requintado como qualquer outro europeu. Deste modo *imagina-se no centro*, identifica-se com a sua própria imaginação do centro e aprende a desviar o olhar para o outro lado da identidade de fronteira. Poderá até admitir que nós somos *nós* em vários outros aspectos mas, pela sua vida espiritual, alimentada e realimentada pela vivência da frequência de concertos e dos espectáculos, imagina-se parte desse *Outro*. A forma que melhor descreve o principal problema que analisámos é essa: na vida musical portuguesa em geral prefere-se *desviar o olhar* para longe daquilo que se produz aqui. Daí a primazia do "lá fora".

O discurso-tipo "o atraso actual será ultrapassado pela acção modernizadora dos nossos governos, no quadro da União Europeia" parece ter-se infiltrado nas nossas mentes pelo que a resolução do problema remete-se sempre para um futuro por-vir. Santos mostra-nos que se cria "um universo imagi-

---

[289] Esta programação parte, muitas vezes, de informações transmitidas pelas revistas de divulgação musical de França ou de Inglaterra, onde se divulgam mensalmente os melhores discos, os melhores festivais, etc. Em Portugal não existe nenhuma publicação similar e, caso existisse, não teria a mesma autoridade, como nos diz José-Augusto França. Chama-se a atenção à referência de José Gil (2005) à *montra* da Gulbenkian que nos trazia o que se fazia "lá fora". Ver capítulo VIII.

nário onde Portugal se transforma num país igual aos outros, sendo o seu menor grau de desenvolvimento considerado simples característica transitória que cabe ao Estado gerir e atenuar gradualmente na qualidade de guardião dos interesses nacionais". Como sabemos, a simples característica transitória tende a tornar-se permanente. Esta convicção, dir-se-ia, esta ideologia, impede a capacidade de olhar de uma forma radical para a ausência. Portugal não é simplesmente um país igual aos outros países europeus. Cada país da Europa tem uma problemática própria. Sendo uma sociedade semiperiférica do sistema-mundo, tendo problemas específicos nos vários domínios, Portugal é um país dotado de uma determinada história, de uma determinada eografia, de determinadas "mentalidades", de determinadas capacidades que são passíveis de estudo, de trabalho analítico e de problematizações.

Uma das dificuldades desta tarefa analítica é justamente o facto de, em Portugal, como noutros lugares, se olhar a Europa como uma entidade una, sem fracturas, sem desigualdades culturais. Há várias europas, a Europa mítica enquanto centro irradiador de cultura, ciência e poder e as Europas periféricas vivendo simultaneamente à sua sombra e debaixo do seu fascínio. As reflexões sobre a cultura europeia, na actual fase de confronto cultural com a predominância dos Estados Unidos em múltiplos aspectos, inclusivamente a sua predominância a nível dos imaginários culturais, tem sido muitas. Ora este tipo de reflexões, por importantes que sejam, não pode ignorar nem a diversidade nem a desigualdade internas da Europa. Como a tendência principal é, pelo contrário, a de encontrar e unificar os factores que fizeram da Europa o que ela é historicamente, avultando a consideração da cultura europeia vista como um todo, daqui resulta uma negligência patente dos parentes pobres dessa cultura. A questão que tratamos neste trabalho entronca nesta relação entre a Europa forte e a Europa fraca. Como foi bem assinalado por Chakrabarthy, Boaventura de Sousa Santos e Eduardo Lourenço, aquela cultura europeia que nos parece una, que é celebrada como sendo *uma*, foi formada durante vários períodos históricos recheados de conflitos e através de construções reais ou simbólicas, e essa mitificação ignora os aspectos culturais que foram negligenciados, menorizados, esquecidos pelos vencedores no seio da Europa. O objecto que nos propusemos tratar, a música portuguesa da tradição erudita, é uma das várias expressões artísticas menorizadas pelos vencedores da modernidade do Norte, e a sua subalternidade prossegue até hoje no contexto da União Europeia que evolui "a duas velocidades". As razões da subalternidade são tanto internas como externas, mas as suas manifestações estão sempre muito interligadas. É na relação desigual de poder entre os agentes activos no campo cultural dos países centrais e os agentes locais que radica o essencial da ausência; incapazes de qualquer negociação em termos de troca cultural e com forte tendência para se auto-inferiorizarem face ao poder/saber que emana do centro, transformam-se em verdadeiros agentes locais do poder do centro, como grandes e infatigáveis compradores. Daqui decorre que aquilo que é visto como "simples característica transitória" do atraso tem-se mantido nos sucessivos períodos históricos. Aquilo que em numerosos textos é referido como "o estrangeiro" é, na verdade, constituído por um campo, um grupo restrito de pessoas e instituições que controla e regula a vida musical chamada internacional: não se pode constituir um campo a não ser a partir de indivíduos, diz Bourdieu. O seu espaço de enunciação localiza-se nos países centrais da Europa forte. Se existe um força centrífuga que atrai para esse espaço localizado numerosos compositores, verifica-se igualmente que o seu espaço de irradiação tende a ser o resto do mundo no qual a cultura ocidental adquiriu presença e primazia.

A constelação poder/saber manifesta-se amplamente no campo artístico em geral. Os curadores de exposições, directores de museus, galeristas, editores, livreiros, os directores de festivais e das instituições culturais todos alicerçam as suas escolhas e, portanto, o exercício do seu poder, numa gama de saberes especializados. Os discursos que produzem têm autoridade na medida em que os cargos que exercem, pela sua própria natureza – exercer o poder de seleccionar e consagrar artistas e obras, de declarar na prática existências e inexistências –, realimentam a autoridade que lhes é reconhecida e lhes permite o exercício do poder.

É necessário ter em conta que qualquer escolha implica necessariamente uma opção que se traduz, num dado momento, por uma inclusão e várias exclusões. Não há outro modo de tomar uma decisão relativamente à apresentação de determinada obra de arte. O que está em causa não é, portanto, o facto de, em cada momento, ter de se produzir uma exclusão, mas antes o facto de se poder verificar, pela análise das práticas institucionais, que os processos que levam às escolhas manifestam tendências *sistemáticas*, que relevam de *determinações* com forte pendor ideológico e geocultural.

Em termos geoculturais e geopolíticos, a música erudita ocidental existe nos países do ocidente e nas partes do mundo onde o capitalismo e a cultura ocidental se desenvolveu após a Segunda Guerra Mundial: o Japão, a Coreia do Sul e, mais recentemente, a China. No entanto, o espaço de enunciação do subcampo contemporâneo é muito mais reduzido do ponto de vista geográfico estrito: circunscreve-se aos países centrais, política e economicamente mais poderosos, os países centrais da Europa e os Estados Unidos. Os países da periferia, do Sul global e das periferias do Sul da Europa, do Leste e, até certo ponto, do Norte escandinavo, têm um papel residual ou inexistente nesse espaço. Os compositores provenientes dessas periferias europeias e não europeias têm sentido a necessidade de se instalar nos países centrais, especialmente na França e na Alemanha, para adquirirem o direito à presença nas iniciativas do subcampo, à expressão artística que seja considerada pelas estruturas de poder do centro, quer do campo "clássico", no caso dos intérpretes, quer do subcampo contemporâneo, no caso dos compositores. Os que permanecem nas periferias são desconhecidos, ignorados ou menosprezados pelo poder/saber localizado no centro e mantêm o carácter de compositores locais. Isto é igualmente válido no campo da interpretação: os maestros, pianistas e outros solistas provenientes dos países do Oriente ocidentalizado ou de outras partes do mundo que fazem parte dos circuitos musicais vivem nos países centrais.

A cultura *pop*, base da indústria cultural, é amplamente dominada pelos países de língua inglesa e tem um raio de acção global.[290] Nesse contexto, a música erudita da tradição europeia tem-se vindo a deslocar para as *margens ilustres* da actividade cultural e tem vindo a perder relevância social. Tendo sido sempre uma arte de elites, durante o século XX viu decrescer a sua importância e o seu peso na actividade cultural. Ao mesmo tempo, em virtude do seu prestígio simbólico, foi-se constituindo como arte subsidiada pelos Estados em substituição dos antigos mecenas. No caso do subcampo contemporâneo, resultante da cisão entre a arte da interpretação do repertório histórico e a arte da criação de obras novas, o facto de ter um mercado de circulação muito restrito – um mercado constituído maioritariamente pelos próprios produtores e pelos agentes associados – aumentou a sua dependência dos apoios oficiais dos estados face à dupla predominância da cultura pop e da música histórica. Este factores contribuíram decisivamente para a formação progressiva do subcampo, dotado de especialistas em todas as suas dimensões. A constituição do subcampo foi sendo gradual a partir de 1950 mas chegou ao ponto da criação de um novo tipo de grupo, o *ensemble* de música

---

[290] Sobre a indústria cultural dominada e regulada, no campo das *outras* músicas, pelas multinacionais do disco – actualmente em crise – seria importante uma outra investigação que procedesse à análise das práticas dos seus agentes locais (portugueses) na idêntica produção activa de inexistências e na produção radical de ausência sobretudo nos anos 1980 e 1990.

contemporânea, constituído por cerca de 15 músicos. A London Sinfonietta foi o primeiro a ser formado, em 1968, e o Ensemble Intercontemporain, associado às estruturas do IRCAM, tem sido o mais alinhado com o núcleo duro do centro institucional. Estes grupos foram proliferando em vários países e várias cidades, e possuem hoje um vasto repertório, uma vez que os compositores foram escrevendo cada vez mais obras destinadas a esse tipo de formação instrumental. As ligações entre os directores dos festivais, os directores artísticos dos *ensembles* e os seus maestros igualmente especializados foram-se ampliando e aprofundando. A título de exemplo, Peter Rundel, actual maestro titular do Remix Ensemble, foi um antigo músico do Ensemble Modern e começou a sua excelente carreira dirigindo justamente o grupo alemão de que tinha feito parte. Estes maestros podem naturalmente dirigir orquestras, mas a sua actividade principal centra-se nesse tipo de grupo e nesse tipo de repertório.

Todos estes aspectos configuram *um sistema cultural de dominação e hegemonia*: tem sido protagonizado por um bloco histórico e estético que entretanto vai perdendo lentamente o seu controle hegemónico sobre a cultura na viragem do século, embora esse processo esteja muito longe de estar consumado. Os agentes, os solistas, os maestros, os compositores, foram criando uma verdadeira tribo que percorre anualmente os diversos festivais associados ao subcampo e, por vezes, são requisitados por instituições mistas.[291] Apesar de o número de espectadores nunca ser grande, sendo muitas vezes mesmo muito reduzido, a independência das estruturas do subcampo é assegurada pelo prestígio simbólico adquirido junto dos ministérios da cultura e outras entidades oficiais que, com maior ou menor dificuldade, continuam a assegurar o seu funcionamento.

Se alguns compositores, como Hughes Dufourt, admitem com pessimismo (ou lucidez?) a situação –"as pessoas não vão aos nossos concertos, não compram os nossos discos"[292] – normalmente associam esses factos ao predomínio da cultura *pop* que, na linha das análises de Adorno, consideram mero produto comercial da indústria cultural e, desse modo, reclamam para si próprios uma imagem de resistência contra a decadência cultural das sociedades

---

[291] É de sublinhar que as editoras de partituras europeias mais fortes enviam com alguma frequência os seus representantes a instituições culturais para fazerem propostas ou ouvir obras dos seus compositores.

[292] Declarações prestadas no Encontro com Dufourt no festival Ars Musica, em Bruxelas, cerca de 1990, na presença do autor. Cf. Dufourt (1991).

ocidentais.[293] Esta argumentação traduz uma visão do mundo e de si próprios no concerto das disputas do campo musical, das disputas entre a alta e a baixa cultura, e tem igualmente uma função auto-legitimadora, na medida em que constitui as crenças e o discurso fundamental em que se baseia, quer a autoconfiança dos compositores quer a continuidade dos apoios estatais.

Um exemplo deste processo como esforço institucional de reacção e conjugação de esforços é a própria criação em 1999 do Réseau Varèse como instrumento de financiamento e apoio à criação e à circulação de obras. Esta tendência de associação transnacional entre instituições já se verificava, pelo menos há uma década ou mais, em várias artes performativas, sendo a criação do Réseau uma institucionalização de uma prática já existente. Tem sido próprio das declarações oficiais da União Europeia um discurso multiculturalista, com apelos à diversidade cultural, na verdade muito dirigidos para questões relacionadas com a presença massiva de emigrantes provenientes de outras partes do mundo. Esse discurso tem sido considerado por alguns como destinado ao falhanço porque estabelece uma cultura como medida de todas as outras. O Réseau Varèse manifesta diversos problemas desta natureza. O facto de não se considerar grandemente a existência de várias europas, de não se problematizar as suas desigualdades, conduz a nova estrutura a ser mais uma continuação da exportação de produtos e obras maioritariamente provenientes dos países centrais, dos compositores desses países ou de compositores aí localizados (independentemente da sua nacionalidade, como já foi visto) do que uma abertura à real diversidade geocultural. O maior peso relativo de instituições de língua alemã e francesa explica a continuidade. No entanto a crescente participação de instituições de países periféricos europeus poderá vir a alterar a actual tendência dominante, embora tal não passe de uma mera possibilidade potencial.

Através da *mise en abyme* que poderá caracterizar o trabalho do artista, o objectivo central deste trabalho foi o de relacionar a ausência da música portuguesa com a hegemonia do dispositivo cultural formado nos países centrais, com o poder administrativo-cultural das suas instituições. A ausência da música portuguesa não se verifica porque ela seja inferior, sem qualidade, sem interesse – é, antes de mais nada, principalmente ignorada e desconhecida – e não se manifesta num vácuo. A ausência existe *porque* defronta um dispositivo de poder que não quer deixar de o ser, que nem sequer se vê a si pró-

---

[293] Ver Dufourt (1991).

prio como poder. Vê-se como *natural*, como produto da relevância adquirida pelas práticas anteriores, relevância verdadeiramente construída ao longo do séculos XIX e XX e nunca questionada, nunca problematizada, traduzida e alicerçada numa visão universalista do campo musical erudito. Esse dispositivo de poder/saber construiu um fosso, uma linha abissal que só é atravessada num dos dois sentidos.

Pondo em relação a situação interna da música portuguesa, a sua subalternidade face ao predomínio interno da música canónica histórica, e ao predomínio da música proveniente do subcampo contemporâneo, sobressai e adquire legibilidade a importância do factor constituído pelas práticas e pelos discursos da generalidade dos agentes activos no campo musical em Portugal. Essa legibilidade é alcançada encarando o fundamental da acção das instituições culturais portuguesas como reprodutoras dos cânones musicais europeus, através da prática sistemática de realização de temporadas sucessivas reguladas pela ideologia canónica que considera essencial apresentar o que chamam "temporadas internacionais" e através dos discursos culturais que, alicerçados em narrativas históricas que legitimam essa acção, reproduzem e disseminam internamente os valores dos cânones clássico e contemporâneo.

A questão é de proporção e de consequências. Não se trata de regressar a um tipo de esplêndido isolamento típico da ideologia do regime salazarista. É indispensável a manutenção em Portugal de temporadas musicais com uma presença importante da produção europeia. Mas é justamente o facto de os cânones estarem em crise, sob suspeita, sob contestação nos próprios países centrais, que nos fornece a possibilidade de interpretar a ausência. A produção activa da inexistência em Portugal decorre da presença do *Outro* musical europeu, culto, avançado, desenvolvido – são estas as designações históricas da nossa relação com a Europa desde os séculos XVIII e XIX – que, por sua vez, traduz como outro lado da moeda, a subalternidade da música portuguesa, a persistente exclusão das hipóteses de programação, por parte das instituições culturais, das obras que elas próprias encomendam e estreiam, em contraste com a reiterada repetição das obras canónicas históricas ano após ano. Até ao ano 2000 foram muito raros os exemplos de repetição de obras, particularmente daquelas que envolvem custos mais elevados, embora na verdade menos elevados do que muitas reposições de obras canónicas.

Ao período salazarista sucedeu – antecedido pelos programas defendidos pela Fundação Calouste Gulbenkian nos anos 60 – um conjunto de diagnósticos sobre a necessidade da abertura ao exterior, fortemente condicionada até 1974. Mas, permaneceu como resíduo desse período a violenta reacção aos seus valores, sendo que uma ideia de autoflagelação relativamente às práticas artísticas portuguesas se terá instalado, como regresso das posições da Geração de 70 do século XIX, como fatalidade irremediável. Talvez por essa razão alguns dos discursos que defendem a música portuguesa não tenham conseguido libertar-se completamente dos modos retóricos próprios do antigo regime propensos a efectuar o movimento inverso, ou seja, a sobrevalorizar a música portuguesa do passado no seu todo.

Será necessário mudar o tom destes discursos. Tanto no que respeita à valorização generalizada como no que respeita à subalternização sistemática. Os agentes culturais portugueses, se encomendam obras, excluem-nas de uma forma geral das programações internas, dominadas pelos cânones e, sobretudo, manifestam grande incapacidade negocial no que respeita à sua divulgação fora do país. Seria irrealista esperar que "todas" as peças encomendadas pudessem ser exportadas. Mas é realista afirmar que as instituições culturais, ao adquirirem património, poderiam, de acordo com os seus próprios critérios, definidos a cada momento, seleccionar as obras que considerassem "dignas de os acompanhar até ao fim". As instituições do centro conseguem negociar exportações entre si e sobretudo para as periferias. As instituições portuguesas constituem-se frequentemente como compradoras dessas produções culturais. Mas não conseguem colocar-se no terreno como detentoras de património válido. Quando a Gulbenkian e, nos últimos tempos, a Casa da Música apoiam em larga escala Nunes, fazem-no porque a caução dos países centrais está assegurada antecipadamente pelas razões que já descrevemos amplamente: o espaço de enunciação do compositor afirma-se no centro há longo tempo e a sua legitimação como membro do subcampo não foi declarada pelos discursos internos mas sim pelos discursos centrais.

Já afirmámos que esse esforço de negociação, defronta, ou defrontaria, o dispositivo de poder do centro e a sua visão autocentrada e exclusivista. Além disso, as dificuldades e a irregularidade das tentativas editoriais e discográficas tornam difícil a sua própria existência no interior do país. A exportação dos discos existentes é praticamente nula. O bloqueio neste caso é criado pelas estruturas do mercado discográfico igualmente dominados por editoras dos países centrais, que não se interessam pelos produtos das periferias, excepto quando eles próprios se tornam depositários de produtos locais que lhes interessa globalizar.

A potência dos valores canónicos das duas vertentes, histórica e contemporânea, na sociedade portuguesa e no seu meio musical é tal, que (nós) os próprios compositores, enquanto agentes do campo, interiorizaram os mesmo valores hegemónicos e reproduzem os mecanismos discursivos que criam a sua própria subalternidade. Um dos pontos mais paradoxais que ressaltam da investigação é o facto de se encontrar nos discursos que, ao longo do tempo, contestaram de diversas formas a ausência da música portuguesa, uma de duas formas: por um lado e numa primeira fase do século XX, uma defesa de formas nacionais-por-vir sem as quais a história da música portuguesa não existiria como forma viva, enraizada na mítica fonte inesgotável que a música popular rural constituiria; este tipo de discurso praticamente desapareceu após 1960 em paralelo com a primazia progressiva dos darmstadtianos; por outro lado, e mais recentemente, têm-se manifestado tentativas de valorização exacerbada de alguns valores do passado. Enquanto a primeira tendência admitia, implicita e explicitamente, a subalternidade decorrente da inexistência de uma historicidade orgânica, a segunda tendência, muito generalizada, surge como um esboço de historiografia mítica que procura a sua legitimação através da enunciação das semelhanças e dos paralelismos com as obras canónicas europeias. Deste modo, no esforço heróico de tentar demonstrar as grandes qualidades de obras portuguesas do passado, recorre-se sistematicamente à referência ao modelo legitimador, à influência exemplar, ao traço manifesto de modernidade ou de outras características afins a obras canónicas. É através da *autoridade* que a referência a essas obras procura reclamar, que se pretende atestar a qualidade indiscutível, apesar de ignorada, das obras portuguesas elogiadas. Uma vez que a autoridade do cânone não é contestada nestes textos, sendo antes reafirmada, uma vez que a historicidade da sua constituição não é problematizada, resta aos autores a possibilidade de recorrer aos seus valores, tomados como inquestionáveis, para sob a forma do parentesco ou da semelhança exemplares, proceder ao elogio das obras portuguesas desconhecidas ou menosprezadas, quer interna quer externamente. Deste modo a autoridade do cânone, os vários processos discursivos que o tornaram e tornam como tal – mais avançado, exemplar, ponto de referência, colecção de grandes nomes e de grandes obras – acabam por ser reforçados. Do esforço de contestação da ausência resulta uma reprodução das formas discursivas e dos valores que produzem a ausência. Mas há que ter em conta que para vários autores, alguns compositores e outros agentes do campo, a ausência *nem sequer constitui um problema*, um tema digno de qualquer referência ou reflexão. Este será o grau máximo de interiorização das concepções universalistas dos valores dos cânones e o grau máximo de aceitação dos critérios dos países do centro como "naturais" e indiscutíveis. É assim e está bem.

As narrativas gerais da história da música portuguesa oferecem exemplos intermináveis de uma história em espelho. As expressões recorrentes "fazendo lembrar", "próximo de", "no estilo de", ou até, "antecipando", manifestam com total evidência que é o espelho europeu que determina a narrativa e a avaliação das produções locais. Na verdade, o próprio conhecimento dos autores, formado naturalmente no ensino tal como ele existe e reforçado pela viagem de pós-graduação aos países centrais, encontra-se alicerçado nas grandes narrativas que formaram os cânones (clássico e do subcampo contemporâneo) sendo porventura superior ao conhecimento que preside à escrita da narrativa da música local. De acordo com a teoria de Chakrabarthy, o conhecimento da história europeia é indispensável para os historiadores das narrativas subalternas, não sendo o inverso verdadeiro.

Poderia ser de outro modo na actual fase histórica? Pode-se considerar que estaremos numa fase de transição entre o modo narrativo adoptado nas últimas Histórias, publicadas em 1991 e 1992 – menos de uma década após a abertura do Curso de Ciências Musicais –, e um novo tipo de enfoque ideológico com novas perspectivas teóricas que alguns textos mais recentes já permitem vislumbrar, mostrando abordagens menos dependentes da historiografia tradicional.

No que respeita à situação geral e à subalternidade interna dos compositores é possível detectar uma mudança importante após meados dos anos 1990. Com os grandes eventos e as novas instituições culturais verificou-se um aumento da diversidade estilística e um aumento da procura de novas obras por parte das várias instituições. Existe hoje internamente uma quantidade muito superior de encomendas anuais, uma diversidade estilística e estética incomensurável se comparada com o período anterior, dirigida já não em exclusivo para os compositores da corrente pós-serial e seus derivados, como no período da hegemonia quase total da Gulbenkian, mas também para as novas tendências emergentes no contexto dos debates e das práticas artísticas pós-modernas no campo musical. Há por isso duas novas situações: um novo contexto institucional e uma pluralidade de orientações estéticas. A Gulbenkian prossegue a sua orientação mais ligada aos valores do subcampo contemporâneo, mas actualmente partilha o terreno com as novas instituições e as suas escolhas. A Casa da Música tem manifestado alguma hesitação entre posições alinhadas com o Serviço de Música da Gulbenkian e opções mais atentas à actual diversidade. A sua acção, dotada de instrumentos próprios, como o Remix Ensemble, e de uma ligação institucional ao Réseau Varèse, poderá vir a desempenhar um papel importante numa eventual viragem, caso a sua hesitação identitária que se verifica até hoje ceda o passo a uma política de *proporções correctas* entre as duas opções e uma capacidade de acção virada para o exterior mais decisiva no âmbito do Réseau.

O número e a qualidade dos compositores portugueses cresceu nos últimos tempos, como é referido por vários autores, e é um facto indiscutível que as encomendas aumentaram consideravelmente nas duas últimas décadas. Fazê-las permite às instituições construir discursos sobre o apoio à criação e o apoio à música portuguesa. Este facto tem a sua própria importância, que é inegável e não deve ser menosprezada. No entanto, como já referido, o que torna legível a persistência da ausência e da subalternidade começar a ser construída internamente é o facto de ser tendência dominante de todas as instituições, após a estreia, raramente repor as obras, ao contrário do que caracteriza a repetição regular do repertório canónico. Existe uma política sedimentada nos hábitos dos agentes culturais que associa três momentos sucessivos: encomenda, estreia, descarte. No final deste processo tripartido resulta uma forma de inexistência; as obras são compostas, foram estreadas mas não se constituem como objecto cultural dotado de *presença*. Ocupam o seu lugar nas listas publicadas pelas instituições ou, por vezes, nas referências dos musicólogos, e são esses os seus únicos lugares mas efectivamente de uma maneira geral não existem para as instituições como hipótese de nova apresentação. Quando se verificam as poucas excepções, isso não modifica a regra, que constitui um sinal simbólico de desconsideração interna e cria condições para o aprofundamento da ausência. Estes são alguns dos aspectos que permitem falar de produção activa de inexistência. Se as práticas das novas instituições no terreno podem ser vistas como *emergências*, no sentido que Sousa Santos dá ao termo, como práticas capazes de produzir um aumento da produção artística neste campo, por outro lado, o facto de quase sempre se limitarem à encomenda de novas obras e da sua apresentação, da sua estreia, e ainda o facto de nem o Estado nem as próprias instituições se mostrarem interessadas em actuar para além desse movimento inicial, resulta no que se pode definir com *produção activa* – a encomenda – de *inexistências* – obras destinadas a desaparecer após o nascimento. Considerar a ausência de música portuguesa no contexto europeu implica obrigatoriamente a consideração, em primeiro lugar, da ausência no próprio país. Vários autores assinalam vários défices internos, entre os quais a continuação da prática de programação por catálogo, em paralelo com a inexistência de uma "substantiva co-produção internacional capaz de envolver os criadores portugueses de modo a rentabilizar as produções e a colocar as suas obras nos circuitos internacionais" (Ribeiro, 2004: 77).

A partir do ano 2000 podem-se detectar alguns sinais de pequenas alterações nesta prática que foi generalizada durante todo o século XX. Estaremos perante uma emergência, um *ainda-não* que poderá vir a ser? Este novo contexto não é ainda estável e, além disso, a maior parte das obras, independentemente de pertencerem a esta ou aquela corrente, continuam a ter um destino semelhante. Isto é particularmente válido para as obras de grande formato. A ideologia que prevalece é a da estreia, a qual domina, aliás, o próprio subcampo contemporâneo europeu embora numa escala muito menor uma vez que a sua capacidade de irradiação permite alguma circulação por várias cidades e festivais.

Mas esta constatação permitirá ir mais longe. Poder-se-á considerar, como hipótese de trabalho, uma gradual *mudança estrutural* da condição da música erudita composta a partir de 1950, um eventual regresso às condições sociais que presidiam à composição musical no período pré-moderno, anterior à primazia reguladora da vida musical pelo conceito de obra, por volta de 1800. Antes desse novo período, os compositores, dependentes e ao serviço de mecenas privados ou públicos (reis, bispos, príncipes, etc.), escreviam música destinada a ter uma ou duas execuções e não tinham nenhuma expectativa futura. A música destinava-se a um fim particular, a uma cerimónia determinada, a uma função específica e, posto isso, avançava-se para uma outra composição. Ora parece vislumbrar-se hoje que, por um lado, enquanto a vida musical do repertório histórico assegurou uma enorme dominação nas salas de concertos, por outro lado, a criação musical de novas obras aproxima-se cada vez mais do formato pré-moderno: destinam-se a uma ou duas execuções. O contexto social é outro, os mecenas hoje são as grandes instituições culturais, mas a *expectativa* criada pelo imaginário associado ao cânone é sempre mais ou menos *frustrada* pelo facto de as novas obras acabarem por ter um destino próximo daquele que era o seu até 1800. Verifica-se um desajuste entre o *imaginário* que preside ao trabalho criativo e aquilo que a *realidade* da actividade cultural lhe reserva. Desse desajuste decorre o carácter de muitos discursos de compositores que não se conformam com esta nova situação estrutural que, em Portugal, na verdade não é nova, uma vez que prossegue as insuficiências anteriores.

O ensino da música é o principal veículo da transmissão de conhecimentos associados ao cânone, à história das grandes obras e dos grandes compositores. Por isso, o ensino da música em Portugal, ligado pela sua própria natureza interna aos valores do cânone, é ele próprio produtor de subalternidade. Esta monocultura – que não inclui a música portuguesa – é ensinada em todos os planos, teóricos e práticos. Nos programas de instrumentos impera em larga escala o repertório "clássico" que, posteriormente, irá dominar a vida profissional requisitada pelas instituições, as orquestras, os programadores, etc. Na disciplina de História da Música recomendam-se nas escolas e traduzem-se para português livros nos quais, na maior parte dos casos, a música portuguesa não existe. Em Análise e Técnicas de Composição estuda-se contraponto, harmonia, orquestração a partir dos exemplos canónicos; estuda-se a fuga, importante certamente, mas não se estuda, por exemplo, o tento ibérico dos séculos XVI e XVII, que virá a interessar, eventualmente, apenas a um conjunto muito restrito de músicos. Nos cursos de Composição musical, a disciplina nuclear do ensino da tradição serial e pós-serial, a análise musical, é em grande parte preenchida por obras de compositores que se incluem na narrativa oficial dessa corrente durante grande parte da segunda metade do século XX. [294] Todos estes factores ajudam a criar e a sedimentar a ideia da inexistência.

Boaventura de Sousa Santos propõe uma série de exercícios que visam ampliar as experiências históricas do Ocidente. Não tendo qualquer intenção de recuperação histórica proclama como objectivo intervir no presente. Para o autor "muitos dos problemas com que hoje se debate o mundo decorrem não só do desperdício de experiência que o Ocidente impôs ao mundo pela força, mas também do desperdício da experiência que *impôs a si mesmo* para sustentar a imposição aos outros" (2009: 448).[295]

Justamente porque deriva de um processo histórico de formação, transformação e reprodução, o cânone musical não está constituído de forma

---

[294] No prefácio ao livro do compositor João Pedro Oliveira *Teoria Analítica da Música do Século XX*, um volume que explicita os princípios da teoria dos conjuntos de Forte, Babbitt e Lewin, editado pela Fundação Calouste Gulbenkian, Rui Vieira Nery escreve: "sem um léxico português suficientemente rigoroso e sofisticado continuaremos todos a traduzir apressadamente [...] as terminologias estrangeiras que aprendemos nos nosso diversos pontos de estudo além-fronteiras" (xvi-xvii). Prologando esta reflexão, António José Martins, na recensão desse livro, publicada na *Revista Portuguesa de Musicologia* nº 9, afirma: "na nossa era globalizada e pós-colonial, 'importações' de produtos culturais representam tanto oportunidades como riscos. [...] Este livro representa [...] um encontro com outra cultura e as formas em que a comunidade académica (e artística) se desenvolver vão determinar se este se torna um encontro 'multicultural' ou 'colonial' (Martins, 1999: 187).

[295] Itálico meu.

imutável. Ao contrário do que parecem temer os defensores do cânone ocidental, a sua crítica e a crítica da sua formação não implica qualquer consideração de menor valia dessas obras nem o seu desaparecimento da esfera pública. Implica, sim, uma crítica à sua pretensão de *universalidade* e de *exclusividade*. Segundo Bohlman, "a musicologia é hoje mais inclusiva do que alguma vez tinha sido" e salienta que "o clássico e o contemporâneo, música perto de casa e música do *Outro* parecem igualmente dotadas de potencial canónico" e ainda refere "músicas cujos cânones temos ainda de reconhecer" (Bohlman, 1992: 207). Para o autor, "as vozes de novas músicas e novos cânones só podem produzir uma comunidade mais interessante se, de facto, o poder estiver distribuído com mais igualdade" (*ibid.*: 208).

A ecologia dos saberes musicais que se propõe devia constituir-se, a todos os níveis, na perspectiva de articular o cânone existente com possíveis cânones alternativos ou alargados que incluíssem a música portuguesa. Se esta não for ensinada em Portugal, não será de esperar que seja ensinada noutros países. Deste cânones alargados poderia resultar uma visão que, incluindo música portuguesa, pudesse verificar, estudar e discutir os diferentes "critérios de verdade" que presidiram à composição de obras em Portugal, uma prática pragmática que os comparasse sem os desqualificar à partida. Numa tal prática estaria em jogo a consideração das diversas temporalidades, as temporalidades do centro e as temporalidades das periferias. Para o cânone há apenas uma temporalidade e é em função dela que todas as outras são avaliadas. Por isso, os diferentes *lugares de enunciação* são exclusivamente vistos à luz da temporalidade dos países centrais da Europa do Norte.[296] A hierarquia que coloca no centro a temporalidade dos países centrais, as narrativas que produziu e produz, reduz a experiência artística periférica europeia à condição de resíduo, de manifestação reiterada do atraso em relação ao ponto que vai à frente em direcção ao futuro, e esse ponto está sempre localizado na mesma zona geocultural. De outro modo, com a actual organização dos cursos de música, a reprodução da subalternidade será inevitável e as emergências que se podem detectar ficarão ainda mais frágeis.

A actual contestação à primazia exclusivista do Ocidente e dos seus saberes e a reorganização do mundo em curso no quadro das diferentes globalizações implica uma reflexão sobre os valores recebidos. Com a continuação da

---

[296] Daqui resulta o irreprimível impulso de *citar* quando algum crítico ou qualquer outro agente do centro escreve sobre uma obra portuguesa.

primazia desse valores, com a eficácia da constelação poder/saber dos países centrais que regula a vida musical, tudo parece indicar que o *futuro* da música portuguesa e de outros países será necessariamente determinado e avaliado por *obras-ainda-por-fazer* nos países centrais. A assunção dos valores recebidos pressupõe que o *futuro irá ser igual ao passado* neste aspecto; que o dispositivo que comanda a vida musical será *sempre* operativo da mesma forma que é hoje. Desse modo, faça o que fizer, o compositor português estará condenado à fatalidade de ter de se ajustar ao que *entretanto* for feito nos países centrais, uma vez que serão necessariamente essas *obras futuras* que irão constituir o critério a partir do qual tudo o resto será avaliado. Esta projecção do futuro ajuda a compreender melhor o presente se considerarmos que continuará a ser a cultura central a estabelecer as normas em relação às quais as culturas menores se devem posicionar.

A permanência deste tipo de convicções nos programadores e directores das instituições culturais portuguesas irá incessantemente reproduzir a inferioridade da produção local face ao *Outro*, considerado global, superior, mais avançado, etc. Este tipo de avaliação, sem o uso de ecologias de saberes e práticas artísticas, distintas mas paralelas e, em sentido estrito, *contemporâneas*, não será feita caso a caso, obra a obra, mas já estará determinada mesmo antes dos casos concretos, *antes* de existirem obras concretas, pela assunção antecipada da inferioridade. Esta inferioridade é, antes de mais, a inferioridade dos próprios programadores, atingidos pelo velho complexo que fustiga a maneira como as elites portuguesas se vêem a si próprias. É a hegemonia que determina a forma como se lê e interpreta a realidade. É necessário sublinhar antagonismos, disputas, conflitos entre visões do mundo para que a política seja possível, dizem-nos Laclau e Zizek. A hegemonia actualmente existente deve ser confrontada por conteúdos concretos alternativos. É o controlo efectivo do subcampo contemporâneo por um grupo muito restrito de agentes, são as suas crenças e convicções que fecham o espaço de enunciação central a tudo aquilo que não aprova, que desconhece ou que ignora. É forçoso contestar este poder criador de desigualdade. Fora das estruturas principais do subcampo, fora dos festivais de música contemporânea, existe uma maior disponibilidade para o diverso do mundo. É por isso que muitos compositores reclamam justamente algumas peças tocadas fora de Portugal com sucesso. Isso verificar-se-á na maior parte dos casos no exterior do subcampo, tanto em circuitos alternativos e minoritários relacionados com músicas electrónicas como em iniciativas dispersas de salas de concertos fora dos circuitos dominados pelas estruturas do subcampo. No seu interior, o carácter especializado do conhecimento que arvoram ter, a sua filosofia da História, impede os agentes em geral de considerarem ou compreenderem a *diferença* dos produtos, os gostos, os universos de sentido quer das diferentes periferias quer mesmo daqueles compositores que, nos próprios países centrais, não se reconhecem nos critérios vigentes no subcampo. Estes dissidentes constituem-se como periféricos no interior do seus próprios países o que salienta a contradição entre as narrativas oficiais dos vencedores e a diversidade do real. Daí a violência dos debates internos nesses países.

Estes antagonismos devem ser sublinhados, como aqui se procurou fazer, na medida em que ampliam o âmbito possível de acção e assinalam a produção de objectos artísticos próprios da indesmentível *diversidade do mundo*. Essa diversidade é ineluctável e incomensurável. Resta-nos enriquecê-la, dando respostas individuais e diversas aos impulsos criativos próprios de qualquer comunidade artística, mesmo que o destino das obras continue a ser o do desperdício patrimonial.

# BIBLIOGRAFIA

A.A.V.V. (2009), *Factos e Números*, Lisboa: Fundação Calouste Gulbenkian.

ABRAHAM, Gerald (1974), *The Tradition of Western Music*. Berkeley: University of California Press.

ABRAHAM, Gerald (ed.) (1985a), The New Oxford History of Music: vol. VI Concert Music 1630-1750. Londres: Oxford University Press.

ABRAHAM, Gerald (ed.) (1985b), The New Oxford History of Music: vol. VIII The Age of Beethoven, 1790-1830. Londres: Oxford University Press.

ADORNO, Theodor W. (1973), *Philosophy of modern music*. Nova Iorque: Seabury Press.

ADORNO, Theodor W. (1989), *Introduction to the Sociology of Music*. Nova Iorque: Continuum.

ADORNO, Theodor W. (2002), *Essays on music: Theodor W. Adorno*. R. Leppert (org.) Berkeley, Calif.; Londres: University of California Press.

ALBÈRA, Philipe (2003) "Modernité – II. La forme musicale" in *Musiques, une encyclopédie pour le XXIᵉ Siècle*, vol I – *Musiques du XXième siécle*, ed. J.-J. Nattiez. Paris: Actes du Sud/Cité de la Musique, 234-263.

ALMEIDA, António Victorino d' (2008), *Toda a música que eu conheço*. Vol I & II, Lisboa: Oficina do Livro.

ANDERSEN, Niels Akerstrom (2003), *Discursive Analytical Strategies*. Bristol: The Polity Press.

ASCROFT, Bill *et al* (ed.) (2006) *The Postcolonial Studies Reader*. Londres e Nova Iorque: Routledge.

AZEVEDO, Sérgio (1998), *A Invenção dos Sons*. Lisboa: Caminho.

AZEVEDO, Sérgio (2007), "Como Jean-Noel Von der Weid redescobriu a música portuguesa" in *Revista Politecnia*, Janeiro, 2007.

BADIOU, Alain (1999), *Pequeno Manual de Inestética*. Lisboa: Instituto Piaget.

BAPTISTA, Maria Manuel (cood.) (2006), *Estudos Eduardo Lourenço*. Maia: Ver o Verso, Lda.

BARRETO, António (coord.) (2007), *Fundação Calouste Gulbenkian: Cinquenta Anos 1956--2006*. Lisboa: Fundação Calouste Gulbenkian

BARRIÈRE, Jean-Baptiste (1990), "Réflexions intempestives sur le statut social du compositeur, l'institution et l'industrie culturelle" in *Inharmoniques* nº 6, 149-159.

BAUMAN, Zigmunt (1999), *Globalização: as consequências humanas*. Rio de Janeiro: Jorge Zahar Editor.

BAUMAN, Zigmunt (2001), "On glocalization: Or Globalization for Some, Localization for Others" in P. Beilharz (ed.), *The Bauman Reader*. Oxford: Blackwell Publishers.

BECKER, Howard S. (1984), *Art worlds*. Berkeley: University of California Press.

BELL, Daniel, (1978), *The Cultural Contradictions of Capitalism*. Nova Iorque: Basic Books.

BENJAMIN, Walter (1999), *Illuminations*. Londres: Pimlico.

BENT, Margaret (2004), "Le métier de musicologue", in *Musiques, une encyclopédie pour le XXIᵉ Siècle*, vol. II – *Les Savoirs Musicaux* ed. J.-J. Nattiez,. Paris: Actes du Sud, 611-627.

BERGERON, Katherine, e Bohlman, Philip V. (1996), *Disciplining music: musicology and its canons*. Chicago, Londres: The University of Chicago Press.

BERNARDES, Júlia-Miguel e Bernardes, Isabel Ramos, (2003), Uma Discografia de CDs da Composição Musical em Portugal do Século XIII aos Nossos Dias. Lisboa: INCM.

BHABHA, Homi K. (1994), *The location of culture*. Londres: Routledge.

BLOOM, Allan (1988), *Closing of the American Mind*. Nova Iorque: Simon & Schuster.

BLOOM, Harold (1998), *O cânone ocidental*. Lisboa: Temas e Debates.

BOLTANSKI, Luc, e Chiapello, Ève (1999), *Le nouvel esprit du capitalisme*. Paris: Gallimard.

BOREL, Héléne *et al* (2001), *Emmanuel Nunes: Compositeur portugais XX siécle*. Paris: Centre Culturel Calouste Gulbenkian.

BORN, Georgina (1995), *Rationalizing culture: IRCAM, Boulez, and the institutionalization of the musical avant-garde*. Berkeley; Londres: University of California Press.

BORN, Georgina, e Hesmondhalgh, David (2000), *Western music and its others: difference, representation, and appropriation in music*. Berkeley, Calif.; Londres: University of California Press.

BOTSTEIN, Leon (2004), "Music of a Century: museum culture and the politics of subsidy", in *The Cambridge History of Twentieth Century Music*. ed. N. Cook, Cambridge: Cambridge University Press, 40-68.

BOURDIEU, Pierre (1970), *La Reproduction*. Paris: Les Éditions de Minuit.

BOURDIEU, Pierre (1978a), "Capital symbolique et classes sociales" in *L'Arc*, 72 (Georges Duby) 16.

BOURDIEU, Pierre (1978b), "Sur l'objectification participante. Réponse à quelques objections" in *Actes de la Recherche en Sciences Sociales*, 23 (1), 67-69.

BOURDIEU, Pierre (1979), *La distinction. Critique sociale du jugement*. Paris: Les Éditions de Minuit.

BOURDIEU, Pierre (1989c), *Distinction: a social critique of the judgement of taste*, traduzido do francês por Richard Nice. Londres: Routledge.

BOURDIEU, Pierre (1990), "Les conditions sociales pour la circulation internationale des theories et des idées", in *ESSE; Pour un espace des sciences sociales européen*, 1-9, (acedido 17 de Março de 2007).

BOURDIEU, Pierre (1992), Réponses: pour une anthropologie réflexive. Paris: Seuil.

BOURDIEU, Pierre (1993), *The Field of Cultural Production: essays on art and literature*. Ed. e introd. de Randal Johnson. Cambridge: Polity Press.

BOURDIEU, Pierre (1996a), *As Regras da Arte*. Lisboa: Editorial Presença.

BOURDIEU, Pierre (1996b), *Lição sobre a Lição*. V. N. de Gaia: Estratégias Criativas.

BOURDIEU, Pierre (1997), *Razões Práticas: sobre a teoria da acção*. Oeiras: Celta Editora.

BOURDIEU, Pierre (1998a), *Meditações Pascalianas*. Oeiras: Celta Editora.

BOURDIEU, Pierre (1998bd), *O que Falar quer Dizer*. Oeiras: Difel.

BOURDIEU, Pierre (1998c), *La Domination Masculine*. Paris: Seuil.

BOURDIEU, Pierre (2002), *Esboço de uma Teoria da Prática*. Oeiras: Celta Editora.

BOURDIEU, Pierre (2003a), "L"objectification participante", in *Actes de la recherche en sciences sociales, 150* (1), 43-58.

BOURDIEU, Pierre (2003b), *Méditations Pascaliennes*. Paris: Éditions du Seuil.

BOURDIEU, Pierre (2004), *Para uma Sociologia da Ciência*. Lisboa: Edições 70.

BOULEZ, Pierre (1966), *Penser la Musique Aujourd"hui*. Paris: Gallimard.

BOULEZ, Pierre (1975), *Relevés d'apprenti*, Paris. Éditions du Seuil.

BOULEZ, Pierre (1975a), *Par Volonté et par Hasard: entretiens avec Célestin Deliège*, Paris, Éditions du Seuil.

BOULEZ, Pierre, (1975b), «Donc on remet en question» in *La Musique en Project*, Boulez et al. Paris, Gallimard, IRCAM.

BOULEZ, Pierre (1989), *Jalons*. Paris, Christian Bourgois.

BOVONE, Laura (1997), "Os Novos Intermediários Culturais. Considerações sobre a cultura pós-moderna", *in Cidade, Cultura e Globalização* ed. C. Fortuna, Oeiras: Celta Editora, 105-120.

BRANCO, João de Freitas (1959), *História da Música Portuguesa*. Lisboa.

BRANCO, João de Freitas (1960), *Alguns Aspectos da Música Contemporânea Portuguesa*. Lisboa: Ática.

BRANCO, João de Freitas (2004), org., fixação do texto, pref. e notas de João Maria de Freitas Branco. *História da Música Portuguesa*. 4ª Edição, Lisboa: Publicações Europa-América.

BRAUDEL, Fernand (1979), *Civilização Material, Economia e Capitalismo: III – O Tempo do Mundo*. Lisboa: Teorema.

BRAUDEL, Fernand (1985), *La Dynamique du Capitalisme*. Paris: Flammarion.

BRITO, Manuel Carlos de, e Cymbron, Luísa (1992), *História da Música Portuguesa*. Lisboa: Universidade Aberta.

BUCK, Percy C. (s/d) [1943], *História da Música*, (trad. Fernando Lopes Graça) Lisboa, Inquérito.

BUJIC, Bojan (2003) "Nationalismes et Traditions Nationales", in *Musiques: une encyclopédie pour le XXI siécle, vol. I – Musiques du XXième siécle*, ed. J.-J. Nattiez. Paris: Actes du Sud/Cité da la Musique, 175-193.

BÜRGER, Peter (1984), *Theory of the Avant-Garde*, Manchester: Manchester University Press.

BURKHOLDER, J. Peter, Grout, Donald Jay, e Palisca, Claude V. (2006), *A History of Western Music*. Londres, Nova Iorque: W.W. Norton.

CALHOUN, C. et al (ed.) (1993), *Bourdieu Critical Perspectives*. Chicago; Chicago University Press.

CANDÉ, Roland de (1983), *Nouveau Dictionnaire de la Musique*. Paris: Editions du Seuil.

CANDÉ, Roland de (1982), *Convite à Música*. Lisboa: Edições 70

CANDÉ, Roland de (1985), *Os Músicos, a Vida, a Obra, os Estilos*. Lisboa: Edições 70.

CANDÉ, Roland de (2003-2004), *História Universal da Música*. Porto: Edições Afrontamento.

CARROLL, Mark (2003), *Music and Ideology in Cold War Europe*. Cambridge: Cambridge University Press.

CARVALHO, Mário Vieira de (1974), *Para um Dossier Gulbenkian*. Lisboa: Editorial Estampa.

CARVALHO, Mário Vieira de (1978), *Estes Sons, esta Linguagem*. Lisboa: Estampa.

CARVALHO, Mário Vieira de (1989), *O Essencial sobre Fernando Lopes-Graça*. Lisboa: Imprensa Nacional-Casa da Moeda (INCM).

CARVALHO, Mário Vieira de (1991), "Música: do surto inicial à frustação do presente" in *Portugal Contemporâneo*; ed. A. Reis, vol. I. Lisboa: Alfa.

CARVALHO, Mário Vieira de (1991a) "Sociologia da Música – Elementos para uma retrospectiva e para uma definição das suas tarefas actuais" in *Revista Portuguesa de Musicologia*, I, 37-44 .

CARVALHO, Mário Vieira de (1992), "Música: do surto inicial à frustração do presente" in *Portugal Contemporâneo*; ed. A. Reis, vol. II, Lisboa: Alfa.

CARVALHO, Mário Vieira de (1993), *Pensar é Morrer ou o Teatro de São Carlos na Mudança de Sistemas Sociocomunicativos desde Fins do Séc. XVIII aos Nossos Dias*. Lisboa: INCM.

CARVALHO, Mário Vieira de (2006), *Pensar a Música, Mudar o Mundo: Fernando Lopes Graça*. Porto: Campo das Letras.

CARVALHO, Mário Vieira de (2007), *A Tragédia da Escuta: Nono e a Música do Século XX*, Lisboa: INCM.

CASCUDO, Teresa (1997), *Catálogo do Espólio Musical de Fernando Lopes Graça*. Cascais: Câmara Municpal de Cascais.

CASCUDO, Teresa. (2006), *A Tradição Musical na Obra de Fernando Lopes-Graça: um estudo no contexto português*. Dissertação de Doutoramento (versão revista), Universidade Nova de Lisboa.

CASTRO, Paulo Ferreira de, e Nery, Rui Vieira (1991), *História da Música*. Comissariado para a Europália 91: INCM.

CASTRO, Paulo Ferreira de (1991a), "Comunicação no Dia Mundial da Música 1991". Dia Mundial da Música. 1991.

CASTRO, Paulo Ferreira de (2002) "Composição e racionalidade" in *Revista Portuguesa de Musicologia* nº 12 Lisboa: 293-319.

CHAMPAGNE, Patrick e Christin, Olivier (2004) *Mouvements d'une Pensée: Pierre Bourdieu*. Paris: Bordas.

CHAKRABARTHY, Dipesh (2000), *Provincializing Europe: Postcolonial thought and Historical Difference*. Princeton and Oxford: Princeton Paperbacks.

CHOULIARAKI, Lilie e Fairclough, Norman (1999), *Discourse in Late Modernity*. Edinburgo: Edinburgh Univertity Press.

COOK, Nicholas, e Everist, Mark (ed.) (1999), *Rethinking Music*. Oxford: Oxford University Press.

COOK, Nicholas, e Pople, Anthony (2004), *The Cambridge History of Twentieth-Century Music*. Cambridge: Cambridge University Press.

COOPER, Martin (ed.) (1974), *The New Oxford History of Music: vol. X – The Modern Age*. Oxford: Oxford University Press.

CRONIN, Ciaran (1996), "Bourdieu and Foucault on Power and Modernism" in *Philosophy e Social Criticism*, (Novembro 1996), 22: 55-85.

DANUSER, Hermann (2003), "L'école de Damstadt et son Mythe", in *Musiques, une encyclopédie pour le XXIº Siècle, Musiques du XX Siècle*, ed. J.-J. Nattiez, vol. I:, Paris: Paris: Actes du Sud/Cité da la Musique. 264-282.

DELEUZE, Gilles (2005), *Foucault*. Lisboa: Edições 70.

DELGADO, Alexandre (2001), *A Sinfonia em Portugal*. Lisboa: IPAE RDP.

DELGADO, Alexandre (2005), *A Culpa é do Maestro: Crítica Musical, 1900-2000*. Lisboa: Caminho.

DELGADO, Alexandre, Telles, Ana, e Mendes, Nuno Bettencourt (2007), *Luís de Freitas Branco*. Lisboa: Caminho.

DELGADO, Cristina (2007), *Música, Estética e Sociedade nos Escritos de Jorge Peixinho*. Lisboa: Colibri.

DELIÈGE, Célestin (2003), *Cinquante Ans de Modernité Musicale: de Darmstadt à l"IRCAM: contribution historiographique à une musicologie critique*. Sprimont: Mardaga.

DENORA, Tia (1995), *Beethoven and the Construction of Genius: musical politics in Vienna, 1792-1803*. Berkeley, Los Angeles, Londres, University of California Press.

DIETZE, Carola (2008), "Toward a history on equal terms; a discussion of Provincializing Europe" in *History and Theory, 47*, 69-84.

DONIN, Nicolas, (2005), "Première audition, écoutes repétés" in *L'Inoui, Revue de l'IRCAM*, 31-47.

DREYFUS, Hubert L. e Rabinow, Paul (1982), *Michel Foucault: beyond structuralism and hermeneutics*. Brighton: Harvester.

DUCKLES, Vincent, e Pasle, Jann (2001), "Musicology I. 2. The nature of musicology: origins: musicology as a science". *Grove Music Online* (Acedido a 21 de Maio de 2006).

DUFOURT, Hugues (1991), *Musique, Pouvoir, Écriture*. Paris, Christian Bourgois Éditeur

DUNSBY, Jonathan (ed.) (2004), *Order and Disorder: music-theoretical strategies in 20th-century music:* proceedings of the International Orpheus Academy for Music Theory 2003. Leuven: Leuven University Press.

DUSSEL, Enrique (1996), "Beyond Eurocentrism: the world-system and the limits of modernity" in *The Cultures of Globalization* ed. F. Jameson e M. Miyoshi. Durham, North Carolina: Duke University Press.

DUTUERTRE, Benoit (1995), *Requiem pour une Avant-garde*. Paris: Éditions Robert Laffont

DUTUERTRE, Benoit (2000), *Requiem pour une Avant-garde*. Paris: Pocket Agora.

ESPOSITO, Francesco (2002), "Alexandre Delgado, A Sinfonia em Portugal" in *Revista Portuguesa de Musicologia*, 9, 195-202.

EVERIST, Mark (1999), "Reception Theories, Canonic Discourses and Musical Values" in *Rethinking music* ed. N. Cook e M. Everist. Oxford: Oxford University Press, 378-402.

FAIRCLOUGH, Norman (1992), *Discourse and Social Change*. Cambridge: Polity Press.

FERREIRA, Claudino (2002), "Intermediação Cultural e Grandes Eventos", *Oficinas do CES*, 167.

FERREIRA, Claudino (2004), *Expos, Grandes Eventos e Processos de Intermediação Cultural*. Coimbra: Faculdade de Economia da Universidade de Coimbra.

FERREIRA, José Medeiros (1993), *Portugal em Transe (1974-1985)*. Lisboa: Círculo de Leitores.

FERREIRA, Manuel Pedro [Ramalho] (1982), "O Sucesso para quê?" in *Informação Musical* (6), 3-5.

FERREIRA, Manuel Pedro (1994), "Da Música na História de Portugal" in *Revista Portuguesa de Musicologia*, (4-5). 167-216.

FERREIRA, Manuel Pedro (2002), "A Obra de Jorge Peixinho: problemática e recepção" in *Jorge Peixinho: In Memorian*, ed. J. Machado. Lisboa: Caminho, 223-286.

FERREIRA, Manuel Pedro (2007), *Dez Compositores Portugueses*. Lisboa: Dom Quixote.

FISHERMAN, Diego (1998), *La Música del siglo XX*. Buenos Aires: Paidós.

FORTE, Allen (1973), *The Structure of Atonal Music*. New Haven e Londres, Yale University Press.
FORTE, Allen (1982), *Introduction to Schenkerian Analysis,* Nova Iorque, Londres: W.W. Norton & Company.
FORTUNA, Carlos (1997), "Introdução: Sociologia, cultura urbana e globalização" in *Cidade, cultura e globalização*, ed. C. Fortuna. Oeiras: Celta.
FORTUNA, Carlos, e Silva, Augusto Santos (ed.) (2002), *Projecto e Circunstância*. Porto: Edições Afrontamento.
FOUCAULT, Michel (1980), *Power/Knowledge: Selected Interviews and Other Writings, 1972--1977*, ed. Colin Gordon. Brighton: Harvester Press.
FOUCAULT, Michel (1994a), *História da Sexualidade I: A Vontade de Saber*: Lisboa: Relógio D'Água.
FOUCAULT, Michel (1994b), "Le Jeu de Michel Foucault" in *Dits et Écrits* ed. Daniel Defert e François Ewald, vol. III, Paris: Gallimard, 208-329.
FOUCAULT, Michel (1994c), "Qu'est-ce que les Lumières?", in *Dits et Écrits*, ed. Daniel Defert e François Ewald vol IV, Paris: Gallimard, 562-577.
FOUCAULT, Michel (2000), *Em Defesa da Sociedade, Curso no Collège de France* (1975--1976), São Paulo: Martins Fontes.
FOUCAULT, Michel (2003), *The Essential Foucault: selections from essential works of Foucault, 1954-1984*. Nova Iorque: New Press.
FOUCAULT, Michel (2005), *A Arqueologia do Saber*. Coimbra: Almedina.
FOX, Christopher (2008), "British Music at Darmstadt – 1982-1992", in *Twentieth Century Music* (5).
FUMAROLI, Marc, (1999), *L'État Culturel: essai sur une religion moderne*, Paris: Biblos.
FRANÇA, José-Augusto (1974), *A Arte em Portugal no Século XX*. Lisboa: Bertrand.
FRANÇA, José-Augusto (1997), *(In)definições de Cultura*. Lisboa: Editorial Presença.
GARCIA, Francisco Vazquez (1999), "Historicidad de la razón y teoria social: entre Foucault y Bourdieu" in *Revista Mexicana de Sociologia*, 61 (2), 189-212.
GIL, José (2005), *Portugal: o Medo de Existir*. Lisboa: Relógio D'Água.
GODINHO, Vitorino Magalhães (1965), *Os Descobrimentos e a Economia Mundial*. Lisboa: Arcádia.
GODINHO, Vitorino Magalhães (2009), *Ensaios e Estudos*. Lisboa: Sá da Costa.
GOEHR, Lydia (1994), *The Imaginary Museum of Musical Works: An Essay in the Philosophy of Music*. Oxford: Oxford University Press.
GOLDBECK, Frederick (1946), "De la situation faite à la musique contemporaine", in *Contrepoints*, nº 1, Janeiro.
GOODY, Jack (2006), *The Theft of History*. Cambridge: Cambridge University Press.

GOSSETT, Phillip (1996), "History and works that have no history: reviving Rossini"s Neapolitan operas", in *Disciplining Music: musicology and its canons*. Ed. Bergeron, Katherine, e Bohlman, Philip V. Chicago; Londres: The University of Chicago Press, 95-115.

GRIFFITHS, Paul (1989), *Música Moderna: uma história concisa e ilustrada de Debussy a Boulez*. Rio de Janeiro: Jorge Zahar Editor.

GRIFFITHS, Paul (1995), *Modern Music and After: directions since 1945*. Oxford: Oxford University Press.

GRIFFITHS, Paul (2004), *The Penguin Companion to Classical Music*. Londres: Penguin Books.

GROUT, Donald Jay (1973), *A History of Western Music*. Nova Iorque: Norton.

GROUT, Donald Jay, e Palisca, Claude V. (2007), *História da Música Ocidental*. Lisboa: Gradiva.

HABERMAS, Jürgen (1990), *O Discurso Filosófico da Modernidade*. Lisboa: Publicações Dom Quixote.

HABERMAS, Jürgen (1991), *The New Conservatism: cultural criticism and the historians debate*. Cambridge: MIT Press.

HABERMAS, Jürgen (1992), *L'Espace Public*. Paris: Payot.

HARTOG, Howard (ed.) (1957), *European Music in the Twentieth Century*. Londres: Routledge & Kegan Paul.

HENNION, Antoine (1999) "Sociology of Art: New Stakes in a Post-Critical Time" in *Sociology: Advances and Challenges*, ed. Stella Quah e Arnaud Sales, London: Sage Publications.

HENNION, Antoine, *et al.* (2000), *Figures de l'Amateur*. Paris: La Documentation Française.

HENNION, Antoine (2004), "Pragmatics of Taste", in *The Blackwell Companion to the Sociology of Culture*. Oxford: Blackwell, 131-144.

HINDLEY, Geoffrey (ed.), (1971), *The Larousse Encyclopedia of Music*. Londres: Hamlyn Publishing Group.

HONNEGER, Marc (ed.) (1993), *Dictionnaire de la musique*. Paris: Bordas.

HOWARD, David (2000), *Discourse*. Buckingham: Open University Press.

HOWARD, David, *et al.* (ed.) (2000), *Discourse Theory and Political Analysis*. Manchester: Manchester University Press.

HURWITZ, David (2009), "Luis de Freitas Branco; Orchestral works", in *Classics Today*, publicado in *Boletim da SPA*.

HUYSSEN, Andreas (1988), *After the Great Divide: Modernism, Mass Culture, Postmodernism*. Basingstoke: Macmillan.

INGARTEN, Roman, (1989), *Qu'est-ce que une Oeuvre Musicale*, Paris: Christian Bourgois. [1933].
JAMESON, Frederik (1998), "Notes on Globalization as a Philosophical Issue", in *The Cultures of Globalization*. ed. F. Jameson e M. Miyoshi, Durham and Londres: Duke Universiy Press, 54-80.
JAMESON, Frederik (ed.) (1998), *The Cultures of Globalization*. Durham: Duke University Press.
JIMÉNEZ, José (1997), *A Vida como Acaso*. Lisboa: Vega.
KADAR, George (1973), *Musique de Notre Temps*. Paris: Casterman.
KELLY, Michael, (ed) (1994), *Critique and power: recasting the Foucault/Habermas debate*. Cambridge, Mass.: MIT Press.
KENNEDY, Michael (ed.) (1994), *Dicionário Oxford de Música*. Lisboa: Dom Quixote.
KERMAN, Joseph (1983), *A Few Canonic Variations*. Chicago: University of Chicago Press.
KERMAN, Joseph (1985), *Contemplating Music: challenges to musicology*. Cambridge, Mass.: Harvard University Press.
KERMAN, Joseph (1985a), *Musicology*. Londres: Fontana/Collins.
KRAMER, Lawrence (1995), *Classical Music and Postmodern Knowledge*. Berkeley; Londres: University of California Press.
KRAMER, Lawrence (2002), *Musical meaning: towards a critical history*. Berkeley: University of California Press.
KRAMER, Lawrence (2007), *Why Classical Music still matters*, Berkeley; Los Angesles: University of cafornia Press.
LACLAU, Ernesto, e Mouffe, Chantal (1985), *Hegemony and Socialist Strategey*. Londres: Verso.
LANDER, Edgardo (2002), "Eurocentrism, Modern Knowledges and the 'Natural' order of Global capital" in *Neplanta: Views from the South*, 3 (2). 245-267.
LANG, Paul Henry (1941), *Music in Western Civilization*. Nova Iorque: W.W. Norton & Co.
LATINO, Catarina (1998), "A Edição Musical em Portugal nos anos 80-90", *Revista Portuguesa de Musicologia*, Associação Portuguesa de Ciências Musicais, 7-8.
LATOUR, Bruno (2007) *Reassembling the Social: an Introduction to Actor-Network-Theory*. Oxford: Oxford University Press.
LE ROUX, Maurice (1979), *Musique*. Paris: Retz.
LEÇA, Carlos de Pontes (1972), "História dum festival: O Festival Gulbenkian de Música, de 1957 a 1970", separata de *Colóquio Artes*, nº 7 (Abril de 1972).
LEONE, Carlos (2005), *O Essencial sobre Estrangeirados no Século XX*. Lisboa: INCM.
LERDAHL, Fred (1989) "Contraints Cognitives sur les Systèmes compositionels" in *Composition et Perceptions, Contrechamps* nº 10, Paris:L'Age d'Homme. 25-57.
LÉVI-STRAUSS, Claude (1964), *Le Cru et le Cuit*. Paris: Plon.

LEWIS, Anthony, e Fortune, Nigel (ed.) (1975), *The New Oxford History of Music*, vol. V: *Opera and Church Music*. Oxford: Oxford University Press.

LIPOVESTKY, Gilles, e Serroy, Pierre (2008), *La Culture-Monde: réponse à une société désorientée*, Paris: Odile Jacob.

LOPES-GRAÇA, Fernando (1943), "Criação e Crítica na Música Portuguesa" in *A Música Portuguesa e os Seus Problemas*, vol. I (1989). Lisboa: Caminho. 15-33.

LOPES-GRAÇA, Fernando (1960), "Os Estrangeiros e a Música Portuguesa" in *A Música Portuguesa e os Seus Problemas*, vol. III (1973) Lisboa: Cosmos. 97-105.

LOPES-GRAÇA, Fernando (1973), *A Música Portuguesa e os Seus Problemas*, vol. III. Lisboa: Cosmos.

LOPES-GRAÇA, Fernando (1989a), *A Música Portuguesa e os Seus Problemas*, vol. II. Lisboa: Caminho.

LOPES-GRAÇA, Fernando (1989b), *A Música Portuguesa e os Seus Problemas*, vol. I. Lisboa: Caminho.

LOPES-GRAÇA, Fernando (1992), *Musicália*, 2.ª ed. Lisboa: Caminho.

LOURENÇO, Eduardo (1987), *Heterodoxia I e II*. Lisboa: Assírio e Alvim.

LOURENÇO, Eduardo (1991), *O Labirinto da Saudade: Psicanálise Mítica do Destino Português*. Lisboa: Dom Quixote.

LOURENÇO, Eduardo (1997), *Nós e a Europa ou as Duas Razões*. Lisboa: INCM.

LOURENÇO, Eduardo (1998a), "A Cultura Portuguesa Hoje" in *A Nau de Ícaro*. Lisboa: Gradiva.

LOURENÇO, Eduardo (1998b), *A Nau de Ícaro*. Lisboa: Gradiva.

LOURENÇO, Eduardo (1982), *Portugal como Destino, seguido de Mitologia da saudade*. Lisboa Gradiva.

LOURENÇO, Eduardo (2004), "Nacionalistas e estrangeirados" in *Destroços: O Gibão de Mestre Gil e Outros Ensaios*. Lisboa: Gradiva.

LOURENÇO, Eduardo (2004), "A 'Chaga do Lado' da Cultura Portuguesa" in *Destroços: O Gibão de Mestre Gil e Outros Ensaios*. Lisboa: Gradiva.

LOURENÇO, Eduardo (2004), *Destroços: O Gibão de Mestre Gil e Outros Ensaios*. Lisboa: Gradiva.

LUHMANN, Niklas (2000). *Art as a Social System*. Stanford: Stanford University Press.

MACHADO, José (ed.) (2002), *Jorge Peixinho: In Memorian*. Lisboa: Caminho.

MACHAQUEIRO, Mário (2008), *A Revolução Soviética Hoje*. Porto: Edições Afrontamento.

MADEIRA, Cláudia (2002), *Os Novos Notáveis*. Oeiras: Delta.

MATTOSO, José (1998), *A Identidade Nacional*. Lisboa: Fundação Mário Soares.

MCCLARY, Susan (1989), "Terminal prestige: the case of avant-garde music composition" in *Cultural Critique* (nº 12), 57-81.

McClary, Susan (2000), *Conventional Wisdom: the content of musical form*. Berkeley: University of California Press.

Melchior-Bonnet, Alain (ed.) (1987), *Dictionnaire de la Musique*. Paris: Larousse.

Menger, Pierre-Menger (s/d) *La Condition du Compositeur et le Marché de la Musique Contemporaine*. Paris: La Documentation Française.

Menger, Pierre-Michel (1983), *Le paradoxe du musicien: le compositeur, le mélomane et l'État dans la société contemporaine*. Paris: Flammarion.

Menger, Pierre-Michel (1989) "Jugement scientifique et soupçon critique – réponse à Jean-Jacques Nattiez" in *Composition et Perceptions, Contrechamps* nº 10, Paris: L'Age d'Homme. 170-176.

Menger, Pierre-Michel (2003), "Le Public de la Musique Contemporaine" in *Musiques, une encyclopédie pour le XXIº Siècle* vol I – *Musiques du XXième siécle*, ed. J.-J. Nattiez *ed*, Actes du Sud/Cité de la Musique, 1169-1188.

Metzer, David (2009), *Musical Modernism at the Turn of the Century*, Cambridge: Cambridge University Press.

Moody, Ivan (1996) "Mensagens: Portuguese Music in the 20th Century" in *Tempo*, Outubro. 2-10.

Mignolo, Walter (2000), *Local Histories/Global Designs: coloniality, subaltern knowledges, and border thinking*. Chichester; Princeton, N.J.: Princeton Univers Monity Press.

Molino, Jean (2003), "Technologie, Mondialization, Tribalisation" in *Musiques: une enciclopédie pour le XXI siécle, vol. I – Musiques du XXième siécle*, ed. J.-J. Nattiez. Paris: Actes du Sud/Cité da la Musique. 69-88.

Morton, Brian e Collins, Pamela (1992), *Contemporary Composers*. Chicago and Londres, St. James Press.

Nattiez, Jean-Jacques (1984), "Tonal/Atonal" in *Enciclopedia Einaudi*, ed. R. Romano e F. Gil, vol. 3. *Artes*. Lisboa: INCM. 331-356.

Nattiez, Jean-Jacques (1988) "Répons et la crise communicationelle de la musique contemporaine" in *Inharmoniques* nº 4. Paris: IRCAM.

Nattiez, Jean-Jacques (1989) "Le Paradoxe du Sociologue" in *Composition et Perceptions, Contrechamps* nº 10, Paris: L'Age d'Homme. 140-169.

Nattiez, Jean-Jacques (1993), *Le Combat de Chronos et d'Orphée: essais*. Paris: Christian Bourgois.

Nattiez, Jean-Jacques (ed.) (2003), *Musiques: une enciclopédie pour le XXI siécle: vol. I – Musiques du XXieme siécle*. Paris: Actes du Sud/Cité da la Musique.

Nattiez, Jean-Jacques (ed.) (2004), *Musiques: une Enciclopédie pour le XXI siécle: vol. II – Les Savoirs Musicaux*. Paris: Actes du Sud/Cité da la Musique

NATTIEZ, Jean-Jacques (ed.) (2005), *Musiques: une Enciclopédie pour le XXI siécle*: vol. III – *Musiques et cultures*. Paris: Actes du Sud/Cité da la Musique.

NERY, Rui Vieira (1997), "Multiculturalidade e Portugalidade: aspectos da Historia da Música em Portugal" in *Portugal e o Mundo. O Encontro de Culturas na Música*, ed. S. E.-S. Castelo-Branco. Lisboa: Publicações Europa-América.

NERY, Rui Vieira, e Castro, Paulo Ferreira de (1991), *História da Música*. Lisboa: Comissariado para a Europália 91; INCM.

ONFRAY, Michel (2009), *A Potência de Existir*. Lisboa: Campo da Comunicação.

OSMOND-SMITH, David (2004), "New Beginnings: the internacional avant-garde, 1945-62" in *Twentieth-Century Music* ed. N. Cook e A. Pople. Cambridge: Cambridge University Press, 336-362.

PADDISON, Max (1993), *Adorno"s Aesthetics of Music*. Cambridge: Cambridge University Press.

PADDISON, Max (1996), *Adorno, Modernism and Mass Culture: essays on critical theory and music*. London: Kahn & Averill.

PAES, João (1998), "Música" in *Dicionário de Historia de Portugal*. vol. 8, ed. A. Barreto e M. F. Mónica, Lisboa: Figueirinhas, 582-583.

PEDRO, Emília Ribeiro (ed.) (1997), *Análise Crítica do Discurso*. Lisboa: Caminho.

PEREIRA, José Pacheco (2001), *Álvaro Cunhal: Uma Biografia Política: O Prisioneiro (1949--1960)* Vol. III. Lisboa, Temas e Debates.

PINTO, Louis ( 2002), *Pierre Bourdieu et la Théorie du Monde Social*. Paris: Édition Albin Michel S.A.

PERELMAN, Chaim e Olbrechts-Tyteca, Lucie (2006), *Tratado da Argumentação*. Lisboa: Instituto Piaget.

PLEASANTS, Henry (1961), *Death of a Music? The Decline of the European Tradition and the Rise of Jazz*. Londres: V. Gollaz.

QUIJANO, Anibal (2007), "Coloniality and modernity/rationality" in *Cultural Studies*, 21 (2). 168-178.

QUIVY, Raymond, e Campenhoudt, Luc Van (2003), *Manual de Investigação em Ciências Sociais*. Lisboa: Gradiva.

RANCIÉRE, Jacques (2000) *Le Partage du Sensible: Esthétique et Politique*. Paris: La Fabrique-Éditions.

RANCIÉRE, Jacques (2004) *Malaise dans l'esthétique*. Paris: Éditions Galilée.

RANDEL, Don Michael (1992), "The Canons in the Musicologial Toolbox" in *Disciplining Music ed.* Philip Bohlman e K. Bergeron. Chicago: Chicago University Press. 10-22.

RIBEIRO, António Pinto (2000), *Ser Feliz é Imoral?* Lisboa: Livros Cotovia.

RIBEIRO, António Pinto (2004), *Abrigos*. Lisboa: Livros Cotovia.

RIBEIRO, António Pinto (2007), "Arte" in *Fundação Calouste Gulbenkian: Cinquenta Anos; 1956-2006* ed. A. Barreto Lisboa: Fundação Calouste Gulbenkian. 237-405.

RIBEIRO, António Sousa (1993), "Configurações do Campo Intellectual Português no pós-25 de Abril: o campo literário" in *Portugal: Um Retrato Singular*, org. Boaventura de Sousa Santos. Porto: Edições Afrontamento. 483-513.

RIBEIRO, António Sousa e Ramalho, Maria Irene (org.) (2001), *Entre Ser e Estar: Raizes, Percursos e Discursos da Identidade*. Porto: Edições Afrontamento

ROBERTSON, Alec , e Stevens, Denis (ed.) (1960-1963), *História da Música "Pelicano"* vol. I, II, III. Lisboa: Ulisseia.

ROCHA, José Eduardo (2004), "Anexo 1960-2004" in *História de Música Portuguesa* ed. J. M. d. F. Branco. Lisboa: Publicações Europa-América. 343-392.

ROSS, Alex (2008), *The Rest is Noise: Listening to the Twentieth Century*. Londres: Fourth Estate.

SADIE, Stanley (ed.) (2001), *The New Grove Dicionary of Music and Musicians*. Londres: MacMillan Publishers Limited.

SAID, Edward W. (1972), "Michel Foucault", *Boundary 2*, 1 (1), URL: http://www.jstor.org/stable/302044.

SAID, Edward W. (1980), *The Question of Palestine*. Nova Iorque: Vintage Books.

SAMSON, Jim (2001), "Canon III" in *Grove Music Online* (Acedido 4 de Janueiro de 2007)

SAMUEL, Claude (1962), *Panorama de l'Art Musical Contemporain*. Paris.

SANTOS, Boaventura de Sousa (1989), *Introdução a uma Ciência Pós-Moderna*. Porto: Edicões Afrontamento.

SANTOS, Boaventura de Sousa (ed.) (1990), *O Estado e a Sociedade em Portugal (1974--1988)*. Porto: Edições Afrontamento.

SANTOS, Boaventura de Sousa (ed.) (1993a), *Portugal: um retrato singular*. Porto: Edições Afrontamento.

SANTOS, Boaventura de Sousa (1993b), "Modernidade, identidade e a cultura de fronteira" in *Revista Crítica de Ciências Sociais*, 38, (Dezembro, 1993), 11-40.

SANTOS, Boaventura de Sousa (1995), *Toward a new common sense: law, science and politics in the paradigmatic transition*. Nova Iorque; Londres: Routledge.

SANTOS, Boaventura de Sousa (1996), "A queda do Angelus Novus", *Revista Crítica de Ciências Sociais*, 45, 5-34

SANTOS, Boaventura de Sousa (1998), "Tempo, códigos barrocos e canonização", *Revista Critica de Ciências Sociais*, 51, 3-20.

SANTOS, Boaventura de Sousa (2000), *A Critica da Razão Indolente: contra o desperdicio da experiência*. Porto: Edicões Afrontamento.

Santos, Boaventura de Sousa (2001), "Os Processos da Globalização" in *Globalização: fatalidade ou utopia?* ed. Boaventura de Sousa Santos. Porto: Edicões Afrontamento. 32-106.

Santos, Boaventura de Sousa (2001b) "Entre Próspero e Caliban: Colonialismo, Pós-Colonialismo e Interidentidade" in org. M. I. Ramalho e A. S. Ribeiro, *Entre Ser e Estar: Raizes, Percursos e Discursos da Identidade*. Porto: Edições Afrontamento. 23-85.

Santos, Boaventura de Sousa (ed.) (2003), *Conhecimento Prudente para uma Vida Decente*. Porto: Edições Afrontamento.

Santos, Boaventura de Sousa, Nunes, João Arriscado, e Meneses, Maria Paula. (2004a), "Introdução: para ampliar o cânone do reconhecimento, da diferença e da igualdade" in *Reconhecer para libertar* ed. Boaventura de Sousa Santos. Porto: Edições Afrontamento

Santos, Boaventura de Sousa (2004b), "Para uma Concepção Multicultural dos Direitos Humanos", in *Reconhecer para Libertar* ed. Boaventura de Sousa Santos. Porto: Edições Afrontamento. 331-358.

Santos, Boaventura de Sousa (2004c) "The Critic of Lazy Reason: Against the Waste of Experience" in *The Modern World-System in the Longe Durée*, ed. Immanuel Wallarstein, Boulder, Londres: Paradigm Publishers. 157-198.

Santos, Boaventura de Sousa (2006), *Uma Gramática do Tempo: para uma nova cultura política*. Porto: Edicões Afrontamento

Santos, Boaventura de Sousa (2009a), "Um Ocidente Não-Ocidentalista?: a filosofia à venda, a douta ignorância e a aposta de Pascal" in *Epistemologias do Sul*, ed. Boaventura de Sousa Santos e M. P. Meneses, Coimbra: Almedina. 445-486.

Santos, Boaventura de Sousa (2009b) "Portugal: Tales of Being and not Being", *Portuguese Literary & Cultural Studies* Dartmouth: University of Massachusets. 1-45.

Saraiva, António José (1982), *A Cultura em Portugal: Teoria e história*, vol I, Lisboa, 1996 cit. in P.Calafate (ed.) *Portugal como Problema*, Vol IV, 2006, Lisboa, Público e Fundação Luso-Americana.

Schwartz, Elliott e Childs, Barney (1998) *Contemporary Composers on Comtemporary Music*, 2ª ed. Nova Iorque: Da Capo Press.

Schenker, Heinrich (1980), *Harmony*, Chicago: The University of Chicago Press.

Serrão, Joel (ed.) (1963), *Dicionário de História de Portugal*. Lisboa: Iniciativas Editoriais.

Singh, Bhrigupati (2005), "Another investigation of post-colonial failure", in *JCRT*, Winter (55). 55-82.

Slemon, Stephan (2006), "The scramble for post-colonialism", in *The Post-Colonial Reader*. ed. B. Ashcroft, G. Griffiths e H. E. Tiffin, Londres: Routledge. 51-56.

SLOTERDIJK, Peter (2000), *L'Heure du Crime et le Temps de l'Oeuvre d'Art*. Paris: Calmann.
SLOTERDIJK, Peter (2006) *Le Palais de Cristal: À l'Interieur du Capitalisme Planétaire*. Paris:Maren Sell Éditeurs.
STANLEY, Glenn (2001), "Musicology I. 2. The nature of musicology: origins: musicology as a science". Grove on line. (Acedido a 1 de Setembro de 2006).
STEHMAN, Jacques (1964), *História da Música Europeia: das Origens aos Nossos Dias*. Lisboa: Bertrand.
STEINER, George (1996), *No Passion Spent: essays 1978-1996*. Londres: Faber and Faber.
STEINER, George (1998), *After Babel: aspects of language and translation*. Oxford: Oxford University Press.
STEPHAN, Rudolf (1968), *Música*. Lisboa: Editora Meridiano.
SUBOTNIK, Rose Rosengard (1991), *Developing Variations: style and ideology in Western music*. Minneapolis; Oxford: University of Minnesota Press.
SZENDY, Peter (org.) (1998), *Emmanuel Nunes*, Paris: L'Harmattan, IRCAM, Centre Georges Pompidou.
TARUSKIN, Richard (1984), "Some Thoughts on the History and the Historiography of Russian Music" in *Journal of Musicology*, (3-4). 321-339.
TARUSKIN, Richard (1997), *Defining Russia musically: historical and hermeneutical essays*. Princeton: Princeton University Press.
TARUSKIN, Richard (2001), "Nationalism", in *Grove Music Online*. (Acedido em 6 de Agosto de 2007).
TARUSKIN, Richard (2005), *The Oxford History of Western Music*. Oxford: Oxford University Press.
TARUSKIN, Richard (2005a), *The Oxford History of Western Music: Music in the Late Twentieth-Century* vol. V Nova Iorque: Oxford University Press.
TARUSKIN, Richard (2005b), *The Oxford History of Western Music: Music in the Seventeenth and Eighteen-Centuries* vol. II. Nova Iorque: Oxford University Press.
TARUSKIN, Richard (2005c), *The Oxford History of Western Music: Music in the Nineteenth-Century* vol. III Nova Iorque: Oxford University Press.
TARUSKIN, Richard (2005d), *The Oxford History of Western Music: Music from the Earliest Notations to the Sixteenth-Century* vol. I. Nova Iorque: Oxford University Press.
TARUSKIN, Richard (2009), *The Oxford History of Western Music: Music from the Earliest Notations to the Sixteenth-Century* vol. I. Nova Iorque: Oxford University Press. Paperback.
TARUSKIN, Richard (2010), *The Oxford History of Western Music: Music in the Seventeenth and Eighteen-Centuries* vol. II. Nova Iorque: Oxford University Press. Paperback.
TARUSKIN, Richard (2005c), *The Oxford History of Western Music: Music in the Nineteenth-Century* vol. III Nova Iorque: Oxford University Press.Teixeira.

TEXIER, Marc (1998), "Les geôles de la liberté: sur l'"enseignement da la composition", in *Enseigner la Composition* ed. P. Szendy. Paris: L"Harmattan, IRCAM, 57-64.

THOMPSON, Kenneth (1973), *A Dictionary of Twentieth-Century Composers 1911-1971*. Londres: Faber e Faber.

TORFING, Jacob (1999), *New Theories of Discourse: Laclau, Mouffe and Zizek*. Malden: Blackwell Publishers.

TRANCHEFORT, François-René (2004), *Guia da Música de Câmara*. Lisboa: Gradiva.

VALENTE, Vasco Pulido (2009), *Portugal, Ensaios de História e de Política*. Lisboa: Aletheia.

VAN DIJK, Teun A. (1993), "Principles of Critical Discourse Analysis", in *Discourse Society*, 4(2). 249-283.

VARGAS, António Pinho (2002), *Sobre Música: Ensaios, Textos e Entrevistas*. Porto: Afrontamento.

VARGAS, António Pinho (2008a), *Cinco Conferências: Especulações Críticas sobre a História da Música do Século XX*. Lisboa: Culturgest.

VARGAS, António Pinho (2008b), "Racionalidade(s) e composição", Oficina do CES nº 306.

VENDRIX, Philippe (2004), "Les Conceptions de l'Histoire da la Musique", in *Musiques: une Enciclopédie pour le XXI siécle*, vol. II – *Les Savoirs Musicaux* ed. J.-J. Nattiez, Paris: Actes du Sud. 628-647.

VEYNE, Paul (1971) *Comment on écrit l'histoire*. Paris: Le Seuil.

VUILLERMOZ, Émile (s/d), *História da Música*. Lisboa: Bertrand.

WACQUANT, Loic J.D. (1993) "Bourdieu in America: Notes on the transatlantic Importation of Social Theory" in C. Cakhoun *et al.* (ed.), *Bourdieu Critical Perspectives*, Chicago, University Press. 235-260.

WALLERSTEIN, Immanuel *et al.* (1996), *Open the Social Sciences*. Standart: Standart University Press.

WALLERSTEIN, Immanuel (1999), *The End of the World as we know it: social science for the twenty-first century*. Minneapolis; Londres: University of Minnesota Press.

WALLERSTEIN, Immanuel (2004), *World-systems analysis: an introduction*. DURHAM, N.C. ; Londres: Duke University Press.

WALLERSTEIN, Immanuel (2006), *European Universalism: the rhetoric of power*. Nova Iorque: The New Press.

WEBER, William (1999), "The History of Musical Canon" in *Rethinking music*, ed. N. Cook e M. Everist. Oxford: Oxford University Press.

WEID, Jean-Noäl von der (1997), *La Musique du XXe siècle*. Paris: Hachette Poche.

WEID, Jean-Noäl von der (2005), *La Musique du XXe siècle*. Paris: Hachette.

WHITALL, Arnold (1999), *Musical Composition in the Twentieth-Century*. Oxford: Oxford Universitry Press.

WHITALL, Arnold (2003), *Exploring Twentieth-Century Music*. Cambridge: Cambridge Universaity Press.
WILLIAMS, Raymond (1975), *Culture and Society 1780-1950*. Londres: Penguin Books.
WILLIAMS, Raymond (2007), *The Politics of Modernism*. Londres; Nova Iorque: Verso.
WILSON, Rachel Beckles (2004), *The Sayings of Peter Bornemisza, Op.7: a "concerto" for soprano and piano*. Aldershot: Aschgate.
ZIZEK, Slavoj, e Dolar, Mladen (2002), *Opera"s Second Death*. Nova Iorque, Londres: Routledge.
ZIZEK, Slavoj (2006), *Bem-vindo ao Deserto do Real*, Lisboa: Relógio D' Água Editores.

# ANEXOS

| Ano | Obras tocadas Nunes (1941) | Obras tocadas Peixinho (1940-1995) | Nunes Total | Peixinho Total | Intérpretes Nunes | Intérpretes Peixinho |
|---|---|---|---|---|---|---|
| 1977 | 1. Ruf (1975-77)<br>2. 73-Oeldorf-75 (1976) | 1. As Quatro Estações (1972)<br>2. Canto da Sibila (1976)<br>3. Voix (1972) | 2 | 3 | 1. Orq. Gulbenkian, dir. Juan Pablo Izquierdo<br>2. Coro Gulbenkian Dir. Fernando Eldoro | 1. GMCL dir. J. Peixinho<br>2. Grupo Instrumental do Lim<br>3. Lia Altavila, Orquestra Gulbenkian, dir. J. P Izquierdo |
| 1978 | 1. Nachtmusik (1977-78). Primeira audição em Portugal; encomenda do Ministério da Cultura Francesa.<br>2. The Blending Season (1973-75). Primeira audição em Portugal, encomenda do Ministério da Cultura Francesa,<br>3. "Es Webt" (1974-75). Primeira audição em Portugal | 1. Música em Água e Mármore (1977)<br>2. Elegia a Amílcar Cabral (1973)<br>3. Lov (1971)<br>4. Luís Vaz 73: (versão de 1974-75) | 3 | 4 | 1.Ensemble L'Itinéraire<br>2. Ensemble L'Itinéraire<br>3. Orq. Gulbenkian, dir. J. Mercier, J.-L. Barbier | 1. 3. GMCL dir. J. Peixinho<br>2. 4. Elect.-acust. |
| 1979 | 1. Einspielung I (1979) Primeira audição mundial<br>2. Purlieu (1969-79)<br>3. 73-Oeldorf-75 | 1. Tríptico (1959-60)<br>2. Faites vos jeux, mesdames' messieurs – A (1979)<br>3. Harmónicos (1978) | 3 | 3 | 1. Janus Négyesy (vl)<br>2. Orquestra Gulbenkian dir. Fernando Eldoro<br>3. Elect.-acust. | 1. Coro e Orq. Gulbenkian, dir. Micheal Tabachnik<br>2. GMCL, dir. J. Peixinho<br>3. J. Peixinho (pf) |
| 1980 | 1. Einspielung II (1980)<br>2. Impromptu pour un voyage II (1974-75) | 1. Electronicolírica (1979)<br>2. Estrela (1972)<br>3. Evocação (1960)<br>4. Harmónicos II: o Jardim das Delícias (1979)<br>5. Mémoirs-miroirs (1980)<br>6. Morrer em Santiago (1973) | 2 | 6 | 1. Alain Meunier (vlc)<br>2. Trio Beauregard, Jamet, Caussé | 1. Elect.-acust.<br>2. Maria João Serrão (v) e J. Peixinho (pf)<br>3. GMCL, dir. Cândido Lima<br>4. Oficina Musical, dir. Álvaro Salazar<br>5. Orq. Gulbenkian, dir. Álvaro Salazar, Annette Sachs [cv]<br>6.Grupo de Percussão de Madrid dir. J.Temes |
| 1981 | 1. Einspielung III (1981)<br>2. Minnesang (1975-76) | 1. Ciclo-Valsa (1980)<br>2. A Cabeça do Grifo<br>3. Leves Véus Velam (1980) – não foi executada<br>4. Solo (1976) | 2 | 4 | 1. Gérard Caussé (vla)<br>2. Groupe Vocal de France, dir. John Alldis | 1. GMCL, dir. J. Peixinho<br>2. GMCL, dir. J. Peixinho<br>3. Rafael Gonzalez, de Lara (cb) não foi executada.<br>4. |
| 1982 | 1. Grund (1982-83)<br>2. Omnes II (1972-75)<br>3. Ruf (1975-77)<br>4. Versus I Melisma | 1. Sax-blue (1982)<br>2. Serenata per A (1981) | 4 | 2 | 1. Pierre Yves Artaud (fl)<br>2. Orquestra Gulbenkian, dir. Luca Pfaff<br>3.Orquestra Gulbenkian, Dir. J.- P. Izquierdo<br>4. Pi Chao-Chen e Ian Scott | 1. Daniel Kientzy (sax)<br>2. GMCL dir. J. Peixinho |
| 1983 | 1. Esquisses (1967-rev.1980) | 1. Faites vos jeux mesdames' Messieurs (1979 – rev. 1981)<br>2. Retrato de Helena (1982) | 1 | 2 | 1. Arditti String Quartet | 1. GMCL, dir. Jorge Peixinho<br>2. Orq. Gulbenkian, dir. Gerard Oskamp |
| 1984 | 1. Nachtmusik I (1977-78)<br>2. Nachtmusik II (1981)<br>3. Chessed II (1979)<br>4. Einspielung II (1980)<br>5. Ruf (1977-75)<br>6. Stretti (1982-83) | 1. Concerto de Outono (1983)<br>2. Estudo IV para uma corda só (1984)<br>3. Novo Canto de Sibila (1981)<br>4. O Jardim de Belisa (1984) | 6 | 4 | 1. London Sinfonietta, dir. Anthony Pay<br>2. SWFOrq. Sinfónica, dir. John Lathan-König<br>3. Idem dir. Luca Pfaff<br>4. Siegfried Palm (vlc)<br>5. Orquestra Gulbenkian, dir. L. Pfaff<br>6. SWF- Orq. Sinfónica, dir. L. Pfaff, Burkardt Rempe | 1. Orquestra Gulbenkian, dir. Luca Pfaff, Léon Biriotti (ob)<br>2. Jorge Peixinho (pf)<br>3. Idem [Peixinho, pf, A. Saiote, C. Latino, perc.]<br>4. GMCL, dir. Jorge Peixinho |
| 1985 | 1. Grund (1982-83)<br>2. 73-Oeldorf-75 (1975)<br>3. Ludi Concertati nº 1 (1985)<br>1.Canzone da Suonare (1984)<br>2 | 1.Canzone da Suonare (1984)<br>2. Ulivi Aspri e Forti II (1982)<br>3. Ciclo-Valsa (1980, rev. 1985)<br>4. Nocturnal (1971-75) | 3 | 4 | 1. Pierre Yves Artaud (fl)<br>2. (Elect.)<br>3. Pierre Yves Artaud (fl) | 1.2.4. GMCL, dir. Jorge Peixinho<br>3. ColecViva, Dir. Constança Capdeville |
| 1986 | | 1. Greetings: Lied fur H.J.K.(1985)<br>2. Meta-morfoses (concerto para cl. baixo e ensemble (1984) | 0 | 2 | | 1.2. GMCL, dir. Jorge Peixinho |

| | | | | | | |
|---|---|---|---|---|---|---|
| 1987 | 1. Wandlungen, Primeira audição em Portugal, encomenda da Rádio do Sudeste Alemão | 1. Ulivi Aspri e Forti I (1982) 2. Ouçam a Soma dos Sons que Soam (1986) – (EP) Encomenda da Oficina Musical | 1 | 2 | 1. Ensemble Modern, dir. Ernst Bour | 1. GMCL, dir. Jorge Peixinho 2. Oficina Musical, dir. Álvaro Salazar |
| 1988 | | 1. À Flor das Águas Verdes (1982) 2. Pièce Meublée (1988) | 0 | 2 | | 1. Coro Gulbenkian, dir. F. Eldoro 2. GMCL, dir. Jorge Peixinho |
| 1989 | 1. Tif'ereth, Estreia em Portugal | 1. A Capela de Janas (1959) 2. Due espressioni (1959) | 1 | 2 | 1. Orquestra Filarm. da Silésia, dir. Arturo Tamayo e Ensemble de Percussão "Les Pléiades" | 1. GMCL, dir. Jorge Peixinho 2. GMCL, dir. Jorge Peixinho |
| 1990 | | | 0 | 0 | | |
| 1991 | 1. Duktus (1987) 2. Clivages I e II (1987-88) 3. Quodlibet (1990-91) | 1. Llanto por Mariana (1986) | 3 | 1 | 1. Ensemble Modern, dir. Mark Foster 2. Les Percussions de Strasbourg 3. E.Modern, Perc. Strasbourg + Orq. Gulbenkian, dir. M. Foster, E. Pomarico | 1. GMCL, dir. Jorge Peixinho |
| 1992 | 1. Ruf (1975-77) | 1. Mediterrânea (1991) | 1 | 1 | 1. SWF-Orq. Sinf. de Baden | 1. GMCL, dir. Jorge Peixinho |
| 1993 | 1. Nachtmusik I (1977-78) 2. Versus III (1987-90) | 1. Alis (1990) 2. Floreal (1992) | 2 | 2 | 1. Ensemble Contrechamps, dir. Giorgio Bernasconi 2. Ensemble Contrechamps | 1. Orquestra Gulbenkian, dir. Arturo Tamayo 2. GMCL, dir. J. Peixinho |
| 1994 | 1. Einspielung I (1979) 2. Einspielung II (1980) 3. Einspielung III (1981) 4. Machina Mundi (1991-92) EM- encomenda da Fundação dos Descobrimentos 5. Rubato, registres et résonances | 1. Sequência (1964) 2. .... a silenciosa Rosa/Rio do tempo... (1994) 3. Dominó (1963-64) 4. Voix (1972) | 5 | 4 | 1. Pi Chao-Chen (vl) 2. Jean Guihen Queyras (vlc) 3. Jean Sulem (vla) 4. Coro e Orq. Gulbenkian, dir. Fabrice Bollon 5. Trio, Molinari (cl) Artaud (fl) Chao-Chen (vl) | 1. GMCL, dir. J. Peixinho 2. GMCL, dir. J. Peixinho 3. Trio Franco-Brasileiro, Isabelle Hureau (fl) 4. Orquestra Sinf. Tóquio, dir. Naoto Otomo |
| 1995- (morte de J.P.) | | 1. Concerto para Harpa e conjunto instrumental (1995) | 0 | 1 | | 1. GMCL, dir. Jorge Peixinho, Mário Falcão (hp) |
| 1996 | 1. Lichtung I (1988-91) 2. Lichtung II (versão parcial) | 1. A Idade do Ouro (1970-rev. 73) 2. Alis (1990) 3. Concerto de Outono (1983) 4. Concerto para Saxofone e Orquestra (1961) 5. Floreal (versão para órgão de J. P. Oliveira) 6. Leves véus velam... (1980) 7. Llanto por Mariana (1986) 8. Lov II (1978) 9. Ouçam a Soma dos Sons que Soam (1986) 10. Serenata per A. (1981) | 2 | 10 | 1. Ensemble Intercontemporain, dir. Pascal Rophé 2. Ensemble Intercontemporain, dir. Pascal Rophé | 1. 6. 7.10. GMCL, dir. Aldo Brizi 2. Orquestra Gulbenkian, dir. Cristobal Halffter 3. Orquestra Gulbenkian, dir. A. Salazar 4. Orq. Gulbenkian, Daniel Kientzy (sax) 5. J. P. Oliveira (org) 8. 9. Oficina Musical, dir. A. Salazar |
| 1997 | 1. Litanies du feu et da la mer (1969) 2. Ruf (1975-77) | 1. Canto da Sibila (1976) | 2 | 1 | 1. Michael Levinas, (pf) 2. Orquestra Gulbenkian, dir. Pomarico | 1. Oficina Musical, dir. A. Salazar |
| 1998 | 1. Minnesang (1975-76) 2. Musivus (1998) 3. Omnia mutantur, nihil interit (1991-96) | | 3 | 0 | 1. Ensemble Vocal Soli-Tutti, dir. D. Gautheryie 2. Orq. Gulbenkian dir. Pomarico 3. Ensemble Vocal Soli-Tutti, dir. D. Gautheryie | |
| 1999 | | | 0 | 0 | | |
| 2000 | | 1. Viagem da Natural Invenção (1991-94) | 0 | 1 | | 1. Ana Ester Neves, Luís Rodrigues, Orq. Gulbenkian, dir. C.Halffner |
| 2001 | 1. Lichtung I (1988-91) 2. Lichtung II (1996-99) | 1. Pièce Meublée I 2. Pièce Meublée II | 2 | 2 | 1.2. Ensemble Intercontemporain, dir. Jonathan Nott | 1.2. Oficina Musical, dir. A. Salazar |

# ANEXO II

**1. Bibliografia usada no Excurso sobre os compositores emigrantes**
(Capítulo 5.4.:202-214)

ATTINELLO, Paul: "Kagel, Mauricio", *Grove Music Online* (Acedido em 19 Dezembro de 2005).
DOLIDZE, Leah: "Kancheli, Giya", *Grove Music Online* (Acedido em 17 de Outubro de 2006).
DRAKE, Jeremy: "Boucourechliev, André", *Grove Music Online* (Acedido em 23 de Maio de 2007).
FERRARI, Giordano: "Stroppa, Marco", *Grove Music Online* (Acedido em 26 de Fevereiro de 2007).
GRIFFITHS, Paul: "Ligeti, György", *Grove Music Online* (Acedido em 17 de Outubro de 2006).
HILLIER, Paul D.: "Pärt, Arvo", *Grove Music Online* (Acedido em 17 de Outubro de 2006).
HOFFMAN, Peter: "Xenakis, Iannis", *Grove Music Online* (Acedido em 22 de Março de 2006).
HOMMA, Martina "Eötvös, Peter", *Grove Music Online* (Acedido em 26 de Fevereiro de 2007).
KUNZ, H.: "Yun, Isang", *Grove Music Online* (Acedido em 17 de Outubro de 2006).
KANAZAWA, Masakata: "Yuasa, Jÿji", *Grove Music Online* (Acedido em 16 November 2006).
KHOLOPOVA, Valentina: "Gubaydulina, Sofiya Asgatovna", *Grove Music Online* (Acedido em 17 de Outubro de 2006).
KHOLOPOVA, Valentina: "Suslin, Viktor Yevseyevich", *Grove Music Online* (Acedido em 17 de Outubro de 2006).
KOVNATSKAYA, Lyudmila: "Ustvolskaya, Galina Ivanovna", *Grove Music Online* (Acedido em 17 de Outubro de 2006).
KORHONEN, Kimmo (with Nieminen, Risto): "Saariaho, Kaija", *Grove Music Online* (Acedido em 22 de Março de 2006).
KOUWENHOVEN, Frank: "Chen Qigang", *Grove Music Online* (Acedido em 29 de Outubro de 2006).
KOUWENHOVEN, Frank: "Ye Xiaogang", *Grove Music Online* (Acedido em 29 de Outubro de 2006).
LEE, Joanna C.: "Tan Dun", *Grove Music Online* (Acedido em 17 de Outubro de 2006).
LEE, Joanna C.: "Zhou Long", *Grove Music Online* (Acedido em 29 de Outubro de 2006).

LEE, Joanna C: "Chen Yi", *Grove Music Online* (Acedido em 29 de Outubro de 2006).

LINDORFF, Joyce: "Xiao, Shuxian", *Grove Music Online* (Acedido em 29 de Outubro de 2006).

LOBANOVA, Marina: "Ali-Zaded, Franghiz", (Acedido em em 29 de Outubro de 2006).

MODDY, Ivan: "Schnittke, Alfred, §1: Life", *Grove Music Online* (Acedido em 17 de Outubro de 2006).

MONTAGUE, Stephen: "Tanaka, Karen", *Grove Music Online* (Acedido em 29 de Outubro de 2006).

NARAZAKI, Yoro (with Kanazawa, Masakata: "Takemitsu, Tÿru", *Grove Music Online* (Acedido em 17 de Outubro de 2006).

NARAZAKI, Yoro: "Nishimura, Akira", *Grove Music Online* (Acedido em 29 de Outubro de 2006).

ORAMO, Ilkka: "Lindberg, Magnus", *Grove Music Online* (Acedido em 17 de Outubro de 2006).

TOOP, Richard: "Radulescu, Horatiu", *Grove Music Online* (Acedido em 23 de Maio de 2007).

SHONO, Susumu: "Kondo, Jo", *Grove Music Online* (Acedido em 29 de Outubro de 2006).

WHITTALL, Arnold. "Chin, Unsuk", *Grove Music Online* (Acedido em22 de Março de 2006).

WILLSON, Rachel Beckles: "Kurtág, György, §3: 1973–84", *Grove Music Online* (Acedido em 22 De Março de 2006).

ZHANG, Weihua: "Sheng, Bright", *Grove Music Online* (Acedido em 29 de Outubro de 2006).

## 2. Bibliografia do Quadro das entradas referentes a compositores portugueses. (Capítulo 11.21: 403-419)

ALCAIDE, Asta-Rosa, Delgado, Alexandre: 'Sousa, Filipe de', Grove Music Online. (Acedido em 8 de Junnho de 2007).

ALCAIDE, Asta-Rosa: 'Luis Costa', Grove Music Online. (Acedido em 8 de Junho de 2007).

AZEVEDO, Sérgio: 'Martins, Maria de Lurdes', Grove Music Online. (Acedido em 12 de Março de 2008).

AZEVEDO, Sérgio: 'Cassuto, Alvaro', Grove Music Online. (Acedido em 8 de Junho de 2007).

AZEVEDO, Sérgio: 'Almeida António Victorino de', Grove Music Online. (Acedido em 8 de Junho de 2007).

AZEVEDO, Sérgio: 'Dias, Amílcar Vasques', Grove Music Online. (Acedido em 8 de Junho de 2007).
AZEVEDO, Sérgio: 'Brandão, Paulo', Grove Music Online. (Acedido em 8 de Junho de 2007).
AZEVEDO, Sérgio: 'Bochmann, Christopher', Grove Music Online. (Acedido em 12 de Março de 2008).
AZEVEDO, Sérgio: 'Chagas-Rosa, António', Grove Music Online. (Acedido em 8 de Junho de 2007).
AZEVEDO, Sérgio: 'Azguime, Miguel', Grove Music Online. (Acedido em 23 de Maio de 2007).
AZEVEDO, Sérgio: 'Soveral, Isabel', Grove Music Online. (Acedido em 8 de Junho de 2007).
AZEVEDO, Sérgio: 'Carrapatoso, Eurico', Grove Music Online. (Acedido em 8 de Junho de 2007).
BOCHMANN, Christopher: 'Salazar, Alvaro', Grove Music Online. (Acedido em 8 de Junho de 2007).
BOCHMANN, Cristopher: 'Pinho Vargas, António', Grove Music Online. (Acedido em 8 de Junho de 2007).
BOCHMANN, Cristopher: "Sousa Dias, António de', Grove Music Online. (Acedido em 8 de Junho de 2007).
BOCHMANN, Cristopher: 'Oliveira, João Pedro', Grove Music Online. (Acedido em 8 de Junho de 2007).
BOCHMANN, Cristopher: "Azevedo, Sérgio", Grove Music Online. (Acedido em 8 de Junho de 2007).
BOURLIGUEUZ, Guy 'Lacerda, Francisco de', Grove Music Online., (Acedido em 8 de Junho 2007).
CRUZ, Gabriela: 'Sousa, Berta Alves de', Grove Music Online. (Acedido em 12 de Março de 2008).
CRUZ, Gabriela: 'Capdeville, Constança', Grove Music Online. (Acedido em 8 de Junho de 2007).
FERNANDES, Cristina: 'Silva, Óscar da', Grove Music Online. (Acedido em 8 de Junho de 2007).
FERREIRA, Manuel Pedro: 'Rosa, Clotilde', Grove Music Online. (Acedido em 8 de Junho de 2007).
FERREIRA, Manuel Pedro: 'Delgado, Alexandre', Grove Music Online. (Acedido em 23 de Maio de 2007).
HOPKINS, Charles: 'Vianna da Motta, José', Grove Music Online. (Acedido em 12 de Março de 2008).

LATINO, Adriana: 'Branco, Luís de Freitas', Grove Music Online.. (Acedido em 23 de Outubro de 2006).
LATINO, Adriana: 'Pires, Filipe', Grove Music Online. (Acedido em 8 de Junho de 2007).
LATINO, Adriana: 'Lima, Cândido de', Grove Music Online. (Acedido em 8 de Junho de 2007).
LATINO, Adriana: 'Peixinho, Jorge', Grove Music Online. (Acedido em 8 de Junho de 2007).
LATINO, Adriana: 'Nunes, Emanuel', Grove Music Online. (Acedido em 22 de Março de 2006).
LATINO, Adriana: 'Santos, Joly Braga', Grove Music Online. (Acedido 8 de Junho de 2007).
LATINO, Adriana: 'Santos, Joly Braga', Grove Music Online. (Acedido 8 de Junho de 2007).
PICOTO, José Carlos, Latino, Adriana: 'Carneiro, Cláudio', Grove Music Online. (Acedido em 8 Junho de 2007).
PICOTO, José Carlos: 'Coelho, Rui', Grove Music Online. (Acedido em 8 de Junho de 2007).
PICOTO, José Carlos, Latino, Adriana: 'Cruz, Ivo', Grove Music Online. (Acedido 8 de Junho de 2007).
PICOTO, José Carlos, Latino, Adriana: 'Freitas, Frederico de', Grove Music Online. (Acedido 8 de Junho de 2007).
PICOTO, José Carlos, Latino, Adriana: 'Freitas, Frederico de', Grove Music Online.. (Acedido 8 de Junho de 2007).
PICOTO, José Carlos, Cascudo, Teresa: 'Graça, Fernando Lopes', Grove Music Online. (Acedido 23 de Outubro de 2006).
PICOTO, José Carlos, Latino, Adriana: 'Vasconcelos, Jorge Croner de', Grove Music Online. (Acedido 8 Junho 2007).
PICOTO, José Carlos, Latino, Adriana: 'Oliveira, Fernando Correia de Vasconcelos, Grove Music Online. (Acedido 8 de Junho de 2007).

**3. Revistas, Jornais e Catálogos consultados**
Revista Portuguesa de Musicologia
Arte Musical, IV Série
Público
Expresso
Diário de Notícias

Jornal de Letras
Independente
Jornal de Notícias
Programas dos Encontros de Música Contemporânea da Fundação Calouste Gulbenkian, 1977-2002.
Programas das Temporadas 2002-2010 do Serviço de Música da Fundação Calouste Gulbenkian
Catálogo de Obras encomendadas a Compositores pelo Serviço de Música da Fundação Calouste Gulbenkian. (2007)
Catálogos Anuais da Casa da Música, 2006-2009